伊原弘〈著〉

宋代士大夫官僚の基層社会と構造

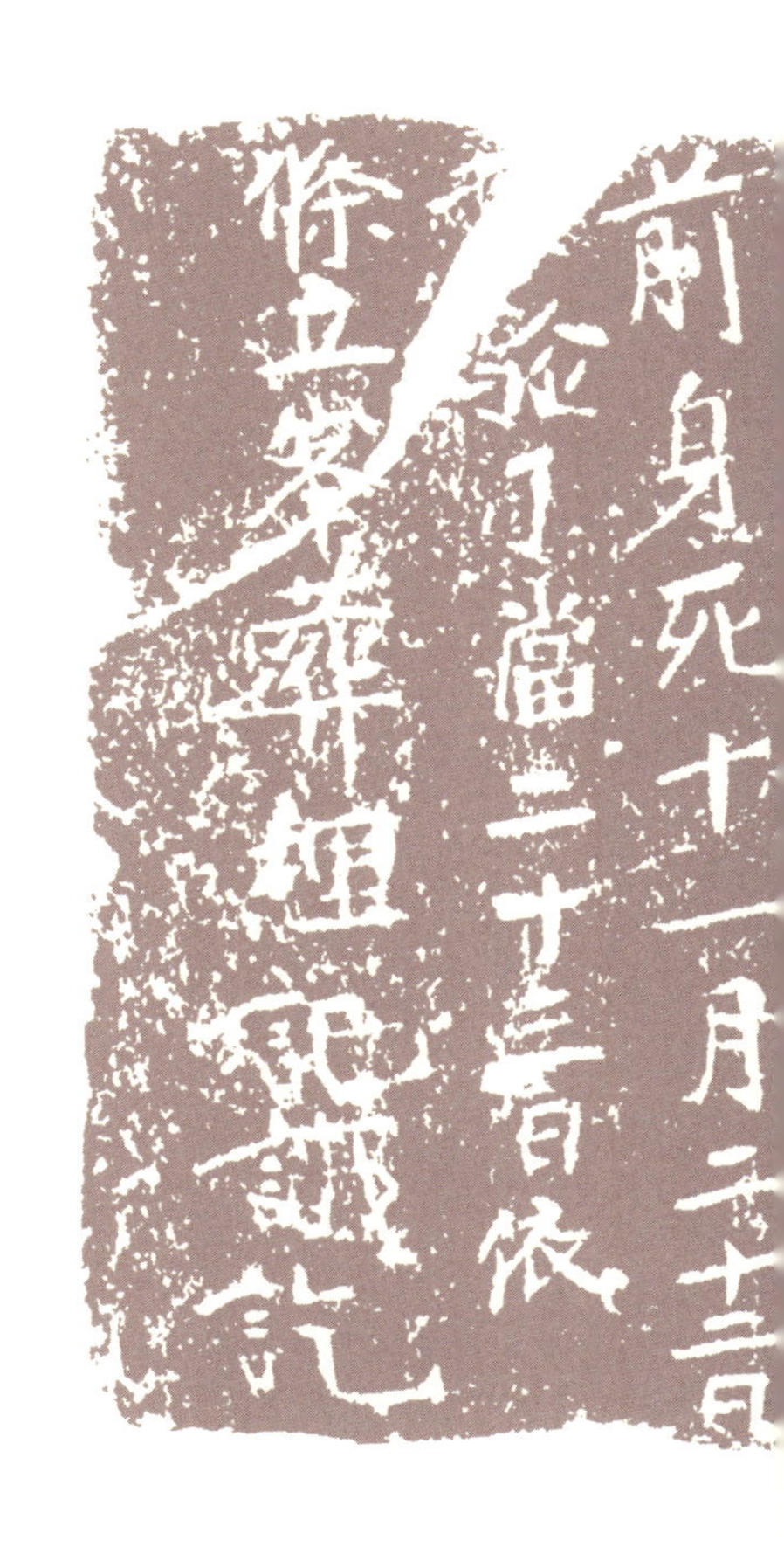

勉誠社

前言

こんなに時間がかかるとは思わなかった。諸般の事情があったにせよ、本書の編集を考えて以来、思わぬ時間を要してしまったのである。わたくしは傘寿をむかえてしまった。

本書は宋代を領導した士大夫官僚の基層社会とその構成に関する研究である。本書は前著『宋代中国都市の形態と構造』（勉誠出版、二〇二〇年）と並ぶ、否、構想的にははるかに先立つ書である。後記でくわしく記すように、本書のもととなる発想は研究を始めた当時のわたくしをとりまく極めて身近な経験と問題意識から着想を得ている。

宋代の士大夫官僚は地方社会より出現し、都市に住んで郷村社会を支配した。かれらは官僚採用試験たる科挙によって採用された、帝国の忠実な官僚であった。科挙の採用はその根幹に儒教をおき、その習熟とそこからなる教養を基本とした。これは、以後の中国社会の根幹となった。ために、以後の中国社会にはおおくの知識人と教養人が誕生した。かれらは文化人でもあった。かれらは古典的知識や哲学に通じていたが、同時に詩文に秀で音楽や絵画などの知識も豊かであった。かれらが生み出した文化的資産については贅言を俟つまでもない。その知的な成果についてはおおくの業績が営まれているし、わが国への影響も議論されている。わが国とは歴史過程や社会構成はことなったが、その影響は端倪すべからざるものがあったのだ。かれらは宋代の知の担い手である、いわゆる士大夫官僚が生み出した成果は、体制の違いをこえておおくの影響をあたえたのである。しかも影響は多岐にわたる。ここにかれらを生み出した社会を知る必要がある。そうした背景と基層社会を考える手掛かりをもとめたのが本書の基礎的発想である。つまりはかれらが基盤とした郷村とそこにおける地位はどのような構造と構成をもっていたのかを考えるものである。

幸いにして中国社会はこれらを探る多くの手掛かりを残している。のみならず、同様の手掛かりは日本の郷村社会にもある。たとえば、随所で祭りや行事などに際した寄進者の名前を掲げた掲示板や記録をみかけることがある。そこには、ここの催し事などに賛同、あるいは寄進した地元のひとびとの名前がある。その名前などを手繰っていくと当該地を構成するひとびととその構成が浮かび上がる。寄金高は個々の財力や地位を示す。中国社会も同様である。宋代でも同様であった。地方史には在地の有力者の名前が残され、所収された石刻資料などにも在地の道路工事などに出資したものの名前がのこる。ここから、特定地域を構成した地域社会がうかがえるのである。それだけではない。掲げられた寄進額やその順位からは、かれらの財力や当該地における地位まではかることができる。これらは宋代の地方から官界に登場したひとびとをさぐる手掛かりにもなると考えるのである。かれらこそは、地方に立脚し中央で活躍する士大夫官僚たちの基盤ではないか。

本書はこのような発想をもとに構想かつ構築されたものである。また、かれらの住んだ地域にはその状況をしる手掛かりがある。その手掛かりの一つが地名である。わが国でもそこに住んだ著名人ゆかりの地名が少なくない。地名は都市の構造を示すとともに、その地ゆかりのひとびとも示すのである。本書はこのような発想を手掛かりに地域の指導者の存在やその社会をも探ろうとしたものである。

なお、本書所収の論文には再録に際して加筆したものがあることを明記しておく。考え方その他に変化はないが、表現その他に改めるところがあるためである。大方の批判を仰ぎたい。

目次

目次

第一部　宋代士大夫官僚の世界

一　宋代官僚の婚姻の意味について
――士大夫官僚の形成と変質

はじめに

宋代以後の時代は、科挙（官吏登用試験）によって官僚となった者が政治のにない手となる。しかし、それは急に登場してきたのではなく、唐以来しだいに形成されてきたものであった。

科挙制そのものは隋の文帝によって創始されたが、士大夫官僚の形成は唐に始まる。唐は、旧来の貴族制を打破して、皇帝を頂点とする官僚体制を整え、皇帝の手足たる人才を広く集めるために科挙制をはじめた。

ところが当初は本来の役割を果さず、六朝以来の門閥貴族の官僚化を促進する役割を果していく。しかしその一方で、成り上がり者と軽蔑された形勢戸（あらたな大土地所有者）から科挙に応募する者がでて、しだいに官界に登場してくる。宋代以後の政治をになった士大夫は、このような地方で成長してきた豪農・豪商を基盤とするものであった。唐は貴族官僚が後退し、士大夫官僚がしだいに進出してくる時代であった。

最早貴族ではない彼等士大夫官僚は、基本的には学問をすることのみによって地位を得るが、その地位は一代限りのものであった。では、この様な流動的な階級であった士大夫官僚の構成した社会とはどの様なものであったのか。婚姻関係及びそれに関連した二、三の問題を中心として、宋代士大夫官僚の性質を探ってみることとする。

一、北宋官僚の婚姻と特質

唐では六朝以来の門閥貴族が王朝を越えて存在し、自らを唐の皇室よりも高く規定していた。彼等貴族官僚の下にいた下級官僚・進士出身層の実態はそれほど明らかでない。しかし、上層貴族は彼等同士で通婚し、有力な貴族や家格の良いものが連帯をはかった。したがって、婚姻関係をもつことは、権勢を保つことの外に、家格の維持をはかる一面もあったと思われる。

宋では貴族そのものが消滅したので、貴族間の通婚はなくなったが、ここに新しい婚姻関係が生じてきた。勿論、宋代の士大夫官僚が結婚に際して権勢の保持や家格を考えなかったのではない。だがその基準は、最早貴族としての権勢や家格ではなかった。問題となったのは、相手が士大夫階級としてどの程度の家か、どんな性格をもっているかであり、目安となったのが、進士及第者を出しているか否か、高官となった者がいるか否かであった。

青山定雄博士は「宋代における華北官僚の婚姻関係」(『中央大学八十周年記念論文集』所収)で、北宋の半頃の仁宗や神宗頃までは華北出身官僚の間で通婚し、一家だけで高官の地位を保てなくても、婚姻関係を結ぶことによって、断続的であったにしろ、永い間権勢を保ちえたとのべる。この方法によって永く家を保った代表例として呂氏があげられる。(1)

呂氏は元来優秀な官戸(科挙に及第して官僚となった家、賦役の免除等の特権があった)で、太宗につかえた呂蒙正は、宋朝最初の科挙に及第し、最初に宰相となった。以後科挙及第者を輩出し、宰相となる者が続いた。この様に呂氏は繁栄し、恩蔭の制にも浴して、永い間家を続け南宋に至る。恩蔭とは、任子ともいって、父祖が高い地位についたときに子孫を保任して官につけてもらう制度であるが、呂氏の様に盛んな家になると、恩蔭の制を利用して家を続けることができる。がしかし、やはり科挙に及第しなければ栄達はなかなか難しかった。呂氏も恩蔭ばかりに頼っていたのではなく、その一方で科挙及第者を出していた事が家の維持につながっていた。
家柄や家格の高さよりも、科挙及第者を出すことだけが家を維持する唯一つの方法であった。恩蔭の制も、その間をつなぐ方策にすぎない。高官となった者同士が婚姻関係を結ぶのも、結局は科挙及第者を出し家を続けるためである。呂氏の一族も丹念にさぐってゆくと、当時の有力な家が多く組みいれられており、当時の北宋高級官僚の密度の高さが窺えるのである。

このほか、婚姻関係が政治抗争に利用された様子もある。華北出身者に旧法党が多かったせいもあろうが、女系による権勢の伝達は宋代官僚の裏の要素として注目される。

この様に士大夫官僚の婚姻関係は権勢を守る性格があった。この統治者集団の閨閥を新しい門閥の形成とする見方があるが、(2)それは正しくない。たしかに、表面的には華北官僚同士の通婚、新旧両法党の区別があり、特殊な階層の形成のように見える。だがそれ等の要素は、進士出身者を家から出さなければならないという現実の前にはさして意味のないものである。時代が下がると新・旧両法党の間でも通婚する例が出てくるし、北宋半頃から華南出身官僚が抬頭してくることからも明らかである。

宋代の官僚は、形勢戸あるいは商人を母体として輩出されたものである。だからといって、常に富裕な階層からのみ輩出されたのではない。吉川幸次郎博士は、宋・明の科挙試験は、清に比較するとまだ受けやすい一面があって、才能があれば比較的貧乏であっても受験・及第することが可能であったとのべる。(3)

事実、貧乏であったり、元来は官僚の家柄ではなかったり、官僚となった者がいても低い地位であった家から出て、高官となり閨閥に参加するものもいた。欧陽脩・王安石・蘇軾はその典型的な例である。その反面、科挙に及第するため長期間の準備を必要としたのも事実であり、時代が下がり、社会が安定してくれば、余力のあるものに有利となる。そうして官界に登場したものが手をとりあい、また優秀なものを系譜に加え、権勢の保持をはかる。これが北宋の半頃までの婚姻関係の実態である。そして、その基礎となったのが科挙及第による王朝体制への参加である。複雑な閨閥がつくられた割り合いに、北宋一代あるいは南宋に至るまで栄える家が少ないのは、この科挙及第が容易でなかったためである。

したがって、六朝より連綿と続いた門閥貴族のような継続はなくなり、余程特殊な例以外は永く続いても数代というのが実状であった。その意味では、唐代貴族官僚は縦の継続を意図し、宋代士大夫官僚は科挙及第者当人を中心として数代を利用した横に連なるものといえそうである。

勿論、宋代の士大夫官僚にとって、権勢維持の手段が婚姻関係のみであったのではない。

このような、いわゆる閨閥もまた諸々の要素の一つであり、それに宋代らしい意味あいが加わったのである。彼等の形成した閨閥が永く続かなかったのも、宋代の政治・社会情勢がこの様な単純な方策を成功しがたいものにしていたことによる。

政治的に見れば、北宋の末頃から揚子江下流域のいわゆる江南を出身地とする官僚層の進出が激しく、社会的経済的に見ても、江南経済の発達と実力はすでに華北をしのいでいた。神宗朝の王安石の登用は、その具体的なあらわれである。

北宋が中期に至って江南出身者を宰相として登用するのは、華北・華南共に宋朝の構成員として把握しえた証左ともいえるが、同時に華北出身官僚の衰退が始まった証左ともいえる。

二、南宋官僚の婚姻と特質

上述の様に、北宋の士大夫は官職を重んじ、自己の権勢維持のための婚姻関係を重んじた。そしてその背景として、華北出身者と華南出身者の抗争・新旧両法党の政治抗争などがあった。

しかし、一一二七年におこった北宋の滅亡、いわゆる靖康の変はこの情勢を一変させる。金の侵入によって崩壊した北宋は、都を揚子江下流域の杭州にうつして社稷を維持するが、これは士大夫の性格にも大きな変化を与える。宋の南遷は華南官僚、なかんずく揚子江下流域及び浙西を中心とする地域、いわゆる江南の支持によって可能であった。(4) すでにのべたように、江南官僚の進出は北宋の半頃から始まっており、王安石のように宰相となったものもいた。徽宗朝では、江南官僚の進出は明白であり、人口も華北をしのいでいる。(5) 江南は王朝を支える程成熟していたのである。そして当然のことながら、華北・華南の官僚の抗争は消える。

このような変化は、南宋の士大夫官僚の婚姻関係にも大きな影響を与えている。先に北宋の名族呂氏のことをのべたが、南宋にも呂氏に匹敵する一族があった。

両浙路明州出身の史氏は、北宋の末頃から官となる者を出していたが、南宋に至って全盛期を迎えた。宰相・執政を続けて出し、呂氏とよく比較される。特に史彌遠は、寧宗・理宗の両朝に仕えて権力をふるい、秦檜・韓侂冑・賈似道と並んで南宋の代表的政治家の一人であった。ところが、史氏の通婚した家に、当時の有力官僚の名前がみとめられない。史氏が地盤とした明州の有力者との通婚が大半である。しかも丹念にその婚姻関係を探ると明州内の有力者が相互に関係をもち、さらに近隣の州にまたがっている場合もある。(6) つまり、南宋に入ると政治的有力者同士の通婚が重視されなくなり、在地有力者との通婚が重視されるようになった。

ただ指摘しておかねばならないのは、在地有力者といっても史氏と同様に官となった者を出している家であることである。史氏が明州に立脚して官界にのぞんでいるように、婚姻を結んだ相手も明州に立脚して官界にのぞんでいる。

このように郷村とかかわる婚姻関係が、北宋に見られなかったのではない。前章でのべた例は、北宋一般の例・傾向を含みながらも、官戸として昇華していくものについてのべた。その一方で、折角科挙に及第し官となっても栄進できずに下級官僚で終ったり、一代官僚で終るものもおり、このいわば水面下の官僚群の考察が必要である。松井秀一氏が農民官僚の典型として考察した北宋初期の人石介とその一族は、右の様な例の一つでもある(7)。石介は宋史列伝に名前をのこしたが、官僚としてではなく、学者としてであった。それも政治抗争に関連してであって、有力な官僚や学者としてではない。彼ら石氏は郷里に住み、郷村で通婚し、農民出身官僚としての性格を強く示している。このような例は、高官になれなかったものや一代官僚に一般に見られた例と思われる。

北宋期には、いわばめぐまれなかった官僚の構成した婚姻関係を、南宋では高級官僚となり権勢をにぎったものも、もつようになってきたのである。これは単に江南のみの風潮ではなく、四川においても同様の例が見られる。

南宋四川出身の代表的人物の一人として、魏了翁があげられる。魏了翁は学者として著名で、官となり、やがて四川を出て知福州安撫使として客死するが、彼もまた出身地の成都府路卭州に密着した有力な婚姻関係をもっていた。四川の事情については稿を改めて詳しくのべるが、大体において南宋では在地有力者間の通婚がふえているようである。

これにはさまざまな理由が考えられるが、その第一のものとして、宋室の杭州への南遷があげられる。経済的中心地であった江南へ政治の府がうつってきたために、南宋における江南の比重は一層たかまった。経済の発展は両浙路から福建路へと拡大していくが、大体この二つの地域が南宋官僚を輩出させ、宰相や執政も多く出した(8)。つまり江南においては、士大夫官僚のめざす中央政界のある場所と士大夫自身の経済的基盤のある場所とが合致していた。

第二に、進士及第者の増加があげられる。領土が半減し、つくべき官職もへったが、進士及第者は相変らず多くとられた。そのためせっかく進士に及第しても、任官出来ないものがふえた。このような風潮は士大夫の過密化をおこし、ただ単に官職によりかかり、上層官僚同士の連繫を重んじるだけでなく、実質的な勢力基盤を重んじさせるようになったと思われる。ここに自己の出身地である郷村内での通婚を重んずる傾向がでてきたのである。

　このほか、出身地である一州内での通婚にとどまらず、隣接する複数以上の州にまたがって婚姻関係を拡げるものもある。明・婺両州にまたがった樓氏などはその典型といえる。これらは、それらの州の経済的関係・流通機構との関係などもあわせて考察する必要があろう。

　このように、南宋の士大夫官僚の婚姻関係は、北宋のそれとは明白な違いをみせる。特に、勢力のあった江南出身者が郷村とのつながりを重んじたのは、その後の中国史の上に大きな影響をもつこととなった。

三、「定居」と「徙居」

　北宋の官僚と南宋の官僚の性質に大きな相違があることを、婚姻関係を中心としてのべてきたが、それに附随した二、三の問題についてふれておく。

　一般に宋代の官僚は官となり栄進してゆくと、より良い土地を求めて、あるいは他郷に客死したりして、他の土地へ徙ることが多かったといわれている[9]。清の学者趙翼も『陔餘叢考』巻一八「宋時士大夫多不帰本籍」の中で、宋代の士大夫が徙っていって本籍の地に帰らない例をあげている。この宋代の官僚の移動を特徴付けるのは、戦乱によるものでなく平和時の官僚制の運営による点である。

　その一方で、石介や史氏のように、出身地すなわち本貫の地や物力田産を有する土地と深い関係を持っているものもいた。彼らのように、退官後に本貫の地に再び帰るもの、明州のような政治的・経済的中枢の地に居住し代々その地から官となってゆくもの、あるいは折角科挙に及第しても官となれずやむなく本貫の地に住むものなど、その様態はさまざまであったと思われる。ここで問題となるのが廻避制である。

　廻避とは、官吏の任用にあたって特定の条件をつけることで、大別して、出身地もしくは財産を保有し密接な関係のある土地への任官を避ける本貫廻避と親族が相互扶助できる官への任官を避ける親族廻避との二つがある。早くから行われた制度であるが、特に明代から盛んとなり、士大夫層の勢力・連繫の分断をねらって屋上屋を重ね、無意味な廻避も登場するようになる。がしかし、官僚制の運営が細心の注意をもっておこなわれた証左でもある。

趙翼もまた廻避制についてのべているが、北宋については多くの例をあげ、南宋についてはあまり行われなかったとしている。(10)事実、宋史高宗本紀四、紹興二（一一三二）年二月庚辰の条に「詔して、監司は本貫を避ける。」とあり、同巻二六七、職官七、府州軍監の紹興五年の条に「凡そ官に従って知郡に出る者は、特に許して本貫を避けず。」とあるのを見れば、南宋では監司以外のものは本貫任官を許されていたようである。

これは、明代の廻避制が、華北出身者を華南に、華南出身者を華北に任ずるのを原則としていたことから考えると、余程ゆるやかな規則といえる。(11)

それでは本貫に任官するとどのような影響があったのか。築山治三郎氏は「唐代官僚の回避について」（古化文化一九―一）の中で、唐代では本貫の地に任ずることによりかえって良い結果をあげる例があったとのべる。しかし、宋代では必ずしもそうとばかりはいえない。

四川の例であるが、北宋初期には豪民支配が行われ、州縣の職をかねて、郷村に大きな支配力をもっていたようである。(12)また先にのべた明州の有力な官戸樓氏も、北宋の末に樓异が知明州となって陂湖の湖田化をはかっている。(13)この後樓氏は明州の大姓となっているから、樓异が知明州となったのを見落してはいけない。この外、建炎以来繫年要録巻五一、紹興二年二月庚辰の条には、両浙轉運使盧知原等が本貫の人を係いで利殖をはかったとある。

このように、本貫の地あるいは物力田産の地に任官することは、大きな問題があった。しかもそこで、在地有力者と姻戚関係があればなおさらである。官職や土地との関連の仕方では、隣の州縣に任官するのも意義があったであろう。このほかに、先にのべた様に、科挙に及第しても任官できず出身地などに「定居」していたり、両浙・福建のものは、それ自体が繁栄した土地であるから徙ってゆくことなく「定居」していた例もかなりあったと思われる。さきにあげた明州・婺州の諸氏はその一例である。彼等はいずれも本貫の地と深い関係があるので、「徙居」していく官僚と区別して考える必要がある。

ただ本貫の地に任ぜられたとのべる史料は案外少なく、その実状はいま少し調査する必要がある。しかし、北宋の神宗頃の人で水利学者として有名な郟亶の場合にみると、退官後は郷村に帰り、学説の実証につとめている。その子孫にもまた水利学を収めるものがあり、郟氏は南宋に至って名家となっている。したがって、この様な例も含めて、北宋から南宋にかけての変化、南宋そのものの分析をより深める必要がある。

この点について瞿宣穎氏は「郷貫」（中国社会史料叢鈔甲集下）の中で、「北宋では仕官の家は京洛数千里以内を出なかったので、必ずしも帰郷を重んじなかった。南宋に至ると、江西・福建・広南の者が多く官となり、郷居植党の風習が盛んとなって、ついに郷紳階級を養成することとなった」とのべる[(14)]。

郷紳の発生を南宋に求めるのはほぼ妥当な考えと思うが、南宋に至って江西・福建・広南の者が多く官となることにより、政治的中枢地から離れているため郷居植党の風習をなしたとするのは如何であろうか。事実は、南宋の圧縮された状態が一因と見るべきではないか。

がしかし、郷紳が真に大きな存在として登場するのは明末清初である。郷紳の発生の遠因は南宋に求めるべきであると思うが、その間の発展段階についてはなお考察すべき点が多い。大土地所有者としての郷紳論にとどまらず、郷紳を郷紳たらしめた官僚制にも思いをめぐらす必要があろう。そうした時に、高級官僚たりえなかった官僚や官僚となれなかったものなど、いわば水面下の官僚群について考察する必要がある。

あとがき

宋代をになった士大夫官僚は、北宋から南宋にかけて大きく変化をした。本章では、婚姻関係および廻避制を手掛りとして考えたが、考察すべき問題はなお多い。

宋代の士大夫官僚について一般的にいえば、彼らは科挙制を強く意識し、婚姻関係を権勢保持の一手段としたが、時代が下がると共に土地との関係がふかまっていった。これには宋の南遷と江南経済の発達、廻避制の弛緩もその一因としてあげられる。

これがやがて郷神の発生とむすびつくことを予測したが、そのためには元および明初の士大夫層の分析が必要である。つまり郷紳を郷紳たらしめた政治制度・社会変化について考察し、経済的存在としての郷紳把握をより発達させる必要がある。

その意味で、南宋の士大夫官僚の政治・社会的性格及び生態の解明がなお必要であろう。

註

（1）青山定雄「宋代における華北官僚の婚姻関係」（『中央大学八十周年記念論文集』（文学部）、一九六五年）。衣川強「宋代の名族――河南呂氏の場合――」（『人文論集』（兵庫県立大学）九―一・二、一九七三年）。

（2）清水茂「北宋名人の姻戚関係――晏殊と欧陽脩をめぐる人々」（『東洋史研究』二〇―三、一九六一年）。

（3）吉川幸次郎「士人の心理と生活」（同編『講座中国Ⅱ・旧体制の中国』筑摩書房、一九七二年）。

（4）周藤吉之『宋代官僚制と大土地所有』（『社会構成史大系』巻八、日本評論社、一九五〇年）。

（5）桑原隲蔵「歴史上より観たる南北支那」（『桑原隲蔵全集』第二巻、岩波書店、一九六八年）。

（6）伊原弘「宋代明州における官戸の婚姻関係」（『中央大学大学院研究年報』創刊号）。「宋代婺州における官戸の婚姻関係」(『論究』六―一)。
(7) 松井秀一「北宋初期官僚の一典型――石介とその系譜を中心に――」(『東洋学報』五一―一、一九六八年)。
(8) 註(4)参照。
(9) 竺沙雅章「北宋士大夫の徙居と買田――主に東坡尺牘を資料として――」(『史林』五四―二、一九七一年)。蘇軾の徙居と買田を中心に論じたものであるが、一口に徙居していくといっても、その容易でなかった事が立証されてある。
(10) 趙翼、『陔餘叢考』巻二七、仕宦避本籍。なお、廻避制については、いずれ稿を改めて論ずることとしたい。
(11) 清水泰次「明代の地域廻避について」(『東洋学報』一三―一、一九二三年)。
(12) 丹喬二「宋初の荘園について――成都府後蜀国節度使田欽全の所領を中心として――」(『史潮』八七号、一九六四年)。
(13) 宋会要・食貨六一、水利雑録、紹興三年三月二十九日の条。なお樓氏及び婺州については伊原弘前掲書の外、福田立子「宋代義荘小考――明州樓氏を中心として――」(『史艸』一三号、一九七二年)、本田治「宋代婺州の水利開発――陂塘を中心に――」(『社会経済史学』四一―三、一九七五年)がある。
(14) 酒井忠夫「郷紳と明末の社会」(『中国善書の研究』弘文堂、一九六〇年)の中でこの問題を科挙制から論じて翟宣穎氏に賛意を示している。

二　宋代明州における官戸の婚姻関係

はしがき

明州（浙江省寧波）には、史氏、樓氏、袁氏などの有力な官戸があり、南宋中期にいたるとそれらを中心とする明州出身の官戸が多数を占めた。

周藤吉之氏は「宋代官僚制と大土地所有」（『社会構成史大系』巻八、日本評論社、一九五〇年、六七―七〇頁）において、明州の官戸について触れられ、進士を多く出した家として、他に王氏、周氏、陳氏、王氏、汪氏、薛氏の名をあげられた。また清水盛光氏も明州について一言され、明州では義田を設けることが盛んであり、特に鄞県では、樓、余、全の三氏が盛んに義田（義荘）を設け、史、汪、沈の三氏は郷党生活にも応用していたことを指摘された。(1)

このように明州に栄えた官戸のあったこと、および彼らが盛んに義田を設けたことについてはすでに注目されているのであるが、なお追究すべき点は多い。本章では特に系譜と婚姻関係を中心として、明州における官戸のあり方を述べることとしたい。

一、史氏を中心として

史氏は北宋の末頃から抬頭して、南宋一代に史浩、史彌遠、史嵩之の三人を宰相として出した有力な官戸であった。史氏が有力な官戸であったことは、延祐四明志巻六、衣冠盛事に、

四世宰執。史才枢密、姪浩丞相、子彌遠丞相、従姪嵩之丞相。

父子宰相。史浩、子彌遠。

兄弟侍従。史彌大、弟彌堅、史宅之、弟宇之。

兄弟同榜。史彌忠、弟彌念。史彌應、弟彌忞。

とあることにも窺われる。これによれば、父子兄弟が続いて高官となっており、史氏は一族としてのみならず、家としても栄えたように見受けられる。

延祐四明志巻六、進士の条によれば、徽宗の政和八（一一一八）年に史才が進士及弟をしたのが、史氏一族から及第者を出した最初であった。宋史巻二一三、宰輔表第四によれば、史才が簽書枢密院事となったのは南宋の紹興二三（一一五三）年とある。したがって、史氏一族の官界での抬頭は、実質的には南宋に入って史才が秦檜の下で簽書枢密院事となったことに始まる。

北宋末頃の史氏については、

君父木、為中子、貢於郷者、貢元回虜嘗奄至四明、官吏棄城遁、居民不脱死、獨貢元能具舟楫、依而免踰二千人。

とある。(2) 史才の兄弟で史漸の父であった木は、建炎年間に金が江南に侵入してきて官吏が城を棄て遁れたにもかかわらず郷党を率いて難を免れしめた。さらに「傾資して之に給し、悉く難を免る」とある。(3) 単に郷党を率いたのみならず、一族の財をもって救ったとあれば、(4) 北宋末頃に官僚こそ出していないが、史氏一族は明州近辺に可成りの勢力を

持っていた有力な一族であったことに疑いがない。

北宋期における史氏の族的構成は必ずしも明らかでないが、史氏一族から最初に宰相となった史浩の墓誌銘によれば、(5)

曾祖簡、祖詔、父師中、倶贈太師冀国公、曽祖妣葉氏、祖妣徐氏、倶贈冀国夫人。

とあり、浩の妻家について「貝氏を娶る」とある。(6) 簡の妻家葉氏は慶元府慈谿（明州）の人であるが、(7) 徐氏および貝氏は明らかでない。

すでに述べたように、進士の条には史才以前の進士及第者を記るしていない。したがって、曾祖、祖、父の三代は進士及第をしておらず、仕えていたとしても有力な官僚ではなかったと思う。また、史才のように簽書枢密院事となった者の子淩（史浩と同輩行）の妻家、舒氏については、攻媿集巻一〇五、の朝請大夫史君墓誌銘に「君娶舒氏、御史中丞亶之孫」とある。宋史巻三二九、舒亶伝によれば、舒氏の父舒亶も明州の人であり、新興の官僚であった。

このように、史浚、史浩の世代までは、明州内での婚姻関係が強く、史浩の妻家も葉氏、舒氏と同様に明州の人であったかとも思われるが、史浩の子彌遠は婺州（浙江省金華市）の人を娶っており、一概には断定できない。

史氏の勢力は、史彌遠にいたって全盛を極めた。宋史巻四一四、史彌遠伝によれば、

相寧宗十有七年、迨寧宗崩廃済王、非寧宗意立理宗、又獨相九年、擅權用事専任儉王。

とある。定策の功によって長く政界で権力をふるった史彌遠の一族の婚姻関係について、その子宇之の墓誌銘に「母潘氏、濟魯国夫人」とある。(8) 潘氏については、晦菴先生朱文公文集巻九四、直顕謨閣潘公墓誌銘に父潘時の墓誌銘があり、

公諱時字徳鄘、姓潘氏、婺州金華縣人、會大父諱宗簡、大父贈中奉大夫諱祖仁、父贈通奉大夫諱良佐。

と潘氏について述べ、潘時について「累官中大夫、爵金華縣開国、食邑三百戸」とあれば、潘氏は婺州出身の官僚で

あるが、新興の官僚と考えられる。このように史氏が新興の官僚と通婚した例として、他に李氏があげられる。紹興府餘姚の人李友直は史彌遠の姉妹の一人を妻として、その女を彌遠の子に嫁せしめた。二代にわたり史彌遠の家と婚姻関係を結んだ李氏も「吾以進士起家、仕至二千石」とあれば、(9)やはり新興の官僚であった。史彌遠の家と婚姻関係を結んだ家としては、他に史彌遠の子史宣之の妻家徐氏があげられる。これに関して、徐氏の父徐子寅の墓誌銘に「次適史宣之」と、(10)徐子寅の次女が史宣之に嫁したことを述べ、さらに徐子寅について、

公諱子寅字協恭、世居文登、特進以紹聖初元登進士甲科、南渡先寓會稽、建炎四年、令人梁氏生公、徒居四明、今遂為慶元人。

とある。徐氏の先はもと文登（山東省威海市文登区）の人であったが、子寅の時にいたって南渡し、まず會稽（浙江省紹興市）に住み、ついで南宋の初めに明州に従った。墓誌銘によれば、子寅は南渡後知揚州、知隨州、知台州を歴任している。史彌遠には他にも子があったが、史宇之についてしか判明しない。すなわち「娶洪氏、再娶高平郡主趙氏」とある。(11)両氏ともに明らかでない。(12)

史氏の婚家の中に、徐氏のように南渡してきた官僚のあったことは、

女六人……、次適奉議郎知嘉興府海鹽史彌謹、……、孫女九人、……、史挺之、…、其壻也。

とあるように、(13)女および孫女が二代にわたって史氏に嫁した姜浩について、その子柄の墓誌銘、攻媿集巻一〇六、知鍾離縣姜君墓誌銘に「家世汴京、……以靖康避地始徙鄞」とある。

姜氏については、前述した姜浩の墓誌銘に、

曾祖徳安、杭州助教、贈忠翊郎、祖侁、待禁閤門祇候累贈武經郎、父寛、成忠郎閤門祇候累贈武功大夫、吉川刺史、娶朱氏、封宜人、累贈和政郡夫人、少師孝荘之女、祖欽成皇后為祖姑、又仁懐皇后之姪也。

とあり、文中に姜寛の妻家朱氏が宗室と密接な関係にあることを述べ、ついで、

惟姜氏當承平時富盛甲京師、婚姻多后妃侯王之家、聲勢翕赫。

とある。北宋の頃には、姜氏は開封における有力な家であったと思われるが、南渡後は姜柄が進士及第して官僚となった[14]。姜柄の妻家について「娶魏氏、丞相文節公母弟知寧国府涇縣梠之女」とある[15]。姜氏が南宋の有力な官僚と結んでいることは明らかであるが、しかし南渡後の姜氏は必ずしも有力な官戸とはいえない。姜、徐両氏の従った事情はそれぞれ異なるが、両氏のような南渡官僚が、史氏のような高級官僚の家に包含されていることは注目できよう。

徐氏および姜氏は南渡してきた官僚であったが、明州には同じ江南の他地域から徙ってくる者もあった。絜齋集巻二一、何夫人宣氏墓誌銘に、

夫人諱希嬪、上世家太末、高父徙鄞、故今為慶元鄞人、曾祖士隆、贈太子太保、祖贈太子太傅、考與言、贈太子太師、母史氏、贈濟陽郡夫人、故太師越忠定王之従妹也。

とある。太末は漢代、今の會稽近辺に置かれた県名である。宣氏の出身の古いことを示そうとしたと思われるが、具体的なことは明らかでない。いずれにしても明州近辺に住んでいたのが、宋代に入って何かの事情で明州に徙り住んだと解するのが妥当であろう。

同郡の何懋之に嫁した宣氏希嬪の母は史氏から出ている。ここに越忠定王の従妹とあるが、越忠定王とは孝宗につかえて宰相となった史浩のことである。すなわち、何氏と婚姻関係をもった宣氏は史氏とも通婚していたのである。そして、曾祖から父にいたる官が皆贈官とあれば、宣氏もまた新興の官僚であったと思われる。

史氏の婚姻関係においては、一般に妻家が判りにくく婿家の方が判りやすい。しかし、妻家、婿家ともに名前のみしか判明しないものが多い。この点については、広く史料にあたり、史氏の婚姻関係を拾う他方法はないと思われるが、それも台州仙居の人呉津の墓誌銘に「次子鄞丞、婿四明史氏」とのみあるように[16]、詳しい婚姻関係が判明しない場合が多い。ただここにおいて、呉氏と史氏との間に婚姻が結ばれたのは、呉津の子楧が鄞丞となり、明州鄞に赴任

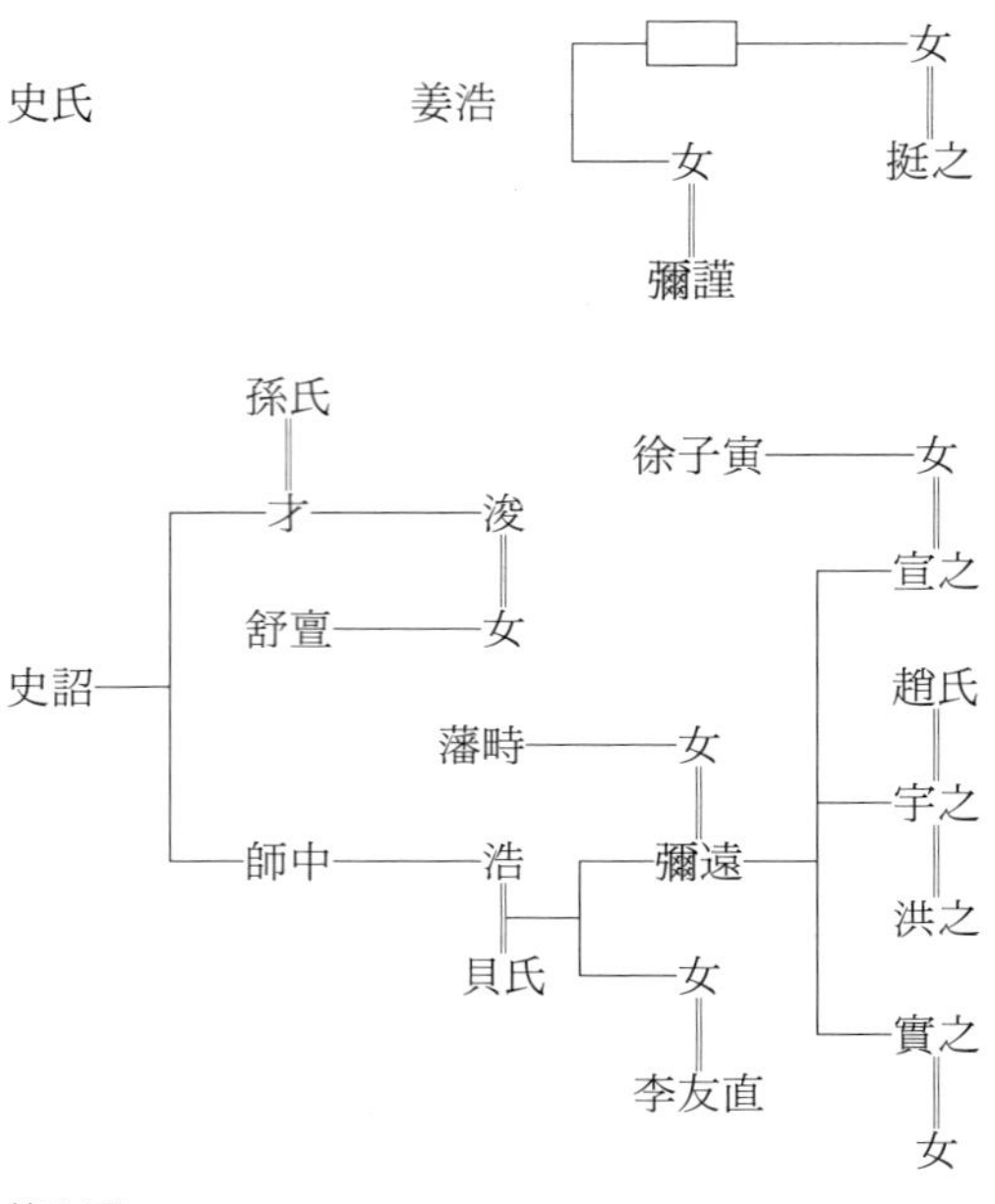

第１図

したためであろう。ちなみに、呉氏について、

君諱津字仲登、世為台之仙居人、曾祖允昭、故贈武略大夫、祖師錫、故任右承議郎、累贈光保大夫、考芾康粛公也、官通奉大夫、累贈少師。

とあり、さらに、

仙居呉氏、自龍圖閣直學士給事中康粛公以儒術発身、入従出藩、為時名臣、長子興化使君、首躡世科、兄弟簮笏蝉聯、多至郡守、族黨中登貢籍、擢科級相望、遂為巨族。

とあれば、呉津の祖父の代から家を起した。

以上のように婚姻関係の判明するものは葉氏、舒氏、徐氏、姜氏、宣氏などの明州官戸との婚姻に限られている。このうち、徐氏、姜氏の二家は華北から、宣氏は明州近辺から明州に流入してきたものである。また、明州以外では婺州の潘氏、台州の呉津、紹興府の李氏、出身地不明のものとして洪氏、趙氏があげられる。したがって、以上の史料のみでは何等断定的な論を下せないが、やはり明州の官戸の多いことが指摘できる。

ついで婚家の性格であるが、すでに述べてきたように新興の官僚が多く、姜氏のごとき例があるも、姜氏は没落途上といってもよく、史氏の婚姻関係は、ほとんど宋の南渡後に抬頭した官戸を対象としたものといえよう。史氏の系譜は第1図のごとくであるが、煩雑をさけるためできるだけ最少限の記述にとどめた。

二、樓氏と諸氏

樓氏について、樓鑰の神道碑に、

著籍于明、明今為慶元府、粤自周武王封有夏之後于杞、為東樓公、子孫因之一樓為氏、国朝家于婺、于明者最著、相傳為明樓氏、由婺徒焉、本一族也、家于婺者、紹興間、襄靖公焰、簽書枢密院事、其門始大、家于明者、其盛久矣、公七世祖、諱皓、六世祖、諱果、皆卓卓有賢行、至高大父郁、寖以昌大、自奉化徒鄞、卜居于郡城之南。

とある。(17) 樓氏が夏の末裔というのが仮託であることは疑いないが、婺州樓氏が分れ、その中でも明州樓氏が最も栄えたとしている。樓氏の出自に関する記述は一定しておらず、このほか樓鑰の墓誌銘には、東陽（浙江省東陽県）から明州奉化を経て鄞県に入ったとしているものがある。すなわち、

四明之樓、實出于東陽、不知所遷、其可尋、自兄以上才八世

とある。(18)

延祐四明志巻六、進士の条によれば、樓氏から皇祐五（一〇五〇）年に始めて進士となった樓郁の貫籍を開封としている。しかしながら、前掲樓鑰の墓誌銘によれば、郁の時に奉化から鄞に徙ったとしており、さらに攻媿集巻一〇〇、叔祖居士并張夫人墓誌銘には「先世居奉川、後徙焉」とある。奉川は奉化の誤りと見られる。樓氏の貫籍が開封であったか否か詳らかでないが、当時進士受験の便のために籍を開封にうつす風習があり、樓郁が開封を貫籍としたのも、そのような風習に従ったためと見られる。

樓氏から進士及第者が出たのは、史氏より可成り早い。前に述べたように仁宗の末期、皇祐五年にはすでに樓郁が進士及第をしており、それ以後英宗の治平二（一〇六五）年、神宗の熙寧九（一〇七六）年、元豊八（一〇八五）年と北宋期に多くの進士及第者を出した。しかし、墓誌銘などによって樓氏の系譜と婚姻関係を知りうるのは、樓常、异の

父子の頃からで、北宋の末頃からである。

樓氏の系譜と婚姻関係は、史氏の場合よりも一層広く知ることができる。樓弆の妻家張氏について「娶夫人張氏、里人詢之女」とあり[19]元豊八年に進士となった异の妻家馮氏については、石文に嫁した异の孫女の墓誌銘に、

石氏爲邑中衣冠名族、有娶吾郷金川馮氏者、其子曰文、朝散曰、馮赤吾外家、而又知文之賢、遂以歸之。

とある[20]。樓氏と馮氏は、异の妻家が馮氏であった他、异の孫鑰の家も馮氏であった。异の孫女は石文に嫁したが石文の母は馮氏の出身であった。

したがって、元来樓氏と馮氏は姻戚であったが、石氏が馮氏の婿家となり、まだ异の女を石文の妻とすることにより、北宋の末期樓、馮、石の三氏による相互の姻戚関係が成立することとなった。

このように特定の氏族と入りくんだ婚姻関係を結ぶ例は他にも見られ、王氏、汪氏、陳氏などがあげられる。

汪氏は代々明州にいた家であり、有力な官戸であった。汪思温の墓誌銘によれば、

公諱思温字汝直、明州鄞縣人、曾祖順、祖元吉、不仕。父洙、明州助教。

とある[21]。延祐四明志巻六、進士の条によれば、江氏から最初に進士及第をしたのは汪洙で、哲宗の元符三（一一〇〇）年のことであった。したがって、曾祖、祖ともに仕えずとあれば、汪氏から官僚がでたのは洙の進及第をもって嚆失となる。洙の子思温の進士及第は政和二（一一一二）年である。この他崇寧五（一一〇六）年、洙の子汪思斎が進士及第をしており、汪氏が官戸として抬頭したのも、やはり北宋の末頃のこととなる。南宋に入ってからは、紹興一五（一一四五）年汪大猷（思温の子）、隆興元（一一六三）年汪大辯（思温の姪）、以下進士に及第するものが続き、一族は栄えた。

江氏と樓氏の間に姻戚関係が結ばれたのは江思温、大猷父子の時で、汪思温の女が樓琥に嫁し[22]樓璩の姉妹の一人が汪大猷に嫁した。

これについて、攻媿集巻八八、敷文閣学士宣奉大夫致仕贈特進汪公行状に、「樓氏を娶る」とあり、続いて「一適

奉議郎知福州永福縣樓鋙」とある。南宋初に汪氏と樓氏の間で通婚するもの三家となり、両氏の婚姻関係はかなり強いものといわねばならない。

明州に王氏は二家あったが、樓氏と姻戚関係を結んだのは王正己の家であった。攻媿集巻九九、朝議大夫秘閣修撰致仕王公墓誌銘によれば、

其先桐廬人、六世祖仁鎬仕呉越、為明州衙推、因家于鄞之桃源、曾祖説以學行為郷里所宗師、寔五先生之一也、以季子宗正少卿珩贈青光禄大夫、祖玩、贈朝奉郎、父提挙也、終左朝散郎、贈金紫光祿大夫。

とある。王氏六世の祖が呉越に仕えたことについては、他に史料もなく詳らかでない。延祐四明志巻六、進士の条によれば、王正己の祖父王玩の兄王瓘が進士及第をしたのが元豊五（一〇八二）年であり、政和八（一一一八）年にいたって正己の父王勲が進士及第をした。すなわち、曾祖が地方有力者となり、以後進士及第者が続いて、王氏は官戸となり家を起した(23)。

前掲王正己の墓誌銘によれば、正己は樓氏の女を娶り、その女は樓鍅に、孫女は樓滌に嫁している。正己の弟正功の墓誌銘には王、樓二氏の関係を、「惟王氏樓氏自二先生以道義定交」としている(24)。二先生とは樓鑰、王正功のことと思われるが、王、樓二氏は単に道義を持って交流しただけではなく、血縁的にも深く結ばれていた。また、樓鎧の妻蔣氏の墓誌銘に、「凡樓氏蔣氏松楸」とある(25)。鎧は、その輩字「金」より見て樓鑰の同輩行と思うが、前後の系譜は詳らかでない。蔣氏は代々明州にいた家であり、蔣樓二氏の通婚は、明州内での有力な家同士の通婚の例にあてられよう(26)。

ついで、明州以外の官戸と通婚した例をあげることとする。樓琚の子鎡の家は寧海李氏と伝えられ、浙江省寧波市寧海県（宋代は台州）の人である(27)。鎡の弟である樓錫の墓誌名には、

娌陳氏、家番陽、祖宗道、父克、登政和八年進士科発運司幹官。母太安人徐氏、新城名族滕部公偉達之女也、無

子、生三女、嫂其季也。光祿知烏戍鎮事、従姑之夫吏部孫公邦、亦新城人、與徐氏親厚、以媵部之壻為屬、遂締姻焉。

と[28]、陳氏の系譜について述べている。これによれば、樓氏と番陽陳氏との通婚は北宋の末と考えられる。番陽陳氏もまた名族と述べられ、樓氏はこれらを通して番陽と深い関係を持ったように見られる。番陽（鄱陽）は江西省上饒市の東北にあり、新城は江蘇省および江西省にあるが、番陽の近くで江西省にある黎川県が妥当であろう。

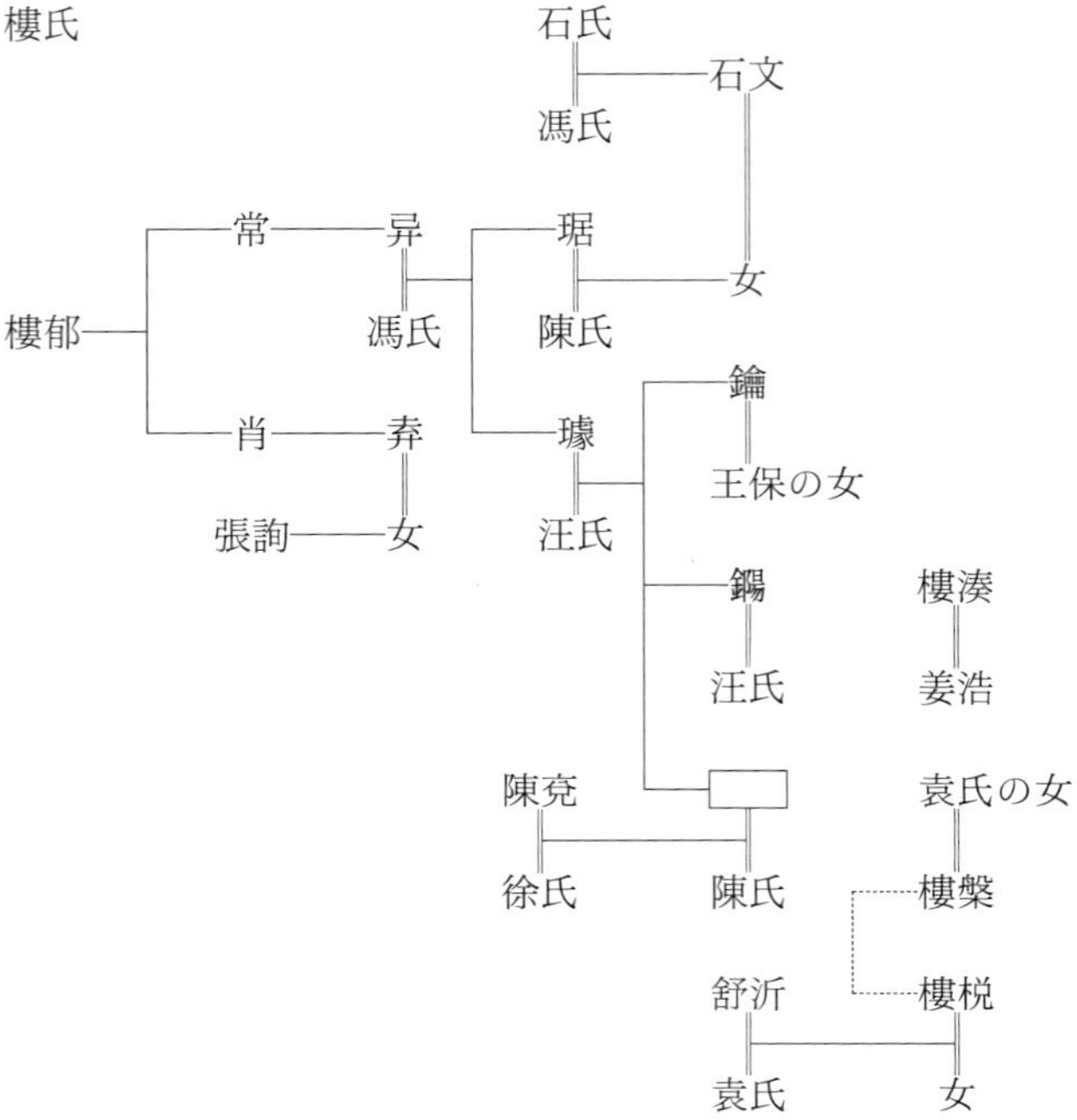

樓氏
石氏
馮氏
石文
常
异
馮氏
琚
陳氏
女
樓郁
肖
弅
張詢
女
璩
汪氏
鑰
王保の女
錫
汪氏
樓湊
姜浩
陳尭
徐氏
陳氏
袁氏の女
樓槃
舒沂
袁氏
樓棁
女
第2図

樓氏と汪氏
汪洙
樓氏
思温
王氏
・
汪氏
樓常
翁氏
异
大猷
樓氏（女）
大定
陸寘の女
女
璩
女
鏘
第3図

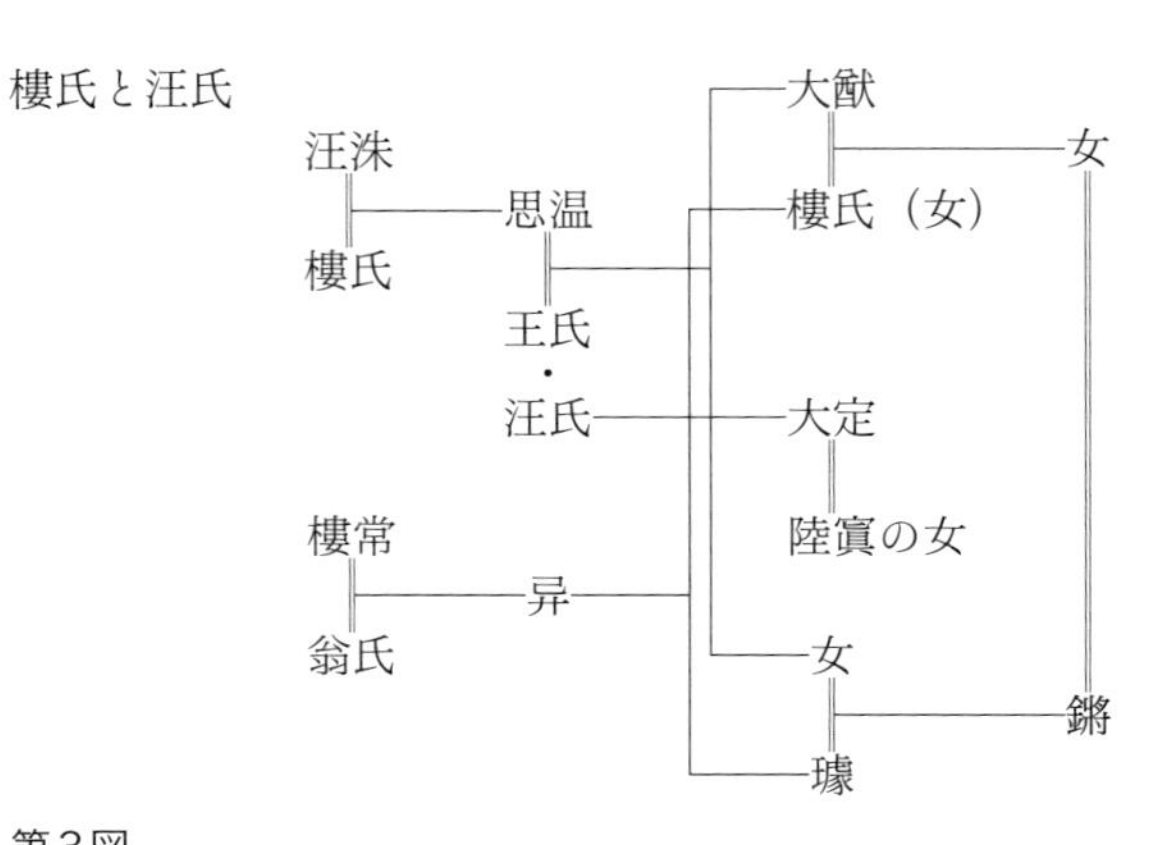

樓鑰の兄弟樓鍔の女は、趙汝鐸に嫁したが、ともに楽清県永康郡（浙江省楽清市）に葬られており、近県に嫁したものと思われる。(29)

樓氏は北宋後期にはすでに官戸として抬頭しており、主として明州の勢家と通婚した。樓氏と婚姻関係を結んだ家の多くは、王、汪、陳の諸氏のように、当時明州において盛家と見られていた家、その後も官戸として相当続いた家がかなりあり、それらとなお数代にわたって婚姻関係を結んで、明州における有力な官戸との連繫を深めていったようである。これはまた、進士の条、衣冠盛事にもあらわれており、文中指摘したごとく、樓氏の婚家の一族が進士の条に名前を連ねている例、衣冠盛事に舅甥三学士として、汪大政、甥陳居仁、樓鑰とあり、陳居仁には父子西掖として、陳居仁、子卓とあるがごときは、樓氏と他の勢家との連繫を如実に示したものと伝えよう。(30)

三、袁氏と諸氏

延祐四明志巻六、進士の条によれば、仁宗の嘉祐六（一〇六二）年に袁轂が進士及第をしたとある。これ以後袁氏から進士及第するものが続き、延祐四明志巻六、衣冠盛事に父子侍従として、袁燮、袁甫とあるように、寧宗期に袁燮、理宗期に袁甫の父子が続いて侍従となった。袁轂について乾道四明図経巻一一、人物に「袁轂字容直、世為明人」とあり、絜齋集巻一七、（袁氏）先祖墓表に、

公諱坰、字卿達、明之鄞人也。曾大父諱揆、贈太中大夫。妣施氏、旌德懸君。大父諱轂、左朝奉大夫、知處州、贈光祿大夫。妣葉氏、永嘉夫人。考諱灼、左朝議大夫、尚書倉部郎中。妣石氏、恭人。

とあれば、袁氏は代々明州におり、轂の進士及第以後官戸として栄えた。北宋期の袁氏について、

惟四明袁氏、自我曾祖以儒学辭藻起家、名振一時、歴事四朝、直道寡合、卒老一州、先大父復以名節自勵、嘗守

東陽、以法誅蔡氏黨親曹宗、觸京怒得罪。

とあれば、[31] 袁氏はやはり轂の代以後官を出して南宋にいたったが、北宋代は旧法党系であったと目される。

袁氏と通婚した戴氏について、高宗、孝宗につかえ紹熙元（一一九〇）年七〇才で死んだ袁文の墓誌銘に「娶戴氏、免解進士諱冕之女」とある戴氏を娶ったとあるが、[32] 戴氏についても墓誌銘があり、その家についてもあわせ述べて、

太夫人戴氏、明之人、免解進士諱冕之季女、戴為鄞之桃原郷著姓、家故饒財、外祖父始修儒業、……

とあれば、[33] 戴冕が免解進士となり家運が開けたが、戴氏は元来が裕福な家であり、学問を修め官戸となった。さらにその女の婚姻関係について「長女、適太夫人之姪宣教郎諸曁縣丞戴樟」とあり、戴、袁両氏は二代にわたって通婚した。ところで明州に戴氏は二家あり、前述した鄞県戴氏の他に、奉化県にもあった。奉化県戴氏もまた袁氏と通婚しており、絜齋集巻九、台州僊居縣主簿戴君墓誌銘によれば、戴日宣の女は袁守のもとに嫁している。鄞県戴氏と奉化県戴氏の関係は明らかでない。

袁氏はまた舒氏とも婚姻関係があった。絜齋集巻二〇、舒君仲興墓誌銘（舒沂）によれば「厥配袁氏、郡人也」とあり、さらに「一女は国子進士樓梲に適す」とあるように、舒氏は樓氏とも婚姻関係があった。ところで、絜齋集巻17の袁氏の先祖墓表によれば、曾孫女が樓槃に適したとあり、ここに樓、舒、袁の三氏は明州において相互に婚姻関係を持ったこととなり、明州内での有力な家同士の通婚の例にあてはめられる。ただ、梲、槃が樓氏の中でどのような位置にあり、どの系譜にあてはめられるのか詳らかでない。

ついで、父子侍従となった袁燮について見るに、燮の妻家邊氏について、邊氏の父邊友益の兄弟邊友誠の墓誌銘に、

世家于鄞、曾祖玘、祖日章、考用和、三女倶不顕。

とあり、[34] 続いて「紹熙初、恢擢甲科」とある。

これによれば、邊氏は明州鄞県に定着していたが、南宋も中期近く、孝宗末期から寧宗初期にかけて漸く官界に登

場し、袁氏とも婚姻関係を持つこととなった。

光宗および寧宗期の人胡誼の墓誌銘によれば、一女が袁潤に適したとあり、その出自について、

其先莒口人、五季避地、徙丹丘、後徙明之奉川、曾祖嗇、祖仁、考宗彝、倶不任。

とある。(35)他の地域から明州へ徙り、三代にわたったが、その間は仕えたものがおらず、前掲の進士の条にも胡誼の名はしるされていない。胡誼は官名も詳らかでなく、胡誼自体も仕えていなかったものと思える。

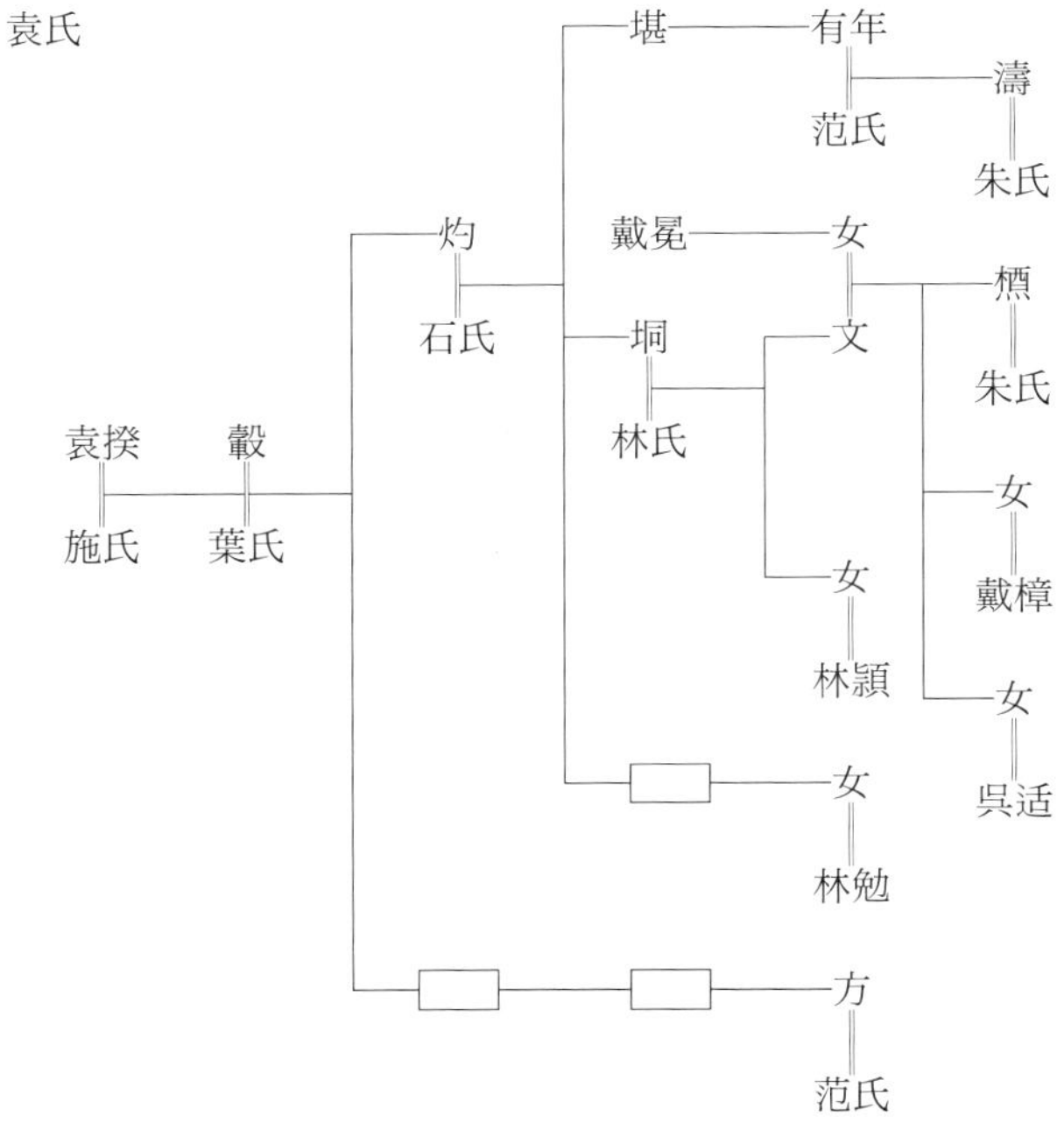

第４図

攻媿集巻一〇六、朝請大夫君墓誌銘（曹盅）に、

君諱盅字函明、明之定海縣人。曾祖慎微、贈宣教郎。祖實、贈奉議郎。曾祖妣袁氏、祖妣閔氏、黄氏、皆贈太孺人。父朝散郎、建寧府通判、君既升朝、累贈中奉大夫。妣太宜人。

とあれば、曹氏と袁氏との間には婚姻関係が結ばれたが、曹盅が寧宗の嘉泰二（一一九六）年に没したとあり、曹氏と袁氏の間に婚姻関係が結ばれたのは、北宋の末頃となる。さらに曾祖、祖が贈官とあれば、有力な家ではなく、官戸として抬頭してきたのは南宋に入ってからとなる。

袁文の女が嫁した呉适について、絜齋集巻二〇、呉君若壙誌にその出自を述べて

四明賢士大夫有卓然可稱者、故枢密院計議官呉

公、諱秉彝、及其弟吏部侍郎諱秉信、俱服膺儒学、決科起家、遂為鄞著姓。計議有子、諱魯卿、家居不仕、自號芝堂。潛夫有子、諱鑑之、即某之親友名适、字君若之夫考也。本厳陵人也、七世祖徙焉。

とある。曾祖父兄弟の任官については詳らかでないが、結局祖、父は仕えておらず呉适の代にいたって家を起したものと見られる。

さらに、明州に従ってきたとあっても時間的にかなり古くなり、呉适の時代には明州に定着しており、明州出身官戸として扱うべきであろう。袁氏と婚姻関係を結んだ家の多くは、南宋に入って抬頭した明州の官であり、しかもその婚姻関係はさほど深いものではない。いいかえれば、袁氏の婚姻関係は、史、樓の両氏に較べ一層地方色の濃いものであった。すでに周藤吉之氏も指摘されたように、明州における官戸の中でも多くの進士を出した方であったにもかかわらず、その数は、樓、史両氏に較べ少なく、(36)また延祐四明志巻6、衣冠盛事に述べてあるのも父子侍従の袁燮、甫および師生秘官の袁燮、韶のみであることにも示されているように、有力な家ではあったが、史、樓二氏に較べるとその地位もやや低いといわねばならぬ。

むすび

以上述べてきたことに従って、これを要約すると、

1明州の出身者が官僚となるのは北宋の半頃からであるが、高級官僚として官界に力をふるうのは、南宋に入ってからである。

2明州において最も有力であったのは、史、樓、袁の三氏であったが、三者の間で積極的に婚姻関係を結んだりする例は認められない。

3記述した限りにおいては、三氏は明州内でそれぞれ独自の姻戚関係を形成しているが、必ずしも排他的ではなく、他郷出身のものとも通婚している。

史氏と李氏、樓氏と汪氏、樓氏と蔣氏、樓氏と馮氏・石氏、袁氏と戴氏の例に見られるように、明州で特定の家が二代以上にわたって婚姻関係をもつことは、それだけ明州の官戸に在地性の強いことを示したものと思われるが、(3)で述べたように、必ずしも排他的ではない。このことは、樓氏において良く顕われており、明州の官戸のうちで最も早く抬頭した樓氏は、袁氏と婚姻関係を持った徐氏とも通婚し、南宋中期には袁氏の女が樓槃に嫁すにいたっている。また他郷のものとの通婚その範囲も拡大していった。

史、樓、袁の三氏は、明州中最も栄えた官戸であると共に、同じ鄞県の出身であったにもかかわらず交流が乏しい。これについては、樓氏が明州に徙ってきた家であったこと、袁氏の抬頭が史氏より早かったにもかかわらず、官界での勢力はかならずしも史氏を凌駕するものではなく、官僚としての地位におのずから甲乙のあったこと、樓氏の義田は宗人の救卹を目的としたのに、史氏の義田は特に郷人に対する廩給のみを目的とし、そこに違いが見られること[37]などが、明州においてほぼ拮抗する三者が積極的に結びつくことなく南宋中期にいたった一因と見られる。

斯波義信氏は「宋代明州の都市化と地域開発」（『待兼山論叢』巻3、一九六九年、一四六―一四七頁）で宋代の明州について、宋の仁宗、神宗の頃より南宋の寧宗にかけ開発され、生産性も増大し、行政的領域も神宗の頃にほぼ完成し、南宋に入って杭州が首都となるに及んで、その地位の向上と都市化が進んだと述べられた。

さらに、斯波氏はその都市的繁栄にもかかわらず、人口増加率は北宋末、南宋初からむしろ停滞気味となることから、後背地では生産力的限界に達しつつあったと推定し、明州の都市的発達に対し農村的停滞が見られるとされた。

明州の官戸の抬頭と明州の都市化は、その経過から見て表裏一体のように思われ、明州出身の官戸が「平野中心部にあり開発が新しく、新しい『郷・村制』をもって郷村を編成した」（斯波義信氏、前掲書一三六頁）県である鄞県から多く出ていることも、重要な関係があることを示唆するが、南宋中期以降の明州官戸について如何に考察すべきであろうか。

明州出身の官僚は南宋中期主流を占めていたが、明州自体も南宋中に栄えた都市の一つであり、寧宗の潜宅が設けられたり、高級官僚が輩出するなど、中央都市的性格があるように思われ、官人層も厚くその密度も濃かった。そのために、特に他郷出身の高級官僚と通婚することも必要ではなく、都市発展の過程において、明州に流入してくる官戸と通婚する程度であったのであろうか。

いずれにしても、明州の官僚達が地元と深く結んでいたことは、単に婚姻関係のみならず、文頭に述べたように義荘の風習が盛んであったこと、他から徙って来て、抬頭も遅いのに早くから義荘を備えるものがあったことなどからも指摘できる。そして、そのような例として、樓、史両氏の特殊な形式をもつ義田や、戸としては勢力の弱かった陳居仁の義田を例としてあげることができよう。

これら明州官戸の間に見られる諸現象が、他の地域とは異なり、明州のみに見られる特殊なものなのか、江南一帯あるいは南宋各地の諸都市に見られる一般的性格を含んだものなのか、さらに他の二、三の都市について解明を試みつつ、結論を求めるつもりである。

註

（1）清水盛光『中国族産制度攷』（岩波書店、一九四九年、三〇―三一頁）。

（2）水心先生文集巻二一、史進翁墓誌銘。これに関して、延祐四明志巻五、人物攷中、史嵩之の条には「建炎元年、金寇猝至、率姑娣母妻五族、曁其隣保、航海得完者踰二千人」とあり、寶慶四明志巻九、敍人先賢事蹟伝、附史浩伝には「建炎三年、金寇至、木戴其姑娣凡五族百余口、逃于海、傾資給之、悉免干難」とある。表現は異なるが、救済活動は同族のみならず郷党をも含めたものであったと思われ、靖康の変当時に史氏は郷党に及ぶ力を持っていたことを窺わせる。

（3）寶慶四明志巻九、敍人先賢事蹟伝、附史浩伝。
（4）清水盛光氏は前掲書三一頁の中で、史、汪、沈の三氏は郷党に対する廩給の目的から義田を設けていたことを指摘されたが、史氏の「傾資して之に給し、悉く難を免る。」はこの例にあてはめられよう。
（5）攻媿集九三、純誠厚徳元考之碑。
（6）寶慶四明志巻九、舒人中、先賢事蹟下。
（7）同上（史简妻）。
（8）四明文献集・故観文殿学士正奉大夫史宇之墓誌銘。
（9）攻媿集巻一〇四、朝奉大夫李公墓誌銘。
（10）攻媿集巻九一、直秘閣広東提刑徐公行状。
（11）四明文献集・故観文殿学士正奉大夫史宇之墓誌銘。
（12）宋史巻一六三、職官志に「貴人外内命婦之号十有四、曰大長公主、曰長公主、曰公主、曰郡主、曰県主、曰国夫人、曰郡夫人、曰淑人、曰碩人」とあれば、趙氏はかなりの家の出と思われるが、宗室趙氏の遠戚であるか否かは判明しない。
（13）攻媿集巻一〇八、贈金紫光祿大夫姜公墓誌銘。
（14）同上に「紹熙四年、轉忠翊郎、是年登進士科」とある。
（15）同上。
（16）攻媿集巻一〇八、朝請大夫呉公幷碩人姚氏墓誌銘。
（17）絜斎集巻一一、行状資政殿大学士贈少師樓公行状。
（18）攻媿集巻八五、先兄厳州行状。
（19）同上巻一〇〇、叔祖居士幷張夫人墓誌銘。
（20）攻媿集巻一〇五、従妹樓夫人墓誌銘。
（21）鴻慶居士文集巻三七、左朝議大夫直顕謨閣致仕汪公墓誌銘。

(22) 攻媿集巻八五、亡妣安康郡太夫人行状。
(23) 周藤吉之氏は、『宋代官僚制と大土地所有』(日本評論社、一九五〇年、六七―七〇頁)において、樓、史、袁、王、周、陳、王、汪の八氏の進士及第者の系譜を挙げておられる。八氏は進士及第者が多く、墓誌銘等によれば記述もれもあるが、ここでは必要に応じたものしか挙げない。王氏もまた、王勲、正己の父子以前に進士及第者を出しているが、王正己の直接の祖とはいえないので、特に指摘しない。
(24) 攻媿集巻一〇〇、朝請大夫王君墓誌銘。なお同条には、王正己の妻家樓氏について「嫂郎鑰先祖少師之季女」としている。
(25) 攻媿集巻一〇五、太孺人蔣氏墓誌銘。
(26) 同上に、蔣氏について「蔣氏世著籍于明之鄞、今日慶元府、曾祖諱保、隱徳不仕、郷里称長者、祿諱浚明、贈金紫光祿大夫、父諱琉、朝請大夫」と記している。これによれば、蔣氏は明州鄞県にながく続いた家であり、郷里にあって長者と称されたとあれば、鄞県の盛家であったと思われる。
(27) 攻媿集巻一〇九、従兄樓府君墓誌銘に「娶寧海李氏」とある。
(28) 攻媿集巻一〇五、績谿県尉樓君墓誌銘。
(29) 水心先生文集巻二二、趙孺人墓銘。
(30) 陳氏が汪氏、樓氏と姻戚関係をもったとあるも具体的なことは詳らかでない。しかし、陳氏も明州における有力な家であったと思えるので、簡単に言及しておく。攻媿集巻八九、華文閣直学士奉政大夫致仕贈金紫光祿大夫陳公行状(陳居仁)によれば、陳氏の出自について「惟陳氏冑出姚虞、為世著姓、後漢文範先生以来、世系蟬聯、皆可推考、七世祖可直避五代之乱、自光州徙于泉之莆田、国朝陞邑為軍、至今衣冠不絶」とあり、さらに陳氏について「曾祖砥、故不仕、妣林氏、祖嘉謨、故贈右朝奉郎、妣葉氏、贈安人、父膏、故任左朝奉大夫太府少卿、累贈特進、姚蔡氏、贈安康郡夫人、汪氏、封咸寧郡太夫人、贈新平郡夫人、本貫興化軍莆田県崇業郷孝義里」とあり、「略用范文正公義荘規矩、以給宗婣婣」とある。
　陳氏は抬頭も遅く、他より徙ってきたと見られるにもかかわらず、義荘をもっていたことは注目される。これは、明州において盛んに義荘を持つことが行なわれ、その風習が古くから明州にいたもののみならず、新来、新興の官戸にも影響を与えていたことを示したものといえよう。したがって陳氏は明州ともかなり関係が深かったと見られる。

(31) 絜齋集巻一六、先公行状(袁文)。
(32) 同上。
(33) 絜齋集巻二一、太夫人戴氏壙誌。
(34) 同上巻二〇、邊友誠墓碣碣。
(35) 同上巻一七、胡君墓誌銘。
(36) 周藤吉之前掲書、六七―六八頁。
(37) 清水盛光、前掲書。

三　宋代婺州における官戸の婚姻関係

はじめに

私はさきに明州における官戸の婚姻関係について考察したが、(1) その際明州の官戸とも密接な関係があった婺州（浙江省金華市）の官戸について一部触れながらも、特に詳述しなかった。そこで、ここでは続いて婺州における官戸の婚姻関係について考察をしてゆく。

一、呂氏と鄭氏

南宋中期、婺州に呂祖謙がより、朱熹と並んで学才を謳われたが、呂祖謙の家は北宋以来の名家で、もと華北の人であった。

北宋期の呂氏については、すでに青山定雄博士、衣川強氏があきらかにされたところであり、(2) 以下その高論に従いつつ北宋期の呂氏について述べる。

呂氏には五代の際三院があったが、北宋期に栄え南渡して呂祖謙にいたったのは河南呂氏、すなわち呂夢奇の一族であった。宋に仕えたのは夢奇の子からで、呂亀図が知泗州、呂亀祥が知寿州となった。このうち特に栄えたのは亀祥の子孫で呂祖謙もその一人であるが、呂氏から最初に宰相となったのは亀図の子で、太宗、真宗に仕えた呂蒙正であった。

蒙正は宰相に栄進すると共に開封に徙り、その一族も共に従った。亀祥の子孫の中から最初に宰相となったのは、亀祥の孫で仁宗に仕えた呂夷簡であった。呂夷簡はその祖亀祥が知寿州となり、寿春（安徽省寿県北）で没したところから寿春の人となった。夷簡には呂公綽、呂公弼、呂公著、呂公孺の四子があり、公著が宰相となって、夷簡、公著父子は二代続いて宰相となった。その後公著の孫呂好問は靖康の変に際して南宋建国に尽力し、それと共に呂氏は南渡した[3]。

北宋期の呂氏がこのように隆盛を誇った原因として、太宗が自己子飼の官僚を育成しようとしたこと、呂氏から進士及第をするものが多かったこと、恩蔭の制も幸したことなど政治情勢、制度上に幾多の理由が挙げられる。

さらにまた青山定雄博士も指摘されたように、北宋期の諸高級官僚のかくも長き権勢を支えたものとして、婚姻関係を無視することは出来ない[4]。要するに、呂氏は有力な官戸と結び、長い期間に亘って高級官僚としての地位を維持したもので、相手の家に、王旦、蘇頌、范祖禹、程嗣弼、韓忠彦の名をあげることが出来る。従ってこれらの人々の出身地も一様でなく、王旦が大名府莘（山東省聊城市莘県）の人[5]、蘇頌が泉州同安（福建省厦門市）の人[6]、范祖禹が華陽（四川省成都市）の人[7]、程嗣弼がその先が中山博陵（河北省深州市）の人でのち従って河南（河南省洛陽市）の人となり[8]、韓忠彦は相州安陽（河南省安陽県）の人であった[9]。要するに北宋期の呂氏の婚姻関係は一面高級官僚との結びつきと云う型を見せつつ、地域的にはかなり広くなっており、特定の地域のものとのみ通婚することはなかった。

すでに述べたように、呂氏は呂好問の時に南渡した。呂祖謙の東萊呂太史文集巻一四、東萊公家傳によれば、

建炎三年冬祀、萊封東萊郡侯、虜騎此歳大入江湖間、羣盗蜂起、公避地、轉徙於筠於連於郴於全於桂、靡有定止、

　　紹興元年七月丁酉、以疾薨于桂州、……八月壬申、蒿葬于桂州城南之竜泉、……、寇難未平葬、故有闕後二十四年、及克改葬公於婺州武義県之明招山、実紹興二十四年閏十二月己酉也、

とある。(10) 建炎三（一一二九）年に南渡した呂好問は、華南を転々として紹興元（一一三一）年に桂州（広西省桂林県）で没した。そして一度桂州に埋葬されたが、紹興二四（一一五四）年に婺州に改葬された。呂氏はこの時すでに婺州に居住していたと思われるが、その時期、理由は詳らかでない。(11) 然し、呂氏はこれ以後永くこの地に居を構えて、呂祖謙もまたここで学問を講じた。

　南渡後の呂氏は官戸としてより、むしろ学問の家として続いた。宋元学案巻三六の呂本中の伝によれば、呂好問の子本中は劉安世の学問を受け継いで、門下生に林之奇、汪応辰、李輔、王時敏、李樗、方疇らがあったと伝え、宋史巻四三四、呂祖謙伝には、呂祖謙は林之奇、汪応辰、胡憲遊を師として、張栻、朱熹と交友し「居明招山、四方士争趨之」と云われる程であったとしている。(12) これは、

　　自四世祖希哲、従程頤游、以儒行名於世。故其家子孫、有中原文献之傳、

とあるように、すでに北宋末期の人呂希哲の頃から学問に従う傾向があり、それが開花したものであろう。(13)

　要するに、南渡後の呂氏は婺州金華にあって、呂氏を中心とする学問の府を形成していた。然し、南渡後の系譜と婚姻関係は必ずしも明らかでない。これは靖康の変が北宋の有力官僚に与えた打撃の一端を物語るもので、北宋官僚没落の一例である。

　呂氏一族がいつまで続いたか、文献上類推できるのは呂祖謙の次の世代までである。祖謙の子延年、華年について、前掲呂東莱先生本傳に、

　　一子曰延年、甫三歳、官至侍丞、一女曰華年、帰於潘景良、

とあるのみで、呂氏一族は南渡後五代にして文献から姿をけす。従って、呂氏の婚姻関係についても、九例が判明す

るのみである。すなわち呂好問の一族が六例、好問の祖呂夷簡の兄弟呂宗簡の四代あとで好問の輩行たる呂広問の一族が二例、同じく好問の輩行で呂希純の子たる呂聰問が一例である。

呂好問の一族では、好問の女婿蔡興宗、その孫呂大器の妻家曾氏、その子呂祖謙の妻家韓氏、芮氏、祖謙の女華年の婿家潘景良があげられる。すなわち、呂祖謙の東萊呂太史文集巻一四、東萊公家傳に好問の女婿について「女一人適右朝奉郎蔡興宗」とあり、呂東萊先生本傳には、

乾道二年丙戌、丁母夫人曾氏艱、護喪帰婺、廬於武義明招山墓側

とある。しかしながら、この呂好問の二人の子の婚家については、名前が判明するのみで出身地等については明らかでない。祖謙については矢張り呂東萊先生本傳に、

公三娶、皆先卒、一娶韓尚書元吉女、継室即元配韓氏妹、継娶芮氏、故国子祭酒芮公燁女、

とある。呂祖謙は韓元吉の姉妹を迎えたとあるが、韓元吉は開封雍丘（河南省杞県）の人で、のち信州上饒（江西省上饒市）に徙居した。さらに元吉は門下侍郎韓維の孫で吏部尚書となり潁川郡公に奉ぜられ、兄も知天台となっている。(14)韓維については宋史巻三五一に伝があり、開封雍丘の人で旧法党系の人として元祐党籍碑に名前を連ねたとある。すなわち韓氏もまた南渡官僚であり、北宋期には高級官僚であったこと、旧法党系であったことなどの点で呂氏と共通する性格をもっている。

そして相通ずる性格をもつ呂氏と韓氏が二度にわたって婚姻をおこなった点は注目できる。このような婚姻関係は呂好問の輩行呂聰問にも見ることができ、南渡した華北出身官僚の一面を示したものと思われる。芮氏の父芮燁は烏程（浙江省湖州市）の人で、進士及第をして左従郎となっている。(15)

呂好問の頃、呂氏には呂広問、呂聰問があったが、呂広問の一族では妻家王氏と女婿胡璉があげられる。南澗甲乙稿巻二〇、呂公墓誌銘によれば、広問の妻家について「娶王氏、太府寺丞有之女」とあり、「女適従事郎胡璉」とあるも、

両者ともに明らかでない。

呂聡問については女婿銭受之について「呂氏仍世相家、而銭呂世淵也」と述べ、ついで「銭君流落于下位、嘗一為枢密院計議官」とあれば、[16] 北宋期の銭氏は一応の官戸であったが「下位に流落す」とある様に、南渡後に再び高級官僚となることが出来なかった。さらに、文中世淵とあるように、呂氏との関係が北宋の深いものであったとすれば、呂祖謙の時と時代が前後するが、まえに述べた様に北宋官僚没落の一形体と指摘できるのではないであろうか。

呂氏の系譜と婚姻関係について判明することは少い。それは、南渡後の呂氏が官戸としてより学問の家としてしばらくは続いたものの、結局は没落していったことを何よりも明白に物語るものであろう。呂氏の姻戚に矢張り南渡してきた家、北宋の名門であった家が含まれていたことは既に述べたが、それらの家もすでに没落への道をたどっており、呂氏と同様に江南に没入していったものと考えられる。呂氏の系譜と婚姻関係は左図の様であるが、北宋に関し

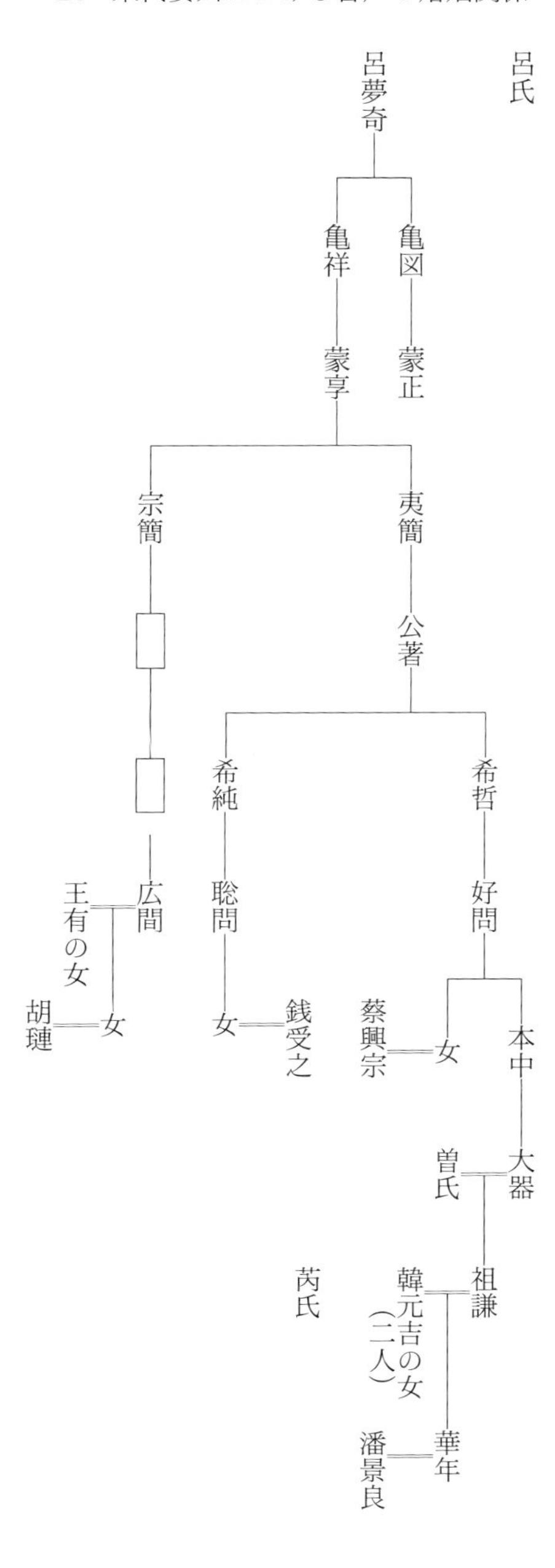

ては既に諸論があるのでここでは南宋を主とした。なお、宋史呂祖謙伝では、祖謙を好問の孫としているが、東萊公家伝によれば、好問より数えて四世であるから、曾孫の誤りと思われる。

呂氏は華北から婺州に従ってきたが、江南の他の地域から従ってくるものもあった。その様な一族の一つである鄭氏からは、南宋初期に鄭剛中がでて活躍をした。宋史巻三七〇、鄭剛中伝によれば、秦檜の時に対金交渉、蜀の経営に努力して功績をあげたが、のちに秦檜との間に隙を生じて勢力を失うにいたった。そこで、婺州出身の官僚のうち著名な人物の一人である鄭剛中を中心に、鄭氏について述べることとする。

鄭剛中の北山文集巻二七、擬墓表（鄭卞）によれば、婺州鄭氏の由来について、

栄陽氏、五季末、有自閩中避乱趨浙東者、一族居婺之金華、今為拱坦鄭、一族居衢之西安、今為石室鄭、拱坦有諱百薬者、生三子曰、克従、克允、克明、後枝為東西中三派、克従有子、曰詳、以進士、官至朝請大夫、累贈中散大夫、克従亦贈至金紫光禄大夫、蓋東鄭也、克允有子、曰諮、累貢礼部不第、克明有子、曰誥、進士特奏、名不顕、故西中両鄭、凋落不能起、先生蓋府君諮之子、西派之厚徳君子也、

とある。また鄭剛中の墓誌銘にも、

其先閩人、五代末避乱浙東、散居婺之金華与衢之西安、金華之祖百薬、生三子、克従、克允、克明、克従之子詳、仕至中散大夫、公克允之曽孫也、

とある(17)。すなわち、鄭氏はもと閩（福建方面）に居たが、のち両浙路に徙り、二つの隣接した地婺州、衢州（浙江省衢州市）に散居した。

そして、その時期は五代の末で乱を避ける為とあれば、五代の時に福建にあった閩が南唐に滅ぼされ、福州が呉越に併合された頃であり、鄭氏が閩を逃れて婺州、衢州に散居したのもその為と思える。

ところで、この事は二つの点から鄭氏に関するこの記述がほぼ正しい事を示唆している。すなわち、時期的に既述

の様に閩の滅亡時に比定出来る事、第二には婺州、衢州を結ぶ路は入閩路として唐、宋時代に活用された路であったからである。[18] 婺州が衢州と共に江南の主要な交通路上にあった事が、鄭氏が両地に散居した最大の理由であったと思われ、同時に呂氏が婺州に定着した最大の理由の一つではないかとも思われる。[19]

婺州に従った鄭氏は東西中の三鄭に分れ、鄭克従が東鄭、鄭克允が西鄭、鄭克明が中鄭と呼ばれたが、東鄭のみ栄えて西鄭、中鄭は没落したとある。鄭剛中は西鄭克允の曾孫にあたり、いわば没落していった一族である。従って詳細な事は判明しないのであるが一言しておく。すでに鄭卞の墓表を引いて婺州鄭氏の由来をのべたが、同墓表には鄭卞とその一族について、

諱某、字子憲。生于天聖辛未七月二十五日某甲子、卒于崇寧乙酉十一月四日某甲子、享年七十有五、嘗主衛之汲県、岳之平行、潭之湘郷簿、由湘郷陞為醴陵県令、由醴陵致其仕、得承事郎、娶盛氏、男子二人、長曰某、次曰邵老、未名而卒、女子二人、長適申屠晏、次適楊某、皆同郡士、

とある。鄭卞の妻家盛氏の出身地は明らかでないが、女二人は同郡のものに嫁した。ところで、北山文集巻七、楊氏女弟墓石書丹に楊応夢の妻家鄭氏についての記述があり、

茲墓有女、婺州進士楊応夢之孺人也、孺人同郡承事郎鄭公諱某之幼女、生於衛之汲県、

と述べ、没年を建炎丁未（一一二七）年八月十七日としている。鄭卞の墓表には「次適楊某」とあり、楊応夢の墓誌銘には妻家を鄭某の女とあるも、年代的にはほぼ同時期であり、鄭某を承事郎と述べ、妻家の生地を衛州汲県と述べれば、鄭卞の墓表にあることと合致し、楊某とは楊応夢を指すことに違いない。楊氏については前掲墓誌銘に「楊雖大姓、既孺人帰、則家已凋、産去税在、……」とあれば、楊氏が大姓で楊応夢が進士及第をしたと云っても、その家が栄えていた訳ではない。したがって、以上述べてきた諸点の上に立脚していた鄭氏はすこぶる地方的な、決して高級官僚の家とは云えない一族であったと云える。その中から擢んでて高官となった鄭剛中の婚姻関係はあまり明らか

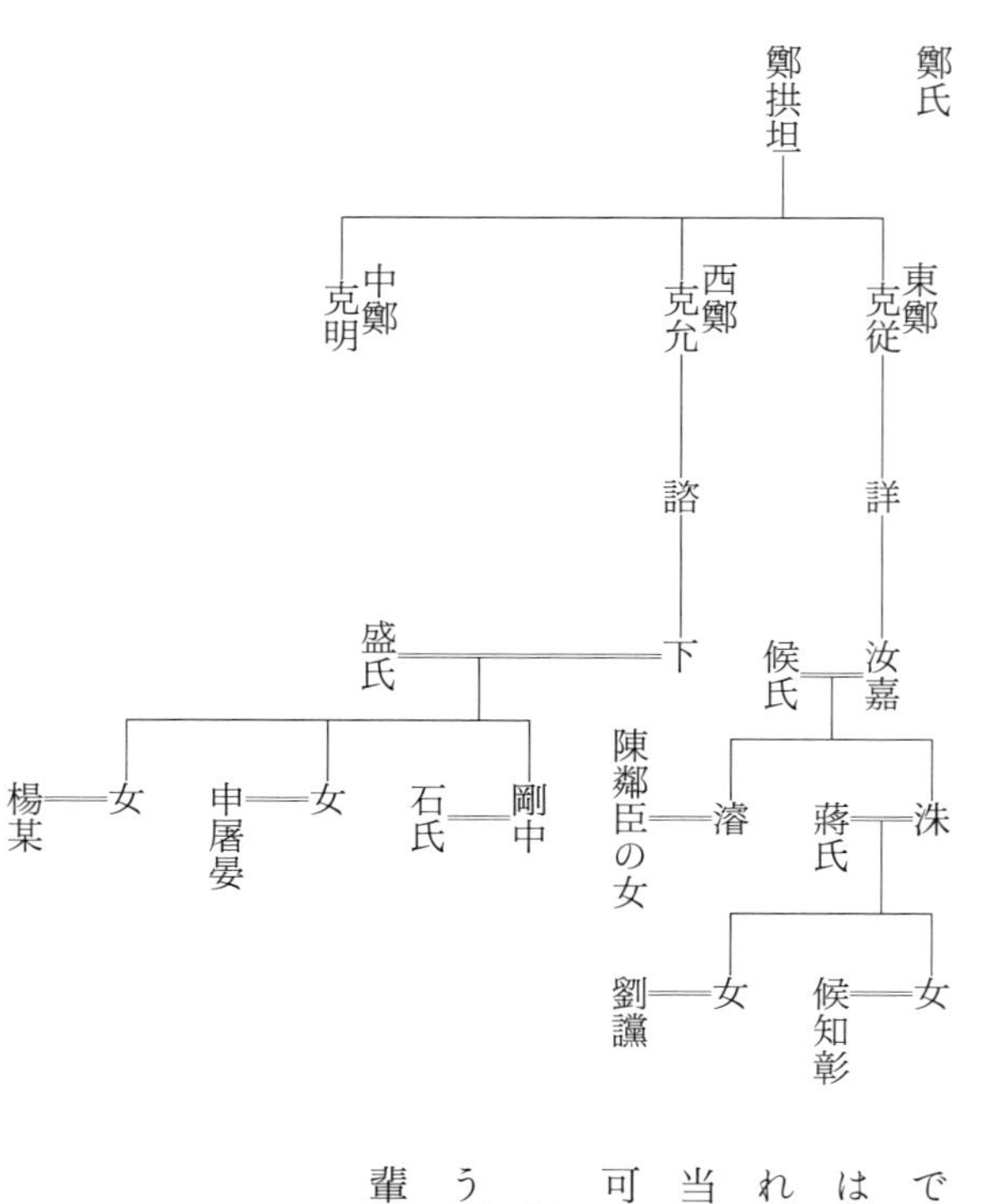

でない。鄭剛中の妻家及び女、孫女の壻家、官職名等は判明するも出自等については定かでない。云いかえれば、鄭剛中の姻戚に高級官僚または有力な官戸が見当らないと云うことであり、その意味では北宋官僚と可成様相を異にすると言える。

以上が西鄭たる鄭剛中の一族であるが、栄えたという東鄭について、北山文集巻七族兄宗魯行状に剛中の輩行鄭洙のことをしるして、

鄭宗魯諱洙字宗魯、以宣和六年二月甲子卒於里第、享年五十八、按其譜、世居婺之金華、祖詳以儒学発身、官至中散大夫、曽祖克従、以中散累贈至金紫光禄大夫、父汝嘉、以中散任子恩、為安州録事参軍、

とし、続けて父汝嘉の妻家を侯氏、洙の妻家を蔣氏、その女について「長適進士侯知彰、次適承務郎劉讜」と述べている。劉讜については林季仲の竹軒雑著巻六に劉知言墓誌銘があり、永嘉（浙江省温州市永嘉県）の人と知られる。

この他、同じく鄭汝嘉の子で洙の兄弟鄭濬の妻家陳氏に墓誌銘があり、夫人陳氏は婺州の出身で陳鄰臣の子とする(20)が、その子等の姻戚については名のみで出身地等は判明しない。

してみれば、東鄭が栄えたと云っても左程の事はない。鄭氏の活躍は鄭剛中によって代表され、その時期はほぼ北宋末南宋初である。よって栄えたとあるのは、高級官僚としてではなく、郷党間に力をふるったと云う事であろうか。

鄭氏がどのように栄え、婺州とどのような関係にあったのか上記の事のみでは知り得ないが、広範な地域に広がっていたこと、北宋末南宋初には例外はあるにしても婺州出身者との通婚が多かったこと、政治的社会からの脱落は早かったことなどが指摘できる。

二、楼氏と王氏

楼氏については、既に「明州における官戸の婚姻関係」の中で一部触れた。(21) 即ち、もと婺州にあった楼氏が二つに分れ、婺州にのこった婺州楼氏と明州に従った明州楼氏の二つがあり、とりわけ明州楼氏が栄えたことを述べたが、婺州楼氏については述べなかった。そこで、今婺州楼氏について述べるも、明州との関連を留意しつつ記述をしてゆく。

楼氏について、孝宗の頃の人楼鑰の神道碑に、

著籍于明、明今為慶元府、粤自周武王封有夏之後于杞、為東楼公、子孫因之以楼為氏、国朝家于婺、于明者最著、相傳為明楼氏由婺徙焉、本一族也。家于婺者、紹興間、襄靖公炤、簽書枢密院事、其門始大、家于明者、其盛久矣、

とある。(22) 楼氏が夏の末裔云々と云うのは仮託としても、明州楼氏の繁栄に比較して、婺州楼氏は紹興年間に楼炤が簽書枢密院事となる事により起家した。楼炤については、宋史巻三八〇に伝があり、政和五（一一一五）年に進士となり高宗に仕えたとあれば、北宋末科挙に及第したが官となり仕えたのは南宋の事と思われる。さらに「炤還朝、以親老、求帰省于明州、許之。」とあれば、炤は婺州の人と云っても明州に渉り住んだ訳で、明州楼氏と婺州楼氏の交流が察せられ、両者は同族として行動したと見るべきであろう。さらに南宋中期の寧宗に仕えた楼奎の墓誌銘には、

> 君諱奎旧字叔懋、婺之東陽人、曽祖諱端、祖諱允載、父諱雷、皆不仕、楼自漢以来、指東陽為望族、其後徙于鄞者、以参政宣獻公顕、

とある。(23) 婺州楼氏の一部は明州に徙り栄えたが、婺州に残った一族は衰えることになったと思われる。楼奎の墓誌銘にはさらに「娶平江朱氏」と、平江（江蘇省蘇州市）の朱氏を迎えた事を述べている。

以上、婺州楼氏について知り得る事は乏しいが、両者は分れたと云ってもなお深い関係があり同族意識があった様である事、婺州楼氏は明州楼氏に寄生的関係を持った様に思える事が指摘出来る。

楼氏（楼炤については詳細な関係が不明）

楼瑞―允載―奎＝朱氏

孝宗の頃、婺州から出て宰相となった人に葉衡と王淮の名が挙げられる。王淮の場合はその一族も栄え、婺州出身の官戸としては栄えた方であった。王淮の墓誌銘には王氏の出自を伝えて、

> 王氏系出太原、五季避地至婺、居義烏之鳳林、後徙金華。遂占名数、八世為儒、至魯公、守道自晦、始闢家塾、廷名士、以訓子孫。政和二年、魏公以科第起家、

とある。(24) 王氏はもと太原（山西省太原市）の人であったが、五代の乱の時に婺州に徙り、儒学をもって業としていだが、政和二（一一一二）年進士及第者が出て官戸として抬頭したとあれば、起家は北宋の末頃となる。丹陽集巻三一、承議郎王公墓誌銘によれば、徽宗の政和二年王登が進士及第したとある。従って、王氏は魏公すなわち王登の進士及第が起家の最初であった。王登は北宋極末の靖康元（一一二六）年四月に没したが、前掲墓誌銘に「公娶大理寺丞陳琉之女」

とあり、その子王師心になると妻家を「姒陳氏」その女は「三女、適仕族」と述べており、(25)婺州における勢家として勢力は定着しており、官戸と結んだ様である。

王氏の中で最も明らかとなるのは、王師徳の一族である。師心と同じく登の子であるが、その子王淮について多くの伝があり、(26)それによって知ることが出来る。

ところで、宋史巻三九六、王淮伝によれば、王淮は紹興十五（一一四五）年に進士となり、孝宗の時に宰相となった。王淮の婚姻関係について、

王氏

王惟堯―本―登＝女（陳琉―女）
登―師徳＝時氏
登―師心＝曹氏
登―師古
登―師愈＝俞氏―瀚―柏＝楼氏
師徳―淮＝何紳の女
淮―女＝姚穎
淮―□
女＝程珌
女＝姚元特
女＝姚元哲
女＝趙汝鐩
女＝丁嗣延

公娶何氏、左奉議郎知温州瑞安県紳之女、累封冀国夫人、……、一女適校書郎姚穎、

とある。何紳の出身地は明らかでないが、姚穎については絜斎集巻五、通判平江府校書姚君行状があり「其先呉興人、後徙明」とあり、さらに「祖妣孺人史氏、太師魏公（史弥遠）之姑」とあるように、呉興（浙江省湖州市）の出であったが、のち明州に徙り世々官戸となった。さらに明州の望族史氏の姻戚でもあった。王淮の孫女については前掲墓誌銘に、

長適迪功郎新建康府府学教授程珌、次適将仕郎姚元特、次適姚元哲、次適従事郎信州績渓県主簿趙汝鎂、次適将仕郎丁嗣延

とある。このうち姚元特、姚元哲については、前掲姚潁の墓誌銘に、その子元特、元哲のことを述べて「皆、舅氏の女を娶る」とある。即ち婺州王氏と明州姚氏は世姻を結んだ事となる。

程珌については、宋史巻四二二に伝があり、徽州休寧（安徽省黄山市休寧県）の人と知られる。同伝には、

時寧宗崩、丞相史弥遠夜召珌、挙家大驚、珌妻丞相王淮女也、泣涕疑有不測、使人瞷之知受弥遠出迎、而収涕、弥遠与珌同入禁中、草矯詔、

と寧宗が崩ずる時の事を述べている。衆知の如く、史弥遠は寧宗が没した際に寧宗のたてた皇太子趙竑を廃して理宗を即位させ、定策の功をもって権力をふるった。この様な史弥遠の行動に程珌は協力した訳であり、程氏と王氏との関係、前の姚潁との関係をも併せ考えるならば、婺州王氏と明州官戸の関係は可成り深いと思われ、この特徴的関係は意味の深いものと思われる。(27) 趙汝鎂は輩字「汝」から見て宋室趙氏の一族と見られるが、丁嗣廷については明らかでない。

王師心及び王師徳の輩行王師愈は宋史巻四三八に伝があるが、晦庵先生朱文公文集巻八九、中奉大夫直煥章閣王公神道碑銘にも伝があり、「同郡俞氏を娶る」とある。女は皆官戸に嫁し、(28) 孫で王瀚の子王柏が楼氏を娶ったが、(29) 明州・婺州いずれの楼氏か或はそのいずれにも属さないのか不明である。

三、何氏について

北宋末頃の人で、南宋初建炎元年に没した何先の墓誌銘に、

世為婺之義烏人、曽大父湜大父祐、皆不仕、父京、亦守将仕郎、

と何氏のことを述べている(30)。また竜川文集巻二八、何茂宏墓誌銘に、

公姓何氏諱恢字茂恭、得姓所徙来甚遠、而婺之諸何為尤盛、居城之東、而散出永康東陽義烏者、其分合之詳、不可得而紀、然義烏之族、自公而上、其可数者八世、而公又有子有孫矣、

とある。婺州の何氏は娶って来たものであり、然も婺州の諸何とあれば、婺州に住む何姓のものは同一の祖先から分れたと見られていたのであろう。従って何氏も鄭氏と同様に婺州及びその近辺に散居していたと思える。

何氏

湜—裕—京—先＝鄭氏
先—女＝陳軒
先—棨
棨—女＝劉叔向
棨—恢＝葉氏
恢—女＝陳亮
恢—女＝宗楷
恢—女＝陳大同
恢—女＝兪袤
宗武—女＝大弁
兪隣—女＝大猷

前に述べた何先の墓誌銘によれば、仕えたのは何先の父何京からであり、何氏は新興の官僚であった。何氏の婚姻関係は、前掲の墓誌銘に「……、故凡与君締結姻好者、皆吾郷之賢士也、」とあれば、何先は婺州の有力な者達と結んだ事となる。また文中何先の妻家鄭氏について「鄭は金華の大姓と為る」とあるが、鄭氏は前に述べた婺州

鄭氏の一族かと思える。女については「女一人、適進士陳阡、」とある。(31) 陳阡も婺州の人であるが、伝はない。

何先の孫何恢については、竜川文集巻二八に何茂宏墓誌銘があり、

娶同邑葉氏、……、女六人、唐仲義、陳亮、宗楷、陳大同、俞袠、其壻也、

とある。陳亮は水心集巻二四に陳同甫王道甫墓誌銘があり、婺州の人と知れるが、また竜川集の著者として知られている人である。宗楷は同じく婺州の人宗武の子であり、宗武の墓誌銘に、

県尉字成老、娶葉氏、子男二人、楷、林、女六人、何大弁、某某其壻也、……、大弁者、永康陳亮之弟、楷之妻又其女弟也、

とある。(32) 文中の何大弁は何恢の子である。何恢の妻家葉氏と宗武の妻家の葉氏が同族か否か明らかでないが、何恢の女が宗武の子宗楷に嫁し、宗武の女が何恢の子何大弁に嫁している。他の唐仲友の一族たる唐仲義、陳大同、大族の一員たる俞袠についてはさらに詳細を明らかにし得ないが、何氏が婺州の有力な者と結んだ事を考えあわせれば、これもまた大方が婺州の人と思われる。よって、何氏は官戸として特に勢力を持っていたとは思えないが、婺州と深く結んだ、いわば在地の勢力と云えよう。

むすび

現在の婺州は金華市として浙江省南部のほぼ中央にあり、上饒市から杭州に至る鉄道路のほぼ中間に位置して交通の要所として栄えている。これは宋代に於いても同様であり、唐宋の時代入閩路として利用されただけでなく婺州・衢州間は甃で舗装すらされてあったと云う。(33)

この様な地理的条件によるのか、官戸の流出入が激しく、本章にとりあげた官戸も、呂氏は華北から、鄭氏は福建

からそれぞれ徙って来て居り、その他王氏も太原から徙って来たと伝えている。さらにまた、鄭氏は婺州近辺に散在し、楼氏はその大半が明州に徙り婺、明両州にまたがっている。その他何氏は婺州内でいくつかに分れた。

この様に婺州において官戸の流出入が頻繁であることには種々の理由が挙げられるが、一因として地理上の位置が挙げられよう。すなわち江南の重要な交通路上に位置していた丈けでなく、杭州、明州など南宋の主要な都市に近く、これらと新興の福建を結ぶ地に位置していたことである。

婺州から出て官戸となった時期は、本章では紙数の関係上割愛したが、早いものは北宋の初期から出ている。然し大方は北宋末頃からで、この点ではほぼ明州と同様であるが明州ほど栄えた家がなく、何氏の様に郷里に密着した婚姻関係を持った家があった反面、他地域（特に明州が多いが）の勢家と結んで自己の繁栄を図る家が多い様である。その典型は楼氏であったが、この他王氏、郭氏があり、両者共に明州一の名家史氏と結んでいる。然し「明州における官戸の婚姻関係」において考察した様に、明州の官戸から見れば他地域出身の官戸との結びつきに重要性がない訳ではないが、比重の高いものとは云えない。

これは、結局のところ婺州官戸の明州官戸への寄生、もしくは他の先進地域特に明州の官戸と結び勢力の扶植に努める傾向のあらわれと思われる。

それにしても、鄭氏、楼氏、何氏の地域的拡散、呂氏、鄭氏の移住は何を物語るのであろうか。本章では及ばなかったが、分院をし、複数以上の都市にまたがって一族が拡がっていく事、より栄えた都市へと官戸が徙っていく事についてはあらたな追究が必要と思われる。

註

（1）伊原弘「宋代明州における官戸の婚姻関係」（『中央大学大学院研究年報』創刊号、一九七一年）。
（2）青山定雄「宋代における華北官僚の系譜について（その二）」（『聖心女子大学論叢』第二五集、一九六五年、三〇一―三二二頁）、「宋代における華北官僚の婚姻関係」（『中央大学八十周年記念論文集』一九六五年、三七六―三七九頁）、衣川強氏「宋代宰相考」（『東洋史研究』二四―四、一九七三年、三九―七六頁）。
（3）宋史巻三六二、呂好問伝。
（4）註（2）、「宋代における華北官僚の婚姻関係」（三八五―三八六頁）。
（5）宋史巻二八二、王旦伝。
（6）同右巻三四〇、蘇頌伝。
（7）同右巻三三七、范祖禹伝。
（8）范祖禹、范太史集巻三八、朝議大夫致仕程公墓誌銘。
（9）宋史巻三一二、韓琦伝。
（10）呂祖謙、東萊呂太史集巻一四、東萊公家伝。
（11）聖門志巻二上、先儒呂子宋によれば「卜居金華」とある。地勢を判断して婺州金華に家を構えたとあるが、無論これのみがその理由とは思えない。
（12）宋史巻四三四、呂祖謙伝。
（13）聖門志巻二上、先儒呂子宋。
（14）宋史翼巻一、韓元吉伝。
（15）同右、芮燁伝。
（16）汪応辰、文定集巻二三、樞密院計議銭君嬪夫人呂氏墓誌銘。
（17）鄭剛中、北山文集巻末、資政殿学士鄭公墓誌銘。
（18）青山定雄『唐宋時代の交通と地誌地図の研究』（吉川弘文館、一九六三年）「唐代の陸路」五頁、「宋代の陸路」三五一―三六頁。
（19）この点に関しては、本文中で指摘した様に、呂氏は南渡時華南を転々として居り、その後北上して両浙路婺州に定着した。婺州に定着せねばならない積極的理由は今のところ判明しないが、交通の要所に定着するのはほぼ納得出来るからである。

(20) 前掲北山文集巻一五、族嫂陳氏墓誌銘に「夫人姓陳氏、同郡贈中奉大夫諱鄰臣之女、……、長適貢士陳柄、次適進士張頎、陳格、陳正己、陳嶠、陳岷」とある。このうち陳正己については、陳亮の竜川文集巻二七、陳性之墓誌銘(陳良能)に婺州の人陳良能の子として名が見えるが、他は不明である。

(21) 伊原弘、前掲論文、一六〇―一六三頁。

(22) 袁燮、絜斎集巻一一、行状資政殿大学士贈少師楼公行状。

(23) 王柏、魯斎王文憲公文集巻二〇、大学進士楼叔茂墓誌銘。

(24) 楼鑰、攻媿集巻八七、少師観文殿大学士王公行状。

(25) 汪応辰、前掲書、顕謨閣学士王公墓誌銘。

(26) 楼鑰、攻媿集巻八七、少師観文殿大学士魯国公致仕贈太師王公行状。楊万里、誠斎集巻一二〇、少師大観文左丞相魯国王公神道碑。

(27) 婺州の官戸が明州の官戸と結んだ例として前に楼氏をあげたが、史氏と結んだ例としてこの他に郭氏があげられる。郭氏については、孝宗の頃の人郭良心について水心集巻一三、郭府君墓誌銘に「君姓郭氏諱良臣字徳麟、婺州東陽人、自曾祖感祖招父知常、富其里中、至君兄弟皆士人、」とあり、郭良臣の輩行郭良顕の墓誌銘、水心集巻一三、郭処士墓誌銘にも「郭氏之著於東陽久矣、自浙以東、数大家者、先郭氏、」とある。「兄弟皆士人」とあれば、邑中の盛家とあるのもうなづける。郭良顕の子女については前掲墓誌銘に「娶葉氏、……、女嫁修職郎前太平州教授葉挺、……、迪功郎新厳州分水県史弥悆、」とある。史弥悆は明州史氏の出であり、史漸の子である。よって郭氏もまた明州史氏と通婚していた。

(28) 朱熹、晦庵先生朱文公文集巻八九、中奉大夫直煥章閣王公神道碑銘に「長適進士陳思、次適太学上舎生時澐、次適進士袤、次適進士葉紹澎、次適将仕郎潘晋孫、」とある。

(29) 王柏、魯斎王文憲公文集附録、圹誌に「其配楼氏」とある。

(30) 鄭剛中、北山文集巻一五、同氏考妣墓表。

(31) 同右。

（32）陳亮、竜川文集巻二七、宗県尉墓誌銘。
（33）前掲青山定雄『唐宋時代の交通と地誌地図の研究』第一編「唐宋時代の交通」三五頁。

四　南宋四川における定居士人
——成都府路・梓州路を中心として

はしがき

宋代の士大夫が官となり栄進をしていくと、本貫の地を離れて徙ってゆき故郷に帰らない者も多かった、とは洪邁の指摘するところである。(1) さらに、廻避制が施行され官僚の地縁・血縁による結びつきを妨げた、との指摘もある。(2) これは、宋代の官僚機構の運営が全国的視野をもって行われ、戦乱等によらない任官による移動が招来した結果である。(3)

だが、これらにはなお細かな考察が必要である。例えば、移動する者がある反面、徙ってゆく事のできなかった例や、官となり他の土地へ出ても再び帰ってくる例も報告されており、(4) 廻避制についても実施状況には不明の部分が多い。(5) 要するに宋代の官僚及び士大夫層には徙った者とそうでない者との二つの型があった。このような所謂「徙居」と「定居」の二つの形態は宋代の官僚の追究に一つの手掛りとなろう。(6) 本章はこの問題を取上げるが、特に四川の成都府路・梓州路を中心として考察する。

私は本書第二部所収の「南宋四川における呉氏の勢力——呉曦の乱前史——」で呉氏のあり方を考え、(7) 四川の人士の支持がなかったため呉曦の乱が成功しなかったとしたが、これは地方在住（政治の中枢地・先進地より離れた土地）の人士を念頭においての事であった。そこでまず四川在住の官僚及び士大夫層一般について論じ、ついで他の地域にも及ぶこととする。

一、南宋政権治下の四川出身官僚

中国大陸の奥地にすぎなかった四川は、北宋の滅亡によって、対金前哨地として一躍重要性をおびることとなった。その結果、北辺利州路に武将呉氏一族の存在を長期にわたって容認することとなる。それ故に南宋政権下の四川が特殊性をもつと論じられるのは一面の真理であるが、官僚の場合はどう論ずべきであろうか。問題に入る前に南宋政権下の四川の位置付けをしておく必要があろう。

南宋政権と四川出身の官僚との数的関係を論じたものは既にいくつかある。そこでそれらによりつつ、現在認識されている南宋代の四川出身官僚の問題点を把握しておく。

まず周藤吉之氏は北・南両宋の宰相・執政について考察し(8)、蜀すなわち四川の人はあまり用いられなかったと論じた。さらに、科挙及第者との関係にもふれ、蜀全体としての合格者は両浙路についで多く、北宋末頃より従来進士に入らなかった家が多数進士科に合格し官僚層に入っていったと説明し、その結果四川の人士は南宋に至って官僚層に組み込まれた、とする。また佐竹靖彦氏は四川出身の名人について考察し(9)、四川四路のうち成都府路は名人を多く出し、江東西路・福建路と共に両浙路につぐ先進地で、宋代の四川四路の中で成都府路のみが科挙官僚輩出の一中心地と思われる、とする。一方、青山定雄氏は、四川が華南で独自の地位を占め、比較的早くから開発され、唐末以来の乱に際して華北から従ってきた者が多い事を傍証する一方、これらに仮託して家を飾る者も多く、南宋に至るもその傾向が続いていた事を立証された(10)。このほか何佑森氏は諸図を記載して両宋の学風を論じ、学者・文人の分布の内で四川が数的に他にまさるのは蜀学のみで、多くの場合両浙・福建・江南西路の後塵を拝している、とする。[11]四川は数的には江南諸路に到底及ばなかったものの、蘇軾・魏了翁の例にみられる様に独自のものがあったのである。

このように現在指摘されている四川官僚の特徴をまとめると、表面的には従来から指摘されている江南官僚（両浙・江東西・福建の諸路）の特徴と合致するものが多い。すなわち擡頭の時期が北宋末頃からであること、華北官僚に仮託して家を飾る者の多いこと、従来進士に入らなかった家が官僚層に入ってきたことなどである。要するに江南・四川共に宋の南遷によって漸く官界に力をもつ様になったのである。ただ南宋期考察の前提である北宋期の官僚の活動状態は江南官僚の方が勝れており、[12]北宋四川の豪民層も江南とは異なる性格をもっていた。[13]にもかかわらず科挙合格者数及び官僚層擡頭の時期では江南官僚と肩を比べている面もあった事が重要である。

では何故江南官僚が他の地域の官僚をしのいで南宋を牛耳ったか。中国史に江南の占める比重が高いことは周知の事である。[14]しかし、南宋はその名の通り華南の支配のみをもって一国を形成し、建国及び政権維持の面からみても、四川の重要性はその他の王朝に比すべくもない。しかも科挙の合格者数といった現象面にあらわれた四川、なかんずく成都府路の官僚・士人は決して江南諸路に劣るものでない。しかるに四川官僚は中央政界で発言の機会をあまり得る事ができなかった。[15]この点について周藤氏は、北宋の南遷が江南官僚の支持下に行われた為とする。[16]さらに、南渡後も秦檜の時代には江東西、殊に建康府のものが多く宰相・執政に採用され、理宗朝以後は史彌遠・史嵩之の一族及び賈似道が権力を独占し、そのため両浙地方の官僚が政権を握り、福建・江東西のものがこれに続いたとする。[17]

このように南宋が杭州に建都した事が江南の優位を決定付けたが、そこにもおのずから変化があり、江南諸路内でも勢力の盛衰があった。すなわち宰相・執政の出身地の変化からも指摘できるように、江南出身といっても時代の趨勢によっては中央政界に用いられないものも出てくるのであった。

では四川人士の立場はどうだったか。四川出身者の列伝にみると、まず『宋史』巻三七五馮康国（梓州路遂寧府人）

伝に「趙鼎言於高宗曰、自張浚罷、蜀士不自安、今留者十餘人、……」とあり、続いて同巻三八一趙逵（梓州路資州人）伝には、

帝語王綸曰、趙逵純正可用、朕於蜀士未見其比、朕所以甫二歳、令至此、報其不附權貴也。先是逵嘗薦杜莘老・唐文若・孫道夫、皆蜀名士、至是奉詔擧士、又以馮方・劉儀鳳・李石・郯次雲應詔、宰執以聞。帝曰蜀人道遠、其間文學行義有用者、不因論薦無由得知、前此蜀中宦游者多隔絶、不得一至朝廷、甚可惜也。自檜顓權、深抑蜀士、故帝語及之。

とある。また同巻三九六にあり、孝宗朝に宰相であった趙雄（梓州路資州人）の伝にも、

自雄獨相、蜀人在朝者僅十數、及眷衰、有言其私里黨者、上疑之。已而陳峴爲四川制置、王渥爲茶馬、命從中出、雄求去、詔勉留曰、丞相任事不避怨、選才無郷舊、蓋有所激也、祖宗時蜀人未嘗除蜀帥、雄請外、除觀文殿大學士四川制置使、王藺爲御史、以故事不可、上疏論之、雄乞免、改知瀘南安撫使。

とある。「祖宗時云々」とあれば、北宋代から四川人士が四川の要職にあてられなかっただけでなく、高宗・孝宗の時代にいたるもその傾向が続いていたと思われる。呉曦の乱に際しても、『建炎以來朝野雜記』乙集巻十淳熙至嘉定蜀帥薦士總記に

呉曦平後、朝論以蜀士在朝者少、又特召人、此外郡守已下、非常有朝蹟、及進士三人、莫非帥臣所薦召矣、

と、四川出身者の登用が稀な事を伝えている。すなわち、四川出身者は南宋初より半頃まで中央であまり用いられていなかった。この点は宋朝の政治制度もからめての追究が必要であるが、前引の史料では四川出身者が登用されなかったのを、折々の権力抗争と関連付けている。しかしそれのみが理由でないのは、全体を通じて常に蜀士の登用を論じている事からも明らかである。南宋の代表的な政治抗争である主戦・主和の抗争にも四川人士の與えた影響は少ない。(18)四川出身者があまり用いられなかったのは南宋一代の傾向であった。

では四川出身者はどこに登用されたのか。前掲『朝野雑記』乙集巻九蜀士立功立節次第では、

武興之變、立功者、安觀文爲之主。楊巨源・李好義倡率忠義次之、李貴手斬逆賊、又次之。若李好古・安癸仲・楊君玉・李坤辰・張林・朱邦寧之徒、協謀擧事、又其次也。立節者、陳待制（咸）爲之首、史次奉（秦）、薫目避僞、次之。大安軍軍學教授李國博（興宗）棄郡而去、又次之。若王釜（總領所主管文字）・李道傳（蓬州州學教授）・皆不受曦之招、又其次也。楊泰之（羅江縣丞）・鄧性善（犍爲縣尉）・程遇孫（知丹陵縣）・安之源（龍游縣令）・文俱（眉州司戸參軍）・宋子欽（金州都統司計議官）・劉端友（總領所措置糴買）・劉翊之（興道縣丞）・劉靖之（監成都府糧料院）・楊汝明（成都府觀察推官）・張方（普州州學教授）・家大酉（昭化縣主簿）・楊修年（簡州州學教授）・梁梓（隆州司理參軍）・詹久中（漢州州學教授）・晁子儀（知緜竹縣）・錢元儒（眉州司法參軍）・龐坤載（名山縣尉）・張權（監德陽縣商稅）・鄧諫從（新知懷安軍）・袁柱（新知隆州）・楊鼎年（知萬州改差置司參議官）・李莊（知梁山軍改差知雅州）・程公説（前卭州州學教授）・避僞去官、又其次也。（以上立節之士、共三十人。文俱以上五人係乞致仕。張權以上十四人係見任去官。袁柱以上二人係不赴新任、李莊以上二人係不候替人。程公説係不到部。）死節者一人、權大安軍楊震仲。始終不奉行僞命者一人、成都帥臣楊端明也。其餘拒僞歸朝、加劉侍郎（甲）李校書（煌）。稱疾不視事、如李侍郎（寅仲）等、尚多有之。曦叛時、以李季允持異論僞帥祿祁令殺之、會其己去仍得免。

と、乱鎮圧に功のあった四川人士の名前をあげている。また『宋史』巻四七五呉曦伝にも、

呉晛、爲曦謀、宣收用蜀名士、以係民心。於是、陳咸自髡其髪、史次秦塗其目、楊震仲飲藥卒、王翊・家拱辰皆不受僞命、楊脩年・詹久中・家大酉・李道傳・鄧性善・楊泰之悉棄官去、薛九齡謀擧義兵、

と、呉晛が呉曦の為に蜀の名士の支持を得ようとした事と蜀士の反応をのべている。前文にも名前のある者は丸印をつけたが、前文に蜀士とあり後文に蜀の名士とあれば、ここにあげられた士人は、おおむね四川出身者といえる。ただ李好義・好古の兄弟の様に陝西から従ってきた者もおり、全員を四川土着の人とすることはできない。両史料に名前のある者は四七名であるが、内十七名は出身地が判明する。そこで十七名について、出身地、乱前後の官名・出身を図示すると以下の図になる。

四川の知州・知県クラスの官に四川出身者が登用されていた事や彼等が四川人士の意見を代表する立場にあった事

名前	出身地	官	出身	出典
安　丙	廣安（順慶・梓）	随軍轉運司	進士	『宋史』巻四〇二
楊巨源	益昌（成都・成）	監興州合江贍軍倉（興州・利）	武将	『宋史』巻四〇二
李好義	下邽（西安・秦鳳）	興州正将（興州・利）	武将	『宋史』巻四〇二
李好古	下邽（西安・秦鳳）	？	？	『宋史』巻四〇二附李好義伝
陳　咸	仁壽（成都・成）	待制	進士	『宋史』巻四一二
史次秦	眉山（眉州・梓）	？	進士	『宋史』巻四四九
李道傳	井研（成都・成）	蓬州州學教授（蓬州・利）	進士	『宋史』巻四三六
楊泰之	青神（眉州・梓）	羅江縣丞（綿州・成）	類試	『宋史』巻四三四
程遇孫	仁壽（成都・成）	知丹陵縣（眉州・成）	？	『宋元學案補遺』巻七二
劉靖之	臨江（重慶・夔）	監成都府糧料院（成都・成）	？	『宋史』巻四三七附劉清之伝
楊汝明	青神（眉州・梓）	成都府觀察推官（成都・成）	？	『宋元學案補遺』巻一一一
張　方	資陽（成都・成）	普州州學教授（普州・梓）	進士	『宋史』翼巻二二
家大酉	眉州（眉州・成）	昭化縣主簿（利）	進士	『宋元學案補遺』巻九七
鄧諫從	漢嘉（雅州・成）	新知懷安軍（成都・成）	？	『宋元學案補遺』巻七二
程公説	眉山（眉州・成）	前卭州州學教授（卭・成）	進士	『宋元學案補遺』巻七二
楊震仲	成都（成都・成）	權大安軍（大安軍・利）	進士	『宋史』巻四四九
劉　甲	龍游（嘉定・成）	侍郎	進士	『宋史』巻三九七

は引用文からも明らかであるが、図では成都・眉州など成都府路出身者が多い事、出身地に比較的近い所に任ぜられた者がかなりいる事も明らかとなる。さらに進士出身者でもあまり高い地位についていない事も判る。これは成都府路出身者が四川の指導的地位にあった事も示しており、同時に彼らの動向に気を配る呉氏の姿から、呉氏の影響が北辺の利州路のみでなかった事も示す。前に四川出身者はあまり中央で用いられなかったとのべたが、右の史料はこれに対する一つの解答でもある。

二、士人と定居

これまでのべてきたとおり、四川から科挙及第者が多く出たが中央政界で登用される者は少なく、四川内で任官して有力者と見られている者が多い。すなわち、中央政界に参加できた者とできなかった者の二つの型があり、そのうち中央政界に参加できなかった者の方が多い事が指摘できる。中央政界に参加して四川以外の土地に任官したものは、より栄えた土地へ徙る「徙居」がしやすい。一方四川で任官したものは、官を辞めたり終えたりすると本貫或いは物力田産を有する土地に帰る「定居」の場合が多かったと思われる。この点について丹喬二氏は、北宋初期の四川では豪民支配が行われ、州県の職をかねていたとする。[19] また周藤氏は、北宋期の四川には大姓が多く、彼らの間だけで通婚し、門族を定め、特殊な階層を形成する風潮があったとする。[20] すなわち、北宋期、特に初期には在地有力者がそのまま地方政治にたずさわり移動の事はあまり問題になっていない様である。が、時代が下がり科挙制が進行していくと、また事情がちがってくるであろう。では南宋ではどうだったか。彼等の婚姻関係は後述する事として、まず経済基盤及び官との関係を中心に実態を見ることとする。

南宋初期の人で成都府路資州の人李石の『方舟集』巻一五塗勉仲墓誌銘に、

　　按元稹傳、載嚴礪節度東川、沒入居民塗山甫等八百餘家、田產奴婢、爲稹所劾、礪與山甫皆東川人、豈有怙用其勢、以暴其鄉人如此、……、今塗氏・嚴氏皆爲梓望姓、両家阡陌相接、

と、梓州（梓州路）の塗・嚴両氏が唐代から続く在地の有力者であったとのべている。この例は既に河原由郎氏が指摘し、[21] 青山氏も塗氏が一方で儒者であり、一方で高利貸を営業していたと指摘する。[22] 前引史料にさらに続けて「夫中江塗勉仲者娶嚴氏、両家有佳子弟、多従余（李石）游、」とある。すなわち大姓間の通婚の例である。この様な郷村の有力戸が官僚の出身基盤で、官を得るために努力を続けていた事は、前文に李石に子弟をつけたとある事からも明らかである。しかし塗氏について「曾祖某・祖某・父某、三世業儒不仕、」とあり、『宋元學案補遺』巻九九にも塗勉仲以下、森・柄の名前をあげるのみであれば、努力にもかかわらず塗氏一族から任官者はでていない。また「余（李石）爲學官成都、勉仲歳遣両郎、執經禮、」とあれば、学問を収めさせる為に二子（森・柄）を游学までさせている。塗氏

一族が学問を続けるのが官を出すためであるのは明白で、「三世業儒不仕」とあるのも「三代の間学問を続けたが仕えなかった」のではなく「仕えることができなかった」のである。

塗氏は遂に科挙及第者を出し得なかったが、科挙及第者を出し得たものもある。紹興年間の人牟氏について『古誌石華』巻二八趙牟氏墓誌銘に、

孺人姓牟氏、隱君諱里仁之女、進士趙之才之配、其先蜀之資陽人、累葉以富顯、隱君、煕寧初挈貲游南平、顧膏腴可取、遂家榮懿、自是貲產盛甲一鄉、……、先是（趙）允大父諱言、亦至自武信、與隱君產業相頡頏、人目爲趙牟久之、

とあれば、趙・牟両氏共に夔州路の南平に従って資産を築いた。両氏はこの後通婚するが、両氏の業は頡頏し「今阡陌聯翩」とあれば、先の塗・嚴両氏と同じ様な状態である。官との関係は趙之才を「進士趙之才」とのみしるし、その子は「生二子曰允、曰充、業進士、擧功名、遲速未可量、」とあれば、官についていないか、ついていても有力でなかったと思われる。宋代の士人の中には、折角進士及第をしても任官できずに定居している者がいる事を指摘したが、趙之才もその一例であろう。(23)

この様な定居士人が理財に熱心だった事は、『鶴山文集』巻七一宣教郎致仕史君堯輔墓誌銘（眉州丹稜人）に「充甫（堯輔）疾猶命其家人經理、……、充甫平生澹於貨利、……、」とある事からも明らかである。平生は貨利の事に淡白であったとするも、病気の時は家人に経理を命じたとあれば、関心が薄かったとはいえない。(24)魏了翁の一族の魏雄飛にしても、彼が卭州南道に住んだ時の事を「君故蒲江、徙久、而從其俗、買酒舍、」とあれば、やはり経済に意を用いている。彼等がどの程度の土地を所有していたか具体的な数字はでてこない。(25)しかし、先の塗氏や牟氏の様に阡陌を連ねると云う表現が用いられたり、土地の豊穣さを見て落ち着くと云う表現が用いられるのを見ると、決っして少ない土地ではなかったろう。その上に経理に熱心であったとあれば、鋭敏な経済感覚をも持ちあわせている。前の

塗・嚴両氏や趙・牟両氏は経済的関係の上に婚姻関係もあわせもち、強力な協力関係をもっていたが、同様の例は魏了翁の一族にも見られる。前引の史堯輔の墓誌銘には、

……、余（魏了翁）既爲買棺給喪事、又以錢百萬、遺其妻孥、俾買郭外田給伏臘、又得范・程二公及前軍器監丞劉思莊翊之合錢五十萬、遂併以買田、

とあり、『鶴山文集』巻七一榮州司戸何君普墓誌銘（卭州蒲江人）には「（男）似之、貧不克葬、君之友前潼川漕樊仲恂士、迪賻以金錢、」とあり、同巻八二故廸功郎致仕史君孟傳墓誌銘（眉州丹稜人）に、

予（魏了翁）爲買屋于眉之南門、有大家、以小屋易之、孟傳不之較、亦未嘗形之言也、

とある。彼等の協力関係は土地・家屋の購入のみならず、葬儀の運営にまで至っている。さらに多量の銭を持っている事も注目に値する。彼等の経済力が土地のみによってうみ出されるものでない証左というべきか。ところで矢張り魏了翁の姻威である高氏の事として鶴山集巻八八祖妣孺人高氏行状（魏某妻）に、「家故居邑外田、家卭市、」とある。彼等の中には、家を城市に移すものもあった。

彼等有力者が常に科挙や官を意識していた事はすでに觸れたが、同様の例は後述する魏和孫の一族にも見られる。和孫は、南宋半頃の人で鶴山先生大全文集をあらわした成都府路卭州蒲江の人魏了翁の同族であるが、その巻七〇魏府君（和孫）墓誌銘にも、

君同産之二弟、連歳賓貢、其二弟之子接踵科級、雖以某之不肖、亦獲綴一名于慶元進士籍、

とある。「連歳賓貢」とあるが、宋代ではあまり見られない言葉である。賓貢についてはいずれ詳細に述べるが、『福惠全書』（蒞任部、看須知。典禮部、總論、賓興考試等）に、賓貢は賓興で、士人の子供が郷試に応ずる時に地方官が宴席を設けてもてなす事と説明している。宋代の郷飲酒にあたると思われるが、これが連年に及んでいるとあれば、魏氏一族の官を出すことへの執着の強さを示したものといえる。

ここで注目すべきは、塗氏が学問をつづけるために李石と強い関係をもち、李石が成都にうつると子供を成都へ送ったことと、魏和孫の一族が連年地方官主催の賓興の席にでていることである。地方に勢力をもつ有力戸が学問を続けて科挙及第のあしがかりを得るにはこの様な交流関係がものをいったのであろう。この様な例はほかにもあり、『鶴山文集』巻七二貴州文學高君道充墓誌銘に、

嘉定十有三年、天子有事于明堂、詔紹熙三年四月類試、擧人特擧奏名、高君道充就試入等、明年授貴州文學、某時守潼川、辟君主中江縣簿、

とある。宋元學案補遺巻八〇高先生道充によれば、この時潼川（梓州路）にあったのは魏了翁であった。邛州蒲江の人高道充は類試により挙人の資格をとって、学問の師であり姻威でもあった同郷の人魏了翁の下で主簿となった。主簿はいわゆる幕職州県官の一つであるから、官僚となったという面からみると意義がうすいが、郷里の大姓が官を得たという点では意味があるし、官界への登場の仕方、魏了翁との関係が注目できる。高道充と魏了翁の姻威関係は後述するが、高氏の城居については既にふれた。道充は官を辞めると郷里に帰り、了翁はやがて福州（福建路）で没する。四川にいた時の魏了翁は書院の活動で人々と深い関係をもっていた。『宋史』巻四三七の彼の伝には、

未數月、復元官知眉州、眉雖爲文物之邦、然其俗習法令、持吏短長、故號難治、聞了翁至、爭試以事、乃尊禮耆者、簡拔俊秀、朔望詣學宮、親爲講説、誘掖指授、行郷飲酒禮、以示敎化、增貢士員、以振文風、復蟇頤堰、築江郷館、利民之事、知無不為。

と、眉州の風俗と魏了翁の活動を述べる。科挙をめざす士人にとって、一代の学者魏了翁は大きな存在であった。魏了翁も郷飲酒の礼を行うなど教化につとめており、いままで指摘してきた士人と学者・官の関係がここにも見られる。

ところで、四川人士が官をめざす時に重要な役割りを果したのが類試すなわち類省試であった。類省試とは、南宋に入って礼部の試に赴くことが不可能な者の為におこなわれた科挙受験の制度で、改廃転々としたが、四川では優遇

措置として大体行われている。[26]『宋會要』選擧二、紹興十二年十一月十九日の条に「詔、川陝類試過省、第一人特賜進士及第、與依行在殿試第三人。」とあれば、改廃があり、殿試と差があったとは云うものの、行在に行く必要もなく、四川人士には有利な制度であった。

いままでのべてきたとおり、四川人士は学問の師や地方官との関係を重んじ、科挙受験に際しては四川を出る必要もなく、官となっては四川内での任官が多かった。呉曦が乱に際して蜀の名士を懐柔しようとしたとのべたが、それはこの様な中央に用いられず四川内での活動を余儀なくされている人々の事を示しているのではないか。ここで彼等の行動や呉氏への評價について論ずる余裕はないが、乱の短期の終了が一つの解答となろう。

ところで、先に宋代の官僚には「定居」と「徙居」の二つの型があるとした。四川でもこの例はみられ、徙居した例として魏了翁がある。魏了翁は福州に客死するが、さまざまな理由で帰郷せず、遂に他郷に徙居する場合があった。その一方で郷村にのこる者もおり、魏了翁の場合ものこった一族があった。後述する魏了翁の同族の墓誌銘（『鶴山集』巻七二魏府君純甫墓誌銘）にも「……、而我従父兄弟凡八人、……、爲季父憂、君爲分其勞、居數年、季父卒、而君益不得自脱矣。」とある。官となり栄転に従って郷里を離れ、より良い土地に徙るのは一般士人の願いであったろう。竺沙氏もその様な例を示している。[27]しかし、任官して本貫の地を離れ徙ることが必らず繁栄を意味したとは限らない。本貫の地を離れること、また「徙居」することは必然的に宗族の分裂を招く。徙った者は従来からの土地の基盤を失ない、殘った者も頼るべき有能な一族の支柱を失うことになりかねない。魏氏一族にも定居して同族の世話をしている者がいたのである。

高宗・孝宗頃の人で四川に任官したこともある信州玉山（江南東路）の人汪應辰が、『文定集』巻一四與宰執書の中で、官となり本貫の地を離れた者について、

某家世農業、某爲生之具甚微、類皆耕而後食、織而後衣者也、一郷之内、版籍所載、未嘗有以官爲戸者、至某始

得一官、其區區之心、非特以仰事俯育而已、兄弟宗族、若内若外、所欲以相收相恤者非一、皆其義所當爲者、而某自從仕來、其閒居者、至于十餘年、其遠適者、至于二三千里、間者出守婺州、才數月爾、藥傷補敗、百未一二、而大禍仍之、屛伏墳墓、艱窘萬狀、支綴喘息、僅至今日、大抵二十五年間、所望以相收卹者、其貧者日以困、壯者日以老、老者往往物故、僅有存者、毎念至此、若鍼刺之在肺腑、

とのべるのはこのことである。宋代の士大夫が科挙に及第して官僚となり発財するのを願ったのは確かであるが、それが必らずしも繁栄をいみしない時もあったのである。官となり本貫の地あるいは物力田産を有する地を離れた者にとって、残して来た一族は心配の種であり、一族から離れた当人もまた不安の事態に陥る。したがって、退官後に再度帰郷する場合や徙居を欲しつつも良い土地を得ず帰郷した場合もあったと思われる。いままであげた諸例も、多くは学問を続け、科挙及第をし、時として官を得るが、結居在地の士人として同族の世話をする例であった。すなわち、究極的には移動せず、本貫或いは物力田産を有する土地に「定居」しているとみなされる例である。

青山氏は北宋の士人の起家と理財及び生活倫理について考察され、官職についた者が郷里を離れたり他郷に従ったりするために、家に留まった者が強い力を持つようになるとする。(28) また瞿宣穎氏は、南宋に至ると江西・福建・廣南の人が官につくようになり、郷居植党の風習が推進されたとする。(29) 杭州へ遷都の結果、経済的中心地と政治的中心地が合致した南宋では、北宋とは異なる事情があった。(30) これは江南官僚だけでなく、四川から出る事の少なかった四川官僚にも類似例がみられる。すなわち、ここに官僚の「定居」の一因がある。

我々がみてきたのは四川の例であったが、土地に執着を持ちつつも栄達を望み、栄達を望みながらも中央政界に受けいれられない人士の実態をみた。彼等は士大夫間の交流を重んじ官につくのを願うが、四川内で低い官を得ただけの者が少なくない。そこで、これらの中から長く続いた家を幾つか抽出し、実態を探ってゆこう。

三、魏了翁一族をめぐる諸氏と婚姻関係

魏了翁の鶴山先生大全文集は四川人士の墓誌銘・神道碑をのせたものとしては最良で、数も多い。しかも邛州・眉州など四川の先進地であった成都府路を中心として、梓州路のものも含んでいる。さらに史料成立の性格から、魏了翁に関連したものの記載が多く、その族的構成をある程度探ることが出来る。魏了翁自身は四川から従ってゆくが、彼が四川にのこした一族を明らかにすることは、有力氏族の連帯の実態や官との関係を知るのにも有益である。そこで、定居の状態を系譜と婚姻関係を中心としてみるが、一族の多いものはその都度図示する。

まず魏了翁の郷里でもある邛州についてみると、高氏がある。高氏は二氏あるが、高大中の一族からみていく（以下高氏Ⅰとする）。高氏Ⅰは『鶴山文集』巻七〇に高大中の伝が、巻七二に高道充、巻八八に高氏（魏某妻）の伝がある。

高氏Ⅰ

高皎
├ 女
├ 惟譁……永堅＝廖氏
│　　└ 女＝魏某（邛州）
│　　　　├ 女＝高大成（同里）
│　　　　└ 女＝樊居義（同里）
└ 惟謹……永安＝羅氏（邛州）
　　└ 宏甫＝呉氏（雅州）
　　　　└ 大中＝魏氏（邛州）
　　　　　　　＝潤（同里）―魏慥
　　　　　　└ 道充

まず巻七二貴州文學高君道充墓誌銘に、

君世爲邛之蒲江人、曾祖父永安不仕、祖父宏甫、嘗游辟雍、多爲時聞人所知、會靖康之變、大困而歸、……、君之考曰大中、

とあれば、高氏は代々邛州蒲江の人で、宏甫が一時邛州を離れたが、靖康の変に会って再び帰った。

高氏の系譜は、巻八八祖妣孺人高氏行状（魏某妻）に「邛蒲江人、曾祖皎、祖惟謹、父永堅、廸功郎、」とある。また巻七〇處士高大中墓誌銘では、祖永安の妻家を「取延貢羅氏」と、宏甫の妻家を

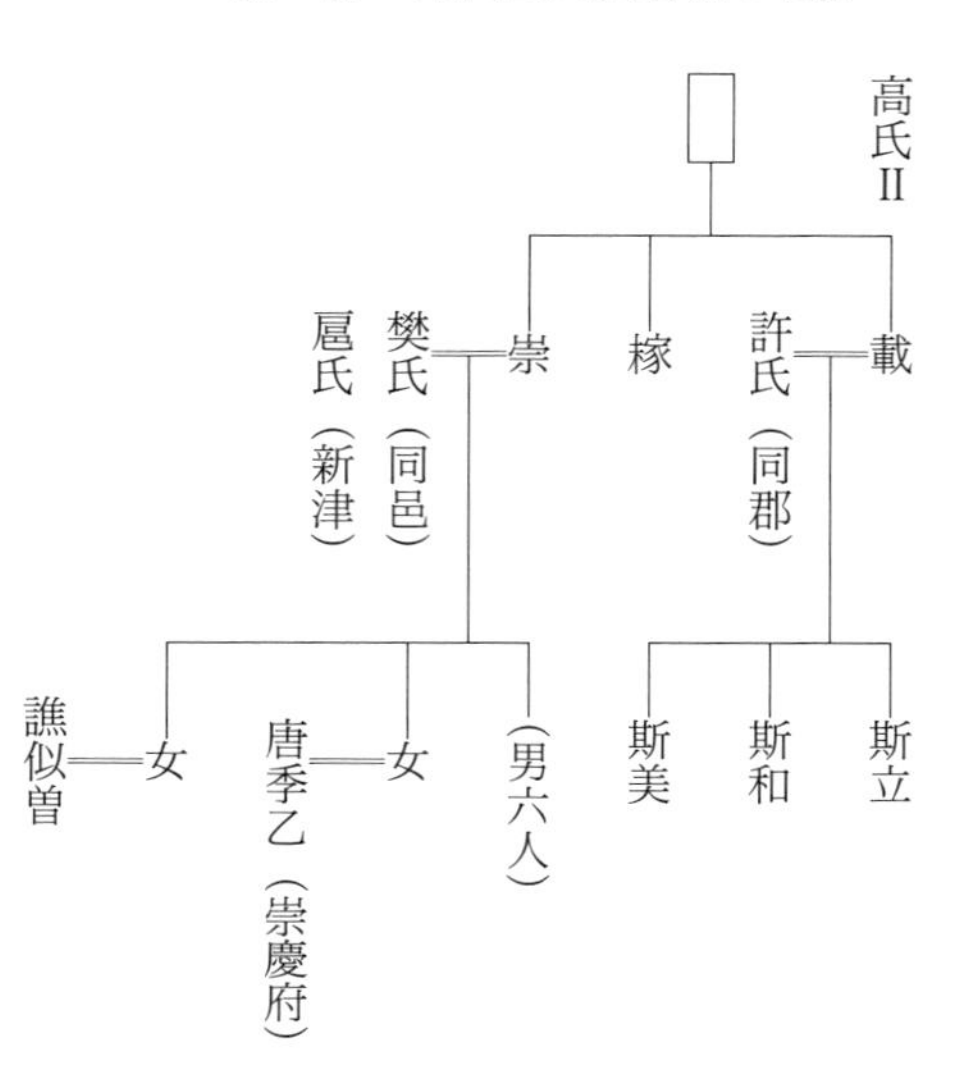

「元配雅之百丈呉氏、於是呉夫人之卒三年矣、繼室以余（魏了翁）之族祖姑、」と、大中の妻家を「君娶魏氏、諱潤、同里慥之女、」とのべる。永安の妻家が延貢の羅氏とあれば卭州の人で、父宏甫の妻家が「雅之百丈人」とあれば卭州と近い雅州の出身である。魏某の妻となった高氏の女は、行状を「祖妣」と書き出して魏了翁の一族に嫁した事を示し、さらに「二女子、適同里高大成、樊居義、」とある。高大成・高大中が同族か否か明らかでないが、宏甫の妻家も魏了翁の同族とあれば両者は関係が深く、宏甫の妻家が雅州の人であっても、全体的に見て郷里と密接な関係をもった婚姻関係と云える。

高道充については、類試及び任官の事情と関連して既にのべた。道充は低い官を得ただけだが、出身地と深い関係をもっていた。魏了翁との関係はそうした道充に深い意味をもっていたであろう。すなわち、道充は官を得た事により高氏の中に力を得ただけでなく、魏氏との関係により、卭州における諸族の連帯の中に自らを置く事ができたからである（括弧で示したのは出身である）。

高載の一族（高氏Ⅱ）は、巻八八に高載・崇兄弟の墓誌銘があり、官との関係も多少明らかとなる。知黎州兼管内安撫高公崇行状に、

世家卭之蒲江、維高氏以學業行誼、聞于州閭、至大夫、而家益昌。生六男子、家子載故奉議郎知靈泉縣、次稼今爲朝散郎前知榮州、公在第三。

とある。高載は知靈泉県（河南省安陽県）、崇は成都府路の知黎州で、稼も梓州路の知栄州であった。

高載は彼の伝に「以詞賦冠郷擧、登嘉泰二年第、」とあり、崇の伝には「紹熙三年、大夫以詞賦擧于郷、由是十年間、師友兄弟接踵科級、」とある。崇及び兄の稼については「嘉定六年、與仲兄各擧于成都潼川路轉運司、同赴類省試、」とあり、「……、於是任爲詳定官、而蜀士皆不在前列、故公與仲兄各以進士出身、得官、」とあれば、高氏は類省試を利用して官となる者を出し、比較的短期間に官戸となった。また嘉定八（一二一五）年に、「陞從事郎堂差教授眉州、以母喪去官、」とあり、続いて「皆願公出其門、公未嘗自請也、」とある。すなわち、崇は一時官を退りぞき退居する。崇が再び官につくのは十年後の宝慶元（一二二五）年で、没後は郷村に葬られている。彼は常に成都府路内の官につき、官についていない時は出身地の邛州に住んでいる。

載の家族は「君娶同郡安仁計氏、生三子男、斯立・斯和・斯美、一女巽早卒、」とあるのみで、崇の家族については「娶同邑樊氏、卒于開禧二季、年三十有四。再娶新津扈氏、卒于嘉定十二年、季四十有二、皆贈安人。子四人、斯猷・斯仁・斯和・銀菟・次斯仁以後季弟茂叔。女二人、長適前綿州教授唐季乙先卒、次適譙似曾、内外孫男女九人。」とある。樊氏は同邑の人であるが、扈氏は新津すなわち四川省新津県で成都の人である。ところで、高崇の女の婚家として唐季乙、譙似曽とある。譙似曽は明らかでないが、唐季乙は『鶴山文集』巻七二に綿州教授承事郎致仕唐君季乙墓誌銘があり、

考其世、自曾王考亘、爲宣教郎知火井縣、王考德成、嘗貢于郷、父道寧未仕、世居崇慶之晉原、

とある。成都府路崇慶府の人で、曽祖父が邛州の知火井県となったが、父道寧は官についていない。さらに「母同郡康氏」とあれば、康氏も成都府路崇慶府土着の人と思われる。

高氏の伝の特長は祖先の事にふれていない事である。官戸としての擡頭も、ほとんど突然である。彼等が学業をもって郷間にあった事は指摘した通りだが、それは先の塗氏と同様の状態だったのだろうか。いずれにしても、彼等が四川内で得た官も知州・知県程度で、結局郷村に回帰するしか仕方がなかった。

ついで魏氏についてみる。鶴山文集に記載された邛州の魏氏は三族あるが、魏了翁と同族と思われるものがある。魏雄飛・和孫（魏氏Ⅰ）は、巻七〇にそれぞれの墓誌銘がある。両者共に当代の事のみ記るし、それぞれの関係は明らかでない。魏雄飛は處士魏君（雄飛）墓誌銘に「吾（魏了翁）族祖、仲擧諱雄飛、」とあり、魏和孫は魏府君（和孫）墓誌銘に「邛之蒲江魏姓爲廣、惟譜諜之通者厥系惟二、蓋亦有故焉、今家於邑中者吾（魏了翁）宗也、」とある。吾族祖・吾宗とあれば、雄飛・和孫の関係は明らかでないものの、両者共に魏了翁の同族である。魏氏の妻家は、雄飛について「配同里王氏」とあり、郷村での通婚をのべるも任官者にふれていない。また和孫は「君娶同邑王女、故安岳主簿宣義郎致仕傒之女、」とある。梓州路普州の安岳県の主簿とあれば王傒もまた四川の下級官僚であった。魏氏と官との関係に見るべきものはないが、和孫の一族と科挙の関連は既にのべた。

さて、さらに魏了翁の同族と思われる一族魏氏Ⅱについてみる。魏氏は『鶴山文集』巻七二に魏越翁の、同巻七二に魏景翁・少翁の、巻八一に魏文翁の墓誌銘がある、魏氏Ⅱが邛州の人であることは、巻八一魏文翁の朝議大夫知叙州魏公の「魏氏世爲邛之蒲江人」からも指摘できるが、官について「父諱孝壽、贈朝奉郎、……、祖諱革、曾祖諱大昕、」とあれば、文翁が官となった為に贈官されたのが実情であろう。また巻七二の魏府君（景翁少翁）墓誌銘に「余叔父諱南壽」と魏了翁の関連を述べている。南壽・孝壽は輩行と思われ、魏氏Ⅱも魏了翁と同族となる。

魏氏Ⅱの系譜・婚姻関係は図示したとおりであるが、矢張り魏氏Ⅱと同郡の出身者が系譜の多くを占めている。ところで景翁の墓誌銘に、

清甫（景翁）、取姨之子呉氏、再取李氏、故僉書劍南西川判官惟正之女、生一女子、未嫁、一男子尚志、則故奉議郎知靈泉縣高君載之仲子也、

とある。魏景翁は子がなく、前に魏了翁との姻戚を指摘した高載の子を養子に迎えている。また妻家李氏は父李惟正に墓誌銘があり、『鶴山集』巻七二僉書劍南西川判官（惟正）李君墓誌銘に、

其先本唐宗室、占名數于眉之彭山、從徒卭之蒲江、至君八世、曾祖仲昉、祖隆、父大受該慶壽恩累封承務郎、

とあれば、卭州の人である。唐室云々は仮託と思われ、李惟正まで仕えた者も居ないようである。惟正の婚姻関係については、

元妃同郡費氏、繼室成都史氏、一男仲莊、五女、長適成都王序之、次魏景翁、次楊伯森、次樊夢鐙、次費友龍、

とある。惟正は最初は同郡の人と通婚し、女の一人も魏景為に嫁した。その一方で、繼室は成都から迎え、長女も成都の人に嫁している。しかし魏文翁の墓誌銘に「予（魏了翁）與從父弟嘉父同居共學」とあり、続けて「郡人李中父（惟正）坤臣、以明經教授郷里、」とあれば、成都の人と通婚したといっても基本的には卭州を地盤としている。惟正もまた徙居のできなかった、定居士人であった(31)。

魏氏Ⅱ

史氏（成都）＝李惟正＝費氏（同郡）
史氏—李氏＝景翁
魏南壽＝樊氏（同郡）・趙氏
魏南壽—景翁・少翁
景翁＝呉氏
少翁＝韓氏（同郡）
景翁・呉氏—高載の子を養子とする・女
魏大昕—革＝□
革—孝壽
孝壽—文翁・越翁
趙氏—女＝文翁

これまでのべてきた士人は官を得ても幕職州県官程度で、しかも生涯を官僚として過す譯でもなさそうである。また科挙に及第しても、官についてない時は郷里にあって学問を教えている。そしてそれを丁寧に探ってゆくと、入り組んだ婚姻関係・地方色が顔を出す。

彼等はおおむね出身地との関係を重んずる。しかし一方で、高載や李惟正が成都の人と通婚したように、他の土地の人と通婚する場合がある。魏氏もまた同様の例があり、『鶴山文集』巻八一承議郎通判叙州李君墓誌銘の成都の人

李嘉量の一族に「李則余（魏了翁）之妻之舅也、其曾大父文顯、大父庾、爲里善人、父大年、承議郎致仕累贈中散大夫、」とある。これらの関係は、四川の士人が孤立していない事を示すものといえる。本章で引用した史料では、四川の士人は郷村との関係を重んじつつも、一方で学問や官・婚姻関係を通じて、邛・眉・雅・成都などの諸州と交流のあった事が明らかとなる。

おわりに

本章では、南宋時代の四川、特に成都府路・梓州路を中心とした地域、における定居士人の実態をみた。一口に南宋といっても、私がかつて考察した両浙路の明州・婺州の様な政治的・経済的中枢地[32]と中枢地から離れた土地とでは大分様子が異なったであろう。後者の例とみられる四川について考えると、四川の人々は中央政界にあまり用いられず、官僚となっても大体四川内で官につき、下級官僚で終る者が多い。また、官についていない時は出身地に定居し、学問を教え、士人間の交際を重んじ、密度の高い入り組んだ婚姻関係を結んでいる。それは時として他の地域にも及ぶが、おおむね郷土色の強いものである。そしてこれらを助長したものの一つに類試があった。特に学問による士人の結びつきは大きな力があり、本章でみた僅かの例でも同族間で学問を教えあい、官となった時にも重要な絆となっている。

問題は、この様な実態をどう考えるかである。最近、佐竹氏は唐宋変革期の四川の研究を通して中国史に対する展望をのべ、全体としては中世的な社会関係の中で一定の地域において近世的な社会関係が芽ばえていくとして、北宋初期の四川の土豪がその姿をかえ、王朝の領域支配の一スタッフとして変身していく方向性を指摘された。[33]氏の指摘の通り、一つの時代に次の時代の萌芽を探る努力が必要であろう。しかし、時代の認定の為には他の異なる地域をも考察し、全体として流れていく方向性及び次代を準備する変革を読みとる必要がある。筆者はかつて、この様な南宋の圧縮された状況下の定居士人が郷紳の発生を準備した、と考えることの可能性を指摘した[34]。しかしまた同時に、定居士人の成長と変化を読みとる為には、南宋の基盤である諸地域の異なる性格を念頭に置きつつ総合的に把握することも必要であろう。

本章でのべた例は中央に用いられなかった為に生じた結果であったが、宋王朝を構成した士人と発展の方向性の解明の為には、徙居した士人をも含めてさらに多くの例を諸地域についてみていく必要があろう。

註

（1）『容齋續筆』巻一六「思潁詩」。
（2）趙翼『陔餘叢考』巻二七（仕宦辟本籍）（親族廻避）。
（3）竺沙雅章「北宋士大夫の徙居と買田――主に東坡尺牘を資料として――」（『史林』五四―二）は、任官による移動の好例である。
（4）竺沙前掲書。松井秀一「北宋初期官僚の一典型――石介とその系譜を中心に――」（『東洋学報』五一―一）。
（5）伊原弘「宋代官僚の婚姻の意味について――士大夫官僚の形成と変質――」（『歴史と地理』二五四）。
（6）「定居」はすでに註（5）引用論文で用いたが、意味について一言ふれておく。最近刊行された日本国語大辞典でも引用しているが、三宅雪嶺氏の使用にかかわる語で「一定の場所に居住すること」の意味で使用される。基本的に一個所に居住している士大夫の状態を示す語として、郷居・城居・里居・家居等があるが、これらは一面で居住地の性格をも示している。そこで、居住地の性格をとわずに基本的に一個所に定住している事を示し、なおかつ「徙居」と対応する語として「定居」を用いる事とする。
（7）伊原弘「南宋四川における呉氏の勢力――呉曦の乱前史――」（『青山博士古稀紀念宋代史論叢』所収）。
（8）周藤吉之「宋代官僚制と大土地所有」（『社会構成史大系』巻八、一八―一九頁）。

（9）佐竹靖彦「宋代四川夔州路の民族問題と土地所有問題」（『史林』五〇―六、三六頁）。
（10）青山定雄「宋代における四川官僚の系譜についての一考察」（『和田博士古稀記念東洋史論叢』所収）。
（11）何佑森「兩宋學風的地理分佈」（『新亞學報』一）。
（12）周藤前掲書（註8）及び二四―五六頁。吉岡義信「北宋初期における南人官僚の進出――特に王欽若・丁謂の場合」（『鈴峰女子短期大学研究集』第二集）。青山定雄「五代宋における福建の新興官僚について――特に系譜を中心にして――」（『中央大学文学部紀要』・史学科七）。「宋代における江西出身の高官の婚姻関係」（『聖心論叢』第二九集）。「宋代における華北官僚の婚姻開係」（『中央大学八十周年記念論文集』）。
（13）丹喬二「宋初の荘園について――成都府、後蜀国節度使田欽全の所領を中心として――」（『史潮』八七號）、周藤吉之「宋代四川の佃戸制」（『唐宋社会経済史研究』七章）、「北宋四川の佃戸制再論」（『宋代史研究』十章）、河原由郎「四川四路の土地問題と商業資本」（『北宋期・土地所有の問題と商業資本』第四章）。
（14）桑原隲藏「歴史上より觀たる南北支那」（『桑原隲藏全集』第二巻所収）。
（15）外山軍治「岳飛と秦檜」、衣川強「秦檜の講和策をめぐって」（『東方学報』〈京都〉四五）によると、主戦・主和の争いに四川人士が関與した例は案外少なく、ここにも政治的発言力の弱さが見られる。
（16）周藤前掲書、註（12）。
（17）同右二〇―三三頁。周藤氏が宰執の分類図で出身地不明とした幾人かは、索引類の整備によって把握が可能となった。出身地が新たになった者もすべて江南出身で、江南の優位をますます裏付ける結果になった。
（18）註（15）。
（19）丹前掲書二〇頁。また佐竹氏も前掲論文で「四川四路は廻避制にもとづく科挙官僚制を受けいれにくい素地をもっていた。」と指摘する。すなわち四川出身官僚は在地制が強いとみる。さきに南宋の廻避制が比較的緩やかであった事を指摘したが（註5）、官僚制の進展に伴い次第に重さを増すこの制度が宋代では何を基準に行われ、どんな影響を與えたかは更に考察する必要がある。詳細な事はいずれ稿を改めて論ずる事としたい。
（20）周藤氏「北宋四川の佃戸制再論」。
（21）河原前掲書。
（22）青山定雄「北宋を中心とする士大夫の起家と生活倫理」（『東洋学報』五七―一・二）。

(23)同様の例として魏景翁の姻戚李惟正の例をあげておく、『鶴山集』巻七二僉書劍南西川判官李君惟正墓誌銘に、
淳熙七年以後、凡四冠擧、士之爲科擧者皆想聞風采、負笈從之遊卭、蜀大家爭走書幣、登紹熙四年進士、時年四十有一、猶以讀書未廣、調漢州戸椽、凡待戍六年、時相豫章京中遠鎭蜀曰、知公爲名進士、遣君書有曰、處閒六年、人爲子惜、吾欲用子、恨未有歴官月日也、
とあれば、李惟正は科挙に及第し、士人の衆望もえるが、官で恵まれたとはいえない。李氏もまた定居している一例である。

(24)『鶴山文集』巻七〇、處士魏君雄飛墓誌銘

(25)青山氏は前掲書（註22）で、神宗期の例を引用して、最低田二頃を所有していると一応士人の生活ができたのではないかと推測される。北宋と南宋を同一に考える事はできないが、参考になる数字である。

(26)荒木敏一『宋代科挙制度研究』第一章解試、第二章省試。

(27)竺沙前掲書。

(28)青山前掲書（註22）。

(29)瞿宣穎「郷貫」（『中國社會史料叢鈔』甲集下册八五九―八六〇頁）。

(30)註（5）。

(31)註（23）。

(32)伊原弘「宋代明州における官戸の婚姻関係」（『中央大学大学院研究年報』創刊號）、「宋代婺州における官戸の婚姻関係」（『中央大学大学院論究』六―一）。

(33)佐竹靖彦「唐宋変革期における四川成都府路地域社会の変貌について」（『東洋史研究』三五―二）。

宋代四川の諸氏

(34) 註(5)。

補註　参考の為に叩州近辺の地図(『歴代沿革輿地地圖』所収・宋地理志圖)と名前をあげた諸氏のいくつか(下線)を記しておく。

五　宋代浙西における都市と士大夫
――宋平江図坊名考

はじめに

揚子江下流域の湖「太湖」を中心に展開する一帯は、現在は江蘇省と浙江省に分轄されている。しかし宋代にあっては浙西とよばれ、浙東とまとめて両浙路とされた先進地だった。この地は、縦に貫らぬく大運河上に北から常・蘇（平江府）・南宋の首都臨安（杭州）の三州がほぼ等間隔で点在し、蘇・杭のラインを中心として湖（安吉府）・秀（嘉興府）の二州が向い合う。さらに常・蘇・湖の三州は太湖を擦るように展開する。宋代に殷賑をうたわれたこの地は、高い経済力を背景に都市を発達させ、多くの科挙及第者・官僚を出した(1)。

浙西地方からは宋を特徴付ける先鋭的現象がいくつも看取できるが、とりわけ宋以後の大きな変化とされる都市の発達と官僚・士大夫達はどう係っていたのだろうか。本章はこの点に注目し、都市に係った士大夫を探るための一ボーリングである。

一、士大夫と都市内の地名

宋代の都市を視覚的に示すものとして、名高い蘇州の地図『宋平江図』がある。平江図に集積された情報の解読及び蘇州の変遷は既論したが、(2) なお未解読の情報も多い。その一つが坊名の変遷である。坊名を検討すると、唐的な雅でないものや人名等を冠したものがあるのに気付く。(3) これは坊のみでなく巷や橋にも及んでいる。(4) この傾向は蘇州のみでなく湖州や杭州などの周辺の都市にもみられ、当時の一般的傾向だったと思われる。(5) しかしここでは位置が確認しやすいことを考え、他の都市を勘案しつつ蘇州を中心に論ずる。

朱長文（一〇三九―一〇九八）『呉郡図経続記』巻上坊市の条は、北宋中葉の坊名の由来をのべる。（傍点は筆者）

近者、坊市之名多失標牓、民不復称。或有因事以立名者、如霊芝坊因枢密直学士蔣公堂、豸冠坊因侍御史范公師道、徳慶坊因今太子賓客盧公革、各以所居得名。

南宋の范成大（一一二六―一一九三）は『呉郡志』巻六坊市の条で、ほぼ百年後の坊名について述べ、

儒学坊林文節公与諸弟所居、希父槩先在国史儒学伝、希徒居呉与弟旦、嘉祐（一〇五〇）二年、同第進士、次挙弟邵顔文同登第、呉人栄之、故以名坊。衮繡坊以参知政事元絳所居、得名。状元坊淳熙八（一一八一）年黄由魁天下、郡守韓彦質以表其閭、十一年衛涇魁天下、居崑山之石浦、亦立状元坊。豸冠坊直竜図閣范師道貫之所居、貫之出入台諫有声、故以名坊。大雲坊林處所居、處自号大雲翁。武状元坊二、淳熙十一年林嘌為廷魁、郡守謝師稷以表其閭、在楽橋之南。慶元（一一九六）二年周虎為廷魁、亦以名坊、在雍熙寺之東。霊芝坊初名難老坊、蔣堂謝事所居、……。昼錦坊以光禄大夫程師孟所居得名。徳慶坊直竜図閣盧秉奉其親年八十余、故以名坊。

とある。居住者の名前・行状が坊名に係る様になった年代・由来が判る。北宋の朱長文の時代には霊芝・豸冠・徳慶の三坊だったが、南宋・范成大の時代には儒学・衣繡・状元・大雲・武状元（二）、昼錦の七坊がふえ、合計で十の

坊名が居住者に関係したものとされている。右の引用文にあげてないが、このほかに孫冕の名を冠した孫君坊、朱長文の名を冠した楽圃坊、范仲淹の名を冠した文正范公之坊などがあり、十三を越える坊が居住者に関連したものとなる。このように北宋から南宋にかけて坊名に変化が生じることは同時期の都市の変化を傍証するものであるが、時代が下るほど都市に係る士人が増加することを示すものでもある。なおこのことは、題名録・登科録中の住所からも首肯できる。[6]

　これらの坊名が従来の坊名を改めて付けたのか、新たに区画を作って付けたのかは定かでない。また坊制の変化とどう関係しているのかも定かでない。しかし従来の区画と決して無関係でないことは指摘したとおりである。[2] 注目すべきは、これらの地名の中に現代に至るまで使用されているものがあることで、民国時代の地図の中に検索し得るものもある。ただ同じ地名だから、唐あるいは宋と場所の変化・移動がないと考えるのは誤りで、例えば迎春坊が宋代には楽橋東北の婁門近辺の呼称であったのに、民国時代の地図では報恩寺門前あたりから婁門に至る大街の名前と化していることからも明らかである。[7]

　坊名の発生と変化が都市の変化と結びつき興味深いことを指摘したが、居住者との関連はその他の例にも看取できる。再び呉郡志坊市の条を検討してみよう。

楽橋東南
　通闤坊 金母橋西
　旌義坊 蔡淮頭
　阜通坊 夏候橋西
楽橋東北
　布徳坊 顧家橋

聞徳坊周太尉橋東
閭丘坊張馬歩橋北
楽橋西南
孫君坊孫老橋
好礼坊富郎中巷
楽橋西北
文正范公之坊范家園
盍簪坊張馬歩橋北

先にあげた坊名に関連したものや重複したものもあるが、宋代の都市で巷・橋などの名前が居住者に関連してつけられる例がかなりあったのがわかる。(4)(5) ただし由来となった居住者が定住者であったか否かは定かでない。この点は次章で考察するとして、興味深いものを二例あげよう。

まず楽橋東南の旌義坊の蔡匯頭である。宋代では、匯は水の巡り集まるという意味から、匯頭は碼頭・埠頭と同じく船着場を意味したと考えられる。したがって蔡氏の船着場という意味となり、そこを舞台に蔡某が商取引をおこなっていたとも考えられる。ただ近代の蘇州地図にはない。その点、楽橋西南の霊芝坊の侍其巷は、後世の地図にもほぼ同位置に書き込んである。侍其巷の由来について呉郡図経続記・呉郡志は何らふれず、名前だけでは由来が判らないが、ほぼ三百年後の王鏊の正徳修『姑蘇志』巻一七西南隅巷に、

侍其巷雲芝坊内、侍其沔所居

とある。居住者の侍其沔の名前にちなんだのである。侍其氏については次章で論ずるが、宋代でも稀な姓の持主の伝は呉郡志に所収されており実在が確認できる。宋平江図に侍其巷の名前はないが、民国時代の地図にはある。位置は

楽橋西南の盤門近傍である。宋代からまったく変化がなかったか否かは定かでないが、平江図でいえば、第三横河沿いに東西にのびる大街の霊芝坊坊表から第一直河沿いの大街までの区間で、侍其巷と同様に居住者蔣堂にちなんだ霊芝坊と関連があったようである。巷は字義通りに解釈すると「ちまた」「すじ」だが、街より小さく曲に近い。しかし曲とどう関係するのか定かでない[8]。

区画	坊・巷名	人名	出身地
楽橋東南	儒学坊	林希	福州福清→徙呉興
	衮繡坊	元絳	杭州銭塘→家蘇州
	状元坊	衛涇	蘇州崑山
		黄由	蘇州呉県
楽橋東北	豸冠坊	范師道	蘇州
	大雲坊	林虙	福州福清→寓呉県
楽橋西南	霊芝坊	蔣堂	常州宜興→蘇州
	武状元坊	林嶸	福州
	昼錦坊	程師孟	呉
	侍其巷	侍其沔	蘇州
	孫君坊	孫坊	？
楽橋西北	富郎中巷	富坊	？
	楽圃坊	朱長文	蘇州
	徳慶坊	盧革（子秉）	湖州徳清
	武状元坊	周虎	蘇州常熟
	范仲淹	蘇州	

このように地名の検討は重大な意味をもつので、今一度整理してみよう。

以上、わずかであるが抽出してみた。地名採取を呉郡図経続記・呉郡志に限ったので脱漏があると思われるが、それでも居住者に起因する地名がかなり確認できる。全部が全部、蘇州出身者ではないが、范師道・林虙・周處・程師孟・盧革（子秉）・顧悌・侍其沔・范仲淹・朱長文・衛涇らが蘇州出身である。また蘇州に寄居して名前をのこした者として、蔣堂・元絳らがあげられる。これらの人々すべてが城内に家を構えて定住していたとは速断できないが、すくなくとも城内に名前がつけられる程密接な関係をもっていたことが指摘できる。

ところで、変化の特色であるが、その時期と城内のどの部分が問題となる。まず時期は、文献上、朱長文あたりから変化が多くなるのが確認できる。これは畢竟、神宗朝以降ということである。北宋の都市の変化・発展が居住者の面からも考察できる証左である。次に場所であるが、楽橋東南三・西南六・西北五・東北二護竜街上（北）一となる。東西で考えると、護竜街上の一つを省いて東五・西十一であり、南北で考えると北八・南九である。わずかではあるが、周知のように西側が盛んだった蘇州の都市構造の特色が窺える。(9)

二、都市士大夫の系譜

明・清以後の郷紳について考える時に、城居・郷居が問題となる。(10) これは土地支配のあり方を本質的に区分する意味もある。宋代でも城居型の地主が出現しつつあることが指摘され、私も指摘した。(11) 彼らは様々な形で都市に係る有力者で、都市水利に関与して管理会を構成するものもあったようである。(12) しかしここにとりあげる諸氏をどう規定すべきかについては、問題の余地が多い。

一般に、西洋の都市にあって力をふるう名族を都市門閥あるいは都市貴族とするが、(13) ここにその言葉を無批判に適用することは混乱を招く。また都市門閥的・都市貴族的というのもあいまいであるし、明・清史との短絡を防ぐためにも城居・郷居の語も使用すべきでないと考える。そこで私は、宋代にあって都市と強い関係をもったり、都市への指向性を示す士大夫達を一括して都市士大夫と規定して論をすすめてゆく。これは例えば郷村にいる士大夫と対称するというのではなく、宋代の一般士大夫の中で特に都市との関係の顕著なもの、そしてその意味で都市志向を明確に示すものという程度の規定として、宋代の特色を示すためである。

では、これら都市士大夫達はどの様にして都市に関係をもつにいたったのだろうか。対象としてまず范仲淹（九八九―一〇五二）をあげなければならないだろう。だが必ずしも純然たる蘇州出身といいにくい范仲淹については、義荘

の設置と関連してかなり究明されているので、最少限の言及にとどめる。(14)

范氏は、唐の載初元（六九〇）年に懐州河内（河南省沁陽県）より出て宰相となった范履冰の裔孫とする。范氏が蘇州呉県に徙居したのは四世の祖范隋が乱をさけてのことであって、以後代々呉越に仕え、仲の父墉の時に銭俶の宋への帰属にともなって再び華北へ徙居した。その范氏が蘇州に本居を構えるに至ったのは、当時蘇州に致仕隠退していた仲淹の兄仲温と仲淹の協議によるものであった。仲温が蘇州に再度住んだこと、義荘を設置したことからも判るように、仲淹一族が華北に徙居したあともなお多くの宗族が蘇州にあったのである。豸冠坊として名前をのこした范師道（仁宗朝）は仲淹の従兄琪の子である。(15) 仲温や師道が城内に住んだか否か定かでないが、坊名との関連や城内義荘の事務所があり范家園もあったとあれば、城内に居住した可能性が高い。以後の范氏一族が義荘を経済的基盤に宗族の団結を固めて蘇州に居たのは周知のとおりである。

次に楽圃坊として名前をのこした朱長文についてみよう。『呉郡図経続記』の著者として名高いが、文集として『楽圃余藁』（商務印書館、一九七一年）ものこっている。その附録に所収されている墓誌銘（張景修〈神宗朝〉）に、

先生諱長文伯原字也。其先為越州剡人。自其祖居蘇者三世、曽祖諱瓊、仕銭氏、祖諱億、始入朝、……、考諱公綽、光禄卿知舒州、為時名儒、妣蔡氏、封宣城郡君、所生周夫人、……

とある。五代以来蘇州に住んでいた一族であった。さらに「擢嘉祐四（一〇五九）年進士第、吏部限年、未即用」とある。朱長文は科挙に及第したが官に恵まれた訳ではない。朱一族は蘇州に住みついて以来四代、時に他郷に官となって赴任する者がいたが、結局蘇州に帰ってくる定居型の士大夫であった。(16) 朱長文もまた進士及第をしても任官できずに定居をしていた。朱長文の一族は三代の祖の名前のほかは、

娶張氏、三子耜、前婺州東陽県主簿、耦（改名発）耕擧進士、皆有文行、

とあるのみで詳細はわからない。しかし彼は郷居植党につとめ、文学をもって人々にしられていたようで、

先生逮光禄公捐館、左右凡二十年、以孝称、居喪如礼服除人勧以仕無意也、撫弟妹畢婚嫁、安貧楽道、因旧圃葺樹池沼竹石花木、有幽人之趣、……、太守章公伯望、表其所居為楽圃坊、……、使東南者、以不薦先生為恥、遊呉郡者、以不見先生為恨、

とある。墓誌銘だけに誇張もあろうが、『楽圃余藁』には米芾のかいた墓表も所収されているから、蘇州では一応の評価があったのだろう。

宋代、唐白居易「九老会」の故事に倣い各所で同様の会が催された。(17)蘇州でも慶暦中に徐祐を中心に九老会が開かれ、元豊中には知蘇州章岵を中心に耆英会が開かれている。いずれも七十を超える老人の会で、文学的・政治的影響となるとあまり評価できないが、約半数は蘇州出身者である。(18)米芾（一〇五一―一一〇七）は耆英会によせて「十老序」をかいている。(19)その米芾が墓誌をかいているのだから朱長文の評価が推測できようというものである。

耆英会のメンバーで徳慶坊に関係して名前を残した盧革は、『呉郡志』巻二五人物に

盧秉父革本徳清人、……退居於呉、年八十二、今盧提刑橋因其宅以名、其家遂為呉人。

とあれば、太湖を挟んで蘇州に対面する湖州徳清の人であったが蘇州に退居した。近隣の都市から徙居してきた例である。『宋史』巻三三一盧革伝には「退居于呉十五年」とあるが、この間に文化活動に参加して耆英会に名前を連ねるようになったのである。詳しい婚姻関係や族的構成は不明だが、『宋史』巻三三一所収の革の子秉の伝には皇祐元（一〇四九）年の秉の進士及第をのべる。

秉守辺久、表父革年老、乞帰。移知湖州、行三駅、復詔還渭、慰藉優渥。革聞、以義止其議。已而革疾亟、乃得帰。

秉は父の老・病を以って帰郷を求めた。このことが単に礼的な問題だけなのかどうかは不明だが、革の活動と併せ考えると、盧氏は蘇州に根をおろしていたとするべきであろう。

同じく耆英会のメンバーで、昼錦坊として名前をのこしたのが程師孟（一〇〇九―一〇八六）である。『呉郡志』巻二

五の伝に、

　程師孟字公闢、郡人。其高祖思、為銭氏営田使、遂居呉。師孟居南園側、号画錦坊。

とあれば、呉越銭氏に仕えて呉の人となり、少なくとも師孟の頃には城内に住んでいた。妻の賀氏は陸佃の『陶山集』巻一五長楽郡君賀氏墓誌銘に「夫人蘇州呉県居士賀倣之子、唐秘書監知章之後也」とあるから同県人だった。同文には続けて、

　子十有一人、寛少登科十年不仕、……与其弟七人皆早卒、……幼女二人長適郊社斎郎郭鈞、次適穎昌府長杜県令陳郭、

とある。子の寛は登科したが定居のやむなきに至っており、族的繁栄はそれ程でない。賀氏はまた仏教を奉じ、資力もかなりあった。

　元豊六（一〇八三）年七月辛亥以疾卒、疾甚不恒乱、尽施区中物、市田、瞻其墳之寺、歳以度僧一人。

　霊芝坊に関連したのは蔣堂であった。胡宿の『文恭集』巻三九所収の宋故朝散大夫尚書礼部侍郎致仕上柱国楽安県開国侯食邑一千三百戸賜紫金魚袋贈吏部侍郎蔣公神道碑にも、

　尚書礼部侍郎致仕蔣公、以皇祐六（一〇五四）年三月辛酉、考終于呉郡霊芝坊私第、以至和元年九月乙酉、葬于県堯峯之魯塢。

とある。また「公諱堂字希魯、常州宜興人、……、祥符五（一〇一二）年、登進士甲科」とあるから、常州出身で進士に及第して蘇州に徙居し城内に住んでいた。子は男三人・女四人いたが、長女が眉州眉山出身の邵必に嫁したのがわかるのみで、特に蘇州を中心とした婚姻関係を形成していなかったようである。

　武状元坊として名をのこしたのは林嘌・周虎であった。二人のうち南宋の人周虎（一一六一―一二二九）についてみよう。劉宰『漫塘文集』巻三二故馬帥周防禦壙志[20]に、

侯周姓諱虎字叔子、七世祖敬述、国初工部侍郎贈開府儀同三司、世家臨淮、靖康之乱南徙於蘇、曽祖禛朝奉郎通
判広州、祖恕郷貢進士、父宗礼贈武略大夫、母何氏太安人、

とあり、靖康の変の際に南徙してきて、以後有力な任官者もないままに定居していた。子にも特に名のある者はなく、
族的構成は詳らかでない。

状元坊に関連したもののうち衛涇（寧宗朝）について見てみよう。衛涇は『後楽集』をのこしているが、墓誌銘・
神道碑の類はのこっていない。彼の名前が坊制の問題と絡んで特筆されるべきことは既に指摘したが(2)、なぜ蘇州に名
前をのこしたのだろうか。呉郡志巻四四奇事に、

辛丑科（一一八一年）、呉県人黄由子由遂状元及第、……甲辰科（淳熙十一〈一一八四〉年）、崑山人衛涇清叔亦為状元、
黄・衛相継両擧天下、

とあれば、黄由・衛涇二人が状元となったことによる。黄由は呉県の人であるから名をのこすのは当然としても、衛
涇は崑山県の人である。私はこのことに、衛涇あるいはそれに代表される当時の浙西の士大夫に都市志向があるよう
に思える。純然たる郷村在住者でないからこそ都市に名を残したのではあるまいか。

衛氏はもともと蘇州の人ではなかった。衛涇の『後楽集』巻一八所収の涇の父季敏（一一三七―一二〇〇）の先考太
師魯国公墓銘に、

…衛氏、嘉興府嘉亭県人、後徙家平江之崑山、曽祖某、妣袁氏・張氏、祖某贈右朝請郎、妣安人・陸氏・杜氏、
考某左朝奉大夫累贈正奉大夫、妣碩人沈氏、

とある。隣の秀州から徙居してきて任官者のないまま涇の時代に至った。季敏は、

慶元六（一二〇〇）年庚申十一月二十七日以疾卒于家、年六十四。公娶章氏級之女、封安人、先公七年卒、贈宜
人。葬湖州帰安県広徳郷上沃里瀰子塢石仏山之原先塋之側。嘉泰改元三月二十二日壬申、奉公之柩合葬焉。

とあるから、夫人と共に湖州に埋喪された。衛氏一族は秀・湖・蘇州にひろがっていたのである。なお涇の女兄弟琮は蘇州の周南に嫁し、季敏の同輩行と思われる時敏は蘇州の沈氏と通婚している。

さて侍其巷である。すでに指摘したように侍其沔に由来する。『呉郡志』巻二五人物・侍其沔に、

侍其沔字国紀、上世、自高密徙呉、……五舉礼部、退為郷先生、治平三（一〇六六）年没。

とあるが詳細は不明である。蘇州出身の侍其氏としては、ほかに侍其瑋（一〇二二―一一〇四）侍其鉱（一〇五四―一一三七）がある。鉱は瑋の子である。出身については、葛勝仲の『丹陽集』巻一三右朝散大夫侍其公墓志銘に、

右朝散大夫北海侍其公諱鉱字希声、……。侍其氏、自漢広野君之元孫賜氏食其又三世、始因官改錫今世、而望出北海尤多顕。至公之高祖韓禎、仕李氏知吉州。帰朝授左神武衛上将軍。生右侍禁諱憲、始自建鄴徙家蘇之長洲、

とある。侍其氏の先が漢云々というのはもとより信じがたい。さらに侍其沔と侍其瑋の父泳との関係ものべていない。しかし沔の祖は山東の高密におり、泳の祖も山東の北海の出である。泳は李氏に仕えその後朝に帰したとあるから、この李氏は南唐の李氏であろう。侍其泳の子孫が長洲県に住んだのに対して、侍其巷は呉県側にある。このように所伝の不明なところ、食い違いがあるが、侍其という特殊な姓や時代的にみても泳・沔の「氵」を輩字とみなすことができるなどの点から両者を同族としても可笑しくない。

最近、人名索引の整理がすすみ検索が容易となった。王徳毅編『宋会要輯稿人名索引』侍其の条には、侍其洙以下旭・振・渙・琮・伝・臻・衡・濬らの名前をあげている。一方、梅原郁編『続資治通鑑長編人名索引』にも、旭・洙・振・琮・演・禎・璀・禛・臻・濬・瑝らの名前をあげる。これらの名前を系譜的につなぐのは困難で同族か否かは定かでない。しかしそれぞれの場所にあたってみると軍事に関した記事が多い。これは侍其氏の墓誌銘の記述と合致する面があり、輩字の問題をも考えると、かなりの者が同族の可能性がある。そしてこの点から、侍其一族は武人的要素をもった一族とも指摘できる。

右の様に詳らかにできない面が多いが、ある程度は浙西に根をはっていた様で、『丹陽集』巻一三朝散大夫致仕柱国賜紫金魚袋侍其公瑋墓誌銘に、

始官銭塘、迎祖母賈氏、夫人以養承顔尽其歓、是時族千指、賈方専家政、能使忘帰焉、服前後喪、皆哀臞不自勝、呉中貲業前推以贍同産子、晩節無所於帰、因徙貫宣城、招季共居、……、

とある。簡単な文ではあるが、一族がかなりいたこと、呉すなわち蘇州になにか財産をもっていたこと、江南東路の宣州（寧国府）宣城に徙居したことがわかる。この間の侍其氏は侍其沔に明らかなように城内に居住していたのである。また常州の有力者葛一族と通婚したものもいる。[21] 侍其氏の墓誌銘を葛勝仲がかいているのは、両者の交流の深さを物語る一端である。このほかの浙西の諸氏にも出身地をこえた婚姻関係がかなりみられるが、この点はいずれ稿を改めて論ずる。各都市間の交流・連携と関連して興味深い問題である。

ところで都市内の同族はどのような居住をしていたのだろうか。同族・同姓の村はよく知られているが、居住条件がまったく異なる都市のことは明らかでない。しかし、同族が固まって住む例がまったくなかったとはいい切れない。『夷堅志』辛巻一「林氏館客」には「平江林氏兄弟、鄰居東西両宅」とある。特殊な例ではあるが、宋初に開封に徙居した蜀の皇帝は広大な一画を占拠している。[22] 林氏の場合も今一つ明らかでないが、一区画もしくはそれに類した型の居住をしていたのだろう。蘇州についていえば、范氏・朱氏が同様の型ではなかったかと推測できる。両者共に園宅あるいは事務所を置いているからである。

三、士人と都市生活

蘇州博物館には伝宋とする『消夏図』が所蔵されている。[23] 実物はみたことがなくカタログで瞥見したのみだが、当

時の富裕な人々が庭を望む一室で軸を見るのを中心に椅子・机・皿等を克明に描いている。商人的気風の横溢した絵で、それだけに都市士大夫の生活・性格の一端を窺わせる。明代の文人唐寅らもまたこのような都市生活の中から羽搏いた。(24)宋代の都市士大夫について考える時にも、都市の発達・活力を無視することはできない。

宋代の都市研究はすでに多くの研究が積み重ねられている。(25)両浙地方については、明州・湖州の定住・開発の沿革が明らかになっている。(26)両浙地方における都市の発展が江南の豊かな経済力に裏打ちされていることは周知のことで蘇州もその一例である。

蘇州一帯が豊かな水田地帯で特殊な農法を発達させてきたこと、絹織物など奢侈品の産地として名高いこと、大運河に沿う都市として経済的にも潤っていたことは有名である。この富裕の故に人々の蝟集する場所であった。(27)勿論、奢侈品ばかりの都市でなく、様様な商取引がおこなわれたことも想像に難くない。(28)乾道六（一一七〇）年の入蜀の際に揚州近辺の瓜州に停泊していた陸游が破れた帆を蘇州まで買いに行かせているのを見ると、(29)集積される物資は近隣に卓越していたようである。(30)『呉郡志』巻二風俗に所収される、

呉中自昔号繁盛、四郊無職土、随高下悉為田、人無貴賤、往往皆有常産。

や、巻五十雑志の、

諺日、天上天堂地下蘇杭、又日蘇湖熟天下足。

は、これらの地の繁栄を物語る言葉として人口に膾炙している。

杭州の人人は祭り・行楽を好み、西湖の賑いは一年中絶えなかったとされる。これらは一連の臨安風俗記に有名だが、(31)蘇州も同様だった。范成大は『呉郡志』巻二風俗の条でこれらの事を綴るが、彼の詩も生き生きと伝える。特に『石湖居士詩集』巻三十臘月村田楽府十首序は、燈市も含め近郊の生活をも歌う。前掲風俗の条に「呉下全盛時衣冠所聚」とあるが、それもこの都市の力に魅せられてのことであろう。范成大も郊外の石湖から十里の道をものともせ

ずに城内へ通っている。[32] されば蘇州の人達は豊かな都市生活を送っていたようである。その上に彼らの文化活動が繰り拡げられたのである。

蘇州の士人達の文化活動として、慶暦九老会・耆英会をあげなければなるまい。だがその影響はとなると首を傾けざるを得ない。考察してきた通り、士人達が蘇州に住んだのは様々な理由による。ある者は風光にひかれ、ある者は唐末に戦乱を逃れたのに起因した。任官によった者もいたが、官を終え退居してきた者もいた。任官ができず止むなく郷里にいる者もいた。彼らの内には財産を有する定居士人もいたが、死後は別地に埋喪される寄居士人もいた。九老会・耆英会の参加者は多くこれらの人であった。しかも七〇才以上である。彼らが都市の新しい力を示し、社会的文化的な影響力をもった人々だったとはいいがたい。蘇軾の例にみると浙西の各都市の人達は交流したようであるが、[33] それとても官にあった者が多く、定居士人達の交流とはいいがたい。蘇州文壇が花開いたのは矢張り明代であろう。[34] つまり蘇州の士人達に積極的な都市活動をみとめることができない。若く志のある者は科挙を受けて官僚体制に参加することに力を注ぎ、都市の活動に力を注ぐ例は稀だったようである。九老会・耆英会も同様で、如何に知州が参加したといっても、構成などからみて積極的評価ができない。[35] ここに宋代の都市士大夫の特色がある。

ところで、これら都市士大夫の経済基盤は何だったろうか。都市の経済力に関係していたことは間違いあるまい。宋代の士人・官僚達が商業に関連して富をえたのは既に考察がある。[36] だが一方で第一義的にはやはり土地だったろう。『夷堅志』已巻七周麩麵に、

平江城北民周氏、本以貨麩麵為生業、因置買沮洳陂沢囲裏成良田、遂致富贍、其子納貲售爵、得将仕郎。

とある。市井の民が富裕になり土地を得て、官位を買って士人に成長しようとしている。[37] この場合の城北とはどのあたりだろうか。右の文は荘園に関連したものでもあるが、都市に係った者や財を得た者が富を土地に転換しようとした例でもある。[38] 花石綱で財をなした朱勔（一〇七五―一一二六）も田や城内の土地の集積に狂奔している。[39]

士人が土地に意を用いたのは他にも例がある。范氏義荘である。郟亶・単鍔らが水利学に興味を持ち、実践していったのもこのことを物語る。このほか繁栄にひかれて他所からきて別業を置く者もいた。洪武修『蘇州府志』巻七園第の条に、

和堂在于九勝巷、洛人趙思所居、又有別業号西園、在閶門西。

とある。趙思は南宋の紹興二四（一一五四）年の進士及第で、『嘉泰呉興志』巻一四などに伝がある。したがって洛人といっても実際は江南にいたわけであるが、江南の各都市が密接な関係にあったことや豊かな土地に別業を設ける風習を示唆する。ただ史料にでてくる大土地所有者の名前と士人の名前が合致せず、列挙してきた士人の経済基盤が今一つ明確でない面がないでもない。(40)そこで他の例もあげつつ類推してみよう。

『楽圃余藁』巻六楽圃記に朱長文の城中の庭園について述べている。

始銭氏時広陵王元璋者実守姑蘇、好治林圃。其諸子狗其所好、各因隙地営之為台為沼。今城中遺址頗有存者、吾圃亦其一也。銭氏去国、圃民居更数姓矣。慶歴中余家祖母呉夫人始購得之。

蘇州城内には多くの園圃があり民の占拠するものもあった。(41)朱氏はこれを求めたのである。同文によれば、朱氏はこの後周辺の地を買い足し三十畝余として、垣を作り屋を建て池を整え庭園に育てていった。この庭園が単なる庭園か菜園もかねていたか記述がない。しかし『夷堅志』丁巻七林氏婿婢に、

林顗謨長女初嫁一武官、夫婦対飲、遺婢往堂後小圃摘菜、

とあり、同巻七王厚蘿蔔（だいこん）にも、

王厚韶之長子、位至節度使為辺帥、晩年帰京師、一日家集菜楪内蘿蔔数十茎、

とある。城内の庭園には家庭菜園をかねるものがあった。蘇州においても、『夷堅志』乙巻五、一年好処に「呉中士大夫園圃、多種橙橘者好栄、……」とある。朱長文の庭園も同様の経営だったのではあるまいか。これらの菜園の

中には人を使って耕作せしめるものがあった。『水滸伝』六回魯智深の条の開封の相国寺の例からも明らかであるが、『夷堅志』甲巻五灌園呉六の条に、

臨川市民王明、居廛間販易、貲蓄微豊、買城西空地、為菜園、雇健僕呉六、種植培灌。

とあることからも首肯できる。

城内南部に多い庭園が南宋以後に湖田化していったのは指摘したが、(2)このほか『呉郡志』巻一八川にも、

夏駕湖、在呉県西城下、……、河西悉為民田、不復有湖、民猶於河之傍種、

とあり、

採蓮涇、在城内東南隅運河之陽也、今可通舟、両岸皆民居、亦有空曠為蔬圃、此種蓮旧蹟也。

とある。庭園のみならず城内の隙所で蔬菜の生産がおこなわれており、中国の都市構造の一面が窺われる。(42)

むすび

宋平江図に記載された坊名を手掛りに宋代の都市士大夫の存在と実態を探ってきた。平江図に依拠した関係から蘇州の考察が中心となったが、検討してきたことは少なくとも浙西の各都市に共通した現象であると考える。都市居住者の研究は端緒についたばかりで、山積する問題は多い。拙論もなお不充分で、言及し得なかった問題も多い。しかし、与えられた紙数もつきたので、まず筆をおく。

註

（1）周藤吉之「宋代官僚制と大土地所有」（『社会構成史大系』巻八）。丁文江氏も二十四史列伝を整理して、江南なかんずく浙江省の発展と優位を指摘する（葛綏成編『分省地誌浙江』中華書局、一九三九年、所収）。

（2）伊原弘「唐宋時代の浙西における都市の変遷――宋平江図解読作業――」（『中央大学文学部紀要』史学科二四号）。

（3）坊名に土地の名士等の名を旌表する風習の生じたことは既に指摘がある。加藤繁「宋代における都市の発達について」（『支那経済史考証』上、三二〇頁）。ところで、龔明之『中呉紀聞』巻一に丁謂についてのべ「所居在大郎橋、号晉公坊」とある。范成大『呉郡志』巻一七橋梁によれば、楽橋東北に大郎橋があるが晉公坊はない。丁晉公謂がいたから晉公坊と俗称したと想像され、宋以後の坊名の発生を示唆して興味深い。

（4）巷名は本文で言及するので、橋名について前掲『呉郡志』橋梁から例をあげよう。

楽橋東南、管家橋・華家橋

楽橋西南、銀錠橋

楽橋西北、銭橋

この外に興味をひくものとして、

などがある。都市構造を知る手掛りになるのではあるまいか。

（5）浙西の他の都市の巷・橋名で、居住者に関連したものを一例づつあげる。嘉泰『呉興志』（湖州）巻二坊巷に、

清華坊在城北呉家巷、直至教場橋、

和裕坊在城北徐家橋

とあり、『咸淳臨安志』（杭州）巻十九坊巷・府城左一北廂に、

豊予坊淩家橋西、府学在此坊内

とあり、左二廂に、

里仁坊修文坊北、俗呼陶家巷、

とある。坊名にも居住者に関連したものがあるようだが、巷・橋名と異なり直接的に表現せず雅名を用いることが多いので、説明がない限り判断しにくい。なお前掲『呉興志』に

又有巷名出於俚俗或以寺観、或以名物或以姓氏第、為識別。

とある。

（6）『紹興題名録』第二甲に、

第一人甘焯　開封府祥符県咸甯坊

とあり、第四甲に、

第二十二人江献可　揚州高郵県左廂仁義坊

とある。また『宝祐登科録』第二甲に、

第九人趙珤　本貫南剣州剣浦県状元坊、寄居石渓

とある例などがあげられる。ここで注意しなくてはならないのが原籍と寄留である。南宋人なのに北宋の故都開封を出身地としたり、本貫と別の地に寄居する例がある。したがって表記の住所にいたか否か確認は慎重でなくてはならないが、士人の都市居住を知る手掛りとなる。

（7）坊名及び坊制の推移に関する検討は、註（2）拙稿を参照して頂きたい。

（8）宋代の住所表記は城内の構造と関連して興味深いが、まだよく判らない。二・三の例をあげておく。金盈文『新編酔翁談録』巻七詩贈団児二女に「王団児居前曲第一家也、朝官多居此里」とあり、巻八妓因得時増重に「劉泰娘南曲之北巷小家女也」とある。遊里などの特殊な例で一般の市街に対比するのはやや困難がともなうが、官僚が住んでいることも考えると、ある程度は参考になる。巷が「すじ」であるのを示唆するのではないか。

（9）施謙等修『乾隆呉県志』巻二四風俗の条に、「城中、与長洲東西分治、西較東為喧閙…」と説きおこし、東西で職種・気質に違いのあったことを述べる。この傾向は宋代の史料からも看取できるが、唐代にすでに始まっていた。白居易『白氏長慶集』巻二四登閶門閑望に、

閶門四望鬱蒼蒼、始覚州雄土俗強、十万夫家供課税、五千子弟守封疆、

とある。蘇州の繁栄を閶門に代表させてうたったものであるが、結局は西側呉県の繁栄を伝えるものである。唐・宋を通じて閶門・盤門をうたう例は多い。

（10）森正夫「日本の明清時代史研究における郷紳論についてⅠ・Ⅱ・Ⅲ」（『歴史評論』三〇八・三一二・三一四号）。郷紳論についてあぐべき論稿は多いが、それらを網羅的に整理して論じた森論文をあげるにとどめる。

（11）青山定雄「宋代における華北官僚の系譜について」（『聖心女子大学論叢』二一）「同――そのⅡ――」（同二五）、

「同――その三――」（『中央大学文学部紀要』史学科一二）、「宋代における華北官僚の婚姻関係」（『中央大学八十周年記念論文集・文学部』）・「北宋を中心とする士大夫の起家と生活倫理」（『東洋学報』五七―一・二合併号）。伊原弘「南宋四川における定居士人――成都府路・梓州路を中心として――」（『東方学』五四輯）。青山氏の論考は高官となった士人達の徙居を中心とするが、東洋学報掲載論稿ではより具体的に、地方郷村地主范厳が陳倉県城に従った例などをあげる。また拙論でも、四川の例として魏了翁の姻戚高氏の例などをあげた。

(12) 斯波義信「江西宜春の李渠（八〇九―一八七一）について」（『東洋史研究』三六―三号）。

(13) 例えば、Max Weber（世良晃志郎訳）『経済と社会』第二部第九章「支配の社会学」。

(14) 田中萃一郎「義荘の研究」（『田中萃一郎史学論文集』）。清水盛光『中国族産制度攷』（岩波書店、一九四九年）。近藤秀樹「范氏義荘の変遷」（『東洋史研究』二一―四号）。

(15)『呉郡志』巻二六范琪。同伝には琪の三代の祖についてのべ「皆葬呉県三譲郷之天平山云」とある。

(16) 定居士人の定義は拙稿（註（11）引用稿）註（6）を参照されたい。

(17) 沈括『夢渓筆談』巻九・巻一五。王闢之『澠水燕談録』巻四。これらの会に言及したものとして、麓保孝『北宋に於ける儒学の展開』（一八七―一九二頁）、木田知生「北宋時代の洛陽と士人達――開封との対立のなかで――」（『東洋史研究』三八―一号、六九―七三頁）がある。

(18) 耆英会の参加者・年令・出身地・生没年・出身は以下のとおりである。（『呉郡志』巻二風俗）。

太中大夫致仕上護軍濮陽県開国子盧革・年八十二・湖州徳清→呉に退居・不明・登第（進士？）。

奉議郎致仕騎都尉賜緋魚袋黄挺・年八十二・建州浦城→呉に家を構える。不明。不明。

正議大夫充集賢殿修撰致仕上柱国広平郡開国侯程師孟・年七十七・呉・（一〇〇九―一〇八六）進士景祐元年。

朝散大夫致仕上軽車都尉鄭方平・年七十三・不明・不明・不明。

朝議大夫致仕護軍清豊県開国子賜紫金魚袋閭丘孝終・年七十三・呉・不明・不明。

中散大夫知蘇州軍州事河間県開国伯護軍賜紫金魚袋章岵・年七十三・建州浦城・不明・進士宝元元年。

朝請大夫主管建州武夷山沖佑観賜紫金魚袋徐九思・年七十三・建州崇安・不明・進士慶暦二年。

朝議大夫致仕上柱国彭城県開国子賜紫金魚袋徐師閔・年七十二・建州甌寧→父奭が蘇州の通判となり蘇州に徙居・不明・不明。

承議郎致仕騎都尉賜緋魚袋崇大年・年七十一・呉県・不明・進士（慶暦元年）。

竜図閣直学士正議大夫提舉杭州洞霄宮清河郡開国侯張詵・年七十・建州浦城・不明・進士。

湖州出身者が一、建州出身もしくは建州からの徙居が五、蘇州出身が三、不明が一、が全体の構成である。このうち張詵は杭州に寄留もしくは居していたと思われる。

建州出身者が多いのは主宰者の知蘇州章岵が建州（福建路）出身だったためであろう。構成からみる限り、知州の章岵が自分と同郷の人や蘇州への徙居者と蘇州の退居士人との交流を意図した会のようでもある。この他に学問的系譜の問題もあり、士人の会を都市問題と関連して考察するのには慎重な手続きが必要である。なお、洛陽耆英会も約半数は洛陽及びその近辺の人である。

(19)『呉都文粋』巻一。
(20)劉宰（一一六五―一二三八）について劉子健（梅原郁抄訳）「劉宰小論――南宋一郷紳の軌跡――」（『東洋史研究』三七―一）がある。浙西の潤州（鎮江府）出身で、秀州の陶氏と通婚した。
(21)葛勝仲『丹陽集』巻一五朝奉郎累贈少師特謚清孝葛公行状に「娶侍其氏、右正議大夫泳之女」とある。
(22)『続資治通鑑長編』巻五、乾徳二年十一月甲戌の条に、
命八作司、度右掖門南、臨汴水、為蜀主治第、凡五百余間、供帳什物、背具、以待其至。

とある。この外に呉越銭氏も広大な一画をしめている。蘇州については明代ではあるが許元溥『呉乗竊筆』に「余族多居平江文汲水橋」とある例がある。
(23)『蘇州博物館蔵画集』（文物出版社、一九八一年）。
(24)宮崎市定「明代蘇松地方の士大夫と民衆――明代史素描の試み――」（『アジア史研究』四）、内山知也「唐寅の生涯と蘇州文壇」（『文芸言語研究』三号〈文芸編〉）。
(25)斯波義信「宋代における都市、市場の発展」（『宋代商業史研究』第四章）・「中国都市をめぐる日本の研究――宋代を中心に――」（Sung News letter 3）・「中国都市をめぐる研究概況――法制史を中心に――」（『法制史研究』二三号）。木田知生「宋代の都市研究をめぐる諸問題――国都開封を中心として――」（『東洋史研究』三七―二号）。
(26)斯波義信「宋代明州の都市化と地域開発」（『待兼山論叢』三）・「浙江湖州における定住の沿革」（木村英博士頌寿記念『中国哲学史の展望と模索』（創文社、一九七六年、所収）。

(27)『呉郡志』巻二風俗に「呉下全盛時衣冠所聚」とある。宋代の蘇州の発展については浙西地方の発展と絡んで多大の業績が重ねられてきた。特に、岡崎文夫・池田静雄『江南文化開発史』(弘文堂、一九四〇年)、池田静雄『支那水利地理史研究』(生活社、一九四〇年)。周藤吉之『唐宋社会経済史研究』(東京大学、一九六五年)・『宋代経済史研究』(同、一九六二年)・『宋代史研究』(東洋文庫、一九六九年)、斯波義信『宋代商業史研究』(風間書房、一九六八年)・「商工業と都市の発展」(岩波『世界歴史』巻九中世三)に多大の示唆をえた。

(28)加藤繁「蘇州今昔」(『支那学雑草』生活社、一九四四年、所収)も指摘するように、様様な職種や商取り引きがあった。

(29)陸游『入蜀記』第二・乾道五(一一六九)年六月二十九日の条に「舟人以帆弊、往姑蘇買帆、是日方至」とある。

(30)孫覿『鴻慶居士文集』巻三五宋故左朝請大夫李公靖之墓誌銘に「平江大都会」とある。

(31)呉自牧『夢粱録』・周密『武林旧事』・西湖老人『西湖老人繁勝録』灌圃耐得翁『都城紀勝』は代表的なものである。論考としては池田静雄『支那水利地理史研究』(第三章「運河の都——杭州」)、曾我部静雄『開封と杭州』(冨山房、一九四〇年)、小竹文夫「南宋の都市生活」(『支那研究』十—五)、日比野丈夫「宋の臨安についての覚え書」(『中国歴史地理研究』同朋舎、一九七七年、所収)などがある。また時代はやや下るが Jacques Gernet: DAILY LIFE IN CHINA-ON THE EVE OF THE MONGOL INVATION 1250-1276, Stanford University Press, 1970もある。

(32)周必大『周益国文忠公集』巻二二資政殿大学士銀青光緑大夫范公成大神道碑に「石湖在平江盤門西南十里」とある。范成大は石湖に帰居後も盛んに行動したと見え、『石湖居士詩集』には蘇州近傍のみならず両断一帯の詩がかなり入って、当時の情景が推察できる。范成大が行動に舟を利用したこと、蘇州近傍に農園が多く彼自身も農園をもっていたこと、入城の際は、朝、舟でて開門を待って入ったことなどがわかる。例えば、巻二十「次韻同年揚使君回自毘陵、同泛石湖、舟中見贈」に「石湖三万頃」とある外「頃乾道辛卯歳三月望夜、与周子充内翰泛舟石湖松江之間、夜艾帰宿農圃、距今淳熙己亥九年矣、余先得帰田、復以是夕泛湖、有懐昔遊、賦詩紀事」や「入城」に「林家荘近聞鵝鴨」とある例である。

(33)西野貞治「杭州通判在任中の蘇軾の交友について」(『人文研究』二一—四)。

(34)宋代の文化活動には活発なものがみられるが、特定の都市を基盤に華やかで個性のある会派が花開いたとはなお言いがたいようである。吉川幸次郎「宋詩概説」(『吉川幸次郎全集』一三、筑摩書房)、尾上兼英「庶民文化の誕生」

（岩波『世界歴史』九　中世三）、中国文化叢書五『文学史』（大修館、一九八三年）、Michael Sulivan（新藤武弘訳）『中国美術史』（新潮社、一九七三年）。

(35) 九老会・耆英会の活動については鄭虎臣が『呉都文粋』巻一でのべて、

九老会、後更名耆英、又名真率、元豊間章岵守郡与郡之長老遊、各飲酒賦詩、

とあるのみで、大した活動はしていない。

都市士大夫の文化活動として、この外に学問的な会派とその思考も考える必要がある。近藤一成「宋代永嘉学派の理財論——葉適を中心として——」（『史観』九二）参照。都市士大夫の活動は書院宗族・義荘など多方面に及ぶ。宋代の社会の中で都市志向をもつ士大夫にどうアプローチするか、問題は多い。

(36) 全漢昇「宋代官吏之私営商業」（『歴史語言研究所集刊』第七本二分）。木田知生註（25）引用稿。

(37) 宋代の買官については、魏美月「宋代進納制度についての一考察——特にその令の沿革表を中心に——」（『待兼山論叢』七・史学篇）がある。

(38) 周藤吉之「宋代荘園制の発達」（『中国土地制度史研究』所収、二一七頁）。

(39) 『宋史』巻四七〇朱伝に「籍其貲財、田至三十万畝」とある。また、

所居直蘇市中孫老橋、忽称詔、凡橋東西四至壌地室廬悉買賜予己、合数百家、期五日尽徙、都吏通逐、民嗟哭於路。

とあるから、城内の楽橋西南・都税務近傍の孫老橋のあたりに住んでいた。そして近隣の土地集積を図り数百家を追いたてたとあり、都税務近傍の繁昌をも示唆する。

(40) 例えば耆英会のメンバーだった建州の人張詵である。『宋史』巻三三一張詵伝に「廉於財、平生不殖田業」とある。土地・財産を持っていたことは判るが、何処にどれだけ持っていたのか明らかでない。

(41) 明代にもこの傾向があった。洪武修『蘇州府志』巻七園第の条に

桃花塢在閶門裏北城之下、章氏別墅、郡人春遊看花於此、今皆為蔬圃間有業種花者。

とある。年代・所有者など比定できないが、やはり庭園の変化と実態をのべている。

(42) 城内に人家が満ちていないことをも示唆する。註（2）拙稿参照。

六　宋代の浙西における都市士大夫

はじめに

私は、『宋代浙西における都市と士大夫――宋平江図坊名考』で、浙西すなわち太湖周辺に点在する都市と士大夫の関連を探り、都市志向の強い士人すなわち都市士大夫の存在をのべた。(1) 宋代の浙西地方は豊かな生産力に恵まれて、都市が発達する一方で大土地所有も進行している。この経済力を基盤に学問をして科挙をうけ官僚となってゆく者が認められるが、彼らが都市とどの様に関わっていたのか、未だ充分に明らかでないからである。

右の論考では、都市に住む官僚・文人及び彼らと深い関係のある在地有力者達、いいかえれば官僚と官僚予備軍達の存在の確認をし、彼らが都市内部でグループを形成したり都市内に庭園をもち、時として蔬菜の栽培も行なっていた事を指摘した。都市士大夫とはこの様に都市に深いかかわりをもつ存在であり、すくなくとも宋代の浙西では一般的に見られた、と私は考えている。

しかし、前稿では都市居住者の存在の確認を蘇州の都市地図『宋平江図』に記載された地名を手掛りとした為に、蘇州の事が中心になり浙西の他の都市の事情に充分に言及できなかった。そこで本章では他の都市の例を探り、ついで彼らの系譜・婚姻関係・基盤を探り、都市内での交流の実態を探ってゆく。なおその際に、都市志向という規程のもとに、都市士大夫を幅広く考えていく。

一、都市士大夫の確認

宋代の士人の中には都市に住む者がかなりいた。この他に都城に接して住み、都市的居住をする者もかなりいる。彼らの正確な居住地はなかなか確認できないが、特に都市内部に住んだものは地名に名前をのこした者もいてある程度は確認できる。前稿ではおおむね蘇州のみを例としたので、他州でも同様の事があった証左として若干の例をあげておこう。

談鑰修『嘉泰呉興志』巻二坊巷は湖州の地名をあげて

烏氏坊・程氏坊　以二姓善醸居此、在烏程縣南街。

章后坊　舊經云、天寧寺在章后坊、天寧今日光孝、本章后宅舎為寺、坊在地之前面。

白華坊　以潘綜純孝居此・呉歈坊　文選有呉歈越吟。以上二坊未詳所在。

右舊圖經有其名而無其識。

苕陰坊　在紹熙橋南投西。

右苕陰以賈安宅更名狀元。有其識、他比亡焉、今復立。

とある。右の文によると、当時すでに坊表がなくなり判然としないものもあったが[2]、それでもなお多くの坊表が立てられて、『宋平江図』に示される蘇州の街並みに似た景観をもっていたようである[3]。同条にはこのほかに、晋の車騎将軍謝玄にちなんだ車騎坊、科挙及第者や任官者を多く出したとされる趙孟奎・孟圻兄弟の一族の住んだ叢桂坊、旧名の曹家巷を改めてつけた擁旄坊などをあげている。また常州でも、史能之修『咸淳毘陵志』巻三坊市・州晋陵武

進附の、

佚老坊、在徳安門内。徐守申建以孫中奉庭臣、胡公遠相繼退、閑遊里閈、故名。雙桂坊、在武進縣東。以丁都官宗臣、校理寶臣聯第、故名。

正素坊、在武進縣東廟巷。徐守申建以張公舉賜號正素處士、故名。

世賢坊、在武進縣北。趙守善防建以張参政守所居里、故名。

などをあげる事ができる。

このように居住者にちなんだ地名はかなりあるが、後世の変遷がある上にやや雅やかにつけるので由来などが確認しにくい。(4) 范仲淹にちなんだ蘇州の「范文正公之坊」のように、直接的に居住者の名前をつける例は乏しい。やはり坊名となると、居住者の号にちなんだ蘇州の「楽圃坊」や科挙及第者にちなむ「狀元坊」のように少しひねって命名する例が多く、あまり直接的命名はしないようである。したがって説明がないと検討がつけにくいが、逆に「狀元坊」・「儒学坊」とあれば起因となる人がいたといえ、詳細な事が判らなくても起因となった人を考える証左になる。湖州でいえば、「徳政坊」・「中書坊」・「富民坊」・「忠賢坊」などがこの例に入ろう。

その点、巷や橋の名前はより直接的に名前をつける。前掲の呉興志にも、

又、有巷名出於俚俗、或以寺観、或以名物、或以姓氏第、爲識別。多非馴雅、循習。歳久遂爲通稱。

とある。したがって時としてその街の性格、ひいては一帯の構造をも示す。(5) 坊名を用いる地区はある程度の面積をもっていたと考えられるのに対して、巷や橋の名前の示す範囲・面積はそれ程広くなかったと考えられるのが、その主因であろう。しかしその由来はなかなか判らない。前掲の常州の例でみると、

狀元橋在郡學西南跨恵明河、宋崇寧間郡守朱彦建、以霍侍郎端友魁多士故名。(6)

のような例がないでもないが、「某家巷」・「某家橋」とのみある例が多く、具体的人物に比定しえない場合が多い。

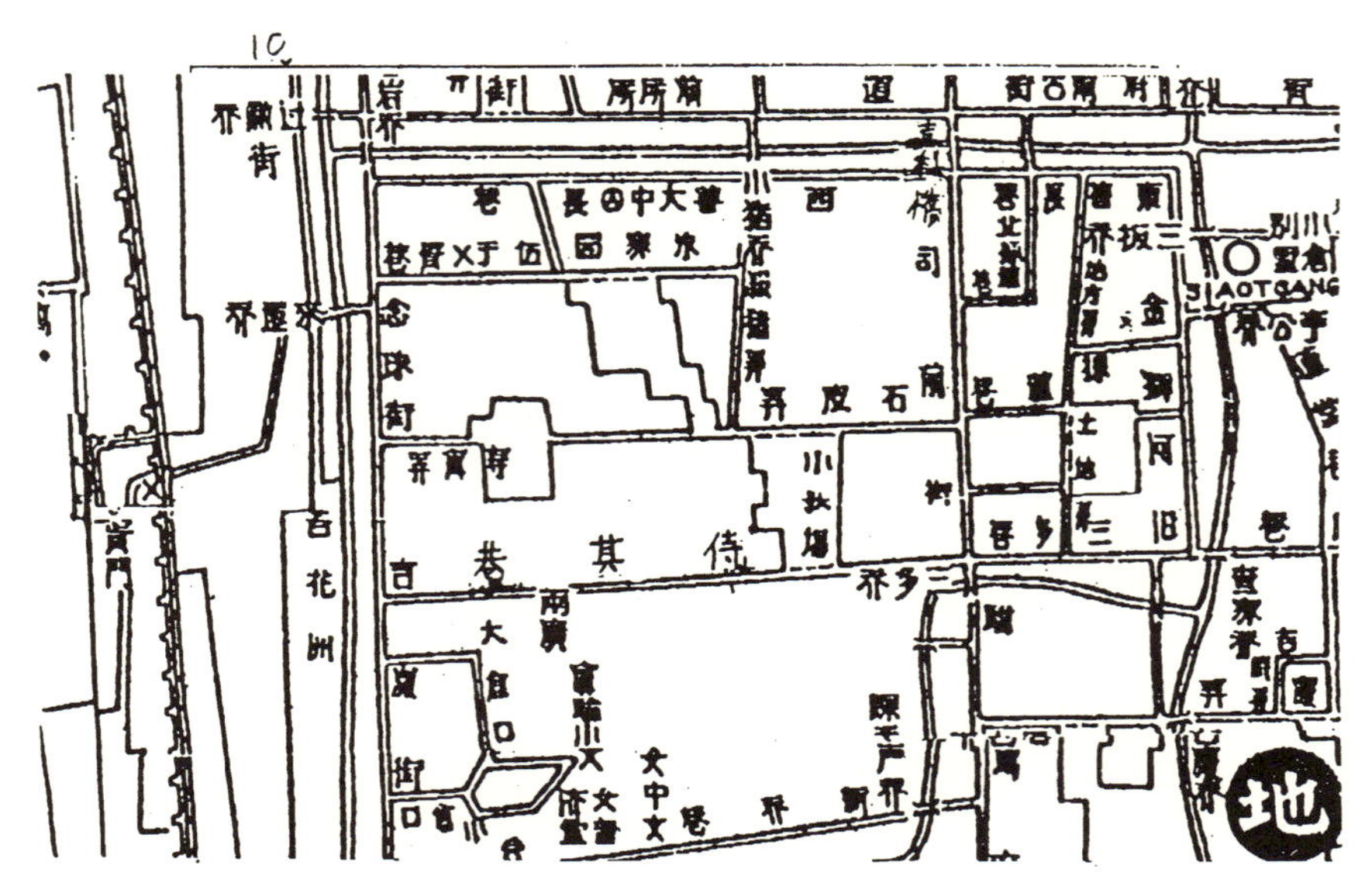

Ⅰ　「蘇州新地図」1:12500　城の西部、第1直河沿いの道から横に東方へ伸びるのが侍其巷である。

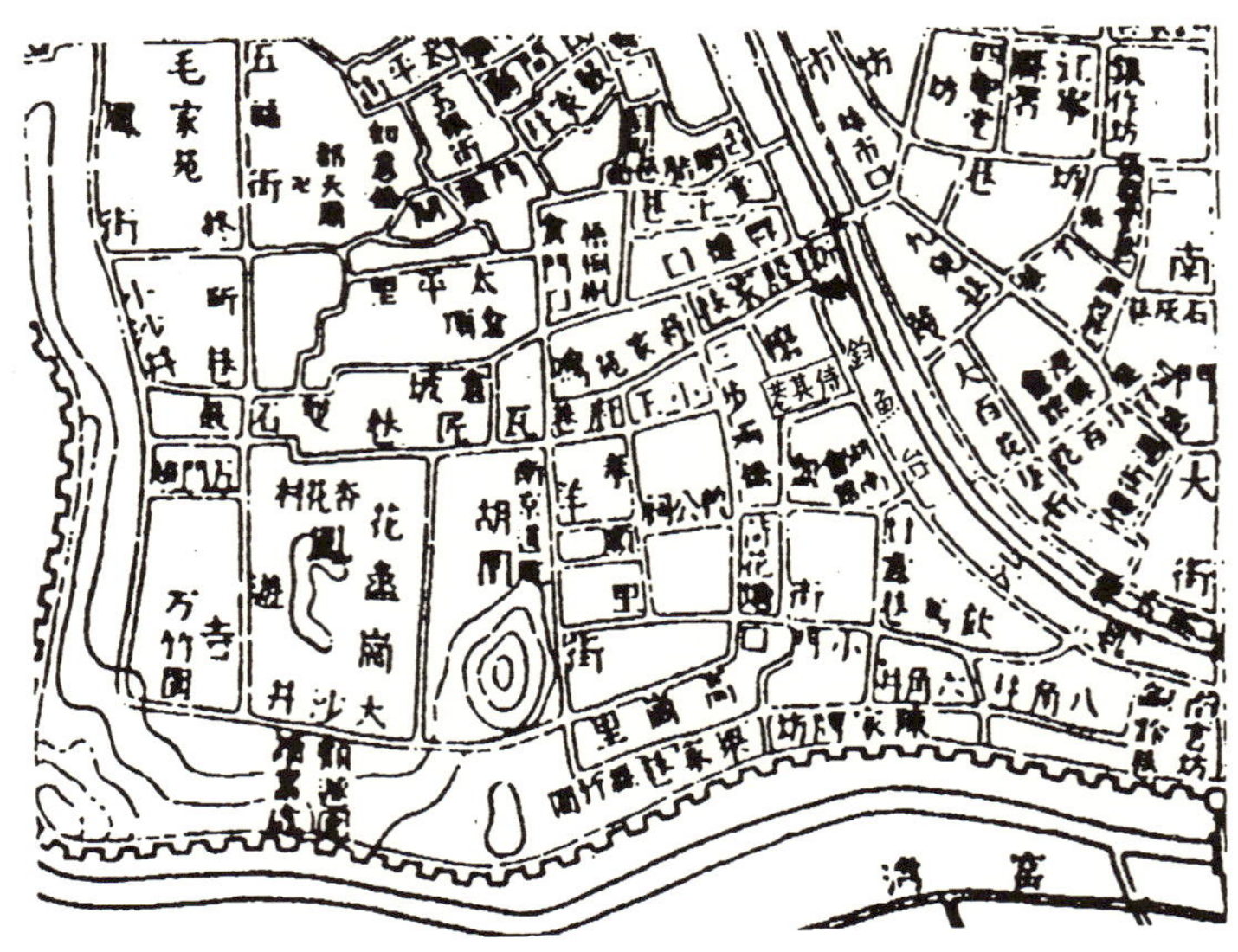

Ⅱ　「南京城市全図」1:15000　秦淮に沿い釣魚台近辺から西にのびる小巷が侍其巷である。

余程の有力者か特殊な姓でなくては、一体だれが住んでいたのか判然としないのが実情である。狀元橋の場合も、霍端友（一〇五六―一一一五）が同じ常州の武進県の人で進士第一にあげられたので、それを記念して城内の彼の家の近くの橋名ができた、と特筆されたのである。(7)侍其氏にちなんだ蘇州の「侍其巷」もその特殊な例である。特殊な姓なればこそ説明も確認もできた。(8)ちなみに、この「侍其巷」は南京（宋・建康府）にもある。民国十六（一九二七）年に上海商務印書館の発行した「南京城市全図」でみると、南京の西南、秦淮の近くにかきこまれている。(9)

特に高位高官者を出してもいない侍其氏が、実は浙西に根をはった一族で都市士大夫だった事が、地名の検討から判る。

このように宋代における都市居住者の確認は興味深くはあるが、なかなか難しい。が、まれには住所をあげるものもある。ここでも蘇州に例をとって検討してみよう。范成大『呉郡志』巻二五・二六・二七所収の人物の条によると、

鄭戩・皐橋（楽橋西北・閶門内）・呉出身・仁宗期・巻二五。

葉参（子清臣）・天慶観の東（楽橋東北）・参はもと烏程の人（子清臣は長洲とする）・真宗期（子清臣は仁宗期）・巻二五。

李璋・盤門（楽橋西南）・杭州出身・英宗期・巻二六。

鄭景平・帯城橋（楽橋東南）・呉出身・神宗期・巻二七。

邊知白・郡南金獅巷（楽橋西南）・呉出身・高宗期・巻二七。

などの例が検索できる。(10)

以上の様に、宋代の士人で都市に居住する者がかなりの数になる事が指摘できる。墓誌銘・神道碑には書いてなくとも、実は都城内に住んでいた、というケースは案外あるのではないだろうか。そこで、ここで再度確認しておきたいのは、都市士大夫すなわち明確な都市居住者ではないという点である。もう少し広く考え、都市志向をもつものも含むという点である。したがって居住地が城内に限定されない。この点はすでに拙稿で例をあげて論じておいた。城

外に住み事あるごとに城内へ通った范成大、城北に莊園をもって官位を買った周某などである。[1]

このほかに、

　呉郡有二老焉。或仕或不仕。皆隠者也。居城之東北曰方公、居城之東南曰楊公。即懿孺也。

といわれた蘇州の楊懿孺や[11]、陸游に、

　謁樊自強主管・樊自牧教授（広・抑、皆茂實吏部子）・聞人伯卿教授（阜民茂徳刪定子）二樊居城外。居第頗壯。茂實晩歳所築、尚未成也。

としるされた[12]秀州（宋・嘉興府）の樊兄弟をも範疇に加える。楊懿孺や方某の場合、具体的なことは判らないが、都城に接して住み、二老と称される存在が都市的活動を示唆する。樊兄弟の場合は、これまた都城に接して父子二代で宏壮な邸宅を築いていること、通過していく官僚と交流し士人としての立場をもつことなどが、都市士大夫としての条件を満たすと考えるからである。[13]

ところで、村落と異なり空間の限られる都市やその周辺に住んだ者はどのような型で住んだのであろうか。また何世代位続いたのであろうか。興味深い問題であるが、侍其氏の様に蘇州城内に散居しやがて徙居していく例、東の某・西の某と称される例もあるから一概には云えない。しかし既論した例[1]や本章で論じていく例からみると、城内外にある程度固まって住み数世代続くものもあったようである。闕名撰『京口耆舊傳』巻一豊淵伝に「今城中諸豊皆其裔」とあるのを見ると[14]、それぞれの事情がありつつも何世代か都市に住みひろがっていく例もあったと思われる。

二、都市士大夫の婚姻関係と基盤

宋代の官僚・士人の社会の構成要素の一つとして婚姻関係があるのはいうまでもない。有力な家あるいは優秀な者

と婚姻関係を結ぶことが行なわれ、南宋代になると富裕な者もこれを見ならう様になったとされている。[15] しかし一方で出身地の者を対象に通婚している例もあり、高位高官にのぼった者を出した家、さらには北宋・南宋の違いも考慮する必要があろう。[16] 今問題にしている浙西すなわち江南についても既に多くの例が検証されている。[17]

それによれば、他の地方から徙ってくる傾向が認られる一方で出身地の変らないものも少なくなく、家運の継続しているものも少なくない。また仁宗以後の隆盛を記すものがあるなどである。これをいいかえると、定居士人の多いことを示す。あげられた例をみると、浙西の北部の常州には胡氏をはじめとして勢家が多く、家系を伝えている。この事を物語るかの様に、常州出身者の墓誌銘・神道碑は浙西各地の中でも群をぬいて多い。大運河沿いにあって揚子江にも近い潤州と蘇州の中間に位置するのがその一因であろうか。宋室の南渡によって政治の中枢も江南に徙って、文字通り政経の中心地となった南宋では彼らの活動が一層強まったと推測される。彼ら都市にかかわった士人の基盤はどうだったのであろうか。婚姻関係を絡らめつつ検討してみよう。

常州の葛氏は、都市士大夫の典型として度度引用してきた侍其一族とも関係があった。より具体的にいうと、北宋の徽宗朝、崇寧頃までの人、葛書思（一〇三二―一一〇四）が侍其泳の女をめとった。[1] 葛勝仲（一〇七二―一一四四）『丹陽集』巻一五朝奉郎累贈少師特諡清孝葛公（書思）行状に、

其先嬴姓。夏后封國于葛、後因氏焉。世籍廣陵。唐天祐中有諱濤者、避孫楊連兵之禍徙江陰家之。其子彫、太宗時、以高年有徳賜爵公士。爲公高祖。公士生祥。高蹈不仕。娶焦氏、是生惟甫、累贈開府儀同三司吏部尚書。尚書娶呉氏、封陳留郡太君。生公之考。曰密、進士擢第、卒官承議郎累贈通議大夫。公之母胡氏、後母陳氏、封安定潁陽二縣君。以公升朝、恩加贈建徳懐仁二縣太君累贈碩人。

とあって、

娶侍其氏、右正議大夫泳之女、累贈秦國夫人、……、公以崇寧五年十一月己亥、葬縣之青暘郷郭莊之原。子四人、

次仲試大司成兼修國史鄆王景王肅王府直講郵章贈正奉大夫累贈少保、儀仲郷貢進士、和仲右中奉大夫、勝仲左正議大夫充顯謨閣待制、孫男十八、……。

とある。宋初より家系を伝えて葛書思の時代に繁栄の時を迎えた。

熙寧乙卯歳大饑、斗米數千錢、人相食、公發己廩以食飢人、頼以全活者甚衆。

とあるのをみると、かなりの資力を持つ土地所有者のように見受けられるが、「(崇寧三年) 冬十一月二十九日、終于城南里第」とあるから都市型の居住をしている。

葛氏は余程繁栄した一族とみえ、かなりの伝記類がのこされている。昌彼得・王徳毅編『宋人傳記資料索引』(鼎文書局、一九七六年)・宋史提要編纂協力委員会編『宋人傳記索引』(東洋文庫、一九六八年) によって葛氏の項をみると、そこにあげられる常州・湖州の葛氏は大半が系譜的につながってゆく。しかも葛書思が都市型の居住をしているうえに、蘇州の侍其氏 (のち常州へ徙居) とも通婚している。そこで浙西における都市士大夫の系譜・婚姻関係を探るモデル・ケースとして、幅広く関係氏族をもみていく。

葛氏は書思の祖父惟甫の時代に惟甫・惟安・惟明・惟則のすくなくとも四つに分院をし、惟甫の子孫が特に盛えた。『丹陽集』巻一四中奉大夫葛公墓誌銘の師望 (一〇五三―一一三二) は惟安の曾孫で、巻一四葛君墓志銘の葛權 (一〇五九―一一三二) は惟明の曾孫である。鄒浩の『道郷先生文集』巻三七夫人葛氏 (胡遠方妻、一〇三八―一一〇九) 墓誌銘は惟則の孫である。北宋の末頃までに一族が盛大になっていったのが判る。惟甫の一族が特に盛えたのは、宋史巻三八五葛邲に、

葛邲字楚輔、其先居丹陽、後徙呉興。世以儒學名家、高祖密至邲五世登科第、大父勝仲至邲三世掌詞命。

とあるように科挙及第者が続いたからである。葛邲は南宋の光宗頃までの人で、五世の祖の密は北宋の仁宗から神宗にかけての人である。『宋史』巻三三三の伝によると、密は兄の宮とともに進士及第をしている。葛氏は五代百数十

年にわたって及第者を出し続けた。(18)

かくの如く繁栄を続けた葛氏ではあったが、そのまま常州江陰に定居しつづけていた訳ではない。さきの葛邲伝にもあるように、邲は呉興（湖州）の人で、先祖は丹陽（鎮江府）の人とある。葛氏は呉興に徙居をした。ただ先祖を丹陽の人とするのはすこし問題がある。指摘してきたように、廣陵（揚州府江都縣）から常州江陰に徙居したとあるが、丹陽に居たとする史料はない。丹陽の名前がでるのは『宋史』巻四四五葛勝仲伝に「丹陽人」とするのと、『丹陽集』巻一五太中大夫大司成葛公（次仲）行状に、

惟葛氏世序、自晋稚川爲散騎常侍居丹陽、至公之六世祖、自廣陵徙貫江陰、故今爲常州江陰人。

とあるのが最初であろう。しかし古い時代はとも角、勝仲が丹陽にいたというのは信憑性に乏しい。これは『丹陽集』に説明がふしてあるとおり、丹陽という名前から来た誤りであろう。(19)勝仲は丹陽に徙ってはいないが、湖州には住んだ。前掲の伝に、

建炎中、……、復知湖州。時羣盗縦横、聾搖諸郡、勝仲修城郭、作戦艦、閲士卒、賊知有備、引去。歳大饑、發官廩振之、民頼以濟。

とある。南宋初の混乱の中で知湖州として活躍をしている。「紹興元年、丐祠歸」とあるから、そのまま湖州に住んだのではないのかもしれないが、子の葛立方伝に「常之江陰人」としつつも「歸休於呉興汎金溪上」とし(20)邲は呉興の人とするから、この頃から湖州との関係が深まって徙居に至ったのであろう。

勝仲は張磐の女を娶っている。張磐の家自体はよく判らない。しかし葛氏と同様に張磐の女を娶ったものとして同じく常州江陰の趙越がいる。趙氏の家もそれ程詳細ではないが、「家世饒資、……、輒折券不復索」とあるから高利貸でもしていたのであろうか。(21)葛・趙両氏ともそれぞれに常州で盛んであり、これと結んだ張氏も常州の盛家だったのだろう。

Ⅲ　葛氏系譜

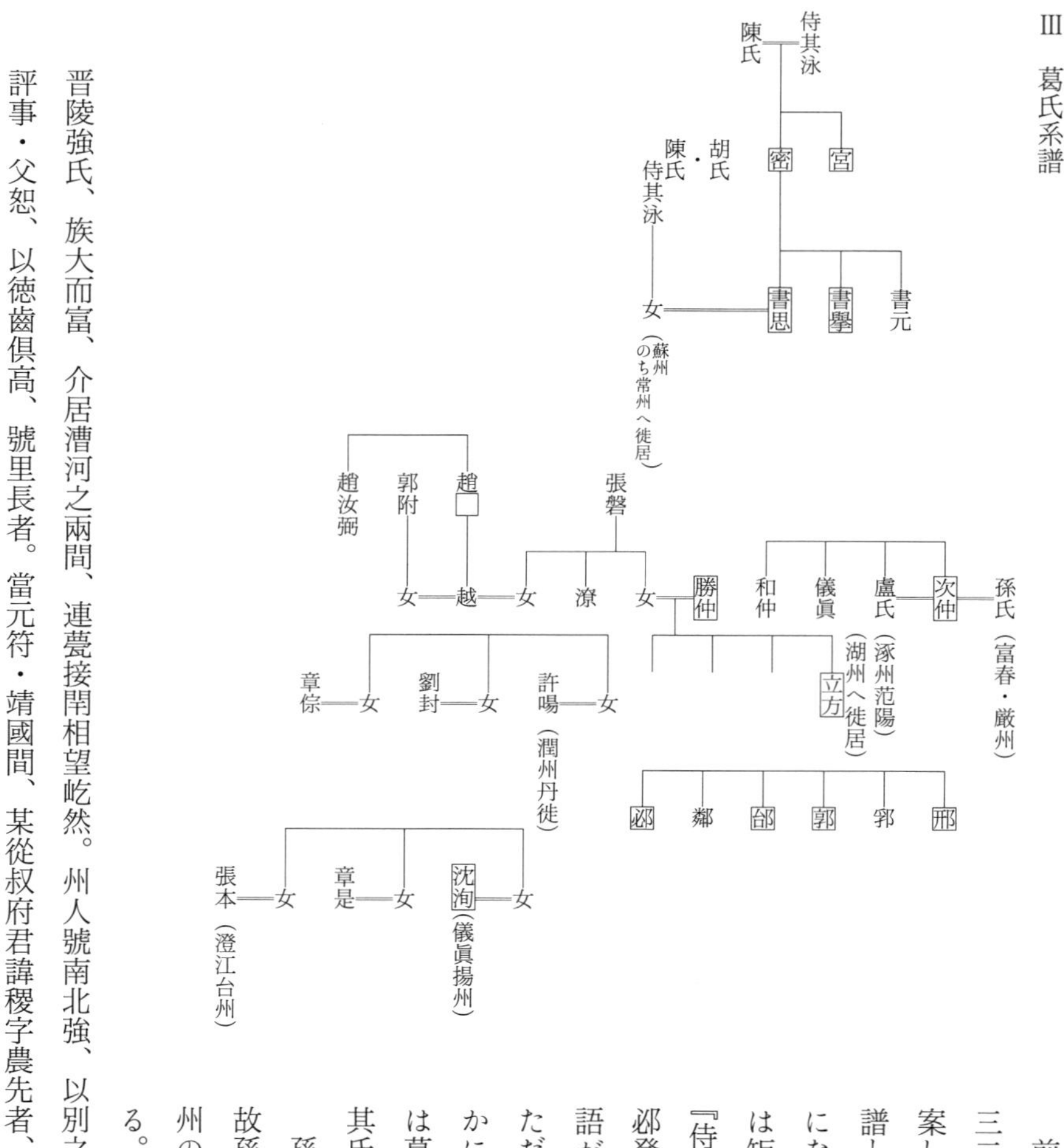

前掲の史料に秦観『淮海集』巻三三葛宣徳（書擧）墓誌銘をも勘案して、惟甫一族のおもだった系譜と婚姻関係を図示すると次の様になる。科挙及第の明らかなものは矩形に囲んでおいた。葛立方の『侍郎葛公歸愚集』補遺の「喜子邲登第」に「吾家五世十三人」の語がみえるが、盛んな事に驚く。ただ通婚相手の状態はそれ程明らかにならない。張・趙両氏の系譜は葛氏に組み込んだが、常州の侍其氏は別に示しておいた。

孫覿『鴻慶居士文集』巻四〇宋故孫夫人強氏墓志銘は、同じく常州の人孫稷に嫁した強氏の伝である。強氏は、

晉陵強氏、族大而富、介居漕河之兩間、連甍接閈相望屹然。州人號南北強、以別之。夫人實南強氏、祖相如大理評事・父恕、以徳齒倶高、號里長者。當元符・靖國間、某從叔府君諱稷字農先者、著籍太學、名聲出諸生上、而

夫人方擇對、遂以歸之。

とある。「漕河の間に介居」したというのが具体的にどういう事をいうのか、このままではよく判らないが、館を連らねた盛大な一族であった。(22)

宋代の浙西を特徴づけるものとして大運河が存在するのは贅言をまたない。このいわば大動脈を中心にして浙西が発展した事も周知の事である。しかし例えば、それがその周辺の土地・人々とどの様な関係をもったか。具体的にいえば、ここで問題にしている士人・勢家が大運河と具体的にどの様にかかわって存在したか、という様な事になるとそれ程定かでない。強氏も運河と関係があったようにも思えるが、具体的な事は判らない。また官とも無縁のようである。これに対して婿家の孫稷の家はもう少し判る。同文に続けて、

蓋棺之後券書満笥。於是、一里儒蚤繇八行選後、以伊川先生高第進於朝、亦負錢三十萬、則詒書陳義鐫誚諸子、當焚券以成父之志。夫人曰不一取金之息、不遺一介。詒門淹速、惟所命折券則不可飾。諸子曰報書云爾已。而諸猶子自言、家有未分之田、計積歳粟麥之直、爲錢亾慮萬緡。

とあり、膨大な資産をもち金を貸している。

常州に孫姓の者は多い。鄒浩『道郷先生文集』巻三六孫(邈)明遠（一〇五四―一一〇九）墓誌銘にも「晉陵孫姓多大、

IV　侍其氏系譜

侍其衛―禎―憲（＝賈氏）―泳（＝王氏）
泳の子：瑋（＝施氏）、女（＝葛書思）
瑋の子：（三名）、鉱（＝女〔劉敷の女〕）
鉱の子：女（＝王権）、女（＝除揖）、女（＝桂南升）
女（＝路慶隆）、女（＝蔣忱）、女（＝王彦思）

族居南郭之外者、特以儒顯」とあるから、その中には都城に隣接して住み学問に励んで家を起したものもあった。しかし常州孫氏の系譜をつくるのはなかなかむずかしい。孫稷と鴻慶居士文集の著者の孫覿も同族と思われるが、系譜的にまとめがたい。(23)

孫・強両氏は強力な経済基盤の上に婚姻関係を結び常州を基盤としていた。先にのべた葛・張・趙の三氏の関係と一脈通ずるが、やはり同様に他州の有力な都市居住者とも通婚していた。『鴻慶居士文集』巻三三宋故左朝請大夫直龍圖閣章公（綡）墓誌銘に「女嫁晋陵孫覿」とある。章綡（一〇六二―一一二五）は臨安に葬られたが、

建安章氏、自郇公以文學・道徳、仕仁宗爲宰相、……、而徙平江者、尤稱於天下大。丞相申公家州南、樞密奉公家州北。兩第屹然輪奐相望、爲一州之甲。呉人號南北章以別之。

とあるように、建安の人であったが蘇州に第宅を構えている。同文集同巻には兄弟の綜（一〇六二―一一二五）の左朝奉大夫章公墓誌銘もあり、共に蘇州に徙ったことが判る。

この州北・州南が城郭の南北か州治の南北か定かでないが、都市的生活者だったのは確実である。先の葛氏と侍其氏の関係の如く、都市居住者間の通婚である。

さて、葛氏は湖州へ徙居した。湖州もまた宋代に殷振をうたわれた。范成大『呉郡志』巻五十の「蘇・湖熟すれば天下足る」は有名だが、早くから開発がすすみ定住が進んで鎮市も発達した。これらは斯波義信氏によって明らかにされ、進士及第者についても帰安・長興二県から多くでたことが明らかになっている。(24)ただのこされている墓誌銘・神道碑の出身地をみると、このような片寄りはない。宋代を通じてわずか二％で不振とされた烏程県のものもかなりある。烏程県は帰安県とともに州城に県治を構え、囲田ではむしろ帰安県をしのいだとされている。進士及第率における烏程県の不振が、斯波氏の推測の如く縉紳が定住しなかった為か否かよく判らないが、大姓とされ及第者を多く出した呉姓のもののなかから都市的居住者について見てみたい。

呉槩（一〇六二—一一四〇）は、劉一止『苕溪集』巻四九呉君平墓誌銘に湖州烏程の人とあって、

呉氏故饒於財、宗族居城西華屋、相望、……、靳里人貸銭數十萬、而死。其孤存焉、折券不問、……。

とある。呉氏もまた都城の側に一族で住み金貸しをしていた。系譜及び婚姻関係の図示は割愛するが、大体六代程把握できる。通婚相手に官僚や進士及第者の名前がみえるが、呉氏そのものに科挙及第者は乏しいようである。なお妻家の徐氏は蘇州の人で徐瑗の女とある。

呉槩の同族と思われる者に呉槖（一〇七一—一一一六）がいる。ほぼ同年代の人物である事、輩字に「木」を使用しているように思える事などから同族の可能性が高い。しかし彼の墓誌銘、『苕溪集』巻四九呉亦虚墓誌銘では呉興安吉の人とし、妻家の臧氏も同じく安吉の人臧詢の女である。(25) 斯波氏の指摘によれば呉姓の進士及第者は帰安県二〇に対して、安吉縣一・長興県一・徳清県一で、烏程県は零である。勿論この事は、烏程・安吉両県に呉氏がいなかったのではなく、単に及第者がいなかったというだけの事である。これに符合するかの様に烏程・安吉の呉氏の墓誌銘の題に官名が付してない。しかるに通婚相手には進士及第者がいるのだから、青山定雄氏の指摘した富家が婿をえらんだという例であろう。

このように湖州の呉氏は相互の関係が今一つ鮮明でないが、(26) 都城の側に宗族で居を構えて資産をもち、官僚・士人と交流しているのは確かである。この外の例は割愛をするが、湖州でも浙西の他の都市の常州や蘇州・秀州と同様の事態・状況が展開していたと見るべきである。

以上、わずかではあるが、都市型の居住をしているものの系譜・婚姻関係及び基盤をみた。彼らの様態は様様であるが、概して出身地に強い基盤をもちつつも、時として他州の者と結んだ。彼らの中には都市内に住む者も多いが周辺に住むものも多い。彼らは宋代の浙西の発展に支えられながら盤踞していたのである。彼らを士大夫として都市に近づけ活動せしめた紐帯は何だったのだろうか。次章ではこの事を探ってみよう。

三、都市における士人の交流

南宋の乾道六（一一七〇）年閏五月十八日に故郷の山陰（浙江省紹興県）を出発した陸游は、渺漠とひろがる太湖流域の平野を貫通する大運河を通って揚子江にでて任地の四川へ向った。この間の見聞は『入蜀記』（『渭南文集』所収、巻四三―四八）にしるされ、当時の様子を生生と伝える。旅程に従って彼の目に映る情景の変化は、我我の感覚にも反映し、一つのイメージを形成する。とりわけ江南一帯についてみると、北宋の滅亡により本来の使命を失なった大運河がなお活動していた事を教えるし、その周辺に蝟集する人々の生態もわかる。運河周辺の聚落・寺観・軍馬の放牧・物売り・水害の中で懸命に働らく農婦。蘇州をこえると丘岡が広がり、菽（まめ）・粟の栽培があること。揚子江に達すると軍人の姿がふえること。などなど興味がつきない。

Ⅴ　陸游交友録

日程	宿泊地名	交流人士及び内容
五月二十日	杭州	仙林寺僧の接待をうける。
二十一日	〃	兄とあう。以後二十二日より二十四日まで兄宅に宿泊
二十五日	〃	葉夢錫侍郎（衡）の招待をうける。
二十六日	〃	国器司業芮曄の招待をうけ、仲高兄詹道・子大著亢宗・張叔潛編修（淵）らと会す。
二十八日	〃	仲高と西湖にあそぶ。
二十九日	〃	沈持要検正（樞）の接待をうけ、趙徳荘少卿（彦端）と邂逅
六月一日	杭州出発	
三日	長河堰をへて石門に宿泊	秀州崇徳県令右従政郎呉道夫・丞右承直郎李植・監秀州都税務右從郎章湜とあう。
五日	秀州	通判権郡事右通直郎朱自求・員外通判右承事郎直秘閣趙師夔・方務徳侍郎（滋）にあい方氏の接待をうける。樊自強主管（廣）樊自牧教授（抑）兄弟（樊茂實吏部の子）、聞人伯卿教授（阜民茂徳刪定の子）にあう（舟に訪問をうけたと思われる）。寶華尼寺で、老尼妙濟・大師法淳・その弟子居白の接待をうける。
六日	〃	右奉議郎新通判荊南呂援・聞人綱（方務徳の客）の訪問をうける。丞倅（呂某？）の官舎での会に出席。夜、陳大光縣丞（瑩中諫議の孫）の家で開らかれた方夷吾の会にゆき、樊自強・樊自牧・呂倅らと会す。

しかし私にとってもっとも興味深いのは、

日付	場所	事項
七日	〃	方務徳の馳走をうける。姜医士の診察をうける。
九日	尹橋に宿す	松江附近で知県丞右承議郎管銑・尉右迪功郎周郵の訪問をうける。医士鄭端誠の診察をうける。
十日・十一日	蘇州・無錫を通過	
十二日	常州城外	喩子材郎中（樗）に謁す。知縣右奉議郎呉澧の訪問をうける。
十四日	呂城閘（船中泊）	知州右朝奉大夫李安國・通判右朝奉郎蔣誼・員外倅左朝散郎張堅（綱の子）にあう。教授左文林郎陳伯達・員外教授左從政郎沈瀛・司戸右從政郎許伯虎の訪問をうける（伯虎は学友・他は初見）。
十五日	丹陽	郡士蔣元龍にあう。
十七日	鎮江	知府右朝散郎直祕閣蔡洸・都統慶遠軍節度使成閔・通判右朝奉大夫章汶・右朝奉郎陶之眞・府學教授左文林郎熊克・總領司幹辨公事右承奉郎史彌正にあう。
十八日	〃	右奉議郎簽書節度判官聽公事葛郯・觀察推官右文林郎徐務滋・司戸参軍左迪功郎楊沖・焦山長老定圜・甘露長老化昭の訪問をうける。
十九日	潮閘にとまる	金山長老寶印の訪問をうける。蔡洸の接待をうけ熊教授と同席。
二十日		王知義の船にうつる。
二十三日		左迪功郎新大平州教授徐容と邂逅。
二十五日		落魄武人王秀にあう。
二十六日	金山泊	寶印とあう。
二十七日		
二十八日	午后瓜州をすぎる。	奉使金国起居郎范至能の招待をうける。

旅の途中での人々との交流である。『入蜀記』における浙西部分（巻二）を繙きながら、陸游を中心とした交流を探ってみよう。

五月二十日に杭州に入り二十八日に揚子江に出るまでの一月余の多彩な交友が浮き彫りになる。一見してわかるとおり、ここにあげられた人々の大半が官僚で、いわゆる「在地の士人」はほとんどでてこない。現職の官僚が任地に赴く途中だから当然といえば当然であるが、浙西という土地柄や陸游の評価を考えると今少し士人・聞人（有名人）の訪問がしるされていてもよいように思う。その乏しいケースが先にあげた樊氏兄弟である。

樊氏兄弟とは六月五日に秀州であう。今一人の聞人伯卿との訪問であった。宋代の浙西というとすぐに蘇・湖・杭の名前があがるが、秀州もなかなか盛んであった。『鴻慶居士文集』巻三四宋故右中奉大夫直秘閣致仕朱公墓誌銘にも、

　華亭據江瞰海、富室・大家・蠻商・舶賈交錯於水陸之道、爲東南一大縣、胡馬南渡、所遇燔滅一空、而華亭獨亡恙。

とある。南宋になると衰えた様であるが、それでも江南の重要な州である。樊氏がその都城に接して宏壮な邸宅を二代かけて築いていた事を指摘したが、彼らとは六日の夜に陳大光県丞の家でひらかれた方夷吾のパーティーで再度顔をあわせている。丁度、范成大が故郷にあった時に、蘇州城外の石湖から事あるごとに城内に通ったのに似ている。

　さらに交流の例をあげよう。秀州で陸游をもっとも歓待したのは方務徳である。方務徳すなわち方滋は韓元吉の『南澗甲乙稿』巻二一に「方公墓誌銘」がある。浙西の奥地・厳州桐廬県の人で、乾道八（一一七二）年八月に没して臨安府臨安県霊鳳郷に葬られた。しかし、

　晩居秀州、稍治居第。于宗族尤孝友、郊奏之恩、先以與孤弟姪、而後其孫。

とあるから、陸游の訪れた頃は秀州にいたと思われる。陸游の日記とあわせて考えると、彼もまた都市城に住み、しかも宗族といた事になる。ちなみに、六日の夜に陳大光縣丞の家で会をひらいて陸游を歓迎した方夷吾すなわち方導も方務徳と同族で、恩廕によって官となり没後は務徳と同じ地に葬られた[27]。方氏は秀州に寄居をして、そこで盛んに官僚・士人と交流をしていたのである。

　何げない記録であるが、陸游の行動を通して都市における官僚・士人・聞人・寄居士人の交流の実態が浮び上ってきた。交流は、礼的訪問・逍遙・パーティー・論談、はては医士の紹介まで多岐にわたっている[28]。この様な交流は、恐らく滞在日数の長い土地では同じ様に繰りひろげられたであろう。例えば十七日以後は鎮江に滞在するが、その前の十五日に丹陽で郡士蔣元龍と語りあう。蔣元龍がどんな人物であったか確証はないが、『嘉定鎮江志』附録に、

　蔣元龍字子雲、丹徒人。工於楽府有詞板行世。以特科入官、終縣令。

とあるその人と思われる[29]。一一記録されてないが、在地の士人との交流はかなり頻繁だったと考えるべきで、それが

都市で盛んであったといえよう。(30)

官僚・士人にとって交流は大事なことで、あらゆる機会をとらえて様様な人々と交流していた。宋人の文にみえる交流・人物評論はこの中で生まれ、時には洛陽・蘇州の耆英会のような会に発展していった。(1)(31) しかし耆英会は陸游のケースとはやや異なる。一定の場所で知州を中心に集るような云わば私的な選ばれた人々の会で、赴任の途中の官僚とは性質が異なろう。しかも耆英会は、洛陽にしろ蘇州にしろ北宋の事であって南宋の事ではない。では南宋にそのような士人の交流の場を認めうるのだろうか。私は郷飲酒礼こそその場であったと考えている。

従来、郷飲酒礼は明の郷村統治と絡んで論じられてきたが、歴史は古く周代にまで溯れる。「唐代になると、学校の生徒及び郷貢の士が州の考試をうけて及第し、尚書省に赴むく時に、州県の長官が送別壮行会を開いた。そして儀礼の郷飲酒礼を以って属吏と会し、賓席・主席を設け俎豆をつらねて管絃を演奏し、羊豚を牲にして詩經小雅の鹿鳴の詩を歌った。この故に鹿鳴宴ともいうが、その後は慣習となって宋代でも解試終了後に都へおもむく合格者を地方官が招いて壮行会を開く様になり、おおむね清まで続いた。」と説明されている。(32)『宋史』巻一一四礼一七によると、

後世、臘蜡百神・春秋習射・序賓飲酒之儀、不行於郡國、唯貢士日設鹿鳴宴、猶古者賓興賢能、行郷飲之遺禮也。……。今制、州・軍貢士之月、以礼飲、……。

とあるが、行なわれたのは特に南宋代だったようで、朱熹も奨励している。制度的変遷など問題も多く興味のもたれるテーマであるが、ここでは都市における士人の社会に果した役割を中心に考えていく。

浙西で郷飲酒礼がおこなわれた事は、秀州澉浦の地方誌の常棠『澉水志』巻七徳政碑に「歳時行郷飲禮」とあるが、実態はよく判らない。そこで場所的にはややずれるが、鄭瑤『景定厳州續志』巻三郷飲によって、同じ浙西の厳州に例をとりつつ実際を検討してみると、

紹興間、知州蘇簡行郷飲酒禮、成有詩示諸生刻于學。

嘉定戊寅、知州鄭之悌行郷飲於貢院、會者千餘人。郡人詹良爲賓。
淳祐壬寅夏四月癸丑朔、知州王佖行郷飲於貢院。會者千餘人。郡人錢時爲賓。
寶祐甲寅、知州季鏞修學告成、秋七月辛丑朔舎菜於先聖先師、祀畢升堂講書、因酌諸生。會者百餘人。
景定辛酉、今侯錢可則、以正月甲午、舎菜於先聖先師、祀畢序拜齒飲、會者五百有十人。郡人黄巖爲賓。

とある。省試のたびに行なわれていない様である。しかし貢院で行なわれて、淳祐壬寅（一二四二年）の時には千余人が会している。なお同じ巻三の登科題名によると、この時の登科は六名であった。さらに寶祐甲寅（一二五四年）・景定辛酉（一二六一年）の舎菜（学校に入る時の儀式）にも多くの人々が参加しており、概して科挙関係の儀式には参加者が多かったようである。袁桷『延祐四明志』巻一四郷飲酒礼に「士族不歯於郷者、不預入門」とあるのを見ると誰もが参加できたのではないようである。それにしても厳州の千人とはかなりの数で、一つの州にそんなに士人がいたのかとも思う。官僚・士人さらには在地有力者がこぞって参加したのであろう。ところで、前掲の四明志では、

紹興七年、郡守仇悆心復擧故事、置田百有六畝、以益之。

とあって、運営のために土地を備えていたのをのべるが、さりとて励行されていた様子もない(33)。

こうしてみてくると郷飲酒礼も地域や時代が限られていて、耆英会と同様に普遍的性格が与えられないように思える。しかし必らずしもそうとは云えない。かつて四川について論じた際に、魏了翁『鶴山先生大全文集』巻七〇魏府君（和孫）墓誌銘の「君同産之二弟、連歳賔貢、其二弟之子接踵科級……」を引用し、賔貢すなわち賔興の語に注目した(34)。賔興とは士人の子供が郷試に応じる時に地方官がもてなす事で、郷飲酒礼とも関係がある。ただこれも例の侍其一族の侍其鉱の墓誌銘に「擢知蜀州、方復古賓興法」とあるのをみると(35)、どこまでポピュラーであったか判りにくい。そこで前稿では、宋代ではあまり見られない語である、としたがこれは誤りであった。蘇州の地図『宋平江図』や『景定建康志』所収の「府城之図」を検討すると、いずれも貢院の側に賔（賓）興坊という坊名がかいてある。『平江図』

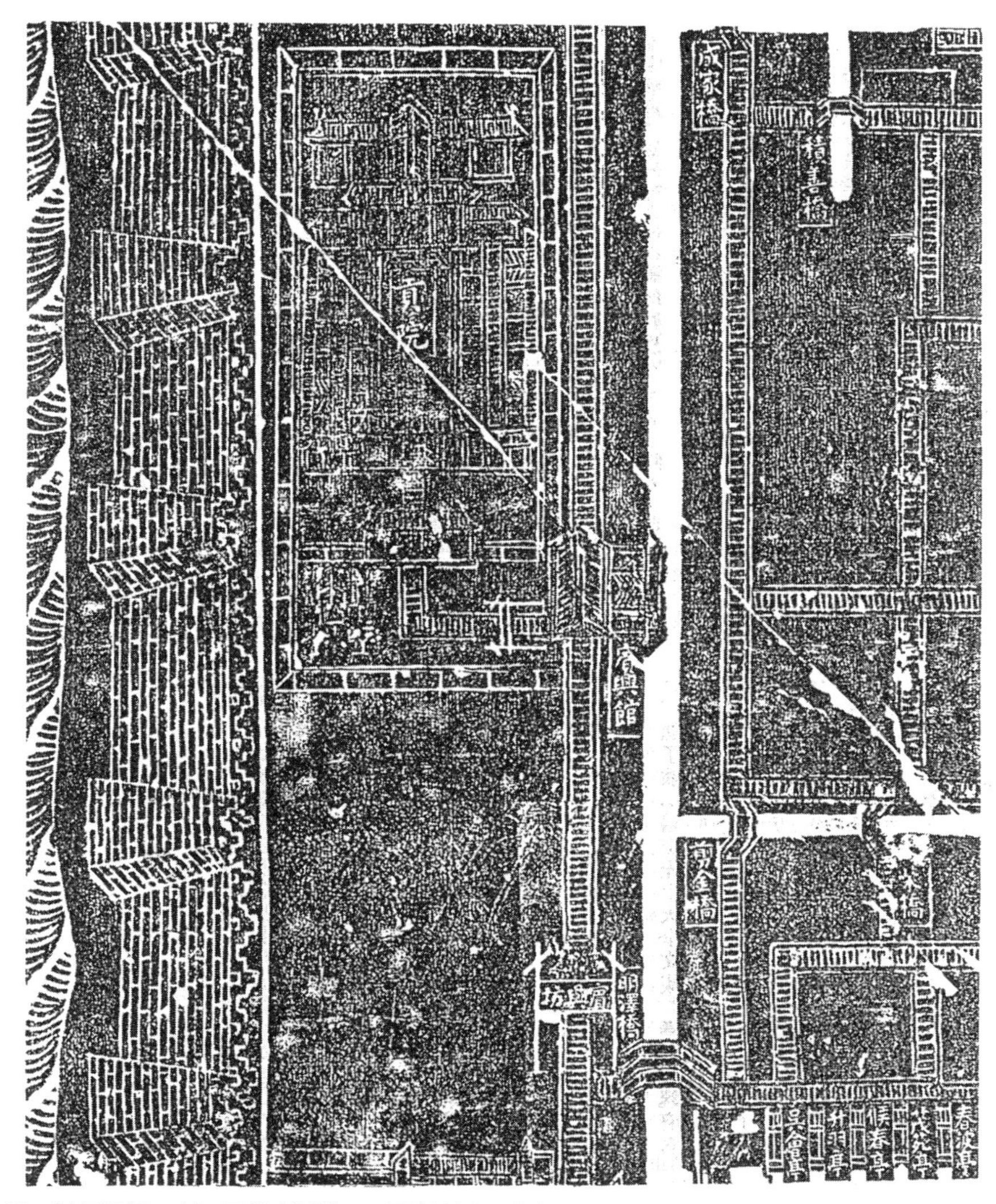

Ⅵ　「宋図江図」　城の西部・城壁沿いに貢院があり、道路をはさんで第1直河（白線）沿いに賓興館がある。なおこの賓興坊坊表のたっている道を少し南へ下ると侍其巷と対面する（図Ⅰ参照）

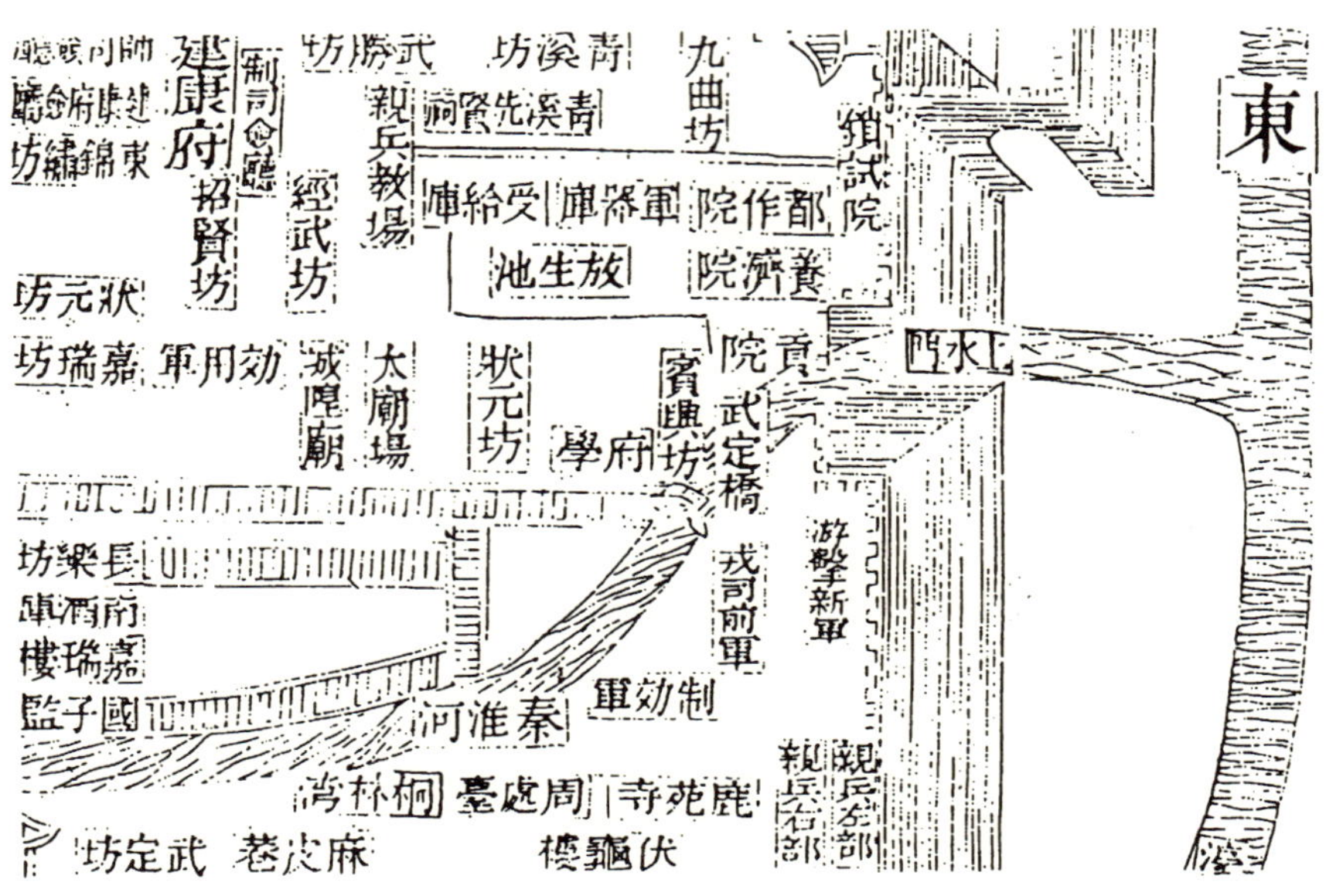

VII 「建康府城之図」(『景定建康志』巻五所収)、府城東武の秦淮北部に賔興坊がある。東に貢院、西に府学がある。

では賔興館という建物までかいてある。これは『呉郡志』巻四に、

　貢院、在西河明澤橋北、舊西比較酒務基。乾道四年、郡守姚憲建、范成大書額。

とあり、巻六に、

　賔興館、在貢院前河西、

とあるのをみると、いずれも南宋のものと思われる。貢院とともに賔興館も設置されたのだろう。なお、南京の貢院も『景定建康志』巻三二儒學志五に、

　建康府貢院、在青溪之南・秦淮之北、即蔡侍郎寛夫宅舊址也。乾道四年留守史公正志建。

とあるように、南宋の建立である。厳州の場合は、陳公亮『厳州圖經』巻一碑碣に「新建貢院記、淳熙十三年知州陳公亮撰」とあるものの、これが新築か否か定かでない。

　この賔興も多くの人を集めた。『景定厳州續志』巻三貢舉に、

　貢院、在州學之西、賔興就試者餘七千人、解額僅十八人。

とある。科挙受験へのすさまじいまでの人の集中である。そしてこれもまた士人交流の場であったろう。北宋代に耆英会をひらいていた蘇州で、南宋代には何か会があったのだろうか。赴任してきたり、訪れてきた官僚とどう交流したのだろうか。陸游が蘇州に立ち寄らなかったのが惜しまれてならない。しかし指摘したとおり、貢院の側に賔興館がある。してみるとここでも他州と同様に賔興の宴なぞの科挙に関連した行事が行なわれて、多くの人々が参集したであろう。そして、士人・官僚が集まる地であったとされる蘇州でも、(36)公的交流の場として大きな役割を果したと思われる。

郷飲酒礼は、明代では郷村の問題として立ちあらわれる。しかし私は右の如く宋代では都市的行事としての意味合いが強かったと考えている。本章でみたように都城内にある貢院で行なわれた科挙絡みの行事であったからである。そしてその上で、都市及び周辺の士人の参集の上に催されたのであろう。では何故、明代に変化したのであろうか。もともと郷飲酒礼には様様な意味があったのだから、宋代にも内在していた今一つの意味が明代になって浮び上ったといえば単純だが、そうもいくまい。現状は高橋氏の指摘の通り変化の把握が困難であるが、(37)究明は単に郷村の問題だけでなく士人の社会の変化や意味あいともかねあわせて興味深い。

おわりに

宋代の浙西に点在する諸都市には多くの士人がかかわっていた。地名に名前をのこした者も多いし、数州にまたがって居住している一族もある。結びつきはかなり深い。とはいえ彼らが充分に都市化されていたとも云えない。都市にかかわる士人が財をもって盛んとか金貸しをしていたというのは都市化のあらわれであろうが、有力と思われる者が城郭周辺に家を構えている例も多いからである。婚姻関係からみても都市居住者と結ぶ一方で反する面もある。

したがって、彼ら都市士大夫はなお全面的な都市居住者ではなく、未分化であったと指摘できよう。

では何故彼らが都市にひきつけられたのであろうか。宋代の浙西の諸都市が経済の発展に裏打ちされているのは確かで、利権の対照としての都市接近もあったであろう。だが都市士大夫の側からみると、交流の場としての意味も大きかった様に思える。官僚・士人・在地有力者は都市内で様様な交流をした。だがここでみた様様なケースは、いずれも根本に科挙官僚制が強く介在しているものであった。様様な機会に時の知州や周辺の官僚を中心にして、士人及び在地有力者、結局は官僚予備軍が蝟集する。官僚の家でのパーティー程度のものから、時として千人をこえるという公的行事がおこなわれ人々が参加した。北宋の耆英会は私的な特定の人々の会であったが、南宋のいくつかの会は公的でしかも多くの人々を集めた。この差は、一面で宋の科挙制の広範な浸透とそれ故の苛烈さを示すが、一面で北宋と南宋の社会の質的差を示すものかも知れない。都市内で行なわれたこれらの行事に参加しうる人々は、一般の農民などからみるとやはり選らばれた人々の会であったろう。にもかかわらずかくも多くの人々が参加しうるのはそれ丈け士人の多い証左でもあり、いいかえれば「大衆化」的現象が生じていると指摘しうるからである。そして今一つ、都市を舞台に科挙官僚制を基底にしたヒエラルキーが形成されている事も指摘しておかねばならない。これらの行事の主宰者が当該地の為政者で、その下に在地の士人があつまるからである。宋代の浙西の都市もまたマンダリン達の都市であった。

本章では都市士大夫の存在を確認しその生態を中心に考察したが、残された問題は多い。具体的な地方制度の考察や宗族・祭祀との関連の追求も必要であろうし、地域の核としての都市の構造・機能の分析も必要である。これらは稿を改めて論じてゆきたい。

註

（1）伊原弘「宋代浙西における都市と士大夫——宋平江図坊名考——」（『中嶋敏先生古稀記念論集』上巻、昭和五五年）。

（2）談鑰『嘉泰呉興志』巻二坊巷の条には、坊名の記述に先立って、

舊圖經統記坊十有六。多名存而無表識。嘉定癸未、太守宋濟既新消暑葺清風二樓名。於是邦人相帥、各於其居請表坊名。務稱守意郷、有名存而識不立者亦復置焉。今爲五十有一坊、而首尾倶見者八道爲六十四處。非惟征人客子。過是邦者得以知巷陌之名。闤闠通衢新題華表、璀璨相望、亦足爲呉興壯觀。故復編次之。

とある。嘉定癸未（一二二三年）に坊表の再設地をこころみた次第をのべるが、その間の人々の反応や坊名設置の次第がのべられ興味深い。そして坊名を列記したあとで、

右四十八所幷前清通・徳政・中書・前谿・采蘋・呉興・仁依皆今重立、共五十有五焉。坊名郷地久廢、官司郷貫止以界稱、今爲界十七、分属四廂、……。

と、その後の変遷をのべる。折角の坊名設置も永続性に欠けたのである。

右の記事は、はなはだ興味深い問題をふくんでいる。しかし呉興志は嘉泰元（一二〇一）年に成ったものである。したがってここにある嘉定癸未（一二二三年）の記事をそのまま考えるのは、やや危険である。そこで湖州自体の細かな考証とは別に、この記事がどのような意味をもつかを指摘しておきたい。

嘉定癸未（一二二三年）といえば、蘇州（宋・平江府）の大改修がなって、『宋平江図』の刻された紹定二（一二二九）年に比較的近い年である。唐・宋間の浙西における都市の変遷、蘇州及びその都市図『宋平江図』に関する考察は、拙稿（註（3））を参照いただく事として、詳しい事は省く。がその際に、蘇州崑山において衛涇が坊設置の努力を孝宗の淳熙甲辰（一一八四年）にこころみた事を指摘しておいた。ちなみに、文物一九七九—二によれば、蘇州と同様に石刻（磨崖図）の都市図をのこした桂州では、五回の改修がおこなわれた。南宋期では、孝宗の乾道年間（一一七一—七二年）、淳熙年間（一一八四—八五年）、光宗の紹熙五（一一九四）年、理宗の淳祐年間（一二四九—五〇年）の四回である。これらの都市の改修の時期がほぼ同じ頃なのは興味深く、検討の余地がある。

（3）伊原弘「唐宋時代の浙西における都市の変遷——宋平江図解読作業——」（『中央大学文学部紀要』史学科二四、昭和五四年）。

（4）坊名に限らず、地名には変遷のある事も指摘しておきたい。常州の例をあげておく。明の唐鶴徴『万暦武進縣志』

巻一坊廂の子城廂一に、其坊巷則府南横街東曰澄清坊、西曰興賢坊（澄清宋名状元、郡守史彌愈爲蔣、重珍建、永楽間太守范子雅以通察院易今名。興賢舊爲明倫、亦史彌愈建、以通州学故名范子雅易曰文明。……。咸甃以磚、改文明為今名、……。）

とあり、東右廂に、

而北曰慈孝坊（以元陳祖仁父子居官講學于此、故名。）

とある。宋代の地名がつけかえられたり、あらたにつけられている例がある。この様な例は宋代でもみられるが、詳細な事は別稿にゆずる事とする。

（5）盧憲修『嘉定鎮江志』巻二坊巷・丹徒縣の条でも指摘するが、詳細は別稿にゆずる。湖州でいえば、打銀巷・花巷・瓦子巷などが巷の性格をあらわし、社廟巷・養濟院巷などが当該巷の寺観・官衙にちなむ。しかし人名を冠したものは、史家巷・范家巷などとあるのみで実態は皆目見当がつかない。なお我国で、例えば城下町だとどこでも同じ様な地名がみられるが、中国でも各都市に共通の地名がある。一考の必要があろう。

（6）『万暦武進縣志』巻一坊廂・子城廂。

（7）孫覿『鴻慶居士文集』巻四二通議大夫守吏部侍郎霍公行状。

地名で今一つ注意が必要なのは、施工者の名前がついている場合である。『嘉定鎮江志』巻二橋梁に、

宋淳熙間、郡守錢良臣重建、（中略）名錢公橋。清風橋、在嘉定橋之南。宋景祐間、郡守文正范公希文重建、俗呼爲范公橋。

とある。橋を改修した時の郡守の名前でよばれている。人名を冠した地名が則ち居住者にちなんだもの、とはいえない例で、注意が必要である。

（8）蘇州の侍其巷は註（1）稿で既論した。南京の侍其巷は、清・陳作霖『鳳麓小志』（『金陵瑣志』五種所収）巻一に街並みを説明して、

轉北爲侍其巷、宋有侍其氏居此、多聞人、

とあり、巻二には、

宋侍其瑀字服之、江甯人、居永安坊（即今之侍其巷會譌爲雉雞者也）

とある。侍其氏についても拙稿（註1）で言及し、江南一帯に侍其氏の名前が点在し、史料中にも可成りあること。輩字等の関係から同族の様に思えるが正確な事は判らないこと。等々を指摘しておいた。ここで一・二補足しておく

と、元代の『至正金陵志』巻一三上人物志總敍の宋・郡姓の条に「侍其璃」の名前がある。明の王一化等修『萬暦應天府志』巻十科貢・上に「宋・崇寧二年・進士・侍其璃江寧」とある。しかし『景定建康志』巻三二では、この部分が欠落している。また『乾道臨安志』巻三牧守の条にも、建炎元年九月から二年四月まで侍其傅が知杭州だったとしている。詳細な関連は不明なままだが、この珍らしい姓の持ち主が浙西に根をはった一族らしい事、いわゆる「某家巷」の中にはかくの如き勢家・士人に基づくものある事を示唆する。この様なケースは他にもあったと考えられる。

（9）最近、明代の南京について、夫馬進「明代南京の都市行政」（『前近代における都市と社会層』昭和五五年十月）がでた。南京は宋以後の地方志・図版史料が継続している珍らしい都市であり、しかも中国史にしめる位置からいっても一考の余地のあるところである。私もかねてから興味をもっていたが、氏の論稿は明代の都市改革を論じた精緻な論稿である。明初に居住者が一変し地名もあらたまった事を、明の都市プラン・市民運動などとにらみあわせながら論じるが、なお問題がないわけではない。多くはないが右の如き大変動を経験しながら侍其巷の様に宋代の地名がのこっている事や、明の大拡張が何故盛んであった秦淮地区に実施されなかったのか、等々の疑問が残っているからである。北・東方の拡張は軍事上の理由によると思われるが、当時なお利用のできた秦淮を中心とする南方が未拡張に終ったのは何故であろうか。他の都市の例もあわせて勘案していきたい。

（10）他州の例を一・二あげておく。『咸淳毗陵志』巻一七人物二に、

丁寶臣字元珍・晉陵人、……、今雙桂坊故宅基址尚存。

とあり、『嘉定鎮江志』巻一九人物に、

宋・李覺字天民、丹徒人。……。承平時、其家聚四百口渡江、兵火離散。所居舊趾今爲都統司眉壽酒庫云。

とある。このほか同巻一一古蹟に「陳輔、居縣之南郭」の如き例もある。表現からみて、いずれも都市的居住と思われる。

（11）范成大『呉郡志』巻二五人物・楊懿孺の条。

（12）陸游『入蜀記』巻一乾道六年六月五日の条。

（13）こうした場合には都市域も問題になる。いまは、斯波義信「宋代における都市・市場の発展」（『宋代商業史研究』第四章、一九六九年）を参照されたい。

（14）豊淵は潤州丹徒の人であるが知平江府呉県として卒しており、この城中とは蘇州と思われる。

(15) 青山定雄「宋代における華北官僚の婚姻関係」(『中央大学八十周年紀念論文集』一九六五年)・「宋代における江西出身の高官の婚姻関係」(『聖心論叢』二九、一九六七年)。
(16) 松井秀一「北宋初期官僚の一典型——石介とその系譜を中心に——」(『東洋学報』五一—一、一九六八年)、伊原弘「宋代明州における官戸の婚姻関係」(『大学院研究年報』中央大学、創刊号、一九七一年)。
(17) 青山定雄「宋代における華南官僚の系譜についてⅠ——特に揚子江下流域を中心として——」(『中央大学文学部紀要』史学科一九、一九七四年)・同Ⅱ(『宇野哲人先生白寿祝賀記念東洋学論叢』一九七四年)・同Ⅲ(『江上波夫教授古稀記念論集』歴史編、一九七七年)。
(18) 葛立方『侍郎葛公歸愚集』補遺の「喜子邲登第」に「吾家五世十三人」の文がみえる。
(19) 葛勝仲『丹陽集』巻末に考証がふしてある。長文なので引用しないが、葛勝仲の丹陽は古名で宋代の丹陽と違うのを誤解したと論じる。
(20) 葛立方『侍郎葛公歸愚集』巻末葛立方伝。
(21) 『丹陽集』巻一四江陰趙君墓誌銘。
(22) 勢家が郷村や都市に邸宅を構える時に、一族の家屋を連らねる事はままあった。註(1)稿でも指摘し本章でも必要に応じて指摘した。
(23) 『鴻慶居士文集』巻三五七亡叔(孫稷)墓誌銘。孫姓のものの墓誌銘・神道碑は多く、鴻慶居士文集にもいくつかあるが関係が判然としない。孫稷は執筆者の孫覿が亡叔といっているのだから同族であろうか、関係がはっきりしない。
(24) 斯波義信「宋代の湖州における鎮市の発展」(『榎博士還暦記念東洋史論叢』山川出版社、一九七五年)・「浙江湖州における定住の沿革」(『木村英一博士頌寿記念「中国哲学史の展望と模索」』創文社、一九七六年)。
(25) 劉一止『苕溪集』巻三〇臧記室行状。
(26) 宋祁『景文集』巻六〇故呉興居士呉君墓誌銘、『苕溪集』巻四九呉亦虚墓誌銘。なお歸安県は宋代に烏程県から分置されている。この事も呉氏に何らかの影響を与えていると思われるが、定かでない。
(27) 六月十八日に鎮江であう葛郇は常州の葛氏と同族の様に思うが確証がない。五月二十六日に杭州であった芮曄は湖州の人で、六月十四日に常州から丹陽に向う途中であう沈瀛は湖州の人である。この様に出身地の近隣に任ぜられたり、ほとんど出身地に任ぜられる例もあり、今後も注意が必要である。

（28）秀州の医士について例をあげておく。『鴻慶居士文集』巻三九宋故府君陳公景東墓表によると、秀州は交通の要衝で有力者・富人の往来が多かった。陸游の例でも判るとおり、病人を抱えていると医士が必要になってくる。秀州の医士・陳景東もこれによって大いに財をおこし、富裕になっている。

（29）附録には「以上見十九巻湯模條前」とあって、一九巻の胡緝と湯模の間に入るべきものとする。年代その他の詳しい事は判らぬが、十九巻の記事の内容等からみて、南宋の乾道期の人とみてさしつかえないようである。加えて丹徒の人とあるが、丹徒は丹陽と鎮江の間にあり、この点からも郡士蔣元龍とは在地の士人であるといえよう。

（30）なお一言しておくと、本章では都市士大夫の交流を中心にのべているが、蔣元龍のような郷村型の士人との交流があることを忘れている訳ではない。『入蜀記』でも三日に秀州崇徳縣について、市井の学者呉隠の消息を訪ねるシーンがあるが、呉隠は学問をおさめたあと、却って村の方に従っている。

（31）例えば、沈括は『夢溪筆談』の中で、洛陽耆英会をはじめとして士人の交流のエピソード・人物論をつづる。耆英会をはじめとする官僚・士人の交流に言及する論考があるが、ここでは直接的なものとして、西野貞治「杭州通判在任中の蘇軾の交友について」（『人文研究』二一—四、一九七〇年）、合山究「贈答品に関する詩にあらわれた宋代文人の趣味的交遊生活」（『中国文学論集』二、一九七一年）、木田知生「北宋時代の洛陽と士人達——開封との対立のなかで——」（『東洋史研究』三八—一、一九七九年）などをあげておく。

（32）那波利貞「唐代の社邑に就きて」（『唐代社会文化史研究会』創文社、一九七四年、所収）、荒木敏一『宋代科擧制度研究』東洋史研究会、一九六九年）、楊寛「郷飲酒礼与饗礼新探」（『古史新探』中華書局、一九六五年）、高橋芳郎「宋代佃戸の身分問題」（『東洋史研究』三七—三）、和田清「明の太祖の教育勅語について」（『白鳥博士還暦記念東洋史論叢』岩波書店、一九二五年）、仁井田陞「中国の農奴・雇傭人の法身分の形成と変質」（『中国法制史研究』奴隷農奴法・家族村落法、東京大学、一九六二年）、鶴見尚弘「明代における郷村支配」（岩波『世界歴史』中世六、一九七一年）、伊原弘「宋代における郷飲酒礼について——士大夫社会考察の手掛りとして——」（『東洋教育史研究』四、第九四回発表要旨、一九八〇年）。

（33）『延祐四明志』巻一四に「王伯庠郷飲酒記」とあって、備田の変遷をのべるが郷飲酒礼の具体的な記述に乏しい。王伯庠は、樓鑰『攻媿集』巻九〇侍御史左朝請大夫直秘閣致仕王公行状にあるとおり、靖康の変によって明州に徙り鄞縣の人となったが、奉化縣忠義郷に葬られている。そして次女が樓氏と関係の深かった汪氏（共に明州の盛家、伊原弘註16引用稿参照）の一族汪大有に嫁している。

奉化県の郷飲酒礼は、前掲四明志「奉化州郷飲酒礼」の条に、「郷飲酒古禮也、近世曠而不行」とある。

（34）伊原弘「南宋四川における定居士人――成都府路・梓州路を中心として――」（『東方学』五四、一九七七年）。

（35）『丹陽集』巻一三右朝散大夫侍其公（鉱）墓誌銘。

（36）范成大『呉郡志』巻二風俗に「呉下全盛時衣冠所聚」とある。

（37）宋代の士大夫といっても、北宋と南宋では違いがあるのではあるまいか。唐・明の間においてどういう意味をもったか、検討の余地があろう。いまは、この様な問題を提起したものとして、吉川幸次郎「俗の歴史」（『吉川幸次郎全集』第二巻、筑摩書房、一九六八年）、島田虔次『中国における近代思惟の挫折』（筑摩書房、一九七〇年）、酒井忠夫『中国善書の研究』（弘文堂、一九三五年）などをあげるに止める。なお宋の士大夫と明の郷紳の関連に関する私見は、「宋代官僚の婚姻の意味について――士大夫官僚の形成と変質」（『歴史と地理』二五四、一九七六年）でのべておいた。

七　中国宋代の都市とエリート
——常州の発展とその限界

はじめに

宋代になると都市が発達したことは、よく知られている。とりわけ、江南デルタ地帯では、杭州を筆頭に幾つもの巨大な都市が発達し一大景観となった。これらの都市はおおむね大運河ぞいに展開し、江南の産物と交通の便で繁栄したのであった。

北宋の元豊年間に作成された地志『元豊九域志』によると、両浙路には一四の州城があり、傘下に七九の県城があった。両浙路とは揚子江下流域に開けた豊かな一帯で、入り組んだ水系と太湖で知られ、さらにその真ん中を大運河が貫く一帯である。いまその概要を述べると、寧波を起点に杭州にいたり、そこから華北まで続く大運河を中心に、紹興、杭州、秀州、蘇州、常州、潤州（鎮江府）といった都市が概ね一〇〇キロメートル前後を距離として連なっている。また、秀州の西、太湖の南には湖州があった。その他の州の大半は両浙路南部、すなわち浙東とよばれる一帯にあったから、述べてきた州都は概ね両浙路北部、すなわち銭塘江を境にして浙西とよばれる一帯に点在していたのである。

これらの都市はいずれも殷賑を極めていた。南宋の帝都ともなった杭州は一五〇万、蘇州は五〇万の人口を誇ったと推定されている。

中国の都市は行政上の理由もあって、城内の人口は良く解らないのだが、それでも、台州が九万人に近く、寧波が三万人に近く、潤州（鎮江府）が四万五〇〇〇人に近い人口を抱えていたと推定できる。[1] これらの間にはさらに県城が点在しているから、江南の都市密度および都市人口は当時の世界においても一大壮観だったのではあるまいか。

では、当時の都市人口は両浙路のどの程度の割合になったのであろうか。宋代の戸口統計にはさまざまな問題があり、解釈は一定していない。したがって、信用性という面で問題があるが、『宋会要輯稿』「食貨」六九所収の紹興三二（一一六二）年の記事によると、当時の両浙路の戸口は、戸数が二二四万三五四八戸、口数が四三二万七三二二口とあるから、杭州、蘇州、台州、潤州、寧波だけで当該地域の総人口の半分に達することになり、想像を絶する都市人口比率になってしまう。しかも、ほかにも都市があるのだから、数字はさらに大きくなる。もっとも、他の都市のなかには小さな都市も多いから、数字がさらに極端に膨大になるとは考えられぬが。この数字に問題はあるが、江南デルタ地帯の都市人口比率が、当時としては著しく巨大であることだけは否定できぬであろう。

ただ、一言しておきたいのは、さきほど示唆した人口の計算の問題である。通常の中国の記録では一戸平均五人として計算する場合が多いのだが、宋代の場合一戸平均の口数が極端に少ない。ここで計算した例だと、一戸平均一・九三人となっており、ここに宋代の人口統計上の問題が存在することを付言しておきたい。[2]

では、かれらを吸収した都市とは如何なるものだったのか。また、この都市を領導したのはどのようなひとびとだったのか。これが本論の論点であるが、論に入るまえに、中国の都市とはどのようなものか、定義をしておきたい。

一、中国都市とは

安易に中国都市といってきたが、実は案外理解されていない。都市研究者同士の会合においても、この点の理解がないままに論議が進んでいたということも少なくない。そこで、まず、この点の確認をとっておこう。

通常、中国史の研究者が都市と呼んでいるものは、中国の行政システムのなかで生みだされてきたものである。良く知られているように、中国最初の統一帝国秦の始皇帝は、全国に郡県制をしいた。中国全土を三六の郡に分かち、郡を幾つかの県に分けて、官吏を派遣して統轄したのである。郡は隋代に州と改称されるから、これは州県制ともいい、清が滅亡するまでの制度となった。この行政区画のそれぞれに、行政上の拠点が置かれた。これが都市であり、郡城、隋以後は州城、そしてその下のランクが県城となる。なお、このほかにも序列に従って把握された行政域があり、宋代なら軍・監などがあった(3)。

こうした統治上の把握と区分は時代により異動があった。中国関係の辞書で都市の箇所をひくと、延々と行政上の変遷を述べているのは、この歴史を述べているのである。行政システムの話は問題が繁雑になるので深入りをさけるが、中国の都市はまず行政ランクが問題になるのだということを承知しておいて頂きたい。

例をあげよう。常州の場合、秦および漢の時代には会稽すなわち紹興に属し、後漢の時代に呉郡すなわち蘇州に属したが、晋の時代に毘陵郡が置かれた。隋代になって常州となる。五八九年のことであった。なお、州の大なるものを府とすることがある。常州は明代に府に昇格し、さらに南京に直隷している。府は民国元年の一九一二年に廃止され、常州は今日では常州市となっている(4)。

さらに付言しておきたいのは、歴代の都市が常に同じ場所にあったか否かということである。都市は歴史的変遷のなかにあり、常州のように位置をあまり移動せず、それ以前の都市と密接な関係にあるものもあったが、位置を移動するものもないわけではない。江南の代表的な都市である蘇州は起源を春秋時代の呉に遡りすでに二五〇〇年を閲したと伝えられるが、隋代に一時位置を動いている。また、長安、洛陽の名前は同じでも、漢代と唐代では場所が異なるのも良く知られている。

以上で政治の拠点としての都市の発生が理解されたと思うが、次に都市自体の行政システムと行政区画との問題がある。これもまた、中国の特性がある。州の統轄政府は州全体を統轄し、県の統轄政府は県全体を統轄する。すなわち、都市のなかを独立的に支配するシステムは、中国には存在しないのである。わずかに、元が都市のなかを独立的に支配するが、それもたちまちもとに戻ってしまう。しかも、州によっては、州城のなかに複数以上の県の統轄政府を置いたから、州城のなかが分割統治されることもあった。唐の長安が長安県と万年県に分割統治され、宋の開封が開封県と祥符県に分割統治されていたのが、その典型である。

すなわち、これらの都市は城内が分割統治されていただけでなく、ここでも県の統轄政府が城壁をこえて県全体を統轄していたのである。もちろん、これだけがすべてでなく、一州城一県政府ということもある。江南の代表的都市の明州すなわち寧波がその例である。この場合も、県の行政府が県全域を支配しているために、城内のみを独自に支配するシステムはない。中村治兵衛氏によると、このシステムの起源は唐の長安まで遡るという。ただ、検討は始まったばかりであり、詳細な変遷が判明するのにはもう少し時間がかかるであろう(5)。

宋代の常州についてみると、ここでもまた城内が二分され、西が武進県、東が晋陵県の治下にあった。州政府は晋陵県に置かれていた。これは宋代常州の地方志『咸淳毗陵志』でも図示されており、記述と地図の両方から確認できる。なお、ほかにも無錫、宜興の県があった。常州の東、揚子江の下流域に面していた江陰は軍で、直接には常州の管轄というわけではない。だが、実際には常州と一緒に記述されることが多いので、ここでは一括して扱う。

以上で、中国都市のもつ行政上の拠点という性格が理解されたと思う。なお、唐以後の商業の発展にともない、これらの都市には強い経済性が付加され、さらに交通の要所に中小のマーケット・タウンが誕生する。鎮とか草市と呼ばれるものがそれで、県城を上回る人口をもっているものもあるが、ここでは都市として取り上げない。われわれの感覚に馴染む都市とは州城や県城であるし、ここでの論議もこのクラスの都市が問題になると思うからである。

このような形態の中国都市ではあるが、これが特殊かというと決してそうではないようである。西欧都市の研究者であるオットー・ブルンナーは、西欧の都市もさまざまで北、とりわけロシアまでいくと中国と似た形態が見られることを示唆している(6)。したがって、以上の中国都市の特色を特殊と捉えるのではなく、むしろ中国の政治形態をよりよく反映した形態と捉えれば良いであろう。

ただ、中国都市が城壁のなかを独立的に支配していないことは、各都市の実情の把握をむつかしくする。でてくる数値が城壁内外を一括しているために、都市のみの人口や経済力を計っていくことが困難になるのである。では、中国の都市のなかに都市的なシステムがないかというと、そうではない。都市のなかの居住民は坊郭戸として把握されており、農村とは異なる税が掛けられていた(7)。また、城内には警察制度に端を発する廂制がひかれており、これはさらに隅制に移行する(8)。もっとも、こうしたものも城外に溢れた民家を包括することがあり、中国都市の曖昧性は依然として拭いきれない。だが、このような曖昧な形態をもつ都市であっても、それなりに都市のシステムがしかれていたことがわかる。

次に城壁について一言しておきたい。中国の都市が厳然とした城壁を構えていたことは良く知られている。都市の発生のそのころから土で作られた巨大な城壁をめぐらし、築城技術の進歩により、ついにはそのまわりを磚ともいう特殊な厚い煉瓦で囲んだのである。ただ、これも一概には云いきれない。

宋代の例で見ると、周囲が一〇里前後、高さと厚さが一〇尺程度の都市が典型として考えると、城壁を煉瓦で囲み防御を整えるには莫大な費用がかさむ。一〇〇万をこえる労力と数十万貫の銭が必要となる。[9] この負担は大きい。そこで、唐の長安や元の大都は磚で囲んでなく、大都にいたっては雨で泥が流れないように葦が被せてあり、芦刈部隊まで備えてあった。[10] たとえ首都といえども、城壁の建設と維持には巨額な負担をしいられるからである。したがって、都市のなかには城壁のないものもあった。江南でいえば、池州・衡州はそれぞれ唐末・五代になって城壁が築かれたことを愛宕元氏が指摘している。[11]

このような城壁を有さない都市は概ね内部にあった。辺境に較べて戦乱が少ないのがその原因であるが、土質の違いもある。江南の土は黄土に比較して城壁建設にむかず、したがって、城壁が作りにくかったことも原因する。それゆえに木や竹を立てて城壁の替りにするものもみられ、刺のある竹を植えて城壁に代用するケースもあった。[12]

このほか、折角構築された城壁が破壊されることもあった。愛宕元氏はそのような典型的例として太原城をあげているが、統一王朝創成期には城壁を壊させるケースもみられる。[13] つまり、城壁は政治的理由で壊されることもあり、この点からも都市が城壁を維持し続けたと決めてかかるのは正しくない。中国の都市の城壁もまた時代の変化のなかにあったのだ。

李済氏は『支那民族の形成』（須山卓訳、生活社、一九四三年）で、『古今図書集成』の城池の部を利用して都市建設の波を分析されたが、数次の波をへて中国に都市の建設が広がっていくことがわかる。なお、同様の分析は陳正祥氏も『中国文化地理』（三联書店、一九八一年）および『中国歴史・文化地理図冊』（原書房、一九八二年）のなかで、都市の寿命を論拠に新しい都市が多いことを紹介しておられる。すなわち、中国の都市のすべてが創建のときから城壁に囲まれていたとするのは誤解であり、むしろ時代を追って拡充され普及していったと考えるのが妥当であろう。その普及の直接の原因は戦乱であり、あわせて築城技術と経済力の向上であった。

念のために重ねて付言しておくが、ここでは、中国の都市すなわち巨大な城壁という固定観念を検討する必要があることを指摘しておきたいのである。中国の都市が城壁を備えているのが基本であることは、依然として変らぬ事実である。中国都市の城壁の変遷の検討に慎重であるべきことを指摘していることを汲んで頂きたい。

以上のような点を念頭におくと、記録された都市のスケールそのものにも注意の必要がでてくることをいっておかねばならない。近年、都市の大きさに関する数値の集積が進んで、唐代については愛宕元氏、宋代については斯波義信氏の集積が発表された(9)。だが、それらのなかには異様に小さい数字が含まれている場合がある。とくに問題となるのは県城の数字である。城壁があるのが通常である州レベルの都市ですら述べてきたような状況であったから、県城クラスの城壁およびその数値を短絡的に信じてはならぬように考えるのである。とくに、大きさが数里以下というものには、注意が必要のように思う。これらを検討すると城の数字でなく、治所すなわち政庁の周囲の数字も少なくないからである。さらに一言しておきたい。挙げられた数字のなかには、古くからの伝承の数字を転載していて実数でない場合もある。この点も注意が必要である。

常州傘下の県は城を有していたが、寧波や台州といった大きな州治下の県域であっても、周囲に城壁がなかったり治所のまわりに壁をめぐらしただけというものも決して少なくない。それどころか、治所を守る壁すらないものもある。秀州華亭県の地方志で楊潜等修『紹熙雲間志』上の城社に「県で城を有するものは多くない」と書いているのはこのことである。これを、地方志所収の県城図とあわせて検討すると簡単に理解できる。記述は県城としていても、地図には城壁が描かれていないケースもあり、大きさの辻褄があわぬ場合もある。以下、陳耆卿修『嘉定赤城志』巻二地理門の県城の条を検討して見よう。

各県の項目には（城）として、以下のようにしるす。

臨海県　周回二九〇歩

黄巌県　九里三〇歩（または周回四五〇歩という）

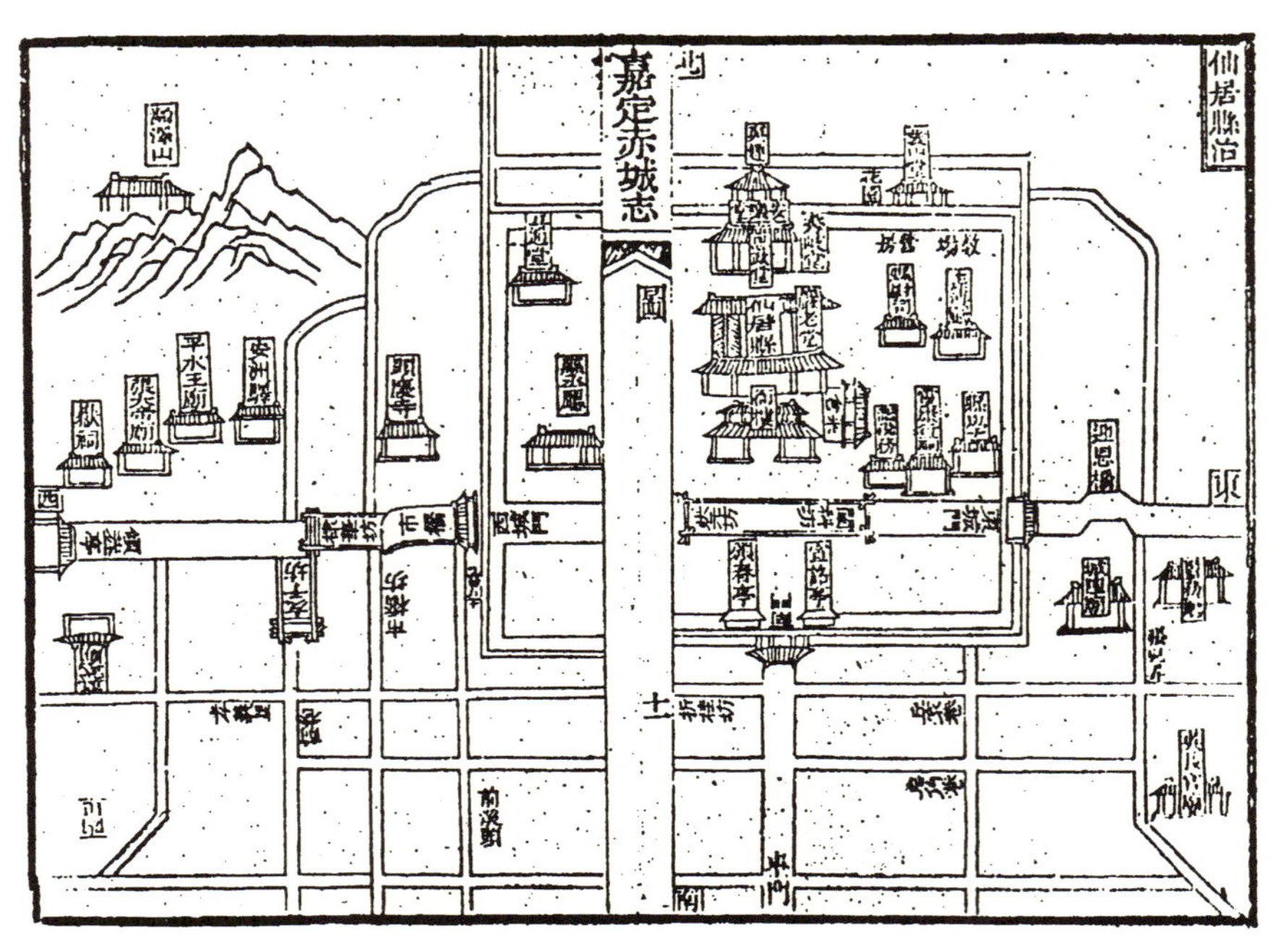

仙居県治図（『嘉定赤城志』図の条所収）

天台県　周回四〇〇歩
仙居県　周回六〇〇歩
寧海県　周回六〇〇歩

これらには、臨海県はかつては城があったがいまは牆だというような付帯記事があるが、いまは検討しない。注意してもらいたいのは城の大きさである。いま、一歩を約一・五メートルと計算すれば、臨海県の場合で周回約四三五メートル、最大の規模を誇る仙居県や寧海県でも周回が約九〇〇メートルしかないことになる。城形を一応方形と仮定して計算すれば、臨海県の一辺が約一〇九メートル、仙居県でも約二二五メートルしかないことになる。長安の坊にも及ばぬ数字である。これでは県城とはいえない。そこで、これを所収の地図で検討すると、臨海県、仙居県ともに県治の周囲のみの大きさを記したものであることがわかる。同様の例は他の地域の県についてもいえる。極端な場合には県治を囲む障壁もないところもある。ちなみに、さきの華亭県の場合、県城を「周回一六〇丈」としている。約四九一メートルほどである。したがって、県城とあるものの、実際は県の役所を囲った一辺が一〇〇メートルほどのスペースで、城壁といえるほどのものかどうかも定かでない。

このように、数字の内容は問題である。城の大きさなのか、県治の大きさなのか、あるいは県城の域だと考えられている地域なのか、解釈は慎重でなくてはならない。これらの点については別稿を用意しているのだが、ここでは短絡的な解釈は禁物であることを指摘するにとどめておきたい。かくして、宋代の江南の県城はなお形態が整っていなかった可能性が多大なのである。

次に都市の設計論理について一言しておく。中国都市には儒教論理にもとづく独自の設計論理があった。このように、固有の都市設計論理を連綿と受け継いだのも、中国の特色である。もっとも、古代にあっては、築城理論は一つではなかった。墨子を始めとしたそれぞれの設計理論があったのだが、儒教化によって一つに絞られていくのである。それは『周礼』「冬官」考工記にもとづく論理で、一辺を九里にし、各辺に門を三つずつもうけ、真ん中に宮城を設けるというものである。このほかにも、民家や商業域、社稷や廟などを城内のどこかにおくべきか定められており、中国の都市設計は早くから規制がしっかりとしていたことがわかる(14)。

もっとも、これは、元来は帝都の設計理論である。だが、基本的には全都市に及ぶ理論と考えるべきであろう。中国全土にしかれた集権的なシステムに対応して、都市もまたヒエラルキーのなかにあったからである。州県制がその好例だが、それとはことなるヒエラルキーもあった。中国では、帝都のほか陪都が設けられていたし、時には王都もある。さらに地方都市も重要度によってランクが定められていた。これは、都市のヒエラルキーの存在を物語るものであり、そこには皇帝の代理人たる官僚たちが鎮座している。すなわち、たとえ地方都市といえども、元来は帝都の雛型であるのが常識であり、それゆえに国家の基本理論である儒教にもとづく設計理論が反映されていると見るべきなのが常識だからである。

また、中国には固有の思想として風水の思想がある。繁栄に導く理想的な地形を選び考える思想であり、都市がそのような論理のもとに設計されたとみる説もある。このほかにも、中国にはさまざまな思想があり、それぞれが都市設計に生かされていたと考えられる。秦の咸陽が星座に対応させて宮殿を設け、長安のなかには易の乾に見立てた丘があったというなどはその典型であり、近年分析が盛んになりつつある。(15)

ただ、ここで私見をいわせてもらうと、わたくし自身はあまりそれらを気にしない。たしかに中国社会にはさまざまな論理があり、それが都市の建設に反映しているのは事実である。しかも、述べたように、それは、一つに絞りこむことが難しいほど多様である。だが、一方でそれはあまりにも単純である。それらが、時代を追うごとに複雑化する中国社会のなかで生き延びていける実利的思想であったかを、まず考える必要があろう。

都市設計に関しては、このような思想のみが支配的だったのではなく、実利的な思想もものをいったはずである。たとえば、形態から見る限り、辺境の都市には方形が多いが、これは軍事上の利点を考えてのことであろう。江南には不整形の都市が多いが、これを愛宕氏は以下のように説明する。黄土平原のひろがる華北と異なる複雑な地形の江南、山南、剣南では複雑な地形を利用した意図的なものであると。すなわち、理論は建前であり、妥協点をもとめながら都市設計が行なわれたと考えるべきであろう。私は歴代帝都や王都ですら、完全に『周礼』にもとづいていないことがこうした証拠と考えている。

されば、開封の設計に際しても、実利を好んだ話が伝わっている。開封に最初に計画的な設計を導入した後周の世宗は、後の宋の太祖の趙匡胤に、全速力で馬を走らせ力つきた所に外城の城壁を設けたというし、また、その趙匡胤も整然とした形を嫌ったという。(16)これは、帝都の建設に際して防御が最優先したことを示すのである。理念や理論はともかくとして、都市の建設に現実が強く反映したことをこれらの逸話は示す。

また、隋の煬帝は洛陽建設に際して北の邙山台地から建設地を眺めて、「これ、竜門にあらざるや、古よりなんぞよって都を建てざる」といったという。仏教の聖地として有名な竜門が南北に軸線をとっているのに、都城の中心線を合わせようとしていったのである。これは都城の建設およびその理論が権力者の意向に合わせられることも示しており、机上の論理に拘ることの危険性も示している。

風水にもとづく都市設計も同様で、城壁がない場合は議論以前の問題となる。都市の形が比定できないからである。また、城壁がなければ要害の地に都市を建設するのは常道であり、それが風水的な形態を帯びることも当然だからである。さらに、山や川を帯びた地形に城壁が加えられたときに、風水論が付加されることは十分ありうることである。それが極まれば、無理な比定や少し地形に手を加えることぐらいは、なんでもないように思う。したがって、このような論議の場合には、都市の発生と城壁の建設の歴史および過程から考えていく必要があり、安易な比定は慎むべきであろう。

ただ、わたくしはこのような理念が、都市にまったく反映していないとするものでないことも付言しておきたい。都市建設にはさまざまな論理があり、都市の繁栄を願う限り、その理論を反映させようとする考えは至極当然である。しかし、拘りすぎれば、本来の形態としての都市を見失う必要のあることを指摘しておきたいのである。そして、それを乗越えて都市が生きていくことも理解しなくてはならないことを指摘したい。従来の中国都城の研究が、設計理論に重きをおきすぎたがゆえに生じた誤り、すなわちビビッドな都市の営みの理解が手薄になった過ちをここで再び犯すことは、厳に慎まなくてはならない。

二、常州とは

江南デルタ地帯の都市のなかには、五代十国の時代に整備されたものが多い。江南に建国した呉越の銭氏一族は、

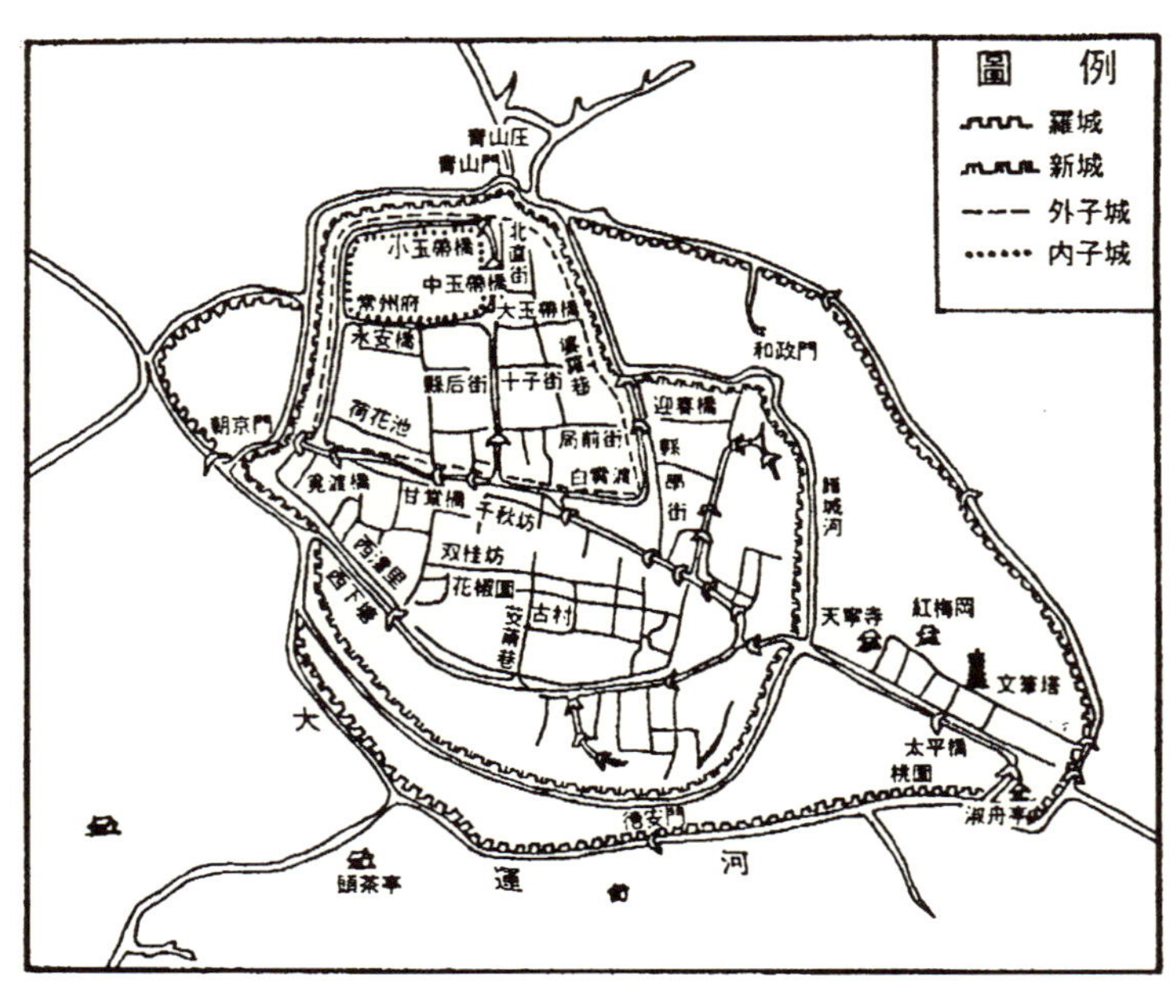

常州城変遷図（薛迪成『常州歴史地理』条所収）

かなり厳しい税の取り立てを行なったが、地域の開発にも努力をした。そのなかに、都城の建設がある。たとえば、呉越の国都となった杭州はこの時代に基礎が定まり、宋代の繁栄のもとを築いた。これは、蘇州や常州も同様である。もっとも、その都市建設は唐末の混乱のなかで始まっており、これを呉越が引継いだという方が正しいであろう。

常州の都市的発展については、若干の専論があり、大要は尽くされている。だが、言及の足りぬ部分もあるので、この点を言及しておこう。(17)

常州城の形成と発展には概ね四つの時期がある。第一期が唐末の景福元（八九二）年の内城の建設である。城周二里三一八歩、城高二丈一尺であった。続いて第二期が五代十国の呉の順義元（九二一）年の外子城建設である。城周七里一八歩、城高二丈八尺であった。門は東西南北に一つずつ四つ開かれた。常州の雅名を金斗城というが、これは外子城の形かららでたとされる。ついで第三期が、同じ呉の天祚二（九三六）年の羅城築城である。周囲は二七里三七歩で門が九つあった。これは、当時の都市としても大きい方である。このあと、第四期として明代の築城があり、このときは縮小された。これらを見ると、常州城が幾度か変遷したことがわかるのである。

さて、唐末の常州城の形成は、宋代の都市の基本を完成させた。だが、ここに、問題が一つでてくる。それは、唐代がどうであったかということである。実は唐代以前の規模ははっきりしない。愛宕元氏は最初の記録である子城の七里三〇歩が唐代の城だったのではないかと推定されたが、これも確実な論拠があってのことではない。史能之修『咸淳毗陵志』巻三「城郭」は、この内子城建設のときにあわせて祠廟や鼓角楼や白露屋が建設され、宋代の郡治となったと記録する。この記述もこれらの施設が唐代の都市とどのような関係にあるのか一切述べない。記述から推測すると、新たに築かれたようにも思われるから、唐代の都城遺物とは関係ないようにも思われる。

従って愛宕氏の推定のように、子城が唐代の常州城だったとしても城壁が完備したものではなかった可能性もある。『太平広記』巻四八四には白行簡の「李娃伝」をのせている。地方から長安へ若者が出てきて遊女に溺れ一度は転落するが、遊女の助けで再起する物語である。唐代の都市小説として有名なこの物語の主人公の出身地は常州で、地方きっての秀才ということになっている。だが、その地方の大都市も輪郭を確かめる史料は存在せず、いまの段階では都市全域を囲む城壁がなかった可能性も考えられる。もっとも、すでに述べたように、中国の都市のなかには城壁がないものも多かったから、これは怪しむにたりない。

このように考えれば、二里三一八歩というのが、常州の州治の遺構だった可能性もでてくる。してみれば、唐代の常州城は案に相違して、茫漠とひろがる江南の水利地帯のなかに展開する集落の間に、壁で囲まれた地方統轄政府の役所があるに過ぎなかったかもしれない。このような常州が一変することになったのは、なんといっても、呉の外子城の建設である。磚や敷き瓦（甃）で補強され、防御の設備を充実させたこの城は堅固であった。愛宕氏が指摘するように、唐末からの都市の建設は、戦闘上の利益を考えて建設されるものが多いが、常州もその例にほかならなかったのである。

羅城の建設もまた、防御システムを強固にした。宋代を通じて存在した羅城も、南宋初期の建炎年間に壊れ紹興二年に修理された。北宋の滅亡は戦乱を江南一帯に巻き起こすが、常州も例外ではなかったのだ。だが、この城はいさか大きすぎたようである。第四期の明初の大改造はこの城壁を縮小し適正規模にすることになった。王其淦・湯成烈等修『光緒武進陽湖合志』巻五、営建志「城池」は、羅城が大きすぎて防御に困るためと記録する。

いま、すべてを統計にとったわけではないが、宋をへて明に受け継がれた江南の都市には三つのスタイルがある。拡大されるもの、現状を維持するもの、縮小されるものの三つである。拡大されたものの代表が杭州で、現状を維持したものが蘇州であり、常州は縮小される。これらは地域の発展や経済の状況とも関わっており、短絡的に断じることはできない。蘇州の場合も牛若麟・王煥如等修『崇禎呉県志』図の条に鄭若会の「閶西築城論」があって、繁栄する閶門一帯を囲いこもうとしたが、費用の点で沙汰止みになったとしている。いずれにしても、常州は明代になって著しく縮小された典型的例であることは間違いがない。その理由の一つとして、傘下の無錫の大発展があげられるのではないか。無錫の発展は地域の発展を分散させたのである。

明初の創建の羅城は周囲十里二八四歩、城高二丈八尺である。この数字は、宋代の外子城にほぼ近しい。実際、縮小に際しては、外子城の一部が利用された。東・南・西が縮小され、北はそのままだったというから、現在の城北部分はほぼ唐末まで遡れることになる。これは、引用した復元想定図や参謀本部作成の地図からも推定できる。外子城はこの改造で用を成さなくなった訳だが、その形態は依然として残った。今、地図を見ると、外子城と新しい羅城の間には水田が広がっており、拡張部分に民家が拡大していなかったことがわかる。

では、城内はどのように整備されたのか。まず、橋の建設について考えよう。橋の建設は公共性が強いため、有力者や為政者の名前をたかめるために建設されることがあるからである。また、交通の発達とも関係がある。橋の建設が多ければ、それだけ交通上の需要性の高さが類推でき、城内の発展度もはかれる。『咸淳毗陵志』巻三橋梁に重要な橋と建設の時期が記載されているが、宋より前に建設されたとするものが意外に多い。その数は、三四の橋のうち一六である。このうち、宋代の建設を明記するものは四つに過ぎず、しかもその内一つは重建である。この点から類推するかぎり、唐と宋の都市域は重なっていたと見るべきようである。そして、橋の建設が一面で当該地域の開発を示すものとするなら、宋代の橋の建設が少ないことは城内の発展が顕著でなかったことも示すのではないか。

また、建設者を明記するものや、人名を冠するものも乏しい。倉後橋のように実利的な名前をもつ橋がないわけではないが、瑞登橋や金斗橋のような雅名的なものが多く、蘇州などと性格を異にする。(18) この点からも、常州の橋の建設が活発でなかったこと、それゆえに城内の形態が唐代に比較して大きな変化をおこすものでなかったことを類推させる。

次に、地名を見ると坊名が二三記載され、そのなかにただ一つの巷である東廟巷が記載されている。これは、かなり奇妙である。

『咸淳毗陵志』は量も乏しく良い地方志とはいえないが、それでも地名の殆どが坊名というのは首をひねらざるをえない。当時の都市のなかは発展に応じて細分化していくのが一般であった。開発の進行は城内に新たな変化を引起こす。それは、区画の変化を起こす。そして、それに応じて地方名も細分化しつつあり、より細かな地名で地域を示すようになってきている。つまり、坊名で地域を示すのでなく、坊の下のランクのより絞られた巷名が地方志に登場して来ているのである。坊の下に巷があり、ここが路地であり、庶民の生活空間であった。地名をのせる地方志は大抵幾つかの巷名をのせている。なお、坊名が街路の名前に変化しているケースも少なくないことを確認しておく。蘇州はその代表的なケースである。

『嘉泰呉興志』巻二の坊巷の条では、湖州について「地名には巷名が有り、寺観、名物、有名人の屋敷などを識別として出る」としており、傘下の安吉県の条でも、一三の巷名をのせた後「皆、俚俗の称する所、録するに足らずと云う」と記録している。蘇州の『呉郡志』でも事情は同様であるし、寧波の歴代の『四明志』や台州の『嘉定赤城志』でも同様である。発展した都市の地方志ほど巷名を多く記載する傾向にある。これに対して、常州の地方志は相変らず坊名が主流なのである。

では、常州の坊名が唐代の伝統を受け継いだ古色蒼然たるものかと云うと、そうではない。変化を遂げた他の州域と同様に、時代の変化を示しており、有力者の名前にもとづくものも少なくない。まま街の使用も見られる。すなわち、「興賢坊は貢院街南に在り」の類である。だが、巷名は乏しいのである。

では、『咸淳毗陵志』自体が巷名をあげない主義かと云うと、そうでもなさそうである。これを常州傘下で繁栄した無錫について見ると、巷名は二一の地名のうち六つで四分の一となっているから、巷名を取り上げない主義ではないことがわかる。そうすると、この時代の常州では巷が十分にでき上がっていなかったとも考えられる。すなわち、常州では城内の構造が、他の発展した州城のような細分化を起こしておらず、それゆえに記載すべき巷が充分に形成されていなかったとも考えられるのである。

これに対して、無錫の場合は都市的な発展がかなり進行していたと考えられる。無錫は大運河のほとりにあり、地理的にも他の県城より優位にたっていた。これが、のちの無錫の発展と結びつくのであろうが、その兆しがすでに宋代に芽生えていたと言えるのではないか。城内に常州以上の巷名が把握できることがその証左のように思う。

いま、『咸淳毗陵志』巻三坊市の条によって常州と無錫の地名の記し方を比較すると、ともに地域の比定に橋や寺を使っているのがわかる。常州でいえば「豊楽坊は水華橋北に在り」、「聖智坊は資聖寺東にあり」の類である。これは無錫もほぼ同様なのだが、「礼遜坊は県南樊家巷に在り」、「三登坊は県南倉前に在り」のごとく、どちらかといえば世俗的なものを基準にしたものがあることに気がつく。

周知のように唐から宋にかけて都市は大きな変化をおこす。それにあわせて城内も変化をおこす。そして、それは、地名にあらわれる。地名は城内の変化を的確に示すものだからである。それを念頭に考えると、常州の地名の形態は、宋代常州の都市的発展が充分ではなかったことを示すのではないかと思われる。それに対して、無錫が発展への方向を辿っていることを示すように考えられる。これは当然、当該の地域にも関わる問題でもあり、対応する考察が必要になろう。ただし、何分にも地名の量が少ないので、ここで断定はできない。改めて、後世の資料から地名考証をする必要があろう。

以上の点を勘案すると、常州はなお構造的に未発達だった可能性が高いといわざるを得ない。唐末から都市が拡張され、三重の城壁をもつようになったが、城内には構造の変化を証明する新たな変化はおきていなかった。橋の建設状況や地名がその一つの証左である。『咸淳毗陵志』がすべての地名をのせていない可能性もないわけではないが、一方で記載しなければならない重要地に変化がないからこそ、地名を書いていないとも考えられる。また、常州に大戸が多く、科挙及第者が多いことも、このことを類推させる。常州は、江南の他の都市に較べて後進性を有していたか、発展に取り残されつつあったと考えれば良いのではないか。陸游が『渭南文集』巻二〇常州奔牛閘記で述べた北宋代に「蘇常熟すれば天下足る」といわれた諺が南宋になると使用されなくなるのは、常州の発展の一つの限界を示すとはいえないだろうか。

三、常州とエリート

鄒浩『道郷集』巻三二「書毘陵後河興廃」によると、常州では宋代に入って城内の運河の整備がおこなわれた。整備された河は後河もしくは市河とよばれるもので、『咸淳毗陵志』巻一五河の条によれば、南水門から入って外子城をめぐる形で城外に出る運河であった。このコースは、後世の常州でも繁栄した一帯で、清代には住・居店舗が櫛比していた地域である。[19]鄒浩によると、工事を首唱した李余慶はこれにより及第者の輩出が三〇年は続くといったが、果たしてそうであったとしている。[20]都市の構造に気が重んじられたこと、それゆえの常州の後進性を、この事実は示す。

運河の工事が行なわれたことは、さきに都市構造が未発達だったのではないかとしたことと矛盾するように思えるかもしれないが、決してそうではない。大運河の漕運が大きな意味をもっていることもあり、水路の整備や城内の運河の整備は、常州のひとびとにとって大きな意味をもったと考えられる。また、江南とはいえ、比較的地勢の高かった常州一帯は旱害に苦しまなければならなかった。ここに、北宋時代の晋陵県のひと単鍔の『呉中水利書』が編まれる一つの要因があった。城内の運河の整備は、都市整備に関わるものだが、それが、真実、都市の整備に起因したとる必要はないように思う。

中国の都市で、このように有力者が協力して水利工事や管理を行なったことは、すでに斯波義信、森田明の両氏が指摘する所である。[21]常州の状況をさらに追及することは資料的には困難だが、多くの有力者がおり、かれらが常州を指導したことは想像に難くない。

城内の地名にも、かれらにもとづくものがあり、都市に居住する士大夫があったことがわかる。ただ、この問題はすでに論じてきたし、別稿に詳細は譲ることとして概略にとどめる。[22]

常州に有力な氏族がいたことは、『常州先哲遺書』に宋代の文集や随筆が多くおさめられていることからも類推できる。おさめられた文集の執筆者はいずれも有力な一族の出身者で、官僚として活躍したものが大半である。ここで、かれらをエリートとよぶのは、科挙と大きな関係をもった宋代の指導者たちをそう呼ぶ傾向に従ったものである。[23]文集執筆者をだした一族の名前を挙げると、蔣、慕容、張、孫、胡、葛、尤、蔡などの諸氏がある。かれらの一族は家系を長く続けるとともに、科挙及第者を出し続けている。また、このほかにも繁栄した一族があったことは、かれらの文集が常州出身者の墓誌銘や神道碑を多くおさめているところからもわかる。ただ、常州の有力戸はかなり絞られた状態であったとも考えられる。

北宋の崇寧元（一一〇二）年の統計によると、戸数は両浙路の諸州で第三位である。これは、杭州、紹興につぐ。ところが口数は第一〇位である。県毎の平均戸数では第一位なのに、口数は一〇位に転落する。これは、恐らくは、大きな家が少なく小さな家が多いことを示すのであろう。つまり、常州では僅かな有力者が資産を独占し、それ以外のものはめぐまれぬ状況にあったと推定しても良いように思われる。

とすれば、特定かつ少数の大戸から及第者がでたと推測でき、事実及第者を多くだした特定の家系が認められる。その中心的存在が、上述の家である。かれらは科挙挑戦に熱中しかなりの成果をあげた。江南の地域は及第者を多くだしているが、比率は高いほうである(24)。そのなかでも代表的なのが葛氏一族で、大きな成果を挙げたことは、葛立方が『侍郎葛公帰愚集』補遺で子供の科挙及第を祝って、わが家は五世一三人が及第したと述べたほどである。これらから類推すると、常州では特定のものに力が集中していたととれる。かれらのなかに都市に住んだものがいたことは、前掲の地方志からも首肯できる。常州のみの例を挙げると、

孝仁坊―孝子の居住に由来

翰林坊―胡宿および一族に由来

椿桂坊―張彦直とその子の反第に由来

佚老坊―孫庭臣らが退休し居住したことに由来

状元坊―蔣堂に由来

雙桂坊―丁宗臣らに由来

正素坊—張挙の号の正素に由来
壮猷坊—胡宗回に由来、のち椿桂坊の張氏の子孫が住み新椿桂坊と改名
世賢坊—張守に由来

などが挙げられる。これは他の史料からも裏付けられる。たとえば、胡宿（九九六—一〇〇七）の『文恭集』巻四〇『李太夫人行状』は宿の母の伝だが、母が城内の孝仁坊で没したとしている。孝仁坊そのものは胡宿の居住地としてでてこないのだが、母はそこに住んでいたのである。そして、宿に由来するのが翰林坊だから、城内に胡氏は幾つか邸宅を持っていたか転居した可能性が出てくる。これはほかにも例がある。張彦直の一族である。張氏に由来する地名が二つあることからわかるように、城内で分居拡大していったのである。このように、常州自体が充分に都市的発展をとげていなかったように思われるのに、城内には意外に居住者に関した地名が多い。すなわち、この点からも、常州には有力戸が多く、かれらが勢力をもっていたことが類推できるのである。

かれらの通婚相手を全面的に把握することは難しいのだが、郷里に根をはっていたことは疑いがない。郷村を中心に婚姻関係を結び発展の基礎を固めていたのである。では、かれらは常州に定住し、かつその発展に寄与したのであろうか。必ずしもそうとはいえない。常州に有力者は多かったが、かれらのなかには他の州へ移っていくものも多くいたのである。

たとえば、蔣氏である。蔣堂（九八〇—一〇五四）は蘇州に移住し、その城内で没した。だが、一族は常州にのこっている。また、葛氏は江陰軍の出身であるが飢饉の時には穀物を提供するなど、それなりの力を持った一族であった。かれらが、科挙で名前をあげた一族であったのは論じたとおりである。かれらは移住と婚姻によって、湖州・蘇州に姻戚をもつに致った。通婚相手を辿ると、交流のある地域はさらに拡大する。この点からも、葛氏が江南に大きく手をのばした一族であることがわかる。こうした事実の追及は、江南における各都市や地域の連係やエリートたちの社

会の構成を追及する手掛かりになると思われる。

常州の諸氏が示すように、江南には移住したり拡大するものがいた。ただ、論じたものは移住していったもので、常州に転入して来たものではなかった。常州からよりよい地域に移るものがいた一方で、移ってきたものが根をおろし、やがて在地の有力者に成長する要素もあった。その典型が尤氏である。南宋から元にかけての尤玘『万柳渓辺旧話』は、尤氏の発展と経営の歴史を歴代の一族の有力者の活動記的につづったもので、著者が一族をあつめて語ったことをもとにしている。その意味では貴重な本であるが、残念ながら一部分しか残存していない。

江南一帯をさすらっていた尤氏の始祖の叔保は無錫に落着き、絵画をもって名前をあらわした。無錫は大運河を通じて蘇州に近く、県城とはいえ繁栄していた。晩年になって財産を得たかれは宏壮な邸宅を構えて、名実ともに常州無錫のひととなる。以後の尤氏は繁栄を続け、有力者だったらしい江氏の邸宅を手に入れるなど活発な活動をつづける。かれらが居住した許舎山は県城より二五里も離れていて虎が多くでたところである。これを憂えた叔保が棟の実を縄に入れて山を取り囲むように植えたところ、数年ならずして長大に成長し虎がでなくなったという。活発な活動によって地元に浸透していこうとしていることがわかる。

尤氏一族の変遷を語るのが本意ではないので、以下は割愛するが、孫の輝（文献公）の代になると姉二人が、それぞれ常州最大の盛家葛氏の兄弟に嫁いだ。書思に嫁いだものが勝仲、次仲を産んだ。この二人は科挙及第者を多くだし繁栄した葛氏のなかでも俊才であった。尤氏の基礎は一層固まったのである。これに合わせるかのように、輝の身の上にも変化がおきた。東帯河に家を移し宏壮な邸宅を構えたのである。

東帯河を陳玉琪・于琨等修『康熙常州府志』巻五疆域および斐大中・秦緗業等修『光緒無錫金匱県志』巻四環城河などで検証すると、無錫城をめぐる河の環城河の一部を東帯河と呼んだようである。これを両地方志所収の地図と参照すると、無錫城の西水門に接した一帯である。かれの家のすぐ側に梁渓橋があったが、『咸淳毗陵志』巻三の梁

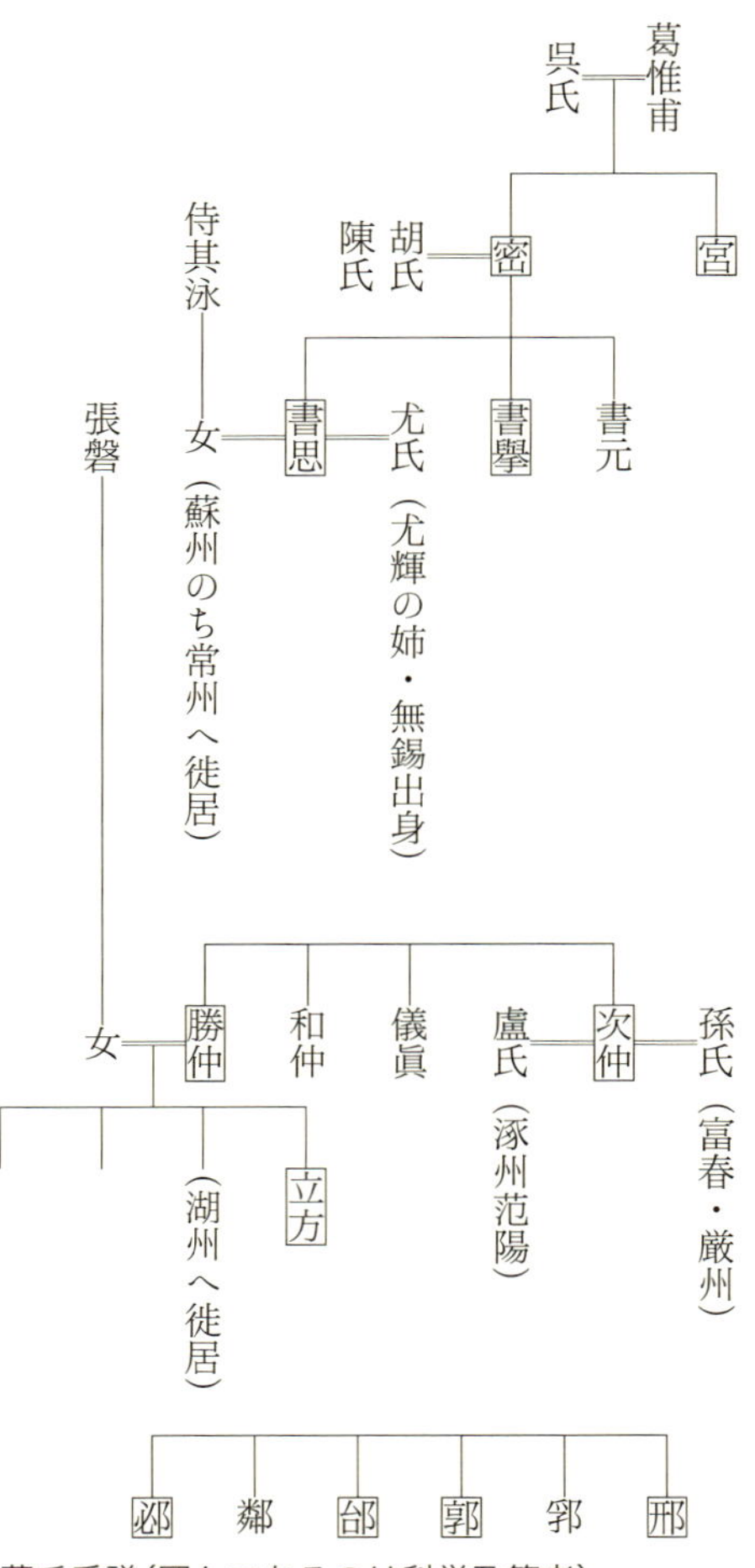

葛氏系譜（囲んであるのは科挙及第者）
尤氏の女がもう一人葛書思の同世代に嫁いでいるが、相手が比定できていない。

渓橋は県の西五〇歩とするから、ほとんど城壁に隣接して住んだことになる。すなわち、尤氏は無錫城の城外に住んだが、都市に非常に隣接していたのである。これをもって、尤氏が都市居住者となったとしてよかろう。

述べたように、尤氏が住んだのは城外である。これを都市居住者のなかにいれるのは疑問があるかもしれない。だが、地方の有力者が都市近くに居住し、足繁く城内に通ったのは、折にふれて紹介してきたとおりである。また、交通の繁華な城門近辺には城外まで家が溢れていることが多かったから、都市に隣接して城外に住むものも少なくなかったのである。されば、城外にも城内と同様に都市制度を施行することがあったのである。それに、城門の開閉などの規制のある城内に住むより、城外に住んだ方が便利だったのかもしれない。城壁のなかに住めば治安上の有利さはあったが、それなりの不便もあったのだ。いずれにしても、尤氏が都市的居住にちかづいたことは確実で、三代目になって、都市居住者に昇華したことになる。

ただ、気になるのは、史料が東帯河上に邸宅を構えたとすることである。上には「ほとり」という意味もあり、尤氏が河の上に家を建てたということではない。この水路がどの程度利用されたのか、いまにわかにはわからないが、水系はすぐに分枝して故郷の許舎山につながる。また、太湖にもつながる。太湖には湖賊もいたが、ここを横切れば湖州に近い。決して、閑散とした一帯でなかったはずである。とすれば、かれの邸宅建設は東帯河の状況を念頭において、河川の利権に関わる可能性もあったと考えられるからである。

かれの子が著で、鵝湖（江西省鉛県）に徙居し、これまた宏壮な邸宅をかまえた。他所より移ってきた一族が、四代目になって再び移住していったのである。かくのごとく拡散は見られるが、無錫での活動は依然としてつづき、許舎山は一族の寄り所であり続けた。一族の拠点として守り続けられたのである。そして、ついには有力者の先頭にたって学校創設を首唱するまでに力をもつにいたる。(25)しかも、それは常州傘下の無錫での活動という形で見られる。この学校建設に関与することこそ、尤氏が都市に関わっていく実例となる。

ただ、無錫は官僚を目指すには有利な土地ではなかった。結局は落ちたものの輝は蘇州の籍を借りて漕試を受けているし、子の著の進士登第は蘇州の地方志である范成大『呉郡志』に記載されているからである。蘇州の籍を借りたのは、無錫との関係の深さの故であろう。

だが、これを尤氏が無錫に定居していない証拠だととってはいけない。江南デルタ地帯におけるエリート、有力者たちの活発な行動と見るべきである。実際、かれらの往来はことのほか激しいのである。

おわりに

中国および常州の都市形態を論じてここに至った。最初に概論を述べたのは、中国都市のアウトラインを承知して頂くためであった。ここでは、とりわけ、県城クラスの都市のなかには城壁を有さぬものがあることが理解していただけたと思う。記録に大きさを示すからといって、それが明確に都市城壁の存在を示すとは限らぬのである。

ついで、具体的例を常州にとった。通常、中国の経済を担った江南デルタ地帯には、巨大な都市が成長し繁栄しつづけたと見られるが、それが必ずしも正しくないことを紹介したのである。そして、他の州県の状況とあわせて見ると、宋代の常州城の構造が整ったものでなかったことを示唆した。唐宋変革という言葉があるほど、唐と宋のあいだの変化は大きい。これは都市も同様である。唐の都市制度が緩み、経済成長が著しかった宋代の都市は、それに対応して構造を大きく変えた。構造や形態の変化は、城内の地名や街路・橋などの変化から把握できるが、そのような傾向があまりない常州の都市的発展と整備は充分でないのではないかとしたのである。

では、これが特殊な形態かというと、そうもいいきれない。従来、われわれはとりわけて繁栄した都市のみを対象にしてきた。それは、当時の都市の状況を正しく把握したものとはいいがたい。幾つかの異なる状態の都市を把握してこそ、繁栄する都市像や平均的な都市像の提出ができるからである。その意味では、常州城の把握は宋代の都市の理解に新たな論拠を提出するものになると思う。

先に紹介した鄒浩『道郷集』巻三二「書毘陵後河興廃」は、運河のその後を述べて三〇年ほどで逼塞したという。同書には「瀕河の民が岸を侵し家を作り物を水中に捨てたので運河が逼塞し、長いあいだ船が通せなくなっている」としている。運河の逼塞そのものは珍しいことではない。有力者が運河の周囲をおさえ、利権の対象にすることはどこでも見られるからである。運河の周囲に水磨や倉を設けたり、家や畑などを作ったりするのである。また、庶民が侵占して家を建てることも多く、水門の上まで侵占することがあった。この結果、ついには河道が狭まり逼塞していくのである。

つぎに興味深いのは、鄒浩が船が通れなかったと述べている点である。西欧では運河の通行より水力の利用に注意をはらったが中国では漕運の役割のほうを重視したという、西欧技術史の立場からの指摘を思い起させるからである。

もちろん、ここにいうのは城内の運河であるし、江南の水系がどの程度水車に役立つものか、にわかに判断ができない。だが、後述するように、常州の有力者の多くが漕運と関係をもって栄えたと推測しうることとあわせると、常州のエリートたちの思考と行動を考える手掛かりになるのではないか。

常州の運河の逼塞で面白いのは、それが三〇年ごとにおきると捉えられていることである。そして、もう一つ。運河が速やかに通ることが科挙及第者を輩出することにつながると捉えられていることである。李余慶の主導により運河を整えた時には銭輔、胡宗愈、余中などが及第した。及第者のでた熙寧六（一〇七三）年は、工事の落成から正しく三〇年後である。つぎに崇寧初（一一〇二）年に再び河を渡ったら翌年に霍端友が及第した。これも数字があうという。

ところで、同文で霍端友が「霍氏は河上に居し、河勢の曲折に游ぶ」といわれている。霍端友は『鴻慶居士文集』巻四二に、「宋通議大夫守吏部侍郎致仕贈宣奉大夫霍公行状」として伝がある。この伝では、もちろん、そのようなことはかかない。常州武進において勢力がある一族で、儒学を学びやがて端友がでたとする。ただ、兄の端如について豪毅なひとで資産を有していたがそれを軽んじる風があったとするから、案外、漕運によって資産を得たのかもしれない。ちなみに、この記事を紹介した費袞の時代には運河は再び逼塞していた。

運河と大きな関係をもって繁栄した一族は、常州にほかにもある。それは晋陵県の強氏である。『鴻慶居士文集』巻四〇の「宋故孫夫人強氏墓誌銘」は、強氏が漕河を挟んで宏壮な邸宅を連ねていて、南北強氏と呼ばれていたとする。同文は、かの女を迎えた孫氏の家について、膨大な資産をもち金も貸していたことを述べる。孫氏もまた、常州晋陵県のもので勢家であった。かくのごとく、常州の有力戸のなかには資産運営で利益をなしたものもいたのである。

このように有力な氏族のいた常州ではあるが、その発展は北宋代を中心としたようである。南宋になるとエリートたちの目ぼしい活動がみられなくなる。もちろん、繁栄した一族がいないわけではないが、全体的に見れば衰退傾向にあるといっても過言ではない。宋が華北を失った段階で、常州繁栄の環境と基盤が衰退したからである。つまり、大運河はもはや華北に物資を運ぶことなく、江南の経済はより南の杭州を中心とした新たな帝都周辺に移動したからである。『呉郡志』巻五〇雑誌がのせる諺の「天上天堂、地下蘇杭」や「蘇湖熟すれば天下足る」は、一面でこのような経済的な地殻変動を意味するものとして捉えても興味深い。常州の有力者のなかには蘇州や湖州と関係があるものがいることを指摘したが、この時、無錫の地理的位置は有利に働いたであろう。

その意味では、尤氏のありかたに、後世の無錫発展の下地が見られるように思う。定住に際して無錫を選び、ついで都市への移動に際しては重要な水路に近い場所を選んだのは賢明だったのだ。無錫は県から発展したとはいえ、繁栄は常州に匹敵し、元代には州に格上げされる。次の明と清代には再び県として常州の傘下に入るが、発展は続いたのである。この繁栄が大運河と関わっていることはいうまでもない。いまは運河の多くが埋立てられてしまったが、残された大運河には今日でも多くの船が通っている。

まず山村に入り次第に成長して官僚を出し、ついには移住していくものもだした尤氏が無錫の都市的発展にどのように寄与したのか、追及の余地はまだあるのだがこれはまたのこととしたい。ちなみに、尤氏が学校創設に奔走したのは、叔保の成功から数えて七代目、ほぼ一五〇年近くたっていた。

情勢の変化のなかで、常州のさらなる発展は後世に委ねられることになった。だが、そのためには都市を適正規模に修正しなければならなかった。それが、明初の縮城である。

中国都市を、世界史の他の地域と同じ俎上にのせて論じるには、研究分野でなお調整しなければならないことが多い。ここでは常州の都市形態を中心に、都市に拠点をおいたエリートとその行動を探って見た。あえて一言するならば、都市の上層部がどのように形成されるのか検討するとともに、比較史的材料を提示するためでもあった。かれらの都市への関与や活動はなお追及しなければならぬ点が多いが、本章はひとまずここで終了する。

註

（1）梁庚尭「南宋城市的発展」上下（『食貨月刊』復刊一〇—一〇・一一、一九八一年）。
（2）都市の人口やその他の戸口統計の資料は各種の論文でも論じられている。だが、一つ一つあげては繁雑になるので割愛し、一括整理した梁方仲編『中国歴代戸口、田地、田賦統計』（上海人民出版社、一九八〇年）所収の資料によることとする。以後使用する数字も、基本的には上記の資料集を参照されたい。
（3）和田清編『中国地方自治発達史』（汲古書院、一九七五年）。
（4）『中華人民共和国地名詞典』〈江蘇省〉（商務印書館、一九八七年）および歴代地方志などによる。
（5）中村治兵衛「唐代における一都市（一州）二県制」（唐代史研究会編『中国都市の歴史的研究』〈唐代史研究会報告Ⅵ集〉、一九八八年）。
（6）オットー・ブルンナー、石井紫郎ほか訳「ヨーロッパ史における都市と市民」・「ヨーロッパの市民とロシアの市民」（『ヨーロッパ——その歴史と精神——』岩波書店、一九七六年）。
（7）草野靖「宋の屋税・地税について」（『史学雑誌』六八—四、一九五九年）、梅原郁「宋代都市の税賦」（『東洋史研究』二八—四、一九七〇年）。
（8）曾我部静雄『中国及び古代日本における郷村形態の変遷』（吉川弘文館、一九六三年）。
（9）斯波義信「宋代の都市城郭」（中嶋敏先生古稀記念事業会『中嶋敏先生古稀記念論集』下、一九八一年、のち東洋文化研究所刊『宋代江南経済史の研究』一九八八年に同題で所収）。
（10）陳高華、佐竹靖彦訳『元の大都』（中央公論社、中公新書、一九八四年）。
（11）愛宕元「唐代州県城郭の規模と構造」（『第一回国際唐代学術会議論文集』一九八八年）。
（12）かつて、拙論「唐宋時代の浙西における都市の変遷—『宋平江図』解読作業—」（『中央大学文学部紀要』〈史学科〉二四、一九七九年）において、江南デルタの都市が初期には城壁を木柵のようなもので代用させていた可能性があることを指摘した。この点について中国都市研究の泰斗宿白氏は岸俊男氏との対談で隋・唐以前の南朝の城は柵しかなかったと『南史』・『北史』にあるが、考古資料はまだみつかってないとされている（『朝日新聞』〈夕刊〉一九八四年三月二日）。清代の台南城は刺竹で囲まれていたが、これについては郭中端・堀込憲二『中国人の街づくり』（相模書房〈相模選書〉、一九八〇年）参照。

(13) 愛宕元「唐代太原城の規模と構造――唐代州県城郭研究之一」（唐代史研究会編『中国都市の歴史的研究』〈唐代史研究会報告Ⅵ集〉、一九八八年）。

(14) この問題に関する論稿は数が多いので、代表的なもの二つにとどめる。礪波護「中国都城の思想」（日本の古代九『都城の生態』中央公論、一九八七年）は、関連の問題を解説しているので参照されたい。那波利貞「支那首都計画史上より考察したる唐の長安城」（『桑原博士還暦記念東洋史論叢』弘文堂、一九三一年）、田中淡「先秦時代宮室建築序説」第二章『考工記』匠人営国とその解釈（『東方学報』〈京都〉五二、一九八〇年、のち『中国建築史の研究』弘文堂、一九八九年に所収）。

(15) 始皇帝の都市論や長安の都市論は数が多いので割愛する。長安については、妹尾達彦『唐代長安城関係論著目録稿』（私家版、一九八四年）を参照されたい。また、唐代史研究会編『中国聚落史の研究』（刀水書房、一九八九年）に増補された中国聚落史関係文献目録なども参照されたい。風水から論じたものには、堀込憲二「風水思想と中国の都市」（『建築雑誌』一九八五―一二）がある。長安が易の理論を取りこんでいたことについては、註（14）の礪波護論文を参照して欲しい。

(16) 張舜民『画墁録』巻一。

(17) 薛迪成「常州歴史地理」（江蘇科学技術出版社『江蘇城市歴史地理』一九八二年）、羅我白・史洪『常州史話』（江蘇人民出版社、一九八四年）、森田明「清代常州の浚河事業について」（中国水利史研究会編『佐藤博士退官記念中国水利史論叢』国書刊行会編、一九八四年、のち『清代水利社会史の研究』国書刊行会、一九九〇年に所収）。

(18) 伊原弘「江南における都市形態の変遷―宋平江図解析作業」（宋代史研究会研究報告Ⅰ『宋代の社会と文化』汲古書院、一九八三年）。

(19) 註（17）森田論文引用稿。

(20) この文は、費袞『梁谿漫志』巻六「道郷記毗陵後記」にも転載されている。なお、一言付言しておくと、常州関係の史料のほとんどは清末の盛宣懐の手になる『常州先哲遺書』に所収されているが、鄒浩『道郷集』はおさめられていない。盛宣懐の編集方針には幾つかの特色があり、常州に流れる知識人の系譜を考える手掛かりをあたえる。鄒浩は元祐党派で、いわゆる、反王安石の流れをくむ人物である。また、常州のひとは類書すなわち百科事典を好む傾向にあったことを、酒井忠夫「明代の日用類書と庶民教育」(林友春編『近世中国教育史研究』一九五八年)が示唆している。

(21) 斯波義信「江西宜春の李渠」(『東洋史研究』三六―三、所収、のち東洋文化研究所刊『宋代江南経済史の研究』一九八八年に「江西袁州の水利開発」として所収)。なお、森田明『清代水利社会史の研究』(国書刊行会、一九九〇年)には前掲の論文のほか幾つかの都市水利の論稿がおさめられている。

(22) 伊原弘「宋代浙西における都市と士大夫」(『中島敏先生古稀記念論集』上、一九八〇年)、「宋代の浙西における都市と士大夫」(『集刊東洋学』四五、一九八一年)、"The World of the Changzhou Xianzhe Yishu; the Jiangnan Elite from the Eleventh to the Thirteenth Century" (『国際宋史研討会論文集』一九八八年)。なお、常州士大夫の概論は、「宋代常州におけるエリートの系譜」(科学研究費報告書『アジア教育史大系成立への理論的基礎的研究』一九九〇年)参照。

(23) ここでエリートという言葉を使うのは短絡的だとの異論があるかもしれないが、この点については、改めて説明をつけることとして出典を述べておく。従来宋代を指導した人々は状況に応じて地主・士大夫・官僚・官戸形勢戸など多種多様に呼称されてきた。この点、エリートとは新しい規定である。具体的には、Robert P. Hymes, *Statesmen and Gentlemen: The Elite of Fu-Chou, Chiang-Hsi, in Northern and Southern Sung*, Cambridge University, 1986. 参照。ただ、もう少し検討も必要な概念である。

(24) John W. Chaffee, *Thorny Gates of Learning in Sung China*, Cambridge University, 1985.

(25) 川上恭司「宋代の都市と教育」(梅原郁編『中国近世の都市と文化』京都大学人文科学研究所、一九八四年)。

八　中国知識人の基層社会
――宋代温州永嘉学派を例として

はじめに

はじめに都市があった。西欧中世の知識人は、都市とともに生れたのである。都市では分業が必要とされ、そこで身をたてた職人の一種として、知識人が現れる時期は、商工業の機能、より控え目にいえば、職人機能と結びついた都市の飛躍的発展の時期と軌を一にしている。

アナール学派の泰斗ジャック・ルゴフは『中世の知識人――アベラールからエラスムスへ』（柏木英彦・三上朝造訳、岩波新書、一九七七年）の第一章「知識人の誕生――一二世紀」の〈一二世紀における都市の復興と知識人の誕生〉を、上記のように書きだしている。氏のいう知識人とは学問と教育の結びつきを配慮しつつも民衆との接触を失わず、都市を舞台に専門の学芸をもって身をたてていく知的労働者である。

一二世紀西欧は都市誕生の輝かしい世紀であった。商人の定住は従来の軍事的要素の強い都市に、著しく経済性を付加した。復興していく都市に見られたのが著述にいそしみ、教えることをなりわいとする者、というより、その二つを同時に行ない、教師および学者として生計をたてる者、つまり知職人であったとルゴフはいうのだ。

この点に思いを致しながら大陸の東端を眺めてみよう。そこには、一〇世紀、すなわち九六〇年に成立し、一一二七年に華北を失いつつも一二七九年まで持続した王朝があった。前半を北宋、後半を南宋とよぶこの王朝は、通常知られるように、中国における知識人の領導する最近千年の社会の特色を形成した時代であった。ここでも、目覚しい都市の発展がみられ、都市を舞台に専門の学問をもって身をたてていく知的労働者の姿がみられた。しかも、その姿は単に帝国の首都だけにみられたのではなく、勃興する広範な都市に普遍的にみられた。都市には私設・公立の学校があり、そこで教鞭をとる者がある一方で、笈を負うて遠くの師を訪ね学問に励む者たちの姿もみられた(1)。時代的にややずれがあるものの、ユーラシア大陸の両端で後世の社会に重要な一石を投じる知識人の誕生がみられたのである。もっとも、表面的には酷似しながらも、その内部に潜むものは著しく異なる。

例えば、知識人に例をとってみよう。宋の知識人たちは通常士大夫とよばれる。彼らの誕生は巨大かつ強力な集権システムをもつ帝国が、官僚たちの採用に儒学を規範とした科挙試験を実施したことからはじまった。士大夫の出現は都市の勃興と軌を一にしているが、その始源は著しく異なったのである。隋以来行なわれていたこのシステムは、宋代になって確立し、屋上屋をかさねていく。受験者は概ね形勢戸と呼ばれた大土地所有者の出身者であった。それゆえに、官僚と形勢戸は不可分の存在で、官戸形勢戸といいならわされる。もちろん、商業の勃興する時代に、彼らもまた商業とは無縁ではない。官僚・大土地所有者・商人が三位一体という過去の中国指導者の特徴は、かくのごとき現象から生れてきたのであり、ここに中国知識人が、社会において果した役割の重要性が窺われるのである(2)。

宋以後のこの状況は、官僚社会への殺到、言い換えれば科挙試験への殺到を招いた(3)。彼らの数は膨大で競争率も高かった。官僚となることにより得るところが大だったからである。彼らはそれゆえに、長期にわたる苦しい勉強に耐えて、受験と及第を目指した。そして、これは、中国社会に大きな影響を与えた。受験者が膨大であったことが激烈な競争を招き、そのための教育熱と関連産業の勃興を招いたのだ。受験者は知識人でもある。野に山に、都市に村落に、広範な知識人の誕生も招いた。そして、この結果、宋を一大文治国家に押し上げていった。これは、いまさら喋々する必要がない。

しかし、ここにも西欧の知識人と質的な違いがみられる。宋の知識人の根底にあるのは官僚の基礎たる教養の修得にすぎない。そこから知の海に乗りだそうとする意欲が盛んであったとはいえない。このような気質の違いを示す一例を指摘しておこう。それは、翻訳者の不在である。西欧の知識人、あるいはルネサンス期の知識人が、一度手からこぼれた知識の修得のために、異なる言語の修得とそこからの翻訳の必要性があったのに対して、中国の知識人にはそのような必要性がなかった。ここに、他言語の成果を中国文化にインパクトを与える関係で展開しえなかった中国知識人の限界がある。

仏教を始めとした様々な知識が士大夫の思想に流入しているのはまぎれもない事実である。ここで取り上げる温州でも禅宗が盛んであった。だが、そこには西欧の知識人が展開させていったものと極めて異質なスタイルが存在するのも事実である。このような問題は、短絡的に中国文化の展開をルネサンスに比定することも戒めているといわねばならない。

基本的には勉学して受験することによってのみ地位を確立するこの士大夫をどう定義すべきか、様々な論議が行なわれている(4)。だが、その実像となると論議が多すぎて、あたかもプリズムのように、光も入り方によって異なる色を発色する。宋代の知識人がかくのごとく様々な捉えかたをされるのはいささか問題ではある。それは、宋代が士大夫社会の成立に大きな意味をもち、それゆえに後世の士大夫に大きな影響を与えたからである。だが、その実像を確かめるのは容易なことではない。したがって、より突詰められた士大夫の実例を一層検索していく必要がある。ここでは、このような疑問に関連して、宋代知識人の社会を考察し、ついで都市温州の実例を通して、中国知識人の一つの典型を宋代を通して考えようとするものである。

温州永嘉学派の特色は、すでに、近藤一成氏が論じたように理財観にあった(5)。必ずしも理財を罪悪視しないこの学派は、葉適を代表として温州に根をはっていた。後世、清末の混乱のなかで失われた地方叢書の編纂が盛んになるが、温州においても『永嘉叢書』が編纂される。編者は葉適の学風をしたって編纂したことを述べており、その学風の長期にわたる影響が窺われるのである。ここでは、このような事柄を念頭において、宋代の知識人の基層社会の分析を試みるが、まず宋代を概観するところからはじめ、ついで温州士大夫の実例を検討することとしよう。

一、宋代知識人の社会

1　学習の時代

宋代に学問が興隆し、多くの知識人が誕生したことは贅言をまたない。だが、果たして、本当に知識人の時代だったのか疑問があることも事実である。たしかに、宋代には多くの知識人が存在し、学問が興隆していた。各地に儒学が定着し、それぞれに特色を誇る学派が栄えたのである。いかに、この風が盛んであったか。それは、例えば宋元代の儒学を系統的に整理した『宋元学案』・『宋元学案補遺』をみれば一目瞭然である。これらの書籍の解釈や理解には多角的な分析が必要であり、それゆえに利用方法も模索されなくてはならない。しかし、ここではまず、宋代には各地に儒学が興隆し、人々が学問にいそしんだ証拠ととっておきたい。

この傾向は、南宋になると一層進展する。北宋の学統を受け継いだ学派が存在して、一層興隆したのである。このような各系統の学派は、それなりの個性をもっていた。この時代の儒学は、いわば、地方の個性を反映しているものも少なくない。ここでとりあげる宋代温州の永嘉学派もそのような地方の学派の一つである。宋代を特色とする宋学の定着にはなお時間がかかり、慶元の党禁のように弾圧されることもあったのである。

かくのごとき学問の興隆は、科挙試験に起因することが指摘されてきた。激烈な試験が多くの就学者をうみ、受験

両浙路各州の科挙合格者数と総合順位

	州	北宋	南宋	計
1	温　州	77	1372	1449
2	明　州	149	781	930
3	常　州	451	367	818
4	杭　州	152	619	771
5	処　州	180	568	748
6	越　州	180	436	616
7	蘇　州	211	368	579
8	湖　州	241	330	571
9	婺　州	80	484	564
10	衢　州	261	300	561
11	台　州	32	522	554
12	秀　州	84	374	458
13	潤　州	112	106	218
14	江陰州	39	167	206
15	厳　州	69	136	205

(『乾隆浙江通志』巻123-129)
(『乾隆江南通志』巻119-127)

温州各県の科挙合格者数(進士科のみ)

	北宋	南宋	計
楽　清	1	114	115
永　嘉	46	462	508
瑞　安	17	209	226
平　陽	14	304	318
	78	1089	1167

(『万暦温州府志』巻10)

者をうみ、一層競争を激化させたことは、チェイフィー氏が考察した通りである。[3] だが、科挙受験のために盛んに行なわれた教育は、畢竟、受験のためのものに過ぎない。南宋の楼鑰（一一三七―一二一三）がこのことを論じており、宋代の教育の一派をなした書院の創立の理由の一つが科挙のための学問に走る弊害を除くためであったことがわかる。[6]

人々が科挙を受験するのは、基本的には官僚社会に身をおき栄達を極めるためであった。そこで要求されるのは、行政官としての才能ではなく、皇帝とともに天下を治めるにたる教養の保持者であることであった。したがって、宋代に盛んな学問の修得も、基本的にはそのためのものである。いかに知的教育が盛んであったとしても、それが官僚となることを主眼として行なわれる限り、知的飛躍をもたらすものとは取りがたい。根底にあるのは試験及第のための学問に過ぎなく、知識人として昇華していくための教育的要素は乏しいといわなくてはならないからである。

たしかに、知識人として昇華していくためには、根底となる基礎的学問の修得が必要である。だが、その学習が何かを前提として行なわれる限り、次の段階への飛躍の可能性は著しくそがれていく。また、知識を是正し次の段階へ飛躍するためには、一つの主要権威にのみ依拠するのではなく、多角的な主要事項への関心が必要である。だが、統一試験を目的とする学問は、こうした幅をなくしていく傾向が強い。この意味において宋代は知の時代であったが、その前に、まず学習の時代であり、それゆえに、知の時代へ昇華していく可能性を著しく欠いていた時代ともいえるのではあるまいか。西欧の知識人たちが古典的かつ伝統的教育を受けながらも飛躍しえたのとの差異がここにあらわれているのである。

もちろん、学習は知識をうみ、知は学を育てる。だが、前述のように、宋代の知の根底には、官僚となることを前提とする学があったことを忘れてはならない。我々は、このことを過小評価してきたように思う。宋代の学問がどの程度知識の時代への転換性を秘めていたのか、改めて検討される必要があろう。そして、その一つの要素として教育のあり方の検討が必要なのである。

このような宋代の教育の本質について、幾つかの研究が横たわる。[1] だが、ここでも、それらのほとんどが科挙受験に結びつく教育システムの研究であり、そこに知の教育があったか否か論じない。官僚となることが基本に横たわる教育と知的養育は別だと思うのだが、中国教育史の研究にはこのような視点は乏しい。

この問題に関して、森正夫氏は宋以後の士大夫と地域関係を論じる。[7] 氏は南宋の儒学者陳淳の文を引用しつつ彼らの意識が自己の修養と家族生活の確立を基盤としつつも、国家的な次元の政治課題と取り組むことを理想としたと指摘する。そして、実例として科挙への参加資格を得るための学習を続ける人々をあげる。学問の大衆化とは、科挙受験の大衆化に他ならないのだ。これが、社会を揺り動かし、次なる時代へと進んでいく知の時代を進めていくものでないことは確かであろう。

学問の大衆化とその影響について竺沙雅章氏は、受験者の増大に比例して、地方在住の士大夫が増大したことを指摘する。この傾向は宋代以後も続き、結果として、科挙が地主などの占有にならなくなり、地域社会から構築された社会体制となったとしている(8)。

では、このような風潮は、往時の世界にどのような風潮をうんだのか。読書熱と教育熱である。愛宕松男氏は南宋の福州において城内の半ばが読書していたという詩文を紹介する一方、州県学、書院などの公的性格をもつ学校に加えて、小学、村塾、書社、家塾などの私学が発達したとしている(9)。

福州すなわち福建は科挙及第者の多いところとして有名である。されば、読書が盛んだった。もっとも、この読書熱も割引いて考えなければならない。福州城内の半数が読書していたとしても、その読書は科挙受験を前提としていたわけだし、科挙の受験資格は男性に限られるからである。城内の半数の男性の半数、つまり、総人口の四分の一の読書率という概算が妥当になろう。中国に残る絵画には児童の学舎における生態を描いたものも少なくない。だが、そこに描かれるのが多く男の児童であることも、このことを裏付ける。

かくのごとく分析していけば、中国社会に横溢した教育は最終的には、やはり科挙受験を基底としたと考えられる。ここからも、科挙が知識の時代を築き上げていったというより、学習の時代を築き上げていったということが指摘できよう。

2　学習の場所としての都市

宋代の都市の勃興は、唐末以後顕著になる商業や交通の発達がもたらした。それゆえ、近年まで、都市の繁栄を探る目は、多く、帝都や江南といった経済的先進地に向けられてきた。だが、多くの都市が地域の核として繁栄し機能していた。

斯波義信氏は、実例をあげてこれらの都市を検証する。(10) それによれば、中国全土に特定の産業や交通の便をもって繁栄する都市がみられる。とはいえ、そこにも一つの限界がある。中国の都市は、宋代になって著しく経済性を付加されたとはいえ、基本的には行政の拠点という性格を超えていくものではなかった。秦の郡県制に起因し隋代に州県制と名前を変えるこのシステムは、王朝時代を通じて概ね不変であった。それゆえに、各時代を平均していけば、概ね一五〇〇という数字を前後する州県の行政拠点が、様々なヒエラルキーのなかで都市として各地に機能してきた。宋の繁栄は、これらの都市の様々なレベルをいっそう押し上げていき、地域の拠点として機能させたのである。

都市の繁栄が学問の興隆に大きく貢献したことは、いまさらいうまでもない。宋は学校制度を推進する。州学・県学といった官制の学校が全国に設立され、帝国の官僚を集めるために機能した。(11) 断っておくが、知識を身につける場所として機能したのではない。あくまでも、学を身につけるための場所として機能したのである。されば、この設立に関わることは、地方有力者のステイタス・シンボルでもあった。(12)

この点については、川上恭司氏の考察があって、地方学の創設と士大夫、それも中間的な士大夫層との関連が明らかになってきている。学校は、地方在住者の交流のみならず、時には有力者の力を示す場ともなっていたのである。なお、これらの設備が城内にあったことは、各地方志の所収する都市図からも明らかである。

もちろん、都市にあったのはこのような官立の学校だけでない。私塾もまた重要な意味をもった。蘇州西南部に侍其巷という地名がある。『呉郡志』巻二五の侍其洳の伝と合わせて考えれば、彼が住んで学問を教えていた場所である。まさに専門の学芸をもって身をたてる知的労働者の存在である。このように、幾人もの学者が塾を開き学問を教えていた。科挙受験の盛行は教育設備の充実もきたし、同時にその指導にあたる者を存在させたのである。中国において、著名な学者はしばしば官僚でもある。彼らのなかには赴任した土地で私塾を開くものがあった。(13) すでに述べたように、そこに近在の人々が集り、一派をなすことがあったのである。

この問題を宋以後一大商業都市として繁栄を続けた平江府すなわち蘇州について検討してみよう。『呉郡志』巻四学校の条に、府学・六経閣・御書閣の名前があがる。約五〇万と伝えられる宋代蘇州に公式の教育機関が三つというのは、決して多くない。しかし、このほかに、侍其氏の学校のように史料に現れにくい私的な塾もあって不足を補ったのであろう。さらに、都市における教育的な雰囲気を盛り上げるものとして、科挙の地方試験場としての貢院があった。貢院には科挙に関連したパーティーを行なう賓興館もあり、受験者の壮行会としての郷飲酒礼が行なわれ、この雰囲気を一層盛り上げている。蘇州の都市図『宋平江図』には、これらが隣接して描き込まれている。このような行事がいかに盛んだったか。寧波の郷飲酒礼について『宝慶四明志』巻二郷飲酒礼の条は、盛んな様子を伝え、宝慶三（一二二三）年の関連の行事に一五〇〇人あまり参加したことを伝えている。

こうした事情は他の州城もあまり変らない。公立学校の設立が進められることにより一層進行したこの状況こそが各地に学習の風潮を進め、やがて、士大夫の確立を進めていくのである。したがって、宋代の篤学の風潮の蔓延は、考えられるより遅く展開していったと考えても良いのではないか。学校および科挙試験に関して積み重ねられたデータは、このことを示すといわねばならない。引用した諸論稿は、学校設立のピークが北宋の一一世紀初頭と北宋末南宋初の一二世紀初頭にあることを示し、進士及第者も一二世紀初頭から増加していくことを示している。受験者の増大と地方知識人の蔓延は宋代社会で次第に熟成し、様々な問題を生んでいく。これはまた、都市の繁栄と軌を一にしているといわなければならない。なお、付言すると、このような繁栄していく都市の階層と知識人の階層にも深い関係があることを承知しておかねばならない。各都市の階層と相互の関係は政治・経済と深い関係にあるが、文化的なものもそのなかに加える必要がある。かくのごとく宋代の都市は教育機能を充実させていった。

勿論、これは、背後に都市で学ぶ有利さがあったことも否めない。書籍や文具は都市のほうが入手しやすい。都市に教育設備が集中していくという事実は、また同時に、それを補完する機能も集中していたことも示すのだ。かくして、地方の都市にそこを基盤として学派が興る条件が整えられていったのである。それは同時に、各都市における学問の検討に個々の事情を反映させて検討することが必要なことを示唆しているといわなければならない。個々の事情は異なるので、それぞれの事情を明らかにしないことには、論にあたって実像が結びにくいからである。そこで、以上の点を次章では永嘉学派をうんだ温州に具体例をとりつつ検討してみよう。

二、温州永嘉学派の世界

1　都市温州の繁栄

都市温州自体に関する専論は多くない。だが、葉大兵『温州史話』（浙江人民出版社、一九八二年）、周厚才編著『温州港史』（人民交通出版社、一九九〇年）などがあって概要を知りうるほか、言及する論文もないわけではない。これらを参照しつつ都市温州を素描しよう。

温州は両浙路の最南端に位置し、北から海岸線に沿って、楽清、永嘉、瑞安、平陽の四県を連ね、南下すればそこは福建である。海岸線に沿って県が点在し、しかも接近していることは、恵まれぬ地理的条件下にあったことを示す。とはいえ、温州城自体は交通の要所にあった。州の要をなす温州城は永嘉県城に置かれて全体統轄の中心をなすが、温州湾にそそぐ甌江（永嘉江）の南岸に位置し遡ると上流の処州に至る。それゆえに、船が利用できる。また、街道を通じて南北にも至ることができる。しかも、港湾都市として海に面している。

では、繁栄する両浙路の都市のなかで、どの程度の位置にあったのか。戸口は中クラスで、科挙及第者の数はトップであった。[14] 掲載した表を参照して欲しい。地理的に恵まれぬ位置にあったが、両路における地位は決して低くなかった。しかも、南宋での向上が目立つ。後述するような士大夫たちの盛んな往来と、それゆえの学術の交流が進んだのである。もっとも、南下して至る福州も複雑な地形の恵まれぬ土地柄で発展性を欠いていたから、温州の将来にも一定の枠がはめられていた。両浙路北部のように相互の都市が深く結びついて発展していく可能性は乏しかったのである。

これを象徴するように、温州の開発、それも南部の平陽県の開発が、主として隣接する福建からの流入者によって進められたことを、本田治氏が立証している。(15) 唐末五代から進んだ開発は、福建北部からの移住者によって進められたのである。科挙及第率では全国一の福建であるが、述べたように裕福な土地柄とはいえず移民するものが多かった。それゆえに、華僑の故郷としても知られる。その流出者が温州にもみられ、南部の開発が主として彼らの手によって進められたのである。移住者、さらにはこれに触発された先住者は、この開発を通じて族的な結束を固めていき、科挙及第数も飛躍的に増大をしていったのだ。ただ、流入者は主として南部の平陽県に限られたようで、より北にある楽清、永嘉、瑞安の三県では、あまり福建人の影は濃くない。

このように、南部の平陽県は福建出身の人々によって開発が進められ、科挙及第者も多数を占め学校の建設も行なわれた。(16) では、学者を輩出したかというと、必ずしもそうではない。学問は永嘉県のほうが盛んだからである。湯日照・王光蘊等修『万暦温州府志』巻一一理学は、宋代温州の儒学者の一覧を関連の人物も含めて六〇人近く記載する。だが、平陽県出身と明記するのは陳経正とその弟三人および劉軫の五人に過ぎない。これに対して、永嘉県出身者は三〇人ほどで、学問の分野における圧倒性がわかる。北方からの移住者もこの地および瑞安県のほうに多いようである。それだけ、北宋の学問はこの地に根付きやすかったのである。また、北への留学者も北部の県に多い。程頤の学問をもたらした彼らは永嘉県に根付き、さらに周辺から就学者を集めた。平陽県は活気に満ちていたが、学者を生む土地ではなかったのだ。されば、温州永嘉学派は文字通り永嘉県に栄えた学派といいえよう。後世、温州の著作集として編まれた叢書が『永嘉叢書』と名付けられたのも、決して故なきことではない。

温州の繁栄の基盤は産業にあった。温州は処州産の杉谷漆、桐油・柏油の集散地で、それにあわせて造船業も栄えた。[10] 温州は明州や台州とともに両路有数の造船業が栄えた都市で、永嘉県の白沙鎮は木材の通過によって興った。それゆえに、北宋の仁宗時代（一〇二三―一〇六三）に政府直営の造船所が置かれ、買木場も置かれた。もっとも、こうした政策は、一方で負担になっていったようである。南宋になると政府が民間の船を徴発するという事態に至っており、民間の運船業者への圧迫となっていた。船舶を有する船戸は半農の運船業者で、六〇戸程度の共同出資で六隻の民船を造り、半数を徴発に供出して、残りを自らで運営するという「義船法」を組織して対抗したという。

これは、かなり示唆的である。船運業の隆盛は、温州でもかなりの戸が船運業に携わったと推測させるからである。斯波氏の算出によれば大小合わせて五〇〇〇隻ほどの船が所有されているから、六万人ほどの関連労働者の存在が推定できる。概算であるし、すべてが温州人ではないと思うが、港湾都市たることをいかした繁栄が想像できる。港には日本船も出入りして、外国貿易も行なわれていた。当時は、港湾に寄りつつ移動する小型の船が多く、この航海が同時に港湾都市の繁栄を招いた。温州もその例外ではない。

温州を支える産業はほかにもある。陶磁器、漆器、紙傘、皮革、布、紙などである。これらの技術を援用した様々な製品も造られ、豊かな産物を誇っている。特に漆器は有名で、北南両宋の首都の開封と杭州では温州漆器の専門店もあったほどで、南海にも輸出されていた。[17] これは、当然、その背後に多くの職人を想像させる。実際、その繁栄を背景に土地もちに昇華する職人もいたことは『夷堅志補』巻一〇「田畝定限」の瑞安県の木匠王俊の例からもわかる。彼は収入をもとに土地所有者に転化し、しかも、三〇畝の田産を六〇畝に増やしている。

基幹産業の米穀の生産は、本田氏が指摘したように平陽県で盛んであった。また、瑞安県にもみるべきものがあった。地形的に恵まれないところでも棚田が展開し、盛んな生産が行なわれている。この結果、上流に位置する処州と盛んな取り引きが行なわれた。麺を処州から買う一方で、米穀を売ったのである。もっとも、斯波氏は温州自体は米がそれほどとれぬ土地であるから、他から購入した米を送っていたと推測されている。実際、飢饉の時にはより北方の米穀の供給を仰いでいるから、絶対量は足りなかったのかもしれない。有名なものとしては、このほかに柑橘類がある。温州の柑橘類は有名で、我が国でも温州みかんという言葉があるほどである。宋代には専著も書かれ、韓彦直『橘録』三巻は温州の柑橘類について詳しい。葉適も『水心文集』巻八に「橘枝詞三首記永嘉風土」をのせており、柑橘類の生産が重要な産業であったことを窺わせる。温州士大夫の伝に時折みられる「山野を切り開いて云々」といった記述は、彼らが柑橘類の生産に携わったことを示すのかもしれない。

この繁栄をバックに、温州は大きな都市に成長していた。州治の城も早くから整っていたようである。明の『嘉靖温州府志』巻一によれば、唐末に重修されて外城・内城の二重の城壁をもっていた。外城が一八里一一歩、内城が三里一五歩の大きさである。地理的には僻遠の地であったが、早くから巨大な城壁を有したのである。城内の戸口も多い。梁庚堯氏は一万数千戸という数字をあげる(18)。これは、当時の都市としては多いほうで、この結果、城内には人家が櫛比し次第に街路や運河を侵占するに至った。葉適『水心文集』巻一〇「東嘉開河記」は、知州の提言によって南宋の淳熙四（一一七七）年に州と民間の協力で運河を改修したさいの記録だが、橋や運河に住宅が満ちていたと述べる。このような記述は他にもある。『水心文集』巻一八「陳秀伯墓誌銘」は温州平陽県の豪族陳秀伯の墓誌銘である。陳宮里に居を構える陳氏は婺州蘭渓から移って来て九代目になっていたが、水運に尽力したことを記録している。産業の発達は都市の繁栄と有力な一族を育てるが、温州でも同様の例が見られたのである。

温州は宋代の地方志が存在せぬこともあって、より鮮明な都市形態を提示しにくい。それでも、これらの史料は盛んな経済都市であったことを想像させる。温州は周辺でも卓越した地位にあり、しかもその繁栄は首都と結びついていたのである。このような繁栄が、都市居住者の活動の活発化を招き、学術の興隆と科挙挑戦者をだしたのである。

そして、永嘉学派をも育んだ。温州の知識人たちがみせる強い科挙志向は、このような都市の性格の反映の一つでもあった。そしてこの結果、学校関連の事業活動も活発になっていった。

中国では、活動の次第や成果を文章にし記録する。時には碑文に刻んで人々に示す。いま、それらのうち、学術関連の事業を整理してみると以下のものが列挙できる。

「温州瑞安県遷県学碑」（許景衡『横塘集』巻一八）・「温州楽清県学記」（林季仲『竹軒雑著』巻六）・「温州学田記」（『浙江通志』巻七二、陳傅良記）・「重修瑞安県学記」（陳傅良『止斎集』巻三九）・「温州淹補学田記」（陳傅良『止斎集』巻三九）、「永嘉郡学永堂記」（楊簡『慈湖遺書』巻二）、「楽清県学三賢祠堂記」（葉適『水心文集』巻九）・「瑞安県重修県学記」（葉適『水心文集』巻一〇）・「温州新修学記」（葉適『水心文集』巻一〇）、「温州州学会拝」（葉適『水心文集』巻二二）などである。

このほか、「温州路重建廟学記」（清・王棻秦『永嘉金石志』巻二二）、「平陽新修県学記」（清・戴咸弼『東甌金石志』巻九）があるほか、『万暦平陽県志』巻二学校にも、北宋の元祐年間に邑人陳彦才の父が族人を率いて学校の基礎をつくったとするから、州城・県城を問わずに教育および関連の事業が盛んであったことがわかる。しかも、この現象は一二世紀を挟んで前後する時代に多いことも、興味をひく。経済的基盤が確立した温州に、ついで学習の場が確立されていったのである。ただ、この学校の経営の基礎が、通常指摘されるように学田におかれたことは、引用した碑文の題目からも明らかである。学田とは府州の学校に附属した土地で、その収入を学校経営にあてたものをいうから、商業および産業の発達した温州といえども、経営は土地を基準とする宋のありかたから脱却できていなかったようである。ここに、後述する温州の士大夫達の経済基盤が土地にあるかのように記述される一因がある。

史料的制約もあって、中国史では商工業に立脚した都市での学校の経営に関する細かな実態の把握はなかなか把握しがたい。だが、宋代温州の学術的繁栄が、以上の様な経済の興隆とそれにともなう学校の建設を基盤としたことは明らかである。これが、ただ温州だけの風潮でないことは概論したことからも明らかで、宋代の経済の発展を基盤に篤学の風が広がり、各地に学問の興隆がみられたのである。では、温州永嘉学派の人々と活動の証である執筆活動の成果にはどのようなものがあったのか、次章で分類してみよう。

2　永嘉学派の人々

宋代の知的成果はさまざまな形で残ってきたが、多くは叢書や全書に所収されて今日に伝えられた。その一つにて注目すべきものが地方叢書で、様々なものが残り研究に便利であるとともに、それ自体が分析の価値があり宋代の研究にも有益である。[19] それには地方叢書について知らねばならないが、ここで詳述するゆとりはないので、概述にとどめる。

地方叢書の起源は古い。しかし、本格的になったのは清末で、太平天国の乱による清朝考証学の衰亡、書籍の散逸が編纂を盛んにさせたのである。それゆえに、地方叢書の編纂は太平天国の乱の経験者か乱がおよんだ地域に盛んである。温州の地方叢書『永嘉叢書』もその一つで、乱後の書籍の収集を目的の一つとしている。さらに、編者は葉適の人となりを慕った人物だから、『永嘉叢書』が永嘉学派およびそれに至る書籍の収集を目的としたことは想像に難くない。[20]

『永嘉叢書』に所収された書籍とその執筆者をとりあげるにあたり、まず『永嘉叢書』を紹介しておこう。なお、永嘉学派は時として永嘉永康学派とされるが、叢書では区別されている。これは行政域が異なるため、地方叢書の編纂方針になじまないからである。

『永嘉叢書』は温州瑞安県の孫衣言によって編まれた。彼は科挙に及第し官僚の道を歩き、曾国藩と馬新貽の知遇を受けた。曾国藩が太平天国の乱に果した役割はいわずもがなである。彼はその後、故郷に退休して学問に打ち込んだ。清末の大学者で高官であった彼は宋代の温州出身者の大学者葉適の人となりを好んだといい、叢書には葉適を始めとした宋代の文集が収められている。

なお、温州の書籍収集と分析について云えば、『永嘉叢書』の編集者孫衣言の子供である孫詒譲の『温州経籍志』三六巻をあげなくてはならない。彼は清末の経学者として名高いだけでなく、教育者としても知られる。ただ、教育の改革が叫ばれて張百熙・張之洞によって礼学舘に推薦されたが、浙江省、とりわけ温州の教育に専念した。『温州経籍志』は経学最後の正統派として梁啓超が賞賛した人物の編著に相応しく、温州に関する書籍を整然と分類している。

さて、永嘉学派とは北宋の元豊年間、すなわち一一世紀末の太学にあった永嘉九先生から誕生し、周行己、鄭伯熊、鄭伯英、胡安国、薛季宣、陳傅良らの名前がリーダーとしてあがる。このうち、『宋史』巻四三五に伝がある胡安国（一〇七四―一一三八）は建寧府崇安の人である。それ故に『永嘉叢書』には含まれない。彼の子が寅で、著書が『斐然集』二六巻である。

では、『永嘉叢書』にはどのようなものが納められているのか、著書及び著者の経歴を整理して見よう。

㈠許景衡『横塘集』二〇巻。一〇七二―一一二八。温州瑞安出身。先祖が五代の乱のときに長沙より移ってきたとされる。程頤に師事。『宋史』巻三六三の伝及び許公墓誌銘（『斐然集』巻二六）からもわかるように、南宋初の宰相の黄潛善に反対の立場を取った。黄潛善は高宗に南遷を進めた宰相であったが、無能であると攻撃され辞職している。

㈡林季仲『竹軒雑著』六巻。宣和三（一一二一）年進士。温州永嘉出身。金との和議に反対し、反秦桧の立場を貫いた。

『宋元学案』の伝によると、彼にはほかに三人の兄弟がいたが、いずれも許景衡の弟子であったという。弟の季狸は『宋元学案』巻三二に伝がのる。

㈢劉安節『劉左史文集』四巻。一〇六八―一一一六。温州永嘉出身。その先は彭城より移って来たとする。程頤に師事。安上の従兄。弟が安礼。劉公墓誌銘（『左史集』附録）があり、劉氏は永嘉の盛族で同族のものの文集は多い。

㈣劉安上『劉給諌文集』五巻。一〇六九―一一二八。溫州永嘉出身。程頤に師事。安節の従弟。劉公行状（『劉諌集』附録）などからも察せられるように北宋末の権力者の蔡京に反対の立場を貫いた。

㈤薛季宣『艮斎先生薛常州浪語集』三五巻。一一三四―一一七三。温州永嘉出身。その先は河東より移って来たとする。程頤の学を継承した袁漑に学ぶ。薛常州墓誌銘（『東萊文集』一〇）があるが、『宋史』巻四三四では北宋末南宋初の混乱の中で郷里の守禦につくし、平時にあっても治政が適切であったと述べる。知常州となったが赴任せずに没したところから、著書を『艮斎先生薛常州浪語集』というようである。春秋に訓義を付けている。

㈥葉適『水心文集』二九巻補遺一巻、『水心先生別集』一六巻。一一五〇―一二二三。温州永嘉出身。葉適については後述するので、ここでは割愛する。『永嘉叢書』との関連を考えると、『叢書綜録』には『水心文集』と『水心先生別集』の両書を収めたように書いているが、調査したものは『水心先生別集』のみが所収されていた。したがって、両書が収められたものとそうでないものが存在するようである。『水心先生別集』は『水心文集』と異なり、葉適の学問が凝縮された文集である。他のものは文集のみを所収しているのに、葉適についてはあえて論を収めたことも編集者の意識の表れとみるべきであろう。

なお、所収書の違いは他にもみられ、『叢書綜録』の目録に書いてない清・方成桂『集韻考正』が、日本現存の『永嘉叢書』には所収されている。本章は実際に見聞しえたものによった。

㈦王致遠『開禧徳安守城録』及附録。生没年不明。温州永嘉出身。王允初の子。永嘉書院を創設し周許二劉鮑の五人を中に祭る。著書は父が徳安（湖北省安陸県）の通判であったときの記録である。ちなみに、この五人、すなわち、周行己、許景衡、劉安節、劉安上、鮑若雨の五人の中で、周行己、鮑若雨の二人の著作は後述するように『永嘉叢書』の中に加えられていない。

(八)劉黻『蒙川先生遺稿』四巻附補遺。生没年不明。温州楽清県出身。官僚として善政を布き寧波に「慈湖書院」を建てたと『宋史』巻四〇五の伝にいうが、陳宜中とともに南宋の滅亡に立合ったことでも知られる。モンゴルに追われた宗室最後の二人の王が温州から海上に逃れた際に行動をともにし死亡したのである。

(九)陳傅良『止斎先生文集』五二巻及附録。一一三七―一二〇三。温州瑞安出身。その先が閩から移ってきた。鄭伯熊・薛季宣に師事し永嘉の学を伝えた。太学に入ってからは張栻や呂祖謙らと交際した。その名前を知られるようになったのは、葉適の推薦を得たことによる。陳傅良の生涯と著書の特色は『宋史』巻四三四の伝からも分るように時勢を愁う心であった。『歴代兵制』八巻や『春秋後伝』一二巻は、そうした心情の表れだが、『永嘉叢書』には収められない。

ここで注目しなくてはならないのは、王致遠があげて祭った周行己、鄭伯熊、鄭伯英、鮑若雨らの著作が欠如している点である。以下、欠落した人物と著書をあげよう。

(I)周行己『浮沚集』九巻。温州永嘉出身。生没年不明。程頤に師事

(II)鄭伯熊。『鄭景望集』三〇巻。温州永嘉出身（一一三〇―一一九二）。薛季宣とともに郷里に盛名があった。

(III)鄭伯英『帰愚翁集』二六巻。温州永嘉出身。生没年不明。鄭氏の一族は温州の盛家で、義塾を建てた鄭伯海は弟である。彼の門人は五〇〇人に及び、住んでいる里は学堂里とよばれるほどであった。また、鄭伯熊、鄭伯英の二人の努力によって温州の学問が盛んになったので、永嘉学派はこの二人を学祖としたという。だが、鄭氏が温州でどのような族的構成をしていたのかよく分らない。

(IV)鮑若雨『敬亭集』。温州永嘉出身。程頤に師事。宣和年間の方臘の乱の際に郷村の人を率いて防禦した。『敬亭集』がどのようなものだったかはよく分らない。色々索引を引いて見たが、見当らない。すでに、残存していないのかもしれない。

なぜ、これらの書籍が欠落したのか。現段階では意見をいいえない。一つの考えとして、編纂時に本が散逸していて組み込めなかったケースである。実際、鄭兄弟と鮑若雨の文集は索引等にみあたらない。だが、鄭伯熊の他の本は残っているし、周行己『浮沚集』も簡単にみられる。このほかにも欠落した本がないでもない。してみると、単純に本が見当らなかったためと決めてかかってはいけないようである。なお、楽清県の王十朋の書も入っていないが、これは学統が異なるためであろう。温州出身者の異なる学統の把握も重要なテーマだが、ここでは繁雑を避ける為にとりあげない。

以上、『永嘉叢書』に所収された書籍の分析を中心に温州士大夫の活動の軌跡をたどってみた。一一世紀後半から具体的になった篤学の風は一二世紀になって確固としたものになり、一三世紀にいたるのである。次節では、これらの人々の行動と温州における生活を分析しよう。

三、温州士大夫の世界

1　『永嘉叢書』の人々

宋という時代のなかで温州が繁栄し、やがて多くの学者を輩出し業績をあげていったことを述べた。ここでは、彼らの実態を検証する。もっとも注目すべきは葉適だが、彼は南宋の人なので追って述べることとして、ここでは初期に学んだ人々を中心に述べる。

『永嘉叢書』に二人があげられた劉安節、劉安上の二人は同族である。劉氏について周行己『浮沚集』補遺「劉君元長墓銘」は、劉元長を永嘉の望族としている。竹木畜産の饒を有し、世に長者を称されたというから、温州の産業、それも農業的なものに関連して発展したのであろう。さらに、飢饉に際しては米を供出し、葬儀ができないものには数十畝の土地を出して葬儀に供したというから、文字通りの盛家であった。なお、史料には特定の士大夫が商業や産業に関わったことを示す具体的史料が乏しい。これは、商業や産業に関わるのをいさぎよしとせぬ当時の風潮を反映している。だが、実際には、士大夫の多くが商業に関わっている。(21)

劉氏の一族には学問を好むものが多かった。劉安上、劉安節はその代表であろう。実は史料的には劉元長の一族と彼らは繋がらない。だが、元長の子供は安序、安雅、安宅、安術、安国と安の字を輩字として用いているから、劉安上、劉安節と同世代と考えてよい。彼らは儒学を業としたというから、学問の家に昇華したのである。また、五人の娘たちの婿はいずれも進士の挙に応じたとあるから、学問に励む家に嫁いだのである。なお、四番目の娘婿は周于己とあるから、名前からみて周行己の同族の可能性が高い。

まず気になるのが、これらの人々の学統と学問を学んだ場所である。特に問題となるのが安上、安節である。この点に関して『横塘集』巻一八「祭宣州劉舎人文」は、二人が太学で学んだことを述べている。また、別の伝によれば、二人の師は程頤であったとするから、彼らは宋学に大きな意味をもつ学派の流れを温州に持込んだことになる。弟の安礼はまた、兄の安節にも学んでいる。彼は『劉給諫文集』巻四「従弟元素墓銘」に伝があるほか、『宋元学案』巻三二にも伝がある。

また、安節の子の誠も『宋元学案補遺』巻三二に伝があり、学問を業としたことが分る。

さて、彼らは学問的には周行己の系統に配され、血縁関係もあるのではないかとした。詳細は分りにくいのだが、『宋元学案補遺』や『浮沚集』に一族の名前が多く記されている。盛んな一族で、周行己の場合四代目まで確認ができる。とりわけ孫の学古は、『宋元学案補遺』巻三二に伝があり、やはり永嘉の人で科挙及第を諦めて謝池坊に住んだとある。さらに、その子の景略は『水心文集』巻二八「祭周宗夷文」があって、郷善士と称されたというから、やはり科挙及第はならなかったようである。なお、周行己もまた程頤に学んでいる。先祖が五代の乱のときに長沙から移ってきた許景衡も同様で、彼の代にはほぼ温州の人として定着している。

温州の学祖とも呼ばれているのが永嘉県出身の鄭伯熊・鄭伯英で、伯英には弟の鄭伯海がいる。紹介したように、鄭伯海は温州に義塾を建て、門人五〇〇人、住んでいる里を学堂里と呼ばれたという。この数字はいかにも大きく、一二世紀末の都市温州に一層篤学の風が拡がったことを示している。(22)と同時に、温州でも蘇州と同様に、これらの私塾が大きな意味をもったことも示している。鄭氏の構成は良くわからないが、鄭伯熊・鄭伯英はやはり程頤に学んでおり、ここからも、温州の学祖が程頤であることがわかる。彼らの学問は華北と密接な関係をもっていたのだ。

伯熊・伯英と同様に郷里に盛名のあったのが薛季宣である。彼は程頤の直接の弟子ではない。年代からみても程頤に学びえない。だが、程頤の弟子の袁溉に学問を学んだ。ただ、父の薛徽言は胡安国に学んだ人で、『宋史』巻三七六に伝がある。薛季宣は『宋史』巻四三四に伝があるが、詳細は『呂東莱集』巻一〇「薛常州墓誌銘」に記されている。薛氏は河東の出身だが、永嘉に移住しこの地の人となったのである。墓誌銘の題は知常州と書いているが、実際は赴任をせずに自宅で没した。彼は南宋の人なので華北に游学がかなわなかったが、学問が華北の系統であることは経歴からも明らかである。親子二代で華北の学問の流入に努めたことになる。

これは、『斐然集』巻二五「先公行状」に伝がのる胡寅の父の胡安国についてもいえる。述べたように、彼等は直接的には永嘉の人ではないが深い交流があった。さればこそ許景衡の墓誌銘は胡寅が執筆した。伝によれば、胡安国は父の代から学問に励むようになった家で、才能を認められて郷里の先生の娘を迎えることになった。彼は一五歳で信州に游学したほか、程頤の友人で蘇州に学校を建てた朱長文の交流も受けている。学問の形成に交流が大きな意味をもったのである。

以上のように、彼らは華北開封の地に游学して学問を身につけて官についたり、あるいは帰郷した。そして、温州に知識人として君臨した。かくのごとく、宋代の盛んな人々の交流が地方における学術の興隆を生んだ点は注目すべきであろう。游学は個人だけでなく、温州の人々の昇華に役だったのだ。

ここで目立つのは、彼らが盛んに游学して学問を学び取ったことである。当時すでに、交通が整備され人々の交流も進んでいた。葉適は秀州との間を往来したことを記録しているし、学者たちのなかにも徙居してきたと記録するものも少なくない。このような旅とその際に生じる交流が、士大夫の社会の形成に大きな意味をもったのはいうまでもない。もちろん、旅は、通常想像されるように、科挙受験や商業上からの理由からだけではない。混乱による移動もあれば、より良い土地と環境をもとめた移動もあった。そのなかで、かくのごとき、就学の旅もまた社会に大きな意味をもったのである。

もちろん、游学者すべてが業績をあげたのではない。報われずに功なり名を遂げることのできなかった人々もいる。『水心文集』巻一七「沈仲一墓誌銘」の沈仲一の家は唐代に温州瑞安県に移ってきて名家となったが、琳老なるものがいて、程氏のところまで游学したと記している。だが、成功しなかったことは、彼の史料がみられぬ事からも明らかである。しかし、彼の旅が温州に影響を与えたことは確かで、沈仲一の伝記に掲載されていることがこの事実を示す。

ちなみに、温州という土地柄のせいか、混乱をものともせず、状況偵察の意味をこめて遠くにでかけていくものもいた。『水心文集』巻二一「毛積夫墓誌銘」にのせる毛子中などが、その例である。彼は瑞安県の山深いところに同族二〇〇〇人と住む有力者で、祖父以来篤学善行の家であった。しかし、子中は豪毅な風があり、一七・八歳の時に江淮を探訪にでかけている。年齢から推定すると、孝宗の治政の初期のころで、隆興二（一一六四）年に金との間に行なわれた付離の戦いの大敗の直後である。金との戦いで荒れ果てた一帯には邸店も復旧しておらず、なお、盗賊が横行していた。そのなかを、山野に伏し、時には鹿を捉えて食しながらの旅をしている。剛胆さを兵士たちに賞賛されたと記録している。

このような移動と交流は情報の収集と地域の向上を招く。その意味では彼らの行動は一種知的投機の意味ももつといえよう。では、このような行動はどのような成果をうんだのだろう。葉適に例を取ってみよう。『水心文集』巻一四「姜安礼墓誌銘」の姜安礼は秀州嘉興に住み着き買田をして定住していった人物だが、葉適が秀州を往来していて知り合った。しかも、息子の輝の名前を太学で知ったとしている。これを姜安礼からみれば、逆に来訪者も大きな意味をもったということになる。かつて、陸游の『入蜀記』の江南部分を例にとって、来訪してくる知識人を囲んで在地の人々がパーティーを行なうことを紹介したが、同様の例は随所にあったのだ。人々の交流は知の交換にも役立っていたのである。(23) これは、在地においても同様である。

在地の士大夫の間に密なる交流があったことは、たとえば、『水心文集』巻一八「李仲挙墓誌銘」の李仲挙の例からも分る。李仲挙は相渓の人であったが、鄭景望や薛士隆らと交遊関係があった。葉適の周辺に例をとってみよう。『水心文集』巻二〇「邵子文墓誌銘」の平陽県の邵子文は父の恩によって官となったが「君所歴官微、事又浅、無足浅。」と記されるほど微官であった。しかし、「然余初有学舎、而君在衆中、……」と記され、交流が学舎から始まったことを伝えている。同学の系統であることは在地でも重要な意味を持ったのだ。

2　葉適の周辺

前章では温州の士大夫が学問を学ぶ実態をみたが、ここではより下層の昇華しえなかった在地の士大夫とその生活について検討してみよう。学問の定着化のなかで形成されていった温州の士大夫たちは、述べてきたような恵まれた人々のみではなかったからである。しかも、その数は決して少なくない。だが、散見する記録には、勉学を続け、同時に科挙受験を続けながら生きてきた地方人としてのプライドが窺われる。下級の役をもっているものも多く、彼らを無位無官とはいえないが、優位に立ったものともいえない。ここでは、葉適を中心とした彼らの世界を覗いてみよう。なお、ここで巻数のみを示して引用するのは、すべて葉適の『水心文集』である。

まず、彼らの出自である。温州という都市の経済繁栄に立脚している。葉適の記述の特色であろうか。経済基盤を確立し、しかるのちに昇華をはかるものたちの姿が彼の書いた墓誌銘から浮ぶ。たとえば、先述した土地を買った職人である。しかも、こうした風潮は温州の一般的傾向であったと推定できる。実は、葉適ですらそのような雰囲気に育った。

葉適は『宋史』に伝があって、淳熙五（一一七八）年に進士第二人の好成績で及第したことが知られるが、家については詳しくない。しかし、三代にわたって貧しい家で、父が書を教え、母が糸を紡ぎ布を織るという暮らしで育った。また、巻一六「夫人徐氏墓誌銘」によれば、教育は太学で受けている。早くから嘱望を受けていたようで、「士、多く之に従い游ぶ」とある。もっとも、このような表現はしばしばみられ、特に注意を引くものではないかもしれない。だが、この場合、葉適が早くから一派のリーダー的な存在になりつつあったことを想像させる。

葉適の母は杜氏の出であった。杜氏について巻二五「母杜氏墓誌」によれば、代々温州瑞安県の役人をつとめた家としている。代々温州瑞安県の役人をつとめたとあれば、弊害を叫ばれた下級事務官の胥吏である可能性が強い。これは、士大夫ならばあまり口にしたがらぬことだが、実利を尊ぶ葉適らしく平然と文にしたのであろう。このような例は他にもみられる。巻二四「参議朝奉大夫宋公墓誌銘」の宋傅も先祖が閩から平陽県に移ってきたが五世の祖が都曹となって、やがて永嘉県に落着いたことを記している。その後、彼の家は官僚の家に昇華していく。

さて、杜氏の家は外王父の時代に吏となることをやめ、「田間に居り、耕漁の楽を有す」とある。県の吏から土地所有者となり、漁業にも携わったのである。ただ、漁業に携わったといっても、自らおこなったとは考えられない。当時、漁業は大きな利益を生み温州の魚は杭州の市場にもでまわっていたから、利殖をもとめて経営を行なったのであろう。(24)県の下級役人から読書人の家に昇華していくのは宋氏と同様である。だが、その後はこの家業も衰え、家運も衰微していったようである。そこに生れたのが葉適の母であった。

彼は妻を高氏より娶った。巻一四「高氏墓誌銘」巻一五「高永州墓誌銘」によれば、高氏は決して裕福な家ではない。高永州すなわち子莫の墓誌銘によれば、高氏は先祖に皇后を出した家ながら温州にながれてきたあとは住居も定まらず、城内を転々としている。転居の多いことは、定住でない、すなわち、土地所有者として伸びていった家でないことを想像させる。このような傾向は、一般的にいって官職名を冠しない墓誌銘あるいは神道碑に共通している。

彼ら在地の士大夫は、往々にして貧窮していたとか、名誉を求めなかったと記される。巻一五「夫人薛氏墓誌銘」にのせる胡序の妻で薛徽言の娘も同様のケースである。胡氏も薛氏も永嘉の望姓で代々婚姻関係を結んだ家であるとしている。胡氏の家は「人疑少賓内富楽、故不軽出、不知其貧也」とある。少賓すなわち胡序の家は実際は裕福でないとしているが、その前文では両家を永嘉の望姓としているし、子供もあいついで科挙に及第しているから基準が違うというべきであろう。薛・胡序の例もこれに比定できる。かくのごとく、温州の知識人は密なる世界を構成し、士大夫の世界は重層して存在していた。

かくのごとく、名利を求めないというような記述が、士大夫の伝に往々にみられる。しかし、実際は豊かな生活を享受していたことは、葉適の控え目な記述からもわかる。葉適自身は豊かでない生活をしていたのかもしれないが、周囲の士大夫はやはり恵まれていたのだ。たとえば、巻一三「故朝散大夫管建寧府武夷山沖佑観周先生墓誌銘」の周仲古である。彼の名前はかの周行己の子孫の学古と似ているが、一族である可能性を示す記述はない。温州瑞安県の人である彼は三港鎮の西に家を構えていた。廃山を買い自ら開墾して家を整えたことを、彼の伝は記している。このほか、巻一六「林正仲墓誌銘」の林正仲は、風光明媚な場所に豪勢な家を建てているし、巻一七「徐道暉墓誌銘」の永嘉の人徐道暉は山民と称して湛然としている。また、巻一六「林正仲墓誌銘」の林元章は立地の良い場所に巨大な家を建てたことを述べている。また、家も大きなものが少なくない。巻一三「葉君墓誌銘」の葉権も三世二〇〇人四

○余室といわれる大家である。巻一四「張令夫人墓誌銘」によると、鄭伯熊・鄭伯英の弟子で葉適の友人の陳傅良の妻で同じく永嘉県の出身の張景恵の家は、貧窮ながらも学問の家としている。

このほか、葉適の執筆した墓誌銘には行動の詳細が不明ながらも、邑の名士、在地の有力家などの呼称をつけられたものも少なくない。在地に沈殿していたが、学問をしたことを誇るものも少なくなかったのである。貧窮と伝えられる者でも、学問を続ける余力を有していると考えられるのである。これこそが真実ではあるまいか。

とはいえ、無明の世界にあえぐものもいないではない。底辺にあえぎながらも知識人としてプライドを保ち続けてきた人々が少なからずいるのである。これは葉適の周辺にもみられる。巻一三「墓林処士墓誌銘」にのせる何傅はその典型的な例である。墓林は彼が住んでいた温州城内の地名墓林巷をいう。名前からして寂れた無残な一画を思わせるが、事実そうであった。彼の住んでいた家は、単なるあばら家にすぎない。しかし、知識人としての誇りをもちつづけていた。清雅というより極貧にあえぐその生活は、都市の一画に恵まれぬ知識人たちがいたことを示す。しかも、彼はそのような暮らしを孤立して一人で続けていたのではない。これは、同じ場所に朱伯魚という人物がおり交流を暖めていることからも分る。なお、何傅も町の知識人として葉適とも交流があり、好誼を受けていた。では、なぜ、著名な知識人葉適が低位の彼と交流したのか。知識人としての共通性のほかに、似たような育ちだったためではあるまいか。彼らの家もまた葉適のように昇華していく可能性を秘めた家でもあったのだ。温州に広がった篤学の風は深く浸透し、就学者の基層を拡大していったことが分る。そして今一つ都市内部の知識人の世界にもまた他の要素と同様にヒエラルキーがあったことも示す。

おわりに

中国でも知識人の活動の活発化と都市の繁栄は軌を一にしている。宋代になって著しい都市の発展は、そこを舞台にする知識人の出現を招いた。中央のみならず地方にも公立・私立の学校が出現し、そこで勉強に励む人々の姿が見られた。また、師を求めて游学し学問を学ぶ人々も存在した。宋以後の社会では科挙官僚制が社会を支える基盤の一つだったから、学問にも一定の枠がはめられがちであったが、それでも、否、それゆえに、就学者と教師および学者として身をたてるものたちを多く生みだした。しかも、その姿は全国的に見られた。本章では、都市温州を例にその実態を検証した。

温州は両浙路南端にあるとはいえ経済的に繁栄した都市であった。繁栄は、関連の記録から一一世紀初頭にはっきりした形をとるようになったことが分る。この繁栄を背景に有力な家と就学者がでるようになる。これは一一世紀後半にさしかかってのことである。当初は華北へ留学して学んでいたが、やがて彼らが持帰った学問が定着し南宋代の隆盛のもととなっていく。後に永嘉書院を創設した王致遠が温州の学祖ともいうべき周許二劉鮑の五人を祭ったのは、その意味で象徴的である。なお、この傾向は学田の設置からも察せられる。温州でも次第に教育への環境が整っていくのであるが、これは経済的繁栄がはじまって五〇年ほどあとのことであった。

これが、宋という一つの時代の流れのなかにあったことは、指摘した通りである。温州でも、一足先に中央もしくは先進地域で始まった風潮が地方へ伝わっていくのと軌を一にして学問が興ったのである。しかし、その一方で、学問は科挙と深い関係にあったから、この成果は永嘉学派の誕生を見る一方で科挙及第者の増加という形もとる。すなわち、温州の発展と文化の向上も、宋における都市の発展及び科挙の拡大と密接な関係にあったのだ。

そうしたときに役だったのが、官僚・知識人たちの交流である。彼らの移動と交流の実態にはまだ殆ど目が向けられていないが、温州の例は華北への留学者の交流関係が大きな意味をもったことも示している。こうして、温州に篤学の風がおき文化水準も向上した。後世にまとめられたものではあるが、『永嘉叢書』は学問の定着を事実として示している。

では、その受け皿である就学者はどのような人々だったのか。とりわけ、科挙及第率の向上した南宋が問題になる。これは、葉適の文集に所収された墓誌銘や神道碑に見ることができ、様々な出自の篤学者が存在したことがわかる。土地所有者や産業に携わるものだけでなく、必ずしも有力者でないものも多い。下級の役人から出発して有力者・官僚・学者に昇華していくものも多く見られる。彼らのなかには、科挙に及第したものもいるが、できなかったものも少なくない。ここから、学問の広がりが確認できる一方で、彼らこそが永嘉学派を支えた人々であることが理解できよう。なお多方面にわたる分析が必要であるものの、上記の事実は、中国知識人の基層社会が深く広かったことも示す。

では、温州はその後どのような変化を辿ったのか。一言しておこう。商業的繁栄のもとに科挙及第者を出し続け、一層強く宋朝の支配下に組み込まれていった。これは、南宋滅亡に際して活躍する人々を出したことからも首肯できる。『永嘉叢書』の分析に際して指摘した陳傅良、さらには劉黻の例である。劉黻は寧波に「慈湖書院」を建てるなど学問に励んでいたが、官僚として同じく永嘉出身で後にシャムで没した陳宜中とともに南宋の滅亡に立合ったことでも知られる。その意味では、温州の発展とともに勃興した知識人たちは、都市よりもむしろ国家に殉じたといえよう。宋代に見られた都市の発展と多数の就学者の出現も、結局、科挙官僚制から逃れえなかった。というより、学問の勃興そのものが科挙官僚制に大きく依拠しているからである。これは、王朝の興亡とは無関係に続くはずの都市と知識人の関わりを示す一例として興味深い。今後、他の都市の例を含めて詳細を検討していくこととしたい。

冒頭にルゴフの文を引用したのは、中国知識人の世界と特質を明確にするとともに、比較史的資料の提示も意図しためであった。とはいえ、そのような資料の提示は本章のみで果しえることでもない。ルゴフは巻末で都市と知識人の変遷をエラスムスの『宗教的饗宴』を引用して論じているが、そのような対比資料の用意もこれからである。以後、数箇所のボーリングを行ない、都市と知識人あるいは就学者の世界を検証していく。

註

（1）当時の学校の隆盛については、以下の論文を参照されたい。寺田剛『宋代教育史概説』（博文社、一九六五年）。大久保英子『明清時代書院の研究』（国書刊行会、一九七六年）。李弘祺『宋代教育散論』（東昇出版事業有限公司、一九八〇年）、*Government Education and Examinations in Sung China*, The Chinese University Press, 1985.

（2）宮崎市定「東洋的近世」（朝日新聞社、『アジア史論考』上所収、一九七六年）。

（3）激烈な科挙については、荒木敏一『宋代科挙制度研究』（東洋史研究会、一九六九年）。John W. Chaffee, *The Thorny Gates of Learning in Sung China* ,Cambridge University Press, 1985. を参照されたい。

（4）士大夫に関する論は幾つかあるが、ここでは地域との関係を扱ったものとして、『中国士大夫階級と地域社会との関係についての総合的研究』（昭和五七年度科学研究費補助金総合研究（A）研究報告書、一九八三年）をあげるにとどめる。

（5）近藤一成「宋代永嘉学派の理財論——葉適を中心として」（『史観』九二、一九七五年）。内山俊彦「葉適思想浅説」（『東洋史研究』四九—一、一九九〇年）。

（6）この文章は註（4）引用書所収の森論文も引用しているので参照されたい。書院については、劉子健『略論宋代地方官学和私学的消長』（中華叢書『宋史研究集』四、一九六九年）参照。

（7）註（4）所収森論文参照。

（8）竺沙雅章「宋代官僚の寄居について」（『東洋史研究』四一—一、一九八二年）。

（9）愛宕松男『アジアの征服王朝』（河出文庫『世界の歴史』一一、一九八九年）。

（10）斯波義信『宋代商業史研究』（風間書房、一九六八年）。

（11）註（1）・（3）参照。川上恭司「宋代の都市と教育――州県学を中心に」（梅原郁編『中国近世の都市と文化』京都大学人文科学研究所、一九八四年）、「科挙と宋代社会」（『待兼山論叢』二一〈史学科篇〉、一九八七年）。また、Wm. Theodore de Bary, John W. Chaffee (eds.), *Neo-Confucian Education*, California University Press, 1982. が関連の論文を多くのせている。

（12）註（11）引用川上論文。伊原弘「中国宋代の都市とエリート――常州の発展とその限界」（『史潮』新二八号、一九九〇年）。

（13）著名な書院をあげておこう。白鹿洞、応天府、石鼓、嶽麓書院、などがある。とりわけ、白鹿洞書院では朱熹や陸九淵などの講義が行なわれて名高い。書院が官立の学校に比較して自由な雰囲気の学問を育てたことは、しばしば指摘される所である。とくに南宋代の書院にその傾向が強く、朱熹や陸九淵は官吏養成式の公立学校に反対して書院で講義している。書院は宋以後の学問の発達に極めて大きな意味をもつのである。とはいえ、そこに科挙という大きな影がのしかかっているのも否定できぬように思う。たとえば、魏了翁の四川における鶴山書院も有名だが、彼は官僚としての経歴のなかで滞在地の靖州でも開校している。その意味は、個々の事情をもっと丁寧にあらうことによって一層明らかになろう。

（14）註（3）、チェイフィー論文参照。戸口については、梁方仲編著『中国歴代戸口、田地、田賦統計』（上海人民出版社、一九八〇年）所収の統計参照。なお、都市の発展形態について一言しておきたい。通常、人口の集中や農業の発達が大きな都市を生むと理解されている。これが間違いとはいえない。しかし、その一方で、都市の繁栄がそれのみでないことも理解しておかねばならない。都市の生成と発展には複雑な背景があって一様でない。他所からみれば、群を抜いて繁栄している一帯にあっても、全盛を極めているとは限らぬ都市もある。伊原弘註（12）引用稿参照。

（15）本田治「宋元時代温州平陽県の開発と移住」（『佐藤博士退官記念中国水利史論叢』国書刊行会、一九八四年）。なお、本文中の表は、本田、チェイフィー両氏の分析も参照した。

（16）註（10）・（12）引用川上論文、註（15）引用本田論文。

（17）孟元老『東京夢華録』巻三「宣徳楼前省府宮宇」の条、耐得翁『都城紀勝』舗席の条などに温州の名前を冠した漆器店の名前があがる。なお、本文に引用した温州関連の書籍はこれらを丹念に拾う。

（18）梁庚堯「南宋城市的発展」〈上下〉（『食貨月刊』復刊一〇―一〇・一一、一九八一年）。

（19）伊原弘 "The World of the Changzhou Xianzhe Yishu 常州先哲遺書：The Jiangnan Elite from the 11th to the 13 Century,"（国際宋史研討会編『国際宋史研討会論文集』一九八八年）、「宋代常州における都市とエリート」（鈴木健一『アジア教育史大系成立への理論的・基礎的研究――教育と国家との関係を中心として――』一九九〇年、のち鈴木健一編著『アジア教育史研究の基礎的課題』、近畿大学教育研究所、一九九〇年に所収）、註（12）引用稿。『永嘉叢書』に関する発表は、一九九〇年、香港中文大学主催の学会でおこなった。

（20）Benjamin A. Elman, *From Philosophy to Philology-Intellectual and Social Aspects of Change in Late Imperial China*, Harvard University Press, 1984.

（21）全漢昇「宋代官吏之私営商業」（『歴史語言研究所集刊』七―二、一九三六年）参照。

（22）王十朋『宋王忠文公文集』巻一五「東平萬府君行状」では、生徒数を百人とする。いずれにしても大きな数字であることは間違いがない。

（23）註（11）・（12）引用の川上・伊原論文。伊原弘「宋代の浙西における都市士大夫」（『集刊東洋学』四五、一九八一年）。

（24）温州に関して十分な史料はないが、漁業に関する利権も大きなものがあった。中村治兵衛「宋代の魚税・魚利銭と漁場」（『中央大学文学部紀要』史学科二八、一九八三年）、古林森広『宋代産業経済史研究』（国書刊行会、一九八七年）参照。

九　地方都市を囲む地域社会

――南宋時代の台州を事例に

はじめに

江南デルタ地帯は一二世紀以降の南宋時代になって生き生きとした発展を見せるようになる。とくに両浙路一帯は往時の世界各地と比較しても見られないような都市の密集地帯となっていく。南宋時代には政権が漂流の末に杭州に都をおいたこともあって、中心地となり繁栄の一途をたどったのである。これによって、南宋時代は地域・地方の繁栄時代となったというのが、わたくしの一貫した説である。江南という限定された経済発展地域に政権が遷ることにより、政治・経済の地が重なることになった。くわえて、北宋時代に国政をになった官僚や学者たちも、江南出身者が増加していくことが、この傾向をすすめたのである。南宋時代にかれらを主体にした政権が地方化し、それをになう官僚群にもつよい在地性が見られたというのがわたくしの認識である。

このような様態は周辺でもみられた。両浙路から福建路一帯は大いに繁栄した。それは経済的な繁栄だけでなく、官僚層の輩出においても確認できる。福建路一帯の繁栄は後背地の問題などで両浙路一帯ほどではなかったが、沿岸部に展開した港湾都市の互助関係によっておおいに栄えた。

それはここで取り上げる台州も同じである。しかも、台州には仏教の聖地天台山があった。ゆえに、周囲の住民の尊崇もうけており、民衆の宗教的な活動も見られた。一村あげて寺観への寄進もおおかった。それだけではない。聖ゆえに日本からの訪問者もおおかった。地域・地方を考えるうえでまことに格好の場所といえる。

もっとも、南宋時代の様態については、はるか以前に一定の見通しをのべておいた。それは、南宋政府は地方政府化し地方や地域との関連が深まったというものである。ここでは、台州を事例に考察を重ねてみることとする。

一、帝国のなかの都市台州

まず、問題を紹介・整理しておこう。

南宋とは江南の杭州に都が移された時代であった。宮崎市定氏が規定し広く流布しているように、宋代は君主独裁制度のもとに中央集権的文臣官僚支配的な様態が貫かれた時代とみるのが一般的である。とすれば、南宋帝国の拠点に近いところに位置する江南の都市に、地域社会の特色をどうみるべきか、面白い例になると思う。

例として考察するのが浙東の台州である。江南には特色を持つ多くの都市が繁栄していた。これらは国際交易港でもあった。台州もそのひとつである。と同時に天台山を抱える行政体として、日本からの訪問僧のおおかった宗教都市でもあった。宋代の訪問者として北宋の成尋が有名だが、南宋期に訪問した日本の平安・鎌倉時代の重源も有名である。入唐三度を誇ったかれは、平家の焼打ちにあった東大寺再興をなしとげた稀有な僧侶でもあった。

地方都市台州について考えてみよう。まずは、江南の社会構造である。斯波義信氏によれば、江南には数千艘の商船を抱えた都市がおおく存在していたという。これらの港湾都市が、南宋を特徴づける交易をになっていた[(1)]。船の所有者は田土を所有する半農の業者で、沿岸の零細漁民が労働に従事していたとされている。台州も同様だった。さらに、この都市はそれ以外の機能ももち外部と連動していた。それが宗教都市としての位置づけである。台州は天台宗の拠点ゆえに、日本からの学僧の留学もあったのである。

次に都市形態を考えてみよう。一般に、中国都市は城壁をもっているという思い込みがある。だが、州城はともかく県城にそのような規定はあてはまらない。台州の地方志の嘉定『赤城志』には州城のほかに県城の絵地図をのせている。だが、県城は確固たる城壁を有していない。都市に対する思いこみを捨てる必要があろう。(2) 都市が城壁を構えるには、おおくの人力と多額の資金を要する。実際、史料は県城の大きさその他について詳細に言及しない。(3) 大方の思い込みと異なり、県城には城壁をもたぬものがおおかった。都市が王朝の支配下にあって拠点としての規定をはたしていたとしても、すべてが整った形ではなかったのだ。

台州の都市形態は、小野泰氏が南宋時代の様態をつまびらかにしている。(4) わたくしはこの都市を訪問したことがある。旧来の城壁など、往時をしのばせる形態が残っている。また、近年の中国経済の活発化のなかで、十分とはいえぬが地方都市として多少の存在感をもっているように思えた。このような地方都市が帝国の支配と統治制度にがっちりと組み込まれていたことは疑いがない。地方域の最高統治者である知州と傘下の官僚は中央から派遣されていた。その様態は嘉定『赤城志』のなかに書き込まれているが、記述の内容は多彩で多方面に及んでいる。もっとも、これらの記述の特色は地方社会が帝国統治下にあったことを、明確に示してもいるのだが。(5)

たとえば、行政システムである。当時の地方ならびに地方の都市に君臨する役人ならびに役職のすべてが書き込んであるので、帝国が地方都市をしっかりと把握していたことを想像させる。南宋の都の臨安からもそうとおくない地方都市台州が帝国の統治下にあったのは、間違いないのである。(6) それだけではない。現地採用であった胥吏、つまりは投名衙前にも採用基準があって、王朝の目にかなったものが採用されたことがわかる。(7) そのような台州を整理してみよう。

まず、都市を支える産業である。台州には多くの産物があった。嘉定『赤城志』巻三六「土産」の項目には穀物・

帛などのほか、銀・錫・銅・鉄・蜜・蠟・塩・茶・紙・紅花などを産したと記録する。紙は天台山を控えているので需要がおおかったと推測される。実際、同条には天台玉版・黄壇・東陳・太澹・黄公といった種類をあげている。このほかにおおくの薬なども産出している。これも天台宗の総本山をひかえていたがゆえであろう。宗教者が病の治癒にかかわることは歴史的事実だからである。なお、宗教者が不遇のうちに倒れる者たちの手当てにあたったことは梅原郁氏の研究がある。(8) 宗教者とその組織も帝国の支配下にあったのである。

同じ土産の条の蠟に「有二色、黄者造燭、白者医家用之」とある。蜜蜂の巣から採取した蠟で白蠟を生成するのであろうが、それは同時に医療品にもなっていたことから、生産性の高さと品質の良さをうかがわせる。これもまた、天台山を控える台州ゆえの産物と考えられる。

他の重要な産業として林業がある。この面でも台州は豊かだった。嘉定『赤城志』巻三六の同条によると、産出する木材の種類もおおく松や柏・ヒノキ・樟など多種であった。農業生産も活発であった。記事にはおおくの蔬菜類の生産をあげている。台州は天台山を控えているがゆえに蔬菜類の要求もおおかったと考えられる。(9) しかも、外洋船の基地でもあったから、一層の食料品の集中がのぞまれていたようである。ゆえに、海港都市台州には大きな力となったであろう。

台州における農家のあつまる市について、台州寧海県のひとで宝祐年間（一二五三—五八）の進士出身の舒岳祥の『閬風集』巻三「自帰耕篆畦見村婦有摘茶車水売魚汲水行饁寄衣舂米種麦泣布売菜者十婦詞」に、

売菜深村婦、休嗟所獲微、蕪菁勝乳滑、莱菔似羔肥、藁裏腰銭去、街頭買肉帰、種蔬勝種稲、得米不憂饑

とある。台州の農家が蔬菜などをもって都市に出かけ、肉をあがなって帰る状況をうたっている。(10) これによって、台州の周辺の農家まで貨幣経済が浸透していたことが理解できる。このほか、南宋の都臨安の記録『夢粱録』巻一二・一六には、浙江沿海岸の都市が幾種類もの魚介類を供給したことをのべるが、その供給元に台州の名前も出ている。

この解釈はむずかしい。中央政権下で商業がコントロールされていたとみることもできようが、生活に密接した商行為ゆえに自発的とみることも可能だからである。[11] だが、地方商業をこまかく中央政府が支配したとみるのは考えすぎである。むしろ、中央政府の統括下にありながらも、地域経済を自在になう姿が浮かぶと考えるべきではあるまいか。[12]

二、都市の支配層

都市が上層階級に支配されるのは自明のことである。これは中国都市においても同じである。そして、中国史においては、ここに帝国の支配形態がかかわる。中世西欧のような国家形態においては自治都市が誕生し、そこに都市の有力者が君臨するという形態が出現する。ところが中国のような中央集権的官僚支配の国家においては、地方官は帝国より派遣された官僚であり、地元の有力者がこの傘下にあるという構造が成り立つ。地元の有力者もまた帝国官僚を目指しており、帝国の支配によりつつ地域を支配するという事例が一般的だからである。そこで、このことを念頭に台州の事例を検討してみよう。

まずは都市の水利をめぐる在地の権力者の活動である。水利工事は都市整備の基本であり、地方有力者や公権力がかかわるのが一般的である。ゆえに、かれらと官制のかかわりが問題になる。この点に関して、斯波義信氏は江西宜春の李渠の管理者を都市の有力者と断じた。[13] 同様の例として明州の東銭湖の事例がある。そこでも湖の管理は在地の有力者の支配下にあった。かれらは下級の官職を有している。近藤一成氏は明州出身の有力官僚集団につながるもので、それを縁故に官職を得たと断じた。[14] 官職を得るにはそれを推薦し差配するものがいなくてはならぬという思い込みを念頭においた考えからであろう。だが、正しいのであろうか。宋代は有官者を身辺や手掛かりに持たなくても、さまざまな手段によって下級官職を得ることができる時代であった。宜春の事例も台州城内の水利管理の例もこのことを示唆しているように思う。[15] 地方を支配する赴任官僚たちもかれらと組んで地域にのぞんだのである。

その代表的事例が、朱熹が弾劾して千古の悪徳官僚として名前を残した唐仲友の事件である。[16] この問題は、悪行に働いた胥吏たちの問題でもある。唐仲友の手足となって働いたかれらの掠め取った利益も相当なものであった。地元で採用された胥吏たちは転任してきた政府派遣の地方任官官僚とくんで自分たちの利益も上げていたのである。この事例からみえるのは地方社会にのしかかる圧倒的な中央政府の名を借りる赴任官僚の支配である。[17] そこで、この点を考えてみよう。

まず、台州出身の地方の有力者について考えてみよう。地方有力者は英語圏ではエリートと表現される。官界に進出しうる力と地盤を有する点において、それはエリートと表現することも可能である。だが、かれらがすべてその目的を達成しうるわけではない。エリートといってもそれは予備軍にすぎないのである。例をあげよう。

台州の有力者として戴氏の名前をあげなくてはならない。台州の有力者は「人物門進士科」にあるのだが、戴氏の名前は、そこにはない。だが、葉適『水心集』巻二三の「竹洲戴君墓誌銘」として戴亀朋の伝がある。

葉適は商業で盛んな温州のひとである。かれは下級の官吏であった胥吏を基礎としつつ、独自の理論を展開した儒学者として有名である。その温州の世界はかなり解明されている。かれの文集には、胥吏的階級の出自にふさわしい議論があり、関連人物の墓誌銘の執筆もある。墓誌銘によると、文の冒頭で「台州黄巌県人」とのべたあと、

戴居南塘、山易材、海易漁、田易稼、聚族数十、富楽累世、自君父祖皆知名。而君及従叔秉器尤為邑里所敬。有鉅人長者之德。

とある。戴氏は後述するように祖父が同出身をたまわっているが、「父秉中、亦材気、補進義校尉、不仕」とある。父の秉中と亀朋は仕えていないから、先の文とあわせると官僚をだした士大夫の家というより、台州の有力な一族と

して知られていたと考えるべきである。実際、一族の資産運営に関しても目ざといものがあることがわかる。

ところで、寺地遵氏には「南宋末期台州黄巌県事情素描」（平成三・四年度科学研究費一般研究C研究成果報告書『唐・宋間における支配層の校正と変動に関する基礎的研究』）があって、台州黄巌県の寺院の鐘に刻まれたひとびとの様態を論じている。台州の寺院の鐘の刻文は寄付に際する負担額の史料であって、当時の台州黄巌県の聚落や開発、さらには集団の様態をも示す好史料である。名前や一族の確認にはむずかしいものがあるが、台州における在地のひとびとの行動形態を解析するひとつの史料となろう。

南宋以降の江南より南の沿海岸の都市部が中国交易の拠点であったことがしられている。すでにのべたように、江南一帯の都市でも有力者が出現していたが、台州も同様であった。台州が江南の貿易に強い関係をもったことが、かの一文でも推測できる。南宋時代から元にかけて、東アジアから東南アジアにかけての一帯への銅銭の流出が問題になってくるが、中国東南の沿海岸一帯がその流出地であった。一晩で都市内部の銅銭が払底するほどの持ち出しは、都市に居住する有力者の関与があって実現するものである。この状況は台州でも見られた。

台州は宋代に日本からの商船が立ち寄る港であった。自ら貨幣を鋳造しなかった日本からの商船が、盛んに銅銭をもちだしたという記録を包恢が記録しているのは有名である(18)。一晩で台州の銅銭が払底するほどの持ち出しをした、また台州側にそれを集める力をもっている商人などがいたことは、強い力を持つ有力者の存在を感じさせる。戴氏はそうした潜在的な力を有していたのではあるまいか。検討してみよう。

戴氏の台州における力は財力からでているが、墓誌銘にはさらに戴丁、戴氏道慧の名前があがる。前掲の戴亀朋の墓誌銘にはかれの祖父舜欽について、

宣和中進士。上書危言、天子不怒、賜同出身。

とあって、徽宗時代に同出身をたまわったことがあきらかになる。よって、科挙受験などに無関係な家というわけで

もない。ひとの世は複雑である。だが、科挙という柱が一本通った宋代社会において、科挙官僚制度とだれもが無関係というわけにはいかない。チャンスがあれば、多少でもかかわりをもとうとするのではないか。一方で、だれもがかかわりをもてるものでもない。検討してみよう。

引用史料からみる限り、戴亀朋は有力者であっても官界につながりをもつ人物ではなさそうである。蔡氏をめとり二子を得たが、皆没した。そこで、従弟の温の子の大本を養子とした。また、一女は林珍に嫁した。(19)また、同墓誌銘には、

蔡氏姪滂、請余銘、滂父鎬世友也。

とある。余とは葉適。蔡氏とは戴亀朋の妻の家をさすとおもわれる。蔡滂の父で葉適の友人であった蔡鎬世は「水心集」巻一四に「忠翊郎武学博士蔡君墓誌銘」があり、台州の人としられる。やりかたがいかにもまわりくどいが、戴氏の存在のおおきさがわかろう。

温州の人葉適は実利をこのむ永嘉学派の代表的人物であるとともに、胥吏の家系出身の官僚としても知られている。かれの文集には官界関係者以外の墓誌銘もあり、地位や名前の高さにこだわって交流する人物ではなかったと思われる。戴亀朋の同族戴丁には妻家の毛氏がおり、二女が嫁した毛仁厚・曾大建の名前があがる。だが、かれらは名前のみしかわからず、経歴その他がわからない。戴道慧については台州臨海のひと楊嗣参の妻とあって、台州との関係の深い一族であることがわかる。戴道慧は寧宗ころのひとであるが、曾祖父を謙、祖父を秉信、父を時としている。そうすると、おなじく寧宗のころのひとの戴丁の祖の秉器および戴亀朋の父の秉中らと同族の可能性が高い。「秉」という輩字の使用、年代の同時性、出身地が同じであることもこれをうらづける。戴道慧の夫楊嗣参そのものについては明らかでないが、ふたりの娘について

長女適承道郎新監両浙転運司臨安府造船場謝奕倹、次女適承直郎新監嘉興府嘉興県新城戸部犒酒庫謝奕儉容。皆

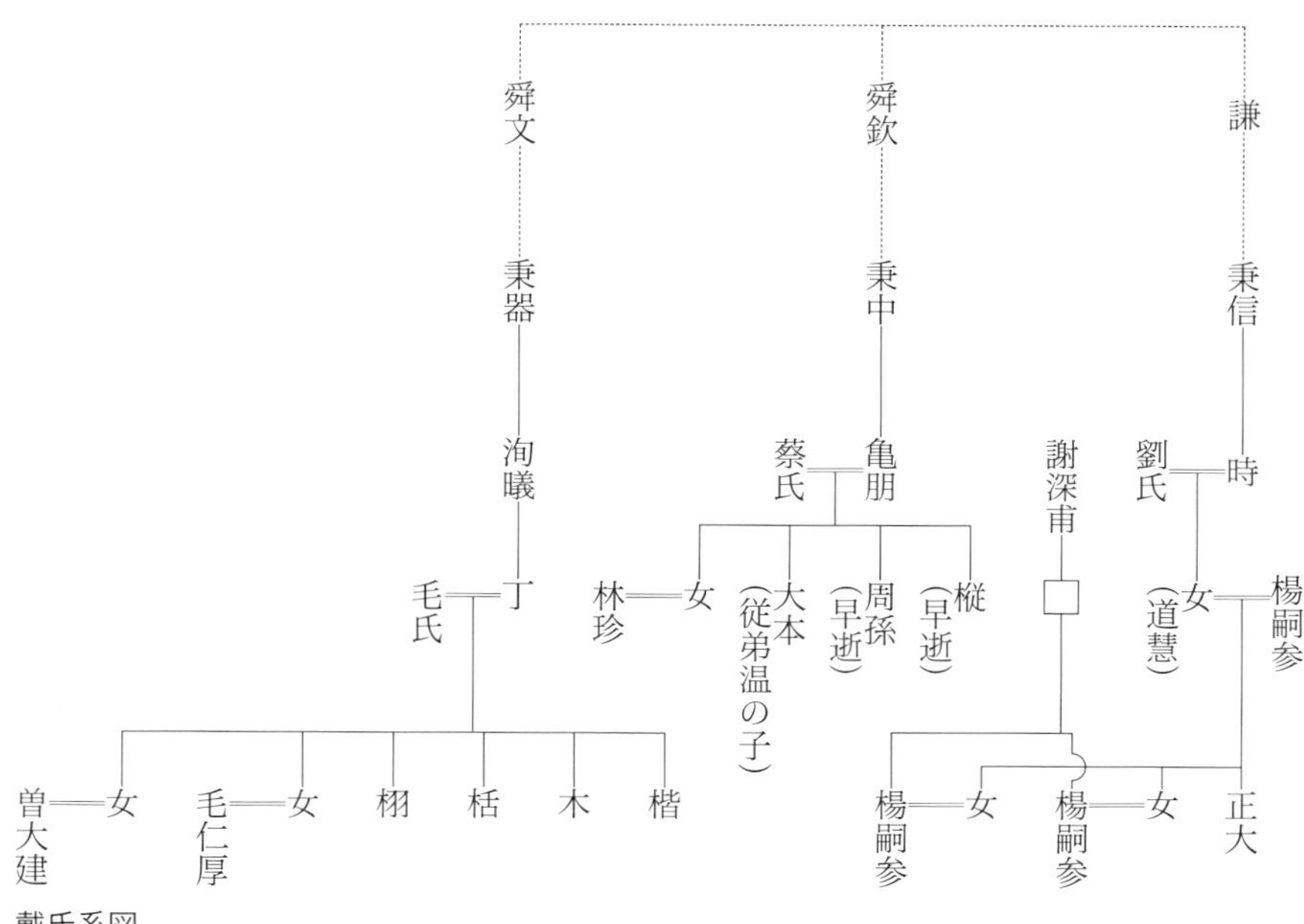

戴氏系図

同郡丞相衛王孫。

とある。すなわちふたりの娘の夫は台州出身の宰相謝深甫の孫であった。謝深甫には采伯・斐伯のふたりの子がいて、ともに進士に及第している。子孫たちの伝記は乏しく、宰相の縁者だからといって高位高官になったわけではないようだが、そのつながり、すなわち蔭をえて官につき台州の有力者の戴氏につながる縁を得たのであろう。台州に密着した一族と理解できる。とはいえ、『宋史』巻三九四に「後孫女為理宗后」とあるから、一定の地位を保っていたようである。

　このように戴氏をみてきたが、直接的に有力家系と結んでのし上がっていくようにはみえない。だが、その周囲にはとりまくように台州の関係者や有力者の血をひくものがいて、台州の有力者の構造が見えてくるように思われる。これは台州ばかりではあるまい。温州や明州、さらには婺州金華といったところでもみられた社会構造とおもわれる。戴氏が墓誌銘を作成する際に直接に葉適に頼むのではなく、妻の家をたよったのをどう考えるのかも問題である。おもてだって動くより、都合がよかったのかもしれない。

三、地方を支えるひとびと

嘉定『赤城志』巻三三「人物門進士科」には台州士人の諸伝を載せる。検証して有力家系・一族としてあげうるのは方・周・呉・謝・王・陳などの諸氏である。だが、『宋史』列伝や墓誌銘などによって具体的な追及ができる事例はおおくない。そこで、先の戴氏に加えて、追及が可能な呉・銭・陳・趙の五氏について考察してみよう。まず、呉氏である。「人物門進士科」に掲載された氏族名と重ならぬ面があるが、史料面からの束縛もあるので許されたい。「人物門進士科」によれば、呉氏から進士及第したものとして六名の名前があがる。最も早く及第したのは南宋の建炎二（一一二八）年に及第した呉謙である。よって、呉氏の起家は南宋になってから、というより南宋最初の合格者といわねばならぬ。南宋建国とともに運命が開いたのである。一族からは紹興二（一一三二）年に呉芾が、五（一一三五）年に呉詠が及第をしている。呉芾については、朱熹の『朱文公文集』巻八に「龍図閣直学士呉公神道碑」があって、

公諱（芾）字明可、世為仙居人、上世隠徳不仕、至公大父贈武略郎諱久昭、始教子孫為学、而公与従兄詠謙遂連取進士科、及公至大官、而贈其父諱錫至光禄大夫、母鄭氏、臨海郡夫人、

とのべている。呉氏は南宋最初の科挙に及第しただけでなく、初期の科挙に一族が連続して及第し、一族の繁栄を開いたのである。北宋初期に、科挙に及第し一族の運を開いた事例があるが、呉氏も同様の事例といえる。言葉は悪いが、どさくさに紛れての台頭といえなくもない。以前は仕えなかったというのではなく、仕えることができなかったのである。だからこそ、どさくさに紛れての出仕というのである。楼鑰『攻媿集』巻一〇八「朝請大夫呉公碩人�姚

氏墓誌銘」には、

仙居呉氏、自龍図閣直学士給事中康粛公、以儒術発身、入従出朝藩、為事名臣、長子興化使君、首躡世科、兄第簪笏蟬聯、多至郡守、族党中登貢籍鏑科級者相望、遂為巨族、

矢昭
師錫＝鄭氏　□
芾＝郭氏　謙　詠
津＝姚氏　女＝王鏞　女＝陳揚善　浚　驤
機　樸＝史氏（明州）　栻　標　女＝姚棟
熚　煜　煒　灼　女＝楼治　女＝葉言　女＝盧樵　女＝顧士龍

台州呉氏系図

と述べている。仙居とは台州管轄下の仙居県である。呉氏が有力な一族となったことは理解できるが、政府高官を輩出した一族でないことも理解できる。一族に郡守が多いということは、南宋の地方社会を支えた一族ともみなせ、政府高官を排出せぬ典型的南宋士大夫官僚とみなせるのではないか。

呉芾は神道碑によれば縉雲邵氏贛州興国県丞酒の女をめとったとある。縉雲県は浙江省の縉雲県で処州にある。そこの県丞というのであれば、しがない地方官とみるべきである。呉氏が巨族となったというのは執筆者の社交辞令ではないか。それともそれなりに地方に根をはっていたということか。実際、記録によれば、

呉芾の三人の娘の嫁した相手のうちの王鏞・陳揚善についてはよくわからない。しかし、呉芾の子の呉津の女は姚棟に嫁し、その兄の呉撲は明州の名族史氏の女と婚姻している。『攻媿集』巻一〇八「朝請大夫呉公幷碩人姚氏墓誌銘」には、呉津と姚氏について、

次子鄞丞、婿四明史氏、鑰以第三子娶其女、遂姻家、今知吉州、

と記している。上昇しえなかった巨族が南宋時代に権力をふるった明州の史氏の末端と婚姻することによって、県の行政官僚から一段上の州行政官に上りえたことがわかる。ちなみに、その仲介を取ったのが明州の盛族の楼鑰であった。ここに南宋の名家の史氏や楼氏のうごめきがわかる。それだけではない。呉氏の孫娘は先の楼鑰の末子の楼治のもとに嫁しているので、台州の呉氏、明州の史氏、楼氏という南宋の政治・学問・地方官の三族の結びつきがわかる。(20)いずれも浙東の有力都市と盛族の結びつきである。その他の孫女は葉言・盧樵・顧士龍に嫁したというが、詳細はわからない。(21)なお、呉一族の系譜と婚姻関係の詳細はそれほどあきらかにできない。これは、この種の系譜がしばしば詳細な記述をしないためである。なお、『宋史』巻三八七掲載の呉芾伝には、

先人資産、悉推与二兄、育其孤女、厚齎以遣之、官其兄弟之子孫二人、方為義荘・義学・義家、以宗族之貧者、

…

とある。運営方法など考えるべき点があるが、紙幅の関係もあり、次の問題にうつる。

五代十国以来の江南名族に銭氏がいる。五代十国時代の呉越の王家であったが、宋に仕え都にうつった。その子孫の銭端礼は『攻媿集』巻九二「観文殿学士銭公行状（銭端礼）」によれば、呉越忠懿王六世の孫である。忠懿王は五代十国時代に江南の杭州に拠点を構え、大体において両浙路を支配した呉越銭氏の出自であり、最後の王の銭俶のことである。宋代の呉越銭氏に関しては『宋史』巻四八〇に呉越銭氏の記録があるほか、銭俶の子の銭惟演についても『宋史』巻三一七に伝があり、大体がわかる。この点をのべておこう。

五代に江南に存在した呉越国の王銭俶は太平興国三（九七八）年に北宋二代皇帝太宗にくだり、ここに呉越が消滅した。その子孫は開封に居住地を移し、宋に仕えていったのである。銭俶は妹を真宗の妃の章献明粛太后の兄弟に嫁がせ、子供の銭暧に仁宗の妃郭皇后の妹を迎えるなど、宋の皇族と結びついていった。生き残るためのその戦略は巧妙であったが、いささかあざといという往時の風評も記録されている[22]。北宋初期に婺州出身官僚の胡氏とも結んでいる。胡氏と結んだのは銭惟演の子供の銭暄であるが、暄は南宋に仕えた銭端礼の曾祖父である[23]。このことからわかるように、北宋から南宋への推移のなかで銭氏は両浙に帰ったのである。『宋史』巻三八五「銭端礼」には江南にもどった理由を明記していないが、北宋の滅亡と南宋の建国がその理由であることは疑いがない。

江南に戻った銭氏について、嘉定『赤城志』巻二四「遺逸・銭端礼」には、

紹興初。父稔為守。因寓天台。

とあるから紹興年間に知台州となって台州に住んだことがわかる[24]。とはいえ、同書では銭忱・銭端礼を南宋の都杭州銭塘県のひととしており、江南一帯に再度一族が根を張ったように思われる。そして、台州とは相変わらず、深い関係にあった。このことを示すのが、銭端礼の孫で寧宗の宰相となった銭象祖が本貫を台州臨海県としていることからも理解できる。

銭氏の婚姻関係について、もう一度整理してみよう。銭端礼の行状に曾祖銭喧、祖景臻、父忱（沈）

陳氏＝陳氏
　└景臻＝仁宗の女
　　└忱＝唐氏（唐介―（　）―唐氏）
　　　└端礼＝李氏・高氏（朱荘―李氏）
　　　　├女＝荘文太子
　　　　└當
　　　　　├象祖
　　　　　├女＝呉修年
　　　　　├女＝王鐸
　　　　　└女＝許軫

銭氏系図

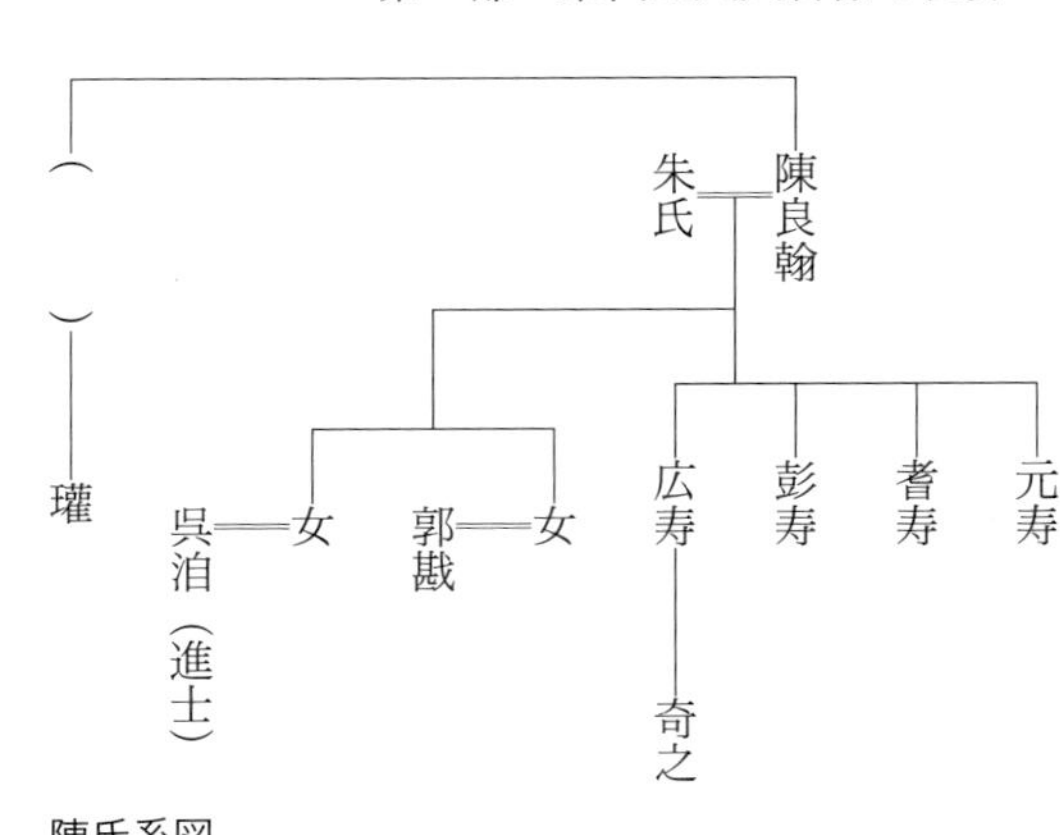

陳氏系図

の婚姻関係をのべて、曾祖父の妻を陳氏、祖父の妻を仁宗皇帝の女、父の妻を唐氏としている。なお、曾祖父の妻に婺州出身の胡氏があったことがわかっているが、陳氏についてはわからない。父の枕については『宋史』巻四六五「外戚伝」に伝があり、仁宗の配慮で唐介の孫女を娶ったと記されている。唐介は江陵（湖北省江陵県）のひとで神宗の熙寧元（一〇六八）年に参知政事となっている(25)。このようにみてくると五代の地方軍事政権であった呉越銭氏がしたたかに生き延びてきたことが理解できる。

　では、南宋になってもこの方策が続いたかというと必ずしもそうは見て取れない。「人物門進士科」に銭象祖の名前が見えるのみで、銭端礼の妻家について中奉大夫直顕謨閣荘氏の女とあるのみで、二度目の妻である高氏については何も書いていない。とはいえ、急激に家が傾いたわけではなさそうで、銭端礼の女は荘文太子に嫁いだとある。しかし、銭端礼の孫の銭象祖の代になると、宰相まで上り詰めたにもかかわらず、もはや有力な姻戚関係はみられない。ここが北宋の婚姻関係と異なるところである。銭象祖の姉妹三人の嫁した相手として、呉修年・王鐸・許軫の名前があがるが、不明な点が多い。ただ、王鐸のみは「人物門進士科」に名前があって、臨海県のひとで乾道八（一一七二）年進士及第となったことがわかる。しかし、観察行在薬局におわっている。

　五代十国時代に江南にさかえた呉越の王家であった銭氏一族は南宋の建国とともに江南に帰り、ときとして有力な政治家をだしたものの家運の隆盛はなく、しだいに江南社会に溶け込んでいったように思われる。これこそが、南宋官僚の特色ではあるまいか(26)。

次に陳氏についてみてみよう。そして趙氏についてものべよう。ともに有力者ながらめだたない。「人物門進士科」によれば陳氏は科挙及第者が三代四人、趙氏は四代五人である。明州・婺州などの盛家に比較して及第者排出というわけではないが、台州では多い方である。そこで、陳・趙両氏を中心に検討してみよう。まず陳氏である。

陳氏からの及第者は陳良翰が初めてであった。紹興五（一一三五）年のことである。伝記は『宋史』巻三八七にある。また朱熹『晦庵先生朱文公文集』巻九七にも「敷文閣直学士陳公行状」があり、一族のこともわかる。それらによれば、陳氏は南宋の紹興五年に進士となり、続いて敷文閣待制となった。その子広寿は乾道八（一一七二）年に進士となっている。その後のことは詳細にわからぬが、在地の実力者だったことはたしかなようである。

次に趙氏である。楼鑰『攻媿集』巻一〇三「趙明道墓誌銘（趙伯直）」に、

昌陵皇子燕懿王徳照生彰代軍節度使舒国公惟忠、舒国生定州観案使博陵侯従実博陵生保康軍節度使開府儀同三司。居国公世彊、是為公之曾祖、房国生皇兄昭度軍節度使安康郡公令蟬、是為祖武徳郎子祐、公之父也。武徳南渡、転徒久之、始寓于台。


とある。趙氏は宗室の出だが、次第に地位を下げつつ南宋になって台州に住んだ。宗族といえども末枝はおとろえていく事例である。

　ここで論じてきたのは地方に存続した有力者たちである。かれらの墓誌銘や行状を書いた朱熹・葉適・楼鑰のいずれもが、南宋を代表する文人であるとともに、栄えた都市のひとたちである。このことも南宋の地域社会の実態を示す。いつの世

子英—伯雅—師淵＝呂氏
　　　　　　│
　　　　　希怡＝袁甫

趙世彊—令蟬—子祐—伯直＝程氏
　　　　　　　　　　│
　　　　　　女（李蒙）　女（張寓）

趙氏系図

でも社会を支配するのが当該地域の有力者であることにかわりはない。南宋領域のいくつかの有力都市出身のエリートたちがつよい力をもっていたことがあきらかになる。では、それらが地域社会の隅々まで力を及ぼしていたかというと、そうともいいきれぬ。有力者の周りに地域社会に君臨する官僚、すなわち帝国の行政にかかわるもの、地域社会の有力者、かれらの一族たちがいることは否定できない。だが、では、それらの枝や葉が地域・地方社会のすみずみに及んだかといえばそうではあるまい。

おわりに

南宋時代の台州の様態を史料から忠実に描き出してみた。地方有力都市だけでなく宗教都市でもあった台州の様態があきらかになったと思う。あきらかになったのは、意図とは別に中央集権的な支配に組み込まれた台州の姿である。これは本書（初出『中国宋代の地域像』岩田書院、二〇一三年）に寄稿した論者すべての認識とおもう。だが、ここでくじけてはいけない。この帝国支配のなかに地域と地方をみる作業は現実の冷静な把握からひろがっていくからである。台州は海港都市であるだけでなく宗教都市でもあるだけに、中央政府は管理に腐心したと思える。北宋の事例であるが入宋僧成尋が台州で官憲の対処を受けていることは、このことを知らしめる。宗教都市の管理こそは、地域・地方の管理を知らしめることになる。あえていえば、台州は中央政府の管理下にあったといわざるを得ない。台州は制度ならびに管理下において個性的な地域社会はなかったといわざるを得ない。地方の地主や商人は官僚政界にあこがれ、そのもとでの地域地方社会における地位の昇格と確率をめざしたいからである。

だが、一方で、これらにかかわらぬひとびとの生活も把握立証できたことをのべなくてはならない。のしかかる権力の下で自由闊達に生きるひとびとの生活も垣間見ることができた。君主独裁制度下における中央集権的文臣官僚支配、ならびに科挙官僚制下における地域社会の事態を把握するためには、新たな追及方法と認識が必要なように思われる。

註

（1）斯波義信「運船業の基礎構造」（『宋代商業史研究』風間書房、一九六八年）。寧波・温州・台州の三都市で船幅一丈以上の船三八三三隻など一万五四五四隻が登録されていたと論じている。なお、港湾都市といっても、これらがすべて海に面していたわけではない。前近代社会において、港は河口よりさかのぼった箇所にあるのが普通であった。津波や高波の被害を避けうるほか、海賊などの害も避けうる。なによりも、水運を活用することによって、運送費の節約ができるという利点もあったのである。

（2）宋代台州の都市図は嘉定『赤城志』に収められている。伊原弘の関連論文として『中国人の都市と空間』（原書房、一九九三年）があり、江南といえども地方県城には城壁を有しないものが少なくないことを論じた。また、「知識人論への提言――「宋代史研究者からみた中国史研究の課題」の総括にむけて」（『宋代知識人の諸相』勉誠出版、一九九三年）があり、知識人論から地図を読み込んだ。

（3）この点については宋代の地方志を検討しつつのべてきたところである。思い込みは危険である。

（4）小野泰「浙東台州の水利政策」（『宋代の水利政策と地域社会』汲古書院、二〇一一年）。本書も地域社会という語を用いているが、基本的には中央集権下の地方社会の議論である。

（5）周藤吉之氏は「南宋郷都の税制と都市所有」（『宋代経済史研究』東京大学出版会、一九六二年）において、浙西・浙東・福建一帯において南宋時代に郷都制度が進展したことを指摘している。経界法の進展が土地所有や行政支配におよび、旧来の郷里制から郷都制に移行していったとされるのである。なお、このなかにおいて台州をふくむ浙東は南宋初も郷里制が優勢であったこと、大土地所有者がそれほど多くないことを指摘されている。浙東が農業に向きにくい土地であったこと、前引の斯波義信氏の研究が示しているように、海外交易活動が活発で、土地所有が絶対的でない土地柄であったことを示すと思われる。

(6) 周藤吉之「宋代州県の職役と胥吏の発展」ならびに「南宋州県の胥吏の性格」(『宋代経済史研究』東京大学出版会、一九六二年)が、台州に派遣された朱熹によって弾劾された唐仲友について解析している。唐仲友はみずからの権力を利用しつつ愛人の親族などを在地の有力官職につけている。おかみの代理人が一言発すればという世界をみごとに示している。

(7) 註(6)引用の周藤吉之「宋代州県の職役と胥吏の発展」は、宋代における地方組織をあきらかにするが、ここでも中央権力の支配力があきらかになる。

(8) 梅原郁「宋代の救済制度——都市の社会史によせて」(中村賢二郎編『都市の社会史』ミネルヴァ書房、一九八三年)、伊原弘「宋代都市における社会救済事業——公共墓地出土の磚文を事例に」(長谷部史彦編『中世環地中海圏都市の救貧』慶應義塾大学出版会、二〇〇四年)。宋代のさまざまな不遇者に関する研究はあるが、都市との関連においてここでは数点の研究成果を指摘するにとどめる。不遇に苦しむひとびとの救済は宗教者のつとめであるが、それはまた階級社会でもある宗教界において出世のための重要な手掛かりでもあった。また、公的制度もあった。これらの行為の判断が全国的な基準、つまりは帝国による全国経営によっていたとすれば、ここに地方の自主性があったのかが問題になる。この地方独自の問題については明以降と判断する指摘があることをのべておく。また岡氏の指摘した問題も宋代で受け入れられるか疑問である。

(9) 梁庚尭氏は「南宋城市的発展」(『宋代社会経済史論集』上、中華民国八六年)で南宋都市の人口を算定している。そのなかで、台州の人口を一万戸とする記録を紹介している。大都市のおおい中国では、決して人口のおおいとはいえない。ただ、ここでも念頭に置かねばならぬのは、中国では城壁内部を行政的に把握する制度がないことである。中国の都市行政は城壁をこえるし、城壁内部も分割統治されている。よって、この数字は台州の都市的領域の人口と考えたほうがいいかもしれない。中村治兵衛「唐代における一都市(一州)二県制」(唐代史研究会編『中国都市の歴史的研究』唐代史研究会報告第VI集、一九八八年)参照。

(10) ちなみに一言しておきたい。わたくしの幼いころは蔬菜ということばが使われ、今日でいう野菜を売る店には蔬菜と看板に書いてあったのだが、今日では野菜が一般的となった。

(11) 公権力の介入がどこまで行われていたのか。最終的には税の把握などで決算がつくのであろうが、その過程の判断と把握には、一層の史料が必要である。

(12) 先の註でのべたように、このような市場がどのような力によって差配されていたのか考える必要がある。宋代の残滓をとどめるとされる「水滸伝」では、地方の市場を支配する有力者が登場する。こうした事情を把握するには、諸史料を深読みする必要がある。

(13) 斯波義信「江西袁州の水利開発」(『宋代江南経済史の研究』東京大学東洋文化研究所、一九八八年)参照。

(14) 井手誠之輔「大徳寺五百羅漢図の成立背景」(『大徳寺伝来五百羅漢図銘文調査報告書』奈良国立博物館、二〇一一年)において、寧波郊外に広がる東銭湖の浚渫に在地有力者が関与したことを論じられている。寧波は南宋政界において有力な都市であり、中央政界で宰相などを出した史一族の本拠地であった。ここでいう五百羅漢図は宋代の明州すなわち寧波の寺に納められていたものが日本に招来され、さらに一部が米国へ流出したものである。それらについては、井手氏の論文をお読みいただきたい。また、序説で論じたように、近藤一成氏も同書所収の論文「有官施入者銘文の意味すること」において、地方有力者が官界とのつながりを利用して官位を得たと論じる。中国社会は官僚士大夫の社会であった。かれらの力は支配制度や学校制度などを通じて地域と深いかかわりをもった。ゆえに、地方社会をこうした制度と関連して断じていく傾向がある。だが、それは正しいのであろうか。画幅の銘文に、明州出身の有力者と家系的・社会的につながるものを想像させるものは少ない。となれば、官位を有している湖浚渫の有力者の官位はどうして入手したのか。また、官位を称したとしても、それが正規の手続きによるのか考える必要がある。日本でも幕府の統制の現れるまでは、たとえば豊前守、〇〇豊前、あるいは肥後守、〇〇肥後、さらには関連の官名は勝手な呼称であったと教えられた。制度があってもそのとおりとはかぎらぬのである。

(15) 註(13)斯波論文参照。地方水利が在地の有力者の差配や配慮のもとになったことは、論じてきたように寧波や台州でも確認できる。もっとも、在地の有力者がそれぞれの地方で明確な存在感を示すのは明以降に顕著という指摘も少なくない。俗にいう、ハーバーマスの理論の援用も明以降という説も少なくないのである。岡元司「宋代の地域社会と知」(『宋代沿海地域社会史研究』汲古書院、二〇一二年)も地域社会の研究を称するが、規定に問題があると考えている。

(16) 戸田裕司「唐仲友弾劾事件の社会史的考察――南宋地方官の汚職と係累」(『名古屋大学東洋史研究報告』三一、二〇〇七年)参照。

(17) この時点において帝国官僚の地方行政を論じることが、地方史・地域史を論じることにならぬことを示している。

(18) 包恢『敝帚稿略』巻一「禁銅銭進省状」参照。同条には温州から台州にかけての港湾に入った日本船が銅銭をかき集めて積み込み持ち出す状況がしるされている。同条によれば日本の船に銅銭を引き渡すのは富豪であった。禁令にもかかわらず、活動する在地商人の姿が浮かぶ。

(19) 婚姻について葉適『水心集』巻二三の「竹洲戴君墓誌銘」に「娶蔡氏」とある。

(20) 楼氏は北宋以来の名門で、南宋の成立とともに南にうつり、南宋時代は学問の家として栄えた。伊原弘「宋代婺州における官戸の婚姻関係」(『中央大学大学院論究』第六巻第一号、一九七四年)。

(21) 南宋時代は地方の名士・有力者の台頭した時代である。かれらの作品である文集なども地方士大夫のものが多い。史料の残存も少なくない。にもかかわらず婚姻相手の家がわかりにくいのは、かれらもまた地域の有力者として君臨する家ではなかったということを示唆していないであろうか。

(22)『宋史』巻三一七銭惟演伝に、

　宰相馮拯悪其為人。因言、惟演以妹妻劉美、乃太后姻家、不可与機政、請出之。

とあるが、後続の文に、

　惟演既与劉美親、亦為其子曖娶郭后妹、至是、亦欲与荘懿皇后族為婚。

とある。亡くなった時も、

　太常張瓌按、謚法敏而好学曰「文」、貪而敗官曰「墨」、請謚文墨。

とあるからすさまじい評判である。子供の訴えによって文僖にあらためられたというが、それにしてもこうした文が皇室につながり学問の人とされた人物に出されるぐらいだから、悪評のほどがしられる。滅んだ地方政権の王家が生き延びるために、なりふり構わなかった事例として同情できるとは思うのだが。

(23) 楼鑰『攻媿集』巻九二「観文殿学士銭公行状(銭端礼)」。

(24) 周藤吉之「宋代州県の職役と胥吏の発展」(『宋代経済史研究』東京大学出版会、一九六二年)、「宋代郷村制の変遷過程」(『唐宋社会経済史研究』東京大学出版会、一九六五年)。

(25)『宋史』巻三一六唐介伝によると幼いころから剛毅な人物で、仁宗から神宗にかけて活躍した。王安石の時代にかさなってくる。同伝には子供の淑問・義門、孫の恕と、弟の意の伝がある。意は靖康元(一一二六)年に官に推されるも貧しさのために、赴く途中の江陵の山中で餓死したとある。

（26）今一つの事例として明州すなわち寧波の史氏一族をあげうる。北宋末から官界に登場した史氏一族は南宋時代に強勢をふるった。宰相や執政を出すこと数人に及んだこの一族は南宋の崩壊とともに姿を消していく。この点はわたくしが「宋代明州における官戸の婚姻関係」（『大学院研究年報』創刊号、中央大学、一九七一年）で論じたが、その一族の詳細はRichard L. Davis, *Court and Family in Sung China, 960-1279, Bureaucratic Success and Kinship Fortunes for the Shih of Ming-chou*, Duke University Press, 1986で論じている。

一〇　碑石史料から読み取る宋代江南の社会と生活

はじめに

中国史料のなかで金石史料は端倪すべからざる史料である。ほとんどの史料が整理印刷されているなかで、作成当時の当該地域のなまの雰囲気と状況を伝えている可能性が高いからである。金石に刻まれた文言は改変しにくい。削ったり書き足したり、拓本として採取する際に改変することが皆無とはいえぬが、可能性は乏しいと考えるのが普通であろう。これらの刻字を拓本に採るさいの補訂による変化や採取のさいの書き写しも考えなくてはならぬが、書籍になってしまったものより碑文のほうが改訂や改ざんがすくないと考えるべきであろう。

このように一次史料としての価値が高いにもかかわらず、宋代にあって、石刻史料は補足史料としての意味が強かった。書籍史料が多いうえに、これらに所収された石刻史料がすくないことや宋代史というより中国史研究を特徴づける中央集権的文臣官僚支配という視点からの追及で、地方の特性を示す石刻史料の利用方法開拓が遅れたためであろう。しかし、最近はその豊富な内容が注目を受け利用がはじまっている。須江隆編『碑と地方志のアーカイブズを探る』（汲古書院、二〇一二年）はその顕著な事例である。本章はいままで研鑽してきたことをまとめつつ、同書の一編をなすべく書かれたものである。

一、石刻史料から読み取ってきた宋代江南社会

宋代石刻史料とその読み取りによってどの程度社会があきらかになるのか。この点について、須江隆氏の論文解題をともなった懇切な解説があるので参照されたい。(1) 金石史料が地域・地方を解明する手がかりになることは、氏の論からもあきらかである。金石史料はそれらが存在する地域に即した掲示・告示たる性格が強いので、当該地の折々の状況を明確に伝える性格が強い。たとえば、宋代の記録にはこまかな数字がたくさん出てくる。同様のことは金石文の文面にもいえる。それは碑石の存在する地域の状況を明確にしめす数字といえる。とはいえ、その実態を把握するためには、念入りな作業が必要である。宋代に存在する数字の内容を確かめる作業は十分におこなわれていないからである。よって、それらを集積し整理する基礎作業が必要となる。この点に言及しつつ論じていこう。

金石史料の数字で有益なのが、村々や町などでおこなわれた寺観への寄進や街路舗装などに寄付した文である。寄進者の住所や族的関係を示唆する上に、寄金額と名前、寄進の内容を記したこれらの史料の利用は十分でなかった。この点に着目したわたくしは、これらの数字の集積を考えた。「宋人資産目録算定表」と名づけたこの作業は、数字の集積によって庶民の持つお金をはかろうとしたものである。それは、別途進めていた『清明上河図』にでてくる庶民の生活の実像解読にも役立つものと考えていた。(2) だが、正直なところ、この作業には挫折がおおかった。当初ワープロから始めたこの作業は、コンピュータ・システムの変更の影響をまともにうけた。システムの変更ごとに表の変更を余儀なくされたからである。さらに、一言注意を喚起しておきたいのは、金石史料の内容が一律ではないことである。筆者もこれらを踏まえつつ利用してきたが、このなかで特に筆者の関心をよんだのは地図であった。決して多くはないが、石刻の都市図などがあって、その解析は宋代に発達した都市形態を明確に把握するに足るからである。だが、その解読にも技術を要する。ゆえに、地図を含む図版史料はながいあいだ鑑賞的側面がつよかったようにおも

われる。(3)

石刻地図は『中国古代地図集』が所収するように、いくつか種類がある。(4) また、宋代建康府の地図のように記録のみで現存しないものもある。(5) が、おおいとはいえない。事例のなかでとくに注目すべきなのが、宋代蘇州の地図『宋平江図』と桂林の『静江府図』の事例である。(6) その精緻な表示と美しさはともに瞠目に値する。そのゆえに、地図の鑑賞は多かったが、解析がとぼしかったのである。(7)

これらの地図は宋代の技術と地図の作成表現力を示す好史料であるが、都市の形態を詳細に読み取れることでも意義が深い。また、都市居住者の生活様態や経済力をも示す好史料ともなっている。それらは城内の経済的な活動地などをうかがい知る手がかりを持つと同時に、一般庶民が都市の保持に意を用いたことを示す。

宋代、ことに南宋時代の都市では街路の舗装がすすんだ。舗装にさいして、蘇州では街路に面した居住者が拠金し舗装した事例があって興味深い。その様相は『宋平江図』にも描かれているが、寄進額を記した碑文からも寄進の実態がわかるのである。(8) これらの石刻史料は宋代江南の豊かさを側面から証明する。金石史料はその様態を示すものとして、このように魅力的史料である。その意味で、ある種ジカタ文書的な意味を持つ史料と考えるのである。

ひとびとの日常的な経済状態は公的記録からもうかがえるが、日々の実情を記す記録、日本でいうジカタ文書を求めることが大事である。だが、中国では多くの史料が整理され印刷されている。整理されていない、なまの資料、手書きや書き散らした反古のような文書、さらには家計簿のような諸文書が乏しい、もちろん、文書がまったくないというのではない。明以降の文書として注目されてきた徽州文書はその好例である。おおくの文書記録が公刊されている中国にあって、これは貴重である。だが、宋代に関してはその存在はおおくない。(9) そこに金石文の魅力がある。

収集された金石史料を見ると、地方・地域社会におけるひとびとの活動を感じさせるものがおおい。金石を利用して地域社会をはかる試みはわたくしも進めてきた。地方には公的な力の介在をうかがわせる表現を示す石碑がある。

のべた道路の補修記録もその例であるが、ほかにもひとびとの自発的思いを示す史料もある。それが寺社への寄進額をしるす碑文である。宗教はひとびとをひきつける。ひとびとは信仰に心を寄せ、時として熱中する。ゆえに、寺社への寄進がおこなわれる。そこには一村を挙げた寄進がみられる。ここにジカタ文書的性格がでてくるのである。一村の名前や寄進額によって集落の構造と財力を押しはかることができるからである。ゆえに、寄進額を刻む金石文はそうした村の構造を研究する好史料となるのである。この点を推し量った拙論では台州や臨安の事例を考察した。そこでは、一村をあげた寄進が見られる。それによって村やそこに住むひとびとの経済力をはかることができるのである。わたくしはこの数字を寄付金負担能力とよんでいる。(10)なお、同様の手法による研究に宋代台州の社会を解明した寺地遵氏の研究がある。(11)ゆえに、寺観への寄進額を刻んだ碑文は村落の様態を推し量るジカタ文書的な価値を持つのである。

そこにあげられた寄進者の名前には仏名としての共通性もみられる。ここから、一村あげての宗教行為の存在と展開も裏付けられ確認できる。道教や仏教への傾倒と熱狂が、中国民衆社会に潜在していることは、いまさら喋喋するまでもない。ときとして爆発するかれらのエネルギーが、中国社会を揺り動かしていくことも多くの指摘がある。それらはとつぜんに湧き起こるものではない。日ごろから信仰が存在し沈潜していることを、これらの石刻史料の内容が物語る。と同時に、それらをあやつる宗教団体の存在もあきらかになる。

碑文から理解できるのはそれだけではない。当時、日・宋のあいだでは商人たちの往来がさかんであった。唐が滅び、日本でも平安時代から鎌倉時代に移行していくこの時期にあって国家間の交流は絶えて、民間交流が主体になってきていた。(12)

鎌倉時代になると、日本から宋へ商船が仕立てられたのはよくしられているが、宋からもおおくのひとびとがわたってきていた。九州福岡県の博多港から宋代商人の来航を証明する発掘物、たとえば輸入品の陶磁器などがおおく発見されているのは有名である。だが、日宋の交流を示すのは、それだけでない。思わぬ事例がある。それが近年あきらかになった石造物である。

鎌倉時代になると多くの石像物が出現する。石の塔など仏教関係の彫刻品である。これらは近年の研究活動によって、加工の職人のみならず素材の石も大陸よりもたらされたことがあきらかになった[13]。渡来の品ものには銭もあった。宋代に鋳造された銭すなわち宋銭は日本へ運び出され、国銭となった。だが、それだけではない。素材ともなっていた。近年の追及によって、鎌倉の大仏が宋銭によって鋳造されたといううわさが嘘でなかったことがあきらかになってきている。日宋の交流の複雑さはしだいにあきらかになってきているのである。だが、日宋の交流を示すのはそれだけでない。日本の博多に住みつつも故国とのつながりを維持し活動していた商人の存在もあきらかになってきた。その証明史料は註（11）でも引用した博多在住の宋商人が寧波の寺に寄進したことをしるした石刻の碑文である。なお、本碑文にしるされた金額の価値については、そのご日本史側からも考察が行われ、碑文にしるされた商人が下級という説を否定した拙論が肯定されたことを指摘しておく[14]。

平安時代に海外からの来訪者をむかえる鴻臚館がもうけられて繁栄した博多は、王朝の終焉によってその機能をうしなうが、日宋間のあらたな交流の地として機能したことがここからもあきらかになる。

二、碑文から地域社会と活動をみる

述べてきたように碑石をさぐることにより、編纂史料から読み取れぬ社会の実相を知ることができる。碑石に刻まれた文は公的な布告のものもあるが、市井に生きるひとびとや団体などの布告や記念的なものも含まれるからである。もっとも、それも基礎史料としての編纂史料の解読なくしては成果のあがらぬことではあるが。なぜなら、そうしなくては時代のなかにはめ込みえぬからである。ゆえに、こうした資料は主たる史料である『宋会要輯稿』、『宋史』、『續資治通鑑長編』、文集などに規範を広く求める必要がある。

手元にある題跋索引（新文豊出版『石刻史料新編』巻三〇「石刻題跋索引」）を開いてみると、石刻のなかの雑刻を以下の次第で整理している。

墓碑、墓誌、刻経、石経、釈道経幢、造象、画像、題名題字、詩詞、雑刻、瓢瓦、法帖

これらは豊富な内容を含んでいて、興味深い。そして、そこから庶民の生活を探る石刻史料が抽出できる。そのまえに、整理しておこう。ちなみに墓碑や墓誌はいままでも利用されてきた。それらのおおくが文集に所収されているがゆえである。これに対して、刻経、石経、釈道経幢、造象、画象、題名題字、詩詞などは文集その他に所収されているとはいいがたいので、貴重である。しかも、こうした目録はその集積された内容を解析することにより、あらたな視点をえることができる。

たとえば刻経である。ざっとみても、唐代におおく、宋代に少ない。これは意外である。唐は道教で宋は仏教という一般的な思いがある。だが、この碑文索引にみるかぎり、宋代の石刻史料は乏しい。これが採取者たちの意識なのかどうかはいますこし全体的考察が必要であろう。これは造像も同様である。唐にくらべて、宋はきわめてすくない。しかも南宋になると一層減っていく。こうした傾向は題名題字の場合にも認められる。宋代の題名題字は唐にくらべると、増えていく。その比率は四倍近い。なぜこのように題名題字がおおいのか。おそらくは科挙官僚制の結果、各地に名士が増えたためと考えられる。文を書くものは、みずからの文を残したがるからである。こうした推測を支えるのが詩詞の石刻である。唐代に比べ宋代の碑刻が圧倒的に多い。宋代における士大夫文化の興隆が基盤にあるのであろう。だが、この推測を立証するには、その内容をこまかく立証する必要があり、ここでは指摘にとどめる。しかし、この傾向が文学研究者によって分析されているのであろうか。地域的偏り、詩の内容と傾向などが分析されてい

るとはいいがたいのではないか。文学研究者はよい詩文を対象にしがちだからである。

われわれ研究者は素材の存在を追及するがゆえに、その存在とそのバラつきや史料や史料の異質性に無関心でありすぎたのではないか。全体的な比率、内容、傾向の解析が必要と考える。このことに示唆を与えるのが雑刻の条である。ここには興味深い史料が収集されているが、使用されてないものも多い。たとえば、学田などの史料である。利用と解析は十分でない。学校は官界への挑戦を夢見る者たちにとって重要な存在であったことはいうまでもない。ゆえに、学校は地方教育界の中心的存在であるとともに、知識人たちの集う場所でもあった。その維持のために、郷飲酒礼の存在がこのことをうかがわせるのである。(15) これらは寧波に関する史料ではないのでここではあげないが、地方在住の士大夫の社会を考える上で参照しなくてはならぬ史料である。

さて、述べたように碑石にも細かな数字が登場する。ただ、日本でも寺社や水利工事の際にみられる寄進・寄付の一覧表の類はそれほど多くはない。だが、これらは当該地の居住者やかれらの構成する社会を示すほか、出資者の財力、さらには出資を受けた事業の規模をはかるうえで重要な史料である。(16) これらはわたくしが解析し往時の収入などと照合し、その意味を探ってきたところである。これらの点については、註（11）引用の論考ならびに解析した表をご覧いただきたい。

とはいえ、石刻史料にこまかな寄進者や寄進額、その次第を刻み込んだものがおおいとはいえない。(17) ここで論の中心においている寧波でも、目立つ寄進の事例を記載した碑刻はみあたらない。(18) そこで、近隣の州の事例をあげよう。なお、念のために、いままで利用した碑石をあげておく。註（11）引用の駒澤大学禅研究所の論集の五巻で『両浙金石志』巻六「宋大慈山修塔題記」、同巻一〇「宋石龍浄捨田記」、同巻一三「宋修六和塔記」・「宋六和塔施主題名記」を利用した。次の論集の七巻で利用したのは『両浙金石志』巻五「宋雲巌寺新鋳銅鐘記」、同巻一〇「宋宝蔵寺長命塔碑」・「宋資瑞院残記」であった。(19)

このような寄進の事例は明州すなわち寧波にもある。それが、同じ『両浙金石志』巻九「宋東谷無尽灯碑幷陰」である。

大宋国紹興府上虞県管郷市郭尚徳坊第三保居住清信奉

とあって、寄進者の一覧の第一行目に

三宝女弟子陳氏五娘、施浄財三十六貫文、入明州天童山東谷庵燭長明無尽灯一椀供養

とある。本碑文の最後に年号を記して

紹興二十八年正月　日募緑市蔵僧　智宣……立石

とあるから、南宋初期のものとわかる。

さて、寄進者を整理してみよう。現浙江省で台州にも近い紹興府の陳五娘の事例に継ぐのが

弟子荘宇妻呉氏百六娘、共施浄財三十六貫文、就東谷庵燭長明無尽灯一碗供養

女弟子荘四四娘、施浄財三十六貫文、就東谷庵燭長明無尽灯一椀供養

仏弟子樊賓幷妻范氏妙真男陳樊遵遷媳婦許氏小三娘張氏十二娘、共施浄財三十六貫文足、入明州天童山東谷庵、共点昼夜長明無尽灯一碗供養

仏弟子琴彦遷幷妻鍾氏三娘謹施浄財三十六貫文足開田三畝、点廬舎邨仏閣、善知識前無尽灯乙椀、……

仏弟子周栄幷妻李氏興唔謹施浄財三十六貫文足開田三畝、……

である。ただし、これも寧波在住者の資金力とみてはならない。かれらの出身地は江蘇省の泰州で、興化県ならびに海陵県の出身であることが附記してあるからである。ともに揚州近旁である。そして、このことは寧波の寺院の活動域のひろさと集金力の強さをうかがわせる点からも興味深い[20]。そして、宋代江南各地の思わぬ財力も。

さらに注目すべきは寄進形態である。寄進者は個々人でない。おおむね夫婦での寄進だが、樊賓幷妻范氏妙真、男

陳樊遵遷媳、婦許氏小三娘、張氏十二娘とある事例は家族の寄進である。なお、記載の金額はすべての家族が三十六貫文ながら、うしろのほうの三つの事例には「足」の文字があるから足銭となる。すると他の事例は省銭での寄進だったことになる。

それにしても、金額的なものとしては個々の一族が集団で寄進しているとはいえ、三十六貫文とは巨額である。月収の十倍ほどの金額だからである。(21) おそらくは寺観の集金目標額や個々の集団に割り当てられた額に対応しているのだと考えられるが、いますこし史料がほしい。

このように、雑刻類は思わぬ史料を含んでいる。実際、「雑刻、瓢瓦、法帖」は興味深い碑石を含んでいる。これはいままで利用してきた史料の大半がここに所収されていることからも理解できる。たとえば、蘇州の街路の寄進目録などである。これらは、前掲の註（7）引用の蘇州関連の論考において論じた。また、関連論文では図表化して使用するとともに原文も掲げてきた。こまかな様態はそれらを参照していただくとして、ここで重ねて碑文から読み取れることを解説しておこう。碑文でまず注目すべきは、宋代蘇州の繁華街に住む住民たちが資金を出し合い街路を舗装した点である。次に、碑文に刻み込んである拠出した金額から当時の都市民の資金力がうかがえる点である。(22) そして更に、刻まれたひとびとのなかに蘇州以外の出身者の名前と女性の名前があるのにも目がいく。このことは、蘇州城内に住んだひとびとのすべてが蘇州出身者でないことを示す。北宋の滅亡に伴っておおくのひとびとが北より江南に移り住んだことは、いまさら喋喋することではない。その結果、都市内にもおおくの移住者がいたであろうことは想像に難くない。また、都市の住民が固定したものでなく、日々にひとの出入りがあったことは、北宋の首都開封の記事からもあきらかである。蘇州のような大都会でも同様であったと考えられる。

となれば、碑文のなかのひとびとの幾人かは非蘇州出身者とみるべきであり、そこに蘇州以外の出身を記したものは新参者か仮住まいとみてもいいように思われる。このような推測が許されるなら、城内に住み込んで日の浅いものも拠金したと考えられるのではないか。都市蘇州が受容したひとびとの重層性を碑文は示すと考えられる。(23)述べてきたように、引用したこれらの碑文史料は地域の記録である。ひとつの例として橋の問題を論じよう。人間は大地の上に生活をするものだが、生活に水が不可欠である。とくに、水路は交通手段としても重要である。かつて水によって生活する都市の様態を、蘇州を事例に水生都市として論じた。おおくの水路を取り込んだ都市の様態が、水中に深く根を張って生きていく水生植物の形態に似ているからである。(24)

都市研究に際して水路の重要性はいうまでもないことである。都市に供給される水とその管理の問題。城内における物流の問題など、水路を中心に考えるべき問題はおおい。そのゆえに、水路の重要性は多く論じられてきたが、いまひとつ、水路に関連して重要なものに橋がある。わたくしはかねてより橋に興味があった。橋は人の移動に欠かせないものであるがゆえに、河川に不可欠のものとして存在するからである。それだけではない、一つの世界から別の世界へ移る手段であるがために、結界としての概念もあるからである。

橋に多様な形態があるのも興味深い。たとえば、作りつけられたものと、船などを利用して作り上げられた浮橋すなわち浮梁である。これらの点についても論じてきたが、浮橋も一様でない。この点についてはわたくし自身の見聞も含めた紹介をしてきたので、関連論文を参照されたい。(25)わたくしは中国旅行のなかで、いくつもの橋を見聞してきた。それらのなかの唐代の汾河下流の黄河との接点にかけられた浮梁については、折に触れて付随した鉄牛・鉄人とともに紹介をしてきた。また、福建省における多彩な橋の様態についても言及してきた。(26)

これらの橋が伝承を秘めていることも言及してきたが、それらは日本における伝承とは異なる。日本の場合は、とくに結界としての意味から語られる事例が興味を引くが、それらにいくつもの伝承があることも興味を引く。(27)

碑石からさまざまな社会の様態が読み込まれることを示唆してきた。そこで、ここでは若干の事例を提示しつつ、諸事を読み取ってみよう。

三、碑石にみる社会

碑文に現れた数字は関連の論文で読み込んできた。かれらは庶民、いいかえれば市井に生きる普通のひとびとの生活の実態を読みうるものである。これらは、大陸にすむ宋代のひとびとだけではない。日本にすむひとびとの生態をも考えさせる史料である。日宋間におけるふつうのひとびとの往来の実態が石刻史料で考察できることは、すでに寧波の寺院への在日宋人の寄進額で論じた。この際には、こまかな配慮が必要なことは論じたとおりである[28]。

かくのごとく数字の記録はこのような庶民の寄進額がもっとも顕著な事例で、庶民の経済力を示す。さらに、寺観への寄進は民衆の信仰心や迷信とも結びつく重要な社会の検証史料となる[29]。だが、それだけではない。年齢や所有田土を検索する史料にもなる。これに対して、街路舗装に対する寄付費用の表示は、都市的な側面をも示すのである[30]。だが、示唆してきたように寄進額・寄付額を寄進者とともに一覧化して刻み込んだ碑石は意外にすくない。とはいえ、寄進額を刻み込んだ碑石とそこに表示された金額はいままで数度にわたって検討してきた。そこで、ここでは、もうすこし別の側面からこれらの点を検討してみようと思う。それは、そこに掲載された名前の解析である。

すでに前章において寧波の「宋東谷無尽灯碑幷陰」を考察し、寧波以外の地からの寄進の存在と寄進額の問題を論じた。三十六貫文というかなり大きな金額を寧波から離れた泰州の地から寄進した人たちは、それぞれが家族であった。

碑石に刻み込まれた人名から家族構成がうかがわれることは、いうまでもない。たとえば、博多在住の寧波商人の寄進碑文である。これまで、主として寄進額と文字からみた身分の解釈が問題になってきた。だが、ここに家族の存在をうかがわせるものがあることを指摘しなくてはならない。このことは、すでに早くより示唆されてきたが、本格的に論じたものは乏しい。そこで、ここで一度整理してみよう。

検討に入る前に、碑文の文字である。二〇一〇年に寧波を訪問した際に、市の博物館で展示されたさきの日本在住宋人の碑文を見る機会を得たが複製品であった。いささか距離もあったので、公開されている文字その他を検証することはできなかった。若干の文字が読みにくく、解析者によって考察されているようだが、ここでは前掲の静永氏の作成された文を主体に検討を進める(31)。

静永氏の考察は面白い点をついている。碑文自体を考察し、原文はもともと日本語で書かれたものではないかと推察するのである。引用文書に出てくる祈願に関する語句が、日本語を思わせるとするのである。例をあげよう。

日本国大宰府居住、弟子張寧、捨身砌路一丈、功徳奉献山三界諸天、宅神香火、上代先亡、本命元辰、一切神祇等、乾道三年四月。

この文中の「一切神祇等」に着目され、「一切神祇」とは「やおよろずの神」といった意味ではないかとされる。また、他の碑文の神々の呼び方が中国的でないと指摘されてもいる。静永氏は神々の表現形態が対句でなく、それゆえに中国的でないとされる。こうした点に疎いこともあって、当初は気がつかなかった。だが、指摘を受けてみれば、なるほどとも思う。静永氏はこの点から碑石の寄進者はながく日本に住みつき、日本になじんでいたのではないかと推測される。また、乱文や本籍地の誤記などもその理由とされる。なるほどと思うが、いささか論を急いだのではないかとも思う。それは下記の碑文考察からの考えである。

建州普城県寄日本国、孝男張公意、捨銭十貫、明州礼拝路一丈、功徳亡孝（考）張六郎、妣黄氏三娘、超昇仏界者。

建州普城県出身で日本に住んでいる張公意が銭十貫文を明州の寺院の礼拝路一丈の舗装のために寄進し、その功徳を父の張六郎ならびに母親の黄氏三娘、さらには極楽往生をささげたひとたちにささげるというものである。この文によれば、なき父と母は建州普城県に住んでいたという。文意から考えると張公意は父の生存中に日本にわたってきた可能性が高い。張公意の生年などがわからないので何とも言えないが、亡祖父母にささげるのならともかく父母になら日本に来て数世代とは言えないのではないか。父母と別れてとなれば、来日してみじかく、日本化しているとは言いにくいのではあるまいか。また、日本にやってきたから、故郷の習俗を忘れたとみるのも性急のように思う。宗教や信心はたやすく捨て去られるものではないからである。これらの碑文は日本国在住の宋商人の、なお強い郷里と家族や同族へのつながりと思いをうかがわせると見るべきであろう。

このような事例は他にもある。たとえば、先にかかげた『両浙金石志』巻一〇「宋資瑞院残記」の寄進者名である。百四十名の寄進者の大半は個人だが、約四分の一の四十六名が家族から構成されている。兄弟などもないではないが、圧倒的に夫婦が多い。ここから一家をあげて信仰に意を用いる家族の姿が浮かんでくる。なお、こうした家族もののほうが寄進額も高い。といっても一ないし二貫程度であるが。なお、足銭と明記したものとしてないものがあるので、明記してないものは省銭だったと考えられる[32]。

おわりに

碑石を使用しつつ論じてきたことを概観しつつ、さらなる問題への展開を論じてきた。他にも考察をすべき点が多々あるが、一応の結論を述べようと思う。だが、その前に一点述べておこうと思う問題がある。それが地域史の問題である。

述べてきたように、石刻史料は帝国が恒久的法令とのその告布を掲示するものとして大きな意味がある。それは素材が容易に破却しがたいものだからである。だが、それ以外の利用もある。一地域において個々の業績や村落の諸事を恒久的に記念し告知するためにも利用されるし、個人の顕彰の記録などにも利用される。石はそのために、まことに有効な素材なのだ。公布にもちいる素材としてまことに好素材だからである。

さて、ここで、地域史という問題について言及しておきたい。近年、地域史と題した論文集が少なくない。だが、中央集権的文臣官僚支配のもとに地域史があるのだろうか。実際、地域史と題した論文のかなりが専制的な皇帝支配組織である中央集権的文臣官僚支配下の地方状況を論じているに過ぎない。もちろん、これでも地域史といえる。だが、一方で中央のくびきのもとにある地域を安易に取り上げて論じていいのか疑問も残る。

本章では地方に残る石刻史料を解析しつつ問題を論じた。ではこれが地域社会の独自性を論じることになったのか。なお、疑問が残る。強大な力でのしかかる専制的な中央権力のもとにある地方・地域社会を理解するにはさらに組織的な解析が必要になろう。

註

（1）須江隆「地方志・石刻研究」（遠藤隆俊・平田茂樹・浅見洋二編『日本宋史研究の現状と課題』汲古書院、二〇一〇年）。

（2）データを念頭にまとめ『清明上河図』と社会関係を論じたのが伊原弘「『清明上河図』と北宋末期の社会」（伊原弘編『清明上河図をよむ』勉誠出版、二〇〇三年）である。本書に先立つ同名の『アジア遊学』があり、その増補版である。

（3）地図は明確に往時の社会形態をしめすものであるが、一瞥して様態を示すがために、逆に解析が難しいものである。また、古地図を利用するには、現代の地図が必要であるが、中国の場合、これらの入手が難しいのも研究をむつかしくしている。

(4) 宋代の地図は地方志にも掲載されているが、良い地図を『中国古代地図集』上(文物出版社、一九九〇年)が掲載する。同書には地方志所収の地図も掲載している。宋代をしのばせる地図は『永楽大典』にも所収されているので注意が必要である。

(5) 伊原弘「宋元時期的南京城——宋代建康府復元作業過程之研究」(《都市繁華：一千五百年来的東亜城市生活史》、復旦大学文史研究院編、中華書局、二〇一〇年)参照。なお景定『建康志』には失われた現南京である石刻の建康府の地図をのべている。

(6) 『宋平江図』は版碑に刻まれ、桂林の『静江府図』は磨崖に刻まれている。蘇州の地図はおおがかりな都市の修復がおこなわれ、壮大な地図が作成され表示されたのである。『静江府図』は剥落がはげしい。復元加筆された地図が公刊されているが、どの程度ただしいのか不明である。剥落した地図の拓本も入手したが巨大すぎて広げることがむつかしいからである。これらの地図で、ひとつ疑問なのは、きわめて機密性の高い都市地図をなぜ公開するのかという問題である。桂林の地図の作成時期はモンゴルの侵攻が現実になっている時期の作成だけに、いっそう理解に苦しむ。

(7) 『宋平江図』に関する紹介はいくつか事例があるが、最初の詳細な論文は加藤繁氏の手になる「蘇州今昔」(『支那学雑草』生活社、一九四四年)である。わたくしも『宋平江図』について、いくつもの論文を書いてきた。ここではいささか旧聞に属するが、これらを集約した伊原弘『蘇州——水生都市の過去と現在』(講談社現代新書、一九九三年)を参照していただきたい。わたくしの研究成果ならびに関連研究論文や問題を系統的に論じ紹介をしておいた。なお、蘇州については梁庚尭「宋元時代的蘇州」(梁庚尭『宋代社会経済史論集』上、允晨文化、中華民国八十六年)も参照されたい。

(8) 宋代蘇州の街路舗装の寄付者と寄付金額は『江蘇通志稿』巻一三「吉利橋版寮巷砌街磚記」参照。なお、本碑文から蘇州城内の舗装に蘇州以外の地からの来住者や女性の寄付者が確認できる。地図からは舗装状況が確認できる。これによって、南宋時代の蘇州の繁華地で都市内居住者が資金を供出して街路舗装をしているのが確認できる。さらに、この碑文から、寄進額の多寡や住民の構成もわかる。幾度も捜査してきたが、なお解析が可能な史料である。こうした問題は拙論・拙著でも論じてきたが、梁庚尭「南宋城市的発展」(梁庚尭『宋代社会経済史論集』上、允晨文化、中華民国八十六年)もくわしく論じる。これらの諸論が論じるように、南宋時代に都市は大きく変化し、街路の舗装は江南の諸都市や四川の成都にも及んだ。なお、後述する寧波発見の在日商人の寧波の寺への街路舗装費用寄進碑文も、こうした史料に連なるものである。

（9）笂沙雅章「漢籍紙背文書の研究」（『京都大学文学部研究紀要』一四、一九七三年）があって、葉徳輝以来の研究を整理しつつ、紙背文書の整理をおこなっている。史料集としても上海市文物管理委員会・上海博物館『宋人佚文簡』（上海古籍出版社、一九九〇年）がある。また、近年注目を受けた徽州文書がある。だが、宋代に関してはおおいとはいえない。論文もおおくはないが、近藤一成「南宋の『銭簿残欠』考」（『史観』一〇七、早稲田大学史学会、一九八一年）があって、総領所関係の残欠をあつかっている。

（10）寄付金額とは公平に割り当てられ負担する一方で、資産家や有力者などは応分の寄付を求められる。寄付金額の高いものほど、有力者であり資産家である可能性が高いのである。ただ、一方で、そのゆえに、低額しか拠金できなくても、この家はかくあるべしと高く記される例もある。それはその地位を金額的に示したともとれるので、誤差はないと考えている。

（11）伊原弘「都市臨安における信仰を支えた庶民の経済力――石刻資料の解析を事例に」（『駒澤大学禅研究年報』五、一九九四年）、「宋代台州臨海県における庶民の経済力と社会――寺観への寄付金一覧表から」（『駒澤大学禅研究年報』七、一九九六年）、「宋代社会と銭――庶民の資産力をめぐって」（『アジア遊学』一八「宋銭の世界」、勉誠出版、二〇〇〇年）参照。なお、「宋銭の世界」を拡充・補訂したのが伊原弘編『宋銭の世界』（勉誠出版、二〇〇九年）で、拙論も加筆補訂のうえ、「宋代社会における銭の意義――庶民の資産力を参考に」として再論した。こうしたデータは他の収集データをも勘案しつつ社会考察にも使用している。また、英訳のものとしては、*"Numerical Indices that Can Reveal the Life of Song Commoners"* Angela Schottenhammer (ed), *Trading Networks in Early Modern East Asia*, Harrassowitz Verlag, Wiesbaden, 2010. を参照されたい。他には、寧波発見の碑文を考察した「宋代の道路建設と寄進額」（『日本歴史』六二六、二〇〇〇年）ならびに、「寧波で発見された博多在住の宋人寄進碑文続編」（『アジア遊学』九一「碑文は語る」（勉誠出版、二〇〇六年）なども参照されたい。碑文にしるされた人名と職種を考察したものとして、「河畔の民――北宋末の黄河周辺を事例に」（『中国水利史研究』二九、二〇〇一年）、「宋代都市における社会救済事業」（『中世環地中海圏都市の救貧』、慶應義塾出版、二〇〇四年）がある。同様の例として挙げた寺地氏の論文は、寺地遵「南宋末期台州黄巌県事情素描」（平成三・四年度科学研究補助金研究成果報告書『唐・宋間における支配層の構成と変動に関する基礎的研究』一九九三年）で、『台州金石録』巻一〇所収の「宋慶善寺新鐘銘」の銘文を利用した研究である。銘文は淳祐十一年（一二五一）に焼失した伽藍と鐘の再建のために百五十万貫に及ぶ資金を集めた際に喜捨した多彩な千数百名の名前と居所を鐘に鋳込んだもので、黄巌県の状況をあきらかにする興味深いものである。しかし、総じていえば、こうした好史料は乏しく、断片的な記載がおおいといわねばならぬ。

（12）日宋間の交流の様態は森克己の日宋交流史研究があきらかにしてきたところである。重厚な氏の論文は『新訂日宋貿易の研究』他、全五巻（勉誠出版、二〇〇八―一一年）参照。また、本文ならびに註（11）引用の寧波発見碑文は在日の宋商人の寧波への寄進碑文であるから、日宋の民間の往来を示す好例と言える。

（13）石塔や石の造像物その他、ならびに職工の来日についての研究は近年加速している。とくに、鎌倉時代以降の石像物に寧波経由で来日した石工所産の石像や石塔がおおいこと、さらにその素材が江南から持ち込まれたこともあきらかになりだしている。日宋の交流は単に陶磁器などの渡来だけにすぎないわけではないのである。山川均『石造物が語る中世職能集団』（山川出版社、二〇〇六年）参照。なお、この問題は東アジア海域叢書十巻において『寧波と宋風石造文化』（汲古書院、二〇一二年）として最新の成果とあわせて論じられている。あわせて一読されたい。

（14）在日の宋商人が寧波の寺社の街路舗装に寄進したことを記録したこの碑文は、当初日本史側だけで論じられていた。しかし、解釈が誤っていた。時の物価の判断や社会の実相を知らぬがゆえに生じた誤解であった。その後の検討によって誤解が正され、往時の交流の実相に近づくことができたのである。このことは註（11）引用の推論で論じたが、その後、服部英雄「博多の海の暗黙知・唐房の消長と在日宋人のアイデンティティ」（森川哲雄・佐伯弘次編『内陸圏・海域圏交流ネットワークとイスラム』「九州大学21世紀COEプログラム（人文科学）東アジアと日本：交流と変容」、二〇〇六年）でさらに詳細な考察がおこなわれて、指摘が確認された。また、静永健「阿弥陀経石の航路」（東アジア地域間交流研究会編『から船往来――日本を育てたひと・ふね・まち・こころ』中国書店、二〇〇九年）もこの点を論じる。

（15）郷飲酒礼の存在と郷貢進士の問題はかねてより指摘したことである。関連論文を参照されたい。

（16）こうした史料の記述が社会や経済の実態を示すか否か疑義をはさむ見解もあるとおもう。たしかに、そうした事例を耳にすることがある。お祭りに寄付したが、実際より多めの数字を書き込み掲載したという話や、文化財関係者が寄付をしたら、実際の額より高額で掲示されたという話も耳にする。その意味では。寄進・寄付に関する名前・金額一覧表には問題がある側面を考えておかねばならない。だが、一方でかさ上げして掲げられたものは、そうあるべき家格・財力の家ととられたためということも考えなくてはならない。つまり、全体として一つの傾向を示すものとして使用上の問題はないと考える。

（17）その珍しい例が、南宋蘇州の街路舗装費用である。前掲の註（7）引用の蘇州関連の論考を参照されたい。なお、宋代、ことに南宋時代の街路舗装の事例はすくなくないので、注意が必要である。

（18）その貴重な例が、博多在住の宋商人の寧波の寺院への寄進とその額ならびに一族のことを記した文である。

（19）このなかの「宋雲巌寺新鋳銅鐘記」は寺の鐘に鋳込まれたものである。また、「宋宝蔵寺長命塔碑」は『台州金石録』巻七にも同じく「宋宝蔵寺長命塔碑」があって、日野開三郎「宋代長生倉の発達について」（『日野開三郎東洋史学論集』七、三一書房、一九八三年）で、宋代の寺観祠廟の利貸経営行為として利用された機関であることが述べられている。つづいて論じる無尽もまた同じである。宋代の寺観の経済活動の活発さはかねてより指摘されてきたが、このような具体的事例が石刻史料として残っているのである。本文で論じる明州（寧波）の寺院についてみると、寄進者の出身地が他の領域であることも興味を引く。さきに論じた博多在住の宋出身の商人たちの寧波の寺への寄進もまた、こうしたことを示すように思う。有力な商業都市である寧波の潜在的な経済活動とそれゆえに周辺域の関係が人的な面にもおよんでいたことを示す事例といえよう。

（20）また、貨幣の数字のあとに「足」とつけているものとないものがあるのも気にかかる。中国の貨幣運営に短陌制度が持ち込まれていたのは有名だが、「足」を足銭とすれば銭一〇〇文、附記のないものは一〇〇文未満を一〇〇文とする省銭となるからである。

（21）博多在住の宋商人の寄進も高額である。さらに多くのデータを積み重ねなくてはならぬが、三十六という数字に意味があるのかも考えてみなくてはならない。たとえば、宗教関係だけに四×九というような数字的解析もできる点に注意する必要がある。

（22）念のためにいっておくが、記録された金額がすべて正しいとは限らない。ときとして実際の金額より過分に書き込まれた例もあったと思われる。

（23）宋代蘇州の記録『呉郡志』を残した范成大は、朝早く蘇州城の西門の閶門について開門をまつさまを歌っている。

（24）伊原弘『蘇州――水生都市の過去と現在』（講談社現代新書、一九九三年）で、このことを論じた。

（25）泉州の平橋については「中国の港町――海の港泉州――その成立と形態を中心に」（中近東文化センター研究会報告

No.11、シンポジュウム「歴史の中の港・港町I――その成立と形態をめぐって」中近東文化センター、一九九四年）参照。すばらしい鉄牛を備えた蒲津関の浮梁と特徴ある橋の様態を写真にのこす潮州の浮梁については、伊原弘『中国都市の形象』（勉誠出版、二〇〇九年）所収の当該論文をご覧いただきたい。

(26) わたくしは文学研究者ではないので、橋にかかわる研究の様態を知らない。しかし、日本では橋は結界を意味するなど幾多の伝承がある。橋は大地における物理上の意味を超えて、人間の琴線にふれる問題なのだ。これはおそらくは中国においても同様であろうとおもわれる。七夕の銀河にかさぎが橋をかけ、牽牛と織女があう伝承もあれば、浮橋や橋のそばに大地と水を象徴する鉄牛がおかれるなどはその好例である。これらについては、伊原弘『中国都市の形象』（勉誠出版、二〇〇九年）を参照されたい。これらのなかで唐代の蒲津関鉄牛については、新聞などに当時中国に在住していていち早く見聞した桜井澄夫氏が断片的に印象をのべられた。氏はのちに「山西の鉄牛と牛肉」（『中国食と地名の雑学考』田畑書店、二〇〇五年）で、氏撮影の発掘の様子の写真を公開されている。このほか、愛宕元「唐代の蒲州河中府城と河陽三城」（愛宕元『唐代地域社会史研究』同朋舎出版、一九九七年）の補註においても言及されている。なお、この鉄牛については『山西民俗』（山西人民出版社、一九九一年）などに言及があるほか、阿南・ヴァージニア・史代、小池晴子訳『円仁慈覚大師の足跡を訪ねて――今よみがえる唐代中国の旅』（ランダムハウス講談社、二〇〇七年）にも、最近の著者見聞時の記録と写真が掲載されている。だが、阿南氏の見聞した鉄牛は記録や発掘時の様態とは似ても似つかぬものである。遺跡の調査にはこのような欺瞞が付きまとうことを承知しておかねばならない。また、碑文などの場合には誤写があることも承知しておかねばならない。

(27) この点は本文で論じ関連論文をあげてきたので参照されたい。なお、橋だけでなく川も結界になることは、わが国の梅若伝説からもあきらかである。

(28) この点も既発表の論文でのべた。よって、ここでさらにあげることはしない。ただ、宋代にはこまかな数字が多く登場することを忘れてはいけないことを指摘しておきたい。社会救済にせよ物価にせよ、こまかな数字に全国で偏重があったか十分に立証されていないのである。

(29) いままで考察してきた寄進額を示す史料には女性の名前をおおく記すものがすくなくない。現時点でも、女性のほうが男性に比して信仰や占いに興味を示すものがおおい。宋代においても同様の例がみられるのである。こうした事実は、社会における女性の信仰心と活動をしる手掛かりになる。

(30) 数値が現れるのは物価や街路舗装の寄付額だけでない。田土の問題もある。このなかでかねてより興味を持っていたのは学田である。宋の根幹をなす科挙官僚制度と深い関係にある学田の展開状況は意外に研究されていない。最近手にした韓国の中国史学会刊行の『中国史研究』六九（二〇一〇年）に李雪梅「学田碑与宋元学田制度化構建之努力」があって、関連研究も紹介している。残念ながら、わたくしは韓国の文字が読めないので、関連研究があることを述べるのみである。しかし、引用史料のかなりを見ているが、所有田土や関連の数字の精査が十分でないことを残念に思う。当該地に住む、あるいは往時の関連数値を精査して論じれば、かなりのことが議論できたように思う。

(31) 註（14）引用稿。

(32) 前引の事例と合わせて足銭・省銭の使用事例、寄進のさいの貨幣の扱いを考えるうえで面白い問題と思う。寺観ゆえ日本の寺社の場合と同様に現行の貨幣と関係なく古銭を賽銭とするのかもしれない。しかし、宋銭は宋代に通行していた銭である。省銭と足銭の通行頻度を考える事例になるかもしれない。

一一　宋代中国の都市と知識人
――比較史の立場から

はじめに

かつて、『アジア遊学』で特集「宋代知識人の諸相」を組み、その後『知識人の諸相』と題して単行本化し、論は本書にも収録した。[1] その際、西欧や中近東の知識人のありかたの報告に多大の興味を持った。そこへ、今回はアラブ史の視点から都市と知識人論が編まれると仄聞し、ここに中国史側から一筆を投じさせていただく次第である。多様な構成を持つ本特集（「アラブの都市と知識人」（『アジア遊学』八六号、勉誠出版、二〇〇六））にどこまで貢献できるかわからないが、可能な限り中国史における都市知識人の例を出して行きたい。

なお、本特集の編者である長谷部史彦氏の編著には、すでに都市と貧民の論著に投稿させていただいている。[2] グローバル化などという得体の知れない言葉とは裏腹に、比較史の視点から論をする機会はまことにすくない。前回につづいて二度目の投稿の機会を与えていただいたことに感謝しつつ、微力ながらもイスラーム史と対しつつアジアにおける知識人論を展開していく一助となればと考えている。なお、ここでは前記の執筆理由を鑑みて、多めに参考資料をあげていきたい。それが、相互の認識のきっかけになればと思うからである。

一、都市の発展

アナール学派の泰斗ジャック・ルゴフは『中世の知識人』において、知識人の出現の要因に都市の勃興をあげている。[3] 都市は経済の繁栄、商業の発展、交通の拠点、権力や権威の拠点として成長する。だからこそ、帝国や当該地域の拠点となる。そして、そこに統治技術など管理の技術をもったひとびとがあつまる。統治の技術をもったひととは識字力や計算力、規制や拘束などの法の概念を駆使できるひとびとをいう。中国においてこの位置に立つのが官僚である。[4] 一般には士大夫と呼ばれる。また、本を読み官僚の登用試験に挑戦するところから、読書人ともいう。かれらは地主・商人と深い関係を持っていたが、官僚であるためには都市に住まなくてはならない。そして宋代こそは都市が発展し知識人を育て上げた時代なのである。

もっとも、中国の都市とアラブの都市ではかなり違いがあることも事実である。[5] 都市の勃興には経済が大きな力を持つ。もちろん、それだけではない。宗教も力を持つ。こうした解釈のうち、アラブにおいてはイスラーム教が都市の勃興に大きな力をもったことが教科書的な知識でもよく知られている。わたくし自身はイスラームの知識人というと、ウラマーのような宗教的指導者を思い浮かべてしまう。つまり、中国のような官僚的知識人とは異なるものを反射的に思い浮かべるのである。そしてまた、そこからイスラームの都市は宗教的拠点でもあり、いのりをささげる声が鳴り響く都市と思ってしまう。

これに対して、中国の都市は行政と権力の拠点と捉えられている。もちろん、宗教的施設がないのではない。だが、秦の郡県制以来中国都市は行政の拠点であったと捉えるべきである。だからこそ、官僚制度の拠点でもあった。よって、教育の場となり、学校の置かれた場でもあった。こうした規定と認識は間違いでないであろう。となると、イスラーム世界と中国の都市の把握において、双方に認識に違いがあるのかとも思う。アラブであれ、イスラームであれ、都市が権力や権威、そして欲望の場であることは同じだからである。よって、おそらくはイスラームも中国も、いずれも都市は似通った内容を持っているのであろう。

いずこにおいても、都市は支配の拠点であり経済の場であった。またひとびとの信仰の施設を備えていた。こうした輝ける場であるがために、為政者は都市に住み支配の拠点とした。とはいえ、共通の認識を得るためには、より深くみておく必要がある。そこで、いささか中国側の都市を紹介しておこう。

中国都市の概要を述べたのは、斯波義信氏である。商業史の面から都市研究に果敢な道を切り開いた氏の指摘には耳を傾ける点が多い(6)。権力や権威の拠点で行政上の拠点として機能したと捉えられてきた中国都市の新たな側面を切り開いた斯波義信氏の功績は非常に高い。だが、それゆえに、今度は逆に本来の中国都市がもった側面が忘れさられてきたように思える。それは、中国都市の本来の性格こそは行政上の拠点であったという事実である。斯波氏はこのことを認識していないのではない。だが、斯波氏の成果は、中国都市の印象を変化させた。

行政上の拠点という中国本来の都市の性格は、支配の制度すなわち官僚制度と結びつく。このことが明白になるのは宋以降である。宋代は科挙試験を基盤とした官僚制度が充足した時代である。宋以後一〇〇〇年を規定していく科挙官僚制度は、中国社会のあらゆる面に及んだ。それは、基本的には支配の制度との関連であったが、それだけではない。国家を支え構成するあらゆる面に影響が及んだのである。その科挙官僚制度と都市の結びつきという基本を、斯波氏の成果は薄めさせてしまったのである。もちろん、斯波氏はこのことを忘れていたわけではない。だが、斯波氏が宋代都市の新たな側面を明確にしたがゆえに、基本的性格の印象を弱めたのだ。

このように宋代都市は行政上の拠点であったが、支配のための要素を吸い上げる場所でもあった。これはイスラームでも同様であろう。だが、ひときわ官僚制度を発展させた中国では、とくに際立ったと考えられる。各王朝が都市を行政上の拠点としていたのが、宋代の官僚制度の発達によって一層きわまったのである。よって、都市は教育と試験場になっていき、活況を呈していく[7]。都市には学校や塾などが集中したが、試験場も設けられ関連施設、たとえば及第者を激励するための宴会場などもあった。

なぜこのように沸き立ったのか。宋が科挙官僚制度の及第者に出世の機会均等という幻想を与えたからである。歴史社会の常識として宋代社会も身分社会であった。だが、科挙に及第すれば上層へ移動できるという幻想を抱かせていた社会でもあった。引用した知識人論が鋭く指摘しているように、科挙試験はある種公平な制度だったが半面で不平等な制度でもあった。難関の試験を突破するには、常識を超えた準備と資力が必要であった。また科挙に及第して果実を得たものは、子弟にもそのチャンスを与えようとする。よって、科挙は成功者たちがみずからの果実を再生産する場ともなり、ひとびとが夢を求めて集まる場となった。日本の封建社会と異なり、科挙官僚制度を中心に社会が組み立てられていきやすい一面があったのである。その夢を抱かせる場こそ都市にあった。

このことを示唆するように、宋代都市は官衙（かんが）と関連施設、学校と塾などが組み合わさって成り立っていた。もちろん、これは他の文明でも同じであろう。また、信仰の対象もないではない。たとえば、南の港湾都市泉州は、交易都市らしく多様な宗教施設に満ちていた[8]。中国内部の都市も同様である。中国伝統の仏教や道教の寺院が横溢しているのが一般的景観であった。

それだけでない。他の地域から移り住んだものは、地元の神を担いで都市に流入した[9]。また、生活に不安なものは、すがる手段として神々を祭った。よって、宋代都市やその周辺には多種多様な神が祭られていた。実は、これは日本でも同じである。これが一神教の君臨するイスラームの都市との違いではあるまいか。そしておそらくはキリスト教下の都市においても同じだったのではないか。

宗教には宗派がある。キリスト教やイスラム教も同様である。よって、一都市に一系統の宗教施設ということもなかったであろう。同じ宗教が一都市内に複数以上の宗派として存在したのであろう。数少ない西欧都市での体験でもこのことが理解できた。このような多様な宗教施設の存在ならびに設置数の問題は、従来の都市研究で看過されてきたように思える。規模や人口比・宗派などを勘案しつつ、都市がどのような施設を充足させてきたか、考えていく必要があろう。

さて、次の問題が宗教都市の問題である。われわれにとって、イスラームの都市は宗教都市との印象がつよい。それが商業の発展の上に都市の発展を加速させたものだとしても、イスラームの都市が宗教都市であるとの思いはぬぐいきれない。このことを念頭に都市の知識人を考えるとすると、それは宗教人となる。中世から中世を離脱するまでの欧米の都市の知識人が宗教人によって代表されたのと同じである。よって、都市の内部に宗教関連の施設などがしめる割合は大きいと考えてしまう。これに対して中国は官衙と試験施設である。

宋代にはいくつかの都市図が残されている。それらの都市図の中心をなすのは官衙もしくはそれに類する施設である。そして、そこに宗教施設が加わる。もちろん、官衙が主導する地図作成の意図から言えば、これは当然である。しかし、それゆえに、そこに記載されるのは王朝が公認した宗教施設のみという点に注意しなくてはいけない。雑多な宗教を持ち、手近なものを神として祭る中国では、非公認の神々や宗教施設が多く存在した。いわゆる、淫祠邪教の類であった。中央集権下に管理の行き届いた中国社会であったが、こうした非公認の信仰はおおく、政権の力が弱まると叛乱につながっていくのは、中国史の歴史の示すとおりである。都市の知識人にかれらの関係者も含まれるが、やはり総体的には官僚もしくはその予備群である。こうした西欧やイスラームとの対比が正しいのか否かわからない。だが、一般的な認識と受け取ってほしい。そこで、次により深く知識人を考えていこう。

都市で活動した中国の知識人であるが、農村とも深い関係を持っていた。かれらは地主でもあったからである。もっとも、述べてきたようにこの知識人とはなにかが問題になる。知識人というと一般的な物知りなどという概念があるようである。[10] それが、中国では官僚、イスラームでは宗教的指導者と考えがちである。近年のイスラーム社会においても宗教的指導者が多いことから、この印象はとくに狂いがないように思う。

二、都市の教養人

では、中国ではどうか。たびたび述べてきたように官僚であるが、基盤はそれだけでない。これも示唆してきたように、中国の官僚は大土地所有ならびに商業活動を基盤とした経済力をもっていたから、都市的な面のほかに農村的な面ももっていたのである。加えて転勤があるので、一層複雑な性格をもったのではないか。

かれら官僚は勉学、すなわち読書によって地位を得ただけでなく、教養のあかしとして詩文や学芸に秀で、古典の知識を有していなくてはならなかった。官僚採用試験である科挙でも法律知識より教養を重視したから一層である。ゆえに、もっとも評価されるのが、科挙を及第し官僚として栄華を極め、文人として名前をのこしたものたちである。だからこそ、この道を歩んだもの、また歩む状況にあるものが知識人として評価されていくのである。ここに、科挙官僚制度にかかわるものを知識人として捉える要素がある。こうして理をもって統治する以上、宗教的要素は表面的には唾棄すべきものであった。

これらの教養人は広範な知識を周辺に集めていたがゆえに、往時の社会を領導した。詩文や書・音楽などだけでない。当時の味覚さえも指導した。かれらの教養の範囲は料理にも及んだのである。宋代の知識人はグルメで食に対する心得もあった。つまり宋代の知識人とは官僚試験たる科挙に挑戦する知力の持ち主であること、生活を楽しむ知力と技芸のあることが前提となるのである。もっとも、ではかれらが経済的にゆとりのあるものばかりだったかというと、そうではない。貧窮にあえぎ、低収入にあえでいるものも少なくない。それらは下級官僚だけでなく、中級官僚にも見られた。多い家族による出費も負担となり、決して豊かではない生活を余儀なくされていたのである。[11]

さて、たびたび述べてきたように、かれら官僚の予備軍の都市生活を差配したのも受験であった。受験を経験し合格したものは官僚になって都市に住んだし、通過できなかったものは受験生活を続けるか、教師・官界への寄生者として生きる道を選んだ。かれらがすべて都市的生活を送ったとはいえぬが、都市に住むのは重要な選択肢の一つだったであろう。[12]

筆者は基本的には宋代史専攻者である。宋代はおおむね一〇世紀から一三世紀であり、本特集に所収された近代には及ばない。そこで本章執筆に際してはおおむね筆者専攻に近い時代の論文を念頭において考えた。本章で取り上げられたイスラーム世界の知識人を考えると、宗教者で多言語社会に生きていること、宗教人でありつつも法学者としての活動を行うものであるといった輪郭が浮き上がる。すなわち知識人としての前提が大きく異なる。

知的活動のありかたも同様の傾向がでてくる。本特集所収の諸論によれば、アラブの知識人の場合、かれらの執筆活動は思考をさらしだすためのものとして大きな意味をもっていたようである。かれらの著作の執筆も、かれらの活動や特定の意思の解析のために必要なもののようである。この点、宋代は大いに異なる。宋代の士大夫官僚は学者でもあり、文筆家でもあった。だが、かれらによる特定の課題や思想を主題とした著書はほとんどない。今日に残るかれらの論著のかなりが、書き散らされたものを寄せ集めたものである。[13]もちろん著書がないとはいわないが、欧米やイスラームの学者たちが競ったような著書は乏しい。宋代士大夫がもっていた崇高な思考のかなりは、断片的に語られ記されたものにすぎないのである。ここに、知識人の違いがあるように思える。知識人の著書傾向はあらためて検討と比較の余地をもった分野である。

このような仕儀は、知識人の明確な活動にも違いを及ぼしていたように思える。宋の都市においても知識人が種々の活動をしていたことは知られている。集会があり、詩会があり、交流会もあった。また、各自の執筆活動もあり、出版物もあった。とくに集会は学派の集会として大きな意味をもち、地方の知識人の集会の場であった。すなわち、ある種のサロン的活動は中国社会においても展開していたのである。だが、基本的にはそれらが新たな時代を切り開いていく性格を持ったかというと、そうはいえぬようである。つまり、欧米のようなサロンや知識人の活動は見られなかったというべきである。(14) その意味において、知識人の集会と活動のあり方は、欧米の諸都市のみならず、イスラームの諸都市とも大きな違いを見せたというべきである。では、中国社会での知識人の活動を規定したのはなにか。それこそが科挙官僚体制であった。

三年に一度の宋代の科挙受験者がどの程度であったか。いくつかの考えがあって定まっていない。地方から都までの三段階を経て行われる科挙試験に、総体でどの程度参加したのか把握しにくいのだ。しかし、都で行われた試験ですら数万人という数字を記録するものがあるから、受験者は相当の数に上ったはずである。(15) しかも、この試験の及第者は栄華が約束されていると考えられていたから、これを支えるための社会体制も出来上がっていた。その体制とは何か。一般的に思い浮かぶのは受験産業である。学校・塾、参考書の出版、受験者のための旅行産業など考えうる限りの組織が受験を補助した。(16) また、当時の都市社会も未来の為政者を出現させるために機能した。社会に多様な進路がなかったわけではないが、一点に絞られていくような体制は往時の世界においてきわめて稀有なことであった。その主たる要因は身分制の欠如である。中国社会は強力な体制と秩序がのしかかっている社会であったが、一方で社会階層の移動が可能な社会であった。(17)

科挙官僚と庶民の間には識字能力や計算能力に大きな違いがあったし、受けている教育その他についても大きな違いがあった。それでも、受験し昇進することが可能という幻想を抱かせるにふさわしい制度であったから、科挙官僚制は長く機能した。よって、都市の知識人たちは、この制度の下に組み立てられていったのである。深遠な哲学や思想は中国官僚の原点であったが、それが時代を動かす力となりえなかったところに、ひとつの欠陥があった。

このような知識人のありかたは多様な面から比較が進められなくてはならないが、少なくともある時期のイスラームやルネッサンスにつながる知的活動と類似するとはいいがたいように思われる。(18)とはいえ、宋代都市には多くの関連施設があり、充実した知的活動ができるようになっていたことは確かなのである。

三、宋代知識人の肖像

本特集ではアラブの知識人の都市における多彩な活動を取り上げている。本章でもこの点を念頭に、宋代の知識人の活動を取り上げている。そこで、本節ではアラブの知識人の肖像に対応するものを描いてみようと思う。とはいえ、同じ時系列、同系統の知識人となると選択がむつかしい。アラブと中国の違いがあるからである。

これまで、中国の知識人の肖像が描かれなかったわけではない。朱熹など著名な知識人の伝記はいくつも書かれてきた。だが、それらは儒学の聖人としての記述が主眼で、他文化圏との比較を念頭に置いてこなかった。それは、その機運がなかったのと選び方が難しかったという双方の理由からである。

たとえば、宋代の知識人は官僚で、基本的には官僚制下にある選良である。すぐれた官僚は官僚なるがゆえに、人事異動を経験する。つまり、任地へ移動を繰り返す。ひとつの地域に定住し知的活動を行うものはきわめて少ない。したがって、本節にとりあげられた定住するアラブ知識人と同様の事例を選択するのが困難である。とはいえ、ないわけではない。宋を代表する朱熹とて、ある一定年齢まではきわめて地方的な知識人だった。生まれ育った建州から離れることも少なく、周囲には地方での知人しかいなかった。ここに朱熹を地方の観点からみることができる側面が生じる。そして、描かれ成果を生んだ。(19)

だが、本特集で取り上げられるアラブ知識人のような活動事例を、宋代において把握するのはきわめてむつかしい。だから、都市の知識人の活動の研究は比較史的な意味で取り上げてきていない。とはいえ、類似事例がないわけではないのだ。北宋時代に激しく論陣を張った農民官僚石介は故郷に回帰していく事例だし、北宋以来の有力官僚で北宋末の流転のうえ江南の婺州金華にたどり着いた呂氏は都市に定住した好例である。[20] 同様の家系に寧波の史氏もいる。南宋時代に温州で論陣を張った葉適も好例である。[21] このように特定都市で論陣を張った知識人がないわけではない。

だが、ありようや考察の方法になると相当違ってくる。そこでは知的活動やその成果より、勢力の背景の考察が重要になってきたからである。だから、宋代知識人の地域とのかかわり方が、教養と教育の問題となるのである。現象面としては似通ってくるが、背景考察のありかたが違ってくるのである。もっとも、管見の限りではアラブの知識人もまた背後に大きな部族がいるとのことである。それらは都市での居住のなかで切り離されるのであろうか。宋代は族的支配が弱まるなかで再結束の動きも活発になっていくのだが、アラブではどうなのだろうか。

さて、温州の知識人である。中国東南部の沿海岸に温州という港湾都市がある。北宋時代より林業が盛んで、漆器類を生産していた。隣接都市では窯業も盛んである。温州は商業立地にめぐまれていたのだ。これらは遠くに運ばれて名を成していた。漆器は都の開封でも販売されていて、わが国の輪島漆器のようなある種の名産品・特産品として名前が知られていた。また、造船業も盛んで、華北の黄河にかかる船橋を作り移出したこともある。交易も盛んで都市全体で数千隻の船が所有されていた。これは商業の活発さを物語るものである。そして、ここに有力な知識人、そしてそれを支える集団がいた。[22] かれらの存在と伝記は温州士人の文集や石刻史料から探ることができる。そして、詳細な系図の復元もできる。

注目すべきは、この温州の開発が温州人だけの力によったことでないことである。本田治氏によれば、開発は福州から流入したひとびとによって行われた。[23] 福州と温州のあいだには細く険しい道がある。この道を越えて、生産性の乏しい福州から新天地を求めたひとびとによって温州の開発が進行していったのである。開発に成功したものは温州の有力氏族に成長していった。こうした成果のもとに、南宋時代の温州は一層発展していき、有力宗族が出現し学問も発達したのである。

温州のこうした状態を反映してか、都市には多くの有力者がいた。王十朋、陳傅良、葉適らの儒学者も輩出した。かれらはいくつかの系統に分かれて婚姻関係を結び血族集団を形成していた。かれらの様態については、すでにのべた岡元司氏の詳細な関連研究があり、構造もわかっている。かれらの結びつきは強力で、科挙試験への助力も行っていた。すなわち一族が集積した書籍の開放である。そうして優秀なものを助けて科挙への足がかりとしたのである。温州の知識人、すなわち士大夫・読書人・官僚たちは、温州内部で完結していたのでない。当時の都の杭州とも直結していた。北宋が滅んだあと、混乱を経て南宋政権が成立する。この南宋政権は北宋政権の皇族がつくったものだが、しばらくは拠点をもとめて流浪した政権である。その際に、温州は政権の流浪時代に関係を持っていくのである。

この状況下で温州の受験者は科挙官僚制に食い込んでいったようである。当時の記録には規制の厳しい難関をさまざまな方法ですり抜けて科挙及第者を出し続けたとある。こうして、温州では学問を武器に有力氏族が官界に進出する風潮が高まっていく。この意味において温州は地方の商業都市、交易都市であるだけでなく、有力地主がいる農業の中心地であったといえる。しかも、科挙受験が盛んで学者も多いから学業都市ともいえる。とはいえ、有力氏族がすべてではない。それほどでない立場の人物が勉学に励んで、都市を代表する知識人として傑出していく例もあった。それが葉適であった。

葉適は南宋時代を代表する地方士大夫である。歯に衣(きぬ)きせぬ論は鋭く、当時の社会への発言もある。たとえば、当時の官僚社会における地方の下請け人胥吏の問題点を論じたり、儒学者には珍しく利益追求を公認するような発言は、このような都市環境ではぐくまれたのであろう。

葉適は南宋の一一五〇年から一二二三年まで生きた。一一七八年に科挙に及第し、官僚生活を送った。生涯において蘇州や建康府などの江南の重要な地域に、官僚として赴任している。また、南宋中期の権臣の趙汝愚・韓侂冑らと組んで病弱であった光宗のあとに寧宗を擁立するなど政治の重要部分でも活躍した。思想的には、どちらかといえば、朱熹派であり、ときに弁護している。また、迫りくる金への対処にも意を用い、南宋の防御体制を固めるなど淮南のひとびとの安全にも配慮している。その活動は伝記によると文人らしからぬもので、単なる読書人でないことがうかがえる。

こうした、ある種積極的な活動は信頼を受けたようであるが、それにも限りがあった。韓侂冑の権力は帝室とつながることに由来したが、それは一面で不安定でもある。北方に対する積極策が失敗すると殺されてしまう。南宋時代の皇帝権の考察は十分でないが、絶対的な権力を振るうほど強固でない側面がこうしたことからうかがえる。葉適も弾劾され、以後は温州に引きこもり著述に従う生活に入っていく。その業績はかれの文集に集約されている。(24) その経歴は宋代の士大夫のありかたのひとつの典型というべきであろう。(25)

ひとつの典型といったのは、多くの宋代の知識人、すなわち、伝記を残す官僚エリート層にかかわる知識人の典型的一生とある種重なるからである。科挙に及第したからといって、そこでの生活が恵まれているわけではない。政界での力関係の変動や、運不運もある。肝心の時に父母が他界し、蟄居を余儀なくされることもある。また、官界におけるコネクションの問題もある。地域性の問題もある。大体において、南宋になると官僚の世界に地域性が高まるというのは筆者の見解であるが、葉適も実はそのことを見事に示す。

葉適は出身がよいわけではない。有力氏族の出身でもなく、宋代社会においてありふれた家系といえよう。周囲には胥吏という地方の官庁の雑用係で正規といえぬ地方官庁の事務補助のようなひともいた。そのかれが官界で力を得、退任後は故郷に帰って執筆活動を行ったのである。では、この間の活動を知らしめるような資料があるのであろうか。

もちろん、残っている。

一般的な退休官僚たちの行動を知らす資料は、文集に記された資料や地元になにかを記念して作られた石刻資料類である。そこからは、故郷や任官地、あるいは退休のためにもとめた土地に隠棲し、土地に赴任してきた官僚、あるいはその地の有力者や学識者と交流し執筆や作詩にふける官僚たちの姿が浮かんでくる。(26) かれらは在地とも深いかかわりをもっている。土地の開発にも意を用い、水利や開発に力を尽くす例も少なくない。また、文筆力をかわれて土地の記念碑などに執筆することもあった。これらがかれらの文集に残されている。

また、在地が危機にあえば、力も尽くす。資産を持っているものは災害の時に資産を放出するなど、土地の治安の保持に努力している。それは、橋の建設などから、米穀などの放出や債権の放棄にまで及ぶ多様な行動である。(27) もっとも、これを、士大夫官僚が強欲でなかったと積極的にいうのではない。かれらは公共性を意識する一方で、強欲で資産の保持に努め、脱税や蓄財に浮き身を費やした。ここで述べた事例も保身あればこその行為ととるべきであろう。にもかかわらず、一方で純朴な官僚であったことも確かである。儒教倫理にもとづいた使命感ももちあわせていたのである。葉適もそのように生きた。そして、在地で知識人として活動した。そのことを示唆するささやかな資料をあげて、本章を締めくくる。

葉適の『水心文集』巻九の「白石浄慧院経蔵記」は、葉適が温州の樂清県を訪問した折の記録である。そこにいた黄・銭の二つの家が裕福で学問にも励んでいたとして

居之者黄・銭二家、累世不貧、以文義自篤為秀士

の文を残している。葉適はこの一族から歓迎を受けたのである。かれらの一族は信仰にもあつかったようで、黄氏のなかから仏門に入った者たちの名前を挙げている。寺院は黄氏のもので、一族が仏門に入りこの寺院を守っているのである。これは宋代士大夫が一門を守るために行った通常の方法であるが、温州でも盛んだったのだ。(28) そして、仏教

が交流に果たす役割も示している。

葉適は一族の接待と歓迎を受ける。依頼された講義をしたあと、釣りをも楽しんだかれは、よほどこのときのことが記憶に残ったようである。後年訪問してきたものに、このときの知己の安息を聞いている。そして、かれらがすべて他界したことを知る。地方士大夫の活動と交流をしめすひとつの事例でもある。

葉適ののこした文を見ると、このように地元でいくつもの行為をしてきたことがうかがわれる。それらは詳細に解析されなくてはならないが、紙幅の余裕がないので他日のこととしたい。宋代の地方在住知識人はなにをしたのか。科挙と官界に拘束されていた知識人のひとつの典型を追い求め、比較史の材料をあげていくためには、もっと議論の集約が必要であろう。ここで描こうとした葉適の肖像画はひとつの材料を示していると思われる。

おわりに

ここでは比較史という設定を念頭に、中国、それも宋代の知識人を紹介してきた。そして、考察の前提に背景の比較が必要なことをのべた。もっともあげ残した資料も多いし、いい得なかったことも多い。とはいえ、ここで一応筆をおく。

イスラームにおおわれたアラブの知識人と官僚制下におおわれた知識人をどう追究していけばいいのか。知識人の活動の場であった都市はどのように違い、どのように似ているのか。考えるべきことは多い。一定以上の提言をなしえたわけではないが、本章がアジア世界の知識人論につながることを期待しつつ筆をおく。

註

（1）『アジア遊学』特集「宋代知識人の諸相」（勉誠出版、一九九九年）、伊原弘・小島毅編『知識人の諸相』（勉誠出版、二〇〇一年）。

（2）長谷部史彦編著『中世環地中海圏都市の救貧』（慶應義塾大学出版会、二〇〇五年）。

（3）ル＝ゴフ、柏木英彦・三上朝造訳『中世の知識人』（岩波新書、一九七七年）。なお、最近の訳書に池田健二・菅沼潤訳『中世とは何か』（藤原書店、二〇〇五年）がある。

（4）『知識人の諸相』（勉誠出版、二〇〇一年）は知識人論の基本構想を宋代官僚に求めていることを付言しておく。

（5）斯波義信『中国都市』（東大出版会、二〇〇二年）は中国都市の概要を知るに便利である。近年の成果としては、歴史学研究会編『港町の世界史』1、2、3（青木書店、二〇〇五―二〇〇六年）が港町を事例に多地域の都市を比較している。

（6）註（5）斯波氏論著参照。

（7）宋・元時代の儒学者の系統を分析した『宋元学案』が示すように、多くが地方都市を拠点に活動していた。科挙官僚制度についてはは膨大な実績がある。ここではあげないが、新書その他にも多く所収されているので、参照されたい。

（8）伊原弘「泉州の異邦人と外来宗教」『港町の世界史』②、「港町のトポグラフィ」青木書店、二〇〇六年）。

（9）森田憲司「文昌帝君の成立――地方神から科挙神へ」（梅原郁編『中国近世の都市と文化』京都大学人文科学研究所、一九八四年）。

（10）渡辺浩「ヴォランティアとしての「知識人」」（伊原弘・小島毅編『知識人の諸相』勉誠出版、二〇〇一年）。

（11）給与体系や経済状態については全漢昇氏や衣川強氏に詳細な研究があるが、ここでは実生活から考察した岡本不二明「筆記小説からみた宋代士人の金銭感覚と経済状態」（『アジア遊学』一八「宋銭の世界」、一九九九年）をあげておく。

（12）一言触れておこう。中国の都市は行政範囲や人口の面において、他の地域とは異なる。人口もそれゆえにきわめて多い。下位クラスで数万、上位クラスで数十万の都市が列挙できるのは、インドをのぞけば中国だけではないのか。

（13）朱熹のような大思想家ですらそうである。活発な執筆活動を行っているが、それらは言葉を集積したものがほとんどである。彼自身の深遠な哲学と壮大な理論を表題にして一本に仕上げたものはのこらない。

(14) 菊森英夫『文芸サロン―その多彩なヒロインたち』(中公新書、一九七九年)によれば、サロンそのものはオリエント起源を持ち、今日的な意味でのサロン発生もイスラム社会にあったらしい。一〇世紀から一一世紀にかけてのスペインのコルドバにあった回教王国のカリフの娘ヴァラダーが開いた文芸サロンが嚆矢という。中国における知識人の集まりとしては耆英会が有名である。ただ、宿老たちが風雅を楽しむ会合といった要素が強く、時代の変換を期待させるものではない。

(15) 受験者その他については諸説あるが、近年では John W. Chaffee *The Thorny Gates of Learning in Sung China*, Cambridge press, 1985. が論の基本となる数字を出している。

(16) 出版文化との関係は、小島毅「朱子学の展開と印刷文化」、馬渕昌也「明代以前における士大夫の思想書物流通との関係についてのノート」(伊原弘・小島毅編『知識人の諸相』勉誠出版、二〇〇一年)参照。

(17) 余英時、森紀子訳『中国近世の宗教倫理と商人精神』(平凡社、一九九一年)。

(18) 一時期、宋や明などのある時期を西欧のルネッサンスに比定する議論が盛んであった。文化の発達や精神ならびに市民生活の高揚が、そう考えさせるのである。だが、行き着く先を考えなくてはならない。規制の緩和や法意識の改正など、ルネッサンスの行き着く先はなんであったのか。そこまで考えなくては安易な比較はできないのではないか。

(19) 市来津由彦『朱熹門人集団の形成』(創文社、二〇〇二年)。

(20) 呂氏には衣川強氏ならびに拙論があり、史氏についてもわたしが考察した。また米国でもいくつか論著がある。ここでは、いくつか関連論文をあげておこう。松井等「北宋官僚の一典型――石介とその系譜を中心に」(『東洋学報』五―一、一九六八年)、伊原弘「中国宋代の都市とエリート常州の発展とその限界」(『史潮』新二八号、一九九〇年)。

(21) 岡元司「南宋期温州の名族と科挙」(『広島大学東洋史研究室報告』一七、一九九五年)。岡氏は温州を事例に地方士大夫の集中的な解析を行っている。本論文はその一例にすぎない。岡氏の追究の対象は、温州の儒学者葉適を中心とするグループである。

(22) 伊原弘「中国知識人の基層社会――宋代温州永嘉学派を例として」(『思想』八〇二、一九九一年)。

(23) 本田治「宋元時代温州平陽県の開発と移住」(『佐藤博士退官記念中国水利史論叢』、一九八四年)。

(24) それが『水心文集』である。かれの伝記は『宋史』巻四三四に所収されている。葉適の研究はかなりされており、中国でも全集を『葉適集』として出版している。

(25) 宋代のひとびとの伝記類の数は多く、把握できる人物も数万に及ぶ。これらのすべてが官僚ではないが、官僚が圧倒的に多いのも事実である。かれらの伝記の傾向の分類はなお完全ではないが、いくつかの系統に分けることが可能である。官界に及んだもの、及ばなかったもの。官界に及んだものは出世したもの、そうでないもの。この二種類に分けられる。出世したものもときの政治情勢に左右されながら、人生を送る。葉適は官界にでて順当に階段を登っていったが、やがて隠遁に入り地域における活動をする。これもひとつの典型といえる。

(26) 岡元司「南宋期の地域社会における「友」」(『東洋史研究』六一―四、二〇〇三年)。

(27) 岡元司「宋代の地域社会と知――学際的視点から見た課題」(伊原弘・小島毅編『知識人の諸相』勉誠出版、二〇〇一年)。

(28) 竺沙雅章「宋代墳寺考」(『増補中国仏教社会史研究』朋友書店、二〇〇二年)。有力者が宗教施設の減税・免税特権を利用する習慣をイスラームの有力者はどのように利用したのであろうか。一般的な喜捨についていえば、中国社会でも見受けられる。宋代の例は、伊原弘「宋代社会と銭――庶民の資産力をめぐって」(『アジア遊学』一八「宋銭の世界――東アジアの国際通貨」勉誠出版、二〇〇〇年)を参照されたい。これらは石刻史料に多く残されていて、寺観とひとびとの関係を推測するに便利である。そして、そこに投入された金銭も知らしめ、村落の標準経済力をも知らしめる。

※本章は平成一七年度科学研究費補助金特定領域研究、研究題名「地方志及び碑記の史料論的解析を主とした近世中国東南沿海岸地方の地域性と歴史性」(三二六六五―〇〇一三)による研究成果の一部である。

第二部　南宋政権下の四川

一　南宋四川における呉氏の勢力
——呉曦の乱前史

はじめに

開禧三（一二〇七）年、四川に自立を企てた呉曦は、安丙・楊巨源・李好義等四川の武将の手により倒された。これにより呉曦の企てのみならず、呉玠以来四代、四川に於いていわゆる呉家軍の名前のもとに力をふるっていた呉氏の支配権も崩壊した。

この呉氏の問題については、山内正博氏が「南宋の四川における張浚と呉玠」(1)において呉玠の時代を考察され、外山軍治氏が「章宗時代における北方経略と宋との交戦」(2)の中で、呉曦の乱を宋金交渉と関連付けて詳細に考察されている。また山内氏は「南宋政権の推移」(3)の中で、通史的に論及されている。その他山内氏が「南宋総領所設置に関する一考察」(4)で、内河久平氏が「南宋総領所考——南宋政権と地方武将との勢力関係をめぐって——」(5)で、井手達郎氏が「総領考」(6)で、総領所設置にからんだ問題から、それぞれ呉氏に論及しておられる。

このように呉氏についての論考はされているが、呉玠と呉曦の間、すなわち呉璘・呉挺の時代の構造的かつ立体的究明はまだ充分でない様に思われる。

そこで、本章では主に四川内部の事情に対応しつつ、呉璘・呉挺の時代について述べ、呉氏の性格を探ってみようと思う。

一、呉玠から呉璘・呉挺へ

紹興九（一一三九）年、四川を金の侵入から守り、巨大な軍閥的勢力を築いた呉玠が死んだ。呉玠の勢力の確立について、山内氏は、紹興五（一一三五）年迄に四川の諸兵力を掌握し、財政面では紹興六年には四川の財政における最大の実権者となり、かくして両権力を一身に把握することによってその権力の基盤を確立したとされた(7)。

山内氏は、曲端の裨将に過ぎなかった呉玠が四川に於ける最大の実権者となったのは、当時、兵・財・民の三権を掌握していた宣撫処置使張浚の権力抹殺を図った結果であったとされた。そして南宋は、紹興五年迄に呉玠が築いていた勢力を容認する形で臨み、それに乗った呉玠はより一層積極的に権力の集中に務め、遂には解体された筈の宣撫処置使を上回る権力を手中に収めたと述べておられる(8)。山内氏の論証によれば、呉玠は如上の権力を宋朝からの下賜でなく、あらゆる機会を捕えて積極的に獲得したものであり、張浚後の抬頭も、宋朝が意図したと云うよりも、抬頭して来る呉氏をむしろ容認していた事となる。

そして呉玠の握った権力について、軍事的には元従の兵数千の上に曲端の遺兵、劉子羽の興元の兵、関師古の階州の兵、綿州の文臣宣撫使の兵を併合して、総計七万の兵力を支配下に置き、財政的には紹興四、五年頃には四川都転運司歳額の過半を毎歳恒常的に使用する事を認められ、さらに都転運司に腹心、幕客を送って四川の財政における最大の実力者となったと述べておられる。さすれば、兵力では呉氏直属の者は僅かで、他兵団を積極的に吸収し、財政的には宋朝の財務機関を乗っ取る形で勢力を形成した訳で、呉氏の抬頭は、状況による事もさり乍ら、権力に対して能動的に行動した結果となる。

では、この様にして呉玠の築いた勢力はどの様にして呉璘・呉挺に受け継がれたのであろうか。

呉玠の没したのは紹興九年六月の事であったが、翌七月に四川武将の大幅な移動が行なわれた。『建炎以来繫年要録』(以下『要録』と略)巻一三〇、紹興九年秋七月壬辰の条にその事を述べているが、文中に

時陝西新復、永興・涇原・環慶三路偽官張中孚・趙彬・張中彦為帥、西河慕容洧叛、鄜延関師古入朝、秦鳳無帥、楼炤以便宜命浩等分鎮三路、於是炤欲尽移川口諸軍於陝西、璘曰、敵反覆難信、懼有他変、今我移兵陝右、蜀口空虚、敵若自南山擣蜀、要我陝右軍、則我不戦自屈矣、当且依山為屯、控守要害、逮敵情見力疲、漸可進拠、繇是璘・政二軍独屯内地、時已命張中孚節制陝西諸路軍馬、故以浩副焉、

と、宋朝は呉玠の没後諸般の情勢を口実に呉玠の軍の分轄を図ったが、軍事上の不利を唱える呉璘の抵抗にあい、結局呉玠の直属であった楊政と呉璘が四川に駐屯した事を述べている。この問題は後年利州路の分轄問題に繫がってゆくのであるが(9)、『要録』巻一三二、紹興九年八月辛酉の条に、

給事中蘇府言、已分屯呉玠軍馬、乞罷免四川対糴米脚銭等、上曰、四川自兵興以来、横斂既多、民不堪命、可令胡世将・張深相度蠲減、以蘇民力、

とあるように、呉璘の抵抗にも拘らず呉玠の兵団は分轄され、然もそれを口実にして四川の減税が行なわれた。この時の兵団の分轄について、『建炎以来朝野雑記』甲集巻一八(以下『朝野雑記』甲集と略)、関外軍馬銭糧数の条に、

玠死、胡丞公命其弟璘、以二万人守興州、楊政以二万人守興元、郭浩以八千人守金州、而玠之中部選鋒二万人、分屯仙人関裏外、其後璘又得之、故三大将之兵、惟興州偏重者此也

とある。呉玠の没時、呉璘、楊政がそれぞれ二万人を配下に置き、郭浩が八千人を受けもち、仙人関近辺に呉玠の兵二万人を分配したが、その二万人はやがて呉璘に吸収され、呉璘のみ四万人を支配下に置く大武将となった。然も『要録』巻一三二、紹興九年八月庚午の条に胡世将の上奏をしるして、

朝廷今以楊政帥熙河、呉璘帥秦鳳、政・璘皆呉玠大将、立功既多、威名素著、考之衆論、皆得人、臣謂楊政於鞏州及白石、呉璘於鳳翔及宝雞、多屯軍馬、遇有緩急、可以応接川陝、仍乞令政依旧帯川陝宣撫司都統制、璘依旧帯行営右護軍都統制、

とあるように、呉璘と並んだ楊政は共に呉玠の裨将であり、さらに、

政故為璘兄玠裨将、及分道帥、而執門下之礼、益恭、世頗賢之、

とあれば、呉玠の軍を分轄したと云っても、軍事的に連携している楊政はかっての同僚であり、呉璘と並置された後は門下の礼をとった。したがって、呉璘は宋朝による兵団の分轄を受けながらも、実質的には呉玠の軍を継承した訳で、宋朝の意向はとも角、呉氏の勢力が著しく削限されたとはいい難い。

この時期に確立された呉氏の兵力は、呉璘の没した乾道年間に至る迄変化する事がなく、興州都統司六万人、興元都統司一万七千人、金州都統司一万一千人と、他を圧した兵力を維持している。(10) そして呉璘の兵力の増加が著しいのに比較して、興元都統司の場合はむしろ減少しており、呉玠の没時呉璘に受け継がれた軍事的勢力はそのまま維持された訳である。

呉玠の軍団の分割を志す宋朝の意図にも拘らず、呉璘は兄同様の武将として成長していったが、それは官位の累進にもあらわれており、その昇進課程を整理して大体の事を表示すると表Ⅰとなる。(11)

表Ⅰを見るに、呉璘が節度使となったのは、紹興十（一一四〇）年のことであった。『要録』巻一三六、紹興十年六月丙戌の条に、

……、定国軍承宣使知秦州兼行営右護軍都統制同節制陝西諸路軍馬呉璘、武当軍承宣使知興元府兼川陝宣撫使司都統制楊政、彰武軍承宣使知永興軍兼枢密院都統制節制本路屯駐右護軍軍馬兼節制陝西諸路軍馬郭浩並為節度使、璘鎮西軍、政武当軍、浩奉国軍、三軍皆自竜神衛四廂都指揮使陞充侍衛親軍歩軍都虞候、

とあり、楊政、郭浩と共に節度使になったとある。これは同六月乙酉の条に叙官の理由として、

是日、川陝宣撫副使胡世将奏姚仲鳳翔之捷、〔事見六月乙酉〕、且言呉璘身先士卒、楊政奮不顧家、功効顕著、若不先次旌賞、無以激勧将帥、又言、郭浩素非親臨陣敵之人、難以責、臣已差呉璘充陝西諸路節制軍馬、同田晟前去青溪、与浩並無相妨、……、朝廷以三将権任相敵、遂倶賞之、

とあれば、軍功によって節度使となったのは勿論であるが、宋朝は呉璘だけでなく楊政、郭浩をも同時に節度使にした。特に郭浩の場合は意図的な事が明白である。宋朝は呉氏の勢力の抜群の事を認めつつも、呉氏のみ強大となる事を押える為、功によって官を与える場合もそれなりに配慮していた訳で、官制上では呉玠の地位がただちに呉璘に受

表Ⅰ　呉璘累進表

時期	武官階	使職	統兵職
紹興元年	康州団練使		
三年	栄州防禦使		
四年	定国軍承宣使	熙河蘭廓路経略安撫使知熙州	
六年			左護軍統制
七年			陝西諸路都統制
九年		秦鳳路経略安撫使知秦州	右護軍都統制
十年	鎮西軍節度使		節制陝西諸路軍馬
十二年		階成岷鳳四州経略使	
十七年	奉国軍節度使		
三一年		四川宣撫使兼陝西河東招討使	
隆興元年		宣撫使	

け継がれた訳ではない。然し、既に表示した様に、呉璘は紹興三十一（一一六一）年に四川宣撫使に、乾道元（一一六五）年の入朝の際は新安郡王に封ぜられ[12]、宣撫使となり、判興元府に任ぜられ、兄呉玠を凌ぐ大武将となった。呉璘は武将として最高の待遇を受けて、乾道三（一一六七）年四月に没した。『皇宋中興両朝聖政』（以下『両朝聖政』と略）巻四六に、

是月、併利州東西為一路、以呉璘為安撫、使兼四川宣撫、兼知興元府、璘尋薨、……玠死、璘為大将、守蜀捍禦余二十年、隠然為方面之重、其威名亜於玠、

とある。分轄されていた利州東西路が統合され、呉璘がその任にあたる事となったが、その地位にある期間は短かった。文中呉璘が四川防衛の任にある事二十年であったとあるが、この際の呉璘の登用は、その実権が実質的にも形式的にも四川の最高権力者たる事を、宋朝が認めた事となる。そして、呉璘の没後、宣撫使の職権は文臣官僚であった虞允文が握った[13]。

呉璘の子呉挺については『宋史』巻三六六、呉挺伝に、

以門功補官、従璘為中郎将、部西兵、詣行在、高宗問西辺形勢兵力与戦守之宜、挺占対称旨、超授右武郎浙西都監兼御前祇候、賜金帯、尋差利路鈐轄、改利州東路前軍同統制、継改西路、紹興三十一年金人渝盟、璘以宣撫使、総三路兵、禦之、挺願自力軍前、璘以為中軍統制、

とあれば、門功をもって官についたが、武将への道をあるき、紹興三十一（一一六一）年の金との交戦に際して呉璘が兵権を握ったのにともない、その直属の武将となった。その後の呉挺の官位累進については、表Ⅱの通りであるが、使職面では宣撫使になる事がなく、統兵職では御前諸軍都統制になっている。この様に呉挺は、官職面では前代二者に比較すると多少おとる。

呉璘から呉挺へどの様に引き継がれたか、呉璘の没した前後及び呉挺の時代は『要録』の様な包括的史料に欠けており、呉玠の没時の様な詳細な記述はない。然し呉挺の伝に、

（乾道）三年、以父命入奏、拝侍衛親歩軍指揮使節制興州軍馬、璘卒起復金州都統金房開達安撫使、改利州東路総管、挺力求終喪服、除召為左衛上将軍、朝廷方議置神武中軍五千人、以属御前、命挺為都統制、挺力陳不当軽変祖宗法事、遂寝、拝主管侍衛歩軍司公事、

とある事を見れば、呉璘が没した事によって、呉玠の没時の様な軍団の配置転換はなかった様である。むしろ皇帝護衛の任にあたる神武中軍を設置し、呉挺をその任に命ずる事により、直接宋朝の支配下に置こうとしたのではないかと思われるが、これは実行されなかった。

呉璘以後呉挺がその指揮下に置いた兵数は残念乍ら判明しない。然し、紹熙四（一一九三）年の呉挺の没時の事を、(14)

表Ⅱ　呉挺累進表

時期	武官階	使職	統兵職
紹興三一年			中軍統制
	栄州刺史	熙河経略安撫使	
興隆元年	団練使		
	郢州防禦使		
	武昌軍承宣使	龍神衛四厢都指揮使熙河経略安撫使	中軍統制
乾道元年			本軍都統制
三年		侍衛親歩軍指揮使節制興州軍馬	節制興州軍馬
淳熙元年	定江軍節度使		興州都統
四年		利州西路安撫使知興州	御前諸軍都統制

是夏、御前諸軍都統制兼知興州充利州西路安撫使呉挺卒、先是虞丞相允文既没、朝廷復命挺、充利西帥凡十九年、而卒于軍、於是四川総領楊甫、先事□朝廷、乞択重臣鎮蜀、乃以丘崈為制置使、崈未入蜀、而聞挺病甚、恐其軍中五六万人、緩急無所属、

と述べ、続けて、

趙汝愚在枢府、用崈・輔二人之議、更遣張詔代之、蓋不欲呉氏世襲、以鎖未然之患也、

とある。(15) これを見るに、呉挺の没時にも配下の軍団は尚五、六万の兵力を擁していた訳で、紹興年間呉玠が軍団を握って以来三代、実に六十年近く四川に武将として君臨していた訳である。呉挺は虞允文のあとを受け利州西路の軍を握ったが、既に述べた様に、呉玠・呉璘に比敵する官には就かなかった。然し、丘崈入蜀の事情を見れば配下の軍団とは密着しており、宋朝は呉氏累代の兵権掌握を世襲とみなしていた。さらに注目すべきは、四川総領楊甫が情勢を宋朝に通告し、善処を要請している事である。ここで総領問題に迄及ぶ余裕はないが、楊甫は四川総領本来の役目である呉氏牽制の任を充分に果している。(16)

呉挺の官職が呉玠・呉璘と同様にならなかったとは云え、呉玠が握った兵権は結局三代の間受け継がれており、この点では宋朝下賜の官にかかわらず常降保有された五・六万の軍団は正に呉家軍の名にふさわしく、呉氏の私兵的性格が強かった様に思われる。

ところで、永年にわたる呉家軍を支えたのは呉氏のあった利州西路、秦鳳路であった。山内氏は、呉玠の軍団が陝西の精兵に支えられていた事を指摘しておられるが、(17) 前述の様に呉璘もそれを受け、呉挺も、彼の伝に、

淳熙元年、……、初軍中自置互市於宕昌、以来羌馬、西路騎兵遂雄天下、自張松典権牧、奏絶軍中互市、自以馬給之、所得多下駟、挺至首陳利害、以聞、乞歳市五百匹、詔許七百匹、

とある様に、軍中に互市を置いて騎兵の充実を図るなど、受け継いだ軍団の精強化を図っている。これは、呉挺が前

代二者と同様に陝西に軍の基礎を求めた事を示していると共に、呉璘が呉玠の兵二万を吸収したと同様、軍団の形成に能動的だった事をも示している。そして呉氏は、呉玠の形成した軍団を維持した。

二、宋朝の牽制と呉氏

1　利州路の分轄と呉氏

既に述べた様に、呉氏は宋朝の支配機構の中で高い地位にあり、強大な権力を握っていた。一方宋朝は、『建炎以来朝野雑記』乙集巻九（以後『朝野雑記』乙集と略）に「趙子直丘宗卿楊嗣勛不欲呉氏世襲」とある様に、呉氏に強大な権力を与えながらも同時にその成長を望まなかった。(18) そして様々な方法で呉氏を牽制し、この様な場合の常套手段である人質もとった。呉曦が呉挺の没後も長く江南に留め置かれていたのもその一例である。(19) 然し、ここでは特に利州路の分轄問題と関連して、呉氏の権力基盤の構造と四川の構造に触れてみたい。

呉氏が根拠地としたのは、金への前哨線であり、軍事上の要地であった利州路であった。

利州路については呉氏の処遇とからんで分轄問題が何度か出ており、問題の討議のみならず実際に何度か分合が繰り返された。これについて前掲『朝野雑記』乙集巻九に「利帥東西分合」としてあらましが記載されている。それによれば紹興十四（一一四四）年に分轄されたのを最初として、乾道元（一一六五）年の統合、淳熙五（一一七八）年の分轄、紹熙五（一一九五）年の統合、慶元二（一一九六）年の分轄と数度の分轄統合が繰り返されている。同書には、紹興十四年の最初の分轄について、

利路自建炎置帥、或在益昌、或在漢中、未嘗分東西也、紹興十四年、鄭亨仲為宣撫副使、時呉武順璘在興州、楊襄毅政在興元、郭恭毅浩在漢陰、欲令三帥一体、乃奏分利州為東西両路、東路治興元、西路治興州、而浩兼金房

開達安撫使、遙制夔路及京西三郡、

とある。利州路を東西に分轄し、東路を楊政に、西路を呉璘に治めさせ、郭浩を安撫使として夔州路、京西三郡を制せしめ、これによって紹興十四年の時点で三武将が並置せられた。ところで、利州路分轄問題は突然実施されたのではない。呉玠が没した直後の事を、『要録』巻一三〇、紹興九年秋七月壬辰の条に、

影武軍承宣使知金州兼陝西宣諭使郭浩為鄜延路経略安撫使、兼知延安府、同節制陝西諸路軍馬、趣令以所部之任、武康軍承宣使利州路経略安撫使川陝西宣撫使都統制節制成鳳州楊政為熙河蘭鞏路経略安撫使、兼知熙州、定国軍承宣使熙河蘭廓路経略安撫使兼右護軍都統制節制階岷文竜州呉璘為秦鳳路経略安撫使、兼知秦州、仍詔郭浩・楊政・呉璘、並依旧聴四川宣撫使節制、時陝西新復、永興・涇原・環慶三路偽官張中孚・趙彬・張中彦為帥、西河慕容洧叛、鄜延関師古入朝、秦鳳無帥、楼炤以便宜命浩等分鎮三路、於是炤欲尽移川口諸軍於陝西、

とあり、『宋史』呉璘伝には

……、楼炤、使陝以便宜欲命三帥分陝而守、以郭浩帥鄜延、楊政帥熙河、璘帥秦鳳、欲尽移川口諸軍於陝西、璘曰、金人反覆難信、…、炤従之、命璘与楊政、両軍屯内地保蜀、郭浩一軍屯延安、以守陝、

と楼炤の施策を具体的に述べている。これらの点については、既に第一節で呉璘の登場と関連して述べたが、宋朝は呉玠の死亡と同時に郭浩・楊政を呉璘と共に登用した。さらに諸般の情勢を口実に楼炤はこの三者に兵力を分散する事を図ったが、呉璘の反対にあい変更されている。これは既述した様に、呉玠から呉璘へ兵力が伝達されるのを避ける為であったが、その一方郭浩・楊政登場の機会を作った。

この時呉璘の反対にもかかわらず結局軍団の分轄が行なわれた事は既に指摘した通りであるが、その結果、兵力が分散し金の侵入に際して早急に手がうてないと云う事態もおきた。(20) この時の金宋間の戦乱は、紹興十一（一一四一）年に金宋間で講和が結ばれた事により一段落するが、『要録』巻一四六、紹興十二年八月の条に、その一年後の南宋

軍の配置について、

自休兵後、川陝宣撫司及右護軍、分屯三辺与沿流十七郡、〔……〕、興州呉璘所部僅五万人、興元楊政所部僅二万人、金州郭浩所部僅万人、惟興州屯兵最多、至二万有奇、興元府・利州・魚関各万、金州六千、洋閬各五千、皆有奇、西和・劍三千而贏、鳳・綿・階三千而弱、成州・大安軍二千而贏、滝川千有奇、文竜二郡与房州之竹山皆数百、……、

とある。呉璘の兵力が依然として群を抜いて多いが、これに継ぐ者として楊政・郭浩の軍が挙げられている。即ち、呉玠の没後、呉璘、楊政、郭浩はそれぞれ登用されたものの、配下の軍団には格段の差があった。

ともあれ、呉玠の死以来、利州路の分轄に至る迄、宋朝は一貫して軍団の分轄、移動と云ういわば機能低下の施策を取り続けた訳であるが、それを容易ならしめた要素として注目すべきは対金関係であろう。即ち衆知の様に、この間時に曲折がありながらも奉檜の講和策が展開されており、紹興九年三月から翌五月までの第一次講和、紹興十二年九月から、爾後紹興三一（一一六一）年海陵王の侵攻に至る迄の二十年間に及ぶ第二次講和である。そして、最早金宋間が安定したかに見える紹興十四年には、この様な軍団の移動、兵力の分散(21)によって作戦の展開がすみやかでなくとも憂慮する必要はなかったと見え、利州路分轄が実施された。そして四川の防衛状態は「時和議方堅、王独厳備、曰為敵至之虞、当是時、西路兵為天下最」とある様に、呉氏の備えのみ目立つ状態となっていった。

軍団の分轄と利州路の分轄と云うあらたな事態の中で表面に出て来たのは楊政、郭浩であったが、両者共に『宋史』巻三六七に伝があり、郭浩については「順徳軍隴干人、父任三班奉職、徽宗時、充環慶路第五将部将」とあれば、北宋末父の代から仕え、郭浩が武将となり南宋に帰した事となる。郭浩は北宋末欽宗の頃から官に就くが、建炎元（一一二七）年に知原州となり、さらに本路兵馬鈐轄知涇州権主管鄜延路経略安撫となったのが南宋に於ける累進の始めであった。そして「張浚為宣撫処置使、以浩為秦鳳路提点刑獄権経略使知秦州」とある様に、張浚の下で武将とし

て成長してゆく。それは、紹興元（一一三一）年の和尚原の戦では「浩与呉玠大破之、遷彰武軍承宣使、玠按本路提点刑獄」とあり、さらに武将宋万年の離叛を理由に「朝廷、乃徙浩知金州兼永興軍路経略安撫使」とある。そしてこの頃呉玠は、添秦鳳路経略使知秦州についている。利州路分轄の際、呉璘、郭浩は並んで用いられたものの、呉璘のみ累進して宣撫使となる。然し、当初は呉玠と同格であり、張浚のもとに個別に成長した武将であった。

これに対して楊政は、『宋史』楊政伝に、

楊政字直夫、原州臨涇人、崇寧三年夏人挙国大入、父忠戦歿、……、宣和末応募為弓箭手、靖康初因拒夏人、稍知名、建炎間、従呉玠撃金人、九戦九捷、累功至武顕郎、

とある。楊政の場合父子二代にわたって戦役についたが、楊政は特に呉玠に従って転戦している。この点が郭浩と異なり、利州路分轄の際も、

政故為璘兄玠裨将、及分道建帥、而執門下之礼、益恭、世頗賢之、

とある様に、(22)常に呉氏に対して恭順であった。

楊政は呉玠の下で累進し、紹興三年には龍神衛四廂都指揮環慶路経略安撫使となり、九年には熙河蘭鞏路経略安撫使知熙州進武康軍承宣使となり呉璘と並んだ。さらに呉玠に個人的恩義もあった関係もあり、(23)呉璘にも門下の礼をとったとあれば、呉氏の兵力削限をねらった利州路分轄も充分には成功しなかった。とは云え、楊政は呉玠の裨将であっただけに、呉氏の兵力の分轄は一応出来たと云える。

ところで、既述したように一旦分轄された利州路は、二三年後の乾道三（一一六七）年に再統合される。(24)即ち『宋史全文』巻二四、乾道三年夏四月の条に、

是月、併利州東西為一路、以呉璘為安撫使兼四川宣撫、兼知興元府、璘尋薨、

とある。再び利州路を統合し、呉璘に委ねたものの、五月に呉璘が没し、『宋史』巻三四、孝宗本紀二、乾道三年六

月辛未の条に「復分利州東西路、為二」とあれば、僅か数カ月で再分轄された。この乾道三年の分合と呉璘の死は時を同じくしているが、既述した様にこれに先立つ紹興三一年の海陵王の侵攻頃から呉璘が名実共に実力を得て、遂に宣撫使となったのと重なる。この後呉挺の時代には、孝宗の淳熙三（一一七六）年五月癸丑の統合、同年六月己亥の分轄があり、呉挺の没後も光宗の紹熙五（一一九五）年の統合、寧宗の慶元二（一一九六）年の分轄があった。[25]この様に利州路は分合を繰り返したのであるが、呉璘の没後再び分轄された利州路が、淳熙三年から五年迄統合されたのは、既述した様に淳熙元（一一七三）年呉挺が軍中に互市を置き配下の軍を一段と強化した時期にあたる。

呉挺が没したのは紹熙四年であったが、翌紹熙五年から慶元二年に至る迄の統合の期間は、

趙汝愚在枢府、用（丘）崈・（楊）輔二人之議、更遣張詔代之、蓋不欲呉氏世襲、以鎖未然之患

とある様に、[26]常々呉氏の勢力削限を提唱していた趙汝愚が、丘崈、楊輔の進言を用いて、張詔を呉氏の後任とした事による。即ち、『宋史』巻三九八・丘崈伝にその時の上奏を述べて、

挺死、崈即奏、乞選他将代之、仍置副帥、別差興州守臣、併利州西路帥司帰興元、以殺其権、挺長子曦勿令奔喪、

とあり、『宋史』巻四〇二、張詔伝に、

紹熙五年、除興州都統制兼知興州、代呉挺、慶元二年趙彦逾帥蜀、以関外去興元遠、緩急恐失事機、復請分東西為二帥、詔遂兼西路安撫司公事、

とあれば、呉氏の権力継承を断ち、利州路を宋朝の統制に服せしめる為であった。そして慶元二年、当初呉璘が軍事行動の便をもって反対した分轄は、逆の理由で分轄された。

この様に利州路分轄策は、呉璘に権力が集中した時、呉挺に権力が集中しかけた時に一時統合されたが、呉挺の没後はむしろ呉氏の世襲を妨げる為統合されるなど、時として曲折があり乍らも長期にわたって実施され、大体に於いて分轄の時期が長く続いた。

ところで、呉璘の没したのは紹興三一年であったが、郭浩、楊政共にそれ以前に没している。即ち、『要録』巻一五四、紹興十五年十一月丙辰の条に、

検校少保奉国軍節度使侍衛歩軍都虞候金房開達州安撫使知金州兼枢密院都統制郭浩薨、謚恭毅、

とある。そして後任の人事について、同月辛酉の条に、

降授武功大夫殿前司神勇軍統制李耕復饒州刺史、知金州、主管金房開達州安撫司公事、耕邢台人、楊存中薦也、

とあり、楊政については、『要録』巻一七六、紹興二七年二月庚子の条に、

太尉武当軍節度使御前諸軍都統制充利州東路安撫使兼知興元府楊政薨、年六十、政守漢中凡十八年、

とあり、同夏四月丙申朔の条に、

清遠軍承宣使知金州節制屯駐御前軍馬姚仲為龍神衛四廂都指揮使御前諸軍都統制利州東路安撫使、兼知興元府、保寧軍承宣使御前前部統制知階州王彦為金房開達安撫使、節制屯駐御前軍馬、兼知金州、

とある。

郭浩の後を継いだ李耕復とそれを推した楊存中には特に伝がないが、李耕復は邢台の人である。両者の名は利州路分轄の際に登用された者の中に見えず、李耕復の前職は中央の官であった。これは四川に対する宋朝の介入と云えるが、郭浩は元来呉氏とは別系統の武将であったから、それ丈け介入が容易であったかも知れない。これに対して、楊政の没後その後任となった姚仲は知階州、王彦は知成州として、それぞれ沿辺安撫使であった(27)。

すなわち、呉璘・郭浩・楊政の三者の手に委ねられた利州路は、郭浩の死により、李耕復がそのあとを継ぎ、次いで楊政が死んだ事により、呉璘、姚仲、王彦の三者の手に委ねられる事となった。姚仲、王彦は、利州路分轄の際に知階州、知成州であったとあれば、地理的には呉氏の勢力下であり、利州路が彼等の手に委ねられたのも、呉璘の勢力が伸びた時期であった。これが、呉氏勢力の伸張を物語るか否か断定はし難いが、呉氏の支配下にあらたな武将が

おこって来ているのは事実であり、紹興以来一貫して勢力を保持しているのは呉氏のみとなった。

2　呉挺から呉曦へ

宋朝の牽制を利州路分轄と云う面から見た場合、呉氏勢力の分轄と勢力伸張を押える点ではある程度成功したが、武将間の連繫を打破する迄には到らなかった。然し、その一方武将の間にいわば世代変りがあり、武将の変質を生んだ様に思われる。それが真にあらわれて来るのは呉挺の時代であろうが、呉挺の時代は史料に乏しく、その変化がとらえ難い。そこで、呉曦の乱をもあわせ演繹的に考察する事とする。

呉挺の没時に趙汝愚のもとで、楊輔・丘崈が策動し、張詔を呉挺の後任とした事は既に述べたが、楊輔について、『宋史』巻三九七に、

楊輔字嗣勲、遂寧人、乾道二年進士甲科、……出知眉州、累遷戸部郎中、総領四川財賦、升太府少卿、……、

とある。遂寧（四川省遂寧県西七十里）の人で、呉挺の没時は総領四川財賦の官にあった。

丘崈は、同巻三九八に伝があり、

丘崈字宗卿、江陰軍人、隆興元年進士、……、光宗即位、召対除太常少卿権工部侍郎、進戸部侍郎、擢煥章閣直学士四川安撫制置使兼知成都府、

とあれば、江陰軍（江蘇省江陰県）の人で、四川安撫制置使兼知成都府となっている。また、呉挺の後を受けた張詔は、『宋史』巻四〇二、張詔伝に、

張詔字君卿、成州人、少隷張俊帳下、積功、守和州、……、紹熙五年除興州都統制兼知興州、代呉挺、

とある。張詔は成州（甘粛省成県）の人で、張俊の下に武将として成長し和州（安徽省和県）を守っていたが、呉挺に代って興州都統制兼知興州となっている。

この三人を通観するに、総領官と文臣安撫使の談合のもとに、張詔を呉挺のあとに据えたのであるが、楊輔は宋代梓州路の人、張詔は秦鳳路の人で、丘崈のみ江南の人であった。また、楊輔・張詔は共に孝宗の治政の始め頃、換言すれば呉玠から呉璘への転換の時代に官となっている。

総領の役割りについては既に諸氏の指摘があるが、元来武将の牽制を役割りとし、中央の意向を受けて行動をしていた。(28) その任に四川出身の楊輔があたっていた訳である。この様に四川出身者が総領官となった例は他にないではなく、崇慶晋原（四川省崇慶県）の人で、紹興十八（一一四六）年に進士及第の後に、知興元府安撫利州東路をへて倉部員外郎総領四川財賦軍馬銭糧升郎中にうつった李蘩(29)や、淳熙二（一一七五）年に進士及第し、慶元三（一一九七）年に利州路転運判官となった果州南充（四川省南充県）の人游仲鴻の例がある。(30)

この様に呉挺の時代、特に晩年あたりから四川の人で総領官となる人が出たのであるが、李蘩は「……、念呉氏世襲兵柄、必稔蜀乱」とあり、(31) 游仲鴻は「数忤宣撫副使呉曦、曦言仲鴻老病、朝命易他部、未幾曦叛」であったとあれば、(32) 前の楊輔と同様、呉氏に阿ることなく、呉氏の権力継承を妨げた訳で、総領官の任務に忠実であった。

呉挺の死から呉曦の入蜀の事情及び呉曦の乱に至る経過は、外山氏も論考されているので特に述べないが、(33) 呉挺の死から呉曦の入蜀迄の八年間の四川は、呉挺の時代に官となり抬頭した、いわば反呉氏勢力に支配されていた事になろう。この様な四川に呉曦が帰蜀できたのは、金との開戦を決意した韓侂冑が、従来から帰蜀の念があり、その為に運動していた呉曦を蜀に帰し金にあたらせようとした事による。然し、呉曦は帰蜀後に四川の独立を企て金に通じて叛乱を起したが、乱は短期間に終り、呉氏の永年の支配権は崩壊したのである。

ところで、既に度々指摘して来ている様に、呉曦の乱は四川出身の武将によって鎮圧されている。この武将について、『朝野雑記』乙集巻九に「蜀士立功立節次第」とあり、功を立てた者、節を立てた者を功によって順次名前をしるしているが、ここでは功を立てた者について論ずる事とする。即ち前掲書に、

武興之変、立功者安観文為之主、楊巨源・李好義倡率忠義次之、李貴手斬逆賊又次之、若李好古・安癸中・楊君玉・李坤辰・張林・朱邦寧之徒協謀挙事、又其次也、

とある。この内直接呉曦を倒したのは安観文、即ち安丙を中心とする集団であった。呉曦の乱について『宋史』巻四〇二、李好義伝に詳述して、乱の時に興州中軍正であった李好義は、一族及び腹心同志をつのり、随軍転運使安丙、興州合江倉楊巨源らと連繋し、決死隊を結成し呉曦の寝室に乱入、李貴及び王換が斧で首を打って乱を鎮圧したとある。

この集団の中心となったのは、乱後四川の全権を握った安丙と李好義、楊巨源であったが、この三者はそれぞれ『宋史』巻四〇二に伝があり、安丙については、

安丙字子文、広安人、淳熙間進士、調大足県主簿、……、辟利西安撫司幹弁公事、調曲水丞、呉挺為帥、知其才、邀致之、改秩、知新繁県、

とある。また楊巨源については、

楊巨源字子淵、其先成都人、父信臣、客益昌、因家焉、巨源倜儻有大志、善騎射、渉猟諸子百家之書、応進士不中、武挙不中、劉光祖見而異之、薦之総領銭糧陳曄、

とあり、李好義については、

李好義、下邽人、祖師中、建炎間以白丁守華州、積官忠州団練使、父定一、興州中軍統制、好義弱冠従軍、善騎射、西辺第一、……、開禧初、韓侂冑開辺、呉曦主帥、好義為興州正将、……、

とある。安丙が広安（四川広安県）、楊巨源が成都（四川省成都県）の出で四川の人であるが、李好義は下邽（陝西省渭南県）の人とあれば、四川の出身ではないが、父の代から四川にあって武将となっていた。さらに注目すべきは、李好義のみ代々武人の家であったが、安丙が進士及第者で、楊巨源が武人でありながら科挙を受験し、官僚へ転進を図っ

ている事である。そして、安丙・楊巨源共に財務系官僚となっている。また安丙は呉挺に見出され、李好義は呉曦の副将となっている。三者はそれぞれ四川及び呉氏に深い関係をもっていたが、一方では科挙を受験し、総領系の官となるなど宋朝の四川支配体制の枠組みの中にもあった。これは、呉玠、呉璘の時代の諸将が多く戦乱の内に家を起こしたのとは全ったく異なるのであり、然もその意味で呉氏に恩を感じない諸将であると云えよう。ただ李好義のみは伝来の武将であったが、『宋史』李好義伝には、

好義遂遣（李）君玉偕坤辰約巨源以報丙、丙大喜曰、非統制李定一之子乎、此人既来、断曦之臂矣、……、拝決于家廟、嘱妻馬氏曰、日出無耗、当自為計、死生従此決矣、馬氏叱之曰、汝為朝廷誅賊、何以家為、我決不辱李家門戸、馬氏之母亦曰、行矣、勉之、汝兄弟生為壮夫、死為英鬼、好義喜曰、婦人女子尚念朝廷、不愛性命、我輩当如何、衆皆踴躍、

とある。李好義は、安丙が「呉氏の臂」といった様に代々呉氏と共にあり乍ら、一族を挙げて安丙に従った。然も妻馬氏の言葉を見れば、宋朝あっての李氏であったと云い、呉氏の恩累も宋朝の権威の前に及ぶ可きもない。

権力の醸成、特に一つの国家機構の中にある権力の醸成が、中央政府の影響を受けて醸成されるのか、独自に形成し得るのか、場合によって異なろうが、呉氏の場合は宋朝の権威なくして形成し得なかったのではないかと思われる。

さらにまた、

好義兄弟謀曰、今日人皆可殺曦、皆可為曦、曦死後、若無威望者鎮撫、恐一変未息、一変復生、欲至期立長史安丙以主事、蓋曦嘗授丙偽丞相、丙託疾不往、故兄弟有是謀也、

とある。これによれば、呉曦の死後、誰でも四川の実権を握り得たのであり、李好義は呉氏の後継者を安丙と定めて呉曦を討った事となる。要するに、呉氏の世襲を妨げ、四川に君臨しようとした呉曦の野望を打ち砕いたのは、呉挺の時代に成長した四川官僚に他ならず、この中には武将から官僚となった者も含まれていた。安丙・楊巨源に至って

は、一旦は官僚となったものの、呉曦の乱に際しては本来の武将としての活躍をしている。

これらの諸氏は、李好義が如実に示している様に、宋朝下にあって四川の安定を願っていたと云える。四川人士が永年呉氏の支配を容認したのも正にその点に意味があり、呉氏の長期にわたる存在も四川の動揺をのぞまぬ四川人士の意向が多大に影響していたのであろう。(34)されればこそ、呉氏を打倒した集団はその後任を安丙に求め、宋朝もそれを追認するのみであった。(35)

三、四川における呉氏

呉氏の出自について『琬琰集』冊存巻一、呉武安公玠功績記に、

呉玠字晋卿、世居徳順之隴干、曾祖謙太子太保、祖遂太子太傅、父扆少保、三世皆以義烈聞、

とあり、『宋史』巻三六六、呉玠伝に「呉玠字晋卿、徳順軍隴干人、父葬永洛城、因徙焉」とある。これに従えば、呉氏は代々徳順軍隴干（甘粛省静寧県）に居たが、呉玠の代に水洛城（甘粛省静寧県西南百里）に従った。(36)また代々武人の家であったが、呉玠が武将として抬頭するに及んで起家する事となった。

呉氏一族の系譜、婚姻関係は存外不明の部分が多いが、それでも『琬琰集』冊存巻一、呉武順王璘安民保蜀定功同徳之碑に、

曾大父謙追封魏国公、大父遂追封楚国公、考扆追封魯国公、皆累贈太師、曾祖母李氏、祖妣斉氏、妣劉氏、封魏楚魯三国夫人、

とある。三代の祖と祖妣が追封された事を述べ妻家の名を記しているが、呉氏の婚姻関係で判明するのは、この他呉璘の妻家をも含め僅か四例のみである。

表Ⅲ　呉氏系譜

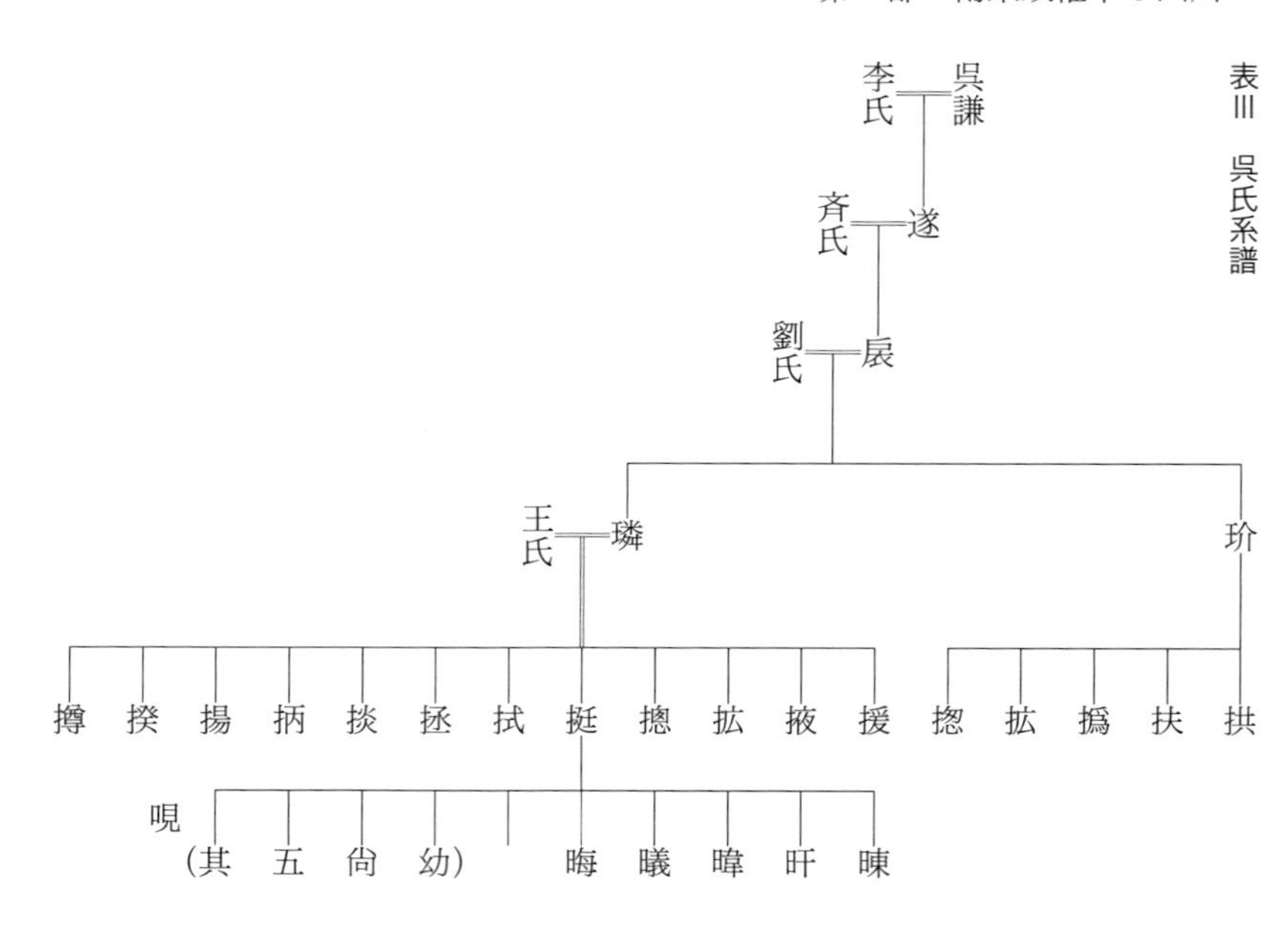

前掲『宋史』呉玠伝に子の事を「子五人、拱・扶・撝・拡・揔、拱亦握兵云」と、玠の子で武将となったのは呉拱のみであった事を述べている。(37) 呉玠の没後呉璘がその跡を継いだ為か、玠の一族はこれ以後明らかでない。呉璘の一族については、前掲『琬琰集』呉璘伝に、

娶王氏、封呉国夫人、先八年卒、男十二人、曰援、曰掖、曰拡、曰揔、曰挺、曰拭、曰拯、曰掞、曰抦、曰揚、曰揆・曰撙・孫男九人、暕・旴・暐・曦・晦、其五尚幼、子孫凡二十余人、

とある。(38) これらに従って呉氏一族の系譜を作成すれば表Ⅲとなる。これを見るに呉氏のもった権力に比較して明らかでない部分が多い。玠以来の権力の継承者の名前は判るが、それ以外の事は明瞭でなく、行跡のみならず官についたか否かも判らないのが実態である。ただ『要録』巻一八五、紹興三十年六月丙辰の条に「右武郎呉掖為右武大夫、掖・挺兄、用其父璘所遷官回援也」と、呉璘の子について記述があるのみである。これは、既に指摘した様に呉氏の子孫が人質として江南に留めおかれていた事によるかも知れない。然し、他の者が全たく逼塞していたのではない事は、呉曦の乱に際して、

丙分遣将士、収其二子及叔父柄・弟晫・従弟晛、……、詔、曦妻子處死、親昆弟除名勒停、呉璘子孫並徙出蜀、
　呉玠子孫免連座、
と一族の処遇を述べている点からも推測し得る。[39]

呉氏は累代四代にわたる勢力を築いたが、この様な系譜、婚姻関係の他要職にあったと云う例も見当らない。また呉曦の乱に際して、呉璘一族は追放等の処分を受けるも呉玠一族は赦されると云う処遇を受けている。してみれば、その頃迄玠の子孫も一族として存在していた訳で、呉氏一族の処分方法から呉氏の勢力を測る事は出来ないが、一族としてかなり大きくなっていたと思われる。その一方、呉曦が叛臣となった事もあり、史料上の制約もあるが、明らかではない部分の多い事は族的勢力がそれ程強くなく、為に政治、軍事機構の中に深く介入する事がなかった為とも受け取れる。

呉氏の族的勢力が政治的、軍事的のみならず社会的にも深く根をおろしたものであったか否かは別としても、その存在が四川の人士に人気のあったのは事実である。既に述べた様に、呉挺の没後永く江南に留められていた呉曦が蜀に帰った時、

呉曦除西帥、三軍之士望之如慈父母焉、曦至軍、首為璘建廟大殿、費十万緡、他不許也、又命士卒、負土築江浜
　地、際山為園、広袤数里、日役数千人、士始失望、

であったとしている。[39]

四川の人士が、最終的には失望したとは云え、当初は呉曦の帰蜀に期待を抱いたが、これに対する呉曦の態度は王侯の様に尊大な態度であった。[40] 然し、その後人心が急転する事、呉曦の乱が短期間に四川内部で処理される事を見ると、根の深いものでなかったと云える。

従って、呉曦は呉氏の実力を過信していた事となるが、この様な呉氏に対する反応、この場合社会的反応と云うべ

きであろうが、は何に由来しているのであろうか。

呉氏が民情の安定に心を砕いた事は、それぞれの伝に記載されており、前掲『宋史』呉玠伝に、

玠与敵対壘且十年、常苦遠餉労民、屢汰冗員、節浮費、益治屯田、歳収至十万斛、又調戍兵、命梁洋守将、治褒城廃堰、民知灌漑可恃、願帰業者数万家、

とある(41)。また前掲呉璘の墓誌銘に、

（隆興二年）秋八月、……、王専留意民事、問民所疾苦、漢中先是夏秋糴以供軍儲、吏多取於民而嗇出以規贏、民甚病之、褒城諸県各有古堰、分水漑田、歳料民田、以多寡賦竹木増修、吏沿為姦、又光道渠久廃、水不下、漑利廃而賦仍在、王以次釐革糴、則使民自槩督諸軍、復渠宜淤築壊、開田数千頃、民甚利之、黴姦吏、核健訟以防其病、民外台以治状開、

とあり、『宋史』呉挺伝には、

郡東北有二谷水、挺作二隄、以捍之、紹興二年、水暴発入城、挺既振被水者、復増築長隄、民頼以安、

とある。紹興二年は紹熙二年の誤りである(42)。

呉氏が累代灌漑に心を砕き、民情の安定をはかった事は、呉氏の四川に対する細かな配慮と共に、呉氏の堅実な事をも示している。

四代にわたる呉氏のうち、呉玠、呉璘兄弟は戦乱の内に身をおこし、かつ民政に心を砕いて勢力を維持したが、呉挺の時代は前二者の時代よりは戦乱もすくなく、比較的安定していたと思われる。

然し、この呉氏の存在が平時に於いても日常化したこの時点でも、彼の伝に、

挺少起勲閥、弗居其貴、禮賢下士、雖遇小官賤吏、不敢怠忽、拊循将士、人人有恩、璘故部曲拝於庭下、輒降答之、

とあり、さらに、

挺節冗費、屯工徒、悉創為之、御軍雖厳、而能時其緩急、士以不困、

と、なお民政、部下に心を砕いた。これが宋朝の苛政と相俟って[43]、呉氏に対する永年の信望を得る原因ともなったと思われる。

然しその一方、この様な細心の配慮とその持続は、一面呉氏の基盤の弱さをも示している。既成権力との相克の中で勢力を維持する必要があり、呉曦に対する四川人士の反応がなによりも明確にそれを物語っていると云えよう。しかも、この様な所謂善政も呉氏のみが行ない得たものではなかった。

紹興十四年の利州路分轄の際に経略安撫使となった郭浩は、治所金州で、

金州残弊特甚、戸口無幾、浩招輯流亡、開営田、以其期置頒亦諸路、他軍以匱急、仰給朝廷、浩独積贏銭十万緡、以助戸部、朝廷嘉之、

とあり[44]、さらに同じく利州路分轄の際東路をうけもった楊政も、

初、興元府有六堰、引褒水漑民田至数千頃、故漢中地極膏腴、兵興以来、歳久弗治、至是帥臣武当軍節度使兼川陝宣撫使都統制楊政率衆修復、偶夏水堤決、政親往督役、其後堰成、歳省漕運二十余万石、又漢江水数至城下、政仍作長堤捍之、水遂趨南岸、咸頼以安、

とある[45]。この様に、民政に意を用いたのが呉氏のみでなかったのは、宋朝により四川に並列せられた諸将もまた、四川出身の武将としてこの性格を持っていた事を示していると云える。

然し乍ら、郭浩が紹興十五年、楊政が紹興二七年にそれぞれ没し、建炎当初から活躍を続けているのは呉氏のみとなった。

おわりに

呉氏の勢力は、既に山内氏も論ぜられた様に、張浚の権力を削除する過程で登場して来たものであった。それが累代にわたったのは、呉玠、呉璘と有能な武将の続いた事、呉氏の勢力地が金宋間の接点たる秦鳳路、利州路に位置しており、絶えず軍事的緊張があった事、呉氏軍団の形成過程で諸武将の兵力を吸収した為に他の武将に対して優位にあった事が挙げられる。一方、四川内部に於いても、呉璘の時代に他の武将が没し、呉氏のみ屹立する形となった事が挙げられる。

呉挺の時代の直接的把握は困難であるが呉挺没時の情勢及び呉曦の乱等より類推するならば、宋朝治下に成長した官僚・武将が出現し、呉玠、呉璘の時代の様に戦乱によって身をおこした武将が減少した事、武将勢力に相対した総領官に四川出身者が任ぜられるようになってくる事など、四川内部の変化が見られる。その意味では、呉氏の支配力は呉挺の時代に低下したと云うべきで、呉挺の官位が前二代に及ばないのもその現われであろう。

これに対して呉氏がどの様に変化したか充分に把握しきれない点はあるが、南宋初め一片の政策の変化により姿を消していく諸武将と同様に宋朝機構内での有権力者に過ぎない。従って、武将として最高権力を誇った呉氏と配下の武将との関係も、楊政・李好義の二例が端的に示している様に、時にあった私的関係は消滅し、政治機構内での官僚的関係へと変化していった。

呉氏の勢力継承が世襲といえるか否か一概に断定は出来ないが、前代の没後直ちにその官を継がない点では世襲でないと云えるが、勢力を温存する点では世襲と云える。この点は官僚制度のより一層の分析を待つ必要があろう。

呉曦の乱が短期間に終了するのは、一見強固に見えた呉氏の勢力が、宋朝政治機構に強く依存していた事、四川人士の呉氏に対する認識が四川防衛者としてであった事などによる。さらにまた、時代が下がると共に、四川出身者で宋朝の意向を受けた者が、その政治機構に参加して来る。

呉氏が累代高い地位にあり、四川防衛の任を受けて、力を揮っていたのは疑いのない事であったが、この様な四川内部の変化、また呉曦の乱が端的に示している様に、四川防衛を専一に考える四川人士がこれを支えた訳である。したがって、呉曦が自立を企てた時、当然両者の離間は避けがたくなる。ここに呉氏支配の脆弱性がある訳で、これを読み誤った呉曦の乱が短期間に終了するのは自明の事と云える。

南宋四川における呉氏の存在形態を通して、さらに深く問題を追究していく予定であったが、単なる素描に終った感がある。爾後の問題に関しては他日を期したい。

註

（1）『史林』巻四四―一。
（2）『金朝史研究』所収（第四章、宋将呉曦の金への内附及び註）。
（3）『世界歴史』（岩波）、中世三、南宋政権の推移二、矛盾（二四八―二五〇頁）。
（4）『史学雑誌』巻六四―一二、史学会第五十四回発表要旨。
（5）『史潮』巻七八・七九合併号。
（6）『埼玉大学紀要』、教育学部編五。
（7）「南宋の四川における張浚と呉玠」（『史林』巻四四―一）。兵力の拡充については第二章（一〇八―一一五頁）、財政権の掌握については第三章（一一五―一二三頁）に記述されている。
（8）同右一二三―一二四頁。
（9）ここに登場した楊政・郭浩等の問題については、第二節において利州路分轄問題とあわせて考察する。
（10）『朝野雑記』甲集、巻一六、関外軍馬銭糧数の条。
（11）『要録』、『琬琰集』冊存巻一、「呉武順王璘安民保蜀定功同徳之碑」による。

を述べている。

(12)『宋史』巻三六六、呉璘伝に「拝太傅、封新安郡王、越数日、詔仍領宣撫使、改判興元府」と、呉璘入朝の際の叙官を述べている。

(13)『宋史』巻三四、孝宗本紀二に「以虞允文為資政殿大学士四川宣撫使」とある。

(14) この点については既に外山軍治氏も前掲「宋将呉曦への内附」の註（24）（五五六頁）で指摘しておられるが、『宋史』巻三六六、呉挺伝に没年を紹興四年とし、『朝野雑記』乙集、巻九「利師東西分合」に紹熙五年としているのは、『宋史』巻三六、光宗本紀、紹熙四年五月の条に「壬辰、太尉、利州安撫使呉挺卒」とある様に、紹熙四年が正しい。

(15)『宋史全文続資治通鑑長編』（以下『宋史全文』と略）巻二八、紹熙五年の条。

(16) 四川における総領所の役割りについては改めて論ずる事としたいが、既に対立する二つの見解が示されている。すなわち井手達郎氏が「四川を総領という中央派遣の官吏によって、財政面よりこれを抑制してその藩鎮化を防止し、中央の威令に服せしめることに成功した」（「総領考」、『埼玉大学紀要』教育学部編五、二七頁）と指摘されたのに対して、内河久平氏は「制度上、総領官と武将とが対等関係にあっても、実質的には武将の権限の方が強かったようである」（「南宋総領所考」『史潮』七八―七九合併号、二二頁）と述べておられる。呉氏のあり方を見るに、中央の威令に服さしめると云うのは不当であるが、一方この様に楊甫が武将監視の役目を果していた事を考えるならば、武将の権限の方が強かったと単純にいい切る事も出来ない。総領所の機能と果した役割については、尚一層木目細かな分析が必要と思われる。

(17) 山内氏前掲書（『史林』四四―一）一一三頁。

(18) 呉氏の権力を削限する事を進言した史料は多いが、『宋史』巻三九二、趙汝愚伝に「其一謂、呉氏四世専蜀兵、非国家之利、請及今、以漸抑之、」と進言したとあるように、呉氏から兵権を奪う事を建言したものが大半である。

(19) 紹熙四（一一九三）年に呉挺が没してから、呉曦が帰蜀の願いを遂げた嘉泰元（一二〇一）年迄に八年の間がある。宋朝が累代呉氏一族を人質にとった事については、外山軍治氏が「章宗時代における北方経略と宋との交戦」（『金朝史研究』所収、五五五―五五七頁、註（24））の中で呉曦入蜀の事情とからめて記述しておられる。また『要録』巻一八二、紹興二十九年六月甲辰の条にも「時上巳召呉拱還朝、故因挺求帰而有加命」とあり、同巻一九五、紹興三十一年十二月辛丑の条にも。

総領四川財賦王之望復言、呉璘疾病、乞朝廷権事勢軽重、還呉拱於蜀、使璘腹心有助、之望恐璘不起、朝廷以姚

　仲代璘、故預有此請、

とある。呉氏一族の者を人質として江南に留めつつも、必要に応じて蜀へ帰さねばならない宋朝の矛盾と、呉璘以後呉拱をその助力としようとした事、姚仲を呉璘にかえ様としたにもかかわらず、結局呉氏に権力がもどり、呉挺が抬頭した事が判明する。従って、呉氏一族を江南に留めたと云っても、完全に実施されていたのではなかった。

(20)『宋史』巻三七〇、胡世将伝に、

　(紹興十年) 夏、金人陥同州入長安、諸路皆震、蜀兵既分、声援幾絶、乃遣大将呉璘、田晟出鳳翔、郭浩出奉天、楊政由赤谷帰河池、不数日璘捷于石壁及扶風、金人逡巡不敢度隴、分屯之軍得全師而還、

とある。

(21) 宋朝の政策として実施されたこれらが、四川内部、とりわけ呉氏にとって重用な意味を持っていた事は、この政策が打ち出された段階において、呉氏及び軍の反応から知る事が出来る。即ち、『要録』巻一三〇、紹興九年七月壬辰の条に、楼炤が諸路の監司と諸般談合の上、軍の分轄、移動を決定した際「令下之日、諸軍久駐川口、其間有屋舎田産、経営姻親者、則憚於遠戍、有出怨言者」とある様に、所在地に馴れた軍が移動をしぶった事を示している。さらに、同巻一三三、紹興九年十一月癸未の条に胡世将の上奏として「……、昨呉玠所官右護軍七万余人、控扼川口、常苦分布不足、今移屯出川、僅五万人」とある。既に度々指摘して来た様に呉玠の軍団は、その没後直ちに減ぜられたが、その一方では呉玠の在世中から四川を守る為の絶対数にも欠けていた。そしてこれは呉璘の時代になっても、兵力の不足と云う意味では変化がなかった事となる。

(22)『要録』巻一五二、紹興十四年九月辛酉の条。

(23)『宋史』巻三六七、楊政伝に紹興元年の事として「時有嫉政者、以母妻尚留北境、不宜属以兵権、玠不聴、政益感奮」とある。楊政と呉玠との関連を物語ると共に、呉玠が良く武将の心を把握していた事を示している。

(24)『朝野雑記』によれば、利州路の再統合は乾道元年の事となるが、『宋史』巻三四、孝宗本紀二によれば、乾道三年四月戊寅の事とあり、『宋史全文』巻二四、乾道三年四月の条にも「是月併利州東西、為一路」とあれば、乾道三年が正しいと思われる。

(25)『宋史全文』、『宋史』本紀、孝宗、光宗、寧宗各紀による。この分合の年について、『朝野雑記』はおおむね不正確である。

（26）註（15）。
（27）前掲『要録』巻一五二、紹興十四年九月辛酉の条に利州路分轄の事を述べたあと、
……、而統制官、知成州王彦・知階姚仲・知西和州程俊・知鳳州楊従儀、亦領沿辺安撫使、
とある。
（28）註（16）参照。
（29）『宋史』巻三九八、李蘩伝に「李蘩字清叔、崇慶晋原人、第進士、……、知興元府安撫利州東路、……、徙倉部員外郎総領四川財賦軍馬銭糧升郎中」とある。魏了翁の『鶴山先生大全文集』巻七八、朝奉大夫府卿四川総領財賦累贈通奉大夫李公（蘩）墓誌銘によれば蜀鄭の人で、進士及第は紹興十八年とある。崇慶晋原の人か南鄭の人か明らかでないが、いずれにしても四川出身者である。また総領官に何年頃なったのか明記してないが、淳熙初年頃であったようである。
（30）『宋史』巻四〇〇、游仲鴻伝に「游仲鴻字子正、果之南充人、淳熙二年進士第、……、（慶元）三年、起知嘉定府、擢利路転運判官」とある。
（31）『宋史』巻三九八、李蘩伝。
（32）『宋史』巻四〇〇、游仲鴻伝。
（33）外山軍治氏「章宗時代における北方経略と宋との交戦」註（24）（『金朝史研究』所収五五一七頁）。
（34）四川人士の意向が諸官僚に反映しやすい事は、『要録』巻一五六、紹興十七年冬十月壬子の条に「……、上因論、蜀人仕宦多不出蜀中、自今宜量、與東南差遣、庶遠近人情、無彼比之間、……」とある事からも察せられる様に、蜀出身の官は外に出る事が少く、本章において考察した人物の多くは四川出身者であった。この点は一層の追究が必要であるが、四川人士の意向が四川の支配者に影響しやすかったと考えるのが妥当ではあるまいか。
（35）『宋史』巻四〇二、安丙伝に「朝廷初聞変莫所為」とある様に、呉曦の乱にあたって宋朝は何等有効な手を打てず、以後安丙により李好義・楊巨源が殺されるなど、四川の混乱が続く。また同巻四〇〇、宋徳之伝に「朝論有疑安丙意、丞相史弥遠首以問徳之、徳之対曰、蜀無安丙、朝廷無蜀矣、……」とある様に、乱後安丙の処遇が問題となっている時も、蜀人は安丙を弁護している。
（36）呉玠伝には永洛城（楽浪城）に従ったとあるが、同じ甘粛省静寧県にある水洛城の誤りで、永は水の誤りと解する

のが妥当であろう。

(37) 杜大珪、『琬琰集』冊存巻一、呉武安公玠功績記には「三子、拱右武郎、扶・撝、皆為文官承奉郎、以経史自娯」とある。「以経史自娯」とあれば、文官であると共に学問を業とした様にも受け取れる。

(38) 孫男九人とあるが、実数は十人であり、九は十の誤りであろう。

(39) 『綱目備要』巻七、嘉泰二年秋七月己巳の条。

(40) この点について、外山軍治氏は前掲書の中で、呉曦の登場について詳細に述べられている。

(41) もっとも呉玠の晩年は可成り乱れていたと見え、『要録』巻一二九、紹興九年六月己巳の条に「然玠晩節咤色、多蓄子女、餌金石以故得略血、疾而死」とある。

(42) 註(14)と同様の誤りである。

(43) 四川は金に対する前線であった関係もあり、大体に於いて重税であった。その実態についてここで詳述しないが、『要録』巻一三二、紹興九年九月庚午の条に「詔新成都府路安撫使張燾令引対、燾奏、蜀自軍興以来、困於征徭、民力凋弊、官吏既不加恤、又従而誅剝之、去朝廷遠、無所赴愬」と、呉玠の没時の四川の状態を記述しているが、これは慢性の状態であった。さらに、同書巻一七七、紹興二十七年五月壬申の条に「上謂沈該曰、頃蜀中歳貢錦繡帟幕、雖民之幼女、亦追以供役作、其擾如此、朕令止之、蜀人極喜、近又減四川民輸至一百二十余万、民力必稍寛矣」と、四川特産の錦の生産に幼女迄役する程であったと云う。

(44) 『宋史』巻三六七、郭浩伝。

(45) 『要録』巻一四五、紹興十二年六月の条。

二　南宋四川における呉曦の乱後の政治動向

はじめに

南宋の政治史研究には一つのスタイルがある。有力な政治家や重要な事件を中核にして、関係した人々を分析していく方法である[(1)]。権力を構成した人々やそれに反対した人々の行動・出身地・思想傾向を分析することによって当時の政治社会を理解しようとするこの方法は、有力者の文集や基本的編年体の史料を欠く南宋解明のための有効な手段であろう。本章でとりあげる四川も、当時を領導した安丙の分析によってかなりのことがわかる。

本章は嘉定年間（一二〇八―一二二四年）の四川の政治的経過、中央にあっては韓侂胄誅殺のあとをうけた史弥遠が力をふるい、四川にあっては利州路にあった有力な武将勢力呉氏一族が崩壊したあとの政治的秩序の回復が模索された時代、について四川の最高官僚である宣撫使・制置使の動きを中心として考察しようとするものである。

一

論に入る前に、当時の四川について概括しておく。様々な点で他地域と異なる様相をみせる四川を、一口に「四川は特殊な地域である」として論ずる傾向がある。しかし、必ずしも有効に説明されたものではない。例えば、宋代の四川は陝西地方を含む北辺の利州路とあわせて四路になっている。唐代の二道が何故四分されたのか、統一王朝下の分轄統治も稀であるが、その理由も明らかでない。(2)本章でいう四川も宋代の四川であって、四川防衛の任を負い諸機関のおかれていた利州路とその影響をうけた三路をさす。それは、西路に分轄されていたにもかゝわらず、南宋特有の制度である総領体制も四川を一括して扱っていることにもよる。(3)

嘉定元（一二〇八）年に韓侂冑のあとをうけて実権を掌握した史弥遠の時代は、寧宗・理宗両朝にわたりほぼ四分の一世紀つづく。この時期は華北にあっては金・蒙古の勢力交替期であり、華南すなわち南宋にあってはその余波をうけて動揺する時代であった。(4)しかし変転極まりないこの時代に、史弥遠も韓侂冑と同様に党派政治を主宰し、当時の宰相・執政も江南出身者が主流であった。(5)すなわち史弥遠の時代にも四川人士の登用は稀であった。史弥遠の政治方針なかんずく軍政は「御将之道、譬如養鷹、飢則依人、飽則颺去」に示されるとおりで、(6)諸要因を考察して実施するのではなく、対人関係を考慮しつゝおこなう確固たる方針のないものである。

中央政府がかくあった時に四川はどうだったろうか。この点については一部考察したとおり、士人達は出身地あるいは財産を有する地に定居する傾向がつよかった。(7)史弥遠と同時代の人で四川出身の魏了翁の四川での活動も決して政治的ではない。(8)この傾向をうけたかのように、宋に叛旗をひるがえす呉曦の乱に対する反応も鈍いものであった。『建炎以来朝野雑記』（以下『朝野雑記』と略）乙集巻九に「蜀士立功立節次第」として、項目をたてて乱に際しての四川人士の行動についてのべている。(9)ここにあげられた人々がおゝむね四川出身者であること、四川内で官についているが必ずしも高級官僚でないことなどはすでに指摘したとおりである。(10)

彼らの乱に対する反応・行動を項目にみると、直接呉曦を討った行動のほかは、「立節者」「薫目避僞」「棄郡而去」「不受曦之招」「避僞去官」「死節者」「始終不奉行偽命者」「拒偽帰朝」「称疾不視事」とある。項目にみる限り大抵の者は受身の消極的行動にすぎない。「立節第一」と挙げられる陳咸も、自らの行動を「吾不能討賊、而棄官守罪也」と述べる。(11)このほか鄧若水の伝にも、

呉曦叛、州県莫敢抗、若水方為布衣、憤甚、将殺県令、起兵討之。夜封雞盟其僕曰、我明日謁知県、汝密懐刀以従、我顧汝即殺之。僕佯許諾、至期三顧不発。……。若水乃仗剣徒歩如武興、欲手刃曦、中道聞曦死、乃還。人皆笑其狂、而壮其志。

とある。(12)当時の四川の反応が如何に鈍いものであったかが察せられる。鄧若水は隆州井研の人だから成都府路の奥地で梓州路に近い土地の出身である。北辺の利州路でおきた乱が一路の出来事にとどまらず他の三路にも影響を与えたこともわかる。呉曦の乱の影響は四川各地に及んだ。しかし四川の人士はこれを討つでもない。だからといって積極的に呉曦を支援したわけでもない。乱の短期間の終了が旗幟を鮮明にさせるに至らなかった事も一因であろうが、同時に呉曦の勢力が空虚だったことも示す。かくして呉曦は基盤であった筈の利州路で反撃をうけ、自立を好まない四川人士や麾下の官僚達によって倒されたのである。(13)とはいえ右の様なあいまいな傾向の存在や一時的とはいえ四川の政治組織が呉曦に服したのが宋朝にとって好ましくないのは事実であり、改めて四川人士の支持を得る必要があったであろう。前引の乱鎮圧の際の行動の項目が、いわば名目的なものなのもこのあたりに理由があると思われる。宋朝自体が四川人士の支持をとりつけなければならなかったともいえ、山内正博氏が乱後の四川に混乱と変質が生じ、北方勢力に対する抵抗力を失い、むしろ受け入れようとする気配すら生じたと解されるのも、むべなるかなという感がする。(14)しかし四川は結局宋朝と運命を共にした。中央にあっては安定政権史弥遠が力を握っていた時、四川はどのような政治過程をたどったのであろうか。乱収拾後の情勢を検討してみよう。

二

呉曦の乱を鎮圧したのが四川宣撫副使随軍転運安丙と監四川総領興州合江倉楊巨源・興州中軍正将李好義らであったことは既に指摘した。[13] 当面の四川安定化はこの集団によってはかられるが、『宋史』巻三八寧宗二・開禧三年六月巳未の条に「李好義遇毒死」とあり、同癸酉の条に「安丙殺其参議官楊巨源」とある。呉曦の誅殺が開禧三年二月二九日だから、わずか数カ月で乱鎮圧の当事者が殺害されたことになる。この事件について楊巨源の死は安丙によるとするが、李好義の死には何等言及がない。しかし『両朝綱目備要』（以下『綱目備要』と略）巻十・開禧二年六月癸酉の条に、[15]

安丙殺其参議官楊巨源。

先是、巨源擅殺孫忠鋭於鳳州（案史、安丙素悪忠鋭、令巨源殺之、遂以忠鋭附偽聞於朝、盖以附偽、誣忠鋭、又以擅殺忠鋭誣巨源也）。既而長橋之敗、前一日執巨源以属吏、是夜遣将官樊世顕、殺於大安之舟中。

と、孫忠鋭・楊巨源の死が安丙の策略であったことを述べ、李好義の死については割註で、

（……、案此跋非本書文。盖永楽大典採取附入。曦之誅、揚李二人功也、安丙本曦党、其奏功抑二人而反以曦将王喜居首、使王喜酖好義、誣巨源以謀乱。宋史巨源伝、雖言丙奏巨源功第一、而奨諭詔書、並不及巨源但補承事郎、而王喜授節度、……）

と、同じく安丙の策略で毒殺されたとある。[16] 安丙が一連の事件の首謀者で、彼が呉曦の党人であった為としているが、元来この三者は呉曦に対して同様の関係にあったのであり、むしろ乱を鎮圧した集団内での権力闘争と解すべきであろう。そしてこの安丙の行動は当然のことながら疑惑の目で見られ、『銭塘遺事』巻三・安子文の条に、

安子文、与楊巨源・李好義合謀、誅逆曦、施殺巨源而専其功久之、朝廷疑其跋扈、俾帥長沙、

とあれば、安丙失脚の一因となった。しかし安丙の失脚は後述するように嘉定七（一二一四）年のことで、この間は

嘉定二年八月四日詔、資政殿学士赴沔州兼四川宣撫副使安丙、除資政殿大学士知興元府四川制置大使。

とあるように[17]、安丙主宰下に秩序が維持されていく。

しかし政情収拾の容易でなかったことは、乱後の様々な処置からもうかがえる。呉氏一族の処分が行われたのは開禧三年三月であったが、その後の経過について『宋史』巻三八寧宗二・開禧三年三月丁丑の条に「斬偽四川都転運使徐景望于利州」とあり、『宋史全文続資治通鑑長編』（以下『宋史全文』と略）巻二九・同日に、

　誅徐景望。以受偽命入利州、逐総領官劉智夫也。

とある。さらに同三月辛巳の条に、

　費士寅、誅董鎮于広都鎮。曦之客、伝為命於成都者也、

とある。このほか『宋史』巻三八寧宗二・開禧三年五月丁丑の条には「賞誅呉曦功」とし、同戊寅の条には、

　用四川宣撫司奏、呉曦党人張伸之等一十六人除名、編配両広及湖南諸州。

とあり、処分が四川宣撫司の奏請による例もあったことを示す。

四川安定のための対策は、恩赦・功賞・編配など硬軟とりまぜての方策がとられていたが、容易でなかった。文中に呉曦の党人を「逐」「除名・編配」という形で処分したとあることからも察せられるが、呉氏一族の中に処分を免れた者があったことからも指摘できる[18]。そして『宋史』巻三九寧宗三・嘉定四（一二一一）年秋七月丙寅の条に「詔、四川官吏嘗受偽命者、自今毋得徐用」とあれば、乱に荷担した者の叙用を禁じたのは、乱後四年を経てからであった。しかしこれらの事実を単純に、宋朝の四川支配が崩壊しようとする前提とすることはできない。たとえ消極的な行動であったにせよ、呉氏の懐柔に従わない者がいたり、その後も宋朝のために働く忠義の士のいることが、そのような推測を可能にしないからである[19]。

とはいえ政情収拾は容易でなく、多額の資金が必要であった。『朝野雑記』乙集巻十・誅曦犒賜銀帛数の条に、

　誅曦犒賜、共用金七千両、金盤盞一副、金帯五条、金束帯一条（並宣撫司支）、銀六十一万七千七百七十両（六千一百七十五両宣撫司支、六

十一万二千五百五十五両総領所支）、絹六十一万六千九百二十四匹支（四千三百一十五匹宣撫司支、六十一万二千九百六匹総領所支）、銭八万二百五十引（三千引朝旨支、七万七千二百五十引宣撫司支）

とあれば、多額の資金が「誅曦犒賜」の名で、宣撫司及び総領所から支出されたことを記している。また「誅曦将士共転三十万官資（復四州将士共転四万五千余官資附）」として、資金の用途の広さ・莫大さを述べて、

誅曦功賞、自王喜下凡四百二十人、有由副使建節者、有由白身授員郎者、又三路全軍約七万人、喝転或三官資或五官資（入隊人五官資、不入隊人三官資）、大抵共約転三十万官資、錫賚不計也。復四州功賞、自王喜・李好義・張林外凡一万三千六百四十六人、共転四万五千八百九十五官資。王喜河池四千六百七十人、共転二万三千八百官資。李好義西和一千一百九十四人、共転七千八十三官資。恵永鳳州三千五百三十四人、共転七千一百二十六官資。張林成州一千九百九十六人、共転三千三百五十二官資。劉昌国階州八百三十四人、共転四千五百三十四官資。

とある。犒賜の費用が厖大で使途の広いことは呉曦の乱が四川に与えた動揺の深刻さを示すが、同時にこれらを指揮した安丙が乱鎮圧後に四川の主要な政治組織を把握したことも示す。そしてこのことはまた、四川がそれだけ宋朝の統制から遊離していたことを示す証左でもあろう。

呉曦の乱は短期間で鎮圧された。その結果四川人士に宋朝あるいは呉氏の何れに従うかの決断を迫る事態にまで至らなかった。それ故に四川人士の行動も旗幟鮮明なものでなく、ここにこそ安丙らの多額の犒資の必要があった。すなわち、反呉氏の態度をとりつゝも消極的態度しか示さなかった四川人士の支持をとりつけ、宋朝の権力の存在を示すための必要経費であった。呉氏に荷担した人々の叙用を四年も認めていたのは、四川内部に動揺や分裂などの深刻な状態を作り出さない為であるとともに、四川の政情収拾にそれだけの努力が必要であったことを推測させる。かくして呉曦の乱を鎮圧した安丙の主宰下に乱の影響は鎮静下していくのであるが、問題はこの四川内の動静に宋朝がどのように関与したかである。宋朝は四川の鎮静を安丙らにのみまかせていたのではない。楼鑰の『攻媿集』巻四二・内制に「戒飾四川将士（嘉定元年四月九日）」として四川の将士に「各思戒儆、毋抵憲章」と呼びかけている。この時期はまだ乱

の直後であり、四川においてはほとんど独自に安丙がうごいていた時であった。この時期には宋朝からの働きかけもあったのであるが、この中で安丙の行動が中央政庁とどう関係したかが問題となる。そこで次に、中央政庁の対応を参照しつゝ嘉定年間の四川の政治情勢を検討してみよう。

三

安丙は嘉定一四（一二二一）年に没したが、これは寧宗朝の末期であり、南宋の対外関係に変化の起った時代でもあった。南宋にはいつも金が大きな影を投げかけていたが、それが蒙古の勢力と交替しようとする時期であった。通史的にみれば、蒙古が金の中都を陥れ、汴州に遷都せしめたのが嘉定八（一二一五）年。宋・西夏が連合して金を挾撃したのが同一三（一二二〇）年であった。この後西夏は理宗朝の宝慶三（一二二七）年に、金は端平元（一二三四）年にそれぞれ滅亡した。蒙古の宋への最初の侵入は端平二（一二三五）年だから、嘉定年間は大きな変動の前だっただけでなく、蒙古の存在が現実問題として浮んで来る時期であり、呉氏による軍事体制の崩壊した四川にとっても重要な時期であった。されば、四川の統治形態が問題となる。

すでに指摘したように宋代の四川は四路に分轄されていた。しかし南宋に入ると一括して統治しようとする動きもでており、経済面では総領所の設置もその傾向の一つと考えられる。[20] 行政面ではそれ程強力な組織の出現はないが、宣撫使あるいは制置使がそれに類したものと考えられる。[21] 四川の宣撫使とは路の転運使、知州・知県等の上にあって、四川全体の民政・軍政権をもつものであり、さらに若干の下級官僚の任用権も与えられていた。[22] かくのごとき権力をもっていたから、駐在地は大体利州路の興元府・利州であったが、支配力は四川全体に係ってくるものであった。したがって四川宣撫使の考察は四川全体の推移の考察にもなる。そこで四川宣撫使・制置使を中心として考察するが、

表Ⅰ

名前	出身	出身地	開禧三年	嘉定元年	二年	七年	十二年	十三年	十四年	十七年
程松	進士	青陽	四川宣撫使							
楊輔	進士	遂寧	四川宣撫使							
安丙	進士	広安	四川宣撫副使↓四川制置大使↓落職				四川宣撫使（没）			
呉獵	進士	潭州	四川安撫制置使							
許奕	？	？		四川宣諭使						
劉師文	？	？		四川安撫使						
董居誼	進士	臨川				四川制置使				
聶子述	？	南城					四川制置使			
崔与之	進士	広州						四川制置使		
鄭損	進士	開封								四川制置使

登用人物の一覧表（表Ⅰ）を作成したので参照されたい。なおあわせて、北辺に駐在し利州路の軍事に関係した沔州副都統制に登用された人物も図化（表Ⅱ）したので、これも参照されたい。[23]

表をみて気がつくことは、表Ⅰの場合、安丙の登用と共に楊輔・呉獵の二人が登用されていることである。また全体的には、楊輔の召還・楊巨源・李好義の殺害なども要素の一つであろうが、大体において在任期間の短いことがあげられる。そして全体の傾向からみて、呉曦の乱後は鎮圧の当事者達が権力を掌握したこと、そのために四川出身者もしくは乱以前から四川に居りそれに類すると思われる者の多いことである。

これらから考えるに、宣撫使の場合は乱直後の宋朝の対策と現地の動向にやゝ齟齬があったと思われる。沔州副都統制の場合は当初は任用があくまでも一時的なものであって、呉氏の崩壊にともなって崩れた組織にそのまゝ乱鎮圧の当事者を補塡したことを示すと思われる。この情勢の中から進士出身の安丙が抜きんでたのである。(24) 従って、呉氏以後の体制が定まるのは嘉定年間に入ってからであるが、この間の推移を一考する必要があろう。

いま乱後の経過を年代順に追ってみると、『宋史』巻三八寧宗二・開禧三年二月己未の条に

罷程松四川宣撫使、以成都府路安撫使楊輔為四川制置使、

とある。呉曦が誅殺されたのが二月乙亥であるから、早い宋朝の対応である。そして同三月庚子の条に、

表Ⅱ

名前	出身	出身地	開禧三年五月	六月		嘉定七年	十二年
李好義	反呉氏	華州下邽	沔州副都統制（没）				
王喜	反呉氏	？		沔州副都統制			
李貴	反呉氏	？			沔州副都統制		
諸邦寧	反呉氏	？			沔州副都統制		
張威	武将	成州			沔州副都統制		
王大才	？	？				沔州副都統制→沔州都統制	
劉昌祖	？	？					沔州都統制

［反呉氏とあるのは呉曦を討伐したグループ出身の意である］

詔以楊輔為四川宣撫使、安丙為端明殿学士四川宣撫副使、起居舎人許奕為四川宣諭使、

とあり、同夏四月戊申の条に「以呉猟兼四川宣諭使」とあり、壬戌の条に「詔呉猟与宣撫司議、分興州都統司軍之半屯利州」とあり、丁卯の条に「召楊輔詣行在、以呉猟為四川制置使」とある。宋朝の宣撫・制置両職を通じての対四川人事工作はほぼこのあたりで一段落したとみえ、その後は五月戊戌の条に「詔四川宣撫・制置司、分治兵民」とあり、『宋史全文』巻二九・開禧三年五月庚子の条に、

復置沔州副都統制、以李好義為之、分沔州都統司十軍、隷両都統節制、

とあれば、すでに手をつけられていた軍制改革・兵民の分治・利州路の重要な軍事其地沔州（興州）の軍の分轄が行われている。[25] そして六月になると、考察したとおり安丙により李・楊等が殺害される。さらに『宋史』巻三八寧宗二・開禧三年十一月乙亥の条に、

礼部侍郎史弥遠等、以密旨命権主管殿前司公事夏震誅韓侂冑于玉津園。

とあれば、呉曦を起用した韓侂冑が失脚する。このような経過ののち『宋会要輯稿』（以後『宋会要』と略）職官四〇・嘉定二年八月四日の条に、

詔資政殿学士赴沔州兼四川宣撫副使安丙、除資政殿大学士知興元府制置大使。

とあるように、事実上の四川の主宰者であった安丙が公認され四川制置大使となり、興元府に駐在するのである。すなわち、安丙の登用こそは、韓侂冑時代から史弥遠時代への移行を示すものである。

この間の四川における微妙な変化を述べるのは『宋史』巻三九七楊輔伝である。すなわち、

安丙・楊巨源密謀誅曦、以輔有人望、謂密詔自輔所来、聞者皆信。曦既誅、丙趣輔還成都、除四川宣撫使。奏言臣以衰病軟懦、而居建元功者之上、徒恐牽制敗事。安丙才力強済、賞罰明果、乞以事任付丙。又論蜀中三帥、惟武興事権特重、故致今日之変。乞並置両帥、分其営屯・隷属。安丙奏乞両宣撫分司、朝廷察丙与輔異、召輔赴闕。

議者謂蜀乱初平、如輔未宜去、乃復以為制置使兼知成都府。再被召、踰年財抵建康、復引咎不進。上召輔益堅、乃之鎮江俟命。著作佐郎楊簡言輔嘗棄成都、不当召、乃除兵部尚書兼侍読、以龍図閣学士知建康府兼江淮制置使。

とのべる。安丙の作動によって楊輔は四川宣撫使となった。しかし両者の間は微妙であり、それぞれがそれぞれの立場から上奏する始末であった。かくして宋朝は楊輔を召還するが、乱時の楊輔の態度もあって処遇が二転三転するのである。このような微妙な関係は、乱後に四川安撫制置使兼知成都府に任用され嘉定六年の召還まで四川にあった呉猟との間にもみられる。(26) これらは開禧用兵の失敗と韓侂冑の誅殺、それにともなう宋朝内部での力関係の変化にも一因があろう。

開禧用兵前後の登用人物あるいは韓侂冑派の人物については、衣川強氏の詳細な分析がある。(27) それによれば程松・安丙・楊巨源・李好義らは服務派とある。一方韓侂冑派でありながら開戦に反対した者として楊輔・呉猟がある。このうち呉猟は一度は慶元の党禁によって追放され、その後湖北京西宣撫使として登用されている。この外、四川について多くの文章をのこした魏了翁・真徳秀は反戦派であり、楼鑰は不明もしくは中間派と分類される。氏のこの分析は妥当なもので、四川の状態にあわせてみると、史弥遠の登場と情勢の安定化にしたがって例え反戦派であっても韓侂冑派の人々が力を失い、服務派であっても現実に乱を鎮圧した安丙が力を得たことが看取できるのである。

ところで、安丙の任用は『宋史』巻三九寧宋三・嘉定二年八月乙丑の条に「以安丙為四川制置大使、罷宣撫司」とあるように宣撫司の廃止をともなったが、続いて『宋史全文』巻三〇・嘉定三年冬十月乙丑の条に「詔四川総領所、毋受宣制司節制」とあれば総領所の自主性強化も図られている。これは権力を掌握した安丙及び麾下の宣撫司に、総領所がおされがちであった実情に対応するものであった。(28) と同時に楊輔・安丙が交々帥司の権限の縮少をいったのと同様に、力の集中をさけようとする史弥遠時代の対応策であったろう。

宣撫司を廃止し安丙を制置大使としたことは、『綱目備要』巻一二・嘉定二年秋八月乙丑の条に解説をのせて、

……、已而罷四川宣撫、又以安丙、為制置大使兼知興元、朝議以丙恩数視執政、故加大字。……。旧例、四川制置大使及制置使、結銜皆在知府事上、比安公降告其結銜乃在下、亦非典故。

とあり、続けて、

初程松既遁帰、繳還宣撫制置二印、朝廷以一皮筒、遞付楊輔、時安丙為宣撫副使、以副使印嘗為呉曦所用、慊之、激賞庫、有呉璘宣撫使印、乃取用焉、及輔改除制置使、而宣撫印寄收成都官庫、而檄取之、輔答、以貴司自有副使印、乃止、至是丙改除制置大使、檄呉猟、留制置印自用、而以大使印、送於丙、於是二司行事紛然、猟審於朝、有旨、制置司事務併帰大使司、宣撫司事務帰安撫司、猟対曰、諸公独不能為、吾数月地邪、乃更称四川安撫使、及黄疇若入境、猟又携制置使印、至嘉定、然後以送疇若、……、

とある。安丙が制置大使になった由来と乱直後の宣撫制置両印の問題から事務面に混乱も生じるなど微妙な事情のあったことが判る。この関係が嘉定年間にまでもちこまれ、前述したような呉猟と安丙の関係にあらわれるのである。さらに興味深いのは、呉曦の印使用は問題であっても、呉璘の印使用には問題のない点である。長い間四川につちかわれた呉氏の勢力と当時の呉氏に対する認識の一端を窺わせる。この時に廃止された宣撫の職は、嘉定一二（一二一九）年四月に安丙を再度宣撫使として登用するまで空席で、[29] 四川への諸令は制置使の名前で施行されている。[30]

以上、乱から安丙の登場までを検討してみたが、では具体的にはどの様な任にあてられたのであろうか。年代の明記はないのであるが、真徳秀の『西山先生真文忠公文集』に掲載された翰林詞草で検討してみよう。まず巻一九には、

賜新除資政殿学士中大夫知興元府充利州路安撫使四川制置大使安丙再上奏箚子辞免資政殿大学士知興元府四川制置大使不允詔

とあり、巻二〇には、

賜資政殿大学士中大夫知興元軍府事充利州路安撫使充成都潼川府夔州路制置大使安丙乞畀宮観差遣不允詔

とあり、巻二二には、

賜資政殿大学士正議大夫知興元軍府事兼管内勧農管田使充利州路安撫使馬歩軍都総管四川制置大使安丙辞免除同知枢密院事兼太子賓客日下起発赴院治事恩命不允詔

と題して文をのせている。この表文を検討すると官の向上と管轄地域の拡大・任務の拡大がわかる。安丙に与えられた任務は実に大きかったのである。では具体的にはどうだったのだろうか。

当時の宋朝内には四川に対する反省があって、

呉曦平後、朝論以蜀士在朝者少、又特召四人、此外郡守已下、非常有朝蹟、及進士三人、莫非帥臣所薦召矣、

とあり(31)、さらに「自嘉定以来、蜀之宣撫・安撫・制置三司、皆得薦士、亦非常制云」とあるように、蜀士登用の論がおこり登用された者もいた。この時登用されたのは中央政庁のみならず地方官もであったが、重要なのは制置司等の薦士である。それは『宋会要』職官四〇、制置使の条の嘉定三年三月九日の条に、

詔四川制置大使、依四川安撫司例、歳挙改官一十一員・従事郎六員（従安丙之請也）

とあり、同九月二日の条に

詔四川制置大使、歳挙改官一十五員・従事郎九員、以安丙奏、

とある例である。四川制置大使すなわち安丙が下級官僚の任用・推薦などの人事権も握り、強大なものに成長したことを示す。先に検討した安丙の権限とあわせて考えると、ほとんど独断専行ともいえる力を握ったように見える。とはいえ、これが安丙下の四川全体に独立的気運が芽生えだした傾向とはいえない。それは『宋史』巻三九寧宗三・嘉定七年八月乙未の条に「罷四川宣制司所補官」とあるからである(30)。安丙は嘉定七年三月に四川制置大使から湖南安撫使に転出しているから(32)、安丙以後は制置使の権限縮少をはかったのである。つまり宋朝の支配は、制置使を通じておこなう面もあったのである。

すでにのべた様に、安丙は広範な任と強大な権限をえた。しかし安丙のかくも早い昇進やかくも強大な権力の獲得の背景には、一方で宋朝の意図があったと考えられる。何故ならば安丙が一片の任命によって四川を転出するからである。つまり制置使の任免権は確保されていることになり、任免が正常に行われる限り宋朝の支配力は貫徹しているといいうるのである。したがって安丙の握った権限は、宋朝が意図的に与えたとも解しうるのである。

それでは安丙落職後にはどの様な人々が登用されたのであろうか。この点は参考になる程には明らかとならない。しかし全体の情勢を考慮すると、安丙落職後はまず前引のように制置大使のもっていた官吏薦召権に変化が生じている。このほか安丙が落職五年後に再登用されるが、その際に長い間廃止されていた四川宣撫使が復活されること、その同年すなわち嘉定十二年に東西利州路が再度統合されることが目をひく。[33] 制度的変遷からみる限り、一度落職した安丙が復帰したときは、より強権を収めたように見えるのである。このような点を念頭において情勢をみると、董居誼・聶子述というあまり明らかでない人物が安丙後の四川制置使となっている。同様の傾向は表Ⅱからも看取できる。李好義・王喜・李貴らの三名は呉曦の乱鎮圧者であった。諸邦寧もほぼ同様の系統であるが同時に楊巨源の一党であり、それをついだ張威の任期が比較的長いようである。[34] その後は、安丙が落職した嘉定七年頃に王大才・劉昌祖のこれもやはりあまり明らかでないものが起用される。要するに、安丙を中心とした乱鎮圧時の勢力が維持されたのは大体嘉定七年ぐらいまでであった。この変質の意味は、安丙以後の四川を支配した個人の性格が不明のために容易に判断できないが、経歴の不明なものが任じられたということはそれだけ宋朝が統御しやすい人物であったことは確かである。

要するに、呉曦の乱後の四川には嘗ての呉氏の様なタイプの権力者がいなくなった。強権をにぎった安丙も、宋朝による配置転換によって転出した。安丙を支えた制度もすぐに改変される。もちろんこれによって安丙の勢力がただちに消滅したわけではないが、呉曦の乱によって宋朝の四川支配力がなくなった訳ではないことを示す。[35] とはいえ、安丙が再び登用されることを考えると、この情勢をうみ出した当時の社会情勢を考察しておく必要がある。

四

四川の北辺利州路は陝西地方を含み北方勢力に対する前哨地であった。こうした四川の政情の不安を象徴するものが、金の侵入と叛乱である。すでに指摘したように嘉定年間は金・蒙古の勢力交替期であった。この影響は『宋史』巻三九寧宗三・嘉定四年冬十月申辰の条に「以金国有難、命江淮・京湖・四川制置司謹辺備」とあるように、宋側に緊張をうながしている。興元府が破られたのは嘉定一二（金・宣宗・興定三）年二月丁未のことであったが[36]、金の動揺に対応するかのように周辺から四川へ流民が入りこむようになっている。すなわち、『宋史』巻三九寧宗三・嘉定八年八月の条に、

是月、蘭州盗程彦暉求内附、四川制置使董居誼却之。

とあり、同嘉定九（金・宣宗・貞祐四）年夏四月戊戌の条に、

秦州人唐進、与其徒何進等、引衆十万来帰、四川制置使董居誼拒却之。

とある例である。

この金の動揺を反映するかのように、四川でも叛乱が続発する。嘉定元年には早くも李大用が乱を謀り殺害されているが[37]、その後も続発する。代表的なものを列挙すると、『宋史』巻三九寧宗三・嘉定二年十一月辛卯朔の条に、

沔州統制張林等、謀作乱。事覚、貸死除名、広南覊管。

とあり、同四年三月丙子の条に、

沔州将劉世雄等、謀拠仙人原作乱、伏誅。

とある。また『宋史』巻四十寧宗四・嘉定十二年三月乙亥の条に、

興元軍士権興等、作乱、犯巴州、守臣秦季櫄、棄城去。

とあり、続いて三月丁亥の条に「権興等降」とある。これらの乱の中でもっとも大きな影響を与えたのが嘉定十二（一二一九）年の張福の乱であった。『宋史』巻四〇寧宗四・嘉定十二年閏三月癸亥の条に「興元軍士張福・莫簡等、作乱、以紅布為号」とあるのが最初であるが、その後同夏四月庚午の条に「張福入利州、四川制置使聶子述遁、殺総領財賦楊九鼎」とあり、同丁丑の条に「掠閬州」とあり、同丁亥の条に「掠果州」とあれば拡大の一途を辿っている。そして同六月戊辰の条に「張福屯普州之茗山」とあり、同月乙酉の条に「張威執之、帰于宣撫司」とあり、同秋七月庚子の条に「張威捕賊衆一千三百余人、誅之、莫簡自殺、紅布賊悉平」とあれば、乱は梓州路にまでおよび鎮圧に数ケ月を要した。

これらの乱の共通点は、首謀者がいずれも利州路駐在の軍士であること、回を重ねるごとに地域的にも規模的にも拡大していくことなどである。従来の四川での事件は、対金関係もあって利州路に多かったが、このような傾向のでてきたことは、混乱の深刻化をものがたるものである。これは軍が早くから私兵化し、貧困の中にあったのも一因で、『綱目備要』巻十二・嘉定二年十二月乙亥の条に「関外諸将私役諸軍」として、

関外諸軍、多為諸将私役、其間軍士、有因食貧、而為手技者則又拘而使之、否則計日而責其工直、以故士日益貧。

とある。(38) このように嘉定年間に四川軍は弱体化していったから、安丙が宣撫使となったといっても、現実にはそれほど強権を握ったとはいえないであろう。逆説的にいえば、だからこそ四川の立てなおしが必要であり、『宋会要』職官四一宣撫使の条・嘉定十二年五月十七日の条に、

詔、崇信軍節度使安丙、可特授保寧軍節度使四川宣撫使兼知興元府利州東路安撫使、

とあるように、安丙を登用し四川及び利州東路を治せしめたのである。長い間分轄されていた利州路が統合されたの

もこの時期であったが、嘉定十二年の金軍侵入下における張福の乱が惹起したこれらの結果は、当時の四川なかんずく利州路の状態を示して象徴的である。されば『宋史』巻四〇二安丙伝に、

……、時四川大震、甚於曦之變。張方首奏、勳望如丙、今猶可用。魏了翁移書宰執謂、安丙不起則賊未即平、蜀未可定、雖賊亦曰、須安相公作宣撫、事乃定耳。

という。四川人士に強い影響力をもち安丙との交流も深い魏了翁の言葉をかりつゝ四川人士のみならず反乱分子すら安丙の再登場を歓迎したとするのである。(39)

すでにのべきたったように、宋朝は呉氏崩壊後は宣撫使を罷め、後任の制置使も長く一人にまかせず、乱鎮圧の功労者の登用にも配慮してきた。しかし四川は混乱におちいり、宋朝の施策は挫折した。安丙が再登場するのは、強固な支配体制の復活を四川人士が望み、宋朝もそれによって再度の権力の集中化・四川の安定を狙った為といえよう。安丙没後のことではあるが、嘉定十六年に興元府沔州・利州の二帥をあわせて一つとしたのはそのあらわれである。(40)しかしこのような努力のなかの嘉定十四年に安丙が没し、(41)混乱のうちに寧宗朝は終る。

五

南宋の政治史を語るさいは、しばしば秦檜・韓侂冑・史弥遠・賈似道をもって語られる。四川にあっては呉氏一族・安丙・彭大雅・余玠らである。(42)本章では、北方にあっては金末期、南宋にあっては史弥遠専横の前期、四川にあっては呉氏一族失権後の一時期、を安丙の行動を中心としてみた。この後南宋は理宗朝と度宗朝を併せてなお五〇年近く続き、理宗の治政は三九年の長きにわたる。そこでこの間のことに一言して本章を終えることとする。

末期の四川を差配したのは余玠であったが、『宋史』巻四一六余玠伝に玠入蜀前の状態をのべて、

自宝慶三年至淳祐二年十六年間、凡授宣撫三人、制置使九人・副四人、或老、或暫、或庸、或貪、或惨、或繆、或遙領而不至、或開隙而各謀、終無成積。於是東西川無復統律、遺民咸不聊生、監司戎帥、各専号令、擅辟守宰、蕩無紀綱、蜀日益壊。及聞玠入蜀、人心粗定、始有安土之志。

とある。[43] 四川の統治に適任者をえず、統制も乱れて人心が動揺している。この動揺はむろん嘉定年間からのもので、「……、未幾金人擣成都、大姓者実導之、……」とあれば、金の侵入を助ける者もでるほどであった。これを反映してか、

自丁卯呉曦乱興沔、而権臣已有棄蜀之説、自己卯冠入漢中、而廷臣又有無蜀可立国之論、

と、[44] 宋朝に四川を見放そうとする考えもでだしていた。これが無秩序ともいえる宣撫・制置両職の任免を招いたともいえ、四川人士が「及聞玠入蜀、人心粗定、始有安土之志」と余玠を歓迎しているのは表現に誇張があったとしても、混乱のうちにある四川人士の不満と安定を望む声の反映に外ならない。余玠についてはすでに考察があるので贅言を要しないが、『宋史』巻四三理宗三・淳祐四年春正月壬寅朔の条に「余玠華文閣待制、依旧四川安撫制置使知重慶府兼四川総領財賦」とあれば、兵財両権を握って四川にのぞんでいる。しかし、当時の四川には蒙古の重圧がかかっており、前掲書・淳祐六年十一月辛巳の条の詔に、

北兵入蜀、前四川制置使陳隆之闔家数百口罹害、死不易節、其特賜徽猷閣待制。

とあり、同巻四一五程公許伝に

蜀有兵難、族姻奔東南者多依公許以居。

とあるように一族死亡・流離する者がでている時代に強権を発動しえたとは考えられない。軍事状態についても、『宋史』巻四一一牟子才伝に、

……、又言、全蜀盛時官軍七八万人、通忠義為十四万、今官軍不過五万而已、宜招新軍三万、幷撫慰田・楊二家、

使歳以兵来助。如此則蜀猶可保、不則不出三年、蜀必亡矣。

とあれば、すでにかなりの低下がみられる。(45) しかも補充に田・楊二家の撫慰が必要としている。田・楊二家について詳らかにしえないが、『朝野雑記』乙集巻一六・関外経量に、

剣外諸州之田、紹興以来久為諸大将呉・郭・田・楊及勢家豪民所擅、賦入甚薄。議者欲正之、而不得其柄。呉氏既破、安観文為宣撫副使、乃尽経量之。

とあれば、長い間勢力を培かってきた勢家であった。(46) 当時の四川にかくのごとき勢家がでてきていたことは、前掲の『宋史』余玠伝に

初、利司都統王夔、素残悍、号王夜叉、侍功驕恣、鷙桀不受節度、所至刼掠、……、蜀人患苦之、……、朝廷雖知其不法、在遠不能詰也。

とあることからも察せられる。地方官が権勢を恃んで、朝廷も如何ともし難い勢力となってきていたのである。したがって、余玠が宣撫・総領両職をかね権力を掌握しても、現実には四川そのものがゆらいでおり、最早宋朝には四川統制の能力が欠如していたのであった。

むすびにかえて

呉曦の乱後の四川における政治動向を検討してきたが、そこに浮びあがってくるのは帥司の存在の重さである。宋朝の四川対策は一貫性を欠くといってよいものであるが、この中において安丙が強権をふるう。四川もまたいく人かの実力者をもって語ることが可能であるが、これは南宋の制度・社会機構が充分に解明されていないことにも一因があろう。ここにとりあげた安丙も四川の一時期を語るにふさわしい実力をもつが、その背景に宋朝の存在をみとめな

いわけにはいかない。つまり宣撫使（制置使）がもっていた制度的裏付けのある権力であった。この点は安丙下の四川が呉曦の乱時と同様に、ついに自立しえなかったことからも明らかである。されば、安丙は配置転換をうけるや四川を去らざるをえなかった。とはいえ、権力者をうみ出す土壌のあることにも考慮しなければならない。

四川についていえば、四川は四路に分けられていたが、強権をもつ宣撫司・総領所が軍事色のつよい利州路に集中していたのも一因であろう。政治情勢の推移からみる限り、宋朝の四川支配に利州路は大きな意味をもっている。それ故に利州路について語ることによって四川の把握がある程度可能になる。

本章では問題を嘉定期の安丙に絞って論じたが、南宋政治史究明のためには今後とも中央政庁あるいは各地方の特性・構造に対する幅広い追求が必要であろう。そしてそのためには、各地の経済的独自性のほか二つの組織の中間にある政治組織あるいはそこに登用された人々の実態の分析をすゝめなければならない。

註

（1）代表的なものをあげよう。外山軍治『岳飛と秦檜』、山内正博「歴史における実力と伝統――両宋交替期の官僚人事を素材として――」（『世界史の研究』三二）・「南宋の四川における張浚と呉玠――その勢力交替の過程を中心として――」（史林四四―一）、衣川強「秦檜の講和策をめぐって」（『東方学報』〈京都〉四五）・「『開禧用兵』をめぐって」（『東洋史研究』三六―三）、寺地遵「建炎、紹興年間の政治過程に関する若干の考察――呂頤浩政治の特質と范宗尹の藩鎮構想の政治的背景――」（『広島大学文学紀要』三八）・「秦檜後の政治過程に関する若干の考察」（『東洋史研究』三五―三）、池内功「李全論――南宋・金・モンゴル交戦期における一民衆叛乱指導者の軌跡」（『社会文化史学』一四）。このほか伝記風のものとして、宮崎市定「南宋末の宰相賈似道」（『アジア史研究』二）、千葉炅「韓侂冑――宋代姦臣伝――その二――」（『山崎先生退官記念東洋史論集』）・「孟皇后のこと――宋代の后妃その三――」（『生江先生還暦記念歴史論集』）などがある。

（2）唐代は剣南・山南二道であつた。『続資治通鑑長編』巻四八・真宗の咸平四年三月辛巳の条に四路に分かつた記事が見えるが理由はのべてない。また『朝野雑記』乙集巻九・利帥東西分合は南宋代の利州路の変遷に言及する。宋代の四川の一体制について言及するものは多い。例えば北宋では日野開三郎「交子の発達について」（『史学雑誌』四五―一二）、南宋では藤本光「南宋四川の漕運」（社会経済史学十―二）など。しかしそれとて四川が何故四分されたかについて言及しない。

（3）山内正博「南宋総領所設置に関する一考察」（『史学雑誌』六四―一二〈講〉）・「総領所の由来に就いて」（『東洋史学』七〈講〉）、井手達郎「総領考」〈一〉（『埼玉大学紀要』教育学部篇五）、内河久平「南宋総領所考――南宋政権と地方武将との勢力関係をめぐつて――」（『史潮』七八、七九合併号）、川上恭司「南宋の総領所について」（『待兼山論叢』史学篇一二）。

（4）蒙古の華北侵入と南宋について論じたものにC. A. Peterson「モンゴルの華北侵入と南宋の動向」（『東方学』四七輯）がある。

（5）周藤吉之「宋代官僚制と大土地所有」（『社会構成史大系』巻八、二三―二四、三三頁）。

（6）『宋史』巻四一四史弥遠伝。

（7）伊原弘「南宋四川における定居士人――成都府路・梓州路を中心として――」（『東方学』五四輯）。森田憲司氏も「『成都氏族譜』小考」（『東洋史研究』三六―三）で宋代成都府で名族が氏族譜を編纂したことを指摘する。宋代の四川における士人社会の性格を示すものであろう。

（8）『宋史』巻四三七魏了翁伝。魏了翁が四川在住時代に白鶴山麓で学問を講じたのは有名である。四川の士人は魏了翁によつて始めて義理の学を知つたとされる。彼の伝には、呉曦の乱に際してその必敗を画策したとあるが、当時は江陵に居り四川内で行動した訳ではない。乱後に四川に帰り書院を開く一方で成都府路・梓州路などの官を転々とするが、その間に蜀の名士を指導して人望を得たのである。四川を出たのは嘉定十五年である。されば魏了翁は「蓋自了翁去国十有七年矣」とある。

（9）このほかに『鶴山先生大全文集』巻八九・敷文閣直学士贈通議大夫呉（猟）公行状には、
「倡義之士十有五人、守節二十有九人、去官二十有三人、受偽命九人、猶以偽未足也、復上人才五十有二人、以李僑為首、……」なる文もある。

(10) 註(7)引用拙稿。

(11)『宋史』巻四一二陳咸伝。

(12)『宋史』巻四五五鄧若水伝。

(13) 伊原弘「南宋四川における呉氏の勢力——呉曦の乱前史——」(『青山博士古稀紀念宋代史論叢』)。なお、呉曦の乱の経過は、山内氏註(14)稿に要領よくまとめてある。

(14) 山内正博「南宋政権の推移」(『岩波世界歴史』九　中世三、二四九—二五〇頁)。

(15) 開禧二年とあるが、宋史本紀などでも明らかなように開禧三年の誤りである。

(16) 典拠を永楽大典に求めているが、『永楽大典』巻一万二千九百六十七宋寧宗伝一二、陳桱『通鑑続編』一、開禧三年六月の条に「安丙殺宣撫司参議官楊巨源」とある。また愈文豹の吹剣録等からも採取したとし、安丙と同時代の史料は安丙の権力をはばかり真実を伝えていないとのべる。なお吹剣録は『説郛』、『知不足斎叢書』等に残欠が所収されているが、『読書斎叢書』庚集所収のものに「開禧間、楊巨源・李好義討呉曦、皆為安子文所殺」とある。

(17)『宋会要』職官四〇・制置使の条。

(18)『宋史全文』巻二九開禧三年三月辛丑の条に「詔、呉曦妻子論死外男子年十五以下送二広州軍、編管、呉隣(璘)子孫、移徙出蜀、呉玠子孫免連座」とある。

(19) 特に史料を引用しないが、呉曦の乱前・乱後もいわゆる忠義の士として軍事に奔走する者が四川には多くいた。

(20) 註(3)引用稿。総領所については、制度・財政基盤等について詳細な究明がなされた。今後は四川・京湖・淮西・淮東の各制置使の存在をくみあわせ、南宋の政治体制の本質をきわめる必要があると思われる。四川についていえば、内河氏の指摘(二二一—二二三頁)のとおり武将下に隷属する方向に向う。それだけ宣撫使の権力のつよい証左となり、寄りあい所帯的性格のつよい(内河論文参照)総領所とのかねあいや、両機関にどれだけ管轄地域の出身者を包含したかも問題となろう。『宋会要』職官四一・総領所に所収されたわずかばかりの四川総領所関係者では、全体像を知るのに充分でない。

(21) 宮崎市定氏も指摘しておられるように(「宋代官制序説——宋史職官志を如何に読むべきか——」〈『宋史職官志索引』所収、三六—三七頁〉)、宣撫使あるいは制置使と名前がちがつても実質はそんなに違いがあるわけではない。後述するように、安丙が制置大使となつたのも、実績その他を考えて「大」を加えたのである。

(22)『朝野雑記』甲集巻一一・制置使の条に、
自休兵後、独成都守臣帯四川安撫・制置使、掌節制御前軍馬・官員升改放散・類省試挙人・銓量郡守・挙辟辺州守弐、其権略視宣撫司、惟財計・茶馬不預、
とある。
ここでは安丙の動静を中心として考察するために深入りはしないが、南宋史解明のためには今後この方面からの機構分析も必要であろう。その際は制度面だけでなく、運営面の考察も必要であろうが、なかなかはっきりしない。参考論文として、山内正博「南宋建国期の武将宣撫使」(『史淵』六六・講演要旨)・「南宋鎮撫使考」(『史淵』六四)、日野開三郎・山内正博「南宋軍閥の成立」(『歴史教育』二―七)があげられ、関係したものとして、森住利直「南宋四川の対糴に就いて」(『史淵』十)などがあげられる。南宋初の考察が多く、その後の変遷は未解明である。

(23)『宋史』本紀、各列伝、『宋史全文』、『二十五史補編』所収南宋制撫年表、『宋会要』職官宣撫使・制置使、『朝野雑記』乙集等をもとに作成した。

沔州副都統制については、『朝野雑記』乙集巻十七、沔州十軍分正副両司事始に沔州諸軍の精強をのべたあと、
自淳熙以後、不除副都統制、郭子明為帥、朝廷始用王大節、曦至罷之、曦誅、安観文奏復此官……。
とある。沔州副都統制は安丙の意向で復活したのであり、それだけ安丙の動向を反映するものであろう。

(24)『宋史』巻四〇二安丙伝。

(25)『宋史』巻三八寧宗二・開禧三年夏四月己巳の条に「改興州、為沔州」とあれば、州名が改められている。

(26)『宋史』巻三九七呉猟伝。『鶴山先生大全文集』巻八九敷文閣直学士贈通議大夫呉公行状。呉猟は韓侂冑に登用され、開禧三年正月に湖北京西宣撫使であった。乱後に四川に入り四川宣諭使を経て、四川安撫制置使になった。

(27)衣川強「『開禧用兵』をめぐって」(一四〇、一四七、一五〇―一五一頁)。

(28)内河氏前掲稿(一二一―一二三頁)。この時期に宣撫司を廃止し総領所の独立を図ったことは、宋朝の四川対策のあらわれであろう。氏の指摘のように総領所は寄り合い世帯であったから、武将に隷属していくことは結局それだけ宣撫司の権力の強化を示すことになる。長文なので引用しないが、『宋会要』職官四一総領所・嘉定三年十一月九日の条に、開禧用兵前後の事情をのべる。なお『宋史』巻四三理宗三・淳祐四年春正月壬寅朔の条に「余玠華文閣待制、依旧四川安撫制置使知重慶府兼四川総領財賦」とあれば、余玠は帥司のみならず総領所をも直接指揮した。

(29)『宋史』巻四〇寧宗四に「安丙為四川宣撫使、董居誼落職、奪三官」とある。

(30) 制置使がかなりの権限をもつていたことは指摘した。『宋史』巻三九寧宗三・嘉定四年夏四月の条に「四川制置大使司置安辺司以経制蛮事、命成都路提刑李𡌴・滝川路安撫許奕共領之」とあることからも一端が窺える。ただ、同嘉定七年八月乙未の条に「罷四川宣制司所補官」とあり、同十一月丙戌の条にも「罷四川制置大使司所開塩井」とあるのをみれば、安丙の転出後に権限の縮少をはかつたことがわかる。すでに指摘したように、宣撫使と制置（大）使の職掌にそれ程の差がない。安丙を登用する際に権限は同じでもランク的には下る制置大使とすることにより、権力者の出現をすこしでもおさえようとしたのであろう。このことは同じく嘉定八年秋七月壬戌の条に「詔四川立楊巨源廟、名曰襃忠」とあり、十二月巳丑の条に「詔楊巨源・李好義子孫各進一官」とあることからも首肯できる。安丙が落職すると彼によつて処断された人々の復権がおこなわれているのであり、四川の秩序回復の為に権力を与えながらも掣肘していく宋朝、特に史弥遠の方策の一端が窺える。

(31)『朝野雑記』乙集巻十・淳熙至嘉定蜀帥薦士総記の条。

(32)『宋史』巻四〇二安丙伝・嘉定七年三月の条に「詔丙同知枢密院事兼太子賓客、賜手書召之。行次広徳軍、進観文殿学士知潭州湖南安撫使」とある。なおこれは嘉定六年当時に起居舎人であつた真徳秀の『西山先生真文忠公集』巻二二翰林詞草に「賜資政殿大学士正議大夫安丙辞免除観文殿大学士知潭州兼荊湖南路安撫使塡見闕恩命不允詔」として辞令をのせている。

(33)『宋史』巻四〇寧宗四・嘉定十二年八月戊辰の条に「復合利州東西路為一」とある。

(34)『朝野雑記』乙集巻一七・沔州十軍分正副両司事始に、

……復命（李）貴、為興元都統制、而蘄州防禦使諸邦寧代之、邦寧本楊巨源所結約者、……安公聞之、乃遣使、逮那寧、数其罪、降為沔州中軍統制、遂以知天水軍張威代之（嘉定三年五月事也）、自是沔司事権稍殺矣、

とある。当初は呉曦の乱鎮圧に関係した者を登用したこと、嘉定三年以後は権力がやや弱められたことがわかる。張威は『宋史』巻四〇三に伝があり、成州（甘粛省成県）の人として、金との戦いに功があつたと述べるも、特に呉氏との関係について述べない。この後張威が何年この任にあつたか定かでないが、『宋史』本紀等によれば王大才まで特に変化がなく、任期がながかつたと思われる。

(35) 宋朝が四川に対して常に意を用いたことは論じたとおりである。その結果安丙も四川よりうつされたのである。そ

の一方で安丙の影響力が強いものであったことは、『宋史』巻四〇二安丙伝・嘉定一二年四月の条で、混乱の中で復帰直前の安丙について、

丙欲自持十万緡偕（聶）子述往益昌募士、子述曰大臣非得上旨、未可軽出。丙遂如果州

とする。大金を使う力と、混乱収拾の為に独断専行しようとする安丙に、その影響力と四川の事情が窺える。

(36)『宋史』巻四十寧宗四に「金人破興元府」とある。なお金史巻一五宣宗中・興定三年三月丁卯朔の条に「陝西兵破宋虎頭関、取興元・洋州、捷至、上大悦」とある。なお、一々抽出しなかったが、金史と勘案するに、これらの反乱は金末の混乱に際して陝西方面が混乱したのと関連する例が多い。

(37)『宋史全文』巻三〇・嘉定元年十二月戊辰の条に「杖殺利州忠義人李大用、初大用与其徒結集、屯駐諸軍、欲以某日挙事、……」とある。

(38)同様の文は、『朝野雑記』乙集巻一七にも「関外諸軍多私役」とあるが、年代明示のために『両朝綱目備要』の文を引用した。

(39)『宋史』安丙伝にあるように、安丙は元来四川と関係が深い。梓州路広安の出身であるうえに、淳熙年間に進士及第の後は梓州路昌州の大足県主簿をふりだしに四川内の官をあるいている。したがって、その点だけでも四川人士に信望のあったことが察せられるが、魏了翁の『鶴山先生大全文集』巻七五・朝散大夫知眉州王君（其賢）墓誌に「安公以女女之」とあれば、広安の右姓王氏とも通婚している。さらに王其賢の銘を求めるに際しては丙の子癸仲が魏了翁に使しており、魏了翁との関係も注目される。

註（8）でのべたように、魏了翁は四川出身者で安丙時代に四川におり、しかも四川人士に強い影響力があった。さらに魏了翁の一族が四川に深く根をはっていたことも註（7）引用の拙稿で論じたとおりである。したがって両者の密接な関係は注目すべきである。魏了翁は安丙に関した文を多くかいており、巻四〇「広安軍知渓県安少保丙生祠記」、巻四二「安少保丙果州生祠記」とあるように、生祠記もかいている。同文集にはこのほかに巻九一「哭宣撫安少保丙文」、巻九四「安大使丙生日」等の文がある。生祠がかかれているところからも察せられるように、安丙は有力者のみならず四川全体に深い関係があったのである。

またこの点も拙稿で論じたことであるが、四川出身者は四川の下級官僚に登用される例が多かった。魏了翁も安丙も決して有力官僚ではなかった。安丙も呉曦の乱時に大権を与えられたのであり、宋朝の決定が如何に重要であった

か、安丙登用が如何に異例であったかが判る。しかし一方で、このように四川に足場をもち大権を握っていた安丙を転任させる宋朝の支配力に注目すべきであろう。

(40) 四川の帥司の変遷は朝野雑記乙集巻九・利帥東西分合に次第をのべているが、『宋会要』職官四一安撫司・嘉定一六年の条にものべる。

(41) 『宋史』巻四・寧宗四・嘉定十四年十一月巳亥の条に「安丙薨」とある。

(42) ここでは南宋建国期の伝記的研究は割愛する。彭大雅については張皖峯「宋故四川安撫制置副使知重慶府彭忠烈公事輯——黒韃事略的作者彭大雅——」(『宋史研究集』第五輯所収)が、余玠には姚従吾「余玠評伝」(『宋史研究集』第四輯所収)がある。

(43) 登用された者の名をあげておく。『宋史』本紀・列伝・『宋史全文』・『通鑑続編』等より検索した。

職名	人数	名前
宣撫使	三(不明一)	李𡌴　孟珙
制置使	九	鄭損　桂如淵　李𡌴 黄伯固　趙彦呐　丁黼 彭大雅　陳隆之　余玠
制置副使	四(不明一)	趙彦哨　彭大雅　鄭損

(44) 呉泳『鶴林集』巻二〇「論壊蜀四証及救蜀五策劄子」。

(45) 魏了翁の重校『鶴山先生大全文集』巻一九・第四劄に四川の兵数の変遷をのべて、

蜀中諸軍旧管九万八千馬二万、嘉定覈蕨実裁為八万二千馬八千、則気勢巳不逮昔矣、近者更加覈実官軍纔六万余人、忠義万五千、而其間老弱虚籍者又未可計、是以五六万人、当二千七百里之辺面、……、

とある。

(46) 田氏について、『宋会要』兵六屯戍下・嘉定五年八月二十五日の条に、

知興元府利路安撫使四川制置大使安丙言、夔路黔州接境思州、係夷族、世襲近縁田氏、互争……、本州兵額絶少、備禦単弱、夷蛮無所畏忌、以致殺傷、……、

とある例もある。どちらがどうともいえないが、四川及びその近辺に有力な氏族のいた証左である。また四川では南宋初以来有力武将・勢家が広大な土地や人を所有し、国家を圧迫していたことがわかる。安丙が強権を与えられた背景の一端であろう。

三　南宋総領所の任用官

――『開禧用兵』前後の四川を中心に

はじめに

かつて、南宋史研究の一つの方法として、有力な政治家や重要な事件を中核に、関係した人々を分析していく方法を説いた。(1) 権力を構成した人々やそれに反対した人々の様態の分析は、基本的な史料をかく南宋史解明のための有効な手段と考えたからである。勿論この方法は南宋史だけに有効なのではない。また、制度史の研究とからめることによって、運営の実態や政治的変動の実態もきわめられる。とはいえ、昌彼得・王徳毅等編『宋人伝記資料索引』が微細なものまで含めて一万五千人あまり、五冊四千五百九頁に達しているのを見ても判る通り、個々の任官の事情・時期・種類等を把握して総体的に組み立てていくのは容易でない。実際のところ、何か一つの組織、政治的事件、あるいは特定の地域などを関連する職種・人物などで総体的に把握してみた例は多くない。このような例としてさきに、南宋の「開禧用兵」時における四川の重大事件「呉曦の乱」を、宣撫・制置使・知州・一般人士の動向を中心にしつつ論じたが、問題と深い関係をもつ総領所についてはは割愛せざるをえなかった。(2) 本章はもともと開禧用兵前後の淮東・淮西・湖広・四川の四総領所の検討を旨としていたが、紙幅の関係もあって、四総領所の中でももっとも論議をよんでいる四川総領所にしぼって論じることにしたものである。したがって、呉曦の乱を論じた際に言及しえなかった問題の補足の意味ももつものである。

一

論に入る前に要約しておこう。南宋代の四川は、国初以来の武将一族呉氏が勢力をふるっていた。呉玠・呉璘・呉挺と続いた一族は呉曦の時代に至って一層巨大な勢力にのし上った。しかしだからといって呉氏一族が意のままにふるまったのではなく、それなりに宋朝政府の掣肘をうけていたのである。四川は江南より遠く、しかも対金軍事基地の前哨地として重要であったから、武将勢力が存続できたのである。四川はしばしば特殊とされる。四川人士がおおむね中央に登用されることなく四川内で任官することや陝西方面からうつってきた武人達がおり、共に四川の社会を構成していたこと、(3)長い武将勢力の存在などがこのイメージをかもし出すのである。だがこのイメージは正しいのであろうか。たしかに種々の事実が四川の特殊ともいえる立場を示し、宋朝の格別な配慮を示す。しかしそうとばかりはいえぬ面もある。このような問題を考え、さらに王朝と王朝を構成した各地の関係を考える際に、呉曦の乱は一つの手掛りとなるのである。寧宗の頃、長く中央で力をふるっていた韓侂冑は対金積極策をたて、金と戦端をひらく。開禧用兵である。(4)当時、四川の支配権を固めつつあった呉曦は南宋の対武将政策に対する不安もあって、四川自立の意志を固め、金と通じて叛旗をひるがえす。しかしわずか四一日であっけなく崩壊をしてしまう。これが開禧二（一二〇六）年～三年の呉曦の乱である。四川の人々に王朝に対する不満は多かったが、結局王朝の頸木を脱するには至らなかったのである。長く続き安定していたかに見えた呉氏の勢力基盤がそれ程強固でなかったことや、四川人士に自立の意志が乏しかったことなども、呉曦の失敗の一因である。これは『朝野雑記』乙集巻九蜀士立功立節次第にしるされた反呉氏の四川人士のリストによっても明らかである。(1)さらに、こうした背景に宋朝の支配力・権威の存在も無視できない。呉曦の乱鎮圧後は鎮圧にあたった者達、ことに安丙・楊巨源・李好義といった中心人物の間で権力闘争がおきる。最終的に力を握ったのは安丙で、以後は卓越した力をふるうが、配置転換をうけるとたちまち四川をでなければならない。(1)これらの事実は、武将勢力がながく続いたり、四川出身者が四川で任官したりしていても、宋朝の支配力が貫徹していたことを示すのである。ところで、こうした宋朝の支配を考える時、しばしば問題とされるのが総領所である。総領所はすでに森住利直・山内正博・井手達郎・内河久平・川上恭司・近藤一成氏らの論考があって、大意はつくされている。(5)そこで、これらによりつつ要約していこう。一般に、総領所とは、南宋特有の財政機関で軍事費の調達や軍需品の転輸を主たる任務として設置された、いわば寄り合い所帯的構成をもつ機関と解されている。萌芽は靖康末年にみられ、緊迫した南宋初の軍事情勢の中で変転しつつ推移した。体制として成立していくのは、淮東（治所鎮江府）・淮西（建康府）・湖広（鄂州）の三総領所がそれぞれの治所に設置された紹興十一（一一四一）年で、四川（利州）を加えた四総領所体制が整うのは紹興十五（一一四五）年以降である。金との戦局が小康状態を得たのを機会に宋金国境地帯に強大な力を誇った武将勢力の解体をすすめ、それにかわって南宋を支える体制として成立したのである。ただ、四川総領所の成立が遅れているのが示すように、四川のみは他と異なる情勢が展開していく。呉曦の乱時まで存続した呉氏の存在がそれである。総領体制はその後も一貫して継続・安定していたのではないが、とも角も南宋の安定をきたし終末期まで続く。(6)総領体制の最大の特徴は、四総領所がそれぞれ所管の軍隊をうけもった点である。(7)したがって、南宋治下の重要地点が四つに分けられて機能したことになり、総領体制の本質や四総領所の機能と関連をどう解するかが問題となる。膨大な軍事費を必要とした南宋にとって、それは即南宋の財政であり、こうした任務が分割されたのを意味するからである。しかし、なお定まった見解はないようである。以下検討をしてみよう。まず井手氏の論を検討してみよう。氏は、四川総領所は地方分権的性格をもち、東南の三総領所は地方分権的性格をもちつつも中央集権的性格をもつとする。それぞれの総領所がそれぞれの地域をうけもちつつも、特に四川総領所が他に比してより自由な裁量を許されていたことから、[8]右の考えをもたれたのであろう。対応した南宋政権の性格は地方分権的性格をもっていた、しかし一方で、地方分権化阻止のために総領所の職掌はこれを明確にしなかったのであり、矛盾にみちた体制とされる。一方、川上氏は、ブロック経済体制と指摘する。各総領所の果す役割り、中央政庁との関係から表現されるのであろうが、ややわかりにくい。各総領所がそれぞれの経済体制を持しているのをブロック経済体制とするのならば、一応の概念規定が必要ではあるまいか。通常、ブロック経済体制とは、強力な国家を中心に植民地・従属国で形成する一種の自給自足の経済体制で、広域経済体制である。また連帯する集団は相互に恩典を与えつつ商品の市場を確保しあうという点において閉鎖的経済体制でもあって、南宋の総領体制には今少しちがった概念が必要のように思う。けだし、歴史における諸用語応用のむずかしい所である。[9]このように、総領体制、ひいては南宋そのものの解釈はむずかしい。だが、すくなく共この両論には分権的傾向をみとめようとする点で共通性がある。これに対して南宋初の武将勢力を中心に南宋政治史を追求された山内正博氏は、総領体制の成立によって以後の国家財政が中央の戸部と四総領所の五者を軸に回転したと認めつつも、武将勢力を伝統的な官僚体系の中に組みこむための財政的根拠を形成するものであったと評価する。[10]北宋末・南宋初の南宋域に成立した諸勢力を南宋政権のコントロール下に組みこもうとする積極性を評価されるのである。総領体制は、南宋政権の性格の解明に発展するダイナミックなテーマである。だが、現状ではなお全容を論じにくいように思う。分権的か否かについても、充分な説得力のある説明がないというのが実情であろう。これは、一つには武将勢力のあとを受けた様態、宣撫制置使の実態が総領体制ほど解明されていないのにも一因がある。総領体制そのものについても、すすめられてきた機構・経済基盤の分析のほかに任じられた人々の分析がのこっている。宋朝をおおう官僚体制での位置付けが必要なのである。四代にわたって四川に強固な勢力を維持していた呉氏が、内部に多くの問題を抱えていたのは指摘した通りである。呉曦の乱後に大きな力を握った安丙も宋朝の掣肘の中にあったのも指摘した通りである。そこで、次節ではこの点から四川総領所に任じられた人々を検討してみる。

二

いま手許には、淮東・淮西・湖広・四川の四総領所に任じられた者達のリストがある。不完全ながらも二百名をこえるこのリストに属官を加えると、さらに増加する。(11) だが、出自・経歴・動向などが判明するものは案外多くない。(12) 例えば、体制が正式に発足した時の、最初の総領官の実際すら充分に明らかでない。名前や経済畑を歩いた者達があてられたらしい位しか判らず、武将体制にかわる体制として決意を持ってはじめられたわりには、有力者があてられてないようである。(13) これは四川も同様である。さらに任免の時期のみならず総領官の名前の総体的把握すらむずかしい。例をあげよう。文集には様々な文がのせられている。四川の出身者で四川について多くの記録をのこした魏了翁も『鶴山大全文集』にいくつもの文をのこしている。例えば、巻九四長短句には安丙・呉猟をはじめとする四川の高官に関する文がある。

張總領　生日

王總領　生日八月六日

送張總領

張總領　生日六月十八日

はその中の総領官に関したものであるが、詳細はつまびらかでない。在官の日時はおろか名前すら定かでない。同巻の他の例をみると、「安大使丙生日」・「張卭州師夔生日」・「楊子有德輔田夫人生日」などがある。一般人への文もあげるのをみると、四川の官界・人士の密度のこさも示すが、一方で魏了翁と総領官の関係が通り一遍のものか、それだけ総領官の影がうすいのを示すとも考えられる。しかし「王総領」には「蜀」の字が、「送張総領」には「家住峨山」などの語句が見えていずれも四川の総領官と推定できる。また、王総領の場合には「紹興奉使家」の話も見えて、北宋末南宋初に官僚を出した家と推定できるが、これらだけではなかなか具体的人名に比定できない。ただ王総領の場合は、嘉泰初年までの四川総領官だった王寧の可能性が高い。(14) かくの如く四川総領官の実態は把握しにくいが、それは一つには人材をえていない為のようでもある。いま呉曦が四川で力をふるいだす慶元末年頃からの総領官を検討してみると、成絵・王寧・陳曄・趙善宣らの名前があがるが、いずれも『宋会要』職官七四―五～一二 黜降官 一一の条に名前がある。成絵・王寧は芳しからざる人物として名前があがっているが、陳曄・趙善宣は軍糧輸送の不手際をあげられている。(15) 呉曦のみならず韓侂冑が対金強硬策へのり出していく時期とも重なるだけに、意図的な黜降とも考えられなくはないが、人を得ていない点だけはたしかなようである。そしてこのことは、やがて四川自立をめざす呉曦にとって甚だ都合のよい状況だったと思われる。開禧三（一二〇七）年の呉曦の乱の時の総領官は、『綱目備要』巻一〇、開禧三年春正月己卯の条に、

偽四川都轉使徐景望入利州、總領官智夫爲所遂。

とある劉智夫すなわち福建省建陽の人劉崇之である。(16) 乱後の劉崇之について『宋会要』職官七四―一五 黜降官 一一開禧三年三月二七の条には、

同日、前四川總領劉崇之、追三官送道州居住、以臣僚言、逆曦陰結好日久、崇之不能預、爲之圖追、徐景望以僞命至、始納牌印。

とある。劉崇之および四川総領所の微妙な立場を窺わせる記述であるが、そのままにはうけとれない。すでに論じたように、呉曦の乱を討伐したグループ内での勢力争いに同様の傾向がみられるからである。(1) 劉崇之の落職が乱後の四川内の情勢の推移と多分に関係しているかもしれないのは、後任の人事によって推察できる。

『宋史』巻四一二陳咸伝に、

曦既誅、咸語諸子曰、「吾不能討賊而棄官守罪也」、上表自劾、安丙・楊巨源等皆勉其出。丙尋奏以咸總蜀賦、従之。

とあり、『綱目備要』巻九開禧二年三月癸巳の条にも附記して「及安丙為宣撫、薦陳咸為総賦、陳咸事之甚謹」とある。劉崇之のあとを受けて総領官となった陳咸は、陳弁卿の子で仁寿（四川省仁寿県）の出身である。[17]陳咸はもともと四川域内の官について、転運司や宣撫司の属官に辟差されていたが、呉曦の乱時の行動によって安丙らの推薦をうけ総領官となった。出身からいっても四川の有力者で、呉曦の乱の際に宋朝よりの行動をとった四川人士のリストでもある『朝野雑記』乙集九「蜀士立功立節次第」にも名前がある。陳咸すなわち陳逢孺は乱後の四川経済に重要な役割を果したのであるが、[18]その点からも前引の『綱目備要』に「陳咸事之甚謹」とあるのは重要である。前後の事情からみてもここは、「陳咸が安丙によくつかえた」と解釈でき、乱後の総領所がより強く宣撫使の節制をうけた事実を示すといえる。すでにのべたように陳咸は安丙・楊巨源の推薦をうけた。安丙・楊巨源は共に四川系の人物である。[19]

ところで、楊巨源は後述するように総領所の属官であった。また呉曦の乱直後しばらくの間、四川制置使・宣撫使に任ぜられた楊輔も四川系の人物で、紹熙年間（一一九一―九四年頃）には四川総領官だった。[20]呉曦の乱前後の四川の高官の出身・系列を丁寧に探っていくと、そこに複雑な底流が顔を出すのである。各総領所の総領官の任官の次第や出身地は興味のあるところである。[21]四川総領所の場合は判明する総領官のうち四分の一弱が四川出身である。しかし判明した限りにおいて淳熙五（一一七八）年頃の李繁、同六年頃の程价をのぞいて特に集中している訳でもない。李繁が呉氏と不仲をいわれ、程价が蜀人登用の趣旨によって登用されたのをみると、開禧以前はそれ程重要に考える必要はないとも思われる。[22]むしろ呉曦の乱後に四川出身者が前面にでてくることに検討の余地があるように思われる。だが陳咸以後の総領官で四川出身の明らかなのは、安癸仲ぐらいである。安癸仲の在任の時期は、はっきりしない。[23]安癸仲で重要なのは、呉曦の乱鎮圧者として四川に実力をふるった安丙の子である点である。安丙は自らの子を総領官に任ずる事によって兵・財両権を握って名実共に四川の第一人者になり、その力は呉曦を上回ったものとなった。従来、一旦戦端がひらかれると総領所は武将の下に隷属していくと指摘されてきたが、(24) それはこうした傾向の中にも指摘しうるのかも知れない。こうしてみると、呉曦の乱後の四川は一層四川化がすすみ、分権的・自立的傾向がつよくなってゆくように見える。だが総領官はあくまでもトップの人事であり、実態をみるためにはさらに属官の実態を検討する必要がある。

三

すでに諸氏の考察・指摘があるように、総領所はいくつかの機関の寄り合い世帯であって、自身も若干の属官をもっていた。四総領所がそれぞれまったく同じ組織だったのではないが、ここでは便宜上四川のみについてあげておこう。

属官　　幹辨公事　二員・主管文字　二員

所屬機關　分差粮料院・審計院・大軍倉・大軍庫・撥發船運官・贖藥庫・糴買場（贍軍酒庫・四川作院）

である。(25)

こうした属官が呉曦の乱の時にも活躍したことは、前掲の陳咸の伝に、

……。至是、以主管文字王釜・福艾可與共事、欲結二人誅景望、燒棧閣、絶曦援兵。

とあるのからも判る。陳咸がのち総領官となるのはこのような伏線もあったのであろう。ところで、前掲の『朝野雑記』乙集巻九の「蜀土立功節次第」から総領関係をチェックすると、

王釜　　總領所主管文字
劉端友　總領所措糴買
劉靖之　監成都府糧料院

の名前をあげうる。[26]いずれも「避偽去官」の名目で功を賞されている。前の陳咸伝にある福艾の出身地は判らないが、名前の判明した四名のうち三名は四川の出身である。さらに劉靖之は安丙が宣撫副使になった時に起用した人物であった。[27]四川の有力者[28]が属官や関連の機関に入った理由・次第はよく判らないが、辟差によった例も多かったであろう。この間の事情をよく示すのが、前にふれた楊巨源である。なお、ここで確認しておきたいのは、辟差によって任官した中には、四川以外の出身の人もいる点である。[29]

『宋史』巻四〇二楊巨源伝にはその出身・任官の次第をのべて、

楊巨源字子淵、其先成都人。父信臣、家益昌、因家焉。巨源倜儻有大志、善騎射涉獵諸子百家之書。應進士不中、武擧又不中。劉光祖見而異之、薦之總領錢糧陳曄、以右職與爲鳳州堡子原倉官、馳聘射獵、傾財養士、沿邊忠義、咸服其才、分差魚關糧料院、移監興州合江瞻軍倉。

とある。官僚への道を模索していた四川の人楊巨源は、これまた四川出身の武将劉光祖に時の総領官陳曄へ推薦をうけて総領所へ入った。[30]登用の次第やその後のあり方が如何にも辺境の軍事地帯らしく、楊巨源には一種の仁侠の風さえも感じられる。楊巨源は武人としての素質をもち、技をねりつつも総領関係の役人として己が力の扶植につとめたのである。楊巨源が呉曦の乱を鎮圧した集団の中から最初に脱落していくのも、こうした出身のちがいがあるのかもしれない。彼のついた分差糧料院が格別に重要であったのは内河氏の指摘のとおりで、総領所の属官が兼任する例もあった。[31]なお陳曄はすでに指摘したとおり、嘉泰二年頃の総領官で、軍糧輸送の不手際から黜降されている。呉曦の乱は総領所にも大きな影響を与えている。乱後に任用された属官は後述するようによく判らない点があるが、まず

『綱目備用』巻九開禧二年三月癸巳の条に付記して、

少監王釜代咸總計、先請於朝、尚書省勘會軍政・財賦各専任責權、前降節制財賦指揮合行釐正。於是二司始忤、未數月二人交章、乃移釜湖廣總領。

とある。かつての属官だった王釜が口を出し新総領官の陳咸との間に対立をおこしている。さきに、呉曦の乱後に宣撫制置司に混乱の生じた事を論じたが、同様の混乱は総領所でもおきたのである。しかもこの際の混乱は総領所の職権を侵害する形でおきている。宋朝はこの混乱に対して王釜を湖広総領に転出させ、両司の対立を収拾した。王釜を湖広に転出させ陳咸をのこしたこの人事は、楊巨源の例も勘案すると、総領系の人事が排され安丙系の人物がかわってのこされたともとれる。いずれにしても、宋朝がこうした問題にすみやかに対応しているのは注目すべきであろう。新総領官の陳咸下の属官は二人わかっている。『綱目備要』巻一一嘉定元年十一月乙丑「李大用謀為変不克」に、

始大用之謀變、家子欽時爲總領所主管文字。前一夕本所幹辨公事楊君玉來見……。

とある家子欽、楊君玉の二人である。家子欽は出身その他よくわからないが、楊君玉は『宋史全文続資治通鑑長編』巻一九開禧三年二月壬戌の条に鳳州進出とあるから、陝西省鳳県（利州路、秦鳳路境界側）の出身者である。家子欽にしてもわからないものの、『綱目備要』巻一二嘉定二年一二月「關外諸将私役諸軍」に「是歳知金州」とあるのを見ると、例え四川出身でなくとも四川に関係の深い人物と見られる。開禧用兵前後の四川総領所はいわば四川化の現象がおきているのである。ところで、このように総領所の属官に統轄地域の人を採用するのが一般的か否かは一つの問題である。属官の場合はさらに把握しにくいので分析が一層困難であるが、四川総領所の場合は早くは于䩉が採用された例がある。任官の時期はよく判らぬものの蜀人登用の方針下に四川総領所主管文字におされ有能であった例とされている。(32) だがだからといって四川出身者が登用されていったとはいえない。またこれが総領所のような組織に統轄地の人を採用していく方針がうちだされたのを示すともいえない。論ずるにはあまりに例がすくないからである。た

しかに判明する例や開禧前後の例にみると四川出身の属官が多い。だがこうした実態やその影響は諸般の事情の中で考える必要があるし、彼ら属官の一般的意識も考える必要がある。一・二検討してみよう。淳熙六（一一七九）年頃の総領官に李昌図がいる。[33] さきに論じた四川出身の総領官の李蘩と程价の間の時期で任期は短かった。[34] その李昌図の時の属官の江介は、朱熹『朱文公文集』巻九二「通判恭州江君墓誌銘」によると饒州徳興（江西省都陽県）の人で代々は徽州婺源に居住していたとある。そして、

轉奉議郎四川領司主管文字、總領主餉大軍、平時未嘗與民事。至是、東川大饑、君言於其長太府卿李公昌圖、請得庫之羨餘往賑之、李公以爲然、……。

とある。平時は民事にあずからなかったといっているのは、逆に当時の風潮として総領所の職務から逸脱しがちであったのを示すのかも知れないが、とも角も江介は職務に忠実だった。これより約半世紀、四五年のちの嘉定一七（一二二四）年頃の総領所属官に高定子がいる。[35]『宋史』巻四〇九の伝によると、卬州の人で利州路提点刑獄知沔州高稼の弟である。四川総領所に辟され主管文字となったがその時のことを、

制置使鄭損彊愎自用、誤謂總領所擅十一州小會子之利、奏請廢之、令下、民疑而罷市。定子力爭、謂「小會子實以代錢、百姓貿易、賴是以權川引、罷則關・隴之民交病、况又隆興間得旨爲之、非擅也」乃得存其半。損又欲增總領所鹽課、取舊貸軍費、定子辨其顛末、損乃釋然曰「二司相關處、公毎明白洞達言之、使人爽然自失」。尋差知長寧軍。長寧地接夷獠、公家百需皆仰淯井鹽利、來者往往因以自封殖、制置司又權入其半。定子至、爭於制置使、得蠲重賦。

としている。高定子もまた職務に忠実で、その後の事情も勘案すると、制置司に対して反発していたととれる。こうしたケースは、基本的には、さきに示した呉曦の乱及びその直後の李大用の乱の時の属官の行動に共通したものといえないだろうか。四川出身者が四川の官僚に任じられたからといって、中央政府に離反していくとは限らないのを示

すものであろう。

四

呉曦の乱前後の四川総領所の任用官の検討を中心に、そこに四川化ともいえる現象がでてくるのを指摘してきた。総領官が四川出身者でない時も属官に四川出身者がいたり、四川出身の総領官の下に四川出身の属官がいたりする。もちろん全部が全部判明するわけではないから、総領所が四川出身者を主流に固められていたとはいえない。だがその傾向の強くなってゆくのは否定すべくもない。こうした展開をみた時、四川の支配権を握りつつあった呉曦が自立へと動くのは当然の帰結であろう。しかもすでに諸氏の指摘もある通り、時代が下るとともに総領所は宣撫・制置使に隷属していく傾向にある。しかし呉曦の乱は成功しなかった。のみならず四川はついに最後まで宋朝から離脱しえなかった。この裏に宋朝の強い支配力が存在するのは、既に指摘してきた通りである。

総領所についても同様のことがいえる。指摘した実態や人員配備は、統治組織の変質や上意下達を充分ならしめず当該地と中央政府との乖離を招く可能性もある。だが現実にはそのような事態はおきていない。諸般の事態や状況はあるものの、総領官はそれなりの対応を示しているからである。こうした点を考える時にさらに参考になるのは下級官僚の心理と行動である。例え四川の出身であっても、総体的な意味においては職務に忠実なのである。自己や自己の出身基盤の利益が念頭にないとはいえないが、職責を果し、任務を果そうとしている。自立への行動はあまりみられない。ここではわずかの例しかあげなかったが、宋人の伝記の中には職責を守り、忠実に任務を果したことをのべるのも多い。それが結果的には王朝の中において自己の出身基盤を守ることにもつながる。ここに旧来の在地意識や土地への帰属意識とは異なる新たな官僚意識がめばえつつあるというのはいいすぎであろうか。南宋末の多くの忠義の士の出現も示唆するように思うのであるが。最初にのべたように、本章は従来のべてきた見解に対する補足と総領所に対する若干の見解の表明を意図したものである。しかしのべてきたのが開禧用兵前後の、それも四川中心の検討であって、これだけで早急に判断を下す事はできない。科挙との関連・昇進状況・学問の系譜、さらには他の重要な職官の分析ものこっている。中央政庁と在地勢力との関係や宋朝支配の実態や性格の究明には、この様ないわば中間層の分析が一層必要とされるのを示しているといえよう。

引用史料略記一覧
朝野雑記―建炎以来朝野雑記
綱目備要―両朝綱目備要
宋会要―宋会要輯稿
鶴山大全文集―鶴山先生大全文集

註

（1）伊原弘「南宋四川における呉曦の乱後の政治動向」（『中央大学部紀要史学科』二五、一九八〇年三月）。
（2）伊原弘「南宋四川における呉氏の勢力――呉曦の乱前史――」（『青山定雄博士古稀紀念宋代史論叢』所収、一九七四年九月）、註（1）引用稿。
（3）伊原弘「南宋四川における定居士人――成都府路、梓川路を中心として――」（『東方学』五四、一九七七年七月）。成都における氏族のあり方については、森田憲司「『成都氏族譜』小考」（『東洋史研究』三六―三　一九七七年十二月）参照。
（4）衣川強「『開禧用兵』をめぐって」（『東洋史研究』三六―三、一九七七年十二月）、山内正博「南宋政権の推移」（岩波『世界歴史』九中世三、一九七〇年二月）。

（5）森住利直「南宋四川の対糴に就いて」（『史淵』一〇、一九三五年）、山内正博「南宋総領所設置に関する一考察」（『史学雑誌』六四―一二〈講〉、一九五五年十二月）・「総領所の由来に就いて」（『東洋史学』七〈講〉、一九五三年五月）、井手達郎「総領考」〈一〉（『埼玉大学紀要教育学部編』五、一九五六年）、内河久平「南宋総領所考――南宋政権と地方武将との勢力関係をめぐって――」（『史潮』七八・七九合併号、一九六二年五月）、川上恭司「南宋の総領所について」（『待兼山論叢』史学編一二号、一九七八年一二月）、近藤一成「南宋屯軍文書考」（『史観』一〇五号、一九八一年九月）。

（6）一時的に淮西総領所が淮東総領所に併合されたり（『宋会要』職官四一―五六　総領所　乾道六年四月一日の条）、淮東総領所が鎮江府から江陰軍にうつされる（『宋史』巻四七、瀛国公、徳祐元年三月庚子の条）などの若干の変動があった。

（7）『宋会要』職官四一―四四　総領所に、

鎮江諸軍銭糧、淮東総領掌之。建康池州諸軍銭糧、淮西総領掌之。鄂州荊南江州諸軍銭糧、湖廣総領掌之。興元興州金州諸軍銭糧、四川総領掌之。

とある。

（8）『朝野雑記』甲集巻一七「淮東西湖広総領所」、「四川総領所二事」。

（9）この意味において、南宋初の武将勢力を軍閥と表現するのも問題があるように思う。
なお、山内正博氏は総領体制を「南宋政権の推移」（岩波『世界歴史』九中世三所収）の「伝統の復権」（二四一頁）で、「軍事・経済ブロック」と表現される。

（10）註（9）引用稿。

（11）もっともよく判るのは、淮東・淮西の二総領所である。淮東総領所は『嘉定鎮江志』巻一七寓治・総領所および『至順鎮江志』巻一七寓治・宋総領所のリストによって、淮西総領所は『景定建康志』巻二六官守志三総領所のリストによって系統的に総領官が把握できる。ことに淮東総領所の場合は属官もある程度把握できる。だが、伝には総領官になったとあってもそれぞれのリストに名前が欠けているケースも若干ではあるがある。

（12）淮東・淮西の二総領所の場合で半数程度になろうか。

（13）淮東総領所には胡紡が、淮西総領所には呉彦璋が、湖広総領所には曾慥が、四川総領所には趙不棄がそれぞれあてられた。(『建炎以来繫年要録』巻一四〇・紹興十有一年五月辛丑の条、同巻一五四・紹興十有五年十有一月庚申の条)。いずれも無名という訳ではないが趙不棄(『宋史』巻二四七)を除いてめぼしい伝はない。

(14) 現在の手持ちのカードでは、魏了翁との対比の時期に若干の欠があり、一層比定がむずかしい。ただ王氏は『綱目備用』巻六慶元四年の条「是冬括闢外営田祖不果」に「慶元末、司農少卿江陰王寧総領四川財賦」とある常州江陰の出身の王寧と考えられる。また『宋会要』職官七四―一二　黜降官一一　嘉泰元年六月二六日の条に「四川総領王寧改差湖北路転運副使」とあるから、慶元末嘉泰初年の四川総領官だった。黜降の理由は判らないが酷薄な人物だったようで、転出先の湖北一道が兵民雑居の地帯なので心配だとある。

(15)『宋会要』職官七四―五～二二　黜降官　一一の条によって在任年月日をしるしておく。

成綌　慶元五年正月六日　出身地不明
王寧　嘉泰元年六月二六日　常州の人
陳曄　嘉泰二年五月一一日　嘉興に寓居
趙善宣　嘉泰二年六月一二日　皇族

ちなみに、この時期に他の三総領官の黜降の例はあまりなく、四川総領所が問題のところであるのを証左する一例となっている。

(16) 清・李清復『南宋館閣続録』巻八劉崇之伝。

(17) 就任年月日ははっきりしないが『宋会要』職官六一―三六　以官回授　嘉定元年閏四月二四日の条に、「四川総領陳咸」とある。宋史巻四一二陳咸伝。

(18)『朝野雑記』乙集巻一六「四川収兌九十界銭引本末」、「四川収兌九十一界銭引本末」、「四川総領所小会子」、「四川行当五大銭事始」にその名がみえる。

(19)『宋史』巻四〇二安丙伝に広安(四川省広安県)の人とあり、同楊巨源伝にはもとは成都の人であったが父の代に益昌(四川省広元県)にうつったとある。

(20)『宋史』巻三九七楊輔伝に遂寧(四川省遂寧県西七十里)の人とある。楊輔の四川総領官在任の時期は、『宋会要』食貨二八―三四　塩法紹熙二年四年七日の条・同二八―三九・紹熙五年二月八日の条によって、光宗の紹熙二(一一九一)年頃から五(一一九四)年頃までは確実にたしかめられる。乱後の楊輔については註(1)引用稿参照。

（21）註（12）で指摘したように、出身地のわかるのは半数程度である。淮東・淮西の場合は治所の関係もあって、その中の州・県の出身者はままみられる。しかし何分、全体の中での判明率がひくいので、個々の事情をチェックしないと意義は指摘しにくい。本章ではこの点を割愛し、四川のみにしぼって論じる。

（22）李蘩は崇慶晋原の人（『鶴山大全文集』巻七八「四川総領財賦李公墓誌銘」）。総領官だったのは淳煕五（一一七八）年六月二四日前後（『宋会要』食貨三一―二五　茶法雑録下）で、呉挺との仲は悪かった。程价は出身地不明であるが、汪応辰『文定集』巻六「薦蜀人才剳子」に名前があって、四川出身と判る。総領官だったのは淳煕六年五月一三日前後（『宋会要』食貨二八―八　塩法）である。

（23）『宋史』巻四〇二安癸仲伝、『鶴山大全文集』巻四四記「重建四川総領所記」、洪咨夔『平斎文集』巻二二外制六「安揆仲除太府少卿依旧総領四川軍馬銭糧制」。

（24）制置使が総領官をかねる風潮が嘉定年間頃からおきた、と問題にしている文もある。呉潜『許国奏議』巻二「奏乞東閫兼領総司以足兵食」。

（25）『宋会要』職官四一―四四・総領所などによって作成した。

（26）王釜は原文には玉釜とあるが、これは誤りである。

（27）劉靖之字思恭は、『朝野雑記』乙集巻十「淳煕至嘉定蜀帥薦士総記」によると類省試出身である。父は劉徳修。

（28）劉端友が四川の有力者として知遂寧府におされたのは、許応竜『東澗集』巻六「劉端友知遂寧府制」にある。劉靖之は釈居簡『北磵文集』巻二「検証劉大監祠堂記」にあるように祠堂がある。また何よりも『朝野雑記』の記事が有力者の行動を念頭として列挙しているのが一つの証明であろう。

（29）こうした総領関係の官の登用については、すでに内河・川上両氏の論稿に言及があるので重ねて論じない。辟差がかなり行われたであろうことは、『朝野類要』巻三辟差にも「帥撫監司郡守或奉選使、堪倚用之人具名詣闕奏差」とあるのからも推測できる。安丙の時期の四川以外の人の辟差の例として嘉定末年（推定）の方琢をあげておく（元・方回『桐江集』巻四先君事状）。

（30）劉光祖は簡州安陽（四川省簡陽県）の人。真徳秀『西山先生真文忠公文集』巻四三「劉閣学墓誌銘」に「授剣南東川節度推官、辟潼川提刑司検法」とあるから、劉光祖も辟差をうけた。

（31）開禧用兵時の湖広総領所の例をあげておく。『宋会要』兵二〇―一一　軍賞の開禧三年六月一〇日の条に「儒林郎総領湖広江西京西路財賦所幹弁公事兼襄陽府糧料院」と唐懿の官職をのべる。

(32) 汪応辰『文定集』巻六「薦蜀人才劄子」。任官の時期はよく判らぬが前後の事情からみて乾道前後と推測できる。

(33)『宋会要』職官二八―九塩法　淳熙六年十一月二四日の条に名前がある。なお同二八―二三　淳熙十一年四月三日の条にも「総領李昌図」とある。総領官の任期はまれには七～八年といったものもあるが、短い時で数カ月、通常は二～三年である。同じ淳熙六年に四川出身の程价が登用されているのを考えると、短期間に再任された可能性もある。

(34) 註(22)。ちなみに『宋会要』食貨二八―八　塩法　淳熙六年四月二五日の条によると、属官に円融がいるが詳細は不明。

(35) 高定子の任官の時期は不明であるが、時の制置使の鄭損は嘉定十七年頃の在任である。前掲の衣川氏の論稿（註5）では、開禧用兵時の行動を安丙・楊巨源・李好義らと共に服務派として分類する。

四　専制国家と地域

はじめに

本章は伊原弘・市來津由彦・須江隆編『中国宋代の地域像――比較史からみた専制国家と地域――』（岩田書院、二〇一三年）の序説である。同書の序で述べたように、二〇一一年五月の国際東方学者会議の場で議論をした事柄を論集としてまとめるための導入論であるとともに、同書の標題である「中国宋代の地域像――比較史からみた専制国家と地域――」における所収各論理解のための手掛かりを提出するものである。また、日本・米国・欧州・中国・台湾の研究者による共同討論を読み解くための指揮棒的意味あいをもつものと考えてほしい。

実は、当初はかなり長い文をまとめるつもりでいた。だが、執筆のために出そろった論文を何度も読み直していく過程で考えが大きく変わった。最終判断は読者に任せることにしたのである。つまりは、編集者の意見を多く述べることはやめて、示唆的なものにとどめることとした。

さて、本章の主題は専制国家のなかにおける地域社会をどう考えるかである。専制国家のなかの地域・地方の把握は、みなが苦しむ。地方社会に自律性を認めるか否かが難しいからである。同書はこのような諸事を理解するためにあまれた。ただ、では、この論集がその解決を図るものかというと決してそうではない。思考のための材料を提供するものと考えてほしい。それは、宋代がそうした考えを練るためのよすがとなる時代と考えるからである。

一、問題の所在

君主独裁制のもとに、帝国の支配の手足となる官僚を全国的試験によって選抜する制度たる科挙官僚制を施行し、強固な中央集権的文臣官僚支配を貫いた社会に地域とか地方という問題があったのか。[1]近年、多くの地域・地方の名を冠した論文や著作集があるものの、この概念を十分に把握したものが少ないと考えるのはわたくしだけではあるまい。[2]福建一帯を論じたから地域史・地方史、四川を論じたから地域史・地方史というのはあまりに単純に思えるからである。また、地域社会を論じたから地域・地方の社会史というのも杜撰な議論である。本書所収の諸論文が示すように、地域・地方の社会は科挙官僚制のもとに中央社会への上昇志向につつまれて活動しているからである。とすれば、この視点による限り、独立した地域・地方の生態や経済・社会の研究は皆無といわざるを得なくなる。ゆえに、同書ではこうした観念を探るべく日本以外の研究者や中国史以外の研究者も交えた多角的な議論を行っている。だからといって、わたくしがここでこの各論の読書方向へ指針を与えることもしないし、与えようとも思わない。だが、このような問題の所在を提示しておきたいと考えている。

一体に歴史は地域史で構成される。欧米史は欧米各国の歴史を論じながらも、各国史は基本的には地域史でもある。これはアジア史においても同じである。アジア史は世界史のなかにおいて地域史である。アジア史のなかにおいて中国史は地域史である。中国史のなかにおいて河南や浙江一帯の歴史は地域史である。だが、特定時代や王朝下において地域史を論じようとすると様態は異なっていく。強い統制をひく国家のもとに、地方や地域があるかという問題があるのである。この地域や地方はただ支配下にあったかという問題ではない。そこに当該域の自律性をみるかという問題である。実は、こうした問題は、近年になって生じたのではないかと考えている。

これは中国史研究の過程において地域史や地方史の概念がまったくなかったというのではない。むしろ逆である。しかし、概念規定が十分であったとは言えない。とくに規定せずに、なにげなく語彙のいうままに使われてきたというべきであろう。中央があれば地方や地域がある。ことに強い中央集権制を見せる中国専制王朝では、傘下の地域を地方・地域として論じることが多かった。ゆえに、地域や地方という言葉が気軽に使われてきたのである。

中国王朝の専制体制を表現したのが、カフカ「万里の長城」（池内紀『カフカ短編集』、岩波文庫、一九八七年）である。カフカが表現したごとく、支配が無限の広がりを見せる。いけどもいけども支配者の目が光っている帝国に、地方の独自性があるはずはない。ゆえに、地域や地方も帝国支配下の地域・地方であり、地域と地方の研究は帝国支配の実態を把握するためのものというべきであった。

このような研究の方向性は、ながいあいだ変化がなかった。しかし、近年、状況が変わりつつある。歴史学はきわめて今日的な学問である。現代に生きるわれわれが原体験を根底に歴史を考えるのだから、解釈に時代が反映されるのである。近年、現代社会において中央集権制に関する疑義が生まれつつある。過度の権力集中と出費を反省する思考である。これはつまりは大きな政府か小さな政府かの議論が根底にあるともいえる。疲弊しつつある今日の社会をどう考えるか。どう理解するか。この問題から歴史上の地域・地方社会の理解も変化しつつあると考えるのである。

二、宋代人は地域をみ、感じたか

強固な支配体制を維持してきた中国に、地域史や地方史、さらには郷土史が存在するのかという素朴な疑問がでてくる。そこで、まず、この点を考えてみよう。それが、宋代人は地域をみ、感じたのかという問題である。この問題を考えるうえで参考になるのが、近年、注目を受けたベネディクト・アンダーソンの『想像の共同体』である。[3] 南アメリカから宗主国へ留学したものたちの思考と行動を通じて地域を考える議論で、一世を風靡した。この議論が宋代解析に利用された事例がある。紹介していこう。

宋代中国は中国に強固に続いてきた君主独裁制度を基本とし、それをささえる科挙官僚制も揺るぎのないものであったというのは、ほとんど信仰と化した面がある。述べたように、この議論は宮崎市定氏の宋代が君主独裁制度であるという指摘に端を発している。たとえば、米国の気鋭の研究者であるT．J．ヒンリクス氏も、北宋は介入的な政治体制で知られ、これほどの体制は二〇世紀まで存在しなかったとしている。[4]

君主独裁体制とは君主を頂点に組み立てられた支配制度をいう。それを支えたのは官僚制度である。その官僚制度運営についてヒックス氏に『経済史の理論』がある。[5] また、この事象に関する日本の東洋学者の詳細な研究が行われている。[6]

中国に伝統的な強固な支配体制が宋代に確固たる発展をみせる説は、内藤湖南ならびに宮崎市定氏の指摘によって流布した。このことは、あまりにも有名である。この理論は宋代近世説とあいまって流布し、欧米の研究者にもしみこんでいる。中国ではすみずみまで帝国の支配がゆきわたっていたというのである。[7] となると、地方ならびに地域社会に独自性を見出すことは難しくなる。だが、こうした意見に風を吹き込んだ論考がある。それが、三谷博氏の『明治維新とナショナリズム――幕末の外交と政治変動――』[8] である。

三谷氏は明治維新が日本人にはじめて地域社会を認識させたという。古く長かった封建体制から抜け出して、中央集権体制にむかうなかで、激しい戦いが行われた。地方に派生した軍事集団の統一への戦いのなかで、多くの兵士がはじめて異郷を認識したとするのである。さらに竿頭一歩進めて、中国において異郷を認識したのは宋代であるとされる。宋代官僚制度の展開による地方赴任がこの状況を招いたと考えられるのである。

一般に官僚制度の普及と試験制度の確立が帝国の支配力を強めたとされているが、ここではやや異なる視点が提示されているのである。官僚たちの転勤はあきらかに、それまでと異なる社会を生み出した。転勤は異郷の地への移動であるし、異郷の地の観察でもあった。三谷氏はこう説くのである。

三谷氏のこの議論が『想像の共同体』の理論を引用していることは間違いがないし、みずからも認めている。非常に興味深い議論であるとともに、この視点からの議論が日本にないことを指摘しておきたい。そして、この異郷の感触が宋代に出てきていることは知っておかねばならない。それが旅日記や風景や風俗を歌う詩文の登場である。これこそ、異なる地域を感じる人たちの出現を示唆するのである。[9]三谷氏の指摘はまことに要をついているといわねばならない。ことに、南宋時代は地域との関係が深まった時代として認識されなくてはならない。南宋人は地域をみたのである。

三、地域の自発性を考える

中国宋代の支配体制と地域・地方の問題について考えてきた。中国ではすみずみまで中央の権力が浸透しており、ここに地方の独自性を見出すのが難しい状況も理解できたであろう。だが、その自立性を模索する研究がないわけではない。たとえば、斯波義信氏の水利管理に関する考察は、この点への一つの模索である。

考察によれば、江西省宜春の李渠では在地の有力者による水利管理が行われていた。斯波氏はここに都市の管理者にも類する面をみようとする。[10]ところで、水利管理者が在地の有力者としての活動をするのが見受けられるのは、他の地域にもみられる。

寧波には東銭湖という巨大な湖が横たわっている。ここは、かつて明州と呼ばれた一帯である。すなわち、この湖は宋代明州にとって重要な湖であった。宋代の明州すなわち寧波には特徴的な有力者が存在していた。この点はわたくしが論じたとおりである。(11) かれらはまた当該地において活発かつ特徴的な活動をしていた。このことを美術史の面からも井手誠之輔氏が論じている。(12)

寧波では宋代に史氏一族など中央政界に結び付いた有力者が存在したが、一方でかれらの寺院経営や水利管理にかかわった有力者が存在していた。その有力者について近藤一成氏が解題をつけている。(13)

近藤氏は寧波に存在する有力者が下級の官職を得ていることを理由に、かれらは中央の官僚世界とつながりを持つ有力者と断じておられる。地方の有力者が下級の官職を得て当該地域に君臨することはありうる。だが、それが、ただちに複雑な官職運営とかかわり、下級の官職を得たと断じられるのか疑問もある。官職を得るにはさまざまな方法があり、かならずしも正規の科挙官僚制度の方式に従っているとはいえぬからである。(14)

有力者の地域へのかかわりに水利の問題があることは述べたとおりだが、道路設定やその舗装などにかかわる例もあった。(15) しかし、ここで論じている制度とのかかわりでいうのなら、学校の運営をあげなくてはならないであろう。この問題については川上恭司氏の興味深い指摘がある。(16) 川上氏は南宋時代の地方学校の設立事情を検討したうえで、南宋時代は中央政府の力が後退したので、地方有力者がその間隙をおぎなった。地方学校も彼らの力と活動で維持されたと論じるのである。科挙のための学校という側面があるものの、地方有力者の積極的な教育への関与は注目に値し、ここに地域・地方の問題とのかかわりが注目される。とはいえ、これが中国を特徴づける科挙官僚制とかかわるだけに解釈の難しいところではある。

また、いま一つ問題になるのは支配制度のなかで地域・地方をどう規定したかである。この点も十分に論じられているわけではない。(17) 地域の認識をいつの時代におけばいいのか。地方・地域の誕生を地方志の出現にみる考え方もある。だが、地方志の誕生が独自の地域史・地方史の出現を意味したかというと問題である。地方志・通史は当該地域を理解する重要な史料であるが、独自性がないのも周知のことだからである。

さらに問題がある。豪族・貴族が衰退した後は在地有力者の存在が重要になる。だが、かれらが中央体制への参加を主眼としていくという従来の主流的解釈からいえば、地方の基盤はそのための栄養分を吸い取るための地盤でしかなくなる。地方有力者が当該地域で活動するのも、あるいは当該地域のために活動するのも、未来への夢のための蜜をすいとるためでしかないということになってしまう。

では、地方有力者が、そのような夢を捨てて出身地域や出身地方にのぞむのはいつなのか。倉橋圭子氏はこの転換期を明におく(18)。明の時代になって、真に地方在地有力者が地域・地方に目を向ける時代が来たというのである。彼女の研究と考察はP・ブルデュー論を多用した米国の研究成果に依拠している。倉橋氏の関連論文の読み込みには素晴らしいものがある。ただ、欧米で使われている理論をそのまま適用できるのかとか、エリートという言葉を安易に使用できるのかといった問題がある。士大夫をエリートと規定するには問題があるのではないか。倉橋氏にはこの点に関する配慮が足りぬように思うが、一面で日本の宋代史研究の成果の構想力の弱さをついていることはいうまでもない(19)。

四、科挙官僚制下の地域と地方

アジア世界に展開した多くの国家が専制君主の支配する中央集権的な体制の官僚国家であることは、ほぼ周知されているといえよう。アジア的な専制君主支配という語は、耳慣れている。ただ、この形態は、地域による差異もあり、一律にはいえない。そのなかにおいて、中国が二〇〇〇年以上にわたって専制君主下に集権的な体制を維持してきた顕著な地域であることはいうまでもない。

もちろん、秦帝国以来の歴史のなかでそれらは不動のものであったのではない。権力の在り方や支配制度、そのなかに吸収された官僚群の性格と出自は時代による変化を見せている。その事象に対する研究様態や成果は、各時代ごとに成果が出ているので、当該時代の論文を閲覧いただきたい。

さて、本書で取り上げる主体的時代は宋代である。宋代は中国史における画期の時代であるとされ、いくつもの議論が展開されてきた。宋代を中世と考えるか近世と考えるかの議論はその代表的なものである。唐と宋のあいだにあ大きな変革を考えた唐宋変革論は、おおきな影響を与えてきた。内藤湖南・宮崎市定とつづく研究により、宋代が君主独裁制度下に中央集権的文臣官僚支配によって維持された時代であることが明らかになったのである。そして、その官僚として新興地主が参入したことも証明されている。この認識は宋代中世説をとるものも宋代近世説をとるものもかかわらず共有している。そして、宋代の制度が文臣官僚支配であったことも共有される。もっとも、宮崎市定氏は君主独裁制度を君主が頤のままに君臨するのではなく、権力が制度に裏打ちされていることを述べている。

すなわち、宋代は官僚制度を把握した君主が諸事に決定権を持ち、その官僚制度に、これまた宋代に一応の完成をみた官吏登用試験、すなわち科挙試験を利用して官僚を充足したと考えるのである。

科挙官僚制度についても成果が多くあるが、官僚制度運営の手段としての俸給・昇進・官僚充足の制度があったことが明らかになっている。(20) 宋王朝下では、これらが整えられて安定した官僚制度運営に向かっていく。(21) 宋王朝の官僚制度の追究は大いなる成果を上げて来たのである。安定した官僚を採用していくためには、教育制度の開発と安定化が必要だが、この点も成果を上げていた。そして、ここに地域とのかかわりがでてくるのは述べたとおりである。

科挙受験体制を指揮するのは国家である。有能な官僚群を構築するためには不可避の行動である。宋代はまた、そうした条件を整えるのに好都合であった。国家にはいり自らの土地支配の安定をのぞむ新興地主の形勢戸、商業重視を打ち出す宋王朝治下の商人群。科挙を受験して支配者としての立場を確保したいかれらのために、試験制度の整備や教育機関を設置し全国的に広めていく。その他に科挙エリートが主体的にかかわる塾などの私学もあったので、教育制度自体も充実もしていたことを前引の川上氏の議論が指摘している。

川上氏の議論には、さらに注目すべきものがある。南宋時代に地方で盛んになる学校の創設は中央支配の後退を地方有力者や下級官吏が補い、私費の投入などを積極的におこなった結果でもあるというのだ。この説は、地方有力者に独自の活動の芽生えをみようとするもので、魅力的である。

とはいえ、地方だけで中央的受験制度の維持はできない。あらゆるものが中央と関連しているからである。受験生が安全に旅できるような道路・宿の発達は国全体の整備を加速させている。科挙官僚制度の推進によって発達した宋代は、他の面においても発達を加速させたのである。だが、こうした加速は地方社会に重い頸木をつけたと考えられないだろうか。

地方の有力者たちは、それが実を伴うものでなかったとしても中央政界につながることをのぞむ。下級官職を手に入れているもの、あたかも中央政府の末端に位置するかの如く見せかけることがあったのではないか。[22]ただ、こうした有力者にかかわるひとびとのうち、江南で顕著な商業ならびに海外交易にかかわる者たちのなかには、このような意識が薄かったように思える。かれらにとって、重要なのは実利であって名誉ではないからである。

とはいえ、ここで中央政府の支配の制度については熟考しなくてはいけない。この制度が宋代に継続して持続していたのではなく、時代による内容の変化にも注視しなくてはいけない。さらに北宋と南宋の違いもあることに注意しなくてはいけない。中央集権的な官僚体制の護持には、このような支配のための制度が肝要であるが、彼らを試験場に集めるための交通制度なども整っており、帝国の様態は完成していた。

このような宋代において、国家の支配は隅々まで及び、関与していたと考えられる。このことに関する考えは、単に日本だけのものではない。近年、共同の研究活動を行ったT．J．ヒンリクス氏も、このことを指摘しているのは述べたとおりである。(23)よって、この様態が宋代社会の基本的な支配体制とみるのが一般的である。

本章の第一節「問題の所在」で専制国家について概論した。ここではそこで述べた地域と地方について論じたい。この概念は、日本の史学界では気にせずに使われてきたように思う。四川を論じたから地域史あるいは地方史。福建を論じたから地域史あるいは地方史。このような無定義のままの議論が少なくない。このようなあいまいな概念に基づく議論は、日本の中国学におおきな停滞と混乱を招いたように思う。

東洋学にかかわる各国家の形態の問題もかかわるように思われる。中国以外で中国学のさかんな国は、日本と米国であろう。ともに、中央集権的な体制をひいているが、日本と米国では様相が異なる。直接選挙制で大統領を選ぶ米国に対して、日本は議院内閣制で首相を選ぶ。州には州軍があり、時として米国国法ならびに方針と異なる行動をとる米国にたいして、日本では地方自治体の力は弱い。経済的にも国家の強い援助により成り立っている地域が大半である。このような政治形態はそれぞれの思考に影響を及ぼすと考えるべきではないか。同じことは現在の中国についても言えるように思う。中央政府の強い指導体制のもとに、地域・地方が独自の動きをしているようには見えぬのである。

ここでのべた議論は、同論集所収の諸氏が念頭に置いて議論するところである。とくに、陳松氏は日本語の持つあいまいさに着目して議論を展開している。ピータ・ボル氏、ならびに徳橋曜氏もこの点を念頭に議論を進めている。(24)

地域とは特定の行政的一帯をいうのであって、首都域よりも下の地域をいうのでもない。首都ですら地域である。地方についても同様のことがいえる。日本では地方というと田舎という感触がある。だが、これも難しい面がある。地方においては、行政域の拠点を中央とみなし、その傘下の地域を地方と考える向きもあるからである。日本語の概念規定のあいまいさがあって、このような混乱が起きているのである。(25)

一方で郷土史という問題もある。日本では郷土史という分野がある。さまざまな地方自治体が公費を出して、県史・市史・町史・村史などを出している。(26)同じ現象は、というよりその模範として中国の通志や地方志がある。中国の場合はかならずしも官費の使用とは限らぬように見えるが、当該地域の知識人が公文書を利用して編纂する上に、現存する多数の通志・地方志が似通った構成をもつことからも、このことを推測させる。(27)

むすびにかえて

宋代とはどのような時代だったのか。中国の基本的体制である君主独裁制度、ならびに中央集権的文臣官僚支配が真の意味で確立した時代とされる。明以後もこの制度は強固になっていく。だが、一方で市民社会の解放性と開放性が話題になる。支配体制が強固になるのに、ひとびとが自由になっていくというのはおおいなる矛盾である。このような様態の検証と思考が不足のままに、地域の問題が語られているのである。もちろん、地域の研究は早くから日本の学界が関心をもち続けてきたところである。アジア的専制体制の解明を念頭においた西欧の東洋史学が、この点に後れを取ったのは仕方ないことである。だが、あらたな理論構築のなかで、この問題の理論構築をおこたった日本の宋代史研究の責任も大きいといわねばならない。ここに、ある種の自戒と挑戦をする意味がある。

最後に私見を述べておこう。地域の時代が前面に押し出されてくるのが南宋時代である、とわたくしは考えている。華北を追われた宋政権が流浪のすえにたどり着いたのが江南であった。当時の江南は発展途上地域であった。支配下の四川も同様である。今日の江西省も福建省も同様である。狭い地域に経済と政治の府が共存した状況のなかで、これらの地域に接した一帯の地位が向上していく。南宋時代は北宋のような高級官僚が文筆を残した時代ではない。地方士大夫がさかんに活動した時代である。ここに中国史上初めて地方の時代が到来したのだ。地方儒学の発達はこのことをしめす。だが、それも消えていく。朱子学の登場である。中国史上初めて輝いた地方地域の時代は、やがて中国本来の歩みに飲み込まれていくのである。われわれは時代への挑戦方法をもっと工夫する必要があろう。

註

（1）日本の宋代史においてこの問題は議論されてきている。地域史については和田清『中国地方自治発達史』（汲古書院、一九七五年、本書は一九三九年に『支那地方自治発達史』として出版されたものの改題再版である）。制度史についても多くの業績があるが、割愛する。君主独裁制度論は宮崎市定氏の議論が有名である。科挙制度についても多くの議論があり、地域ごとの合格者や及第者の偏りによる動向などの議論もある。これらの成果を念頭において考えると、江南の合格者の増加が南宋政権を支えたことがわかる。周藤吉之『宋代官僚制と大土地所有』（『社会構成史大系』八所収、日本評論社、一九五三年）参照。

（2）最新の代表的著書をあげる。小野泰『宋代の水利政策と地域社会』（汲古書院、二〇一一年）、岡元司『宋代沿海地域社会史研究――ネットワークと地域文化』（汲古書院、二〇一二年）などがある。いずれも特定地域の解析に力を注いだものであるが、時代的には南宋、地域的には江南を中心にする。前後の時代の研究書もあげておこう。愛宕元（『唐代地域社会史研究』（同朋舎出版、一九九七年）、森田憲司『元代知識人と地域社会』（汲古書院、二〇〇四年）。両書の視点は広いが、地域についての定義より特定の地域を扱っているから地域史という感覚である。

（3）ベネディクト・アンダーソン、白石さや・白石隆訳『想像の共同体――ナショナリズムの起源と流行――』（リブロポート、一九八七年。増補、NTT出版、一九九七年。定本、書籍工房早山、二〇〇七年）。

（4）T．J．ヒンリクス、吉田真弓訳「石刻と木版――地方風俗に対する普遍的医療と儀式――」（須江隆編『碑と地方志のアーカイブズを探る』汲古書院、二〇一二年）。ヒンリクス氏は、政府機関が地方社会の内部まで介入していたとする。その地方社会の内部とは学校教育、貧民救済、徴税、専売であり、宋政府は民間の監視にまで及んでいたと指摘している。

（5）官僚制度の基本について、J．R．ヒックス、新保博・渡辺文雄訳『経済史の理論』（講談社学術文庫、一九九五年）は、官僚制度運営成功の条件を三つあげる。それは、監察制度、昇進制度、新人登用制度の三つである。このうちの新人登用制度が宋王朝において、組織的かつ全国的に行われて、たぐいまれな中央集権体制確立の前提となったことは多くの指摘があるとおりである。

（6）荒木敏一『宋代科挙制度研究』（同朋舎出版、一九六九年）、John W. Chaffee *The Thorny Gates of Learning in Sung China*, Cambridge University, 1985. 衣川強『宋代官僚社会史研究』（汲古書院、二〇〇六年）などがある。このうち、荒木論著は科挙制度を、Chaffee論著は社会的な様態の考察をし、衣川論著は俸給制についての論文をおさめている。最近の論著として近藤一成『宋代中国科挙社会の研究』（汲古書院、二〇〇九年）がある。所収されている論文のなかには地方・地域の官僚の動向を論じたものもあるが、帝国官僚の活動を論じているもので、地方・地域の様態はあきらかでない。

（7）さきのヒンリクス氏の指摘以外にも、この種の論調は少なくない。

（8）三谷博『明治維新とナショナリズム――幕末の外交と政治変動――』（山川出版社、一九九七年）。

（9）宋代になると日記類や詩文に異郷の地をうたうものが多く登場してくるとされる。だが、ここに細かい検証があるわけではない。日記類が登場するといっても南宋時代である。また、詩文にしても風俗などを詠うものは南宋時代におおい。陸游『入蜀記』や地元の祭りを詠う范成大の詩文などその好例であるが、これらの解析は十分ではなく、全体的な印象で述べているに過ぎない。理論の構築のためにも一層の解析が必要であろう。ところで、この点に関連して宮崎法子氏は「西湖をめぐる絵画――南宋絵画初探」（梅原郁編『中国近世の都市と文化』、京都大学人文科学研究所、一九八四年）において、西湖の画巻は土産ではなかったのかと論じられている。旅・土産としての今日の絵葉書にも似た風景画の誕生は地方へのアピールが芽生えていることで、地域・地方の認識が高まっていることを感じさせる。

（10）斯波義信『宋代江南経済史の研究』（東京大学東洋文化研究所、一九八八年）に所収されている。

（11）伊原弘「宋代明州における官戸の婚姻関係」（『大学院研究年報』一、中央大学、一九七一年）。南宋時代の江南の諸地域には特徴的な一族の展開がみられる。明州の史氏ならびに江南の有力氏族に関する考証は少なくない。だが、その考証はどのような理論と考察に基づいているのか判明しがたい点が少なくない。

（12）井手氏の論は奈良国立博物館・東京文化財研究所編『大徳寺伝来五百羅漢図銘文調査報告書』（奈良国立博物館・東京文化財研究所、二〇一一年）に所収されている。井手氏は寧波から日本に流出し、さらにその一部が米国に流出した仏寺所有の画軸の追求をしてこられた。成果は鎌倉の寺院所有の画軸の展示や奈良国立博物館において展示されている。ほかに関連図版として奈良国立博物館編『聖地寧波』（奈良国立博物館、二〇〇九年）などもある。寧波は南宋時代の有力な港町であっただけでなく、史氏一族という南宋政治史にかかわる在地官僚を出したことでも有名な地である。史氏一族については註（11）で引用した伊原弘論文「宋代明州における官戸の婚姻関係」ならびに、Richard L. Davis *Court and Family in Sung China, 960-1279: Bureaucratic Success and Kinship Fortunes for the Shih of Ming-chou*, Duke University Press, Durham 1986参照。なお、寧波については早坂俊廣編・小島毅監修『文化都市寧波』（東京大学出版会、二〇一三年）がある。

（13）近藤一成「有官施入者銘文の意味すること」（『大徳寺伝来五百羅漢図銘文調査報告書』（奈良国立博物館・東京文化財研究所、二〇一一年）参照。近藤氏の論文は制度の運営にかかわるものを重視して組み立てている意味あいが強い。時代の変化や時代のゆるみがこうした照合にどのような影響を与えているか考える必要がある。ちなみに、日本の例であるが戦国時代各地の有力大名の家臣のなかには豊前とか豊前守と自称するものが少なからずいたが、徳川幕府が権力を得るにしたがってその管理権を収めて統一され整備されたという。江戸史研究家の加藤貴氏から教示を得た。その一方で、その制度を管理していた組織の支配力が緩めば、また同じ状態が起こるのではないか。官制の運営の理解には目配りが必要であろう。

（14）官僚組織が組織通りに充足していたのかなどの考察は十分でない。官職は充足していたのか。また、官職がきちんと発令されたものであるのかの考察も十分でない。官僚制度については梅原郁『宋代官僚制度研究』（同朋舎出版、一九八五年）が詳細な研究をしている。

（15）青山定雄、梁庚堯、伊原弘などの考察がある。宋代には多くの民間作業があったが、一方で地方官員が関与している事例も目立つ。

（16）川上恭司「宋代の都市と教育――州県学を中心に――」（梅原郁編『中国近世の都市と文化』京都大学人文科学研究所、一九八四年）。

（17）総合的な議論が積み重ねられてきたわけではないが、当面は和田清編『支那官制発達史』（汲古書院、一九七三年）が参考になる。本書は一九四二年に発刊されたものである。

（18）倉橋圭子『中国伝統社会のエリートたち――文化的再生産と階層社会のダイナミズム』（風響社、二〇一一年）。

(19) 知識人論については伊原弘・小島毅編『知識人の諸相』(勉誠出版、二〇〇一年)が諸論を集大成しているので参照されたい。なお、本書は一九九九年三月に東京大学で開催された宋代史シンポジウム「宋代史研究者から見た中国研究の課題――士大夫、読書人、文人、あるいはエリート――」に基づいた編著『宋代知識人の諸相』(『アジア遊学』七、勉誠出版、一九九九年)に基づくものである。本シリーズでは科挙官僚制や文学・地域の問題がはばひろく論じられている。

(20) 官僚制度の形成と運営に俸給・昇進・充足が重要なことは、ヒックス『経済史の理論』(講談社学術文庫、一九九五年)を参照されたい。

(21) 俸給については前引の衣川強氏の論著参照。科挙制度についても前引の荒木敏一氏の論著参照。官僚制度、とくに昇進制度については前引の梅原郁氏の論著参照。

(22) この点の考察は一層の史料精読が必要であろう。士大夫出身、さらには出仕しなかったという記録の大半が、士大夫出身でなかった、出仕できなかったというのは明白である。

(23) 註(4)引用論文参照。

(24) これらは本書所収の諸論文を参照。とくに本書所収陳氏の論文は各国の理解の差異に目を向けた好論文である。日本の問題点をもっともふかく理解しているというのは編者の誤解であろうか。また、ピータ・ボル氏には別に「地域史の勃興」(高津孝編訳『中国学のパースペクティブ』勉誠出版、二〇一〇年)がある。

(25) 徳橋氏の論文は本書所収のものを参照されたい。高津氏編訳の『中国学のパースペクティブ』(勉誠出版、二〇一〇年)には、高津氏の目覚ましい欧米論文紹介がなされている。ぜひ参照されたい。

(26) 外国の事例は知らないが、政治体が公費を使って当該地域の歴史書を編纂するのはめずらしいのではないか。史書を編纂しているいくつかの行政体に尋ねたことがあるが、莫大な費用を使うこのような事業に反対をとなえるものはほとんどいないとのこと。無能な行政体の長は史書を編纂し、無能な宗教施設の長は建物を立派にするという俗説があるが、無能でなくともはげまなくてはならぬ事業であろう。関連古書店には驚くべき量の自治体の史書が重ねられている。

(27) 述べたように、次第に編纂が盛んになる地方志は、日本における最近の県史・地方史・町史などとちがい基本的には官撰ではない。だが、ほとんどの地方志が共通した構成をもち、編纂者が有力知識人であること、官文書を史料として使用していることを考えると事実上の官撰史料集と考えるべきと思う。

第三部　余録

一　知識人論への提言
――「宋代史研究者からみた中国史研究の課題」の総括にむけて

博識家となるのは記憶力じゃが、学者を作るのは哲学なのじゃ。哲学とは学ばれるものではない。哲学とは語学を習得し、それらを適用し得る天才の手によるこれら諸学の総合なのじゃ

アレクサンドル・デュマ『モンテ・クリスト伯』（大久保和夫訳、角川文庫版）より

はじめに

中国研究の重要テーマに官僚制度があることは、多くの先学が指摘している。この認識が、ほとんど常識と化していることはいうまでもない(1)。そして、もうひとつ。指導者やかれらの由来を考えるということが、今日の世界共通の問題であることも認識しておかねばならない(2)。社会のリーダーがどのようなひとびとで、どのようにして知を積み重ねてきたのか。われわれが身をゆだねるべきひとびとの出来の由来を考えることは、歴史学を志すものの使命でもあるのだ。

ただ、これは、各分野の研究者が共同して取り組まねばならぬ重要な作業であることも承知しておかねばならない。そのために宋代史研究会の研究報告集編集者によって企画・運営されたシンポジュウムが「宋代史研究者からみた中

国史研究の課題――士大夫・読書人・文人或いはエリート」（於東京大学、一九九九年）で、日本史・日本思想史・イスラム史・西洋史・社会学などの関連する多くの分野から参加を得た。宋代が科挙官僚制下にエリート層や知識人を創出した時代だったことを考えると、このような提言の起動者となったのは時宜を得ていたと考える。その報告書が本書「宋代知識人の諸相」（『アジア遊学』七、勉誠出版、一九九九年）である。

では、この討論から結論が生まれたのか。否である。明確な総括はでていない。これは、当日の総合司会を承ったわたくし伊原の責任である。と同じに現在の歴史学会のありかたを反映しているゆえでもある。われわれの他地域への認識と理解は甘く古い。大方が専門以外の地域への認識は、一昔前にならった教科書のものということが少なくない。こうした他地域におけるやや古めの知識は比較史的な討論を困難にする。だが、あせる必要はない。それは、当日の会場の雰囲気がよくしめす。

当日の会場は予想以上に多い、しかも若い研究者によって埋め尽くされた。このことも、投げかけた問題が受け止められた証左と考えている。われわれの提言がまったき意味において受け止められたか否かわからない。だが、当日の会場の熱気は反応の手応えを感じさせた。そして、それゆえに、宋代史研究者のいう中国研究の課題は受け止められたというべきではあるまいか。

以上の経過を振り返ると、ここで筆者がとくに総論として文章をまとめる必要はないように思う。よって、自由な立場からこの問題について考えを述べる。

一、知識人とは

討論の前提となるのが知識人の規定である。読書人、文人、士大夫、エリートなど多様な形態で呼ばれる宋代の指導者たちは、通常は土地と商業の利益による蓄財をもとに科挙に挑み、官僚として政治に関与した存在とされる。もちろん、これだけが宋代の指導者の本質ではない。学校の教師その他の職業で人生を過ごした知識人も、すくなからず見うけられるからである。とはいえ、かれらの多くが書籍を読み知識を重ね、知的思考にふけったことは確かである。かれらは書や音楽もたしなんで、知的生活を送ったのである。だが、かれらは知識人である一方、科挙官僚制と深く結びついていたのである。ここに、P・ブルデューの理論が援用される理由がある。すなわち、『ディスタンクシオン』の冒頭に、この問題を整理している。(3)

ブルデューによれば、文化資本が存在し、身体化、制度化されたものとして機能するという。宋代士大夫、もしくは知識人、読書人とよばれる存在を、こうしたものと関係させて分析し展望を見出そうとするのは米国の中国研究者である。(4)宋代士大夫を科挙官僚制にくみこまれた存在で、文人として読書人としての素養をもった存在と規定するなら、実に有効な理論だからである。ただし、当日のシンポジュウムでは、科挙官僚制度との関連を重んじる中国史側の理解に対して、社会学ではむしろハビトゥスとよばれる一種の雰囲気のほうを重んじるという指摘があったことを記しておく。(5)

ちなみに、宋代士大夫の特質について、すでに吉川幸次郎氏から興味深い指摘がなされている。俗から出発した宋代士大夫が、世俗から離脱して自らの昇華をはかろうとしたとする指摘である。(6)吉川幸次郎氏の指摘が、宋代士大夫の特質の核心をついていることは、いまさらいうまでもない。以上のように、中国知識人についての、あらたな方法論適用による解析がすすんでいるが、これに対する他地域の知識人はどう解するべきであろうか。日本・イスラム・ルネサンス期の北イタリアの知識人との比較は当日行なわれた。ただ、東アジア世界での比較は抜け落ちており、今後、半島や越南などとの比較が必要となろう。そして、時期をも探ることが必要になろう。

このようななかで、西欧の知識人について興味深い指摘をするのがアラン・ド・リベラである。(7)リベラはいう。

十三・十四世紀の転換点においては二種類の知識人が存在した。テクストから出発して哲学的生活を発明する知識人と、教師の言説の隠喩を具現することによってその生活を生きることを試みる知識人であると。そして、氏は哲学の脱職業化と都市ならびに都市の教育的設備の関係も重視する。この指摘は、宋代士大夫の社会分析に役立たぬだろうか。宋代の知識人が科挙官僚制度にきびしく絡めとられていたことは、いうまでもない。つまり、宋代知識人が手中にした知識を真に哲学への昇華へと高めていったのか、それとも科学官僚制の中での栄達の手段として活用させたかである。そして、わたくしは、宋代士大夫の知の主流は後者だったと考えるのである。宋代士大夫が知識を学習するのみの学習人で、活用者でないとしたのは、この解析による(8)。

さらに、もうひとつ。かれらが身を置いた国や社会の構造のあり方がある。広大な中国では地域の特色がつよく、それぞれで異なる言語をもっていた。とはいえ、基本的には文字の国であったから、読書の対象となる書籍に変化はなかった。しかも、科挙試験は問題提出の本を絞っているから、知識人のあいだの論争は先人の言葉の解釈に終始した。異なる思想に論拠してあらたな思想を構築することは、想像だにできなかった。西欧ルネッサンスが異なる言語の異なる思想を解読することから生じたのとは、異なる情勢の展開があったのだ。同じ古典を倦むことなく読みつづけた中国哲学者に一定の限界を見ようとするのは間違いであろうか。もっとも、フェアバンクが『中国の歴史』（大谷敏夫・太田秀夫訳、ミネルヴァ書房、一九九六年）で整理したように、朱熹が方言を利用したとすれば、また、別の見解と検討もでてくるが、それとも単に朱熹の土着性を示すだけか。

二、都市と士大夫

ジャック・ルゴフは『中世の知識人』（柏木英彦・三上朝造訳、岩波新書、一九七七年）の冒頭で、「はじめに都市があった」と述べている。西欧においては、十二世紀における都市の再生が知識人の誕生と活動に大きな意味をもったというのである。都市が知識人の知的活動の場であることは、そこが学校や試験場といった文化装置をもっているからだけの話ではない。都市は権力と権威をかざす場でもある。このような都市の再生なくして、知識人の活動の場はありえない。もちろん、農村や山野における思索も大きな意味を持つ。西欧における思索の場である教会や修道会が孤立した場所にあることは、よく知られている。これは、中国も例外でない。六朝時代における竹林への隠遁はその好例だが、宋以降も見られた。だが、知識人の活動の場として、都市の発達は無視できぬものである。実際、後世になると都市に住みつつ隠遁を気取るという「市隠」が出現するのである。[9] この意味においても、宋代は画期的社会であった。都市の時代を創出したからである。ただし、その特性は、検討しておかねばならない。

中国においては古代都市社会が衰退し、農業社会へ移行し、さらに商業革命によって都市が再生するというシナリオはなかった。というより、六朝から隋・唐への移行過程、唐から宋への移行過程をどう解するかという時代区分論とかかわるこの問題のなかで、あえていえば、宋への移行過程では衰退した都市が再生するのではなく、大都市や拠点都市を超えて中小の都市群が発展するという都市化現象がみられたのである。宋という商業国家は、その収入の根源を利的行為からあがる収益に求めたから、必然的に都市の発展をきたした。そして、それゆえに、都市との関係で知識人たちを論じる必要がでてくるのである。

事実、宋代の都市はすぐれて、知的活動の場であった。また、かれらの生活を支える場であった。宋代は科挙官僚制度の敷衍にともない、教育がさかんとなった。また学派の誕生もあった。都市は知的教育の場として私的かつ公的な学校を持っただけでなく、書籍の販売場所でもあった。このような問題については、川上恭司氏をはじめとしていくつもの業績がある。[10] 実際、当時の都市図には、地方都市であっても公私の学校・試験場などが描きこまれている。これらは宋都市が知的な生活をするひとびとの活動場所として主要な意味を持ったのは、ここからも明らかである。これらは宋

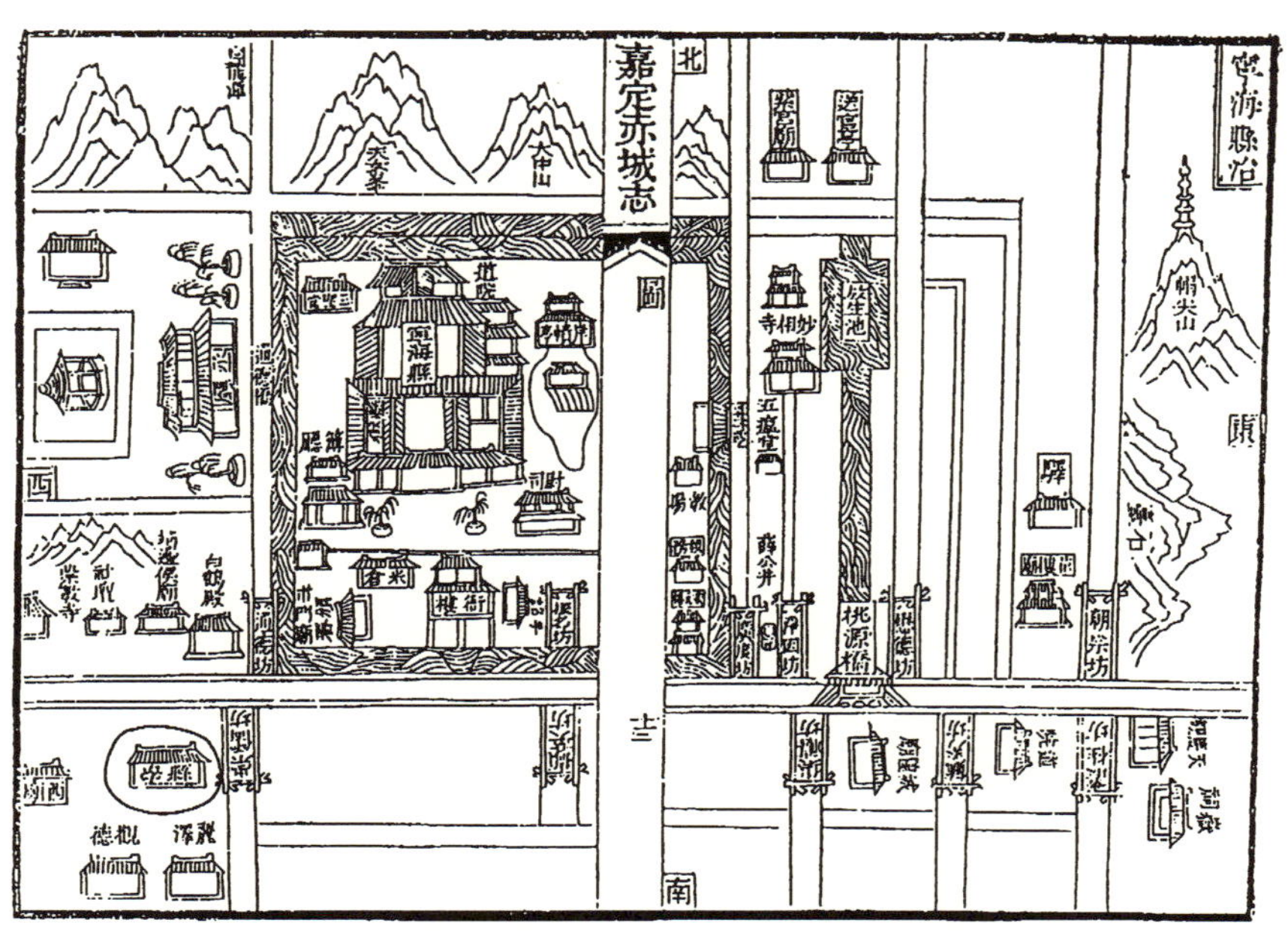

台州寧海県治の県学（嘉定『赤城志』所収）・台州寧海県は城壁もないような地方都市である。それでも西南隅に県学がある。地方エリート吸収のシステムは確実に地方に根をひろげていっている。

代の知識人の活動を保証するものであった。加えて、商業の発達が都市の活性化を招いたことはいうまでもないが、それもまた都市に生活するものを助けた。知的活動の舞台としての都市の出現は、宋代の都市が唐までの都市とは異なる性質のものである事を示す。

さて、このような社会の指導者の活動の場として機能した都市の形態を理解する方法のひとつが、自治の問題である。しかしながら、アジアにおいては自治都市は比較的少なく、とくに中国においては皆無というべき状態である。だが、では、かれらの都市における主体的な活動がなかったのかというと、そうではない。都市の清掃や水利管理、学校活動、さらには公共事業への関与といったかたちで、士大夫の活動がなされた(11)。宋代においては橋の建設や道路の舗装などがさかんにおこなわれたが、これらに士大夫は積極的にかかわったのである。ここに、宋代士大夫解析に地域論が登場してくる余地がある。しかも、宋代には全国的な官僚運用が行なわれたから、かれらは移動していった。この官僚の移動がどういう意味を持ったか。いまは、詳細に答えるゆとりがないが、一言述べておきたい。

通常、西欧では知識人の移動はことなるふれあいを生んだとする。社会学や歴史学の知の理論も、こうした観点を重視している。だが、そう簡単な比較はできぬであろう。なぜなら、周知のように、西欧では異なる言語が錯綜し、それゆえに、異なる思想が、異なる形態で保存されていた。同一の根源をもつ思想も異なる形態で保存され、切磋琢磨したのである。また、統治体自体も多様であり、それらが軋みあっていた。それに対して、中国では統括された政治体のもとに、同一のテキストの解釈が行なわれ、しかも科挙制度のもとに、共通の理解度を高めようとしていたのである。

そして、もうひとつ。移動は社会の変化につながる。一族から科挙に及第したものが出身地を離れていけば、残されたものは不安に陥る。移動したものも出身地という基盤を失い、あらたな土地での定住を考えなくてはならなくなる。こうして宋代の宗族のあいだには動揺と連帯の模索が始まるのである。これは、都市においても同じであった。

三、織り成す世界

宋代の士大夫たちはきわめて限定された薄い階層から選出されていた。宋代は自由な競争の世界で、科挙が媒体となって、広範な社会と地域から官僚を選抜したという通常の指摘と認識は幻想に過ぎない。一人あたりの及第率のみを見ていると、試験はたしかに超難関である。ゆえに、突破のための教育が必要になる。そう考えると、官僚はきわめて限られた社会から採用され登場したものだということが理解できる。たしかに、貴族といった固定的身分は消え去ったが、貧富という階級的なものが登場したのである。ここに、官僚たちがきわめて濃厚で密度の高い世界を形

蘇東坡は故郷での初等教育時代をふり返って、以下のようにのべている。「先生は道士で生徒は100人くらいだった。先生は自分ともう一人がよくできるといっていた。もう一人は村の役人になった」と。親の思いとは別に、子供達は遊びに熱心だ。講義につかれた先生がいねむりをはじめると大騒ぎだ。（沈従文編著『中国古代服飾研究』所収）

成する可能性があったのだ。しかも、ヒックスが指摘するとおり、官僚制度運営にはきわめて複雑なテクニックが必要である(12)。

実際、宋の政府はそうしたテクニックをもっていたようである。政府や官僚の意思決定と公示の研究は未だしである。だが、今回のシンポジュウムにおいて議題にのぼったことからもわかるように、以後の大きなテーマになっていくであろう。そして、制度とひとのからみを明らかにしていくことになると思われる。

宋代士大夫たちは制度的にも社会的にも、きわめて密度の高い社会を形成していた。制度面から考えてみよう。官僚になるには、科挙のほか慶事のときの特典や官僚だったものの子孫に官を与える特典たる恩蔭、さらには災害などのときに寄付して官を得る進納制度などいくつかあった。(13) 単純に試験及第だけが官僚への道だったのではないのだ。しかも、無事科挙試験に合格すれば、道が開けるかというと、これまた間違いである。官僚への道を歩むにしても、同年合格・学派・婚姻関係・同郷の士などの問題が、多々あった。公的であるべき制度のなかにも、それを超えた緻密さがあったのだ。これをどうみるかは難しい問題である。だが、少なくとも、宋代官僚制度を破壊するものでなかったことだけはたしかである。すなわち、これらは官僚たちの社会の密度をこくしたのである。

地縁との関係を考えてみよう。宋代士大夫は地縁をたよりにしつつも、科挙官僚制度を主体に、同じ学派、同じ派閥の交流をおこなった。それらは、温州のみならず蘇州、常州などの江南の都市で見られたが、江西省や四川省でも見られた。それのみでない。科挙試験受験のさいに行なわれる、賓興とよばれる行事や郷飲酒礼などとよばれる地方の行事もまた、エリートのシステムと深くかかわっていたのである。このなかで、科挙に挑戦したり地方の集会に参加したことをもって、みずからを卓越した存在と考えるひとびともでてきている。

たとえば、郷貢進士という言葉である。この言葉自体は、それほど特殊なものでない。だが、宋代になって使われる郷貢進士という言葉には、すこしばかり注意するべき意味がでてくる。科挙に及第し名誉と富を掌中にしえなくても、地方試験に及第することによって、一定の資格と名誉をえたと自らを認識するものたちを意味するようになるのである。自称・他称をとわず、このような言葉が出て来ることは興味深い。そのさきに、明代のシステムが見えるからである。最近の指摘によれば、明代においては科挙試験の制度化が重要であるという。科挙の各段階での及第者に、それを資格として、つぎへのステップとして保証するということ。すなわち、科挙試験の資格試験化は、地方に沈殿している科挙予備軍ならびに落第による不平分子のとりこみを王朝が実践したと考えられるからである。

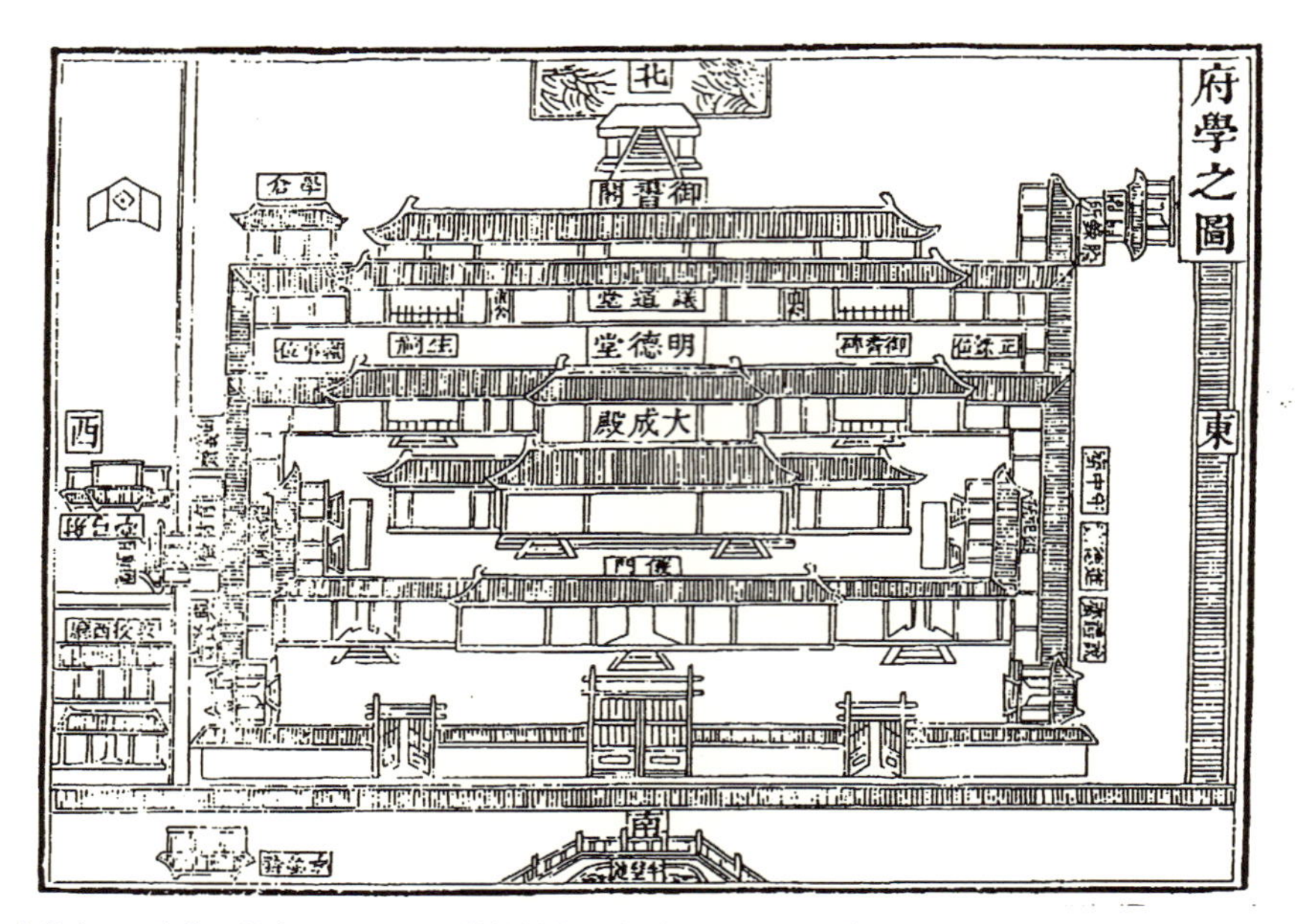

府学之図＝宋代は幾度にもわたって学校制度に手を加えた。そして府州県すべてに学校が置かれるようになり、教育の場として活動した。この府学は建康府（現南京）に設けられた学校の図解である。（景定『建康志』所収）

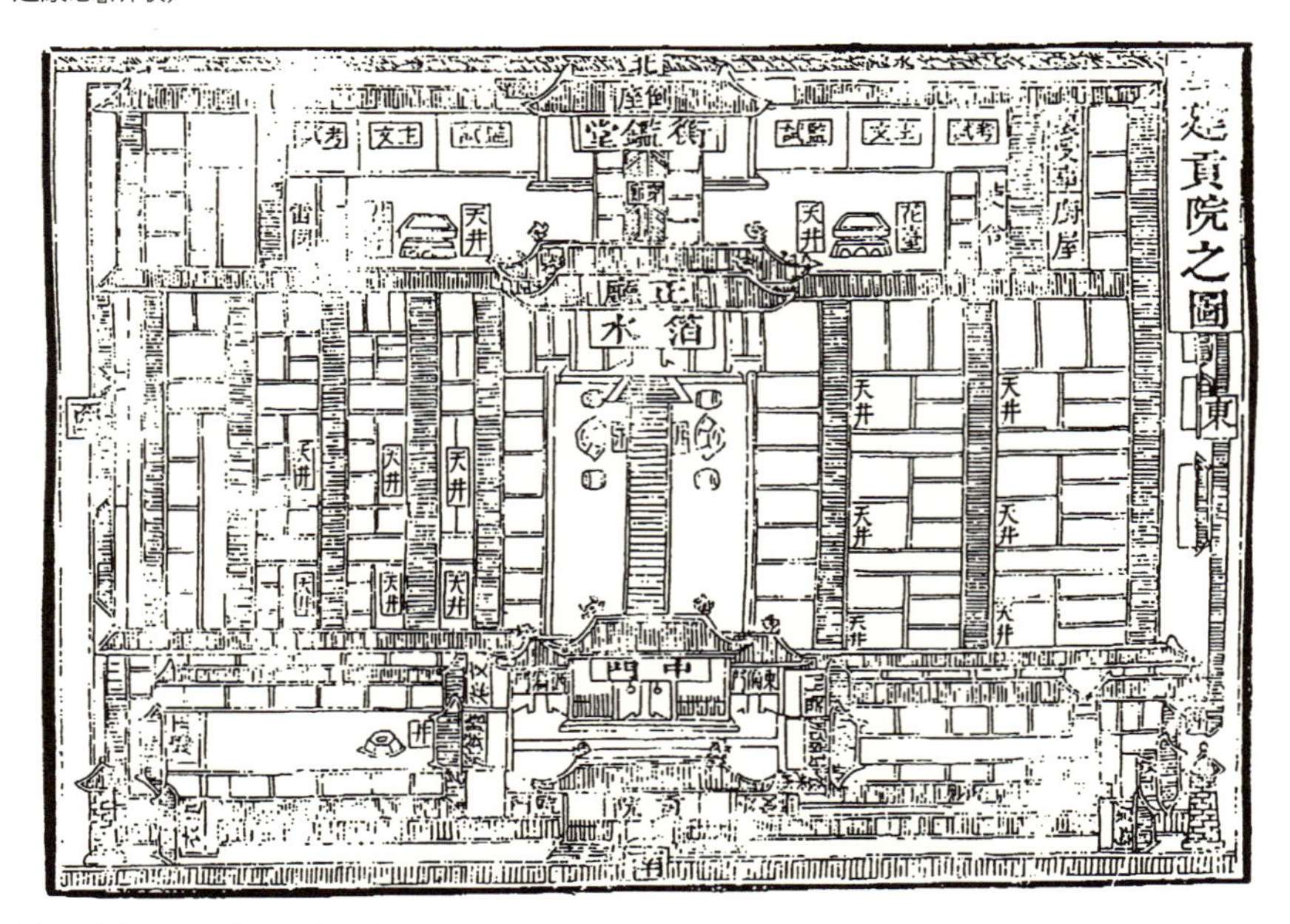

重建貢院之図＝貢院は科挙試験場である。各地に地方試験場が常置されていた。この図も試験場を明示したものである。（景定『建康志』所収）

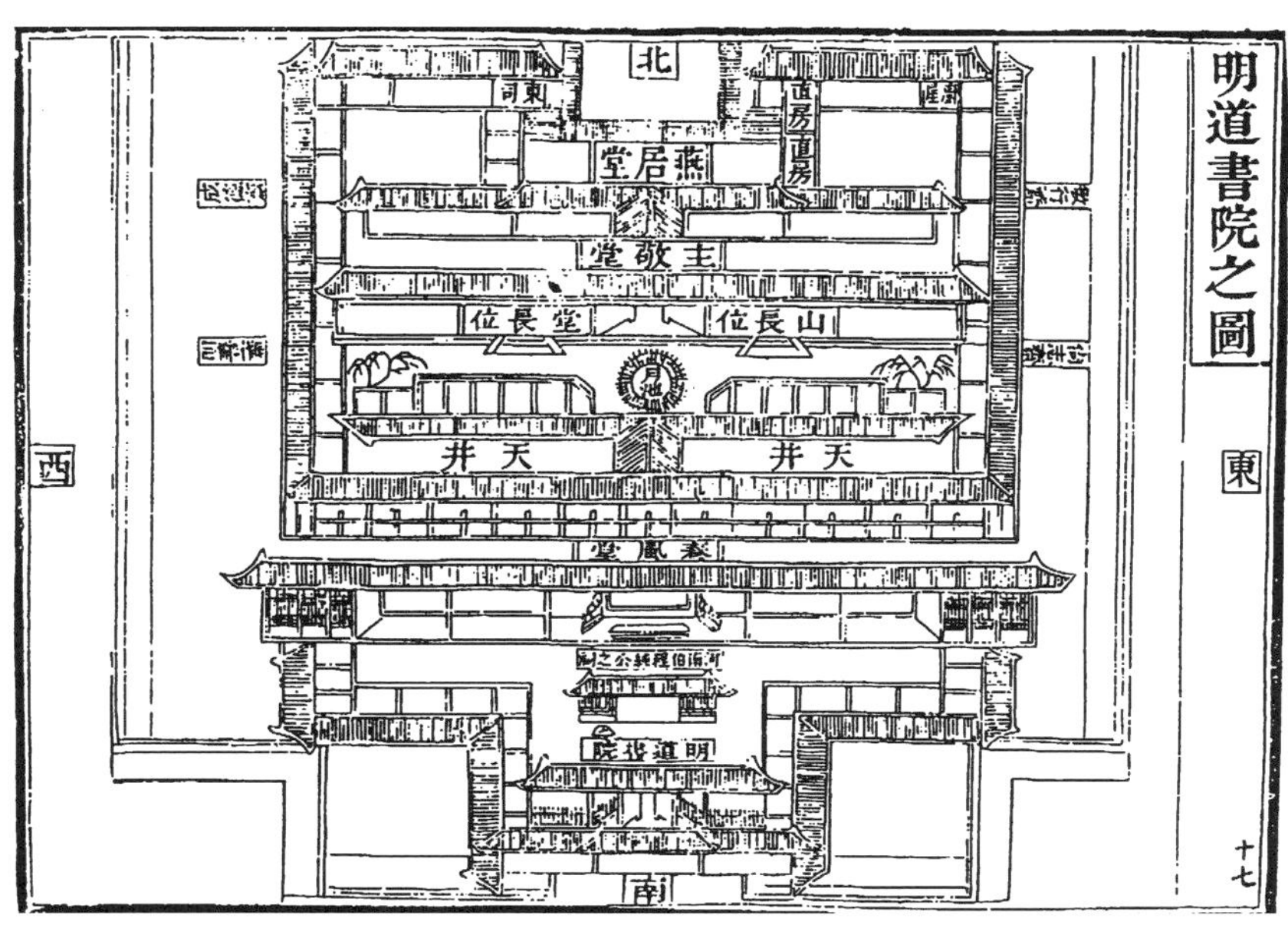

明道書院＝北宋の大儒で朱熹にも大きな影響を与えた、程明道に因んで建てられた書院である。宋代にはこのような書院が多く作られ、学派の拠点として機能した。こうした一種の学校の図を描いたものとして珍しい。（景定『建康志』所収）

このような事態の進行のなかにおいても、あるいは進行しているからこそ、ひとびとの交流は大きな意味をもつ。そして、それは、すでに宋代においては常識であった。しだいに明らかになりつつある学派に所属するひとびとの交流や地域との関係は、このことを浮き彫りにする。さらに、この情景は宋の支配領域のなかに拡大していった。ここに、宋という国家の輪郭をみることができる。それゆえに、システムを考える必要がでてくるのだ。歴史上に国家を見ようとするのは幻影にすぎぬという論がある。[14]たしかにそうなのだが、一方で、たとえ周辺があえかであっても、国家なる形態が存在したのは事実である。[15]

宋という王朝の支配領域は科挙試験受験が可能な地で形成されると考えるのはわたくしであるが、官僚たちは自らの交流によってその支配領域を明確に組み込んだのである。かれらの社会がきわめて精巧に編まれた織物のような社会だったとみるのはわたくしだけではあるまい。

おわりに

二十世紀後半は多くの旧時代の人的絆が痛められた時代といえる。工業化が旧社会を破壊するのは一種定義化したことであるが、今世紀はその事例的な時代であった。加えて今世紀になって繰り返された大規模な多くの戦争が、この問題に拍車をかけた。家族の崩壊、戦争による難民の出現。歴史上に何度もみられた社会現象は、とどまることがなかったのである。それどころか、一層拡大した感さえある。しかも、こうした問題は戦争とか災害がない状態においても、繰り広げられることがあった。イデオロギーの戦いは無用な戦争を招いたし、生産力の向上は均等的な配分を進行させなかった。さらに、豊かさへの憧憬が、社会移動を促し、ひずみを拡大させた。

もちろん、このような問題は世界史的に継続してきたことである。古代ローマ帝国の持続的繁栄は稀有な現象であるが、そのなかでも社会的流動や物価の上昇など多くの変動がみられた。このような問題の把握と展開は歴史家個人の知的好奇心からはじまる。その意味においても、われわれは現代のもつ意味に注意深くあらねばならない。歴史学者は未来を語らぬというが、その発想は今日に足を置いたものでなくてはならないのだ。

これを、社会を指導してきた知識人という面から見てみよう。枚挙に暇のないこの多くの現象のなかから、数例をあげてみるなら二十世紀後半だけでもいくつもの貴重な例を挙げることができる。ソヴィエトや中国では、イデオロギー論争のもとに、多くの知識人が口を封じられ分解と封じ込めにあった。これは、宗教を前面に押し出した改革でも同様である。イスラム改革を行なったイランにおいても、知識人階級が痛手を負っている。経済改革を目指す場合でも同じである。イギリスではサッチャーの指導のもとの改革で、知識人を中心とした中産階級が痛めつけられている。(16)

このような社会の秩序や変動、そして、そこにおける問題を考える基礎資料を提示するのは、歴史学者の役目である。そして、中国宋代史研究者が担うとすれば、それは社会を指導した宋代士大夫にからむ問題の討論となる。ただ、この問題も一様ではなく、多角的なアプローチが必要になる。わたくしは、宋代は、世界ではじめて本格的な哲人政治をおこなった時代と認識している。ゆえに、この問題について多角的な討論を行なうことによって、今世紀の総括と来世紀への問題提起ができると考えているのである。そして、その方法の一端が、今回の宋代史研究者から提言された発表内容なのだ。

文を終えるにあたって、最初の命題にもどろう。宋代に形成された知識人たちは科挙制度に強く影響された。知識人たる裏打ちは、この制度をどうくぐりぬけるかによった。宋以後、中国士大夫がどのような変化をとげたのか。かれらは哲学を構築し得たのか。それとも博識家でしかなかったのか。命題の追求には、さまざまな角度からの言及と比較の方法があろう。そして、各分野の切磋琢磨によって、知の本質と役目、ありかたが理解できるようになり、あわせて相互の学習のずれも縮まると考えるのである。

もう一言、感想を述べておきたい。いま、わたくしの心はときめいている。過日のシンポジュウムの熱い討論と熱気を考えると、宋代史にはあたらしい研究視点と思考が誕生しつつあるかも知れぬと思うからだ。もしそうなら、わたくしたちは学問の転換期にたっていることになる。そして、その渦中にあることになる。もちろん、楽観は禁物である。だが、このうねりが本物ならば、断じて突き進まねばならない。恐れてはならないのだ。いま、過日のシンポジュウムはあらたな会議場へ持ち出されようとしている。その折には、さらなる高揚した報告と模索がなされるであろう。期待は高まるばかりである。

註

（1）その代表的なものがエチアヌ・バラーシュ著、村松祐次訳『中国文明と官僚制』（みすず書房、一九七一年）である。
（2）紙幅の都合もあるので、この点には言及しないが、知識人論自体は洋の東西を問わずに、すすめられてきた研究である。
（3）以降、P・ブルデュー著、石井洋二郎訳『ディスタンクシオン』（藤原書店、一九九〇年）Iの冒頭に整理してあるので、参照いただきたい。
（4）米国の中国知識人の研究には、P・ブルデューの理論が多くもちいられている。ここで、そのすべてをあげることはできないので、邦訳されたものとして、ベンジャミン・A・エルマン、秦玲子訳「再生産装置としての明清期の科挙」（『思想』一九九一―一二）をあげるにとどめる。
（5）社会学の理論利用について一言しておきたい。現在は戦後の低迷期をこえて、いくつもの社会学の理論が紹介されている。これらには耳を傾けるべきものがすくなくない。デュルケムが社会学と歴史学との交流の必要性を説いているという当日の指摘があったが、多様な形態を示す中国社会解読のためにも、今後の交流がいっそうすすめられなくてはならない。
（6）吉川幸次郎「「俗」の歴史」（『吉川幸次郎全集』第二巻、筑摩書房、一九七八年）。なお、同巻には文化大革命時の氏の士人論が掲載されている。
（7）アラン・ド・リベラ著、安部一智・水野潤『中世知識人の肖像』（新評論社、一九九四年）。
（8）伊原弘『宋と中央ユーラシア』（中央公論新社、一九九七年）。
（9）この問題については、また別の機会に言及したい。
（10）川上恭司「宋代の都市と教育――州県学を中心に」（梅原郁編『中国近世の都市と文化』、京都大学人文科学研究所、一九八四年）。知識人を養成するには都市が最適であることはいうまでもない。書籍や文房具の購入ができ、ひとびととの交流が行ないえるからである。宋代士大夫の地の源泉たる書籍の購入については、本誌所収の小嶋毅氏の論のほか清水茂『中国目録学』（筑摩書房、一九九一年）を参照して欲しい。また、出版事業ならびに出版社が市井の文化人の活動の拠点であったことは、深沢一幸「陳起「芸居乙稿」を読む」（『中国近世の都市と文化』）などを参照されたい。

(11) 都市の自治についてはさまざまな論がある。脇田晴子『日本中世都市論』（東京大学出版会、一九八一年）のように、自治を中世都市の最高形態と考え、そこに至らぬとも中世都市として良いと指摘するものもある。このあまりに大きすぎる問題への深入りはさけるが、この問題へのアプローチの手段をひとつ指摘しておく。それが、地域指導者たちがおこなう、一種の公共事業である。中国における公共性とはなにか。論として溝口雄三『中国の公と私』（研文出版、一九九五年）がある。公共性は社会事業と結びつく。これらの理論根拠としてユルゲン・ハーバーマス『公共性の構造転換』（未来社、第二版、一九九四年）がある。このような問題については王権から論じる必要があり、近年、さかんに論が進んでいる。また、日本史などとの比較史的検討も必要である。しかし、ここでふれるゆとりはない。なお、公共事業については、斯波義信、伊原弘などの言及があり、その一端が『比較都市史研究』一四―二、一九九五年に掲載されている。ちなみに、とりわけて、宋代にインフラストラクチャー的な事業がさかんだった福建省については、都市の建設、橋その他の問題について米国・中国などの実証論がすくなからず存在する。

(12) J．R．ヒックス、新保博訳『経済史の理論』（日本経済新聞社、一九七〇年）。

(13) 梅原郁『宋代官僚制度研究』（同朋舎、一九八五年）。

(14) ベネディクト・アンダーソン、白石さや・隆訳『増補想像の共同体』（NTT出版、一九九七年）。近年、帝国論や国家論、さらには権力論が盛んである。この問題は一方でナショナリズムの誕生とかねて論じうる。

(15) 三谷博『明治維新とナショナリズム』（山川出版社、一九九七年）は宋代にナショナリズムの萌芽をみたとする。なお、カフカ「万里の長城」（池内紀編訳『カフカ短編集』岩波文庫、一九八七年）が中国社会を本質的に見極めているとは、当日、会終了後にでた会話である。

(16) この指摘はイギリス都市・農村共同体研究会編『巨大都市ロンドンの勃興』（刀水書房、一九九九年）における坂巻清氏の「まえがき」による。

二　知識人論展開への共通知識のために

「知識人」現象が中世に存在しているということ、その社会学的根拠の大部分が明示されているということはわかるのだが、今一つ別の現象、つまり知識人の理想それ自体の生成、その定式と要求、その発生条件と作用点を記述し、分析するという仕事が残っているようにわれわれには思える。

アラン・ド・リベラ、阿部一智・水野潤訳『中世知識人の肖像』より

はじめに

リベラが述べるように、知識人現象は中世にひとつの特色をみる。それは、洋の東西、否、イスラム世界においても違いはないようである。しかし、この知識人というものが、かれらの属する世界において多様な形態をもっていることも事実である。われらが世界を指導する知識人をどう考えるべきか、問題は深い。この問題に意見を投げかけたのが、一九九九年三月二一日に東京大学文学部を会場にして繰り広げられたシンポジウム「宋代史研究者から見た中国研究の課題——士大夫、読書人、文人、あるいはエリート」であった。この会は、試験によって官僚となり政治に参画するというひとびと、すなわち士大夫の指導する社会の誕生をみたという意味において画期的時代であった宋代

史研究者からの呼びかけで行なわれた。

このシンポジウムはその後、勉誠出版のご好意により『アジア遊学』七号特集「宋代知識人の諸相―比較の手法による問題提起」として総括された。本書『知識人の諸相――中国宋代を基点として』（伊原弘・小島毅編、勉誠出版、二〇〇一年）は、さらにそのバージョンアップを目指したものである。個々の論文には、以後の討論会ならびにカナダのモントリオールで開かれたICANAS2000ならびにハーバード・UCLAなどの討論の成果が組みこまれ、概念規定のために、さらに多くのスタッフが加わった。本論はその総論として、論への導入の役割を果たすものである。

一、時代の認定

知識人とよばれる存在が誕生した宋代を、世界史のなかでながめてみたい。それは、ル・ゴフがいうような知識人を、同時代にどう認めるかにかかわるからである。まず、時代の定義であるが、ここでは中世が問題になる。なぜなら、ル・ゴフは著書を『中世の知識人』（岩波書店、一九七七年）と題しているように、西欧における知識人の登場を中世社会の問題として論じているからである。この点、中国ではどうなのか。問題の立ち上げのために、時代の問題をまず考えてみる必要がある。そして、その議論の中核となるのが宋代である。

宋代が中世か近世かは、深く長い討論の歴史をもっている。そして、いち早く宋代を近世とみなした内藤湖南虎次郎の提言は、強い呪縛となっている。この呪縛の紐をどのようにはずすか。内藤に組するものも、組せぬものも、ひとしく呻吟しているというのが、今日の実情であろう。近年、宋代が近世であるという説は有力になりつつある。だが、それでもなお、考察の余地があると考える。時代を司った知識人のありかたを細かく分析したうえでの討論は少ないからである。

問題の検討は、「知識人とはなにか」という本質的な問いからはじめられなければならない。だが、それは本書のテーマであり、いくつかの論も、知識人とはなにかという最初の疑問へ回帰していく。したがって、ここでは、まず、知識人を包含するものを考えてみようとおもう。知識人には活動の場が必要であり、その場とはかれらが包含される社会も含むからである。

その意味では、知識人の活動の場は体制にかかわる。ここでは、それは国家というか、権力体をしめす。近世社会では権力体は国家という鎧をまとって姿をあらわしている。だが、その把握のしかたにはいくつかの認識事項がある。しかも、その認識は、しだいに変化してきている。その変化の考察に強い影響を与えているのが、ベネディクト・アンダーソン、白石さや・白石隆訳『増補　想像の共同体』（NTT出版、一九九七年）である。しかし、宋代知識人が明確に強力な帝国の官僚の一員として、おのが位置を認識したか否かは、これからの論議である。

当時の世界史のなかの他の地域における官僚国家や帝国官僚に、このような意識はみえたのであろうか。わたくしは、このような問題についての十分な知識はない。とくに、古典古代の帝国官僚や知識人の意識については、知るところでない。だが、本書に所収された非中国地域の諸論は、多く中世から近世にかけてである。読者に、十分にこのような問題を示唆するであろう。そして、そうした問題への知的関心を惹起するものと思う。それゆえに、ここで、あらためて、宋という国家の世界史的位置を確かめておく必要があろう。

九六〇年から一一二七年の滅亡までの北宋時代を念頭に横を見まわすと、面白い現象が見出される。欧州では北宋の誕生にあわせて神聖ローマ帝国の誕生がある。そして、ローマ・カトリック教会が隆盛を迎え十字軍の展開とつながる。レコンキスタもはじまっていく。今日のトルコ半島から中近東においてはビザンチン帝国の衰退のもとに、あらたな秩序が生まれようとしている。そして、一二七六年に滅亡する南宋までを視野に入れると、ハプスブルクの神聖ローマ帝国が誕生する。だが、一方で、隆盛をきわめたローマ・カトリック教会のゆるやかな衰亡がある。ここで、われわれが注意しなくてはならないのは、これらのいずれもが、西欧ではすぐれて官僚的な国家で、そこに知識人が登用されていたという事実である。

たとえば、ビザンチン帝国である。古代ローマ帝国の残照の世界でもあるこの国家は、輝かしくも古めかしい官僚国家であった。しかも、帝国の衰退期において、東アジアと同じような国際情勢下での混乱があった。宋がなお影をみせぬときの君臨者が、皇帝コンスタンチヌス・ポニュフォロゲネトスであった。周辺諸民族の興起のなかにあって、帝国の勢力はかたちばかりになりつつあった。だがなお卓越した富を有する帝国を、いかに政治の場でかがやかせるか。皇帝は『帝国の統治について』で、その腐心をかたっている。

徽宗の治世は第一回十字軍時代であった。ちなみに、王安石時代は、日本の院政開始時代とすりあう。その第一回十字軍の時代、ビザンチン帝国の宮廷では皇帝アレクシオス一世の娘にして緋室の皇女アンナが知をひらめかしていた。時代を比較することは無意味かもしれないが、両国と両宮廷のありかたにいくつかの共通点が見うけられる。帝国をとりまく政治環境もまた、似ている。このなかで、文人皇帝徽宗と衒学趣味で有名な皇女アンナの対比は、両国の指導者の知への執心のありかたを推測させる。知的きらめきと教養を国家的輝きの基本とした両国ともども、官僚国家で文化国家だからである。混乱する時代のはざまにあった徽宗を従来のような趣味だけの暗愚の帝王とみなすことに懐疑をもっている筆者としては、まことに興味深い現象とおもう。

では西欧の中世ではどうなのか。この時代、宋代ほど思索の人はおおくない。教会という密閉された空間において、知識人が機能する一方で、独立した思想家や行政官に思索するひとが多く見られるという中国的特徴は乏しかったのだ。西欧を代表するアベラールの活動は南宋時代に入っている。この事実を象徴するかのように、壮大な蔵書群はおおく教会の手中にあった。思考する知と資源は宗教の独占するものであり、行使される知は官僚のものと、分けられていたというのはいいすぎであろうか。

歴史的展開を念頭に知識人という言葉の意味を探るリベラの発言には、注目しなくてはいけない。かれは、マリアテレサ・ベオニオ・プロキエリの注意を引用する。「知的」という言葉は、中世においては「知識人」という意味にほかならなかった。しかも、知識人という語は、十九世紀のドレフィス事件に起源があるにすぎないという。では、われわれは、なぜ知識人という言葉を歴史的用語として使用するのか。それは、さきほどのル・ゴフが一九五七年に『中世の知識人』を書いて以来である。そこから、中世知識人の研究が進みだすが、その方向は、ほとんど同じものだったという。職分の研究、分業の研究、都市の研究、制度自体の研究。つまりは、知識人と権力の関係、社会における知識人の役割などの研究で、社会学的研究というべきだと。このような問題は他の地域、すなわち、イスラムやインド・東アジアの他の国においても検討されなくてはならないが、いまはその前段階にあるというべきであろう。

中国においてはどうか。用語事例に絞ってみれば、実に多様である。単に知識人だけでなく、階級的伝統や、かれらの育つ環境、文化人としてのありかた、官僚制度とのかかわりなどが、念頭におかれる。すなわち、個々の状況において、まことに場当たり的に、士大夫・読書人・文人・エリートなどが用いられてきたのである。このような状況だから、個々の語彙を連関させ、より深く意味を追求することがされてこなかった。しかも、そのいずれもが科挙という官僚選抜制度と結びついて使用されるところにも問題がある。

たとえば、きわめてあたらしい概念用語のエリートである。帝国の統治システムが全面的に機能する制度国家において、まず知識人とは帝国官僚に他ならない。もっとも、エリートという言葉の意味を過大に使用してはならない。科挙という厳しい試験を課した官僚選抜制度をこえたものは、出世街道をいくものと考えられていた。だが、すべてがそのとおりでない。宋代の官僚の伝記をよむと、うだつがあがらずに地方官職や閑職などを転々としているものがおおくみいだされるし、政局の変動による運命の変転も激しい。下級官職の場合は給料も低いから、エリートとはいいがたい。しかし、庶民からみれば、出世の可能性もあるし、権力の座に近いことは間違いがない。だから、エリートという語がもちいられるのである。

このエリートへの道をあるくためには、知識の入手が不可欠である。かれらが本を読むのはそのためである。科挙及第のために、そして出世のために本をよみつづけるのである。ここに読書人という概念がうまれる。宋という国家は、帝国へ官僚を吸い上げるために、科挙という絶妙のシステムを巧みにあやつったから、文人という文化人的な語彙すらもが、文化的素養をもった科挙官僚の代名詞ともなったのである。

以上のような、中国文化人の背骨でもあった官僚制度は、ヴォルテールによって絶賛された。また、このシステムは経済学者ヒックスが整理した官僚制度維持のシステムを具現していた。ヒックスは、官僚制度運営の成功のためには、監視制度、昇進制度、新人登用制度が肝要とする。そして、中国ではこの新人登用制度に競争制度を導入した。これは安定した制度で、衝撃（モンゴルの襲来）に耐えられたのもそのためとしている。

このような制度の運営をささえる要素として、いまひとつ給与のシステムがあることは指摘がある。宋の徴税体制は、給与資源獲得と支給のための巧妙な手段として機能していた。もっとも、給与体系やそれにともなう昇進体系が確立されるのは意外におそい。宋という国家の本格的な運営は契丹との対立が緩和にむかう十一世紀以降で、帝国の組織もそれにあわせて本格化するのである。

このころになると、官僚たちを全国から吸収するシステムも完全となり、本格的な知識人の成長をみることができるようになる。すでに、初期の科挙で王朝に登用されていたものたちのもとに、地方から三段階の試験を切り抜けたものが官僚に採用されるようになるのである。このシステムは、地方知識人を王朝に掌握させることに役立った。と同じに、地方に知識人を養成することにもなった。この意味において、宋が他の地域に比較してきわめて早熟な、しかも鍛錬された知識人群を擁していた社会であることには贅言をまたないのだ。

二、知の修練と伝播

宋代における知識人のありようは、いくつかの観点からみることができる。まず、知の修練方法から考えてみよう。中国知識人たちの最終的な願いは、高級官僚となって天子に仕え、政をつかさどることであった。宋代に本格的に機能しだす科挙官僚制度は、知識人のそうした思いを実現させるための手段であった。そのためには、知の修練が必要である。

かれらの知の修練は、膨大な漢字を覚えることからはじまる。これは、アルファベット系統の言語の習得とは異なる世界であった。幼いころより読書の習慣を身につけ、高邁なテキストを自家薬籠中のものとするための苦行を行なわねばならないのだ。しかも、すでに多くの指摘があるように、これらの儒教テクストは複雑な構成と多様な形態でしめされる漢字で記されている。中国に登場する知識人の意味を理解するには、この難解な漢字の存在をわすれてはならない。すなわち、知を習得し、教養をえるためには、この漢字、それもきわめて多くの種類の字の習得が不可欠なのだ。中国の知識人が一般人に対してもつ卓越性に、この問題があることを忘れてはならない。

宋代は、このような学問ならびに学問習得の基礎を身につけるために、さまざまな場が用意されていた。学校・書院・私塾。それらの機関は、若者たちに知識を吸収させる場と同学のひとびととの交流の機会をあたえた。当時の記録には、福州では城内のなかばが本を読んでいたとも記録されている。これは科挙受験のためである。また、著名な士大夫がやってきて私塾を開くと、多くのひとびとがあつまったという記録もある。科挙受験者が出発するときの壮行会にも、ひとびとが集まっている。学問、というよりその修練と受験は知識人たちの交流の場でもあったのだ。

学問を習得する風潮、というより識字の風潮は村落の子供達をも巻き込んだ。蘇軾がしがない村の学校に通っていたのは有名だが、村落の子供のなかには農繁期を利用して私設学校に通うものもいたのである。もちろん、だからといって、宋代の一般庶民すべてが文字を知っていたとか、大半が文字を知っていたというのではない。大多数の庶民は数百程度の文字をよめるにすぎなかったろう。また、読めたとしても、書けたかどうかうたがわしい。蘇軾は学校で同窓の生徒百人のうちで、ものになったのはただのふたりと述べている。

このような村の学校で学ぶものと将来科挙を目指すため学ぶもののあいだには、教育の内容に差があったと考えるべきである。読む本やおかれた環境である。そしてこのとき、無視してならないのが母親である。科挙に挑戦するための勉強はつらくながい。そして、この苦行の最初の手ほどきが母親によってなされた可能性が高いのだ。宋代の墓誌銘や神道碑、行状といった伝記の類いをよむと、賢母に学問の手ほどきを受けたという記録がすくなからずみうけられるからである。中国において、女性は文字を知らぬ無明の存在であったとは、必ずしもいいきれない。女性のなかには高い教養を身につけているものがすくなくなかった。皇族や宮廷の女性、皇帝ならびに皇族に嫁す女性たちが高い教養を身につけていたのは当然であるが、民間でも教養を身につけている女性がいた。たとえば、北宋末南宋初の李清照である。彼女は官僚となることを期待されていた趙明誠の妻であった。趙明誠はかの『金石録』の編者であるが、事実上の編者は李清照であった。李清照は『金石録』に自分と夫の思い出を書いているが、立派な文で教養の高さがうかがわれる。彼女は、結婚したときにはまだ十代の若い妻であった。だが、すでに、金石文を楽しむことをしっていた。わかい夫婦は食べるものも惜しんで、金石文を楽しんでいたのである。士大夫たちの伝記を検討すると、そうした女性たちがうかびあがる。彼女たちこそが子供達に文字を伝え、読書の最初の手ほどきをしたと考えるのは、思いすぎであろうか。

宋代の知の習得には長い時間が必要であったとのべた。そして、それをサポートするシステムも、当然ながら存在した。テクスト・学校・文房具といった面のみならず、社会的にもサポートするシステムが存在した。テクストについては、出版業があり、高等教育にも機関があった。このなかで、まず出版の問題について述べよう。

知の普及に印刷術の進展があったことは、おおかたの指摘があるとおりである。明代に較べればなお十分でないものの、広範な書籍の流通があり、販売があった。自己の知の伝播に書物を使う学者も現れたし、蔵書家もあらわれた。宋代の蔵書家については、さきの李清照も有名だが、ほかにも蔵書家はいた。たとえば、尤氏である。尤一族については、かれらの拠点常州との関係を伊原弘が本書所収の「中国宋代の都市とエリート――常州の発展とその限界」のなかで論じ、都市と教育の関係で川上恭司が「宋代の都市と教育」（梅原郁編『中国近世の都市と文化』京都大学人文科学研究所、一九八四年）で論じている。高級官僚を出した家とはいえないうえに、先祖は流れ者にすぎなかった尤氏である。だが、かれらは、定住した常州において有力者となり、婚姻関係の幅をひろげていく。さらに、学校経営に携わり、江南の有力な蔵書家として登場する。かれらは集めがたく、失いやすい書籍を管理する技術を生み出した。尤氏一族らが集積した書籍とその一覧が書籍目録『遂初堂書目』である。さきの『金石録』が解説をもつのに対して、解説のない書目である。後世、この種の目録は増大していき、個々人の知の集積の内容をしることができるようになる。

ただ、知の資本の集積のあり方に、それぞれの文明がどのようなかたちをとったのか、なお明らかでない。さきに宗教と官僚の知についてのべたが、その根源たる蔵書ひとつをとっても、宮廷の収集分類のありかたと仏教寺院の収集分類のありかた、個人の蔵書の収集分類のありかたの差異がそれほど明確でない。

ウンベルト・エーコの『薔薇の名前』は中世教会における殺人事件を描いた小説だが、そこでは壮大な教会の蔵書がひとつのキーワードとして登場する。書写・分類、異端の本。このような蔵書とその内容のもつ意味は、宋代でも決してたがわぬものだった。宋代研究者がとりあげた有力者の紐帯に蔵書がもつ意味はきわめて大きいのである。とはいえ、それぞれの蔵書の形態や差異もまだ十分にあきらかでない。蔵書の収集のあり方と、分類のありかたは、知の構造にもかかわる問題ゆえに多角的解析が必要である。すなわち、禁じられた書籍の扱いもまた、研究されなくてはならないのだ。

さて、知識人としての修練をどうしたかという問題のなかで、あまり言及されてこなかったのが、教養をいかにして身につけたかである。かれら士大夫は、音楽・絵・詩・書をよくした。また、宋人は料理に関心をもち、お茶をこのんだ。一般に、唐の詩は酒をうたうが、宋の詩はおおくお茶をうたうという。こうした士大夫をとりまく教養は、どのようにして身につけられたのであろうか。

かれらの精神生活をささえ、表現の道具であった茶・紙・墨などの生産は順調であったし、高い地位にあるものが思いをかける品々の生産もすすんでいた。それゆえに、かれらは自己の教養を紙のうえにあらわし、ときには生活の糧にもしたのである。名の知れた文人の筆墨は垂涎の品であったし、かれらに書いてもらう一族への賛歌は家格を高めた。ちなみに、その賛歌はおおむね墓誌銘や神道碑というかたちで書かれた。一族の先祖や父が有名人の美文でつづられることは、このうえない名誉だったのだ。だから、文人達は潤筆という名の売文をしたのである。

知識人は都市を活動の場とするが、都市もまた盛んであった。士大夫は造庭を好み、風雅を好んだが、そうした生活をおくることのできる都市環境が出現していたのだ。宋代は植物の品種改良がさかんで、それは園芸植物にもおよんだ。士大夫は洒落た庭園をもち、珍しい石や植物で飾ることをのぞんだが、それらの盛行があったのだ。では、それらが、かれらの地位や生活習慣をどう既定したのか。また、どう立ち上げてきたのか。これが問題である。

近年、ブルデューの『ディスタンクシオン』をつかって、士大夫の教養をはかりにかけることがおこなわれている。かれが階級をみきわめる基準とした学歴や教養、所持品などの分析は、一面で士大夫のたちあがる過程と世界に共通するからである。だが、それらを宋人がどうやって身につけたかは、いまだ十分にあきらかになっていないのだ。このような教養はすぐれた修練が必要な一方で、育った環境のなかで自然に育成されもするから、見分けが難しい面もある。たとえば、すぐれた環境に育ったものは、自然に芸術に関する目をもってそだっていく。日々の食べ物もまた、落ちついてしゃれたものを口にする生活を送っている。ブルデューはハビトゥス、いわゆる筋の良さを問題にするが、それは士大夫における教養の身につけかたからも論じることができるのではあるまいか。

つぎに問題になるのが、身につけた教養をどう使ったかである。もちろん、詩の交換がおこなわれ、絵や音楽の鑑賞の場がもたれたことはわかる。だが、それが、かれらの生活にどのような意味をもったのか。また、かれらの出世戦略にどのような意味をもったのか。こうしたことを、もうすこし、考えてみる必要があろう。また、かれらの日々の生活の心情についても。かれらは、どういう心で詩を書き、絵を描き、音楽を聴き奏で、お茶を飲んだのか。このような些細なことも追求されなくてはならない。

さらに、問題なのは、それらが日々の交流のなかで、どう活用されたかである。西洋におけるサロンのようなものが未発達な中国社会であったが、ひとびとの交流がなかったわけではない。文人の交流はすでに、唐代におこなわれていたが、宋代でもおこなわれていた。洛陽でおこなわれたものは政治的意味を強くもっていた。蘇州における交流会は、同郷系の文人交流の面もあった。ただ、問題なのは、参加者がおおむね高齢の退休官僚であったことである。平均年齢は七〇歳前後というのもある。これでは、知識人のあたらしい力をしめしえない。かれらの交流はそれだけでない。文人や著名な官僚がやってくると、交流の場をもつこともあった。そこで、詩がつくられ、お茶が飲まれ、食事が供された。だが、そこにも、官とのむすびつきが入るのが中国の特色であった。折角の交流も、あたらしい文化の行く末を示すものでなかった。組織のなかの知識人という構図は同時に、長老支配、知の階層化のなかにあったのだ。ここに、中国知識人の限界があったのではあるまいか。

三、社会のなかで

ここではきわめて大雑把な問題の提起と整理をしたい。社会はそれぞれの地域で固有の形態をもつ。冒頭で引用した世界各地のシステムのありかたも、実際は多様である。ひとしく官僚社会を構築し、知識人を登用したとしても、ローマ帝国、ローマ・カトリック教会、イスラム帝国など、それぞれが多様な社会をもっているからである。これらは、本書のなかで論じられるが、その理解の基本を宋代において論をすすめていく。

ただ、ここで認識しておかねばならないのは、これらの組織における官僚制度と、中国のそれとは基本ベースが異なる点である。西欧から中近東にかけての官僚システムは、異質の文化や民族を包含した国家のうえになりたつ支配システムであった。これゆえに、ビザンチンの宮廷を混血の宮廷と解するものもあるほどである。だが、そのようなシステムは、中国にはなかった。隋唐帝国は多分に混血の帝国の景観をもっていた。だが、それも、一時期に過ぎず、論理的には一枚岩の帝国たらんとしている。そして、五代におけるいくつかのトルコ系の小帝国をへて、宋がたちあがったときに、そこではもはや、漢族の一枚岩的な帝国が存在するだけであった。

本書では多様な形態の、そして多様な地域の知識人が、俎上にのぼっている。だが、上記の一点をわすれると、本質的な理解を持ち得なくなることを認識しておかねばならない。すなわち、ローマ帝国、カトリック教会、イスラム帝国。そのいずれもが、ひとつの民族、ひとつの社会、ひとつの慣習のうえになりたった国家でなかったということである。もちろん、中国もまた、同じ民族・同じ社会のうえになりたっていたとはいいがたいことは承知している。しかし、文字というシステムで統一された読む言語、古代以来の共通したテクストのもとに構成された認識を考えると、あきらかに、西欧とは異なる知識人社会を構成し、立ち上げたといわざるをえない。宋社会のシステム理解には、このような認識が必要なのだ。

宋代社会がきわめて完成度の高い官僚システムを開発したことは、周知のことである。それは、効率のよい機関となって、中国社会にひろがる知識人を吸収した。ただ、ここで一言しておきたいのは、かれらが知識人であるか否かである。かつて、知識人の基底のなかに知識だけでなく思考力も入るとすれば、中国に知識人がいたか否か疑問であるとのべた。膨大な量の書籍を暗記し、受験に備える。そして、提出された問題にたいして、引出しをあけて整理された中身をみせるがごとき、解答をする。そうしたいわば、熟練工の技術獲得、すぐれた技の獲得にちかしい訓練を、知を鍛える学習とみなすのか。もし、テクストを暗記して、それを問題に応じて開いてみせるだけでは、学習人にすぎないのではないかと指摘したのである。

この問題は重要である。知というものが順調に育ち、育成されているかはその国や文化の大勢を見極める重要な手段だからである。中国の知識人たちが文字通りの読書人で、受験のために学習する存在でしかなかったとすれば、それは中国文化のいくすえと越し方を判断する重要な問題となるからである。この問題を考えるために、宋代における中国社会とはどのような形態であったのか、整理してみよう。

宋を支えたのが官僚制度であったことは贅言をまたない。この官僚たちこそが、宋をささえる知識人であった。すなわち、宋の知識人たちは、王朝の官僚採用システムと不可分の存在であったのである。となれば、支配の組織の末端にまで、知識人というか文人・読書人などとよばれる存在が必要になる。かくして、野に山に知識人がみちあふれることになる。これが宋代の特色である。しかも、一方で、かれらを受け入れる組織としての器が大きくないという問題がある。

最大時には一億を越えたと推定される宋代の人口は、三ないし四万程度の上級官僚群と、三五万程度の胥吏とよばれる地方の実務官吏によって構成されていた。科挙を及第したものは上級官僚群に包含されるが、定員などに限りがあり任官できぬものもいる。かれらは寄居・定居して、任官のときをまつ。だが、任官できぬまま、地方に沈殿しておわることもおおくなる。そこにかかわるのが、北宋と南宋の問題である。

宋と一口にいうが、北宋と南宋では異なる面がある。たとえば、南宋政権は江南に拠点をおいた。江南は有数の科挙及第者の生産地である。しかも、当時、もっとも経済や商業、生産活動が発達した地域である。このような土地に住んでいた有力者達は、あらゆる関連産業と商業に介入し利殖に励んでいた。しかも、かれらのなかには勉強に励んで、官僚への道を目指すものも少なくなかった。

かれらは、在地において政治や文化に強くかかわっていた。宋代に数度にわたって起きた州・県における学校設立の動きは、かれらに一層活躍の場をあたえた。宋代のひとつの特色として、北宋の上級政治家には文集をのこすものがおおいが、南宋ではみられないことがある。また、北宋の地方文人は文集をのこしていないが、南宋では逆に地方文人で文集をのこしたものが多いというのも特色である。これは、南宋時代における地方文化の興隆をものがたるが、その原因のひとつに地方学校における活動があることはいうまでもない。

地方における文人のならびに地方有力者の活動を惹起した原因のひとつに、秦檜の政治がある。南宋初期を代表する政治家秦檜は、権力の保持にも腐心した。そのために、地方官登用を抑えて、中央政府の権力を強く行使しようとした。このことが地方政治の空洞化を招く一方で、有力者の関与もまねいたのである。地方の政治を統括する責任者を欠いた場合、政務に有力者が関わってくるのは当然である。宋代にはいくつかの救済事業が行なわれているが、この運営をみているとよけいにそのことがわかる。

官僚として活動することを欲した士大夫が、あるいは地方に沈殿せざるを得ない士大夫たちが家系の維持のためにとった戦略の重要な柱のひとつが、婚姻関係であった。経済力や学歴が重要な意味をもつ社会といっても、しょせんは人と人の結びつきが基礎になることは、宋代でも例外でない。否、ようやく、官僚制度が地について機能した時代だからこそ、人的なつながりが重要な意味をもつのである。

宋代士大夫の社会をみる手がかりとして婚姻関係があることは、早くから指摘されていた。しかも、それが、北宋と南宋のあいだで大きな違いをみせることも指摘されていた。もちろん、それを過剰に捉えてはいけない。だが、すでに指摘してきたように、北宋と南宋のありかたは、かなりちがう。同じ王朝といっても立つ基盤が違うのである。

官僚制度の微妙なずれや軍制システムについてはまだ十分に論じられていないけれど、すでに示唆がはじまっている。

そのような視点で考えると、南宋は官僚たちが非常に密度の濃い世界を形成したことが想像できる。しかも、南宋の官僚たちは、皮肉なことではあるが、北宋の滅亡によって軍制から解き放たれたような感じがする。

宋はシビリアン・コントロールの時代であったとされたが、実際には、文官が軍を指揮して戦場にたつことがままあった。北宋時代には、高等文官が軍を率いて出陣していたのだ。軍を文官が直接指揮するという、この行為はある種のシビリアン・コントロールである。だが、日本で行なわれている統帥権・軍の始動権を文官が握るのがシビリアン・コントロールだという認識にしたがえば、宋代の場合はことなる把握と認識を下さなくてはならない。

それに対して、南宋では総領所体制が機能する。いわば、軍制システムが機能したわけである。総領所の任用官をしらべていくと、今日的な意味での軍事コントロールが確立しつつあるように思える。その意味において、南宋時代は真の意味での知識人の活動をみることができる時代になったといいうるであろうか。

そして、かれらは、みずからの存在を認識しかつ維持する戦略として、婚姻関係の再編制と地域への回帰を選んだのである。このために、役にたったのが、南宋が江南に基盤を置いたという事実である。ここが社会変化把握の視点である。産業の中心・経済の中心。そこには政治の拠点もある。このことは、南宋の士大夫社会におおきな影響をあたえ、江南官僚の躍進の原因ともなった。では、北宋時代にはそのようなことがなかったのか。否である。というより、もっと、違うところへいったかもしれぬ可能性をもっていたのである。

北宋時代の華北においては、実は、すこし中国の正統的なありかたと異なる社会状況がおきつつあった。それは、なにか。新型産業社会の出現であった。このころの華北においては、磁器産業の発達がみられ、石炭や鉄の使用度もたかまっていた。とくに、いくたの磁器産業は、きわめて質の高いもので、農業の比重が後退しつつある華北社会をささえる新型産業として経済を牽引したとおもわれる。しかも、生み出される高品質の磁器は、有力士大夫の使用品としてかれら知識人の文化資本の役割をはたしたのである。

北宋末の徽宗皇帝の登場は、この傾向に拍車をかけた。宋代知識人の相対化された存在としての徽宗皇帝は、一層高度の教養を身につけた皇帝としてたちあらわれている。詩・書・絵画・音楽・庭園その他の趣味は、宋代文人・知識人・士大夫の趣味を統合したものである。その趣味を支えるものとして、陶磁器の生産が一層進展する。しかも、それは非常に高度な水準にあった。たとえ、きわめて限られた高位な商品でも、地域経済を牽引していく。また、その活発な運営は、社会構造をかえる。北宋はその末期にいたって、きわめて高位な産業社会へ転換する可能性を秘めていたのである。しかし、金の侵入によって北宋はほろんだ。そして、南宋の建国がある。ここで、知識人の経済基盤が大きく変わり、元来のありかたにもどっていくのである。

南宋の知識人については多様な議論がある。かれらが農業に関わりつつも、商業などに手を伸ばしていったのは事実である。だが、南宋にいたると、むしろ土地との関係が深まるようにおもわれる。北宋時代にさかんになり、地方有力者がかかわった社会救済制度に常平倉がある。王安石もかかわったこの救済制度は、はばひろい機能をもっていた。あらたな産業の育成に出資する賑工法や他の官庁へ事業資金を貸与する性格である。これは、各所において、有能な官僚たちがかかわる事業でもあった。だが、これも、南宋になると衰退し、ついには地方有力者の不正の場となる。地方有力者が地方知識人のでてくる場であったことをかんがえると、宋代士大夫社会の変質と、北宋時代にみられた高揚が、ここでも変質しているのを認めざるを得ないのではない。

知識人の世界も、北宋と南宋では大いにことなる。しかも、そこには、王朝の性格もかかわっている。そして、北宋と南宋のあいだの変化は、同時に以後の中国知識人の運命もかえたのである。われわれは知識人論の展開にあたって、中国の知識人を縦にひとつに流れるものとして思いこんではならないのである。このことは、本書にとりあげられた、すべての知識人論にかかわってくる。

むすび

本章は、本書の導入の意味をもつ。したがって、きわめて大雑把な理論や現象をのべつつ、それにひかれて各論をよみすすめることができるようにした。とはいえ、取り上げなかった問題や結びえなかった問題もおおい。あげるべくしてあげなかった論著もある。小さなこだわりをさけたためである。これらは各論を読むとともに、関連書籍を読み進めてほしい。

また、中国の知識人が科挙登場後、システムと深く関わったことを述べつつも、決して縦に流れる均質なものでないことを示唆した。制度は時代によって微妙に変化する。そして、そのなかにいるひとびともまた、変化する。とりわけ、知識人にその傾向が強いといわなくてはならぬ。

唐と宋は異なる。そして、宋も北宋と南宋で異なる。しかも、その間の変化はそれぞれに絶大である。では、唐と宋ではどれほど違い、どれほどの落差があるのか。北宋と南宋のあいだにはどれほどの落差があるのか。北宋を唐に近いものとみ、南宋を明に近いものとみれば、両者の差異は決定的となる。だが、だからといって、宋代の知識人が突然変異でないことも事実である。

宋代にはじめて登場した試験によって選抜された知的官僚群によって始動された国家は、おりおりに時代を象徴する知識人たちによって始動されてきた。しかも、かれら知識人は、あきらかに多様な存在であった。いつの時代においても、社会は知的な指導者によって始動される。だが、同時に、かれらは時代の鏡でもある。各時代、各地域の知識人のありかたの解明は、われわれにのしかかってくる知とはなにか、そして、それを武器として君臨するひとびとの実像はなにか、解明するてがかりをあたえてくれるであろう。

三　宋代の士大夫覚え書
――あらたな問題の展開のために

一、開封の町から――序にかえて

我国で宋代史という分野が確立されてどの位の時が経過したのだろうか。内藤湖南・加藤繁両泰斗の生誕年月日をみても、すでに一世紀をこえている。内藤湖南（一八六六―一九三四）より一四年遅く生を受けた加藤繁（一八八〇―一九四六）が物故してすでに三八年。以来、宋代史における研究者の輩出そしてその業績は宛然巨大な山塊をなす。それぞれの分野に高い峰があり、重なりあい、長い裾野を曳く。膨大な蓄積は折おりに回顧され、各分野ごとの整理もそれぞれの立場から行なわれてきた。しかし、一個人の力でこの巨大な山塊を俯観し、山やまの細かな襞までを検証するのはなかなかむずかしい。前回、研究報告集の創刊にあたって総論の執筆が決定されたが、ここでも同様の問題にゆきあたった。執筆者全員によるシンポジュウムを昭和五六年一二月二六・二七日の両日にわたって行ない、予備会を含めてほとんど一一時間をついやしたのである。北宋・神宗時代の宮廷画家であった郭煕の『早春図』を床の間においておこなわれたこのシンポジュウムは、参加者に白熱した思いをのこした。

しかし、問題が解決されたわけではない。第一号の編集・執筆に参加し、いま第二号の編集・執筆にも参加している者として、その時の熱く苦い思い出を胸に秘めていることを告白しつつ執筆にとりかかる。

昭和五九年三月二五日、梅原郁団長下の宋代史研究者友好訪華団の一員として、開封の土をふんだ。のちに南宋の都として臨安とよばれる杭州とともに、宋代史研究者が一度は訪れたい、と願う都市である。

低い土色の煉瓦造りの家のたちならぶ開封は、予想以上に鄙びた街であった。開封という土地や地理上の位置は熟知しているつもりであったが、北京・西安・洛陽そして今次の旅で南京・杭州を見た目には、とても国都のあった土地とは信じられなかった。たびかさなる黄河の氾濫が街をかえたためもある。百年前の西安・洛陽も実はこのような状態だったかもしれない。しかし、西安に壮麗な秦嶺があり、洛陽に邙山があったことを考えると、開封は如何にも王城の地としてふさわしくないと思う。開封に首都を構えた理由を、本来は承知していた筈であった。にもかかわらず、時として朝早く、時として昼食時、時として夜市の中を、人びとの中に混りつつ歩いていく中で、あらためて多くの疑問がおきてきたのであった。

中国六大古都すべてを見聞した者の目から開封をみると、まことに泡沫のように過去の栄光を消してしまった都市であった。何故に中国有数の知的時代がこの地を中心に華開いたのか。士大夫達はこのような土地で何を考えたのか。とはいえ、後梁の建都を嚆矢として、後晋・後漢・後周・北宋、そして金の末期と正しく二百数十年のあいだ中国の中枢だった土地である。宋代の士大夫の歴史もこの街からはじまったのである。

二、士大夫とは

宋代には学問・芸術など、多くの知的分野に新境地が拓かれた。これらを演出し担ったのが士大夫階級であった。

すでに指摘があるように、士大夫階級は、宋代に至って教養・能力・政治の三要素を統一した完成された指導階級として登場する。(1)がしかし、宋代の士大夫への盛んな言及にもかかわらず、必ずしもコンセンサスが成立している訳ではない。士大夫はまた時に士人と称するが、士人という言葉についても、宋と後の明ではかなりの隔たりがある。(2)士大夫とは未だ究明されざる問題として残されたままといわざるをえない。

士大夫とは何か。この未だ究明されざる問題について、さきほどの郭の『早春図』を飾ったシンポジュウムで興味ある問いかけがなされた。宋代を代表する芸術作品に陶磁がある。郭煕の絵もまた代表的作品である。両者はあまりに違うのではないか、と。

郭煕の絵が神観と清風によって構成され、「当時の朝廷と士大夫社会に必要とされた秩序を山水画において理想的な形で表わした」ものとしても、(3)各部分における怪奇な表現が陶磁に見られる完成された冷徹な美しさと相容れぬもののように受け取られたのである。このイメージは、徽宗の太湖石への執着にもつながる。徽宗の『桃鳩図』、あるいは徽宗の登用したという米友仁の『瀟湘奇観図巻』と太湖石のイメージはかなり違うように思う。徽宗時代の太湖石の扱い方はよく判らない。(4)しかし、怪奇とも思える太湖石の異様な姿と、『桃鳩図』にみられる落ちついた雰囲気は如何にもふつりあいである。

芸術を好んだ風流天子徽宗の周辺を飾った画家達として、杜従古・徐兢・米友仁・朱漸・朱宗翼・篤真・和成忠・劉益・富夔・田逸民・李誕・侯宗古・郗七・任安・劉宗古・勾処士らがある。(5)このうち、朱漸・朱宗翼は人物伝写を、篤真・和成忠は山水林石を、侯宗古・郗七は畜獣虫魚を、任安・劉宗古は屋木船車を描いた。これら絵の多くは今日も不明である。(6)花木翎毛を描いた者が四名、畜獣虫魚を描いた者が二名あげられていることに、細密な花鳥画を好んだ徽宗の性癖をしるのみである。思うに、芸術は先鋭なもので、時代の変化を機敏によみとる。とりわけ、絵画・ファッションなどの視覚的芸術にその傾向が強いと思う。中国においても同様の傾向があるようである。アーサ・F・ライトの言葉をかりつつのべるのならば、ダイナミックに果敢な挑戦をおこなった隋朝では、都市プラン・建築・ファッションの分野で目も綾な華麗なデザインが実験され実施された(7)。絵画史の立場からみれば、唐宋変革は中唐における逸格水墨画の誕生に端を発するという(8)。基本的には着色の人物画の世界から水墨画の山水画の世界への転換であり、しかもこの傾向は神宗時代に再び転換する。蘇東坡の登場である。蘇東坡すなわち蘇軾を中心とする蜀党のグループによって絵画革新運動が展開していくのである(9)。そしてこの運動は、来るべき北南両宋交替の前兆と捉えられる(10)。ちなみに、この時期は都市の変化が決定的になった時期である。都市は発展すればするほど人工的建築物にうめつくされる。人工的建築物は、これまた自然界と異なる直線・曲線によってうめつくされる。こうした都市内の充足過程と山水の登場・活躍の問題も注目すべきである。

北南両宋の交替は周藤吉之氏をはじめとする言及があって、江南の発展、華南出身者の科挙及第の増加、官界への南人の進出度から論じられてきた(11)。その一方で文化的側面からの追求は充分でなかった。宋代の士大夫官僚が文人としての要素をもつことを強く意識しつつも、この方面からの視座は充分でなかったのである。今後の課題であろう。ちなみに一言しておくと、この蜀党の進出は科挙神文昌帝君の進出とも軌を一つにする。四川の一地方神であった文昌帝君は、やがて科挙を受験する人びとの神として、我国の天神様のごとき信仰をうける。四川の人びとの進出とも関係し、さらに四川の文化的特色とその影響を示唆するものとして興味深い(12)。山水画の問題は六朝士大夫の精神論とあいまって論じられてきたが、宋代士大夫の研究ではこの点がなお充分でないようである。通常、『早春図』の中には士大夫の世界が描かれているとみられているようだが、そうとすれば、建国以来の矛盾を抱え、神宗・王安石をして改革を決意せしめた当時の宋朝の雰囲気を伝えたものともとれる。士大夫社会の形成について、未だ手の及ばざる分野の存在することを胆に命じておかねばならない。

さて、宋代の士風の形成を、通常、仁宗の慶暦年間（一〇四一―一〇四八）におく。つまり、宋代の士風、すなわち士大夫精神は、北宋建国後約八十年、社会秩序の安定と経済の発展の中で蓄積されていく矛盾を背景に形成されてゆくのである。(13)范仲淹を中心にしたこの運動、名高い慶暦の党議、は欧陽脩・司馬光・蘇東坡・王安石らに大きな影響を与えている。こうした、いわば整風運動が宮中の障壁画にまで及んでいくのは、小川裕充氏の明らかにするところである。(14)小川氏の指摘によると、宮中には障壁画があったという。この種の絵は、そう簡単に掛替うるものではない。ところが、たまたま期を同じくしたとはいえ、官制の大改革がおこなわれた元豊年間に、学士院も改修される。この「元豊の改修」によって北宋初以来の伝統主義的な障壁画に大きな改革の手がのびる。もちろん、北宋絵画の中に滔とうと流れる山水画への動きがそれまで無縁だったのではない。元豊の改修はその極まりである。改修によって郭熙の絵が元豊期の禁中の殿閣すべてを飾ったという。場所と画題は『画記』に伝える。郭熙の活動はあらゆる場所に及び、相国寺にも描いている。何故に郭熙がかくのごとく活動しえたのであろうか。それは、郭熙の絵が李成の絵とともに、改革意欲にあふれた時の皇帝神宗の好むところだったからである。最近、ハプスブルク家の絵画コレクションを見る機会があったが、そこには各時代の当主の好みや当該時代の反映がみられた。中国では、宋の徽宗、金の章宗、明の宣宗など特別に絵を好んだ人のみが強調されがちであるが、そこに至る過程をも念頭においたもっと長いタイム・スパンでの考察も必要であろう。指摘したように、芸術は当該時代を感覚的に表現し、時として時の流れ行く方向を敏感によみとるからである。

鈴木敬氏は、郭熙が神宗治下にあらわれ、神宗の死とともに官衙の大画面制作から手を引いたという。(15)時間的には新法党の盛衰と軌を一つにする。まことに興味深い指摘である。ところが諸氏の指摘のごとく、郭熙の絵はその後みすてられて壁からとりのぞかれる。徽宗の時代には、机をぬぐう布にまでなってしまう。では、郭熙の登用は神宗の個人的趣味によったのか。それとも王安石・欧陽脩と閨閥を拡げた呉充との関係によったのか。そうではあるまい。郭熙の絵は当時の士大夫にも好まれていた。曾布川寛氏の指摘するとおりである。(3) 黄庭堅・文彦博・蘇軾らと交流している。郭熙を神宗時代の表現者ととるのは決して牽強附会ではない。郭熙の絵は改革と刷新の気風を漲らせた神宗と王安石の時代の象徴ともいえるのである。郭熙の絵、あるいは郭熙の絵にいたる運動やその後の変遷こそは新法の展開とあわせて考察されるべきものである。北宋末に新法を採用した徽宗や蔡京が郭熙の絵にノスタルジアを感じなかったとすれば、その表面的表現においてすらも、神宗の意図がうけつがれなかったことになろう。

では当時の士大夫達は郭熙の絵をどうみていたのか。曾布川氏も引用する黄庭堅の詩がある。『集註分類東坡先生詩』巻十一「郭熙画秋山平遠」に次韻したもので、黄庭堅『豫章黄先生文集』巻二「次韻子瞻題郭熙画秋山」である。

黄州逐客未賜環　江南江北飽看山
玉堂臥対郭熙画　発興已在青林間
郭熙官画但荒遠　短紙曲折開秋晩
江村煙外雨脚明　帰雁行辺餘疊巘
坐思黄柑洞庭霜　恨身不如雁随陽
熙今頭白有眼力　尚能弄筆映窻光
画取江南好風日　慰此将老鏡中髪
但熙背画寛作程　五日十日一水石

曾布川氏は詩中の、

郭煕の官画　但だ荒遠
短紙　曲折　秋晩を開く

に注意をはらう。官画とは何か。荒遠とは何か。官画の意味そのものも不明のようだが、荒遠の意味も解しがたい。蘇東坡は前引の詩の中で郭の絵を「平遠」といっているが、黄庭堅は「荒遠」という。大自然を愛し、誰よりも早く荘子に注目した黄庭堅は、一体何を感じたのであろうか。まことにつきぬ興味が湧いてくる。

ところで、『早春図』には細部には時として怪奇としかいいようのない累積した岩石が描きこまれている、といった。よく見ると、遠景の山すらも武骨な奇岩からなりたっている。これは一体何を示すのか。郭煕の絵の中に、山水という静かなタイトルから想像もつかぬ怪奇性や力強さがうかがえる、と思うのは私のみでない筈である。正直なところ、もし郭煕の絵に囲まれて暮していたとすれば、単純に清風とのみいいきれぬ雰囲気に囚われていくだろうと思われる。

芸術が時代を表現するのなら、あるいは時代の動きを一早くよみとって表現するのなら、郭煕の盛衰はもっと幅広い分野で注目・検討されなくてはならない。郭煕の絵の中に感じた怪奇性や重量感が真実認められるものならば、陶磁に示される冷徹な美しさとは別のものならば、士大夫の感覚をも問いなおさねばならないからである。人の心は複雑である。知の時代を築いた士大夫も同様である。二律相反する面が存在していてもおかしくはない。宋代の士大夫もまた古代ローマの双面の門神ヤヌスにも似て二つの顔をもっていたとすれば、これはあらゆる面から追求しなくてはならない。(16) ヤヌスは門の内と外をみていたが、宋代のヤヌスはどこをみていたのだろうか。我われの考える士大夫とは別の面が浮びあがってくるのではあるまいか。郭煕の絵の登場と退場は、そうした思いをおこさせる。

こうした士大夫の二面性は倫理観の中にも追求できる。(17) 士大夫の伝記たる列伝・墓誌銘・神道碑に、貧困や押し寄せる饑饉に際して自己の財をふるまったとしるす文の何と多いことか。これらを士大夫・官僚が真底から人びとの苦境を思っての行為とのみ考えるのは甘すぎる。士大夫の自己保存・自己防衛のための行為の一つとも考えるべきであろう。寺観を創建し運営する行為もまたその一例にすぎない。[18] 士大夫は理想の政治を営まねばならない。その為には清廉で慈悲深くあらねばならない。だが、現実の生活維持のために営利を考える。俸給のみでは生活が営めないからである。[19] ここに一種のジレンマがある。士大夫は理想を学び現実にいきる。そうした士大夫の生活を真性の悪とみるか、やむにやまれぬ行為とみるか、論の分れるところである。[17] 士大夫の救済活動に自己保存・自己防衛のための行為の性格があるとしたが、救済を発想し行動する地盤のあったことを考えると、そうした現世の利益追求に彼ら士大夫が一種の悔悟に似た気持ちを持っていたとも考えられるのである。

文学・美術などあらゆる面で北宋を代表する巨人に蘇東坡がいる。中国を代表する知識人林語堂は蘇東坡について論じ共感を示すが、一方で王安石への不快感をも示す。こうした林語堂の心はまた中国人の心の底をも示すものであろう。[20] その蘇東坡も教荒策をおこなっている。ことに杭州では死者五十万を出したともいう災害の救済に奔走した。こうした活動が適切だったか否か。近藤一成氏は杭州での救荒策を論じ、官僚機構が有効に機能しなかったと蘇東坡をかばう。[21] 遠くをみつめさせる山水画が、実は個この怪奇な岩石からなりたっているのにも似て、士大夫の理念と社会は複雑なのである。整然と積みあげられた官僚機構も実は中に各官僚の派閥や利害といった問題までくみこまれて、有効に機能しないのである。

最近、一般士大夫個人の研究がふえつつある。視点は一地方官吏としての生涯、財務官僚としての生涯など様ざまであるが、宋王朝の組織と運営の実態を究明するだけでなく一時代を掘りさげるためにも重要な作業である。[22] 従来の王安石・司馬光といったいわば宋朝を代表する人物研究から裾野を構成した部分にまで視点が拡がった訳で、宋代史研究がようやくそのような事を可能ならしめる水準に達したともいいえよう。

三、都市と士大夫

前節では、郭煕に関する美術史家の研究を紹介しつつ、士大夫の内面について論じた。ここでは、いわば外面的な面から士大夫の問題を整理してみようと思う。士大夫はその基盤や思想からいっても郷村と深い関係にある。しかし、都市との関係も無視できない。文化的面からいっても、経済的面からいっても、勃興しつつある都市と新しい時代を荷った士大夫の関係は、宋という特色ある時代を考察する良い手掛りである。猥雑さに満ち溢れた都市と士大夫はどのような関係にあったのか。だが、考察の前に都市の変遷を念頭においておかねばならない。

大きな変化のあったとされる唐宋の間は、都市の発達史においても画期とされる。加藤繁氏の先駆的業績以後、幾多の業績が積まれてきた。(23)問題は多岐にわたるが特に城郭内の問題として捉えると、城内を街路によって区分して居住区を壁で囲む所謂「坊制」の崩壊、商業地区を規制する「市制」の崩壊が顕著な現象であろう。この結果、道路の不法占拠をする侵街・夜間外出を禁じた犯夜の禁の如き行政上の諸規制がしだいに変化或いは崩れ去った。街は唐までの整然とした区画から次第に自由な街並みへと変化し、城内各所で夜間でも商業が行なわれる様になっていく。唐までの厳格な都市規制が破れていくのが、唐宋間の一大特色である。もっとも、こうした侵街や坊制の崩壊をどの程度深刻にうけとめるかは若干の配慮が必要であろう。今日、かつての整然とした街並みをもっていた古都には直交状の道路をのこしているものも多い。無規律に侵街がおこなわれていれば、街路は蚕食された状態になる筈である。さらに大街の両側には溝もある。現実の水路を潰してまでの侵街はどの程度可能なのであろうか。坊制はしだいに、しかもかなり早く崩壊していったと思うが、これとて、各都市や城内すべてに普及するにはかなり時間がかかったと思われる。さらにこれとあいまって、旧中国の城内の柵がいつ頃から登場するかも念頭におかなくてはならない。なお、加藤氏はこの様な城郭都市以外にも商業や交通上の要所に中小の都市が出現してくるのを指摘している。これは

URBANIZATIONとしても捉えられ、近年、斯波義信氏によって精力的な分析が進められている。[24]

ただ、ここで問題になるのは、都市とは何かという大前提である。宋代の都市と気軽にいってきたものの、イメージの提出は難しい。都市とは、一般的には聚落の大なるもので非農業人口が多いものであろう。行政の府であり、商行為のセンターであり、交通・文化・産業のセンターでもある。それ自体では食糧が自給できぬという規程も入ろう。しかしこれを人口の大小にあわせていくと、中国と他の地域の差をどう考えるのか。行政のランクにあわせていくと、府・州・県と鎮のかねあいや、それらすべてを都市として論を展開できるのか。都市の発展といった視点で鎮を捉えると、若干の例を除いて鎮はついに鎮で終る。テーマと検討方法によって多くの問題が生じ、イメージは絞られる事なく拡散しているのが今日の現状であろう。このように問題は深いが、ここでは規模や役割を考えて、城壁をもつ府州県クラスの都市での現象を主体にあつかうこととする。[25]

唐代では、長安・洛陽に象徴的な整然とした都市制度が施行されていたと考えられる。しかしだからといって、全都城内が均質で没個性的だったのではない。[26]長安も西部には西域人が多く関係の寺院もあり、東部には興慶宮もある故か貴族・官僚が住むなど、場所による違いが指摘されている。城内には遊里や行楽地がある一方で荒廃した坊も多かった。整然としていたかの様に見える長安も、一歩入っていくと各所で機能の分化がみられ、各坊にも個性があった。

宋代についても指摘がある。これを要するに、坊制・市制崩壊の上に、開封・臨安等では各所に繁華街ができて夜市も開かれ、芝居小屋がかかり、サービス業が発達するなど、正に今日的都市が出現したかとも思える盛況を呈した。[27]繁華は城内に収めきれず、時として城外にも及んだ。これまた周辺の状況とかかわり、開封では黄河に近い西部の新鄭門あたりに魚市が立ち、江南からの大運河と関連をもつ東部には開封一の繁華街や界身があった。城内に入る汴河と城内中央近くを貫通する御街との交叉点にかかる天漢州橋の下を大船が通りぬけられない都市構造もこの傾向を助長した。

蓋し、都市の変化は都市自体の問題のみならず、広く中国社会の変化とかかわっているのである。従来、政治、軍事的都市としての性格が濃厚だった都市も、経済上の変化に強く影響されつつ自らの姿を対応させていったのである。

ところで、この事自体は必ずしも中国の都市にのみ顕著な事ではないが、城郭内の正確な人口が把握しがたい。中国は州県制下にあって、都城内を都市として把握しようとしたのは殆ど元の録事司のみである。(28)とはいえ、散見される史料によっても、城内に多くの人が住んだことは明らかである。だが、城内の人口・職種・階層などは絶望的なほど判らない。南宋の首都杭州に例をとろう。斯波義信氏の推定によれば、一五〇万といわれる人口のうち九〇万が城内に、残り六〇万のうち四〇万が南の郊外に、二〇万が北の郊外に住んだ。(29)職種・階層は、城内に商工労働者・雑業一六万人と皇族・官戸・吏戸・僧道戸・軍戸・紳衿・商工経営層七四万人、城外に工匠・商業・運輸労働者・蔬菜専業農家一二万人と軍戸・穀作農戸・官戸・吏戸・僧道戸とその家族四八万人とみる。住人は自ら階層をなしており、遠来の商人の住む一画も成立していた。この状態は当然都市構造にも大きな影響を与えていく。検討の行なわれた開封・杭州・蘇州についてみると、城内には官衙集中地・寺観集中地・商業区・文教地区などの特性をもった地域が出現しており、城内での機能分担や繁華地の出現がみられる。それに従って交通の盛んな道路とそうでない道路の分化もみられる。(30)最も、こうした変化はすでに唐の長安城においてもみられた所である。(26)社会や経済の変化のほかに大明宮の建設や玄宗の興慶宮居住によって生じた都市内の重心の移動にもよって促進された長安城内の変化が、宋代には新たな理由を伴いつつさらに大きな変化を生じていったのである。宋代になると都市の景観も大きく変じ、障壁がなくなった居住区は細かな道路を剝き出し、その一画に取り込まれた諸建築・設備が人びとの前に直接姿を晒すことになった。かつては大街に立っても両側には障壁しかみえず諸建築はその上にのぞく甍をながめるのみであったが、今や道に面したり、道の奥にこれをのぞむこともできるようになったのである。景観が変化して、都市が本来の猥雑さをさらけだすこととなったのである。宋代山水のあり方は、こうした状況と深い関係があるとは考えられないだろうか。都市という人工的建築物の中が細かくかつ複雑になっていくと、住民は狭隘な環境からのがれ、ひろびろとした自然にあこがれるようになるという。(31)この傾向は絵や日常の行動にも反映し、自然を感じさせる絵をもてはやしたり、郊外への行楽がはじまるのである。宋代の都市史料には郊外の行楽地を綴るものも多い。

都市住民の話にもどろう。都市の住人は税法上の規定に従って資産の大小によって把握されていたが(32)、官界で地位の高い者、教養のある者、資産のある者、官界と繋がりのある者が社会的優位に立ったことは想像に難くない。前の杭州の例にみても、住人は官吏・士人・商人・游手などから構成されているが、官吏・軍人・富豪が七〇万余、商人人口一六〜一七万といわれ、首都という特殊性もあるものの、なお官僚システムとの深いつながりを示している。こうした中の士大夫のあり方について考える必要があるが、その前に下層民について一言しておこう。下層民こそは都市生成の鍵を握るものとして究明しなければならない重要な存在だが、若干の言及があるのみで主体的論稿に乏しい。(33)現段階では宋よりもむしろ明・清での論稿が多く、都市改革・都市構造・反乱と関連付けて論じられている。(34)

元来、西欧においては、「都市の空気は自由にする」とて外より流れ込む浮浪人が都市の核となってきたとされてきた。近年はドイツ領主支配の都市において、領主に附随していた下層民ミニステリアール層も都市構成員であったとの見解もでている。(35)とすれば、都市内部にも都市形成の核があった事となり、日本史の分野でも中世初期の寄人・神人・供御人・散所雑色・作手・揖取などと対応せしめる考えがある。(36)中国史の分野でストレートに対比していく訳にはいかないものの、追求の必要がある。だが実際のところ、この様な問題に立ち入る事ができない程、都市構成員の研究は遅れている。方向・進展の見通しをのべるのにも躊躇する程である。では、宋代において都市下層民、いいかえれば権力に密着して都市形成の核となっていったものたち、を何に比定すれば良いのだろうか。私の念頭には、まず吏戸・軍戸といったものがうかんでくる。都市の管理・運営システムの維持には彼らの存在が不可欠であり、協力が必要だからである。彼らを事実上の都市システム維持者であり、都市民の核と考えることは、妥当ではあるまいか。[37]従来の、そして現在の下級の官職者達の研究にはこうした視点からの整理が欠けているといわざるをえない。その他にも宋代の都市には多くの商工民・下層民が居り、様ざまな形で官衙・寺観と関連をもちつつ、あるいは独自な形で都市生活を営む。臨安ではその日の蓄えもない細民が約一割もいたと推定されている。彼らの力は思いの外に強かった様で、活動は多岐にわたる。殆ど名も無い人びとがお金を出しあって道路を舗装した蘇州の例がある。[38]より深刻な都市管理にしても糞尿の運搬に従った傾脚頭の如き例が知られている。必ずしもこの様な研究を対象としなかった今迄の研究でも様ざまな例があげられてきた。広範な職種を様ざまな形態で吸収した宋代の都市について、新しい角度から検討する必要があろう。その為には、ギルドやそれに付随した自治形態といった面にこだわらず、胥吏などにまで対象を拡げ、農村に片寄りがちであった下層民の分析を再検討し、まず事例を整理しなければならない。中国の都市が農村の紐帯を持ち込んだ上に形成されたとしても、官衙の集中や常に手を入れ管理しなければならぬ集住地、物資の集積地である事だけを考えても、農村とは明確に違う。新たな方法の模索と総合的解析が要求される故である。

都市住民の頂点に立ったのが士大夫・官僚達であった。彼らもまた農村との関係をぬきにしては考えられない。しかし発展しつつある都市と大きな関係をもった者が多いのも事実である。都市に一家をあげて徙り住んだ者もいるし、唐制から宋制へ変化していく城郭内の地名として名前を残した者も多い。[39]唐代の城郭内の地名は貴族的な雅なものが多いが、宋以後は現実的なものが増えていく。官衙・寺観・商業・歓楽など、様ざまなその性質を表す地名があって、唐以後に生じた都市構造の変化と実際を知る手掛りになるが、人名を冠した地名もそうした都市の変化を示す手掛りになる。[40]地名の由来は様ざまで、科挙及第者の居住地だったことを示す状元坊、状元橋の類から、某家巷あるいは某家橋のごとく具体的姓を示すものまで様々である。都市居住者達は唐から宋へ大きく変化する都市の中で、新しい力を象徴するかのように名前をのこしたのである。そして、この事が端的に示すように、士大夫官僚達は新しい都市とも大いなる関係にあった。なおここで一言しておかねばならないのは、都城内に居住したもののみならず、都城近辺に居住したものも視座に収める必要のあることである。すでに一部論じたように、都城近辺に居を構え城内に盛んにでかけていく例がある。(41) 彼らを一律に士大夫・官僚として論ずるのにはやや抵抗があるかもしれないが、史料には退休官僚としてあらわれる例が多い。彼ら、都市と関係の深い士大夫達を、かつて私は都市士大夫とよんだ。彼らが都市への指向性を強く示す点を強調するとともに、宋以後の都市の発展の中で、新たな社会変化に身を投じ時代の旗手となっていった人びとをそこにみたいのである。

都市における士大夫の活動は多岐に及ぶ。政治との関連、経済活動との関連、橋の建設や道路の舗装、細かな面にまで及んだようである。強固な官僚支配の形態をとる国家の常として、官僚達と深い関係にあった彼ら士大夫が、行政のあらゆる面に介入していったことは想像に難くない。だが細かな点になると断片的に活動について言及するほかは、官僚を中心とした人的交流について論じるのが殆どである。これは都市及び周辺に住む士大夫・有力者達も同様で、水利管理に言及した論稿があるものの、さらに追求し幅広く論じていく例は乏しい。(42)

こうした中で最近注目をあびているのは学校教育との関係である。士大夫達が官僚になるためには科挙を受験しなくてはならない。受験には当然準備がいる。すなわち教育である。士大夫を士大夫たらしめるのが科挙であり教養であることを考えると、こうした研究にとりかかるのが、やや遅きに失したともいえよう。士大夫達の教育過程の研究はまだ充分でない面があるが、とりわけ仕上げの部分において組織的かつ計画的教育が実施されたことは明らかである。(43) 集約的に教育システムを運営するには都市が恰好の場である。川上恭司氏はこうした問題を論じる。(44) 都市における教育機関の設立、運営に当該地の士大夫・有力者がつよくかかわっていたことを明らかにしたのである。裏返せば、教育機関は都市における士大夫交流の紐帯として強く機能していたのが明らかになったことになる。都市での士大夫の活動には、科挙を源とする宋代の集権的官僚システムが重くのしかかっていたのである。したがってかつて考察したように科挙受験に関する儀礼、賓興・郷飲酒礼、が都市における士大夫・官僚・在地有力者の交流の場として重要な意味をもったのは当然のことであった(45)。

ところで、こうした士大夫と都市との関係は一つの都市とその傘下の地域に限定されるものではない。いまだ十分に明らかになってはいないけれど、一定地域、例えば浙西、に点在する都市は相互に関係をもっていたと推量される。一定地域における都市は相互に補完しあい、役割分担をしつつ一種のヒエラルキーをも形成していたであろう。陸游『入蜀記』をみても、蘇州に船具をとりにいくエピソードがでてくるし、城内に船具関係の地名もある。蘇州が米・絹といったものの集散地であっただけでなく、船に関する備品の集積地として近隣に卓越していたことをもうかがわせる(46)。こうした各都市それぞれの機能・役割と相互の関係は、政治・経済・社会など多方面にわたって追求されなくてはならないが、いままで言及した面からみると、人的交流においても関連がうかがわれる。退休官僚が他の都市に寄居する例、その地においてサークルを形成する例、一族が複数以上の都市にまたがって散居する例、複数以上の都市にまたがって婚姻関係を結ぶ例などはそうした実例である。こうした例は官僚・士大夫の婚姻関係、人的交流を官僚、文人あるいは土地との関係や官戸の地位の保全といった面からのみ検討するのではなく、都市と農村とのかねあいといった面をも視座にいれる必要を示したといえよう。

宋代になって大きく変化・発展をとげた都市は単にそれが社会・経済上の変化・発展というだけでなく、政治・軍事上の変化とも大きな関係をもったのは周知のことである。政治上の必要において行政上のランクがあり、士大夫官僚の任官・居住ともかかわりがあった。軍事上の重要性に応じて組織にも異同があった。地方志所収の史料・地図をみても、官衙・文教施設・軍事施設に関するものがかきこまれている。今後は各都市の役割や特性を研究するに際して叙上の視点を導入していかねばならない。

四、士大夫と社会

士大夫達が窮極にめざすのは官僚となることである。官僚となるには濾過器をとおらねばならない。科挙受験である。科挙に及第してこそ高位高官にのぼり、天子とともに政をとるという夢が達成できる。

科挙制を中心とする官僚採用システムの実態はかなり明らかになっており、進士及第以外にも恩蔭の制が重要な役割を果したのが明らかになっている。[47]周知のように、科挙によって官僚になるのが至上の方法であるが、及第はなかなかに難しい。近年、科挙受験者や及第者について数字的考察がおこなわれつつあるが、ここでも受験者の増大と及第の困難さがうきぼりになっている。[44]それ故に、数代にわたって及第者を出す例は稀であるとされてきた。たしかに、北宋の呂氏、南宋の史氏の如く長い世代にわたって及第者をだしつづけるのは困難である。[48]だが各地域ごとに詳細にボーリングをしてみると、一族として考えると数世代にわたって及第者を出しつづけたという例がすくなからず見受けられる。[49]このほか恩蔭の制を利用して官僚となったり、婚姻関係を利用して士大夫の地位を保全し続けるものも多い。[50]学問を続けることのみによってその資格を有するという誠に危うい基盤に立つ士大夫にとって、こうした恩蔭・婚姻関係は有効な手段であったろう。だがこの事が彼らの固定化を招いていないのは、北南両宋を通じて折おりに主流をしめた官僚の出身地に異動があり、華南とくに江南出身者が有力になっていくことからも明らかである。

一体に、官僚制の運営は細心の注意をもって行なうのを旨とした。度たびの転勤、同族が補完しあう地位につくのを妨げる親族廻避制、出身地への任官を妨げる本貫廻避制などがその顕著なものであるが、いずれも充分に追求されていない。本貫廻避制についてみても、元来は禁止されていたにも拘らず、任官するものが案外いる。北宋の例ではあるが、『東都事略』所収の官僚の約一割が本貫任官をし、その中の約三割が真宗・仁宗・神宗の時代である。[51] 宋王朝の支配が漸く安定しやがて矛盾もでてくるこの時代の現象として注目しなければならない。[52] こうした出身地もしくは物力田産を有する地もしくはそれにかかわる地に任官する傾向は、支配地域が限定され官僚の一層の過剰を招いた南宋ではさらに深刻化したであろう。これを婚姻関係にあわせて考えてみよう。

北宋の婚姻関係・系譜の考察は青山定雄氏がおこなっている。[53] 高位高官となったものを出した家や裕福な家との連結が重視され、家も唐と宋で断絶をみせることが明らかになっている。そこには科挙官僚制が強く作用しており、この点からも唐代貴族官僚のそれと明確な違いをみせている。ところが、南宋に入って、特に江南に政治と経済の中枢地が存在したような状態になると、むしろ同郷の有力な家との通婚が多くなり、在地性がつよくなってくる。明州出身の史氏はその好例で、北宋来の名家呂氏と見事に対比しうる。[48] 他地域のものと通婚しても、あまりに遠距離の地域との通婚は乏しくなるのである。支配地域が限定され官僚の一層の過剰を招いたこと、主たる官僚の生産地が江南に限定されていたこと、主要かつ重要な任官地がこれまた江南に限定されたことなど、つまりは宋が江南に圧縮されたことがそうした要因である。[54] ただ一言しておかねばならないのは、そうした在地性のつよい婚姻関係が北宋にみられなかったというのではない、ということである。北宋では下級官僚・士大夫に多くみられた例が、南宋では高級官僚・士大夫の間でもみられるようになったのである。いわば草の根の活動が活発になったのである。それかあらぬか文集の性質も北宋と南宋では大いに違ってくる。北宋では有力な政治家・官僚の文集が多いのに、南宋では無名のものの文集が多くなってくる。有力政治家で文集のないものも多い。南宋の福州において城内の半ばは読書していたとして愛宕松男氏が他の事例も検討しつつ考証したのは、こうした一端を示すものである。[55] さらにまた、科挙に関する行事、賓興・郷飲酒礼などに多くの人が集中したのもこうした情況を説明するものである。科挙に関していわば大衆化現象がおこっているのである。宋代の士大夫・官僚が北宋と南宋で確実に異なることを、これらの事実が示している。乱暴ないい方ではあるが、北宋は唐の影をひきずっており、唐の遺制をどううけつぎ、どう脱していくかが問題になる。これに対して南宋は明・清への展開の前兆として捉えられねばならない。江南の発展を拠り所にした北宋は、古代以来の中国、江南開発、の帰結した姿であろう。しかし、明清時代におきた変化がいつの時代にまで溯りうるかとなると、これは南宋であろう。北宋と南宋は王朝としては連続しているが、歴史における位置や役割は明確に異なるのである。

一歩踏みこんで論じておこう。瞿宣穎氏は「北宋以前の仕宦の家は、京洛数千里以内を出なかったので風土や人情は大して異ならなかった。そのため甚だしく帰郷を重んずる必要はなかった。南宋以後、江西・福建・広南の仕宦がにわかに盛んとなったため、始めて郷居植党を以て事となすに至り、かくて郷紳階級を養成することとなった」と論じ、酒井氏も賛意を示される。これらのことはすでに論じたことであるが、あらためていえば、江南においては、南宋代に政治・経済の中心地が江南において合致したこと、仕官者が江南の出自を多くしたことも一因と考えている。そうした時に、本貫廻避制・科挙に関する諸行事も大きく影響する。さらにもう一つ注意すべきなのが郷貢進士である。唐代において愛宕元、礪波護両氏の言及があるものの、宋代においては専論がないようである[56]。郷貢とは唐代における科挙の第一段階を称し、宋代では解試、明・清時代では郷試とよばれた。宋代の墓誌銘・神道碑などの伝記類をみると、この郷貢進士の語が時折見られる。殿試をもって良しとする宋代において、郷貢進士はどのような意味をもつのか。またどのような重さをもったのか。一例だけあげておこう。劉宰『漫塘文集』巻三二「故馬帥周防禦壙（壙）志」としてあげられた周虎は、蘇州城内に武状元坊として彼に関連した地名をのこしている。特に目立った任官者はいないが、祖父が郷貢進士であったとのべている。こうした点は多くの事例を集積して判断を下す必要があるが、科挙関係の諸事の重さを考える時にきていると思うのである。宋から明へ、士大夫の変遷、在地との関係、郷紳の登場を考える時に念頭におくべきテーマである。

したがって官僚達の獲得した官職や付随する特権についても一考の必要があろう。在地に近いところでどのよう官職をえたのか、昇進していく過程でどのようなコースが主流だったのか、どのような官職が好まれたのか。あげてきた問題のほかにも疑問はいろいろある。官僚達のオーソドックスな昇進については梅原郁氏の一連の研究があり、古垣光一氏は官僚数についてもあわせて考察する。(57)ただ、古垣氏の論考は、宋代の官制で必要とした官数、ピーク時の官数、官僚配置の片寄りなどの検討をすることなく、時代を追って考察するのみで、しかも誤差が大きすぎるままに論じている。今少し突っこんだ論を期待したい。さらに重要なのは武職との関係である。宋代は中央集権的文臣官僚支配といっても、そこには今日的なシビリアン・コントロールの姿はみられない。文臣官僚が武職へ進出し、実際に戦闘を指揮する例すらある。宋代は文臣官僚支配の時代といっても、それを今日的なシビリアン・コントロールと同一視してはならない。宋代の官制と運営は複雑であり、こうした仕組みを明らかにしていくのには、なお時間がかかろう。

ところで、士大夫達のこうした官制・軍制とのかかわりは今一つの問題を提起する。それは組織の中に没入したものと、彼らの出身地・基盤とのかかわり方である。士大夫とは何を基盤にする階層だったのか。士大夫は宋朝の広く深い社会の中でいきたのであるが、教養を武器にして登場してくるだけに、それなりに絞られた社会・階層から登場している。通常、官僚・大土地所有者・商人達を三位一体的存在という。とりわけ形勢戸とよばれた宋代の大土地所有者と官僚の関係は密接で、官戸形勢戸と並称された。(58)だがしかし、三者の関係が、系譜・婚姻関係・経済状態にまで立ち入って明確な訳ではない。各家庭・階層の実情を示す文書・日記・家計簿の如き史料を欠くからである。勿論こうした問題は、部分的には追求されており、ことに大土地所有者との関連や農業との関連はかなり明らかになっている。松井等氏が農民的官僚の一典型として論じた石介はその一例であろう。(59)中小の自作農として科挙に合格し、かの慶暦の党議に反主流派の韓琦・范仲淹らに組したのも禍して下級官僚に終った石介の姻戚には農民と思われるものも多い。石介の場合、一族で集積した土地は一頃にすぎない。青山定雄氏が士人としての生活を維持するためには田二頃が必要と類推したのを考えると、まことに零細な土地所有者ということになる。宋史に伝がのるような士大夫にかくのごとき背景があるのは、興味深い。宋代の士大夫の側面として指摘される土地所有者としての形態、いいかえれば農業との関連を具体的に示しているのである。だが、もう一つの面がある。商人とのかかわり方である。大きな力をもって登場しつつあった商人達との関係についても今一つ明確でない。彼らの行為は史料の彼方に霞み、模糊として明らかでない。もともと天子の上覧に資するという性格もあるが、『宋会要輯稿　食貨索引　人名・書名篇』で検索してみても、ほとんど官僚の名前ばかりで、御用商人の名前もでてこない。宋代の官僚・士大夫が商業とどのようにかかわったのか。具体例として全漢昇氏の研究をあげなければならない[60]。宋代の士大夫・官僚達は出身地あるいは任官地で様ざまな形の利権にかかわっていた。しかし、トータルな意味でこれらを論じるものがあっても、一つの時代、一つの地域での士大夫、官僚達の営みを総合的に解析する例は乏しい。勿論、商業はその基本的性格からいって、グローバルな視点からの考察を要求するものである。しかし、活動が盛んになればなるほど、その拠点としてのターミナルの発展が表にでてくる。そのターミナルとしての当該地域に、士大夫・官僚・在地有力者がどのようにかかわったのかもうすこし深く考察してみる必要があろう。こうした地域的考察がただちに当該時代を総合的に論じる素材となるわけではないが、ある一定の考察は充分におこなわれなければならないだろう。

士大夫が身をおいた地域社会とは一体何だったのか。どの程度の範囲をいったのか。詳しい検討もなしに地域社会との関連を論じるむなしいばかりの論が、最近は多い。谷川道雄氏は具体例として愛宕元氏の論じる潤州丹徒北楽村一円に拡がる魏氏や森田憲司氏の論じる山東北海県の李庭実の例をあげる[61]。だが、一族郎党の拡がる一帯が地域社会とはいえないし、名士を中心に人びとが集まる一帯が地域社会ともいえない。一定の地域を設定するのは困難な作業であり、行政域・水利圏・通商圏など多くの認定項目がここに加わる。仮りに士大夫の基盤と考えても、一族の土地所有形態・婚姻形態などここでも多くの認定項目が加わる。婚姻形態一つをとっても、私が検証したように、一定地域における士大夫・在地有力者の通婚範囲は予想外にひろい。いくつかの都市・行政区にわたって通婚する例が多く検索できる。地域社会を文字通り辞書的に、例えば「一定の社会的特徴をもった地域的範囲の上に成立している生活共同体」といったように解釈をすることを骨子として、枠を定めることも肝要であろう。そうした意味から、斯波義信氏の手法は参考になる。一定地域を長いタイム・スパンの上から検討していき、さらに商業域をも検討して、都市を核とした地域を設定する。(29)華南・華北の差や交通手段、核となる一定の地域をとりかこむ諸条件の落差を考えると、ただちに首肯できぬ要素をのこしており、特定の都市を中心とした社会・一帯をそのまま一定の地域社会とは認定できないものの、参考になる。ただ一言しておくと、斯波氏と同様に杭州を検索した本田治氏は、水利系統を中心として一定地域を検討したが、両者の設定した地域にはズレがある。(62)指摘してきた地域社会の設定のむずかしさを示している。以上の様に、地域社会の設定はなかなか困難であり、現在のように特定氏族、あるいは複数以上の氏族が拡散している地域、一定の行政区域内を地域社会として論じるような漠然とした認識では、やがて対処しきれなくなるのではあるまいか。

ところで、一般に、宋代になると官僚制の確立により士大夫達の間に徙居・寄居の風潮が生じたとされる。官僚となり栄達をしてより良い土地にうつっていこうとしたのである。竺沙雅章氏は蘇東坡の徙居と買田を分析してこの風潮を論じる。こうした行為は、士大夫自身にとって栄華の極みとなろうが、逆に当然の事乍ら寄るべき土地・基盤ときりはなされることにもなる。またのこされたもの達も、本来ならたよるべき、中心となるべき人を失ったことになり両者ともに不安な状態となる可能性がある。(54)士大夫の社会に一層流動性が加わったといえよう。だがこの風潮を北南両宋一律に考えてはならない。なお、一言しておくと、金末の人元好問は『遺山先生文集』巻二に「学東坡移居八首」を、巻七に「懐秋林別業」をのこしている。南宋期の華北の士大夫のあり方考察に一つの手掛りを与えると同時に、後述の詩では田園を二頃としているのが興味深い。慣用語かも知れないが、青山定雄氏が田二頃あれば士大夫の体面が保てたというのと対比しうるように思う。

全国的視野をもって官僚制が運営された北宋と、江南という限られた一帯に政治・経済の中枢をおき、官僚の供給もまた江南を主とした南宋は分けて考える必要がある。ことに南宋の場合、江南出身者は退官をしても政治の府近くにいるのであるから、さらに微妙な影響がでたと考えられる。このように北南両宋に若干の違いがあるが、任官に従って徙居していき、結果として本貫・出身地もしくは物力田産を所有する地から離れていかざるをえない社会での、士大夫・官僚と地域社会のかかわり方は、一考の必要がある。宋代に義荘の運営がおこなわれたり、族譜の作成がおこなわれたりしたのは、こうして崩壊していく一族のひきしめを考えたためとされている。(63)勿論、士大夫はすべて徙居していったのではない。竺沙氏は同時に土居、すなわち出身地にそのままとりのこされるものも多くあり、ここに士大夫が二分されていくことを論じている。こうした士大夫の分化傾向は限定された地域においてより鮮明にみられよう。例えば四川。南宋を特徴付ける総領体制と南宋初以来の武将勢力がながく温存されたこの地の官僚達には、こうした特色がはっきりと見られる。

四川の官僚・士大夫達には、任官に従って四川を出ていく徙居型と、結局は四川に住み自分の勢力を有する土地から動こうとしないもの、これを私は定居とよぶが、定居型の二つに分類できる。また、四川に力のあった総領体制についてみると、南宋の開禧年間の呉曦の乱前後を境として四川化ともいえる現象がでてくるのが認められる。呉曦の乱の鎮圧自体が四川の士人の協力に負うところが大きかったのは立証した通りだが、細かく検証すると四川の統治組織の中に四川の人びとが登用されているのが判る。(64)

四川には南宋初以来、呉氏という武将勢力が存在し続け、その強い掣肘をうけていた。しかも四川内で応挙し任官するものも多い。一見して四川は宋王朝の支配下にあって別の社会を形成していたかのように見える。こうした情勢が、呉曦をして独立を決意せしめたのはすでに論じた通りであるが、事実は異なって他の地域と同様に王朝のコントロール下にあったのも論じた通りである。

しばしば、四川は特殊である、といわれる。しかし私はそのような云い方を好まない。様ざまに異なる広大な中国の各地を一つに包含し支配した王朝が存在する限り、一定の地域を特殊と分類していく方法はなりたたない。もし四川を、あるいは北辺を、あるいは湖南を特殊といわないまでも特別と捉えるのならば、逆に開発のもっとも進んだ江南や長い間政治の中枢地であり続けた華北の中枢部を主体として論じることも妥当性を欠くといわれかねない。当該時代の到達しえた最高時点で歴史を論じるのが妥当であるとはいえ、広大な中国を中枢部のみで論じるのは如何にも片手落ちだからである。

話を元にもどそう。全国的視野での官僚制の運営により、官僚となったもの達は各地に転任していく。ここに一定地域に構築されていた社会は変質・崩壊していくこととなる。士大夫達は応挙によって自己の栄達や一族の繁栄を期待しつつも、一方で己が基盤の崩壊をも覚悟しなければならなくなる。正に両刃の剣である。しかし、度々のべてきたように、これが士大夫・官僚達のすべてではない。北宋と南宋の差や任官の程度によっても差がある。そうした意味からも、王朝の地域支配の実相をたしかめる必要があろう。従来のごとく高位官に達したものや、高級官職による権力構造・施策を論じるのではなく、より限定された地域を統轄した支配機構やそこに任ぜられた官僚達、いいかえれば中・下級の官僚の実態を把握しなくてはならない。

すでに蘇州で論じたように、耆英会などの会合で時の知州が己が出身地と同郷の士人をある程度参加させている例がある。また、退休後は富裕な都市に住み、死後は本貫の地、またはより有力な地に埋葬される例もある。今のところ、こうした事実は折々に紹介され、かつ彼らの紐帯として学校教育、科挙に関する行事の存在が明らかになりつつは独立した形では論じられていてもより深いかかわりとしては、なお充分に論じられていないのである。鋭くも森正夫氏が指摘したように、士大夫・官僚の経済基盤、といっても土地関係が主体だが、思想・精神面

五、再び開封の街へ——結語にかえて

中国の都市を訪れると、いつも城隍廟をさがす。開封を訪れた時もそうであった。しかしいつも、破壊されたとかすでに意味のないものであるといわれて、未だ瞥見の機会をえていない。わずかに洛陽郊外の観光のために整備された関林をみ、祭礼の時にはなお多くの人々が広範な地域から参集する、これは明からの習慣であり、祭礼そのものはなくなったが、市のみはのこっていると説明をうけたのみである。説明の通り、もう存在していないのかもしれない。城隍廟に限らず都城内の各種の廟をみてみたいと考えているのは、城内の精神的支柱の現状や行く末をみたい、と思ったからである。城内に限らず、廟は特別に意味のある存在である。祭礼が開かれ、市が開かれる。(65)金井徳幸氏や田仲一成氏の指摘によれば、宋代は古来からの社稷の祭祀や古代の伝統をひく祭礼が見捨てられた時期であるという。(66)また、松本浩一氏によれば、宋代は古代の宗教体制がその機能を失い、その一方で今日にまで通ずるような信仰・慣習が成立かつ定着していった時代という。(67)儒・仏・道三教の別を超えた中国的パンテオンが成立し、神がみのヒエラルキーも成立したとする。そしてそれは玉皇—城隍—土地神という行政神レベルのヒエラルキーとも無縁でないという。北宋から南宋にかけて、地上に整然とした組織をつくりあげた人間にならうがごとく、天上にも整然とした組織が誕生していくのである。

我われは、通常、宋代を中央集権的文臣官僚支配の時代と捉える。神がみもまた宋代に中央集権化の時代を迎えたのである。かつて洪邁『夷堅志』中の説話をひきつつ、城隍廟と城内各所をうけもつ土地神の話を紹介した。城内の、

いわば町意識の反映としての紹介であったが、今あらためて神々の支配と人々の生活とのオーバー・ラップに興味を感じざるをえない。

美術史家は郭熙の絵を現世の官僚支配形態の反映と説く。とすれば、郭熙の山水の中に描きこまれた怪奇な岩石は何であろうか。官僚体系とみれば、個々の岩石は壮大な組織の頂点に立ち詩文や論争に活躍する機会を得ず、屈折した思いを秘めていた中下層の士大夫とも受け取れる。宋代の社会と見れば、士大夫官僚の下で蠢めく人々ともうけとれる。宋代史研究においても、宋という一つの時代、一つの山塊のありようを考える時がきているのではあるまいか。

以上、何ともまとまりのつかぬものとなったが、日頃から考えてきていたことを主体に蕪辞をつらねてきた。意図は二つある。一つは、これまで考えてきたことを研究史や諸家の成果の上に重ねて整理しておきたかったこと。二つ目は、こうして、いわば手持ちのカードをひろげ批判を乞うことによって、問題を収斂していきたい、ということである。

文中にしばしばふれたように、未整理の問題や視角をあらためて論ずべき問題も多い。勿論、史料的限界が立ち開かって追求不可能なものもあろう。だが、可能な限り列挙してきた問題点を考えていくこととしたい。

そうした時に特定の人を中心にして単に政治・経済面からだけでなく芸術・思想・文学など多方面から総合的に考察していくのも一つの方法であろう。一人の人を描ききることができれば、また当該時代をも論じうる、と云う。個人を通して、宋代士大夫の様ざまな面を描きうるとすれば、それはまた漫然と書き綴ってきた私見をより収斂していくことにもなる。

註

(1) 石田一良編『思想の歴史6　東洋封建社会のモラル』(平凡社、一九六五年)、島田虔次『朱子学と陽明学』(岩波新書、一九六七年)。

(2) 酒井忠夫「郷紳、士人の用語」(『中国善書の研究』弘文堂、一九六〇年)。

(3) 曾布川寛「郭熙と早春図」(『東洋史研究』三五—四、一九七七年)。

(4) 張択端『清明上河図』の末に近い家の庭に太湖石らしきものが瞥見しうる。利用法を視覚的に伝える一例である。

(5) 鄧椿『画継』巻六・七・十による。嶋田英誠「徽宗朝の画学について」(『鈴木敬先生還暦記念中国絵画史論集』吉川弘文館、一九八一年)。

(6) 鈴木敬編『中国絵画綜合図録』(東京大学出版会、一九八三年)によれば、現存するのは米友仁の絵のみである。

(7) Arthur F. Wright “The Sui Dynasty, —The Unification of China, A.D. 581-617”, Alfred A. Knopf, 1978.(布目潮渢・中川努訳『隋代史』法律文化社、一九八二年)。田中淡「隋朝建築家の設計と考証」(『中国の科学と科学者』京都大学人文科学研究所、一九七八年)。

(8) 島田修二郎「逸品画風について」(『美術研究』一六一、一九五一年)、小川裕充「唐宋山水画史におけるイマジネーション——潑墨から「早春図」「瀟湘臥遊図巻」まで——」(『国華』一〇三四〜一〇三六、一九七〇年)、嶋田英誠「伝趙伯驌「万松金闕図巻」について」(宋代史研究会研究報告第一集『宋代の社会と文化』汲古書院、一九八三年)、Micael Sullivan, 新藤武弘訳『中国美術史』(新潮選書、一九七三年)。

(9) 矢代幸雄「蘇東坡の美術思想」(『美学』二・三、一九五〇年)、戸田禎佑「湖州竹派について——宋代文人画研究1」(『美術研究』二三六、一九六五年)。

(10) 嶋田英誠註(8)引用稿。

(11) 関連した論文は極めて多い。ここでは代表的なものとして、周藤吉之『宋代官僚制と大土地所有』(『社会構成史大系』巻八、日本評論社、一九五〇年)。

(12) 森田憲司「文昌帝君の成立——地方神から科挙の神へ——」(梅原郁編『中国近世の都市と文化』京都大学人文科学研究所、一九八四年)。

(13) 西順蔵「宋代の士、その思想史」(『世界の歴史6、東アジアの変貌』筑摩書房、一九六一年)。
(14) 小川裕充「院中の名画――董羽、巨然、燕粛から郭煕まで――」(前掲『鈴木敬先生還暦記念中国絵画史論集』)。
(15) 鈴木敬『中国絵画史』上(吉川弘文館、一九八一年)。
(16) 吉川幸次郎「俗の歴史」(『東方学報〈京都〉』一二―四、一九四二年。のち『吉川幸次郎全集』巻二、筑摩書房、一九七三年に所収)は、俗を論じて六朝と宋の士大夫の心性のちがいを論じる。庶民よりでた宋代の士大夫は、俗をひきずりつつ離脱をめざす。士大夫の心理の一面を深くついた論である。
(17) 士大夫の倫理観については、宮崎市定「宋代の士風」(『史学雑誌』六二―二、一九五三年。のち『アジア史研究』四、同朋舎、一九六四年に所収)、青山定雄「北宋を中心とする士大夫の起家と生活倫理」(『東洋学報』五七―一・二、一九七六年)がある。宮崎市定氏が朱子『名臣言行録』を検討して宋代の士風を厳しく批判するのに対して、青山定雄氏は官僚制の強化によって赴任をしていく結果、経済基盤の動揺がつよまっていったこと、産業、商業の発達によって営利観がつよまっていったことなどにより倫理観が低下していったとみる。士大夫の理財論については、近藤一成「宋代永嘉学派の理財論――葉適を中心として――」(『史観』九二、一九七五年)を参照。
(18) 竺沙雅章「宋代墳寺考」(『東洋学報』六一―一・二、一九七九年)。
(19) 衣川強「宋代の俸給について――文臣官僚を中心として――」(『東方学報』〈京都〉四一、一九七〇年)、「官僚と俸給――宋代の俸給について続考――」(『東方学報』〈京都〉四二、一九七一年)。
(20) 林語堂著、合山究訳『蘇東坡』(明徳出版社、一九七八年)。
(21) 近藤一成「知杭州蘇軾の救荒策――宋代文人官僚政策考――」(宋代史研究会研究報告第一集『宋代の社会と文化』所収)。
(22) 例えば、劉子健著、梅原郁抄訳「劉宰小論――南宋一郷紳の軌跡――」(『東洋史研究』三七―一、一九七八年)。渡辺紘良「陸棠伝訳注」(『独協医科大学教養医学科紀要』二、一九七九年)、「宋代福建社会の一面――陸棠伝訳注補――」(『独協医科大学教養医学科紀要』五号、一九八二年)。熊本崇「薛向略伝――北宋財務官僚の軌跡――」(『集刊東洋学』五一、一九八四年)。
(23) 加藤繁「宋代における都市の発達に就いて」(『桑原博士還暦記念東洋史論叢』弘文堂、一九三一年、のち『支那経済史考証』東洋文庫、一九五二年に所収)。都市研究の経過と現状は、斯波義信「中国都市をめぐる研究概況――

法制史を中心に――」（『法制史研究』二三、一九七四年）、「中国都市をめぐる日本の研究――宋代を中心に――」（*Sung News Letter* 3. 1971）。木田知生「宋代の都市研究をめぐる諸問題――国都開封を中心として――」（『東洋史研究』三七―二、一九七八年）などがある。

(24) 関連の論稿はきわめて多いが、ここでは斯波義信「中国中世の商業」（『中世史講座』3「中世の都市」学生社、一九八二年）、「中国都市史研究から」（『講座　日本の封建都市』第一巻総説篇、文一総合出版、一九八二年）をあげるにとどめる。なお、斯波氏の論稿ときわめて深い関係にあるG.W.Skinnerの論稿についても*The City in Late Imperial China*, Stanford University Press, 1977.をあげるにとどめる。

(25) 府州県城クラスの都市形態に関する基礎資料として、斯波義信「宋代の都市城郭」（『中嶋敏先生古稀記念論集』下巻、汲古書院、一九八一年）がある。

(26) 石田幹之助『長安の春』（創元社、一九四一年）。布目潮渢・妹尾達彦「唐代長安の都市形態」（『唐・宋時代の行政・経済地図の作製　研究成果報告書』、一九八一年）。妹尾達彦「唐代長安の街西」（『史流』二五、一九八四年）。

(27) 孟元老『東京夢華録』、入矢義高・梅原郁同訳註書（岩波書店、一九八三年）、曾我部静雄『開封と杭州』（冨山房、一九四〇年）、日比野丈夫「宋代都市生活の一面」（『歴史教育』五―七「中世都市特集」、一九五七年）。「宋の臨安についての覚え書」（『歴史教育』一四―八「宋元の庶民文化」特集、一九六六年、のち『中国歴史地理研究』同朋舎、一九七七年に所収）。龐徳新『従話本及擬話本所見之宋代両京市民生活』（竜門書店、一九七四年）、梅原郁「宋代の開封と都市制度」（『鷹陵史学』三・四、一九七七年、前掲梅原郁編『中国近世の都市と文化』。

(28) 愛宕松男「元代都市制度と其の起源」（『東洋史研究』三―四、一九三八年）。

(29) 斯波義信「宋都杭州の商業核」（前掲梅原郁編『中国近世の都市と文化』所収）。

(30) 伊原弘「江南における都市形態の変遷――宋平江図解析作業」（前掲宋代史研究会研究報告第一集『宋代の社会と文化』所収）。礪波護「唐宋時代における蘇州」（前掲梅原郁編『中国近世の都市と文化』所収）。

(31) 品田穣『都市の自然史――人間と自然のかかわり合い』（中公新書、一九七四年）。

(32) 梅原郁「宋代都市の税賦」（『東洋史研究』二八―四、一九七〇年）。

(33) 古林森広「宋代の屠殺、食肉業」（『史学研究』一四四、一九七九年）。田仲一成「南宋時代の福建地方劇について」（『日本中国学会報』二二、一九七〇年）。福沢与九郎「宋代に於ける救療事業について」（『福岡学芸大学紀要』三、一九五四年)、「宋代に於ける窮民収養事業の素描」(『同紀要』六—二、一九五六年)、「宋代助葬事業小見」(『同紀要』七—二、一九五七年)。梅原郁「宋代の救済制度」(『都市の社会史』ミネルヴァ書房、一九八三年)。

(34) 夫馬進「明末の都市改革と杭州民変」(『東方学報』〈京都〉四九、一九七七年)、「明代南京の都市行政」(『前近代における都市と社会層』、京都大学人文科学研究所、一九八〇年)。川勝守「明末、南京兵士の叛乱——明末の都市構造についての一素描——」(『星博士退官記念中国史論集』、一九七八年)、「中国近世都市の社会構造——明末清初、江南都市について」(『史潮』新六号、一九七九年)。森正夫「一六四五年太倉州沙渓鎮における烏竜会の反乱について」(『中山八郎教授頌寿記念明清史論叢』燎原書店、一九七七年)。上田信「明末清初、江南の都市の「無類」をめぐる社会関係——打行と脚夫」(『史学雑誌』九〇—一一、一九八一年)。佐藤学「明代北京における鋪戸の役とその銀納化——都市商工業者の実態と把握をめぐって——」(『歴史』〈東北大〉六二、一九八四年)、「明代南京における鋪戸の役とその改革——「行」をめぐる諸問題——」(『国士舘大学文学部人文学会紀要』一七、一九八五年)。中村治兵衛「清代都市のかごかき人夫の闘争——喪葬礼と扛夫・吹手をめぐって——」『中央大学アジア史研究』一、一九七七年)。

(35) 魚住昌良「中世都市とミニステリアール層——シュトラースブルクの場合——」(『津田塾大学紀要』八、一九七六年)、「ヨーロッパ中世都市史の研究状況」(前掲『史潮』新六号)。

(36) 脇田晴子『日本中世都市論』六六頁(東京大学出版会、一九八一年)。

(37) 胥吏及び胥吏関係の諸問題に関しては、曾我部静雄・河上光一・宮崎市定・大崎富士夫・周藤吉之氏らの研究があり、近年は長谷川誠夫氏も手を染めている。いずれもすぐれた研究であるが、都市との視点は欠落しており、今一度洗いなおしが必要であると考えている。鄭寿彭『宋代開封府研究』(中華叢書、一九八五年)は、こうした点に若干言及している。軍制については充分な研究がないに等しい。

(38) 『江蘇金石志』巻一三「吉利橋版寮巷砌街磚記」参照。梁庚堯「宋元時代的蘇州」(『国立台湾大学文史哲学報』三一、一九八二年)、「南宋城市的発展」(上・下)(『食貨月刊』復刊十—十・十一、一九八一年)もこうした点に言及する。

(39) 都市と士大夫・官僚の関係を論じた主なものをあげておく。木田知生「北宋時代の洛陽と士大夫達——開封との対立のなかで——」(『東洋史研究』三八—一、一九七九年)。伊原弘「宋代浙西における都市と士大夫——宋平江図坊名考——」(前掲『中嶋敏先生古稀記念論集』)、「宋代の浙西における都市士大夫」(『集刊東洋学』四五、一九八一年）。都市に家をうつした例は関係論稿でいくつか報告されているが、ここでは青山定雄「宋代における華北官僚の系譜について」その一・その二（『聖心女子大学論叢』二一、二二、一九六三年、一九六五年）、その三（『中央大学文学部紀要史学科』一二、一九六七年）、「宋代における華北官僚の婚姻関係」（『中央大学八十周年記念論文集・文学部』、一九六五年）、註（16）引用稿などの中でふれられているのをあげるにとどめる。

（40）註（30）引用拙稿。

（41）註（39）引用拙稿。

（42）斯波義信「江西宜春の李渠（八〇九～一八七一）について」（『東洋史研究』三六―三、一九七七年）。文化的・人的交流については若干の言及がある。本章で引用参照した木田知生・伊原弘の論考のほか、西野貞治「杭州通判在任中の蘇軾の交友について」（『人文研究』二一―四、一九七〇年）などがそれである。

（43）寺田剛『宋代教育史概説』（博文社、一九六五年）。

（44）都市・教育・科挙に関する一連の検討として、以下のものをあげておく。John Chaffee "An Evalution of Local Histories as Sources For Sung Chin-shih Data"（一九七六年アメリカ歴史学会年次総会、於トロント）。川上恭司「科挙と宋代社会――宋登科記考作製の試み」（第五回宋代史研究会、一九七九年、於浜名湖）、「宋代の都市と教育」（前掲梅原郁編『中国近世の都市と文化』）。

（45）註（39）引用拙稿。

（46）同右、註（30）引用拙稿。

（47）荒木敏一『宋代科挙制度研究』（東洋史研究会、一九六九年）、梅原郁「宋代の恩蔭制度」（『東方学報』〈京都〉五二、一九八〇年）、魏美月「宋代進納制度についての一考察――特にその勅令の沿革表を中心に――」（『待兼山論叢』史学編七、一九七四年）。

（48）衣川強「宋代の名族――河南呂氏の場合――」（『人文論集』九―一・二、一九七三年）。伊原弘「宋代明州における官戸の婚姻関係」（『中央大学大学院研究年報』創刊号、一九七一年）、「宋代婺州における官戸の婚姻関係」（『中央大学大学院論究』文学研究科篇六―一、一九七四年）。

（49）青山定雄「宋代における福州の科挙及第者を中心として」（『白史〈中央大学史学会〉』一七、昭和四三年一〇月）。森田憲司「『成都氏族譜』小考」（『東洋史研究』三六―三、一九七七年）。

（50）恩蔭の制度については、前掲梅原郁「宋代の恩蔭制度」を参照。婚姻関係については、引用した青山・森田・伊原ほかの所論を参照して頂きたい。欧米のものとしては、Linda Walton: "Kinship, Marriage And Status in Song China: A Study of the Lou Lineage of Ningbo, c.1050-1250" *Journal of Asian History*. 8-1, 1984. などがある。

（51）宋代の廻避制についての専論はない。しかし、清・趙翼『陔餘叢考』巻二七「仕宦避本籍」、「親族廻避」などから、若干の異例はありつつも、全体としては施行されてないように考えられている。ところが、謝肇淛『五雑組』巻一四、事部二に、「唐宋以前不禁本地人為官」として、唐宋以前は本地の人を官としたが、これはまねてはならない、とのべる。事実、宋代の史料には時折ではあるが、本貫任官を記述する例がある。ここでは、参考として『東都事略』から検索・作成した表をかかげておく。年代は各官僚が活躍した皇帝の時代を基準としてある。

東都事略に記載された本貫任官の例

名前	年代	出身	出身地	官職名	理由	出典巻数
王仁贍	太平興国七年	武将	唐州方城	唐州防禦使	政治抗争	20
張永徳	淳化初	〃	并州曲陽	鎮泰寧兼侍中判并州	軍功	21
劉燁		進士	河南洛陽	竜図閣直学士知河南府	（没年に）	30
劉熙古	太祖受禅前？		宋州寧陵			31
沈倫	太平興国	太祖の幕僚	開封太康	留守判開封府事	太祖親征の留守をあずかる	31
呂蒙正		進士	河南	判河南府	右僕射となった為	32
趙鎔		胥吏？	滄州楽陵	知滄州	〈郷につくす？〉	33
曹光実		武将	雅州百丈	黎雅州都巡検使	太祖の蜀征服	34
李穆		進士〈非宋〉	開封武陽	翰林学士知開封府	太宗のめぐみ	35
郭贄		進士	開封	京尹	太宗即位前	36
温仲舒		進士	河南	河南		36
李惟			斎州下邑	京東転運使〈斎州は京東東路〉		37

馮守信		武将	滑州白馬	？	河の氾濫による。	42
雷有			同州部陽	知永興軍（同州は永興軍）		43
任中正	仁宗	進士	曹州済陰	知曹州		44
任中師	〃	〃	〃〃	？　（隠退？）↓	守郷郡以営休老之計	44
馬亮	真宗	〃	盧州合肥	兵部侍郎知盧州		45
杜杞	仁宗	恩蔭	常州無錫	両浙路転運使		46
孫何			蔡州汝陽	京西転運副使（蔡州は京西北路）		47
銭易		進士	銭氏は開封に徙居	知開封県		48
銭明逸		賢良方正		知開封府		48
銭勰				〃		48
曹利用			趙州		従子・羽が趙州監軍になるべき所趙人の密告により中止	50
王曾	仁宗？	進士	青州益都	知青州	宰相引退後	50
呂亀祥	五代？		河南	知寿州		呂夷簡伝 52
王曙		進士	河南	徙河陽河南府		53
范雍		進士	河陽	河陽		54
三随		進士	河陽	彰信軍節度使同平章事判河陽		56
韓億		進士	開封府雍丘	開封府判官		58
韓絳		（恩任）	開封府雍丘	開封府推官のち翰林学士知開封府		58
段少連		生学服勤詞学科	開封	開封府判官直集賢院		60
謝絳		進士	陽夏（開封）	開封府判官		64
葉清臣	仁宗の時	進士	蘇州長洲	両浙路転運副使		64

尹洙		進士	河南	知河南県		64
文彦博	仁宗	進士	汾州休介	河東転運使		67
韓琦	仁宗	進士	相州安陽	知相州	恩典として累代知相州たらしめる(陔余叢考)	69
韓忠彦	〃	恩蔭	相州安陽	知相州		69
孫沔	景祐	進士補	越州会稽	提点両浙刑獄陝西転運使		70
胡宿		進士	常州晋陵	両浙転運使		71
包拯		進士	廬州合肥	知廬州		73
許元		蔭	泰州海陵	江淮荊浙制置発運判官		75
沈奉世		蔭	杭州銭塘	知杭州		76
孫固		進士	鄭州管城	知鄭州		82
薛向		蔭	京兆長安	陝西転運副使		82
陳薦		進士	邢州沙河	河北西路転運使		85
沈括		進士	呉興	集賢校理察訪両浙農田水利		86
呂希績			東萊(父・兄は寿州)	淮南路転運副使知寿州		88
呂大防	神宗	進士	京兆藍田	知永興軍(?)		89
深燾		進士	鄆州	鄆州		90
呂大忠				陝西転運使		91
游師				陝西転運判官		91
孫覧	神宗	進士	高郵	江淮荊浙発運副使		92
鮮于侁	神宗	進士	閬州	利州路転運判官		92
馬默	〃	〃	単州武義	京東提点刑獄		92
彭汝礪	〃	〃	饒州鄱陽	江西転運判官		94

呂陶		〃	成都(眉州彭山)	梓州成都府路(転運副使)			94
張舜民	神宗	〃	邠州	陝西転運使			94
蔣之奇		〃	常州宜興	江淮荊浙等路発運副使			97
呉居厚		〃	豫章	(守本郡)			97
舒亶	神宗	〃	明州慈渓	提挙両浙常平			98
来之邵			開封咸平	開封府推官			99
陳祐			陵井監(仙井?)	利州路常平			100
張商英		進士	蜀州新津	州にかえって理掾となる。			102
姚兕			隴干	隴干で軍務	父が隴干で死んだため		104
姚麟			〃	〈兕の弟〉			104
折可適			雲中(代北)	鄜延路経略司准備差使			104
劉仲武			泰州成紀	帥泰鳳			104
陳遘	徽宗	進士	零陵(桂林)	広西転運判官	父の喪		109
劉韐		進士	建州崇安	知建州			111
孔宜			兗州曲阜	曲阜簿→曲阜令	孔子の子孫は累代曲阜の官		113
程頤			西洛	西京国子監主官〈二程子〉	父の喪		114
陳師道			徐州彭城				116

(52) 中村治兵衛「王安石の登場——宋朝政権の性格——」(『歴史学研究』一五七、一九五二年)。

(53) 青山論文は適宜引用してあるので参照されたい。ただ関連の論文は全部で一三あるが、すべてあげた訳ではない。

(54) 伊原弘「宋代官僚の婚姻の意味について——士大夫官僚の形成と変質——」(『歴史と地理〈世界史の研究八九〉』二五四、一九七六年)。瞿宣穎「郷貫」(『中国社会史料叢鈔』甲集下、台湾商務印書館、一九六六年)、酒井忠夫「郷神と明末の社会」(前掲『中国善書の研究』所収)も視点は若干異なるがこの点に言及する。

(55) 愛宕松男『アジアの征服王朝』(カラー版世界の歴史一一、河出書房、一九六九年)。

(56) 愛宕元「唐代後半期における社会変質の一考察」(『東方学報』〈京都〉四四、一九七二年)・「唐代の郷貢進士と郷貢明経――『唐代後半期における社会変質の一考察』補遺――」(『東方学報』〈京都〉四五、一九七三年)、礪波護「唐代使院の僚佐と辟召制」(『神戸大学文学部紀要』二、一九七二年)。
(57) 梅原郁「宋初の寄禄官とその周辺――宋代官制の理解のために――」(『東方学報』〈京都〉四八、一九七五年)、「宋代の武階」(『東方学報』〈京都〉五六、一九八四年)。古垣光一「宋代の官僚数について――特に太祖・太宗時代を中心として――」(前掲『中嶋敏先生古稀記念論集』下巻)、「宋代の官僚数について特に真宗時代を中心として――」(『市古宙三教授古稀記念アジア史論叢』〈中央大学『アジア史研究』八〉、刀水書房、一九八四年)。
(58) 前掲周藤吉之「宋代官僚制と大土地所有」、柳田節子「宋代中央集権的文臣官僚支配の成立をめぐって」(『歴史学研究』二八八、一九六四年)。
(59) 松井秀一「北宋初期官僚の一典型――石介とその系譜を中心に――」『東洋学報』五一―一、一九六八年)。
(60) 全漢昇「宋代官吏之私営商業」(中央研究院『歴史語言研究所集刊』七―二、一九三六年)。
(61) 谷川道雄「中国士大夫階級と地域社会」、愛宕元「唐代江南社会の宗教的関係を媒介とした士人と地域社会――潤州仁静観魏法師碑を手掛りに――」、森正夫「宋代以後の士大夫と地域社会――問題点の模索――」、竺沙雅章「宋代官僚の寄居について」、森田憲司「済南路教授李庭実をめぐって――碑文の撰者としての教官層――」(以上は、昭和五七年度科学研究費補助金、総合研究(A)研究成果報告書『中国士大夫階級と地域社会との関係についての総合的研究』(一九八三年)に所収されたものである)。
(62) 本田治「宋代杭州及び後背地の水利と水利組織」(前掲梅原郁編『中国近世の都市と文化』所収)。
(63) 宗族の研究および関連論文は、小林義広「宋代史研究における宗族と郷村社会の視角」(『名古屋大学東洋史研究報告』八、一九八二年)に紹介されているので参照して頂きたい。このほか、宋代の族譜についても研究がある。代表的なものを紹介しておく。森田憲司「宋元時代における修譜」(『東洋史研究』三七―四、一九七九年)、小林義広「欧陽脩における族譜編纂の意義」(『名古屋大学東洋史研究報告』六、一九八〇年)。
(64) 伊原弘「南宋四川における呉氏の勢力――呉曦の乱前史――」(前掲『青山博士古稀紀念宋代史論叢』)、「南宋四川における呉曦の乱後の政治動向」(『中央大学文学部紀要史学科』二五号、一九八〇年)、「南宋総領所の任用官――『開禧用兵』前後の四川を中心に――」(『多賀秋五郎博士古稀記念論集』、不昧堂出版、一九八三年)。

（65）郭中端・堀込憲二『中国人の街づくり』（相模選書、一九八〇年）。
（66）金井徳幸「宋代の村社と仏教」（『仏教史学研究』一八―二、一九七六年）、「南宋祭祀社会の展開」（『宗教社会史研究』所収、雄山閣出版、一九七七年）、「宋代の村社と社神」（『東洋史研究』三八―二、一九七九年）、田中一成『中国祭祀演劇研究』（東京大学出版会、一九八一年）。
（67）松本浩一「宋代の雷法」（『社会文化史学』一七、一九七九年）、「葬礼・祭礼にみる宋代宗教史の一傾向」（前掲『宋代の社会と文化』所収）

補註　本章稿了後に、梅原郁『宋代官僚制度研究』（同朋舎、昭和六〇年二月）、小林仁「宋初の家便について」（『中央大学アジア史研究』九、昭和六〇年三月）がでた。前者は胥吏について言及し、後者は宋初の本貫廻避についてのべる。参照されたい。

◎都市と組織

一　宋代の都市管理者達

――序章として

はじめに

宋代以降の都市の発展について様ざまな角度から考察が進められてきたが、都市がどう管理されていたのか考察したものは乏しいようである。本章はこうした問題にいささかボーリングをしてみようとするものであり、同時に以後の関連の研究の序章ともなるべきものである。

狙いのいくつかを明らかにしておこう。こうした研究・調査をとおして都市の政治・社会・経済の実質的な組み立てを明らかにすることがその一つ。次に都市の実質的な維持・管理にあたった者達を浮き彫りにして、都市居住者の特性や構成員を論じること。さらに一つ。こうした追求の中で、都市の管理や維持に実際にあたった人びと、大体において下級の官吏や軍戸など、の実像にせまろうとするものである。

一、問題の所在

様ざまな定義があろうが、都市が村落と異なって著しく人工的で限定された土地に多数の人びとが集住しているところ、というのが大方の共通した理解であろうと思う。それのみでは生きていけぬところ。つまり、人間の生活・社会・文化などの拠点として重要な意味をもちながらも、食糧などの最も基本的なものは他から供給されなければならないところ。あまりに多くの人びとが限定された場所に蝟集しているために生じていく諸問題。

都市とはそれ自体が複雑で、それ故に様ざまな意味で手のかかる代物である。考えてみただけでも、城壁・城濠の修理や上・下水路の修復、城門の開閉や時刻のしらせ、貧民の救済や犯罪の取り締り、食糧の供給や糞尿の処理など多くの業務がある。都市は施設の管理から治安の維持、はては各人の生活のより基本的な問題までの多くの管理事項を抱えているのである。これらの種種雑多な諸事の業務の処理なくして、都市は存在しえない。

では、中国の都市研究史の中でこれらの問題が主体的に論じられてきたかというと、決してそうではない[(1)]。断片的に言及されることはあったが、主体的な問題として組み立てた例は乏しい。

これは、中国の都市が強大な専制君主の権力のコントロール下にあったことを意識して、自治のおこなわれた西欧の中世の都市とはちがうという抜きがたい先入観念があるからである。つまり、考察の時に、自治があるとかないとかの分析がまず先に立ち、考察・検討の余裕をなくすのがその原因ではあるまいか。また、中国の都市は西欧の都市と異なって都市の内と外との区別がはっきりしないとされてきた。したがって、都城内のみの明確な行政・法・管理の実態は定かでない、とされており、その故にこの種の研究はあまり行われておらず成果もあがっていない。都城内の管理にあたった専任の官職として、元の録事司や都市の夜衛問題を主体的論題としてとりあげている程度である[(2)]。

だがその一方で、元代の都市制度は西方の文化にふれたモンゴル人の中国支配の結果出来した、いわば特殊な形態として把握されている。したがって、モンゴル人の政権が崩壊すれば、都市の政治形態はもとの、つまり、いわゆる中国的な本来の形態にもどった、とうけとめられている。中国の都市研究に関する基本的考えの影響がここにもある。

こうした認識、中国に自治都市の形態をとる例がすくなくとも現状ではみられないこと、都市と農村の区分が明瞭でないこと、が正しい、もしくは中国都市の実情を正しく把握しているといいうるのか。このほかにもあげられる中国の都市の実態は、恐らくは過去の都市論に従う限り正しいといわなくてはならない。またこれからも大きな影響をもちつづけるであろう。だがそれでは、歴史上に明らかに存在したはずの中国の都市の存在意義が充分に考慮されないままで終ってしまう。とりわけ多くの人びとが蝟集し、政治・軍事の拠点であり、商業や歓楽の場でもあった中国の都市の焦点がボケたままで終ってしまう。

すでに何度か引用したオットー・ブルンナー氏の諸論、つまり、ヨーロッパの自治都市に対して圧倒的な数のアジア型都市は特殊普遍的であるとする説や脇田晴子氏の都市の自治権獲得は中世の都市がいきついた最終的形態であるとする説は、中世の都市がみな自治都市であるという必然性はないという考えにつながり、この点、一つの突破孔ともなり我われの気持ちを楽にする。(3) 西欧型の都市にこだわらない発想をうながすからである。もっとも、従来の説を裏がえしただけ、といえばそれまでではあるが。

いずれにしても、中国に都市は存在した。その構造について未だ明瞭ならざる点が多いが、それでも、人びとが蝟集し政治や経済の拠点として活発な活動がくりひろげられた所があったのである。中国の都市の実情や意義を知るためには、こうした内部の構造にふみこんで形態を探る必要があるのではあるまいか。

それでは何を例として問題にアプローチしていけばよいのか。J. P. Mcdermott 氏は過去の研究を簡約に整理したうえで、

一、大都市とその労働者階級の綿密詳細な研究

二、中心核（Core）の鎮市や沿岸都市の研究を通して、スキナー G. W. Skinner 理論の欠陥不足を補う類型論の構築

三、都市の宗教運動・家族の歴史・風俗文化・医学等の多様な問題意識

四、厳密な小売配分モデルではなく、社会・政治的モデルの再考・修正を踏まえた前近代中国都市の分析を今後の中国都市研究の指針として捉える。(4)

いずれも重要な研究テーマであり示唆であると思うが、中国都市の政治・経済上の意味がなお模索され、なお充分に承認されつつあるとも思えない理論も展開されている今日、ただちにそうした方向に向うのはむつかしいように思う。とはいえ、今迄にそうした傾向が皆無だったというのではない。近年の都市関係の論集が示すように、関心は多岐にわたっている。(5) McDermott 氏の求めるような研究が俎上に上り展開していくことも、遠くはないであろう。都市の管理者達の追求はそうした面からも重要な意味をもっていると考える。

すでにのべてきたように、人びとの蝟集する都市には様ざまな業務が生じる。都市にはまた、政治・経済・社会のあらゆる面にわたって多面的生活がいとなまれる。諸事のあやなす中で、それを統括し処理していった人びとの究明は都市の実像に肉迫しうるテーマと考えているのである。(6) 中国都市の実情を把握するためには、あまり従来からの理論にこだわらずに追求していくことが肝要ではないか、と考えている。都市の制度においても、農村をもふくめた行政組織の中に都市をもつかみとろうとする権力体の意識もしくは触角を探ることにより、新しい面がひらかれていくかもしれないと考えているのである。

いささか論に走りすぎたようである。以下、具体的検討に着手してゆく。

二、都市における諸業務——過去の研究から

前節で、都市研究のための新しい視点をといた。すでに何度も指摘したことであるが、都市はすぐれて人工的なものである。高だかと張り巡らされた城壁と望楼。それをとりまく城濠。城内には街路や上・下の水路。これらを維持・管理していくのは、重大な任務で骨のいる仕事である。このほかにも城内の秩序の保持や民生の安定も重要な仕事である。都市という建造物すなわち器から、中に住む人びとのなりわい、すなわち器の中身まで、細かく目を配らなくてはならない要素が多い。従来の研究の中にも、断片的ではあるが、こうした問題に関する言及がある。論の展開上、一応これらを整理しておこう。

都市行政の分野で、早くから職名・職制、さらには仕事の内容が明らかになって論じられてきたのは、坊に関する業務であろう。唐から宋へ、中国の都市は大きく変る。この変化をそのまま具現するのが坊に関する諸事である。(7) 坊門の開閉をつげる街鼓を打つ仕事、その街鼓を合図に坊門を開閉する仕事。坊制は唐から宋への都市の変化の中でしだいに衰退していく。当然、関連の職務も意味を失なう。宋敏求の『春明退朝録』巻上に、

二紀以来、不聞街鼓之声。金吾之職廃矣。

とあるのは有名で、坊制の衰退によって街鼓を打つ金吾の仕事が大体において仁宗から神宗の間に衰え、やがてなくなったとしている。唐・宋間の都市の推移と運命をともにしたものの、金吾は正に都市的業務を担当していたのである。

金吾については、管見の限りでは、専論がないようである。(補註) いま、『宋会要輯稿』職官二二―一三、金吾街仗司によって簡単なことをのべておくと、宮殿の警備や儀仗のこと、町の警備など、職掌は広い。丁度、我国の警視庁にも

あたろうか。有名な梅堯臣の『宛陵先生集』巻一七「淘渠」は開封の街にはりめぐらされた下水溝の泥さらいをうたった詩であるが、末尾に、

金吾司街務欲斉
　不管人死獣顚啼

とある。「淘渠」は泥さらいの様子を克明にうたい、人びとが難渋し、ついには老人が溝に落ちたとうたう。行方を探す妻に、街を司る金吾はただ義務の遂行のみを気にして、人びとの難渋には知らん顔、というのが右の末文の意味である。[8]こうした業務に携わったのは、さきの「金吾街仗司」の条によれば、左右街司であった。[9]中国の都市制度のあり方を考えるとただちに都市専門職として論じることはできないが、都市の業務に専門にしたがう職業として捉えていくことは誤りであるまい。このような観点から検討しうる職種やそれに携わった人びとは多いが、夜間の巡警や防火にあたった鋪兵の問題に若干の言及があるにすぎない。[10]宋代の官制についての研究は多いが、その機能を追究した論文はまことにすくないのである。

　このほかに注目すべきものとして、救済制度がある。都市はまた泡（アブク）のあつまるところでもある。無法に生きるものやその下で辛吟するもの。運悪く不運な星の下に生きるもの。都市はまた活発なエネルギーに溢れたところであるが、それに溺れるものもいる。こうした中で、日に当らぬものを救済することは、治安を保つ意味からも、天が下に王道を行っていることを知ろしめす意味からも必要である。理由はどうであれ、意図がなんであれ、雑多な生活が繰り拡げられる都市には必要なものである。そして救済制度は、最下層の人びとや生活に権力の側からも働きかけたものとして注目が必要である。

　宋代における救済制度については、福沢与九郎氏の一連の研究があり、最近ではそれをうけた梅原郁氏の研究がある。[11]私も『宋会要』の食貨語彙カード採取に際して恩恵・恤災等の項目の語彙採取をおこない、救済制度に関した史

料のあり方や変遷について検討すべき点の多いのをしった。(12) 居養院・安済坊・漏沢園と名づけられた諸施設が十二世紀初頭から設けられ、しかも、国都以下末端の小都市にまで設けられている。救済事業のゆえに僧侶などが関係する例があるが、官員や胥吏・軍兵達が食事・掃除・雑役にあたる例もある。彼らは、結局のところ、こうした事業をくいものにしている。多くの人びとを集めて生活の安穏をはからせるだけに関連業務や出入りのものも多い。人糞の処理等も問題になっている。明州の場合などは売りはらって、光熱費・衣糧費につかっており、充分に利権の対象となるのであった。(13)

ところで、いささか先走ったことをのべておく。都市の管理システムの検討が大事といった。そしてこのことは、最終的にはより下層の、あるいは官制としても表に立つものよりその下のものやそこに属する人びととの検討、といった。救済制度を研究した諸論にいみじくも表われているように、そうした目は最終的には職役や胥吏や軍戸といったものにいく。これは、都市という器の管理においても同様である。

ここで断定することは避けたいが、城壁の修理や道路の舗装は、中央官庁との関係において当該地域の最高位クラスの官僚がイニシアティブをとるのが通常のようである。勿論、中央政府が各都市の城壁の状況を把握していて、逐一これに対処しているのではない。だが、宋王朝という中央集権体制下の国家では、時として形式的なものがあったにせよ、中央政府と連繫しつつ当該地域の最高位クラスの官僚が実務を発動するのだから、当然といえば当然である。ことに、城壁の修築といったような、とりわけ重大かつ多額の費用をようする場合、まずそうした可能性がつよい。(14) 史料を検索する限り、道路の舗装なども知州の名前によって発令されている。(15) とはいえ、こうした行為が知州によってのみなされるのではない。関係官庁の参画もあろうし、何よりも実務の遂行は管下の組織に託される。時として居住民同士の共同のものとして行われる場合もないではない。だが、それが完全に自発的なものかはまだ判らない。(16)

ここに都市管理システムやそれにかかわった人びとの究明の余地があるように思う。

やや話が脱線した。要するに、都市の管理機構の研究といっても、話が細かくなり複雑になればなるほど様ざまな要素がでて、思うほど短絡にいかぬといいたかったのである。それは、例えば劉克荘『後村先生大文集』巻一九三「饒州州院勘申南康衛軍前都吏樊銓冒受爵命事」などからもいえる。文は、都吏の樊銓が修城の見銭三万貫を妄りに荒を賑わすとして米にかえ、さらに羽化したといって横領し、ついには吉州安福監税となって多大の財を築いたのを処断した次第に関するものである。

都吏すなわち都史は都知兵馬使と考えられ、衙前であろう。衙前の淵源は、すでに宮崎市定、周藤吉之氏の研究があって大要はつきている。(17) もと唐の中葉におきた軍隊の名称であったものが次第に州の胥吏の名となり、さらに宋代に入って役の名前となったのである。将吏衙前・長名衙前（投名衙前）、里正衙前・郷戸衙前の区別があり、将吏衙前は武人出身の衙前、長名衙前は人民を投充したもの、里正衙前・郷戸衙前は人民の役に差充されたものとされる。呂祖謙『皇朝文鑑』巻八七、銭彦遠の「奉国軍衙司都自序」に、

国初芟誅奸雄、斂威銷萌、出儒臣守郡。始募城郭子弟、或募里胥雑補、……。

とあるのをみると、史料としてはいささかずれてはいるが、城郭の子弟をもこれにあてていたのである。しかし、この傾向は以後も続いたであろう。職掌上、識字が採用の条件の一つであろうし、何かにつけて文字に触れる機会の多い都市もしくは縁辺居住のものがこの条件にあてはまりやすいからである。それはとも角、都知兵馬使はこうした衙前の最高職で、役に長くついていて才を試験され都に赴いて官を授けられたものである。このような者達が政治のあらゆる面に介入して弊害ともなったのは、多くの指摘がある。当然、都市的な行政にも関与して利を貪る。さきの樊銓などはその好例である。しかし彼らはまた上役として赴任してくる科挙官僚の利用するところでもあり、両者結託

のうえに利を貪る例が多いのもよく知られている。

学者でもあり政治家でもあった唐仲友が、配下の胥吏を使役して利を貪ったのはよく知られている[18]。しかも、その行為には都市で利をえることもふくまれていたから、こうした問題、つまり、都市の管理に関する諸問題にふみこんでいく手掛りともなる。こうした問題の具体的検討は機会をあらためてのこととして、経済関係の都市管理機構についてて一言しておこう。

経済関係の役所としては、唐代に城内の市を管理した市署が有名である。市制そのものが、経済活動を都市の中に取り込みその力を吸収しようとしたもの、つまりすぐれて都市的なものと考えられる。市制の衰退に対して権力はどう対応したのか、その後の変遷が気にかかるところであるが、宋代においては、むしろ税制の面より追究されてきた。都市は郷村とはちがう。人工的な建築物が多くあり、それが商売の一つの対象である。建築物も商売用であったり居住用であったり、物置きでもあったりする。土地もまた郷村とはちがう。広さや用途がちがう。耕作用ではないから、一つの区画も狭い。土地の価値が高いか低いかも都市構造との関係において論じられる。こうした状況に対応して税を徴収したのが樓店務であった[19]。主要な職掌は、都市内の官有屋産、つまり坊郭の官有家屋・倉庫・土地の管理・賃貸などである。樓店務の構成・任務は梅原郁氏の言及がある[20]。長官の下に胥吏がいて業務の執行にあたったこと、開封には修造指揮、杭州には樓店務指揮という廂軍の一部隊があって、官が官有地に家屋を建てそれを貸して房銭を徴収する場合のその建造や補修・倒壊・火災に際しての復旧を受けもったとされている。経済制度からも追究が可能なのである。

以上、ごく大摑みではあるが、整理してきたごとく、中国の都市においても都市管理職やそれに携わった人びとの追究が可能なことを明らかにしてきた。勿論、陥穽はある。ここでは、一応、城壁内を都市として論じた。だが現実には、膨脹の結果、溢れた人びとが都城周辺に住み、さらに都市圏が成立するという問題が生じる。夙に斯波氏の指摘があるように、行政当局はこれを都市域とみなそうとしてゆく。(21) この点を考察の際にどう配慮していくかが問題となろう。

三、都市の管理機構

与えられた紙数も乏しくなった。話をいそごう。都市の管理機構といっても組織は様ざまで複雑である。従来の知州・通判といったような型式の研究では把握できまい。新しい視点が必要になる。とりあえず、いままでの研究の中から開封に関するものを主体に考えてみよう。国都こそは規範だからである。

鄭壽彭氏の『宋代開封府研究』は、宋代の開封に関する最も大部な研究書である。(22) 開封に関する政治・制度・商業、あらゆる分野について網羅的に研究した書物で、従来、開封に関してこの種の研究が乏しかったことを思えば注目すべき書である。開封は国都であり、それ故の特殊性もある。だが、国都であるだけに、帝国の理論を示し象徴もする。卓越した都市であるだけに、諸都市の規範ともなり史料も多い。国都であるだけに諸都市にあらわれてゆく事例が先駆けとしてあらわれていく可能性も高い。一概に諸都市の典型として扱えぬ面もあるが、やはり注目しなくてはならない都市であろう。

もっとも、だからといって鄭氏の本が良いというのではない。とりあげたテーマはとも角、内容には舌足らずの個所が多く、全体的に概括的すぎる。そのためか、この研究に対する反応は充分でない。しかし、従来の都市研究が及ばなかった多くの点に言及していることを考えると宋代の都市を制度的に把握しようとしたこのはじめての報告の方向性や問題提起はキチンと受けとめられなくてはならない。

鄭氏の研究を紹介する。主体は開封の行政組織を論じることである。開封の行政組織を論じたあと、民政・戸籍・警察・土地・社会救済・国防行政・財務行政・文化行政・経済行政・交通行政・考試行政・人事行政に及ぶ。分類としては出つくした感がある。しかし、その実態は不充分な史料の列挙にすぎず、内容はきわめてうすい。分析も並列的で立体的考察にかける。このほかに開封の管理システムに言及したものとして、周宝殊氏『宋代東京開封府』の第一章二節「南衙開封府及京城管理制度」と呉濤氏『北宋都城東京』の第六章「東京的城市管理与居民生活」があげられる。(23) ちなみに宋のもう一つの国都杭州について、林正秋氏の『南宋杭州研究』、金敏氏との共著『南宋故都杭州』があるが、ともに都市管理の面からの追究は充分でない。(24)

すでにのべたように鄭氏の研究は細部にわたりながらも雑駁で、あまり役に立たない。むしろ、『宋史』巻一六六、職官六の開封府の条を参照したほうがスッキリする。目新しくもないが、一応、整理しておく。

牧・尹　不常置
権知府　一人、掌尹正畿甸之事、
判官・推官　四人、知府属官（領南司者一人）、
司録参軍　一人、
六曹　六人（功曹・倉曹・戸曹・兵曹・法曹・士曹各一人）、
左右軍巡使・判官　四人（各二人）、
左右廂公事・幹当官　六人
吏　六百人

勿論、右の組織をすべて純粋な都市業務関係のものとはできない。それだけに、当時の巨大都市でもあり帝都でも

あった都市としては、チョットお粗末な統治システムという気がしないでもない。ただ、すでに示唆してきたように、都市には様ざまな業務があり、様ざまな関連の職種があった。国都ゆえの特殊性もないではないが、幅広く考えてゆかねばならない。それともう一つ考えねばならないのが胥吏の存在である。

制度は変遷し、時代とともに複雑になる。ここにあげられた胥吏の数が定数、あるいは常数とは考えられない。しかし、官員約二十名余に対して三十倍近い胥吏の存在は注目しなくてはならない。最近、中央政府の胥吏の問題に切り込まれた梅原氏も彪大な胥吏の数をあげておられる。(25) 彼らこそは都市を、否、政治機構を実際に動かしたものだからである。亭亭と茂る樹木にまつわりつき養分を吸い、ついには樹木を枯らしてしまう寄生木。胥吏はまことに厄介な存在として捉えられるが、一方で、実務能力を欠きがちな士大夫官僚に替って政治業務を遂行した者達である。彼らは其処彼処に存在していた。右の開封府所属の胥吏だけでも六百人という数字があがっているとなれば、開封の都市業務を担当した胥吏の数はかなりになると思われる。

開封の坊について考察された孔憲易氏は、城内の廂についても論じ、あわせて関連の胥吏を考定する。(26) 紹介しよう。

開封県

内城

左軍・第一廂　　二十坊、約八九五〇戸、三二人（実数二四人）、

第二廂　　一六坊、約一五九〇〇戸、三四人（実数二六人）、

外城

城東・左軍廂　　九坊、約二六八〇〇戸、二九人（実数一九人）、

城南、左軍廂　　七坊、約八二〇〇戸、二〇人（実数一六人）、

右軍廂　　一三坊、約九八〇〇戸、二四人（実数一五人）、

凌儀県
内城
右軍・第一廂　　八坊、約七〇〇〇戸、二一人（実数一二人）、
　　第二廂　　二坊、約七〇〇戸、九人（実数三人）、
外城
城西・右軍廂　　二六坊、約八五〇〇戸、三一人（実数二五人）、
城北・左軍廂　　九坊、約四〇〇〇戸、二六人（実数一六人）、
　　右軍廂　　一一坊、約七九〇〇戸、二八人（実数一三人）、

孔憲易氏の図表に従い、坊数・戸数・吏数の順で示した。吏は廂典・書手・都所田・所田・街子・行官などである。いずれも城郭内の役職である。追求すべき点は多く、現時点でこれを確定した数字として扱えない。この点は孔氏も附記しておられる。前掲の職官、開封府の条も続けて記述するように、制度的変遷がなおあるからである。そのほか、示唆をしてきたように、複雑な都市業務は単一の組織で処理しうるものでない。開封のように皇城や政府、さらには軍事上の要としての諸機能が集中していればなおさらである。都市的業務を洗いだし、それに携わった人びとを探るのは、かなり困難な仕事であることを覚悟しておかねばならない。

むすびにかえて

本章は、一九八五年の四月二〇日に社会文化史学会で発表した「宋代の都市管理者達――胥吏問題の再検討――」を元としている。発表は本章と同様に、特定の問題のみを扱わず、広く都市の管理機構およびそれにあたった者達の

検討をした。官僚機構の機能面からの追求と胥吏の再検討の必要を示唆したところで発表を終えたが、当日、有益な助言を頂いた諸先生に感謝の意を表明したい。

論の骨子は序章以下のべてきた通り。正直なところ、やや手詰りのようにも見えてきた中国の都市研究を再検討するために、今一度、問題を洗いなおす必要のあること。都市構造や建築史、さらには経済上の問題のみに片寄りがちであった従来の研究を、その中に内在する統治機能の面からも追究する必要のあること。困難な問題ではあるが、そのためには、各種の統治組織や職掌を論じ管下の胥吏にも及ぶべきこと、問いたいことの主要な項目は以上である。

中国史上における都市は、きわめて扱いにくい問題である。巷間、いわれてきたように、城郭内部が単一の行政単位でないうえに周辺域をも含んで統治される。それ故に、いわば及び腰での論稿も多く都市プラン・経済上の位置・倉庫業やギルドの歴史の研究が主体で、都市そのものに分け入って分析していく姿勢は乏しいように思う。歴史的な転換をみたとする唐・宋間の研究にこうしたリサーチが乏しいのは、いささか残念である。一筋縄ではいかないテーマであるが、本章で述べてきたように可能性のないテーマではない。

註

（1）都市の管理に関する研究や実態の把握にせまる論文は多くない。論旨の展開の過程で言及したりするものもないではないが、これらは本文の展開の過程で逐次引用する。以下、都市研究史をあつかった諸論文を列挙して、総体的な関連論文の紹介にかえる。

斯波義信「中国の都市をめぐる日本の研究――宋代を中心に――」(『Sung Studies News Letters』3, 1970)、「中国都市をめぐる研究概況――法制史を中心に――」(『法制史研究』二三、一九七四年)、「中国都市史の新動向と二・三のモデル――米国の成果を中心に――」（『比較都市史研究会会報』三―五、一九七七年）、「中国、中近世の都市と農村――都市史研究の新しい視角――」（『近世都市の比較史的研究　共同論集』一、一九八二年）、「中国都市史研究から」（『講座　日本の封建都市』一巻、総説、文一総合出版、一九八二年）、「中国中世の商業」（『中世史講座』3「中世の都市」、学生社、一九八二年）、「中国における資本主義の展開と都市化」（社会経済史学会編『社会経済史学の課題と展望』――社会経済史学会創立五〇周年記念――、一九八四年）。木田知生「宋代の都市研究をめぐる諸問題――国都開封を中心として――」（『東洋史研究』三七―二、一九七八年）。山根幸夫「中国中世の都市」（『中世史講座』3「中世の都市」、学生社、一九八二年）。中村哲夫「中国封建社会における都市と農村」（社会経済史学会編『社会経済史学の課題と展望』――社会経済史学会創立五〇周年記念――、一九八四年）。J. P. McDermott「中国都市史研究の動向」、Colin Jeffcott. "Song Cities and Trade—Some Notes—"（『比較都市史研究』四―二、一九八五年）。

（2）浅海正三「元代都市の夜衛について」（『史潮』四―二、一九三四）。愛宕松男「元代都市制度と其の起源」（『東洋史研究』三―四、一九三九年）。元代の都市について関連したものに、今一つ、岡本敬二「元代の交通事故」（『山崎先生退官記念東洋史学論集』、一九六七年）があり、交通事故の管理機構にも言及する。

（3）オットー・ブルンナー　Otto Brunner「ヨーロッパ史における都市と市民」「ヨーロッパの市民とロシアの市民」（石井紫郎・成瀬治・平城照介等訳『ヨーロッパ――その歴史と精神――』所収、岩波書店、一九七四年）。脇田晴子「中世史研究と都市論」（『日本中世都市論』所収、東京大学出版会、一九八一年）。

（4）註（1）引用稿。

（5）いまここでそうした論稿を列挙する余裕はない。詳しくは註（1）引用の研究史を参照して頂くこととして、主な論集を一～二あげるにとどめる。G. W Skinner (ed) *The City in Late Imperial China*, Stanford University Press. 1977, Mark Elvin, G. W. Skinner (ed) *The Chinese City Between Two Worlds*, Stanford University Press. 1974, 梅原郁編『中国近世の都市と文化』（京都大学人文科学研究所、一九八四年）。

（6）とりわけ、私は都市住民の中核となる存在に興味を抱いている。自由身分かそうでないかといった問題はあるものの、魚住昌良氏が紹介され脇田晴子氏が日本の中世都市に対応を検討されたミニステリアール層などは都市住民の検討に充分影響があると考えている。
魚住昌良「中世都市におけるミニステリアール層――シュルツ学説を中心として」（『山梨大学教育学部紀要』五、一九七四年）、「中世都市とミニステリアール層――シュトラースブルクの場合」（『津田塾大学紀要』、一九七六年）。脇田晴子註（3）引用稿。

（7）加藤繁「宋代に於ける都市の発達に就いて」（『桑原博士還暦記念東洋史論叢』所収、一九三一年、のち『支那経済史考証』上所収）。室永芳三「唐都長安城の坊制と治安機構」上・下（『九州大学東洋史論集』2・4、一九七四年、一九七五年）

（8）開封の溝渠は有名である。陸游『老学庵筆記』巻六によれば、悪党が女を攫ってすみつくほど巨大であった。梅堯臣の詩の全文をしるしておく。

淘渠

開春溝

畎春泥

五歩掘一塹

当塗如壊堤

車無行轍馬無蹊

遮截門戸雞犬迷

屈曲措定高復低

芒鞋苔滑雨凄凄

老翁夜行無子攜

眼昏失脚非有擠

明日尋者爾瘦妻

手提幼女哭嘶嘶

金吾司街務欲齊

不管人死獣顚啼

（9）『宋会要輯稿』職管二二―一三「金吾街仗司」ではとりわけて、

又有左右街司。掌街鼓・警場・清道・請納鼓契・巡徼衢肆、糾視違犯。

とある。なお、時刻をしらせるのは、馬端臨『文献通考』巻五六・職官十・太史局の条にあるように、天文院・鐘鼓院の職掌だった。

(10) 浅海正三氏もこうした点に若干言及する（註2引用稿）。氏の言及は註（9）で言及した報時にも及んでいる。

(11) 福沢与九郎「宋代に於ける救療事業について」（『福岡学芸大学紀要』三―一、一九四八年）、「宋代に於ける窮民収養事業の素描」（同六―二、一九五一年）、「宋代助葬事業小見」（同七―二、一九五二年）。梅原郁「宋代の救済制度」（中村賢二郎編『都市の社会史』、ミネルヴァ書房、一九八三年）。今堀誠二「宋代の冬季失業者救護事業について」（『東洋学報』三九―三、一九五六年）もまた関連の論稿である。このほか救済事業といえないが、宮下三郎「宋元の医療」（『宋元時代の科学技術史』、京都大学人文科学研究所報告、一九六七年）も都市の病気を通じて医療システムを論じる。

(12) 伊原弘「『宋会要輯稿　食貨索引　年月日・詔勅篇』編集の意義と問題点」（宋代史研究委員会編『宋会要輯稿　食貨索引　年月日・詔勅遍』、東洋文庫、一九八五年）。

(13) 『開慶四明続志』巻四、広恵院。

(14) 地方政治の諸務がどのように発令、処理されていくのか、政務の内容と処理の仕方に何か関係があるのか、興味のあるところである。城壁の修理は、一応、知州クラスによって発令したように地方志などにかいてある。『景定建康志』巻二十、今城郭の条、建康府城、『嘉定鎮江志』巻二、城池、丹徒県の条、『乾道四明図経』巻一、子城の条など。一九七九年二月の「文物」に発表された『桂州城図』およびその説明文「桂州城図記」によると、桂州の施工者は、第一回が李制使（李曽伯）、第二回が朱経略（朱禩孫）、第三回が趙経略（趙与霖）、第四回が胡経略（胡穎）で、制置使、経略使があたったとしている。彼らは知州の他に制置使・経略使の名前を帯びて施行したのであり、城塞修理の時期、理由からみて、軍事上の理由による施工であったことも判る。

(15) 黄震『慈溪黄氏日抄分類』巻九六「知吉州兼江西提挙大監麋公行状」に、南宋末の知吉州麋弇の行状をのべて「修城郭、甃街衢」とし、范成大『呉船録』巻上に、

午後至眉州、……、偏城悉是石街、最為雅潔、前守王陽英昭祖所作也。

とある例。このほか『宋代蜀文輯存』巻七三『范謨砌街記』などは、費用などについてものべ面白い。文中に、

呉郡范公節制四川、為竟其役。鳩工命徒、分職授任。程督有方、

寸尺有度。費出於官而不以及民、日廩以食而人競作、未幾告成。

とあるのを見ると、成都での舗装の費用は官が出したとする。時として官民で出資して負担する例があったのかもしれない。市民の共同出資の例としては、『江蘇金石志』巻一三「吉利橋版寮巷砌街記」の例があげられる。蘇州城南の繁華地を周辺の住民が共同で舗装したのである。梁庚堯「南宋城市的発展」上・下（『食貨月刊』復刊十一―十一・十二、一九八〇年）は本章とやや観点は異なるが、都城の舗装・架橋の問題に言及する。

（16）註（15）引用の蘇州の舗装の例。出資者の階層、出身地がバラエティにとんでいて面白い。中には役所がらみと思われるものもいて、それがどういう形で参加したのか、考えさせる。とくに、イニシアティブをとったと思われるだけに、慎重に考える必要があろう。都城管理のより基本的問題たる水利の共同管理については、斯波義信「江西宜春の李渠（八〇九―一八七一）について」（『東洋史研究』三六―三、一九七七年）。斯波氏は水利の共同管理のあり方から都市の参事会を問題にされる。だが現在の研究状況からいうと、いささか、衣の下から鎧がみえるといった観がしないでもない。註（15）引用の蘇州のごとく、部分的には一定地域の一定問題を都市住民だけで処理した例がみられるのであり、都市の構造や構成、そして機能なども考えつつ問題を今少し煮つめる必要があろう。水利などは一定地域のみの舗装とちがって全体に及ぶ。それだけに同様のケースであるか否か、もうすこし知りたい。なお、同様の問題を清代で論じたものとして、森田明「清代淮安の都市水利について」（『中国水利史研究』九、一九七九年）がある。

（17）宮崎市定「胥吏の陪備を中心として――中国官吏生活の一面――」（『史林』三〇―一、一九四五年、のち『アジア史研究』三に所収）、「宋代州縣制度の由来とその特色――特に衙前の変遷について――」（『史林』三六―二、一九五三年、のち『アジア史研究』四に所収）。周藤吉之「宋代州縣の職役と胥吏の発展」（『宋代経済史研究』所収、東京大学出版会、一九六二年）。

このほか、曾我部静雄「宋代の役法」（『宋代財政史』、一九四一年）河上光一「宋初の衙前について」（『史学雑誌』六〇―二、一九五一年）など関連の論稿は多い。最新のものとして、梅原郁「宋代胥吏制の概観」（『宋代官僚制度研究』、一九八五年）がある。梅原氏の論稿は、従来あまり触れられることのなかった中央の胥吏の問題にふみこんだものである。

（18）周藤吉之氏註（17）引用稿。朱熹『朱文公文集』巻一八より一九にかけて唐仲友を弾劾する文がある。

(19) 草野靖「宋の屋税・地税について」(『史学雑誌』六六―四、一九五七年)。梅原郁「宋代都市の税賦」(『東洋史研究』二八―四、一九六七年)。
(20) 梅原氏註(19)引用稿。
(21) 斯波義信「宋代における都市、市場の発展」(『宋代商業史研究』、風間書房、一九六八年)。
(22) 鄭壽彭『宋代開封府研究』(国立編譯館中華叢書編審委員会、一九八〇年)。
(23) 周宝殊『宋代東京開封府』(『河南師大学報増刊』、一九八四年)。呉濤『北宋都城東京』(河南人民出版社、一九八四年)。このほか、曾我部静雄『開封と杭州』(富山房、一九三六年)もある。開封は中国六大古都の一つにあげられ、唐から宋への転換期を象徴するだけに、言及する論稿や冊子も多い。その大半が都市の変遷や歴史上の意味を論じるもので、ここで主題とするテーマに役立たない。
(24) 状況は註(23)でのべたような開封の研究状況と同じである。林正秋『南宋杭州研究』(『浙江地方史』論文選編之二、一九八三年)。林正秋・金敏『南宋故都杭州』(中州書画社、一九八四年)。龐徳新『宋代両京市民生活』(龍門書店、一九七四年)。
(25) 梅原郁氏註(17)引用稿。
(26) 孔憲易「北宋東京城坊考略」(『宋史研究論文集』、一九八四年)。周藤吉之註(17)引用稿では、台州・福州の吏数をあげる。

補註　正式に職掌その他の考証をした専論というのではないが、龔延明「左右金吾街仗司正名」(『中国史研究』一九八四―四、一九八四年)がある。約一頁の讀史札である。

二　中国庶民教育研究のための序章
——特に宋代を中心にして

はじめに

教育史の研究は重要なテーマであるが、それが効果的に行われてきたかというと、必ずしもそうとは考えられない。本章もまた同様の批判を受けるものであるが、そうした自省を籠めつつ、論を展開していくこととしたい。

なお、本章は一九八七年七月一三日の第一二五回東洋教育史学会において発表した「類書の思想——中国前近代における庶民教育の実態把握のために——」を基としていることを、付言しておく。

一、教育史研究上の問題点

研究の開始にあたってまず考えなくてはならないのは、教育とはどのようなものか把握することであろう。過去の研究がこのことをどう把握してきたのか、まず考えなくてはならない。(1) 過去にこうした問題に関与することの乏しかった筆者としては、執筆の開始にあたってまずこのことが非常に気になった。それは、私のこの研究への関与が、都市における人々、それも市井の人々、の在り方の解明という問題意識から出発しているからである。

そこで、まず各種の文献目録を検討した。そこで気になったのは、従来の教育史に関する研究の大半が、暗黙の内に、科挙官僚制を念頭においたものだということである。それは、すでに、若干示唆した筆者のこの問題への取り組み姿勢からも派生する。

さて、順を追って論じていこう。教育史の研究に関する文献を探っていくと、それは学校教育の研究に集中していることが判る。つまり、教育とは公私を問わず、学校で行なうものとの認識が、まず表にでてくるのである。そして、それは中国においては、儒学の教育、つまり科挙受験のための教育および教育機関にほかならぬことが、ただちに理解できるのである。

だが、こうした研究態度、すなわち科挙受験のための教育のみを、教育史の研究と位置付けることは正しいのであろうか。さらにまた、学校教育の意味が近代社会の形成の過程の中で、大きな変化をしているとき、そうした意味付けが不十分なままの研究では問題追求の、本質的な意味を失わせていくのではあるまいか。

学校教育を考えるときに、まず念頭におかねばならぬのは、西欧の近代国家誕生の過程である。一八三〇年のフランス革命、一八四八年のフランス二月革命、ドイツ三月革命である。これらの革命は、西欧に本格的な自由主義・国民国家の時代を到来させた。

さらに、イギリスにおける産業革命の勃発と世界への波及は、国家の力や文化の理解を単に指導者やそれを取り巻く人々に求めるのではなく、その国の産業の質や国民の質にまで至らしめるようになる。もちろん、これは前近代においても、基本的には同様である。だが、それがより深刻な形で登場してきたのである。

近代科学の発達を背景に進展・波及していく高度な機械文明は、そこに携わる末端の人々にまで高度な知識を要求するようになる。最早、熟練によってのみ技術や知識を習熟する時代は遠ざかり、教育によって知識を速やかに教えこんでいく効率的な方法が必要な時代がやってきたのである。ギルド的社会崩壊の萌芽の一因は、ここにもある。斯くの如く展開していく新教育システムの本質は、文字を学校でできるだけ多くの人々に、効率的に教えるということである。国家の中に、知識を吸収するための基本技術を組織的かつ計画的に教えるシステムを、確立していくということである。文字を知る人が多くなり、それを利用しつつ新たな専門知識を獲得し、国家の構成要員となっていく、あるいは組み適まれていく。

近代における教育システムの充実は、こうした新たな社会の動向と大きな関係をもって確立していくのである。そして、そこに教育の効果的な波及と云う問題がでてくる。一般的に一八三〇年のグラッドストーン内閣の自由主義的な改革の一つである義務教育制度の確立が、大きな意味を持つとされるのはここに意味があるのである。

周知の点を長々と述べてきたのには、こうした教育制度の歴史的な展開を十分に把握せぬままの、単なる研究のための研究が多いように思うからである。西欧文明には一度はひれふしたアジアが、再び立ち上がるためには長い時間が必要であった。そこで、意識され実施されていくのが、近代的な教育システムである。国民の知的水準を高からしめ、劣性を挽回するためのシステムの開発である。

このような教育の歴史的な展開を考えてみると、従来の研究は余りにも無批判に進められていたように思える。すなわち科挙試験のみを念頭に置きすぎた研究である。科挙制は官僚システムおよびスタッフの充足の原理と密接に結び付いており、研究のそもそもの時点で教育史の中に単純に織りこんでいくかのごとき発想の論文があるのは、些か的をはずれた研究であるといわねばならぬ。

つまり、私の指摘したいのは、中国教育史の分野では、科挙受験のための教育のみが研究の対象となって、他の教育方法の検討が不十分なままに、問題として残されていることである。

二、教育の類別

すでに述べてきたように、教育史の研究を進めるためには、厳密な分類と認識が必要である。その認識の上に立って考えると、当面追求していこうとする宋代についても様々な形態があることが領ける。ただ、それが、研究し得る問題ばかりではないことも、念頭においておかねばならぬ。様々な形態があることがわかっても、それが研究できるとは限らない。研究のための史料的限界の大きいことを承知しておかねばならない。だが、それは一先ずおいて、考えられる教育の形態を分類してみよう。

まず、制度的な教育について、考えてみよう。これは、別の角度からみるとエリートを育てるための教育機関とそうでないものに分けられる。

エリートを育てるための教育機関とは、宋代では科挙及第を果たして官界に入るための教育機関である。周知のように、科挙官僚制こそは近千年の中国社会の柱の一つをなした。人々は科挙に及第し、エリートへの道を昇っていくことを夢見た。しかも、官僚制そのものに、持続と維持のために安定して官僚を補給していかねばならぬ特性がある。(2)そこで、そこに至る資格を得るための努力が行なわれ、そのための設備がもうけられたのである。それが、学校である。これは、勿論、公私を問わない。この問題は関連研究も多く、成果もあがっている。(3)そこで、多くを云わない。

なお、私立の学校ということで考えれば、塾がある。また、書院がある。これらは民間の学問教育機関として、大きな意味を持った。(4)これらが、すべて科挙及第を目指したものとは云い難く、自由な発想のもとに学問の研究にいそしんだものも、少なくないのである。

宋代の学校教育にはもう一つ考えなくてはならぬものがある。それは技術者の養成のための学校である。それは単純に専門教育をするものから、一種のその道に関する行政上のエキスパートを養成する傾向のものまである。

『玉海』巻一一二、学校の条に、太学・州県学校のほかに武学・医学・律学といったものをのせているのが、それである。このほかにも算学・画学といったものがあり、とりわけ画学が時の政情と深く関わっていたことが立証されている。(5) いずれにしてもこの種の研究は多くはない。

次に科挙受験とは関係のない、いわば識字を念頭においた教育である。これが、宋代に組織的に行われたか否かは、良く判らない。様々な私塾があったことは判るが、それが庶民教育をどの程度念頭においていたのかは、立ち入った追求が難しいからである。ただ若干の類推が出来なくはないし、なによりも明・清代になって社学がおこり、庶民教育にあたろうとすることからも、前近代の中国において全く視野に入っていなかった部分でなかったことが推測できるのである。(6)

以上を組織的に行われた教育と考えていくのなら、それとは別の教育の存在も考えなくてはならぬ。つまり、最初から科挙との関係のない人々の教育、さらに官僚の世界と関係のない世界の人々の教育である。

すでに幾多の研究が示すように、宋以後になると日用の書籍など類書の出版が盛んになる。(7) また、俗字の派生も問題になる。(8) なぜこのようなものが盛んになるのか。巷間云われているように、庶民文化の台頭が、その大きな原因の一つであることに、疑いはない。従来の、士大夫の読み利用するものと、大いに異なる系統の書籍の出版が盛んになるのである。これまた、そうしたものを利用する者がいたということを示す。

彼ら、馴染みのある言葉で云えば庶民の文化は、我々が追求してきた士大夫の世界と大いに異なる。士大夫の浸る典雅な文化と異なり、実利性に溢れたものである。正字が読みにくければ、乍ち俗字や当字をつくりだす。言葉も云いやすい符丁や、暗号めいたものに変えてしまう。そして、これらを仲間内で通用させる。これが庶民の世界である。(9)

だが、だからといって彼らがそれまでの文化と全く次元と質の異なる文化を、成立させて維持していたのではない。彼らの文化もまた古来からの伝統と関連しつつ成立していたことを思えば、そうした教育をどこで受けたのか考えなくてはならぬ。

もちろん、彼らの知識は習慣や年長者からの伝授によるものが多かったであろう。それだけではない。占いや暦といったものも、知識の根源になったはずである。[10]だが、これらのなかには、単に経験の伝授だけですまぬものもある。文字を媒体にしなくてはならぬものも、多かったはずである。こうした教育はどこで行われたのであろうか。

庶民の教育、各人が生きていくための最低限の知識やテクニックの習得が、それぞれが属する集団の中でも行われていたことは想像に難くない。商品の鑑定や商人の命である銀貨の鑑定。[11]いわば、人々の生活にもっとも重要な実学教育が、あらゆる機会を捉えて行われたはずである。[12]そして、そうしたものの習得にまた、識字が関わっていたはずである。

とりわけ、都市で暮らすものや上昇指向をもったものには、識字が大きな意味を持ったはずである。南宋の福州では城内の半ばが読書をしていたという。[13]彼らはどのような人々で、どこで字を学んだのであろうか。さらにまた、彼らはどのような字を読んだのであろうか。[14]こうした問題を追求していくのには、かなりのテクニックがいるが、一考すべき問題のように思う。[15]

次章ではこうした問題を掘り下げて見よう。

三、中国史上の庶民

いままで、庶民と云う言葉を連発しながら書き進めてきた。では、庶民とは一体何なのだろうか。最近は、士大夫の法的な身分についての考察もあるが、この種のものはそう簡単に法的に割り切れるものではあるまい。[16]また、その範疇も広く、捉えどころのないものといわざるをえない。

そこで、ここで簡単にこれからの研究でターゲットにする社会的階層について、一言しておこう。まず指摘しておかねばならないのは、こうした研究に成果をあげているのは欧米の研究であるということである。すでに註12であげた斯波義信氏のリーディング・ガイドが細かく紹介しているので、詳しくはそれを参照されたい。したがって、ここで引用する論文は必要なものに限る。

さて、問題の必要上、ここでは庶民を科挙などとは関係のない、市井の人々にかぎる。すなわち、当面は、挙げてきたエリート教育とは関係のない者達である。言い換えれば字を覚えているかいないか、覚えていても、科挙受験といったものに関係のない階層を意味すると考えて欲しい。

こうした研究は、Evelyn S. Rawski, Ho Ping-ti（何炳棣）William T. Row, Fei Hsiao-tung（費孝通）, J. Hayesらの研究をあげなくてはならない。[17] 宋という時代に直接フィットする研究ばかりではないにせよ、参考に資する面が非常に多い。そこで、これらの研究を念頭におきつつ、宋代の識字の階級とその形態を検討してみよう。科挙官僚制をとる社会において、高度な識字こそは一つのステイタス・シンボルだからである。[18]

当時の社会がどのような階層に満ちていたのか、斯波義信氏は、南宋の都杭州の例を検討する。[19] それによれば、城内九〇万、城外六〇万、総計一五〇万ほどが、南宋の都の人口であった。城内では住みわけもおこなわれており、城内は俸給・年金生活者・有資産階級に満ちていたとする。それらは皇族・官僚・商業経営者・僧侶などであった。これに対して、城外は工匠・商業・運輸労働者・蔬菜及び穀物生産者・漁業などのバラエティに富んだものだったと推定される。

これは勿論、氏も示唆されるように、全てが型通りなのではなく、全体的な傾向であろう。だが、杭州と云う帝都の特色を意識しつつも、都市の中に有資産者もしくは社会に能動的な行動をとるものが多く、それゆえに識字率が高い事は容易に推測できることである。

氏は皇族・官戸・吏戸・軍戸が一六～一七万人とされるが、その内訳は、官僚が一万、軍戸が一〇万あまり、胥吏が六～七万人とされる。この内、軍戸の識字率が高いとはおもえないから、それを除けた七万人余りが識字の階級とみれば、家族平均五人とみて約三五万人が高い知識、少なくとも文章を書ける階級に属していたと考えられよう。これは全体の約四分の一である。杭州が帝都で大都市であることを考えると、この他に学生や文化人、僧侶や大商人がおり、その識字率は一層向上する。されば、愛宕氏が引用された、福州の半ばが読書をしていたというのは、あながち誇張でもあるまい。(20)

では全体的に見ると、どのような階層構成が展開していたのであろうか。この点はすでに引用した考察もあることであるから、多くは云わない。ただ、彼らの研究の問題点を若干指摘するにとどめる。

それは、まず、彼らの捉える階級、とりわけ支配階級の幅が必ずしも一定していないことをあげなくてはならぬ。中国のエリートの周囲には大きな一族が取り巻いており、その判断と認定によっては、かなりの幅がでることが考えられるからである。この点は註16で引用した松井氏の論文の示すとおりである。だが、諸状況を判断すると、弾きだされた厳密なエリート二パーセント、それを含む集団二割というのは、必ずしもいい加減な数字とはいえない。二割といえば、要するに五人に一人、二パーセントとみれば五〇人に一人である。

これを周知のフランス革命前の社会構成とあわせてみると、第一身分（僧侶）一〇万人、第二身分（貴族）四〇万人、第三身分（平民）二四五〇万人という数字が興味をひく。第一身分・第二身分あわせて五〇万人というのは、大体五〇人に一人が支配者階級であったと推定できる。

様々な相違をみせる中国とフランスを同一レベルで解釈してはいけない。しかし、この奇妙な類似は、著しい興味をひいた。ともに強力な支配体制をひいていた国である。爛熟した支配体制は、五〇人に一人が支配者の側にたつようにしてしまうのであろうか。同様の例がイギリス・ドイツ・ロシアなどでどのように展開したのか。トルコやムガールではどのような状態だったのか、手元の資料では判らなかったが、興味深い問題である。

問題をもとに戻そう。中国社会におけるエリート層の数は、皇族・官僚、その周囲を取り巻く胥吏層といったところであろう。これらの数は人によって算定数が異なる。(21)だが、宋代で官僚を四万人、胥吏を三五万人と考えてみると総数三九万人。家族を一戸平均五人とみれば、一九五万人が知的水準の高い階級に属したと考えられる。宋朝一億として比率を換算すると、約五一人に一人である。

この数字には異論もあろう。もともと不確定な数字を基にした計算である。また、家族五人というのは、赤ん坊、幼子も含んだ数であり、非現実的だと。だが、彼らは潜在的に高度な識字を目指す階層であると捉えれば、こうした逡巡は薄らぐ。

ところで、官僚数が四万人とみると、宋朝一億の中では、二五〇〇人に一人である。中国社会における官僚の立場が判ろうというものである。そして、先程の理論でいくと、家族をふくめて大体二〇万人が非常に知的水準の高い階級に属した事になる。宋朝一億からの換算では五〇〇人に一人が高度な識字階級であったと考えられる。ちなみに、この数字を先程のフランス革命期の数字に比較し、示された階級の二分の一が男性として概算すると、単純計算で倍近い比率となる。やや遊びめいた数字と受け取るかもしれないが、中国社会の厳しさを示す数字になろう。こうした、概算に一つの見通しをたてたのが、John Chaffee氏と川上恭司氏である。(22)

とりわけ、鋭角的に切りこんだのが、川上氏である。一七九七年に宋代史研究会で口頭発表された氏の発表は、なお公刊されていない。従って、引用は避けるが、科挙の運営面を質的面と量的面から追求された成果は、すこぶる大きな意味をもつ。通志を根本資料にしつつ、登科年度ごとに科挙及第者をはかられた氏の成果は、早い文章化を期待させる。そこで、独自の算出例を一つだけあげよう。科挙受験の前には、各地で一種の壮行会が催される。これを郷飲酒礼という。宋代の明州（寧波）の地方志『宝慶四明志』巻二、郷飲酒礼によると、宝慶三（一二二七）年の時には一五〇〇人余りが参加したという。淳祐六（一二四六）年の旧典を集め礼器を増造した時のお祝いには三〇〇〇人余りが参加したという。これらは会の性格からみて、概ね高度な知識、すなわち科挙を目指している人々とみなせよう。では、これらの人々が明州でどの程度のパーセンテージをしめていたのか、量ってみよう。いま、同書の乾道四（一一六八）年の戸口統計を参考にしてみると、

主戸＝一〇四、七二五戸　二五六、五七六口

客戸＝三一、三四七戸　七四、四一三口

となる。総人口は三三九、〇八九人である。些かタイミングのずれた時期の統計ではあるが、参考になろう。換算すると、淳祐六年の時で大体八三人に一人が郷飲酒礼に参加したこととなる。これは勿論、一例に過ずもとより確定した数字ではない。だが、こうした検索の際に提示すべき、数字的例であることも確かである。

すでに述べたように、この種の儀礼には、科挙を目指す者達が参加する。しかし、彼らの大半は、いまだ貢士ではない。ただ参加しているだけである。だが、彼らは科挙を目指す基層階級である。従って、この数値は別の角度から検討する必要があろう。つまり、残りの部分を所謂庶民階級、すなわち識字の下限と識字率の低い部分で占めると考えるのである。しかも、こうした儀礼に参加するのが男性であること、明州という比較的発展した都市の中での行事であることを考えると、参加者がトータルな計算の中で弾きだされた五〇人に一人の識字の階級であることも、あながち荒唐無稽とはいえぬであろう。そして、ここに列席せぬものが、科挙官僚制を念頭においた学校教育と無縁の存在であることは、推測に難くない。

終わりにかえて

宋代の庶民教育について、従来の研究をはかりつつ、研究の現状を論じてきた。要するに、従来の研究は科挙官僚制を念頭においた学校教育の研究が主体で、その他の分野の研究は未開拓であること。一般庶民の文化についての基礎的研究も、手附かずであることなど、明らかにした。勿論、それぞれに問題に関係する研究がないでもないが、総じて当てるべき光が弱く、問題を十分に浮き上がらせていないことも、こうした検討の中にはいる。

最後に、識字数に関する研究を若干紹介して、本章を一先ず終えることとしたい。この問題に関する研究は折々に紹介してきたので、いまさらあげるべくもないが、庶民の識字の数を三千語と推定する趣もある。(23) だが、この数字が正しいか否は、検索に今少し時間が必要であろう。三千という漢字は些か過大に過るように思えるからである。現在の我々の生活を基準にしても、些か過大なのではあるまいか。

勿論漢字のみの中国世界と、ひらがなとカタカナを駆使する、わが国の差異も考えなくてはならぬ。しかし、村落に沈殿して生きるものが大半だった中国の人々の生きざまを考えるとき、三千の語数は過大すぎよう。E. Rawski 氏の推定のごとく、数百から千までが妥当なところではあるまいか。ただ、例えば、官僚、官僚予備軍とその家族、その下にある胥吏層、地主だけでなく都市型の商人まで勘案すると、識字の数はかなり向上していくであろう。識字数三千というのは、こうした階級に近付いてのことであろう。文字を駆使した胥吏といえども、全き意味で、読書人と同じように文字を駆使したとは考えられないからである。

それにしても、清代で男性三十パーセント、女性数パーセント。平均して十数パーセントと推定される識字者のかなりは、科挙受験とは無縁の人々で、彼らが如何にして字を覚えたのか、興味が持たれるところである。

宋代の教育問題を中心として、過去の研究成果を紹介してきた。時代を宋代に限ったことと、やがて登場してくる善書の問題など検討すべくして取り上げなかったものも多いが、それは別の機会としたい。また、具体的な実例の紹介は次稿に譲ることとする。

註

（1）中内敏夫『新しい教育史――制度史から社会史への試み』（新評論社、一九八七年）参照。本書は歴史学としての教育史を直接に論じるものではない。だが、従来の教育史を反省し、社会史を導入しようとする姿勢、人口動態との関係の考察を惹起する点など、参考になる点が多い。

（2）J．R．ヒックス、新保博訳『経済史の理論』（日本経済新聞社、一九七〇年）。

（3）註（2）引用論文の他に、下記の論文を参照されたい。
荒木敏一『宋代科挙制度研究』（東洋史研究会、一九六九年）。李弘祺（Thomas H. C. Lee）『宋代教育散論』（*Government Education and Examinations in Sung China*），The Chinese Univ Press, 1985. John W. Chaffee, *The Thorny Gates of Learning in Sung China*, Cambridge Univ. Press, 1985
これらの研究の特色は、科挙と官僚選抜のシステムとしての教育に関わる点である。科挙に関しては、荒木敏一『宋代科挙制度研究』（東洋史研究会、一九六九年）参照。同書には、学校のシステムについての言及もある。

（4）宋代では、この種の研究が積極的に行われていないようである。皆無というわけではなく論文も幾つかあるが、全体的に統括していこうとする視点に欠けるように思う。今は、林友春「唐・宋書院の発生とその教育」（『学習院大学文学部研究年報』一二、一九六六年）、寺田剛『宋代教育史研究』（博文社、一九六五年）、大久保英子『明清時代書院の研究』（国書刊行会、一九七六年）などの、関連箇所を参照されたい。
宋代における書院は、私学・私塾の性格を強くもっていた。有名なものとしては、白鹿洞・応天府・石鼓・嶽麓書院などがある。書院の建前は自由な学問を追求し、官吏の教育に対抗して知行一致的な教育を目指すことであった。そこから庶民の立場にたった教育が行われた可能性を否定できないわけではない。だが、それを過大視するのは、疑問であろう。往時の農民にとって、重厚な内容をもつ農書より、図版で農作業を示した『耕織図』のほうが役にたったと推測されるのと同様である。

なお、川上恭司「宋代の都市と教育――州県学を中心に――」（梅原郁編『中国近世の都市と文化』一九八四年）は、都市と教育を論じ、私塾・学校を設けて活動する在地の有力者について考証する。非常に参考になる示唆に富んだ論文で、一層深く検証されることを期待する。

（5）嶋田英誠「徽宗朝の書學について」（『鈴木敬先生還暦記念　中国絵画史論集』一九八一年）。宋王朝のごとき官僚支配を基本におく社会において、スタッフ充足と維持の論理はあらゆる面に追求されなくてはならぬ。斯波義信氏が指摘するように（書評、梅原郁著『宋代官僚制度研究』東洋史研究四六―二、一九八七年）、中国の巨大な人口に対して支配装置のサイズは、あまりに小さい。とすれば、それを充足・補完するシステムに目を向けなければならない。ただ、ここで注意しなくてはならぬのは、そうしたシステムをただちに郷村や宗族に向ける短絡さである。軍制や学校のシステムの探求に新しい視座が必要であるとするのはその故である。その意味では、士大夫の文化的側面に支配統合の論理と組織を検討する嶋田氏のアプローチは、示唆に富んだものである。

（6）管見の限りでは社学に関する専論はないようである。社との関連で言及するか、辞書的な解説が大半である。

（7）仁井田陞「元明時代の村の規約と小作証書など――日用百科前書の類二〇種の中から――」（『東洋文化研究所紀要』八、一九五六年）。酒井忠夫「明代の日用類書と庶民教育」（林友春『近世中国教育史研究――その文献政策と庶民教育――』（国土社、一九五八年）。

（8）この点について組織的な研究は、十分でないようである。何が俗字化されていくのか。単純に辞書的な解説ではなく、系統的に解釈をつけることにより新しい文化の萌芽が把握されるように思う。この問題については、別稿を用意する予定でいる。

（9）今堀誠二「中国の庶民資料について」（勁草書房『中国の本質をみつめる』所収、一九八五年）。増井経夫「清代史料の下にうずくまるもの」・「近現代中国における民衆」（吉川弘文舘『中国の民衆と歴史』所収、一九七二年）。

（10）James Hayes, *Specialists and Written Materials in the Village World, Popular Culture in Late Imperial China*, Berkeley, 1985.
ただし、この論文は比較的最近の調査に基づくものである。

（11）増井経夫『中国の銀と商人』（研文出版、一九八六年）では、商人の死命を制する銀の鑑定方法について、細かな例があげてある。

（12）斯波義信「中国庶民史料ジャンルについての覚書」（『実学史研究』Ⅲ、一九八六年）。

（13）愛宕松男『アジアの征服王朝』（カラー版『世界の歴史』一一、一九六九年）。

（14）庶民に読まれた字を検索することは容易いことではないが、可能性がないわけではない。張択端『清明上河図』の中に書き込まれた文字や、絵図の中の店屋で使用されたであろう基本的な文字の検索などによって、若干の類推は可能である。それだけではない。例えば、孟元老『東京夢華録』巻七にもでている往時の開封の人気女優の丁都賽のブロマイドともいうべき宋代の雕塼がある（『文物』一九八〇—二に劉念茲氏の紹介が所収される）。この絵の左上には丁都賽の文字が陰刻してある。してみるとこのブロマイドを求めた開封の人は、この三文字がある程度読めたのではあるまいか。別条で論じるように、都市民はかなりの字が読めたようである。

（15）註（14）に関して一言しておく。具象絵画の中の文字は案外正確であることを承知しておいてほしい。我々が絵を描くとき、町の看板やビンのラベルを正確に写したのは、思い当たる人が多いであろう。ただし、昨今、海外にスケッチ旅行をしてくる人の絵を見ることが多いが、こうしたものの中には、随分とデタラメな文字を描きこんでいるものも多い。その国の文字に通じていないために、適当にアルファベットめいたものを描きなぐるようである。この種の手合の絵が史料に使えないことは、明白であろう。

（16）高橋芳郎「宋代の士人身分について」（『史林』六九—三、一九八六年）。松井秀一「北宋初期官僚の一典型——石介とその系譜を中心に——」（『東洋学報』五一—一、一九六六年）には、石介を取り巻く厚い農民層が示されており、往時の官僚一族の形態がわかる。

庶民そのものの形態をはかる論稿はとぼしい。だが、ここで論じていこうとするような階層の文化については、David Johnson, Andrew J. Nathan, and Evelyn S. Rawski (ed), *Popular Culture in Late Imperial China*, California Univ Press, 1985で、示されたような視点が参考になろう。

（17）この種の研究は、欧米の方が進んでいるようである。以下、関連の研究をあげる。Evelyn S. Rawski, *Education and Popular Literacy in Ch'ing China*, The Univ of Michigan Press. 1979, Ho Ping-ti（何炳棣）*The Ladder of Success in Imperial China-Aspects of Social Mobility : 1368-1911*, Columbia Univ. Press, 1962, William T. Row, *Hankow-Commerce and Society in a Chinese City, 1776-1889*, Stanford Univ. Press, 1984, Fei Hsiao-tung（費孝通）*China's Gentry*, Univ. of Chicago, 1953

（18）読書人が、地主階級を基盤とする富裕な階級の出身であったことは、贅言をまたない。すでに多くの立証論文がある。いちいち列挙しない。周藤吉之「宋代官僚制と大土地所有」（『社会構成史大系』巻八、一九五〇年）を参照されたい。

（19）都市の構造分析に関する研究は、また都市の中の階層構成をさぐることを可能にする。斯波義信「宋都杭州の都市生態」（大阪大学文学部『共同研究論集　都市史をめぐる諸問題』一九八四年）、「宋都杭州の商業核」（梅原郁編『中国近世の都市と文化』京都大学人文科学研究所、一九八四年）。布目潮渢・妹尾達彦「唐代長安の都市形態」（『唐・宋時代の行政・経済地図の作製』一九八一年）。妹尾達彦「唐代長安の街西」（『史流』二五、一九八四年）、“The Urban Systems of Chang'an in The Sui and Tang Dynastues : A. D. 589-907”, M. A. A. Beg (ed), *Historic Cities of Asia*,「唐代長安の盛り場」（上）（『史流』二七、一九八六年）。伊原弘「江南における都市形態の変遷——宋平江図解析作業——」（宋代史研究会研究報告第一集『宋代の社会と文化』汲古書院、一九八三年）などは、こうした問題に直接・間接に言及する。

ちなみに、梅原郁氏編集の論集には、梅原郁「南宋の臨安」、竺沙雅章「宋元時代の杭州寺院と慈恩宗」、衣川強「杭州臨安府と宰相」など、この種の研究に援用できる論文が多く載せられている。また、G. W. Skinnerが“Urban Social Structure in Ch'ing China”, G. W. Skinner (ed), *The City in Late Imperial China*, Stanford Univ Press, 1977で示した北京の構造図などは、都市の中の階層および構造の分析に大いに披益する。

（20）深沢一幸「陳起『芸居乙稿』を読む」（前掲『中国近世の都市と文化』）は、杭州の文化サークルについて論じる。

（21）この問題については梅原郁氏が若干の推定額を述べるほか、以下の論文がある。古垣光一「宋代の官僚数について——特に太祖・太宗時代を中心にして——」『中嶋敏先生古希記念論文集』下巻、一九八〇年）、「宋代の官僚数について——特に真宗時代を中心にして——」（『アジア史研究』八、一九八四年）、「宋代の官僚数について——真宗朝中期以降の人事行政上の新問題——」（宋代史研究会研究報告第二集『宋代の社会と宗教』汲古書院、一九八五年）、「宋代の官僚数について（その四）——真宗朝中期以降の猟官運動の激化——」（『中村治兵衛先生古稀記念東洋史論叢』刀水書房、一九八六年）。李弘祺「宋代官員数的統計」（『食貨月刊復刊』一四—五・六期合刊、一九八四年）。

（22）John Chaffee氏の研究はまず一九七六年のトロントのアメリカ歴史学年次総会（AAAS）で発表された。タイトルは"An Evalution of Local Histries as Sources for Sung Chin-shih Data"である。この成果は*The Thorny Gates of Learning in Sung China*, Cambridge Univ. Press, 1985の中に示されている。川上氏の業績は一九七八年の第四回宋代史研究会で「科挙と宋代社会——宋登科記考作製の試み——」として発表された。この折りの成果は、本章引用中の論文の中に若干示されている。

(23) 註(17)引用稿は、この種の問題を考えるのに多いに参考になる。とりわけRawski氏の研究は参照にすべきである。ちなみに、Jack Good & Ian Watt, "The Consequences of Literacy", *Comparative Studies in Society and History* 5. 3, 1963では中国の識字のミニマムを約三千とみる(三一三頁)。当該する宋代については、Liu James T. C,(劉子建)"The Classical Chines Primer : Three-Character Style and Authorship", *JAOS. 105. 2*, 1985,がある。

三　宋代都市における社会救済事業
――宋公共墓地出土の磚文を事例に

はじめに

中国宋代（九六〇―一二七九）になると、社会救済事業が充実してくる。とくに、飢饉や洪水などの災害の被害を受けた難民の救済が重要であった。したがって、貧民対策研究の主流は、災害対策の一貫としての救荒政策が中心であった。[1]もちろん、多様な社会政策があった。星斌夫氏の『中国の社会福祉事業』は、これら中国社会救済史を概括しつつ宋代にも遡っている。[2]このような社会救済事業から、都市の救貧事業の性格を抽出整理して総括したのが梅原郁氏である。[3]したがって、宋代の社会救済事業の研究と整理は、ある程度進んだというべきであろう。

もちろん、このほかにも、なお考えなくてはならぬ問題がある。たとえば、近年注目されている、中国で大きな力を持つ同族や地主がおこなう救済の問題である。[4]だが、ここではより大きな問題として、都市の公共事業からみた施策をあつかう。それは、近年、宋代の公共墓地の発掘により被埋葬者に添付された碑文が発見され、かれら下層民の境遇と生活実態があきらかになりつつあるからである。

本論が掲載される『中世環地中海圏都市の救貧』における筆者の役割は、環地中海圏都市とは一線を画する中国都市における救貧施策の歴史と状況ならびに成果を語って、比較史的視座を提供することにある。そこで、ここでは、それらを整理しつつ、困窮するものたちの死亡時の記録を通して救済事業のあり方を考えてみることとする。

一、中国宋代の社会救済事業

1　貧窮者の誕生

貧者がいる。貧窮という言葉もあるが、このような階層はどのようにして出現したのか。貧者が災害によって誕生するという固定的な考えから踏みこんでみる必要があるのではないか。そして、また、かれらはその所属する世界において、どのような特性と共通性をもっていたのか考えて見る必要があろう。貧民といっても農耕社会や海洋社会、遊牧社会など、それぞれの基盤社会によって違いがあると考えるのが妥当だからである。だが、現時点では、こうした点に関する詳細な考証が乏しいうえに、考慮なく貧者として一括されているのではあるまいか(5)。

貧窮者は災害などによってうまれやすいが、経済や社会の変動によってもうまれる(6)。農業社会である中国では、ことにこの傾向が強い。中国宋代の社会救済事業を紹介する史料『宋史』食貨志でも、中国儒教史の上で重要な意味をもつ『周礼』をひいて、不可避の災害を列挙している(7)。ここで論じる災害の種類はきわめて多く、水害、旱魃、天候不順、洪水、飢饉、蝗害、などがある。これらが流民などをうみ、ひいては大量の貧民をうみ出すとする。

災害とその衝撃は、社会変動をうむ(8)。ひとびとが難民となって移動していくことは、中国史上の基礎的な現象として、移動史ならびに開拓史とも関連した重要な研究課題となってきた。ここで、その現象を都市への流入として考えるのは、宋代でも災害によって発生した難民が食糧の備蓄が完備している都市へ大量に流入する傾向にあったからである(9)。

こうして都市に貧者があつまる。もっとも、実際に当時の社会において貧者と規定される人がいたことを具体的に個人の例としてあげる例は多くない。だが、ここに、貧者を埋葬した貴重な史料集『北宋陝州漏沢園』（以後、『報告書』と略称）があるので紹介しつつ検討する。[10] この史料集は北宋後半期の全国の行政都市に敷設された、漏沢園と呼ばれる公共墓地に埋葬されたひとびとに添付してある磚に記された文の集成本である。これには、ほぼ四行程度の簡単なものながら、被埋葬者の履歴と公共墓地に埋葬した次第が記してある。磚は被埋葬者の記録と事務手続きを確認するものとして作成された。まず、「報告書」七〇頁の「M0106磚墓志二块　墓主無名氏」である。なお、数字は磚の番号である。埋葬に際しては一定の配列があったが、ここでは発掘時の記録にしたがう。

雲字号、不知姓名貧子婦人、年約七十四五、右廂身死、十一月七日検験。

とある。これは城内で死亡した七十四歳ぐらいの貧民の碑文である。また、『報告書』一〇一頁「M0122磚墓志二块　墓主無名氏」には

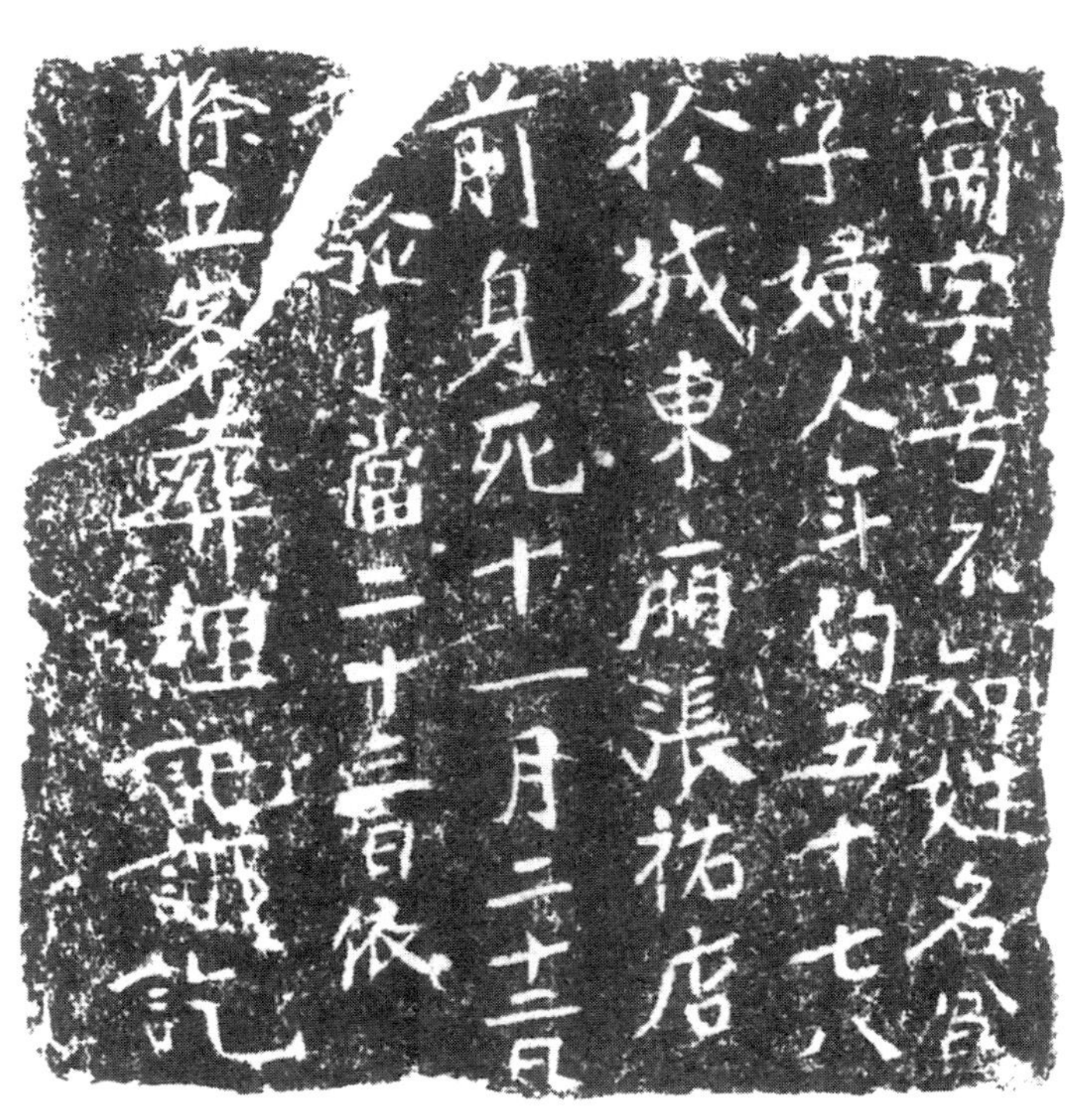

図1　『北宋陝州漏沢園』所収の碑、M0122

崗字号、不知姓名貧子婦人、年約五十七八、於城東廂張祐店前身死、十一月二十二日検験了当、二十三日依条立峰、葬埋記訖。

とあって、姓名不祥の貧しい婦人が街中で死亡し、埋葬されたことをのべている。

『報告書』一一三頁、「M0129磚墓志三块　墓主阿劉之二」には、

夜字号、本府左廂貧子院賈貴抬舁到婦人阿劉、年七十歳、係河中府人事、十□月初一日依条立峰、葬埋記識訖。

とある。これらは当時の行政組織が明確に貧民と判断して収容していた女性の死亡に対処した事例である。[11]ひとりは貧民ながらも名前がわかっている。阿劉とは夫婦の名前の阿・劉の合成であり、当時の庶民における夫婦の意識解明に裨益する。そのかれらが、どこからどのように集まったのかの解明は、今後の課題である。

災害が難民をうみ、ひとを貧民においやるというのは、大方ただしいのであろう。だが、貧民はそうした王朝末期の社会変動や災害などからだけ生じるのではない。国家創建のいわば張りつめた緊張感の時代にも存在しているし、政権の交代からも移動からも出現する。貧民すなわち自然災害から出現する存在とのみ考えてはならない。

問題にひとつの視点を挙げているのが宮崎市定氏の無頼に関する議論である。[12]明代の社会組織の変化は、江南社会の変質をうむ。都市に流入したものたちは、本来帰属するべき宗族社会から切り離されて、都市の有力者に身を寄せ職業として暴力をふるうようになる。これが無頼、すなわち、頼るべきものがなく孤立させられた存在となる。そのかれらが都市の最下層の身分を構成することを論じたのだ。中国では、古代から都市に遊民がいたことがしられているが、明までもその傾向が続いていた。宮崎氏はその問題に一定の視点をあたえたのである。[13]

なお、一言しておくと、近年、貧民の発生の起因たる社会変動を、自然変化と関連させた環境問題を根底におく論説がある。[14]災害はまた、次の災害も呼ぶ。そして、窮乏をまねく。歴史上にみられる庶民の窮状は、一般的にはこれらの災害の連鎖が大きく影響していたと考えるのだ。普通に農作物が収穫でき、天候も順調であれば、ひとびとは安

定した生活が送れる。実際、このような事例を、宋代というより、中国史上に検索してみると、ここでも多くの災害を経験してきたことがわかる。それらを整理したデータ表によると、内容は実に豊富である(15)。しかも、災害は王朝末期におおくおきている。もっとも、だからといってこれを自然のサイクルその他に帰すのは問題である。自然環境の変化や災害が、一定の時間を経過した王朝に集中的におきて権力を崩壊させるのではない。権力自体の衰退や変質が、統治能力を衰退させ、災害への速やかな対応力を衰退させて増幅させるのも原因と考えるべきである。

求心力と政策遂行能力を失った権力は、諸事に敏感に対応する能力を失わせ災害を大きくする。この点を見失ってはいけない。王朝末期に災害が頻発し救済事業の発達をみるといっても人為的な面が多いのだ。

2　宋代における社会救済事業

一君万民の社会において困窮者を出さぬことは、天帝の子として君臨する天子のつとめでもある。このため宋代でもさまざまな社会救済事業がおこなわれていた。その充実は建国後ほぼ一〇〇年たった一〇五七年ごろから始まる(16)。これらは、宋代の記録『宋史』食貨志所収の恤災の項目や『宋会要輯稿』食貨の当該項目などに記述してある(17)。たとえば、食料の供給についていえば、冬期の始まるまえの一〇月に救済者の名簿を作成し、一一月二日より、翌年二月まで、中国枡で大人米一升、子供はその半分を供給するなどの救済をはじめたのである(18)。

これらに従えば、宋代において、政府の事業として、あるいは各地方においてさまざまな救済対策をおこなっていたことがわかる。それらは飢饉に際しての食料配布、災害からの復興援助、流亡者への援助、孤児・老人・身寄りのないものへの援助、公設病院の設置、行き倒れその他のものへの救済と埋葬など多岐に及んでいる。

当時の都市における主要な救済施設の三本柱として、公共病院としての安済坊、生活困窮者の救済施設としての居養院、公共墓地としての漏沢園があった。これらは、おおむね一二世紀初頭、すなわち徽宗の即位によって、全国的

表1　宋代の社会救済とその費用

年月日	西暦	場所	救済内容	支出	その他	出典
天禧中	1017～	京畿近郊の寺	行き倒れの埋葬(大人)	600文	1棺ごとに	『宋史』178食貨上賑恤
天禧中	1017	京畿近郊の寺	行き倒れの埋葬(子供)	300文	1棺ごとに	『宋史』178食貨上賑恤
嘉祐4年12月乙亥	1059	全国の都市城郭内の広恵倉	11月1日から翌年2月末まで	米1升(大人)	3日に1回(冬季4ヵ月)老弱疾病で自活できぬもの	『続資治通鑑長編』189、『宋史』12食貨・常平
嘉祐4年12月乙亥	1059	全国の都市城郭内の広恵倉	11月1日から翌年2月末まで	米5合(子供)	3日に1回(冬季4ヵ月)老弱疾病で自活できぬもの	『続資治通鑑長編』189、
崇寧3年	1104	杭州府城内外の居養院	老人・貧乏・生活できぬ人・乞丐	米1升・銭10文	紹興13年改めて施行(大人)	淳祐『臨安志』7養済院
崇寧3年	1104	杭州府城内外の居養院	老人・貧乏・生活できぬ人・乞丐	米0.5升、銭5文	紹興13年改めて施行(子供)	淳祐『臨安志』7養済院
崇寧3年	1104	杭州府城内外の漏沢園	雇い人への給与	銭5貫・米1石	僧侶へ支給の月ごとの常平銭	淳祐『臨安志』7養済院
宣和2年	1120	全国の救済施設	食料・銭支給(一人)	粟米1升・銭10文	元豊の旧制により居養院・安済坊・漏沢園で実施	『宋史』178食貨上賑恤
宣和2年	1120	全国の救済施設	11月から正月まで支給	柴炭・銭5文省		『宋史』178食貨上賑恤
宣和2年	1120	全国の救済施設	安済坊	銭・米・薬	居養法に従う	『宋史』178食貨上賑恤
紹興31年1月	1161	杭州府城内外	貧乏の家	銭200文、米1升、柴炭銭	ひとり分	『宋史』178食貨上賑恤

これは一例である。このデータは低辺にいきるひとびとの経済状態を示す一例ともなる。
出典:『アジア遊学』№.18「宋銭の世界」11頁所収、2000年7月

に活動をはじめた。当時の記録によると、大都市はおろか戸数数千戸であっても、官吏のいる都市には設置したとある。[19] 漏沢園自体も神宗の治世、すなわち一〇七九年に設けられているが、活動や発掘事例に徽宗年間のものがおおいのが、この施策の特徴でもある。しかし、これらの施設が南宋まで継続していたことは、居養院と漏沢園が南宋の一二二九年に作成された『宋平江図』に描きこまれていて礪波護氏が論じたところである。[20]

こうした施設の詳細がわかるものがある。梅原氏は

前引の論文のなかで居養院の概要を、一つの施設に一八のベッドを置き、一つのベッドに三人あまりを寝かせたと推定する。そして、大体、一つの都市で百人前後を収容したと推定する。これが多いのか少ないのか。都市の人口次第だが、強固な血縁集団が存在して公共施設への収容を拒否しがちな中国都市では妥当な線かもしれない。これらの管理運営は、僧侶を中心とした聖職者がおこなっていた。宋代の聖職者は政府から度牒という認可状を受けて活動を保証されていたが、活動の評価は昇進にもつながった。宋代都市の収容施設が明確な意図のもとに設計され配置されていたことがわかる。なお、これらの施設は場所によって名前が異なった。慈善施設であることを強調するためであろうが、内容に大きな違いがない。

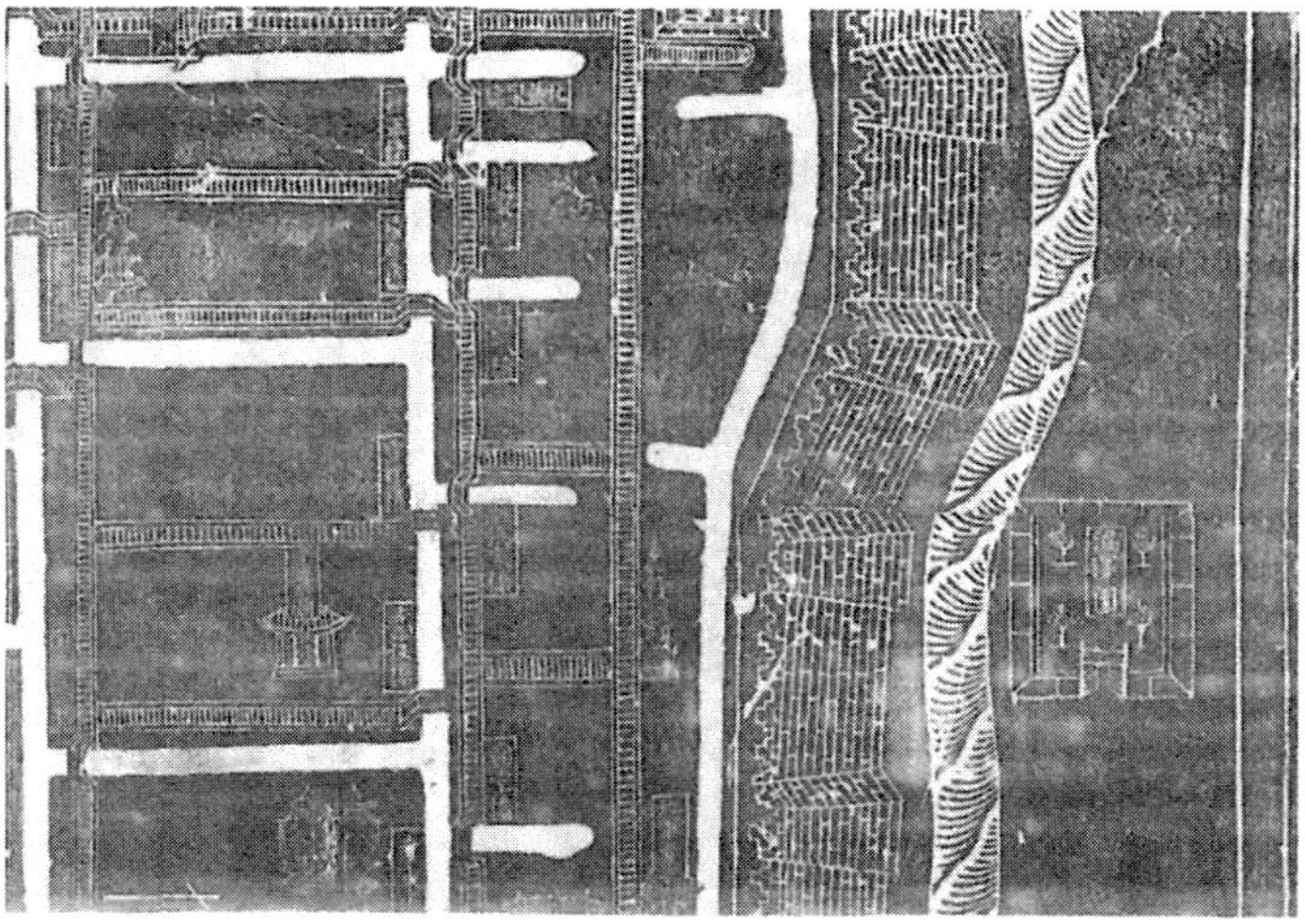

図2　『宋平江図』(南宋、紹定2(1229)年刻。運河の東にあるのが漏沢園である

宋代社会は北方民族との対峙など諸問題を抱えていたが、通史的に考えれば比較的安定し繁栄した時代であった。常識的に考えれば、このような時代に多様な救済事業が登場することは疑問である。しかし、繁栄は一方でひずみをうむ。豊かな社会が登場すれば、社会変動についていけずに没落していくものもある。しかも、繁栄する社会は、それなりの負担をもとめる。すなわち、税である。中国史上の税は複雑であって、役の負担などもあった。しかも、重い[21]。もちろん、税制の改革など対策はあったが、ひとびとのあいだに格差が生じていくのは無理か

らぬことである。そこに、救済事業が北宋後半の繁栄する都市に盛行した理由がある。(22)

もっとも、ここで、都市の救済を論じるにしても、東アジア、とくに中国圏の都市とはどのようなものか、確認しておかねばならぬ。とくに、中国都市が行政的に都市内部を統一していないばかりか、農村と都市部をも明確に分けず、城壁内の行政域も分割されていることが、(23)中国都市の特異性を論じさせる原因となってきた。この点を明確にしなくては、都市の社会事業を論じることができない。宋代には都市と非都市域を区分する城壁の設置が十分でない箇所も少なくなかった。とすれば、都市のデータが農村と都市の双方のデータを含んでいることになるからである。

とはいえ、救済の施設や関係組織は、農村対象であってもおおむね都市域に置かれて活動の拠点とした。したがって、都市に多大の影響をもったことは否定できない。しかも、藤田弘夫氏の一連の研究が指摘するように、都市は飢餓を避けるように動く。(24)よって、都市への救済は厚いものになり、かえって難民を引き受けることになる。そして、それにあわせて都市行政にも工夫が凝らされた。それらは都市整備など広範な領域にわたったが、ここでは社会行政の問題について論じる。(25)

二、黄河南岸の都市と社会救済

1　都市に住むものたち

中国は都市の国家であった。(26)そのなかでも、宋代はとくに都市の発達が顕著な時代と指摘される。このなかで江南の都市の発展が目立つが、華北でも多くの都市の発展が見られた。宋代は江南へ比重が移る時代であったが、だからといって華北都市が停滞した時代ではない。(27)

たとえば、中村治兵衛氏が詳しく論じた宋代黄河の南岸の都市滑州や吉岡義信氏も論じた黄河縁辺の聚落の例がある。さらに、王文楚氏も華北の交通路とあわせて都市の点在を論じている。(28)黄河沿辺にはこのように、注目に値する多くの都市が点在していた。とくに、中村治兵衛氏は地方都市の史料としてはめずらしい、商業ギルド「行」の活動を紹介している。ただ、この滑州が実は宋代の衛南県であって滑県でないことは、註（28）引用の拙論で立証した通りである。

これらの都市は黄河にそっていることもあって、宋にとって二重の意味で重要だった。そのひとつが、黄河をたびたび襲う氾濫との関連である。黄河氾濫は都開封の治安のみならず、農民の安定にも関わる問題でもあった。それゆえに、幾度となく黄河の工事が繰り返されてきた。(29)そして、そのために、宋は多大の人夫や工事夫を黄河縁辺の都市に集めていた。これらの人夫は賦役の税として集められただけでなく、災害その他によってさすらうひとびとへの社会救済事業としてもおこなわれた。軍兵の存在そのものが、救済事業だったのだ。(30)

次が防御の問題である。黄河は北方からの華北に対する防衛の第一の拠点であった。歴代を通じて黄河は中原防御の第一の拠点であった。と同時に、それゆえに、北方への重要な交通路と商業上の取り引きの拠点でもあった。註28にあげた中村氏の論文が、宋代の地方における唯一のギルドの存在を論じているのは、このためである。註28引用の拙論ならびに引用史料で論じた『行務碑』は、都開封と同じギルドが存在し、黄河縁辺の都市の商業、すなわち、北方ならびに黄河沿いに展開する軍隊の物資補給をになっていたことを示すのだ。(31)

『行務碑』には都市生活をささえる一八のギルドが記録されている。また、軍関係に関係する職種もあがっている。一般に宋代社会は文人社会といわれるが、一方で軍人社会でもあった。徴兵制から募兵制へ移行した宋代兵制の実態や配分はまだ、わかっていない。しかし、弱体化していた兵質を維持するために、ひたすら増兵がおこなわれていた。その結果、北宋は質が悪い兵士を大量に保有することになった。貧民から兵を職業とするようになったものを防衛や河川工事に当てたがゆえに、実戦に弱い。だが、外に対する弱兵も内に対しては強い力を発揮する。素悪でも軍事力をもっているからである。そのために、宋は弱兵ながらも、一大軍事力を有する国家であった。その圧力が宋を苦しめるのだが、これらのおおくが華北社会防衛のために、北辺に配置されていたのである。この兵力のかなりがとくに、都を守る最前線の黄河ラインに集中していたのである。したがって、この地から発見される漏沢園に軍人の磚がおおいのである。『行務碑』のなかの軍関係の職種は、かれらを維持するためにも機能したのである。

『行務碑』の断片的な文面からみると、碑はこの一帯にくらすひとびとが廟にささげたもののようである。常に氾濫を繰り返す黄河流域の聚落は氾濫によって打撃を受けるが、存在理由は黄河に起因する。だからこそ、鎮河水の廟を祭って、災厄を逃れようとした。把握されるこれらのはいずれも大規模なもので、ひとびとの尊敬を受けていたようである。(32)

『行務碑』は、黄河縁辺に多くの人と多様な職種が集中していたことを示すが、若干の行政関係者の職種も記し、華北都市の性格を判断するための重要な史料でもある。それが、郡頭、教化人、所由である。前二者はよくわからないが、所由は胥吏である。(33) 胥吏、つまり地方で採用され事務官は、地方官衙で事務処理に当たるが、賄賂その他を誅求する悪しき存在ともされている。だが、ここではそれをこえて、廟建設に協力した存在であったことがわかる。ちなみに、所由は衛南県の漏沢園碑文のなかにも名前が確認でき、地方行政の要として幅広く活動していたことがわかる。

宋代の都市に多様な階層と職種のひとびとが集まっていたことが知られている。(34) だが、地方都市、とくに、北宋時代の華北都市での実体はそれほどあきらかではない。この点からも、『行務碑』は、黄河縁辺の都市の社会構造を示す貴重な史料といえる。『行務碑』は宋代開封の実情を描いた『東京夢華録』的な都市が、地方都市でも展開していたこと、華北の小都市もそれなりの規模を持っていたことを示すのである。

そして、それをより明確に示すのが、公共墓地としての「漏沢園」史料である。漏沢園そのものはおおむね方形で、まんなかに道が通っており、区画された墓地が整列している。[35] 埋葬の土地は、現在の換算で一m×二mの規模を持っていた。ここに埋葬されたものは主として軍人であるが、元来は行き倒れや貧民、政治犯や単純な犯罪者、遠隔地からきた商人などを埋葬する公共施設であった。かれら被埋葬者を探ることは、一般的な都市居住者の分析を超えて、より深い問題に入ることを可能にする。

ところで、従来、漏沢園出土の磚文紹介は断片的だった。しかし、陝州や滑県のようなまとまった発掘があったので、検証が可能になってきたのである。すくなくとも陝州というひとつの小都市については集中的枚数が把握され、解析が可能になったのだ。[36] そこで、これを紹介するが、まずは陝州について説明しておこう。

『北宋陝州漏沢園』の当該地の陝州は現在の河南省の西端にある小都市で、黄河の要衝にある。宋代においては、現在の陝西省の入り口にある軍事上の拠点であった。とくに、党項族の建てた西夏への対応拠点として重要で、軍兵が集中する都市だった。一帯は黄河の難所で、近くには塩の生産地解州もあった。このことを反映して、陝州の磚文には軍兵のほか宋代河畔の軍事都市に共通した水利工事関係者の磚文もおおい。とはいえ出土磚文の大半が軍人のものので、宋代の都市におおくの軍兵が集められていたことも示唆する。だが、一方で、いわゆるなまの貧民の一級史料でもあることも述べたとおりである。

なぜ都市に人があつまり繁栄するのか。それは、社会がコントロールを失ったゆえである。社会全体にひろがる無力感や不安感は、ひとびとを都市にひきつけるのだ。[37] そして、都市が繁栄し拡大する。だが一方で、むやみな都市への人口集中は混乱も招く。その一端が漏沢園史料にみえるのだ。兵士や貧民の記録は、社会行政混乱の反映としてでてくるのだ。

中国の社会行政は多様である。それらのおおくは都市に限ったものではない。都市のみならず農村までを対象にした幅広いものである。したがって、それらを都市行政に特色あるものと定義づけることはできない。だが、救済施設の拠点は都市におかれるのが通常である。それは、政治上の拠点が都市にあるからである。かくして、宋代の行政拠点一六〇〇前後の州県城に、救済設備がおかれたのである。これらのうち、都市での救済事業を検討してみよう。

まず、考えなくてはならないのが、多様な救済事業の内容である。元来の中国の救済制度は窮乏する民の救済を旨とした。その内容は食料の供給や公的な機関への収容、また、物価の安定と公平な配布、減税や税の免除、犯罪の軽減や恩赦などである。これらは、各正史ならびに地方志その他に記録があるし、施行に努力した各官僚たちの墓誌銘などにも記録がある。これらは支給を旨としており、どちらかといえば、能動的でない。だが、積極的な政策もあった。

積極的政策とは雇用の促進や農産業その他の積極的な回復政策である。これらのことは、すでに紹介した『宋史』食貨志所収の恤災の項目にくわしく述べている。それによれば、流亡する民の定住化の促進や無主の土地への振り分けなどがおこなわれている。また、より積極的に、流亡するひとびとに職を与えることも模索している。

もちろん、そのなかには災害により人がいなくなった土地を給して農業に従事させたり、政府の工事に雇用したりという政策が含まれる。だが、注目すべきは、兵士としての雇用である。宋代の軍事制度や兵士の制度についての研究はすこしくあるが、兵士として雇用されていく過程の研究は乏しい。だからこそ、罹災者を兵士にするという記述は興味深いのだ。宋代の兵制の基礎は募兵制であったが、災害は兵制の維持と兵士の誕生に寄与したのである。そして、この結果、かれらの多くが宋王朝の国土保持政策をになった。かれらのおおくが河川工事に狩り出されたのである。軍人として登録されても、仕事は工事人夫というケースが少なくない。都市における職種や史料の読み込みにはこの点の注意も必要である。(38)

2　磚文の世界

陝州漏沢園の史料を使いながら論じてきたが、実は他にも出土事例がある。最初にあげなくてはならないのは河南省の事例である。この遺跡は一九六七年に河南省滑県万集村で発見された。

これが、「万集墓群」で、「談河南滑県発現北宋漏沢園」（『河南大学学報』〈哲学社会科学版〉一九八六年四期）として報告された。この遺跡からも多くの磚文が発見された。その一部は『新中国出土墓誌、河南〔壱〕』上下二冊（中国文物研究所、河南省文物研究所編、文物出版社、一九九四年）におさめられている。被埋葬者にそえてあった十枚の磚の紹介である。これらは河南大学の報告と合致するものがおおい。調査が代表的事例に終わり、社会分析史料として重視されていない様子がうかがわれる。

すでに述べたように、これは埋葬されたものの履歴をしるすとともに、遺体埋葬確認の書類でもあったようだ。関係した役所ならびに関連の官員が次第を記入している例があるからである。その一例が磚文を紹介した写真に、磚の背面に手形を押したものが掲載されていることである。これは、こうした史料によく見られるもので、事務処理をつつがなく終えたことを確認するものである。

事務手続きを検討してみよう。出土磚文には、遺体を公共病院の安済坊、収容施設の居養院、所属の軍、かれらが収容されていた牢獄、さらには被埋葬者が死亡した商店などから運んできたことを記している。(39) このほか、貧窮にあえぐ遺族が望んで埋葬された例も記録している。すなわち、それぞれの施設が機能しつつ、連携もしていたことがわかる。

遺体を搬送するのは地方官衙の役人であった。役職名として、県尉、県主簿、司戸、司理巡検などの官職名がでてくる。(40) これらは地方末端の官吏で、牧民官である。かれらが宋政府の地方行政の末端をになう、庶民にもっとも近い官吏であった。もっとも、地方には胥吏とよばれる、より末端の地方採用事務官吏がいたので、実際にはかれらの役職であった可能性が高い。だが、中央から派遣された官僚候補の役人もこの役についている事例は、地方官衙の役人が率先してこの任にあたっていたことを示すとおもわれる。そして、この遺体を定められた場所に埋葬した。

次が被埋葬者である。発見された漏沢園の出土磚の圧倒的数が軍人のものである。陝州漏沢園の場合、職業などを記した一四六枚の磚のうち軍関係はおよそ一〇三枚である。述べてきたように公共墓地における被埋葬者の主体は、圧倒的に軍人・兵士などであった。他の地域も同様で、滑県などのわずかな出土事例でも軍兵の磚の比率が非常に高い。これは一体なにを物語るのか。

陝州漏沢園の磚から軍職の内訳けをみてみよう。まず、保捷（四枚）、雄勝（一枚）、保寧（一枚）、三門水軍（一枚）、三門西山河匠（一枚）がある。これらは中央軍と関連を持つが、ほかにも壮城（三枚）、遞鋪（二〇枚）、馬鋪（一枚）、急脚鋪（一枚）、壕塞司（八枚）があった。下級の兵士の磚がおおいことがわかる。とくに、雑役夫の勤めを果たす下級の廂兵の碑は一四枚出土している。宋代の史料には、飢民を軍、それも雑役の廂兵に編入したとの記録がおおくでてくるが、それがこのことからも示される。(41) 都市の施設に収容される軍兵の実態が、実は貧民であり、難民であること。それゆえに他所から兵役のためにやってきた流民でもあったことがわかる。

では、かれらを都市民とみなせるのか。これは難しい問題である。宋代の記録や都市図を検討すると、軍営が城内にあることがおおい。たとえば、宋代蘇州の『宋平江図』や南宋の地方志たる『景定建康志』所収の「建康府図」、『咸淳臨安図』所収の「京城図」を検討すると、城内に軍営を多く描きこんでいる。だが、一方で、城外にも軍営が描きこまれている。(42)

では、かれらの総数と都市人口に対する比例はどうなのだろうか。全体の軍兵の総数は類推がある程度可能である。だが、小さな現地部隊の総数の確定はむつかしい。都市による違いもあるし、規定通りの配備がおこなわれているかどうかも不明だからである。第一、都市陝州の人口もよくわからない。

しかし、宋代の常識からいえば、西辺の軍事都市の人口がそれほど大きいとは思えない。多くてもせいぜい数万と思われるし、もっと少ない可能性もある。そこに中央から軍兵が派遣されただけでなく、地方軍もいたのである。これらの比率がどうなるのか興味があるが、明確でない。出土磚三七二枚のうち、職業の記してあるものが一四六枚。そのうちの約五分の一が都市の庶民ならびに流浪者、行き倒れのものとするると、この比率は高いのか。それとも低いのか。(43) はたまた、数字の操作そのものが危険なのか。(44) もうすこし考えてみる必要がある。

陝州を中心にみてきたが、このほかにも滑県と洛陽の事例を検討したい。だが、それぞれが一〇枚程度にすぎず、事例を比較検討するほどの史料数でない。磚文も圧倒的に軍人のものである。しかし、ここでも、それぞれの機関が連携して、貧者ならびに身寄りのないもの、行き倒れのものや、軍属、犯罪者の埋葬をおこなっていることが理解できる。滑県の事例をあげよう。碑文は『河南大学学報　哲学社会科学版』一九八六年第四期「談河南滑県発現北宋的漏澤園」に、所収の宋采義、予嵩氏による。

据所由王用等□□

安斉坊検訖、因病身死、

軍人彭琮尸首

葬、二十二（?）字号、政和三

年十一月三十日

乙丑六十九字号、系列

是妻阿李、無力、

乞葬夫王立尸首、

重和二年初六
日葬。
丙寅二十二字号
検訖獄内賊人王
徳尸首、年約三十
四五已来、宣和三
年十月初七日
葬

などの事例である。

これらは乏しすぎて、陝州の事例におよばない。だが、わずかながらも紹介された内容は、陝州と大同小異である。ここから、黄河沿いの都市ならびに聚落には、難民や貧窮者を出身母体とする多くの軍属や犯罪者がいたことが窺える。

次にかれら被埋葬者の死亡年令を解析してみよう。ここでももっとも出土事例の多い陝州を検討する。

10代＝4人　20代＝2人　30代＝28人　40代＝19人　50代＝6人　60代＝2人　70代＝3人　80代＝1人

となり、壮年の多いことがわかる。かれらの埋葬時期は徽宗（在位一一〇〇～二五年）の統治年間に限られており、徽宗の統治開始四年目の崇寧四（一一〇五）年にはじまり、政和六（一一一六）年で終わる。別に報告されている洛陽の事例でも政和七（一一一七）年が最後である。こうした事例は特定目的の収容所だけに内容が偏ることがおおい。養老院の平均年令が世間一般の平均年令と異なるのと同じである。だが、それでもいくつかのことが指摘できる。神宗（在位一〇六七～一〇八五年）から哲宗（在位一〇八六～一一〇〇年）の時代に活動したものたちである。もちろん、英宗の前の仁宗の末年に生まれたものも少なくない。だが、兵士となった二〇代と兵としての任務の終わった四〇代を勘案すると、かれらが転身を余儀なくされた時代は哲宗の時代と考えるのが妥当であろう。

北宋末期に混乱の度合いを増す社会。そのための対応を急がされる政府。その貧窮対策は死者の埋葬にまで注意しなくてはならぬ状況であった。しかも、公共墓地に埋葬される多くの兵士が貧民から供給されたものであったとすれば、徽宗末期の社会における混乱はその前代に用意されていたといわなくてはならない。そして、その余波をうけつつ徽宗の政治がおこなわれたと考えるべきであろう。(45) 政和六年前後以降の埋葬がないのは、このころから地方行政に混乱のあったことを示すのだろうか。

おわりに

以上、宋代社会における都市の救済事業を概観しつつ、埋葬されたものの記録を見てきた。出土磚文は陝州におけるものが数も多く、一番整理され、よく分別してある。さらに、これをいままで解析を重ねてきた滑州の事例、ならびに関連碑文とあわせて検討すると、軍兵化した窮民を収容した宋代華北の都市の共通した姿が浮かび上がる。と同時に、都市内部における多様な下層民も把握できる。これらを整理しておこう。

埋葬されたものは記述したように軍人が多く、庶民は少ないようにおもわれる。実際、見学した滑県の漏沢園にも軍人がおおく、当初は軍人墓と命名されていたとのことであった。したがって、漏沢園に収容された遺体が、おおく軍人のものであったことは事実として確認できる。ただ、これも示唆してきたが、かれらすべてが生来の軍人ではなかった。災害その他による救済対策によって軍人となったものが大半なのだ。しかも、かれらの死亡した場所が、これまた公共の収容施設である。となると、役割を終えた兵士や、病気にかかった兵士のおおくが、公共施設に収容されていたことになる。かれらには中年のものがおおいから、その発生は二五年に及ぶ徽宗の政治の前期か前代皇帝の時代となる。

公共墓地を全国に設置しなければならなかった理由と、関連施設の設置は宋代社会に生じていたゆがみを示すようにおもう。

本章では中国宋代都市における救貧事業のあらましを紹介しつつ、貧窮の末になくなったものたちの行く末をみた。宋代社会にはさまざまな救済事業がおかれたが、死亡したものをどうするかが大きな問題であった。都市の近辺に多くの遺体、それも数千という数で放置されていたことが記録に残っている。もちろん公共墓地に埋葬されることがかれらの望みであったとはいいがたい。だが、一方で依るべき場所のない人達は、遺体がのざらしになることも恐れた。同時に火葬もまた中国の人々にとって忌避するべきことであった。

宋代の貧民対策は、皇帝の恩威をもって、ひろく貧民に及んだ。そのなかでも、とくに死亡者の埋葬は、遺体の焼却やのざらしを恐れるものに、ひとつの安らぎをあたえたのではあるまいか。中国社会のひとびとは一族を離れて公共墓地に埋葬されるのを嫌ったといわれている。だが、ここであげた人々は、家族によって埋葬されるのぞみが少ない。さりとて、そのままにもできない。ゆえに、政策は都市の清潔さを保つという意味においても、重要であったと思う。この各種の救済が社会の安定とやすらぎを目指すものであったとすれば、貧民と深い関係をもつ軍兵救済の充実を示すものであったといいうるであろう。

その意味でこの施設を利用したものの大半が軍人や犯罪者、諸施設への収容者であったことに興味がもたれる。かれらの状況を分析してみると、漏沢園に収容された遺体の主は中年が多く、英宗から神宗の初期にかけて生まれ哲宗のころにかけて没落し、災害対策、失業対策として兵に登用され、体力がなくなって、徽宗時代に各種の救済施設に収容され、病没、という人生が浮かび上がってくる。

北宋末期の社会に生じた不安のなかで、災害対策として軍兵に吸収されたひとびとが地方に派遣され、そこで孤独な死を迎える。宋代都市で救済の対象となったのは、このような人びとであった。かれらの行く先が漏沢園であったとすれば、宋代、というより、中国社会の貧民救済を考える際には、その解析方法を根本から組みたてなおしてみる必要があることを示唆しているようにも思える。

註

(1) 宋代には、災害で発生したときの対策書『救荒活民書』があり、各災害それぞれに応じた政策がとられていた。吉田寅『『救荒活民書』と宋代の救荒政策」(『青山博士古稀紀念　宋代史論叢』省心書房、一九七四年)がある。このほか、王徳毅『宋代災荒的救済政策』(台湾商務印書館、一九七〇年)参照。

(2) 総括的なものとして、星斌夫『中国の社会福祉事業』(山川出版社、一九八八年)がある。星斌夫氏には『中国社会福祉政策の研究』(国書刊行会、一九六五年)もあり、明以降の農民への食料配布を念頭に社会救済を論じている。宋代史についていえば、飢餓、洪水、孤児などの救済例や火事その他の例に至るまでの広範な救済事業が研究されている。星斌夫氏の著書の題であきらかなように、少し前の研究では前近代における社会救済事業を社会福祉としていた。だが、福祉という概念はきわめて現代的な観念なので、上からの救済という感覚のつよい前近代の救済事業に使用するべきでない。

(3) 梅原郁「宋代の救済制度――都市の社会史によせて」(中村賢二郎編『都市の社会史』ミネルヴァ書房、一九八三年)。梅原氏の論考は、宋代の救済事業を都市問題と絡めて絞り込んだものである。このほかの先駆的論考として福沢与九郎「宋代における救療事業について」(『福岡学芸大学紀要』三―一、一九四八年)、「宋代に於ける窮民収容事業の素描」(『福岡学芸大学紀要』六―二、一九五一年)、「宋代助葬事業小見」(『福岡学芸大学紀要』七―二、一九五二年)がある。

(4) 宋以後の研究の一つの視点として宗族があがっていることにも注意が必要である。中国の家族は巨大なまとまりをもち、宗族として閉鎖的な集団を形成してきた。かれらは一族の団結と栄達の為の資金で同族共済活動をする。その一貫として貧窮する同族への手厚い配慮もした。これもまた、社会救済である。もちろん、農村的な意味をおおく持つこれらの社会集団を都市と関連させていくことは無理があるかもしれない。夫馬進『中国善会善堂史研究』（同朋舎出版、一九九七年）は、中国の私的な社会救済事業に目を向け、その機能と性格をあきらかにしたものである。いずれも、中国社会の内部にある矛盾に社会がどう対応したかを論じたもので、それぞれ公的対処と私的対処の実際を論じている。このほか、宗教機関がおこなう事業もあった。多様な事業は同時に救済事業でもあった。都市での活動事例として、石川重雄「宋元時代における接待・施水庵の展開──僧侶の遊業と民衆教化活動」（『宋代の知識人』汲古書院、一九九三年）、「巡礼者の道と宿──伝統中国の巡礼」（『月刊しにか』一九九三─九、一九九三年）がある。

（5）社会形態によって貧者の概念が異なろう。わが国でもっとも有名な古代文学史料が、『万葉集』に記載される貧窮問答歌で、農民の貧窮を示すものとして夙に名高い。だが、これは農村の史料である。古代都市における貧窮者の存在を示す事例として藤原京の事例があり、人口問題と関連して貧窮者の存在と収容施設が論じられている。手近で最新の考察事例を紹介したものとして、木下正史『藤原京』（中公新書、二〇〇三年）がある。だが、同書ならびに拙論「『清明上河図』と北宋末の社会」（『清明上河図』をよむ』勉誠出版、二〇〇三年）で述べたように、収容施設における数値は特異なもので平均的事例を論じる論拠たり得ない。災害と貧窮者の都市への集中については、藤田弘夫『都市と権力──飢餓と飽食の歴史社会学』（創文社、一九九一年）、『飢餓・都市・文化──都市論を超えて』（柏書房、一九九三年）、『都市の論理──権力はなぜ都市を必要とするか』（中公新書、一九九三年）参照。

（6）伊原弘「宋代社会と銭」（『アジア遊学』一八「宋銭の世界」勉誠出版、一九九九年）で論じ、「『清明上河図』と北宋末の社会」『清明上河図』をよむ』勉誠出版、二〇〇三年）で再掲載した表のように、北宋後半期は物価高などの傾向がありつつも、経済的には高揚している。災害がとくに集中しているともいえない。だが、社会救済事業が充実していく時代でもある。繁栄と災害と都市の発達と貧窮者の関係は多角的に考えなくてはならない。宋代の災害については宋代史研究委員会編『宋代史年表』（北宋）・（南宋）（東洋文庫、一九六七・一九七四年）参照。

（7）『周礼』は出自が怪しい本である。前漢武帝のころに発見された儒教の聖典として有名だが、経歴が判然としない。しかし、ながいあいだ儒教の聖典として信奉されてきているので、真贋その他の問題はもはや不要な議論となってきている。

(8) 貧民や流民の出現の原因を自然災害などに主体的に求めるのは、慣例といってもいい。だが、このような論は短絡的にすぎる。個々の事例を詳細に分析しなくては、社会移動の実体がつかめないのではないか。

(9) 難民が都市へ流れこもうとし、それを処理するのに大変だった例は枚挙に暇がない。だが、ここで個別事例はあげない。また、都市における食料備蓄倉庫の常平倉などについては、前引の星氏の論著参照。

(10) 三門峡市文物工作隊『北宋陝州漏沢園』(文物出版社、一九九九年)。本書は北宋時代に都市敷設された公共墓地にかんする報告書で、そこに埋葬されたものの記録がまとめられている。関連の史料を本章で多用する。都市のなかに貧民がいたことは記録されるが、かれらの具体例が記載されることはすくない。そこで、実際に都市のなかに生きた貧民の事例としてあげた。

(11) 引用文中の貧子院は、現時点で詳細が把握できていない。

(12) 宮崎市定「明代蘇松地方の士大夫と民衆——明代史素描の試み」(『史林』三七—三、一九五四年)。このほか上田信「明末清初・江南都市の「無頼」をめぐる社会関係——打行と脚夫」(『史学雑誌』九〇—一一、一九八一年)参照。

(13) 貧民は文字が読めず、それゆえに最下層の生活に甘んじているとの考えもある。だが、これもまた正しい指摘でない。虐げられ生活が困窮しているものは、さまざまな原因でさまざまな階層から出現する。貧民や生活困窮者を没個性的に把握していては、社会階層の本質的な解析ができない。

(14) 災害史は当然のことながら環境破壊史とかさなる。環境史は新しい分野であるが、同時に自然破壊史とかさなる。エマニュエル・ル＝ロワ＝ラデュリ、稲垣文雄訳『気候の歴史』(藤原書店、二〇〇〇年)は、この種の代表的研究である。気候や環境が人間の歴史と深く関わっていることは事実だが、いつの時代の環境を事例に考察するのか明確でない議論が多すぎる。今日の環境保全運動もたかだか数十年前の環境を是とする感情的議論が大半である。

中国における実地調査の報告を兼ねたものとして、『アジア遊学』二〇「黄土高原の自然環境と漢唐長安城」(勉誠出版、二〇〇〇年)がある。とくに、妹尾達彦氏「環境の歴史学」は、この分野に関するすぐれた導入論文である。さらに、上田信氏の活発な発言があり、『森と緑の中国史』(岩波書店、一九九八年)などで論が展開されている。本章で扱う宋代に関しては、岡元司「南宋期浙東海港都市の停滞と森林破壊」(『史学研究』二二〇、一九九八年)があって、自然の荒廃と都市の関連を論じる。このことは、都市に流入する貧民とも関連して、この種の議論に必要な視点をひろげている。なお、都市に在住するひとびとの階層的な問題については、斯波義信「宋都杭州の商業核」

（『宋代江南経済史の研究』、東洋文化研究所、一九八八年）があり、宋代都市の内部が多様な階層によって構成されていたことを論じている。

(15) 中国社会科学院歴史研究所資料編纂組編『中国歴代自然災害及歴代盛世農業政策資料』（農業出版社、一九八八年）、佐藤武敏『中国災害史年表』（国書刊行会、一九九三年）、陳宝良『中国流氓史』（中国社会科学出版社、一九九三年）参照。

(16) 梅原氏の註（2）引用稿では、冬期の救済や都市へ流入したものなどの救済、幼児や老人への救済、医療の手当などが整理されている。『宋史』巻一七八食貨上振恤によると、建国当初は新版図の住民への手当て、貧窮民への食料・医療の手当て、老人ならびに身寄りのないものの収容、公共墓地など多彩な事業を展開したことが記録されている。また、それ以外にも税や土地の綱目なども関連の事業をのべる。宋代の救済対策は多方面の諸事が組み合わせられていた。『宋会要輯稿』には他の分野に関して救済事業に関する史料がもっとももながくのこっている。伊原弘「『宋会要輯稿　食貨索引　年月日・詔勅篇』編集の意義と問題点」（東洋文庫、一九八五年）参照。

(17) 『宋史』巻一七八食貨上振恤の項目は、『宋史食貨志訳註』二（東洋文庫、二〇〇一年）に柳田節子氏の訳註がある。

(18) 状況に応じて支給の期間をのばす配慮もあった。『宋会要輯稿』食貨六八―一二八恤災、熙寧九（一〇七六）年一一月一五日の条。このほか、他の施設についても施設の管理費や米や薪などの支給にもこまかな規定があり、前引の『救荒活民書』では流民にお粥を給付することも述べている。

(19) 『宋会要輯稿』食貨六〇―五、崇寧五年九月二日の条。

(20) 礪波護「唐宋時代における蘇州」（梅原郁編『中国近世の都市と文化』京都大学人文科学研究所、一九八四年）。

(21) 中国の税制の研究はおおいが、ここで問題にしていきたい都市の税賦の論文は多くない。梅原郁「都市の税賦」（『東洋史研究』二八―四、一九七〇年）参照。また、都市に出入りする際の税もあった。伊原弘「中国宋代の都市と社会政策――黄河の畔の都市を事例に」（『比較都市史研究』一八―一、一九九九年）参照。

(22) 北宋時代における社会救済事業の盛行は、徽宗時代というべきであろう。北宋末の徽宗時代は、従来は趣味に溺れた徽宗が政治をないがしろにして国家の破綻を招いたとされてきた。だが、一方で、徽宗時代は未曾有の繁栄を招いた時代でもある。都市の繁栄がみられ、芸術の振興があった。また、その治世は二五年のながきにわたっている。この徽宗の時代を検証することなく、単純に道楽天子故に国家を滅したとしてはならない。伊原弘『宋と高麗』（『宋と中央ユーラシア』中央公論社、一九九七年）、「趙佶」（『歴史読本』一九九九年一〇月号、一九九八年）、中野美代子「北宋の徽宗」（『月刊しにか』一九九九―七、一九九九年）参照。とすれば、社会救済事業の充実はなにをもってするのか。

(23) 地域における都市性の違いを論展開の際に考慮しなくてはいけない。中村治兵衛「唐代における一都市二州県制」（『中国都市の歴史的研究』汲古書院、一九八八年）が論じるように、基本的な中国都市の行政システムは、都市を一個の独立した行政体としてあつかわない。中国都市が独立した行政体として把握されたのは、元代だけの現象であった。愛宕松男「元代都市制度と其の期限」（『東洋史研究』三―四、一九三八年）参照。ただし西欧でも同様の問題があることは、オットー・ブルンナー、石井紫郎他訳『ヨーロッパ――その歴史と精神』（岩波書店、一九七四年）も論じる。

(24) 藤田弘夫註（5）引用書参照。

(25) 宋代の都市において、さまざまな行政がおこなわれた。伊原弘「宋代における都市の設備投資とその歴史的意義について」（『比較都市史研究』一四―二、一九九五年）、「新たな中国都市研究の視点をめぐって――清史料調査の過程において」（『比較都市史研究』一七―二、一九九八年）参照。

(26) 宋代における顕著な発達は加藤繁「唐宋時代における都市の発達について」（『支那経済史考証』東洋文庫、一九二六）以来、注目をうけてきている。斯波義信『中国都市』（東京大学出版会、二〇〇二年）参照。

(27) 周藤吉之「宋代の郷村における店・市・歩の発展」（『唐宋社会経済史研究』東京大学出版会、一九六五年）、斯波義信「宋代の都市化を考える」（『東方学』一〇二、二〇〇一年）。

(28) 中村治兵衛「宋代黄河南岸の都市滑州と商人組合「行」」（『中国の都市と農村』汲古書院、一九九二年）、吉岡義信「宋代の黄河と集落」（『宋代黄河史研究』御茶ノ水書房、一九七八年）。これらは黄河沿辺の都市や聚落を具体的に論じたものとして、注目すべきである。しかし、いくつかの問題点があることも事実である。詳しくは、伊原弘「宋代史研究の新視点――現地調査の過程において」（『史叢』五九、一九九八年）、「新たな中国都市研究の視点をめぐって――新史料調査の過程において」（『比較都市史研究』一七―七、一九九八年）、「河畔の民――北宋末の黄河周辺を事例に」（『中国水利史研究』二九、二〇〇一年）を参照。また、斯波義信「宋代の都市化を考える」（『東方学』一〇二、二〇〇一年）参照。

(29)吉岡義信「宋代の黄河と集落」(『宋代黄河史研究』所収、御茶ノ水書房、一九七八年)
(30)『宋史』巻一七八食貨志上振恤に仁宗時代に富弼のおこなった流民対策をのべて「募而為兵者又萬餘人」とある。大量の難民が兵にあてられていた。伊原弘「序言――宋代兵制史研究のための手がかりとしての索引」〈『守城録』索引稿　附年月日索引〉『城西国際大学大学院紀要』六、二〇〇三年)、斎藤忠和「兵制からみた徽宗時代の地域社会」(『アジア遊学』六四「徽宗とその時代」、二〇〇四年)参照。
(31)『行務碑』採取の次第は註(25)引用稿に言及している。
(32)吉岡氏は他の廟をあげているが、『行務碑』との関係は明瞭でない。
(33)周藤吉之「宋代州県の職役と背吏の発展」(『宋代経済史研究』東京大学出版会、一九六二年)。
(34)斯波義信「宋代杭州の都市商業核」(梅原郁編『中国近世の都市と文化』、京都大学人文科学研究所、一九八四年)。
(35)これらの発掘や設置の次第は、河南省滑県の事例を報告した宋采義・予嵩「談河南滑県発現北宋的漏沢園」(『河南大学学報』〈哲学社会学報〉一九八六年四期、一九八六年)に詳しい。同論文では墓地設置の次第その他もあわせて論じていて、付けくわえることはあまりない。ただ、磚文の紹介があまりにも少なく、この点は隔靴掻痒の感がある。筆者は一九九八年にこの地を参観したが、黄河氾濫に備えた船が置いてあり、現在なお黄河氾濫の余波を受ける土地であることが実感できた。
(36)とくに、三門峡市文物工作隊の『北宋陝州漏沢園』(文物出版社、一九九九年)は詳細である。
(37)藤田弘夫氏註(5)引用書。
(38)伊原弘註(30)引用稿。
(39)陝州にある施設として仁先院の名があるが、これも確認されていない。
(40)『行務碑』には所由という地方役人がでてくる。これは五代の武職が地方の役人になったものである。
(41)このような事例は実におおい。註(30)は災害対策についての史料からの引用であったが『宋史』巻一九三、兵志七、召募之制、熙寧元年の条にも「詔諸州募飢民補廂軍」とある。兵をあつめる際にも飢民を対象にしていた。
(42)たとえば、『咸淳臨安志』所収の「京城図」の西湖に面した清波門の城内近傍に、牙兵寨、歩司営、虎翼営、観兵営といった軍営が描きこまれている。さらに『浙江図』にも城外と銭塘江のあいだに多くの軍営を描きこんでいる。『咸淳臨安志』巻一六「行在所録」〈禁衛兵〉の条参照。

（43）行き倒れたものの記録のなかには商店の存在をうかがわせるものがある。ここから、さきの『行務碑』と同様に、陝州においても遠隔地との商業活動があったことがわかる。『報告書』一四九頁、四九、M0161磚誌二块　墓主張徳に「衣字号。不知軍分兵士張徳、年約五十一二、城東廂楊家店内身死、十二月二十七日検験了当、十二月二十八日依条立峰、葬埋記識訖」とある。黄河沿いの都市では軍兵とそれに関連した商業が大きな比重をもっていたようである。

（44）註（5）引用『藤原京』参照。

（45）宋代社会に出てくる難民や被災者の数はとてつもなくおおい。数千人という単位であり、それに対応した聖職者の救済活動の評価も数千人の埋葬を単位にする数字が出てくる。註（3）梅原論文参照。

四　東南アジアにおける中国人街の形成と中国の都市

――チャイナ・タウン研究試論

はじめに

近世になって多くの中国人が海外に流出し、定住をするようになった。彼らは一般に華僑と呼ばれ、その殆どが集住して、いわゆる中国人街、横浜でいう中華街をつくりあげていった。こうした形態は、世界各地にみられ、集住地は通常チャイナ・タウンと英語で呼ばれる。ちなみに、横浜の中華街は南京街とよばれることもある。チャイナ・タウンという英語は魅力的な響きをもつようである。ロマン・ポランスキーは内容とあまり関係ないにもかかわらず、映画のタイトルを『チャイナ・タウン』としている。チャイナ・タウンは異国における華僑たちの生活の場としてエキゾチックな興味をひくだけでなく、都市の構成要素としても興味深い面がある。それゆえに、様々な小説や映画、そして唄などにその生態が描かれ、人々の興味をひくのであろう。(1)

述べたように、チャイナ・タウンの主人たち、すなわち、華僑の姿や生活は我が国でもみられる。だが、もっとも多くみられるのが東南アジアで、旅行者はその活発な活動に強い印象を受ける。今日、様々な定義がありながらも、華僑の数は二〇〇〇万人ほどと推定されるが、その約九割が東南アジアに住んでいるのである。もっとも多いとされるタイには六〇〇万人ほどが住んでいるとされる。

彼ら華僑の活動と影響力は我が国でもよく知られているが、生活の実態や活動について知られるところは少ない。近年になって、ようやく関心が向きだしたというべきであろう。(2) ましてや彼らの活動の拠点となったチャイナ・タウンについても、エキゾチックな興味で語られ綴られることがあっても、その由来や実態に深入りして論じられることは極めて乏しい。チャイナ・タウンは極めてミステリアスなものとしての興味しか受けていないのである。それかあらぬか、旅行のガイド・ブックでも、安宿の所在地としての紹介か、危険なので近づかないほうが良いといったような紹介が大半である。したがって、旅行者の目からも欠落しがちな部分といってもよい。だが、実際には華僑の活発な活動の拠点であり、聚落としても極めて特色のある形態が見られる。ここに、居住地としてのチャイナ・タウンの研究の必要性がある。しかも、それらは、本国との関連でなされる必要があろう。

たとえば、横浜の中華街は、周囲の日本人の居住区と極めて異なる構造になっている。中華街を訪れた日本人は、入口に聳えたつ大門すなわち牌楼の入口が折れ曲り、奇妙な接続になっているのを経験する。多くの人々は、ここでなんとなく違和感を感じるようである。それは、ただ、単に牌楼を潜るということからくるのではない。中華街が周辺の日本人の街と明らかに異なる構造をもっているからである。これは地図を読めば一目瞭然である。街路を海岸線にあわせた日本人の街と異なり、中華街は南北に街の軸線を合わせた構造になっているからである。

中国人は都市の軸線を定める習慣をもつ。これは、当然、街の構造にも及ぶ。その端的な例が条坊制である。これが横浜のチャイナ・タウンに反映しているのである。牌楼を潜ったときに感じる奇妙な感覚はここからくる。すなわち、横浜の中華街は中国人の伝統に従ってつくられ、日本人の街のなかに異質な構造を作り上げているのである。このことは、華僑たちも意識しているようで、陳立人氏が同様のことを述べている。(3) すなわち、華僑たちは異郷にありながらも、自分たちの街を造り上げた。そして、それは、中国的な街造りであったことになる。チャイナ・タウンを本国との関係で考察する必要があるとしたのは、その故である。

しかし、この点も本来なら検証が必要である。都市の軸線を求める考えは中国の習慣と宗教、それも土俗的なものも加えた宗教にも由来するが、儒教的かつ華北的な思考でもある。(4)しかるに、華僑の多くが華北の出身者ではない。出身地には複雑な背景があり、移住地に住み分けもあるので、一口にはいえないが、福建及び広東方面からの流出者が多い。彼らに都市、そして街の軸線を求める思考が強いか否かは、まだ十分に解明されていない。

実際、中国の都市は華北・華中の都市といえども比較的自由な形態をもっており、かならずしも、中国伝統と目される構造に拘束されていない面がある。(5)この点を考えると、チャイナ・タウンの構造をもって、ただちに中国人の特性を活かした居住区建設とは云い切れない。しかも、後述するように、チャイナ・タウンのすべてが軸線を南北にあわせているわけでもない。したがって、また、チャイナ・タウンは、様々な角度から分析してみる必要があろう。

このような問題に興味をもった筆者は、近年、計画的に東南アジアのチャイナ・タウンをまわってきた。すでにタイ、マレーシア、シンガポールをまわり、現在はインドネシアのチャイナ・タウンをまわる計画をたてている。つい最近、インドネシアは長い中国との断交を終えたばかりである。それまでは、漢字の見られぬチャイナ・タウンであったが、恐らくは、長い断交を乗り越えた結果として急速に変化していくであろう。本章は、中国都市史に興味を抱く研究者がみた華僑の都市および居住区建設に関する問題点の検討であり、以後の幅広い中国人の街作り、および彼らの社会に関するアプローチの最初のものである。

一、問題の提起

いま、安易にチャイナ・タウンという言葉を使ってきたが、この言葉には概念の規定が必要であると考えている。

通常、チャイナ・タウンとは海外に華僑が建設した街をいう。だが、このように、単純に考えて良いのか疑問がないでもない。さきの、陳立人氏はチャイナ・タウンを中国であるとしている。牌楼を一歩潜るとそこは中国人の下町で、たとえ、世界中に散らばっていても、そこは中国人の街なのだと規定する。もちろん、チャイナ・タウンはその所属する都市の一部に過ぎなく、確立された都市ではない。にもかかわらず、ここには、チャイナ・タウンをもって自分たちの都市とみる傾向があるように思える。このような捉えかたはチャイナ・タウン論に共通した要素である。チャイナ・タウンとは流出した中国人すなわち華僑が、流出していった地域すなわち異郷に建設した彼らの街、というより小都市であるという考えなのである。

だが、かくのごとく、チャイナ・タウンを文字通り移動した中国人がその地に建設した街と考えるなら、幅広い規定と分類が必要になる。なぜならば、中国人は有史以来、その発生の地である黄河のほとりから先住していた民族を追いながら北から南に大陸を移動し続けたからである。中国人たちの歴史は南方発展の歴史であり、それゆえに先住民族を追いながら異郷に居住地を建設し続けた歴史でもあった。したがって、中国人の大陸における都市建設は何度かの波をもっており、南で顕著になるのは宋元以降である。(6) 中国人たちはチャイナ・タウンを建設し続けた民族ともとりうるのではあるまいか。

もちろん、中国大陸は普天のもと、天の子たる天子が治めるのが基本の領域であるから、ここに建設された聚落をチャイナ・タウンと同格に扱うのには異論があるかもしれない。だが、意識としてはそうであっても、現実には南にさがるほど、縁辺に近づくほど非中国人の住む世界が拡っている。したがって、ここに建設された都市もしくは聚落を、チャイナ・タウンの先駆けとして捉えていくには、必ずしも問題がないのではあるまいか。とすれば、チャイナ・タウンそのものは歴史も古く、中国本土にも存在すると捉えることができる。すなわち、歴史的にチャイナ・タウンを捉える場合は、中国本土と本土以外のものとに分けて考察する必要がある。

なお、付言しておくが、ここでは事例を中国人の南下と東南アジアのチャイナ・タウンに限定して論じる。南部におけるほどめざましい成果はないものの、膨脹は華北でもみられるからである。ただ、華北では周辺民族との激しい抗争があり、都市もしくは聚落の多くは前線基地もしくは防禦基地的な形態をとる。それゆえに、東南アジアのチャイナ・タウンにいたる考察とは別にすべきであろう(7)。

このような視点を導入すると、チャイナ・タウンの建設者たち、すなわち、移住していった中国人についても二つの規定ができる。大陸を南下する過程で内中国でありながら異民族の居住地に住み着いていったものと、外中国に溢れていったものたちである。もともと、中国人たちの移住は、中国内外をとわずに移住活動が拡大の一途をたどるなかで、結果的にいわゆる中国大陸外にもおよびだしたと考えるべきであるから、本来はこのように二つのタイプに分類するべきなのが筋なのである。すくなくとも、中国大陸に隣接した東南アジアについてはそのように考えるべきであるし、そうした方面から捉えていくべきである。華僑たちの出現は特殊なことでなく、歴史の連続のなかの必然的なことなのである。

この点に関して、斯波義信氏は、中国人の海外流出は基本的には中国人の黄土地帯から華南への拡大に関係付けられること、一〇世紀から始る東アジアの大商業時代の開幕も大きな影響を与えたことなどと整理している(8)。もちろん、理由はこのほかにも考えられる。華僑すなわち、海外に流出した中国人の多くが福建・広東方面からであった。これらの地域は耕作地が少なく増加する人口を支えきれなかった。これが華僑発生の最大の理由であることは、従来から指摘されてきている。そして、これらの海岸線に中国特有の船舶があったのも、活動と流出を支えた。

中国特有のジャンクは国際的商業の展開にのって中国人を南海に運び、彼らの東南アジアへの浸透を助けた。この結果、商業上の理由や風待ちの必要などから外地に滞在する中国人も出現し、外地に子孫を残す結果ともなる。これが、東南アジアへの中国人の定住の第一歩であった。

しばしば言及されるように、彼ら中国人は外地においても出身地の地域的な特色を残し、選んだ職業にも地域的特色を見せる。時代の推移のなかで、これらは次第に希薄になってきているようだが、今日でも察せられなくはない。東南アジアの安宿に泊ると、中国人の安宿は彼ら中国人によってのみ経営されがちであることがみてとれる。従業員の多くが同族もしくは同郷のもののようである。これは、現地人の経営するホテルの従業員に人種的な混在が見られるのと好一対である。しかも、これらの経営者のなかには、一族で関連つけた事業を営むものも少なくない。マネー・チェンジャーや食堂などの経営がそれで、彼らの組織的な連係でチャイナ・タウンが成立っているケースも認めうる。そして、しばしば、彼らは不十分な居住環境にも我慢して定住しており、俗にショップ・ハウスと呼ばれる老朽化し、スラム化したチャイナ・タウンが展開している風景も認められる。

かくのごとく、現在の彼らは、チャイナ・タウンを基盤に、商業をはじめとして重要な経済を把握している。その力の大きなものが当該地域人を凌駕しているのは周知のことである。

だが、彼らは最初からめぐまれた職業を得て定住を開始したのではない。とくに、一九世紀になって急増する華僑の実態は契約移民であった。これは、俗に苦力と呼ばれる下級の職業で、多分に奴隷的要素を含むものであった。東南アジアに移住したものは三〇〇万ほどと推定されているが、その殆どが苦力としての移住であったと考えられる。彼らのなかには自分から進んで出たものもあったが、かなりが契約移民であった。SHANGHAIという言葉に強制的に船に連れ込んで労働力とするといった意味があるが、それもこのような事情から生れたのである。しかも、そうした労働力が必要な現状が渡航先に待ち構えていた。たとえば、マレー半島は錫の採掘やゴムのプランテーションで知られるが、そこでの労働力として重宝されたのである。(9)

このような、華僑の実情は、本土の一族との紐帯や現地との関わりなど社会学的な面から考察されることが多かった。だが、ここに、故郷の聚落の形態や構造との関係の考察を入れる必要がある。それが、チャイナ・タウン分析の視点であるが、同時になお非中国人の多かった中国大陸の地域での都市建設の分析も入れる必要があろう。なお、さらに付加えておくと中国人の都市のチャイナ・タウン化も考える必要がある。それは、上海など、おおむね近代になって開港した都市の事例である。発展する外国人居住区に呑み込まれていく旧来の居住区は、一種の中国人の街のチャイナ・タウン化でもある。中国人の都市及び街の研究には、様々な視点が必要といわねばならない。(10)

二、華南の都市

中国人の都市及び聚落の建設の波は宋から元以後にかけて華南に及ぶが、それは、同時にチャイナ・タウンの建設であったと見ることができることを示唆してきた。すなわち、海外における中国人の街造りの分析はまた、宋以後の都市建設とも関係付けることができる。それゆえに、宋以後の社会、とりわけ、少数民族との関連のなかで、どのような都市が建設されたか考察されなければならない。チャイナ・タウンおよびそこに展開した中国人社会について考察するときに、彼らが流出した地域との関連を念頭におくことは必然的な思考であり、それゆえの作業が必要なのである。そしてその目は、華僑の故郷の福建・広東・広西方面に向けられなければならない。だが、当該地域の都市の具体的構造にはなお未分析の面が多く、ここで細かな分析ができるほど研究も深化していない。そこで、まず、その地域の中心となる州城・県城クラスの都市について概観を述べることとする。

チャイナ・タウンは都市的ではあるが、都市ではない。あくまでも都市の一部を構成する聚落にすぎない。そこで、県城や州城を考察の範囲に入れるのに疑問に思われる方もあるかもしれない。しかし、この視点の重要性は、游仲勲氏の指摘からもわかる。氏は、中国人の移住の過程を、経済的貧困にあえぐ農業従事者が、よりましで、より上層の環境と地域を求め、最終的に都市にいたる。そして、そこから海外へ移住すると論じている。(11)比較的新しい時代を念頭においた論ではあるが、移住の過程で都市を経過するとの指摘は注目すべきで、ここにチャイナ・タウン考察の一つの視点として華南の都市の考察の重要性が浮ぶ。畢竟、異郷で身を寄せ合ってつくりあげる街も、流浪のうえに辿りついて身を寄せた中国内の都市のなかの聚落も、それほど違いはないのではあるまいか。

このような考えの妥当性は、東南アジアでの都市建設に中国人技術者が導入されることがあったことからも首肯できる。一八世紀後期のタイにトンブリ王朝を開いたタクシン王（在位一七六七〜一七八二）は、潮州系の華僑を父としタイ人を母とする混血児であった。彼は一七六七年に現在のバンコックの一部でチャオプラヤー河の西岸に位置するトンブリに首都を定めるが、その際に潮州出身者を頼ったといわれている。この結果、多くの潮州出身者およびそこの技術者がタイにわたり、王都の経営に参画したとされる。王朝は一代で滅び、一七八二年にラーマ一世によって現王朝が創設される。都もトンブリの東、すなわちチャオプラヤーの東岸に移る。中国人もこれに従ったようで、現在のバンコックのチャイナ・タウンのサンペン街（ワット・サンプエル）の起源もこの時に始るとされる[12]。この事実は、バンコックのチャイナ・タウンに潮州との関わりをみる必要があることを示している。さて、華僑出身地域には多くの都市があった。しかも、それぞれに重要な港湾都市があり、ここから海外に雄飛したことが比定できる。したがって、ここで、これらの都市の分析も必要である。チャイナ・タウンの研究には、彼らの出身した地域の都市や聚落および関係した都市との比較検討が必要だが、その範囲は広いのである。そして、のみならず、研究はそこの習慣や生活の解明にも及ばなくてはならない。畢竟、彼らは故郷の習俗をそのまま海外に持出し、その習慣を持続させつつ異国での生活を形成していくからである。

このほか、信仰の対象も念頭におく必要がある。彼らが出港に際して神をともなったことは、チャイナ・タウンにおける種々の神々の廟の存在からも明らかである。チャイナ・タウンには幾つもの有名な廟がある。たとえば、マラッカの青雲廟やマカオの天妃廟などである。とりわけ、マカオの天妃廟の岩石に彫り込まれた船は、かれらが故郷の習俗を引き摺りながら渡航したことを示して興味深い。建てられた石碑にも、五〇〇年前から居住を始めたと記録している。[13] 五〇〇年前といえば、一六世紀である。実際には、その一ないし二世紀前から本格的流出が始っているのだから、華僑の社会については、こうした時期からの組織的考察が必要であろう。

すなわち、チャイナ・タウンを華僑の故郷の街造りとあわせて考察しようとするときは、宋元以降の華南における都市の実情を分析する必要があるのである。そして、あわせて定住への過程も念頭に入れなくてはならない。それも、とりわけ、恐らくはかれらの大半が故郷としたはずの小聚落、とりわけ、県城かそれ以下の小聚落への移住とそこからの移住の考挙である。だが、これらの考察も十分ではない。それは、示唆したように、中国人が南方に鍬入れして建設した都市についての研究がなお十分でないうえに、都市および聚落の建設をそのような角度から見るものも乏しいからである。たとえば、江南・華南の都市の建設と由来を分析し、そこに中国人の進出と定住の沿革を読取ろうとする試みは、わずかに、斯波義信氏や北田英人氏によって試みられているに過ぎない。[14] まして、これらの地域における定住の沿革はそれほど明らかになっていない。[15] だからこそ、まず、それぞれの地域の核になる州城および県城クラスの都市の沿革を確かめることが必要なのである。

さて、華南における個々の都市の形成史はなお十分でないが、これにおよぶ研究が全くないわけでもない。近年、中国において都市の歴史や形態を簡単に論じるものがあるが、これがそれである。とはいえ、個々の歴史の実情の把握は十分でない。泉州に関しては比較的考察が進み都市構造も明らかになっているものの、総じて問題点もなお絞られておらず、都市の生成・構造全てにわたって未開拓の分野である。[16] したがって、チャイナ・タウン研究に際して対象にすべき県城あるいは鎮クラスの小都市に至っては、まったく手つかずというのが実情である。だが、これらの研究がまったくできないという訳でもない。なかんずく宋代のそれは若干の地方志および関連の書籍によって把握できる。そこで、これらの点について言及をしておこう。

宋代以降の華南の州城については、近年、『某々史話』の類の書籍の編纂があり、あらましが確かめられる。[17] また、史料も残存している。広州については『大徳南海志』があり、福建についても『仙溪志』などの史料が刊行されるにいたった。また、元代の広州・潮州などの史料が『永楽大典』に残されており、粗雑ではあるが地図も所収されている。これらは、近年『永楽大典地方志彙刊』として刊行され研究に便利となった。このような地図史料は他にもある。たとえば、磨崖に彫られた巨大な桂林の都市図である。現在、観光地として有名な桂林は早くから中国の版図に入り、その統治を受けた地域である。その一方で、桂林を含む一帯は非中国人が多くすむ地域でもあり、現在でも広西壮族自治区として他の省とは別の扱いになっている。桂林すなわち桂州城は文字通りチャイナ・タウンとして異民族の居住地のなかに建設されたともいいえよう。そして、これが街ではなく都市の形をとったのは、中国人が浸透していった地域の形態の反映にほかならないのである。

桂林については簡略な歴史を述べたものとして『桂林史話』がある。宋代には西南会府もしくは静江府と呼ばれ当時の政治上の拠点であったが、依然として本来の漢民族の風俗と異なる面が見られたのは、周去非『嶺外代答』、范成大『桂海虞衡志』などが伝えるとおりである。当時の桂林の景観も他の地域と非常に異なったものであったことは、桂林の雅名を榕城ということからもわかる。榕は現在でいうガジュマルのことであり、華北及び江南とは異なる景観であったことがここからもわかる。その桂林城の宋代の地図は、桂林市文物管理委員会によって紹介され、詳細がわかってきている。[18]

そこで、これらの典型として、潮州とその雰囲気を考察しておこう。潮州はタクシン王の事例にみられるように、華僑にとって重要な意味をもつ都市である。東南アジアの中国人には潮州出身とするものが多く見られる。街には潮州料理の看板を掲げているものもあり、潮州を故郷とするものが少なからずいることがうかがえるのである。しかも、有名な汕頭はかれらの船出の場所としても知られている。ここに、潮州考察の意味がある。まず、いま、通志類によって広東及び福建の城壁建設の年代を確かめると、州城が本格的に整うのは宋代以降であり、県城以下の形態の整うのは明代以降とするものが少なからず存在する。地図を参照しても、形態的に比較的自由な都市が多い[19]。これを潮州傘下の都市に例をとると、明初からの建設を伝えるものが多く、木柵であったりするものも少なくない。しかも、城壁の建設の理由を倭寇におくものも少なくない[20]。都市研究の一つのメルクマールである城壁の設置は、下位都市に関する限り、それ程古くないのだ。

では、往時の雰囲気はどのようだったのか。元代の史料として『潮州三陽志輯稿』、『潮州三陽図志輯稿』があるが、『潮州三陽志輯稿』巻三風俗形勝に

州之旧俗、婦女往来城市者、皆好高髻、与中州異、或以為椎結之遺風。嘉定間、曽侯噩下令諭之、旧俗為之一変、今無復有蛮妝者。

とある。すなわち、宋代になっても、潮州には旧来の民族の風俗がみられたのであり、もって当時の潮州の風俗がしのばれるではないか。同様のことは、同じく中国人出港の場所となった広州についてもいえる。『永楽大典地方志彙刊』に修められた広州府の風俗形勢の条にも「男女皆椎結于頂」と潮州とほぼ同様の記事が見える。細かく検索するといわゆる漢民族の社会と異なる風景が見られることが、他にも見られる。例えば檳榔を嚙む習慣もそうである。今日、この習慣は台湾を始めとして各所に見られる。マレーシアのペナンを檳榔島ともいうが、これが、東アジア南部に広く流布して使用されたことが知られる。この習慣が広州府にも見られることを前掲の史料は伝えている。かくして、華南、とりわけ、ここで問題にしている広東・広西一帯について中国と異なる雰囲気が宋・元代になってもなおみられ、ここに建設された中国人の都市が、いわば、チャイナ・タウンの原型ともいえる異民族のなかに建設された都市として把握できることを示している。

なお、広西省が広西壮族自治区の名前が冠せられているように、現在でも非中国人の多い世界であることはよく知

られている。その意味では中国化（漢族化）の過程にあるとも指摘できよう。ただ、こうした歴史については多角的な考察が必要であり、今後に残された視点ということを指摘するにとどめる。(21)

三、東南アジアのチャイナ・タウン

以上、述べてきたように、チャイナ・タウン、少なくとも東南アジアのチャイナ・タウンの考察に際しては、故郷たる中国の都市や聚落との関連を探る必要がある。指摘したタイのトンブリの建設に関する状況は、その必要性をもっとも良く示したものである。だが、今日の研究状況は、なおそこに至る過程にあるといえよう。

そのチャイナ・タウンの構造を網羅的に検討したものとして、山下清海『東南アジアのチャイナ・タウン』（古今書院、一九八七年）がある。このほか、『アジアの都市と建築』（鹿島出版会、一九八六年）などは建築史の分野から都市や建物に言及したものとして参考になる。また、チャイナ・タウンのみに言及したものではないが、林武編『発展途上国の都市化』（アジア経済研究所、一九七六年）、大阪市立大学経済研究所『世界の大都市』六「バンコック・クアラルンプール・シンガポール」（東京大学出版会、一九八九年）も有益である。(22)

これらにはチャイナ・タウンの概要が示されている。いま、それらを検討すると比較的乱雑な構成をもっていて、横浜のような街の形態はあまり見られない。バンコックのチャイナ・タウンも特に軸線をもたぬようである。これは、一つにはチャイナ・タウン建設者の性格と建設の時期と状況にどう関わったかの違いであると考える。バンコックについても、諸般の事情を一層究明する必要があろう。

かくのごとく、チャイナ・タウンに反映する建設者の性格について考えると、示唆したように、規範を重んじる華北的な都市建設と比較的理論に拘泥しないように思われる華南的な都市建設の二系統が考えられる。また、これらに加えて入植の時期や地形上の問題も考慮する必要もあるように思われる。聚落の建設は、単純な事情のもとに実行されるものではないからである。この点は、海外に建設されたチャイナ・タウンを考える際に常に念頭におかねばならぬものである。

では、横浜の中華街のように極めて強い軸線を存する都市が他にもあるのだろうか。収集した地図などを検討する限り、このような傾向にあるものとして、マレーシアのクアラルンプールのチャイナ・タウン、ビルマのラングーンのチャイナ・タウンなどをあげる。とりわけ、ラングーンのチャイナ・タウンはラングーン河に沿いつつも、大街は東西南北の軸線に従っている。また、同じくビルマのマンダレーも同様の傾向にある。イラワジ河の左岸に展開するマンダレーのチャイナ・タウンは東西南北に行き交う街路のなかに展開する。だが、その一方で、マンダレー自体が碁盤の目上に企画された都市であり、しかも、雲南地方と深い関係にあることを思えば、別の視点も必要なように思う。すなわち、チャイナ・タウンは生成の時期によっては、すでに存在している町並みに深く影響されるのであって、この点からも個々のより深い考察が必要なことがわかる。

東南アジアにおける中国人の定住の歴史は決して新しくない。それは、華南における中国人の活動、さらには東南アジア諸地域での様々な活動の活発化と深い関係にある。のみならず、ビルマのマンダレーにみられるように、雲南からの移民が海路からの移民より早く定住していて、大きな意味を与えているケースもあるのである。かくのごとき事例から考えても、個々の事例のより深い追及が必要なことがわかる。

その一方で、当初から中国人の手によって建設されながらも、このような規範にもとづかぬ街も決して少なくないのだから、ここでは中国人の街造りについて、深い考察を必要とすることが示されているともいいる。たとえば、シンガポール、マレーシアのペナンにあるジョージタウン、マラッカなどは軸線を持たずに、海岸線や河川にそって街路が展開する構造を持っている。なぜこのような町並みが形成されたかを考えるには、複雑な考察の手続が必要なことはいうまでもない。一例として、マラッカを考えてみよう。

東南アジアに定住した中国人たちは、通常考えられるように、劣悪な居住形態ばかりを形成していたのではなかった。当初から堅固でしっかりした居住地帯を形成することもあった。たとえば、東西の交通の重要な場所であったマラッカには、早くから中国人たちの積極的な活動がみられた(23)。船越明生氏は一七世紀マラッカで、人口の一五パーセントを占める中国人が煉瓦造りの建物の五九パーセントを所有し、中国人の家屋の六九パーセントが煉瓦造りの恒久的建物であったことを指摘しておられる(24)。しかも、注目すべきは、一六一〇年代のマラッカ市街が極めて整備され、門の名前に漳州・泉州と思われる地名を冠したものがあるとされている点である。

これらは、当初の東南アジアにおけるチャイナ・タウンのなかには、極めて整備されたものがあったことを示す。また、門名に中国南部の都市名を冠したものがあることも、興味を引く。述べたように、マラッカの西岸は必ずしも軸線を南北に合わせたものとはいえない。これは、都市建設の過程と地形的な問題との関連もあるのかもしれない。しかし、その歴史を見る限り、故郷の影響が極めて強いと見るべきであって、ここにも、指摘したような東南アジアのチャイナ・タウンの研究に、華南の都市の考察が極めて重要なことが明らかになるのである(25)。

中国人がどのようにして街を建設していくかは、『中国人の街づくり』がある(26)。これらを参考に中国人の街作りがどのようなものであったか考える必要があるが、そのまえに中国人によって中国以外の地に都市が建設されたか否かを考える必要もある。現在、東南アジアの諸都市では中国人の力が都市全体に及んで、支配者としての地位を確立しているが、それは現状であって、出発点ではない。元来の出発点はチャイナ・タウンなのである。そして、チャイナ・タウンは街であって、都市ではない。

では、中国以外の地に中国人が建設した都市があるのであろうか。私はマレーシアのタイピンやイポーがそうしたケースに近いものではないかと考えている。山下氏はタイピンは当初から中国人、取り分け広東人が多く、タイピンも太平という単語からきているとされる。タイピンに関しては行ったこともなく、簡単な資料しか持ち合せていない。だが、地図からも、街路が南北の軸線にはずれながらも整然とした構造をもっていることがわかる。発展は一八六〇年代の錫の採掘からはじまり、広東人の店が多いことからも、担い手が広東人だったことがわかる。

これに対して、イポーは一九〇〇年ごろからヨーロッパ系の企業が始めた錫の採掘に際して集められた、鉱山労働者たちが主体になって建設された。それゆえに、イポーはマレーシアでもタイピンと同様に、他の地域と異なる景観と構造をもつ都市とされている。マレー人たちも中国系であり、その中国人たちも広東出身者が多く、料理屋も広東系のものが多い。

この都市もタイピンと同様に軸線が南北にあうというわけではないが、きちんと区画されており、比較的歩きやすい都市の一つである。都市を歩くときはその構造が気になるのだが、その意味ではあまり曲がりくねった道がないという印象をもった。もちろん、直交する街路が中国人の街の特色だというのではない。あたかも方眼紙の上におかれたかのような印象をもたせる長安でも、生活空間は細かく入り組んだ構造をもっていたのであり、最下位の街路を曲というのがこのことを示す。この意味からも、チャイナ・タウンの考察は、概要から生活街路に入って行く必要があろう。

おわりに

東南アジアをまわってみる中国人たちは実にタフである。しかも、宋代史を専攻するものから見ると、認知してきた世界と異質の世界が広がっていることが分かる。華北及び江南、さらには四川といった概括的な理解では理解できぬ世界が広がっているのである。彼らの出身地は宋代以降の発展の顕著な世界であり、宋代以降の華南の地域的な特色の解明なくして、理解できぬ世界のように思う。また、その居住区の特色を考えるとき、彼らの故郷の都市及び聚落、さらには街並みの理解が必要に思う。いわば、相互の理解なくして中国人の社会の本質の理解ができぬように思えてしかたがない。にもかかわらず、華僑の聚落の研究のなかにこのような視点が十分でないように思われる。それは、本国の研究が十分でないことにも原因がある。

華僑の研究は、外国にすんだ中国人の研究であるが、本国の文化およびそことの紐帯についての考察も必要である。したがって、中国史研究者も、中国文化が自ら世界を開拓し、他の地域に拡大し、他の世界を桑食していく面があることを念頭において研究していく必要があるように思う。筆者が東南アジアのチャイナ・タウンの理解に乗り出した最大の理由がそこにある。その意味で、本章は中国都市の特質をより明快に捉えるために行なっている一連の作業と深く関係している。東南アジアのチャイナ・タウンをまわる旅も始めたばかりであるし、資料の収集もなお十分ではない。だが、海外に移住したものが自国の風俗をより鮮明に残していることは、日系米国人にも見られることである。このように、本国あるいは出身地との関連を考えながらチャイナ・タウンを考察することが、今後一層必要になろう。いわば、西欧人たちの植民都市の研究に考慮されるような視点が、今後一層必要なのである。とはいえ、東南アジアの国家形成および今後のいく末をどう考えるか、視点がさだまっているわけではない。増大する中国人の勢力を中南米のラテン化のような目で捉えていくか否かは、以後の歴史の展開も待たなければならない。本章はこのような点をも念頭において行なっている作業であり、そのような考察のために一層華南史の確立の必要なことを考え、華南都市と東南アジアの都市の開連の考察の必要性を提唱するものである。ここでは、都市及び聚落の軸線の面より考察したが、さらに詳細な解析は継続の論稿で分析することとして、ひとまず手を休める。

註

（1）チャイナ・タウンに関する映画や文学については、海野弘『千のチャイナ・タウン』（リブロポート社、一九八八年）が詳しい。もっとも、その大半がアメリカにおけるもので、アジアに関するものは乏しい。ここにも、チャイナ・タウンを見る視点の偏りがみられるというべきか。

（2）一九八八年に実施された第二回「大学と科学」公開シンポジュウム『アジアその多様なる世界』（予稿集参照）はその代表的なものであろう。ここでは、アジアの諸問題が検討されたが、華僑も主要なテーマであった。

（3）陳立人『チャイナタウン・ヨコハマ』（徳間書房、一九八五年）。

（4）中国の都市建設理論は様々な角度から追及されている。礪波護「中国都城の思想」（岸俊男編『日本の古代』九「都城の生態」中央公論社、一九八七年）は、簡略に都市建設理論をまとめる。なお、都市の建設理論は氏が主体的に取り上げた『周礼』「冬官」考工記のほかにも、墨子の理論など注目すべきものが幾つもあるが、最新のものとして堀込憲二「風水思想と都市の構造」（『思想』一九八〇―一二）をあげるにとどめる。また、比較的新しい都市のイメージの問題については、文部省科学研究費重点領域研究『イスラムの都市性』でも、しばしば論議されている。詳しくは、研究報告編二四号・田仲一成「中国都市のイメージ」、六〇号・上田信「漢族の都市性」、妹尾達彦・「アジアの都城――その思想と形態〈東アジア―中国〉」などを参照されたい。

中国の都市建設理論を華北的発想としたのは、儒教を中心とする中国文化の流れの故である。また、従来の都市研究に、華南的なものを認めようとする発想もなかった。これは、欧米の研究も同様である。たとえば、アンドリュー・ボイド、田中淡訳『中国の建築と都市』（鹿島出版会、一九七九年）、Nancy Shatzman Steinhardt, *Chinese Imperial City Planning*, University of Hawaii Press, 1990, などでも特徴的である。しかし、江南の文化には華北と異なる発想や系譜もあり、この点が解明されれば新たな視点が開けてくるであろう。江南文化の特色については、日本との関係を念頭においたものではあるが、諏訪春雄・日野龍夫編『江戸文学と中国』（毎日新聞社、一九七七年）、樺山紘一編『長江文明と日本』（福武書店、一九八七年）などに所収の関連論稿を参照願いたい。

（5）華南の都市についてはなお研究が十分でない。この問題についてはすでに原稿を用意しており、いずれ公開の予定である。なお、近代都城の都市の形態については、Benjamin E. Wallacker, Ronald G. Knapp, Arthur J. Van Alstyne, Richard J. Smith, *Chinese Walled Cities: A Collection of Maps From Shina Jokaku no Gaiyo*（中文大学出版社、一九七九年）

所収の華北（黄河以北、華北以南）、華中の三地図が、形態をよく伝える。これらは、いずれ城内の形態の比較にまで発展されなければならない。

（6）桑原隲蔵「歴史上より観たる南北支那」（『桑原隲蔵全集』一九六八年）。李済・須山卓訳『支那民族の形成』（生活社、一九四三年）、橋本萬太郎編『漢民族と中国社会』（山川出版社、一九八三年）参照。なお、李済氏は言語などからみた中国社会の拡大についての論も展開しているが、都市の寿命からも考察している。すなわち、『古今図書集成』に記載された紀元前七二二年から紀元後一六四四年までの四四八七の都市の分析を通じて都市化の波を示される。これによれば、第一波が華北で、第二波が華中・四川、第三波が福建・広東・広西・貴州一帯である。同様の分析は、陳正祥『中国文化地理』（三連書店、一九八一年）、『中国歴史地理・文化図冊』（原書房、一九八二年）でも行なわれており、ここでも、華南になるほど新しい都市が多いことが首肯できる。類稀れな都市建設者である中国人だが、その活動が中国全土におよぶには長い時間がかかったのである。いま、『雍正広東通志』、『乾隆福建通志』などによって、福建・広東などの当該地域の州城・県城の城壁の建設年代を分析すると明以前に遡れないものが多い。その意味は改めて考察の必要がある。

かくのごとく膨脹を続けていく中国人を流出・非流出に区分するには何を基準にすればよいのか。一つの基準として、科挙受験に関する機関がおかれているか否かで判断できるのではないかと考えている。すなわち、中国大陸への中国人の充足は、一面でこれらの地域の中国化であるからである。ただ、これは、なお、考察が必要で、一つの考えと受け取っておいて頂きたい。

さらに、一つ。中国人の移動は内部でも盛んに行なわれていることも看過してはならない。戦乱・飢饉などによって絶え間なく繰り返される人口の増減は、聚落の興亡にもつながる。そこでは人々の流出・流入が繰り返されており、内部でも移動が繰り返されていることを示す。

（7）愛宕元「唐代州県城郭の規模と構造」（『第一回国際唐代学術会議論文集』一九八九年）も、唐代の江南の州県城に無城郭のものが存在することを指摘する。

（8）斯波義信「華僑」（『シリーズ世界史への問い』三、移動と交流、一九九〇年）、「華僑と中華街」（週刊朝日百科『世界の歴史』一〇四、フロンティアと移民、一九九〇年一一月）。これらは、中華街にもおよぶが、その本質にふれるものではない。なお、華僑についての論は多いが、本章は華僑そのものの研究論文ではないので、和田久徳「東南アジアにおける初期華僑社会の成立」（『世界の歴史』「南アジア世界の展開」筑摩書房、一九六一年）、戴国輝『東南アジアの華人系住民』（アジア経済研究所、一九七二年）、游仲勳『華僑』（講談社現代新書、一九九〇年）などをあげるにとどめる。

（9）マレー半島の歴史およびそこにおける中国人については、鶴見良行『マラッカ物語』（時事通信社、一九八一年）、ザイナル＝アビディン＝アブドゥル＝ワーヒド編、野村亨訳『マレーシアの歴史』（山川出版社、一九八三年）参照。

（10）ここでは、移住と植民によって形成されていく都市をあげたが、近世になって外国人の移住が多かった都市での中国人の街の意味付けも必要であろう。たとえば、泉州や上海である。宋代の泉州は外国人の居住が多かった都市で、十万人近く住んでいたといわれるが、このような都市を純然たる中国人の都市と認定しうるか否か検討が必要であろう。また、上海のように租界が建設され、それとともに外部より流入する中国人の多かった都市もまた、中国人の伝統的な都市とは異質なものと考える必要があろう。上海の場合、結局、旧城区は圧倒され、外的な要素の強いもののなかに取囲まれ、孤立したかのような形態を作っていく。実際、地図を見ても、上海の旧城地区はそれを取り巻く一帯と厳然と異なる形態を示し、孤立した中国人の居住区の存在を示している。これらの都市は一種のチャイナ・タウン的景観を示すのであって、ここからも中国人の街造りを広く検討して見る必要が理解できる。泉州・上海については、よるべき研究が多いが、ここでは割愛する。

（11）游仲勳『東南アジアの華僑経済』（アジア経済研究所、一九六九年）。

（12）曾建屛『泰国華僑経済』（海外出版社、一九四六年）、『泰国華僑史話』（海外文庫出版社、一九四七年）。タイについては田中忠治『タイ歴史と文化』（日中出版、一九八九年）参照。

（13）天妃廟すなわち媽祖の信仰地域については、前掲陳正祥氏の分析がある。また、マカオの歴史について論じるものは多いが、ここでは黄鴻釗『澳門』（商務印書館、一九八七年）をあげるにとどめる。

（14）斯波義信『宋代江南経済史研究』（東京大学東洋文化研究所、一九八八年）、北田英人「唐代江南の自然環境と開発」（シリーズ世界史への問Ⅰ『歴史における自然』一九八九年）。ここでは一定地域への定住の沿革が語られている。

（15）福建の北の隣接地で両浙路の最南端にある温州について、本田治「宋元時代温州平陽県の開発と移住」（『佐藤博士退官記念中国水利史論叢』、一九八四年）があり、示唆的である。

（16）蘇基朗、“The Urban Morphology of Ch’uan-Chou During The Sung Dynasty”（中国文化大学『国際宋史研討会論文集』、

一九八八年）。

(17) 帝都以外の都市の研究も、最近、急速に進みつつある。陳橋駅編『中国歴史名城』（中国青年出版社、一九八六年）、閻崇年編『中国歴史名都』（浙江人民出版社、一九八六年）などはその代表的なもので、広州・泉州などについても論をのせる。このほか、本文で述べた『某々史話』、たとえば、徐俊鳴・郭培忠等著『広州史話』（上海人民出版社、一九八四年）のごときもその例である。ただ、著しく概説的で深みにかける傾向がある。

(18) 桂林市文物管理委員会「南宋〈桂州城図〉簡述」（『文物』二七三期、一九七九年第二期）、馬崇鑫「試論桂林宋代摩崖石刻〈静江府城池図〉在地図史上的意義」（『歴史地理』六輯、一九八八年）、張益桂等著『桂林史話（上海人民出版社、一九七九年）。

華南の風俗や形態についても研究すべき点が多く、参照すべき史料も多いが、ここでは割愛する。

(19) 郝玉麟等修『雍正広東通志』巻一四城池の条、同修『乾隆福建通志』巻六城池の条参照。これらの問題は稿を改めて論じることとする。念のために指摘しておきたいが、中国人は移住入植の際に、ただちに城壁都市や堅固な聚落の建設をはじめたのではないようである。これは、県城クラスの城壁の建設が比較的遅いことからも確かめられる。では、初期の中国人の入植はどのようになされたのか。この考察の一つの手掛かりが、六朝時代の江南における南下中国人の入植の形態である。南下中国人たちのなかには巨大な塢を建設しそこに拠点を構えるものがいた。これを超時代的に対応させてはならないが、参考になるべき問題をもつと考える。

(20) 周碩勳等修『乾隆潮州府志』巻六城池の条。なお、都市構造については地名が一つの参考になるが、潮州には女性に関した極めて珍しい地名のつけかたがみられる。これも合わせて整理していく予定である。

(21) このような視点の考察に役立つのが、註（6）引用の諸論稿である。また、宋代の少数民族の研究として岡田宏二「宋代華南における非漢民族の諸相――洞庭湖以南を中心として」（『東洋研究』五五、一九七九年）などの一連の研究があるが、本論に関係する研究となると乏しい。

(22) 管見の限りでは、論じてきたような視点からの個別都市の研究事例は乏しい。したがって、それらはいずれ個々の都市を論じるときにあげることとする。ただ、関連の研究が皆無というわけでもないし、最近の研究報告がないわけでもない。たとえば、前掲の『イスラムの都市性』関連の研究報告でも、研究報告編に以下のものがある。九号・今永久清二「バンコクにみられる時間の断層――精霊・貨幣・王権」、七九号・弘末雅一「港湾都市と後背地――スマトラ西岸のバルスの事例より」、八七号・足利健亮「アジアの都城――その思想と形態〈東アジア―日本〉」。同研究報告編四号「〈都市史の諸段階〉研究会報告」九号「異なる地域の都城の比較は可能か」、一〇号「時間的広がりの中で都市比較はいかに成立つか〈市民の概念と宗教運動〉」、一四号「〈東南アジア都市におけるイスラームの制度化〉研究会」、二三号「〈北西アフリカのイスラームの特性と都市の成立、発展にたいする影響の比較研究〉合同研究会報告」。このほか、矢野暢編『東南アジア学の手法』（弘文堂『東南アジア学』一、一九九〇年）、坪内良博『東南アジアの社会』（弘文堂『東南アジア学』三、一九九〇年）も関連の論文をおさめる。

(23) 日比野丈夫「マラッカのチャイニーズ・カピタンの系譜」（『東南アジア研究』六―四、一九六九年）。東南アジアにおける中国人の活動の活発化が当該地域の活動の活発化と極めて深い関係にあることは、マラッカにおけるチャイニーズ・カピタンの活動の経過に極めて明快にあらわれている。

(24) 船越明生「古地図にあらわれたマラッカ――その出現とポルトガル・オランダ支配期の都市図」（『東南アジア研究』六―四、一九六九年）。氏は、一六一〇年代のマラッカ市街が極めて整備されていたことを指摘しておられる。注目すべきは本文で指摘したような漳州・泉州のごとく出身地と思わる地名を冠した城門の存在である。これは、故郷の都市との関連を想起させる。

(25) 東南アジアにおける初期の中国人の定住の形態の追及はこれからの問題である。それには、オランダを始めとする諸史料の読み込みが必要であろうが、現在、研究はそこまで至っていない。また、現在の筆者にその力もない。しかし、たとえば、翻訳された往時の旅行記や報告書には中国人の影が強く認められる。これらを読む限り、中国人の建設した聚落のなかには、極めて強固な恒久的なものが存在したことが類推できる。

(26) 堀込憲二・郭中端『中国人の街づくり』（相模書房、一九八〇年）。ただし、私は氏が論じるように、都市が徐々にできるとは考えていない。なお、堀込憲二氏には註（4）にあげた風水思想と都市の構造に関する論文もあって、主として明清時代の華南の都市を例に、中国固有の思想である風水思想の都市への反映を論じる。私は、これらの都市への過度の読み込みにもあまり賛成ではない。政治的・経済的観点からの都市の読み込みを希薄にする可能性があるからである。都市は多角的に読み込まれなくてはならない。しかし、一面で都市の読み込みに重要な思想であることも確かである。とりわけ、中国の根底の思想がより鮮明にあらわれると考えられるチャイナ・タウンの読み込みには参考になろう。

補註　本章校了後、最近の東南アジアブームの影響の故か、多くの関連論文がでた。しかし、それらは他日改めて調査を進めていく地域の関連研究とあわせて紹介することとしたい。また、最近は東南アジアの一帯的把握をめざす論がさかんである。これは、拙稿（「清水廣一郎『イタリア中世の都市社会』〈岩波書店、一九九〇年〉を読む」『比較都市研究』一〇―一、一九九一年）で述べた、中国社会をミクロ・コスモス的と捉らえる考えとあわせて一言すべきであると考えるが、これも次の機会にゆずる。しかし、中国人の東南アジア進出と中国内部の変化との関連は慎重に考察すべきであって、東南アジアに中国人の姿が多くみられるからといって、あたかも巨大な支流圏があったかのような幻想を軽々しく持ってはならないことを指摘しておきたい。

次に、チャイナタウンをチャイナ・タウンとしたことについても一言しておく。辞書的にはChinatownと一語であるようだが、中国と彼らの作った街の関係を明確にするために、両者の間に点を入れた。論文を読む限り、それぞれの立場によって点をいれる場合とない場合があり、主張の違いがここに示されていることに注意する必要のあることを喚起しておきたい。なお、本来は、中華街が特定都市の一部である以上Quarter(地区）を使用するのが正しいと考えるが、そうした言葉は普及していないのでTownを用いた。

五　中国の浮梁

——日本の舟橋との関連において

『日本歴史』五七四号に掲載された阿蘇品保夫氏の「中世の舟橋」を読み、興味をもった。筆者は中国史専攻だが橋に関心があり、中国の事例をいくつか論じてきた。阿蘇品氏が述べているような軍事用の鉄の舟橋は中国でもなお使用されていて、黄河に架かる鉄の舟橋を渡ったこともある。舟橋は泉光院の日記やイサベラ・バード『日本奥地紀行』などから解るように、日本でもごく最近まで使用されていた。これは中国でも同様で、舟橋（中国では浮橋とも浮梁ともいう）を描きこんだ近代の大都市の地図や絵図がある。そこで、この問題に関して、中国の例を紹介しようと思う。

専攻の関係もあり、日本の舟橋研究の状況をよく知らない。相模川や栗橋の舟橋の絵図、筧真理子「木曾三川の船橋」（『岩波講座日本通史』近世二「月報」掲載、一九九四年）や平林章仁『橋と遊びの文化史』（白水社、一九九四年）に目を通した程度である。阿蘇品氏の橋に関する論も「中世阿蘇の原風景」（『中世の風景を読む』七「東シナ海を囲む中世世界」新人物往来社、一九九五年）しか知らない。

日本の中国史研究家は橋の問題にあまり関心をもっていないが、中国人は関心が強い。豊富な写真を掲載した研究書『中国古橋技術史』（北京出版社、一九八六年）、『中国古代橋梁』（文物出版社、一九八七年）も刊行されている。

ところで、面白いことに古い歴史をもつ中国の浮梁について詳細な記録を残したのは入唐僧の円仁・円珍、入宋僧の成尋といった日本人である。入唐の二人が渡った有名な浮梁が山西省と陝西省の境を南下する黄河の要衝蒲津関に架かるもので、愛宕元「唐代の河中府城と河陽三城――浮梁と中潬城を伴った城郭――」(『中国の都市と城郭』汲古書院、一九九二年)は二人の記録によってこの橋を論じた。この蒲津関浮梁で、とくに名高いのが浮梁の索を支える鋳鉄製の巨大な牛である。

鉄牛は玄宗の開元年間のもので、黄河の両岸に置いてあったが西岸のものは失われてしまった。東岸のものも一度河中に沈んだが宋代に引き揚げられ、その後清末の氾濫によって再度地下に埋まり近年の発掘でまた姿を現した。約一〇〇年前だから、日本でもまだ浮梁が使われていた時代である。この発掘は北京在住の桜井澄夫氏によって写真とともにいち早く紹介された。未開放地区ゆえに見聞した人は限られているが、その一人である筆者も「出現した鉄牛――中国・蒲津関の浮橋――」(『歴史読本』一九九三年三月号)ならびに『宋代中国を旅する』(NTT出版、一九九五年)で、成尋の記録した浮梁や現実に使用されている鉄製の浮梁とあわせて紹介した。

このような浮梁のなかには変わったものもある。潮州にある宋代創建の固定した橋と舟橋を組合わせたもので、中国四大橋の一つともいわれている。今は改造されているが、かつての基本的形態を残しているのは「都市と橋――潮州の橋に見る歴史のなかのインフラストラクチャー」(『月刊しにか』一九九五年三月号)で、往時の写真とともに紹介したとおりである。

このように、中国ではごく最近まで浮梁が残っていた。ただし、わたくしの興味は、「中国の港町――海の港泉州――その成立と形態を中心に」(『中近東文化センター研究会報告』I、一九九四年)や「宋代における都市への設備投資とその意義について」(『比較都市史研究』一四―二、一九九五年)などで触れたように、都市のインフラストラクチャーとしての橋である。だが、この興味は浮梁の問題にも繋がる。橋の研究は単に利用や存在の形態に関するだけでなく、技術的にも東アジア世界の技術交流の解明や比較史的研究にも大きな意味をもつ。これを機会に、日本での浮梁の状況をいろいろ教えて頂きたいものである。相互の研究や関心をリンクさせ、東アジア世界における橋梁技術と形態の相違を明らかにすることは決して無駄ではあるまい。あらたな分野の確立ができるのではないか。

近年、技術の交流に興味をもつに至って、いろいろな事例を考えている。橋梁研究も同様で、橋を架ける状況、橋を架けたもの、費用など考えるべき点が多い。宋代泉州では宗教関係者の関与もあったが、中国の場合は公的権威主導のもとに架ける場合が普通である。架ける時も、宋代の黄河のそばの澶州（現濮陽）のように、造船で有名な江南の温州から取り寄せた例もある。その後の澶州は周辺での調達を目指すが、中国内部でも浮梁を架けるに際して交流が行なわれたのだ。東アジア世界における浮梁技術の交流もまた同様だろう。とはいえ、司馬遼太郎『街道をゆく』二五（中国・閩のみち）、朝日文庫）はマルコ・ポーロがみた福州の舟橋の記録と舟橋の形態を残す現在の橋について述べるが、日本との比較はしない。まことに、技術の比較とはうかつにいえぬもののようである。

六　宋代の道路建設と寄進額

――寧波発見の博多在住宋人の磚文に関して

『日本歴史』の六一三号の「歴史手帖」に掲載された、シャルロッテ・フォン・ヴェアシュア氏の「杭州・寧波・普陀山を訪ねて」に大変興味をひかれた。とくに、論の起点となった博多在住の宋商人が寧波所在のお寺へ寄進した事例を紹介した記事は、宋代史を研究するものとして、また比較史に興味を持つものとして心ひかれた。ただ、一方で、気になることもあるので、一言感想を述べたいと思う。これは、かつて『日本歴史』の五七四号に阿蘇品保夫氏が「中世の舟橋」を書かれたのに興味を持ち、五七八号に「中国の浮梁――日本の船橋との関連において」を寄稿したのと同じ動機である。中国史研究者の考えが日本史研究者の考察に役立てば幸いである。

さて、博多在住の南宋商人が寧波の寺に寄進した際の磚発見の事例は、中国研究者も把握するところである。だが、このような討論が日本史サイドでされていたことは知らなかった。そこで、あらためて高倉洋彰氏の『大宰府と観世音寺』（海鳥ブックス、一九九六年）などを読みなおしてみた。だが、論旨に多くの疑問を持つとともに、寧波在住の発見者林士民氏の意見にも疑問を持った。はるか以前であるが、林氏にお目にかかったことがあり、真摯な研究者であることを承知している。氏の努力によってあらたな史料が日の目をみたのは喜ばしいと思うとともに、それゆえに正しい考察をするべきではないかと思うからである。以下、要点を整理してみよう。

まず、論の概要を述べておこう。日中を問わず、考察されたかたがたは、磚に記された寄進者の身分を低くみ、かつ寄進額は一〇貫文であるから貧しいものと推定されている。さらに、寄進者が自分の出身地を間違えて記していること、磚が粗末なもので、字も金釘流だから、無教養な人物としている。このゆえに、寄進者は大宰府在住の貧しい南宋人で、おそらくは下級の船乗りとするのである。そして、底辺にいるひとびとのささやかな信仰心を示す好例とする。だが、そうであろうか。わたしはいくつか疑問を持った。以下、考えて見よう。まず、道路舗装の記事である。南宋代は道路舗装のみならず橋の建設まで、インフラストラクチャー的整備が進んだ時代である。したがって、関連の史料はおおい。その、いろいろな史料のなかで、博多在住の商人が寄進した時期にちかしい時代の蘇州をみてみよう。当時の蘇州は裕福で鳴っていた。そのなかの繁華街で、城内の住民たちが共同で道路を舗装した際の記録がある。その記録を参照しつつ論じてみよう。なお、その史料は『宋と中央ユーラシア』（『世界の歴史』七、中央公論社、一九九七年）でもあげておいたので参照されたい。

記録には寄進額の一覧表が記載されている。記録によると、寄進額の最高は銭二五貫だが、普通は二貫文程度である。つまり、十貫文という金額は決して少なくないのである。ちなみに、宋代の官僚の給与規定では平均が月六〇貫文程度だが、最低は地方官の七貫文程度である。また、開封という大都会で働くものは一日に銭一五〇文、よければ三〇〇文を手にすることができたが、これは一カ月だと多くて十貫文、少なければ五貫文ほどである。さらに、兵隊の給与はおおむね五ないし六貫文ほどである。ただし、これに被服費や食費などの支給が加わる。だが、おおむね五ないし六貫文とみればいい。ついでに、農村の事例をあげておくと、田舎にいけばもっと少ない。一日働いて三〇文にもならぬというケースもある。それゆえか、田舎の寺観への寄進額の記録をみると、銭五〇〇文程度というのが少なからずでてくる。さらに、もっと下の数字もよくでてくる。したがって、一〇貫文の寄進は少なくない金額なのだ。

では研究者が身分を推定した水手の収入はどの程度かみてみよう。これは斯波義信氏が『宋代商業史研究』（風間書房、一九六八年）に書いているが、海船の場合、乗組員の日給は一日一五〇文程度で、水手あたりだと一〇〇文である。

これは米が加わるし、別の支給があったようだが、一月の給与として考えると三貫文である。かれらの収入は開封の黄河補修の危険な仕事に較べるとやや低いが、農村に較べると高い。

でも、月に三貫文の収入しかないのである。当時の米価から考えると食べるのがやっとである。となると、銭十貫文の寄進というのは、水手なら月収の三倍となるし、下級官僚の一カ月半ほどの数字だと考えられるのである。しかも、裕福でなる都市の住民の寄進額の五倍である。これを高いとみるか、低いとみるかである。

こうした考察は、日本側の事情とあわせてする必要があろう。だが、わたくしは、当時の日本の銭のありかたや算定に詳しくない。この点はお教えを乞はねばならない。しかし、日本での一〇貫文が本国たる宋よりも価値がないとは考えにくい。さらに、海外からの寄進者が思いきった寄進をするのは、今日の事例からも明らかである。現在の中国の廟に華僑が寄進している事例をみると、かなり高額である。この史料の数字は、故国においても裕福な都市の住民が二貫程度、農村では数百文という時代のものである。低いとみるべきでないように思うがいかがであろう。むしろ、海外にいる商人が故国での寄付募集に、一般人の何倍も寄進したと考えたほうがいいのではないか。

次に、磚が粗末なうえに出身地を間違えて書いている。それに気がつかぬようだから、寄進者は無学な庶民だという考察である。まず、磚である。近年、宋代の磚の出土事例がかなり報告されるようになった。また、実物をみることもできる。それらは、おおむね宋代の一尺程度の大きさで作られた方形である。厚さも数センチメートルである。土も粗末で灰色がかったものが多い。わたしは寧波の磚のほうは現物をみていないのでなんともいえぬ。だが、記述からみるかぎり、どうも平均的な磚のように思える。厚い磚をつくり、固まったところで職人が固い用具を使って文字を掘り込んだのではないか。そう思える。ちなみに、手持ちの同様の拓本を鑑定してくださった書の専門家も同様の話をされていた。

この種の磚をだれが彫ったのか。いまのところ特定はできないが、かれらこそ一般職人であったことは想像に難くない。立派な文字を碑文に彫り込むひとではないのである。それらは、ときとして役所の下級吏、ときとして職人によってなされている。この磚も同様の事例ではあるまいか。されば、字が下手なのは当然である。明州の碑林のなかでも異彩をはなつほど粗末といわれるのは、他の碑石が通常の碑石であること、粗末な磚を見慣れていないことからくる誤解であろう。

次に、出身地を間違えていることにも気がついていないから、無学で下層の人物だという見解である。そうだろうか。日本国博多在住の商人が、故国のお寺で喜捨を求めているという話を聞いた。場所は出身地ではないが、江南有数の交易港たる寧波である。さきの斯波義信氏は、当時の寧波は幅三メートル以上の舟を七〇〇から八〇〇隻ほど有し、海外交易に携わるひとびとのための市も立つほどの港としている。であれば、そうした場所にある寺に寄進して名前を残そうとするのは、よほどのものではないか。しがない船乗りなら、故郷のお寺か、故ある航海の神に寄進すると考えるのが普通であるまいか。

しかも、間違えて彫り込まれた碑文を、寄進者は確認しているのだろうか。みていないと考えたほうがいいのではないか。つまり、異国から寄進するべく、文書を書いて送った。それを受け取った寺のほうで職人に依頼して磚をつくった。それだけのことで、完成品を見ていない可能性が高いとみるべきではないか。われわれが寺院建立に際して寄進し、名前が瓦に刻されたとしても確かめるすべはない。当人が間違って書き送った可能性を否定はしないが、むしろ刻字工のまちがいとみるほうが素直な解釈ではあるまいか。問題にするべきは寺で雇った刻字工の程度である。大体において、寄進者が自ら刻字することはありえないのではないか。

以上、関連論文について意見を述べてきた。わたくしの感想は、日本史の研究者と異なる。海外に住む建州出身の中程度の商人が、普段利用している寧波という有名な交易港の寺の舗装費用を集めている話を聞いた。そこで、家族の冥福を祈って寄進した。異郷にあって家族に十分な配慮ができなかったものとして当然のことであろう。しかも、場所は一大都市の一大寺である。そうみるべきではないか。全体的な事情を考えれば、そう考えたほうが齟齬もなくすっきりするように思う。たいした根拠もなく無教養な船員が寄進したことを示す磚とはしないほうがいい。もっと、幅広い考察のうえに論を立てるべきであると思うのはわたくしばかりではあるまい。日宋交流史の研究に役立てば幸いである。

後記　本章寄稿後に『アジア遊学』3「特集東アジアの遣唐使」（一九九九年四月二〇日）に、王勇氏の「寧波に現存する博多在住宋人の石碑――その発見、転蔵、解読をめぐって」が掲載された。他にもあるか不明なうえ、論に組みこむゆとりもないが、磚の変遷などが紹介されているので参照されたい。

◎都市と組織

七　宋代社会と銭

――庶民の資産力をめぐって

はじめに

宋代は商業の発達にともない、貨幣経済の盛行をみた。しかも、宋銭は、宋という範囲を越えて、東アジアのみならずインド洋にまで広がり使用された。わたくしの手元にある宋銭のなかにはインドネシアのロンボク島で発掘されたものがある。宋銭を使用したのは、日本も同様であった。もっとも、後述するように、この問題はいささか検討の余地があるのだが。

いずれにしても、このように貨幣経済がさかんであった宋ゆえに、使用した貨幣は銅銭のみにとどまっていない。盛んな経済活動を象徴するように、為替や手形の使用があり、ついには世界最初の紙幣の誕生を見た。だが、庶民の使用する貨幣は、基本的には銅銭であった。大量の銅銭が鋳造され、ひとびとはそれを換算しつつ、日々の生活を送ったのである。ここでは、そうした現実をのべる。

一、宋代の貨幣経済

宋代に多様な通貨的諸物が発行されたことは、すでに指摘がある。また、時代をおっての貨幣、とりわけて銅銭の発行量についても研究がある。銅銭供給量は北宋の王安石時代にピークに達する。この結果、銅銭は、国内に氾濫したとおもわれる。もちろん、偏りもあったであろう。だが、宋代の記録に銭が頻繁にあらわれることは、貨幣、なかんずく銅銭が宋代の経済を支える重要なものとなっていたことを示す(1)。

当時の記録をみていると、毎日、夜になると銭を数えて帳尻があわないと眠られなかったとか、生活費にたりなくやりくりしたという記事がでてくる。ひとびと、とくに都市のひとびとはどっぷりと貨幣経済にひたっていたのだ。こうしたなかで、大胆な政策を打ち出した王安石時代に、供給量がピークに達したのだ。北宋時代の銭は質がよく信用度もたかい。そこで、決済に利用されただけでなく、外国への輸出品ともなった。もちろん、政府は政策として輸出したのではない。王安石の時代を特例として、宋銭は国内流通専用貨幣を原則としていた。だが、宋の経済力に比例して海外へ流出するようになっていった。政府はこれを嫌ったが、強い貨幣が国境を越えて浸透していくのは、経済原則である。加えて、各国における鋳造コストや力量の問題もある。かくして、周辺諸国に宋銭が流布するようになる。日本もまた同じで、大量に宋銭を輸入した。この意味において、日本中世の貨幣史は中国貨幣史とかさなるのである。

南宋時代の密貿易取締りにあたった包恢は『敝帚藁略』巻一「禁銅銭進省状」のなかで、東南の沿岸の小島で日本船が大量の宋銭を積みこんでいると記録している。ちなみに、この記事を引用された斯波義信氏は、あわせて当時の船の大きさについても言及されている(2)。

重い銅銭を運搬するには輸送船の問題もあるのだ。銭がひとびとの交流をしめす記録なら、港と船が運搬の役割を

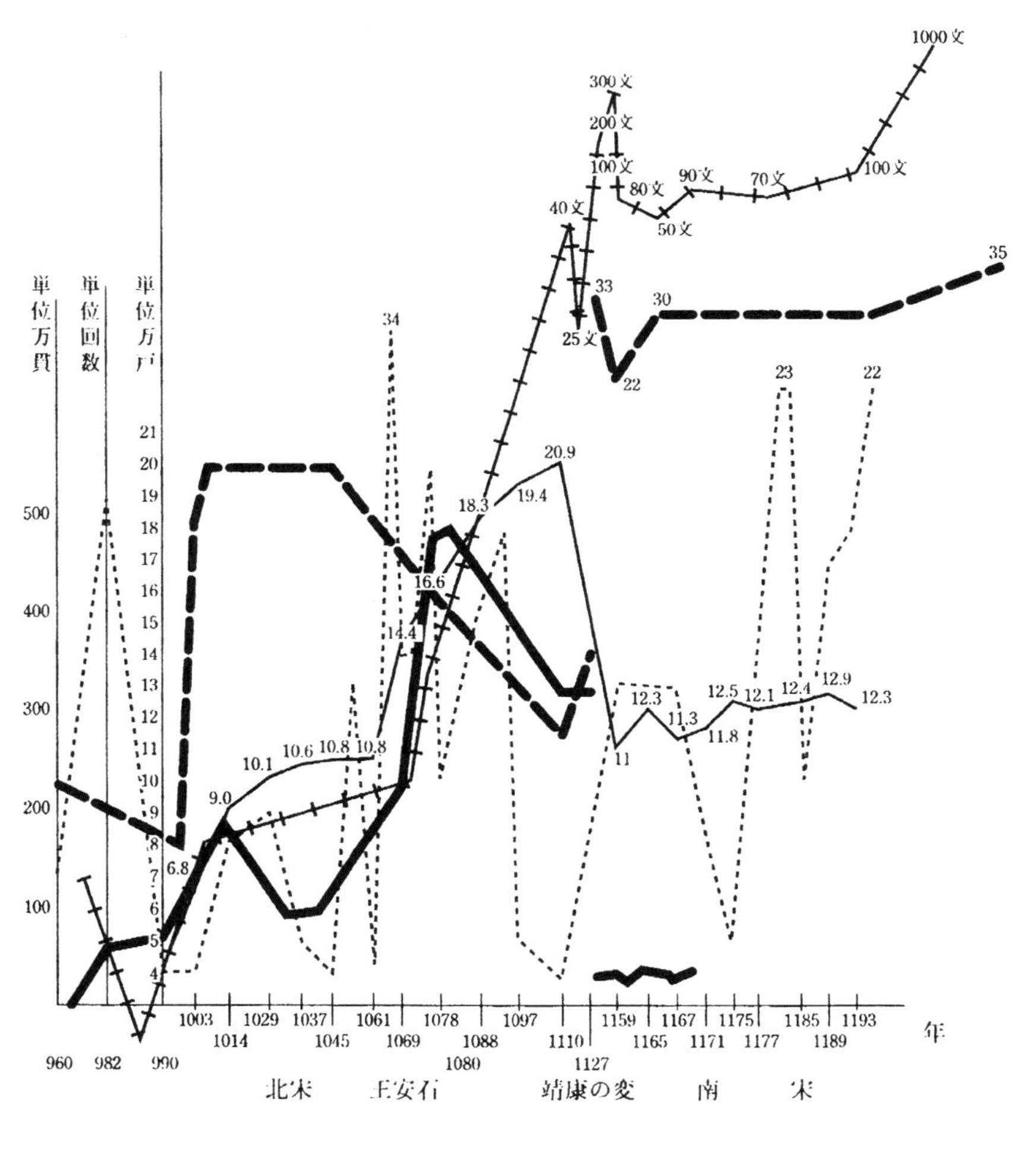

― 戸口数　(単位×100万戸)
▬ 銅銭鋳造額　(単位　×　万貫)
--- 災害ならびに対策回数　(単位　×　回)
▬▬ 銀10両の値　(単位　×　貫文)
├┤ 米価　(単位1升×1文)

表1　数字よりみた宋代史
この表は諸研究成果をも参照しつつ作成したが、参考文献は割愛した。この表にはなお極めて粗い部分がある。たとえば、災害とそれに対する対策の内容である。災害に対水害工事も混入させているが、これは基本的には分割すべきものである。いま、手元にある分割した表をみると、国内の安定にしたがって災害の変化とそれに対する対策の質的違いが浮き彫りになる。すなわち、国内の安定は対策を恒久的なものや社会成長に関するものに対応させており、人口増加と社会の安定が見られることがわかる。

担っているのだ。

この記録は、日本船の銭収集によって、一晩で台州の銭が消えたとする。それほど、日本の宋銭収集はすさまじかった。この結果、宋銭は日本の流通貨幣となったのである。

日本へどれだけ銭が流入したのか。このことを論じるのが鈴木公雄「埋蔵銭が語る中世の経済」(『大航海時代』一四、一九九七年)である。それによると、大量の銭が輸入されていることがわかる。発掘事例には数万枚というのもあるから、未曾有の量の銭が流出していたことが推定できる。(3) しかも、これだけ大量の銭が流出しても国内の銭が揺るがなかったことは、それ以上に大量の銭が蓄積されていたことを示すのではないか。集積のしかたにもよるが、トータルで考えれば通貨供給は過剰だった可能性もでてくる。そこに、問題がある。

日本で発見される宋銭は圧倒的に北宋銭である。(4) しかし、日本船が宋銭を運び出すのが記録されたのは南宋時代である。日宋のあいだには正式な国交がなかったが、両国人は往来していた。そして、それがもっともさかんになるのは南宋時代である。宋代寧波の史料には、日本船が金や銀をもちこんでいることが記録されている。問題はここに生じる。南宋時代は、基本的には北宋銭の時代ではない。南宋銭の鋳造額もすくなくない。にもかかわらず、地方都市とはいえ数万の人口を擁した交易都市の銭を一晩で払底せしめるほどの収集である。となれば、南宋時代の台州＝地方都市では北宋銭を使用していたことになる。つまり、南宋で流通していた銭をどう考えるかが問題になるのだ。

南宋銭はあまりよくない。鋳造量も多くない。となれば、北宋銭が貿易決済用に蓄積されていたのか、それとも単に混在していただけなのか問題になるがよくわからない。もうすこし考えてみる必要があるし、周辺域の宋銭模造の実態も考えてみる必要があるように思う。いずれにしても、単純でない。だが、ともかくも、中国の銭があふれていたことはたしかである。当時の宋銭の鋳造についての議論がこのことを示す。当時の日本人の記録、たとえば、後述する北宋時代の入宋僧成尋の日記『参天台五臺山記』からもわかる。日記が都会だけでなく、旅行途中の山野での通貨流通状況も記しているからだ。なお、こうした風潮が唐代にはすでに始まっていたことは、入唐僧円仁の記録『入唐求法巡礼行記』からも推測できる。(5) 唐代は絹なども貨幣の代用をしていた。だが、しだいに銭を使用する風潮が高まり、定着していったことがわかるのだ。

とはいえ、問題も多い。これは日本でも同じだが、つながった緡銭としてまとまったかたちで出土するものが少なくないようだからである。また、銭をもっている絵がいくつかあるが、そのほとんどが挿しの銭である。数枚づつ使用している例はほとんど見当たらない。となると、万民ひとしく銭を所持し使用したとは考えにくくなる。もちろん、こまかな銭の使用事例の記録は多いし、発掘された銭に摩滅のあとが残っていることからも、一般的に銭が使用されたことはたしかなのだが。このように問題はあるが、宋の内部で貨幣が横溢していたことは想像にかたくない。なお、南宋の都臨安では市中で挿しの紐をうっていたという記録がある。となれば、挿しの作成方法も問題になる。

つぎに、銅銭以外の銭もしくは金券などについて触れておきたい。宋代が紙幣登場という劇的な時代であったことは、いまさら喋喋することでない。宋代はすでに発明されていた紙の質の向上、印刷技術の進展などがあって、きちんとした印刷物を発行することが可能になった。そして、それが紙幣の発行を可能にした。銭そのものはすでに整ったかたちをしていたが、紙幣もまた整ったかたちで発行することができた。これが紙幣を流行せしめたのである。紙そのものはここでは主たるテーマでないので多くを述べないが、銅銭と並んで重要なものだったことは間違いがない。

この紙幣のもとになったのが、金券である。これはすでに唐代に飛銭としてあらわれ、商業上の決済書類として認証されていた。このように、貨幣的役割をはたしたものは、他にもいくつかある。たとえば、度牒である。僧侶の認証書であるこの書類は、僧侶が多くの特権をもっていたために売買されることもあった。そして、同時にその特権を行使できるところから、金券的な意味をもったのである。この金券的な役割を果たしたものは多々あるが、ここではふれない。(6)

こんどは貴金属である。宋代の貴金属の使用については、すでに加藤繁氏が論じるところである。[7] そして、そのなかでも、とくに重視されたのは銀であった。銀は塊として使用され、銅銭のような形態をもたなかった。だが、重量などをはかられて銭として通用したのである。旅には銀塊を持参し、それを砕いて使用したようである。このような銀塊で、近年注目に値する刻印をもったものが出土している例を報告しておこう。それが、出門税の刻印をもった銀塊である。このことについては、すでに別稿で紹介しているが、宋代に城内への出入りに際して税を徴収することがあったのが、刻印されているのである。宋代税制の再検討材料として念頭において置くべきことであろう。[8]

このような多様な貨幣ならびに類似のものの存在こそが、宋代がきわめて高い経済水準をもった時代であったことを示唆しているといわねばならない。都市における貨幣事情を的確にしるす『東京夢華録』も、宋代の貨幣経済が高い水準にあったことをしめす。

二、収入と物価

宋代の貨幣事情が高度なものであったことを述べたが、では庶民レベルではどうだったのか。実情を記しておかねばなるまい。そこで、本章では、このことをのべる。

中国は文字の国であり、記録の文化だという。実際、宋代の史料には、実に数字がよく記載されている。数字を集めた『宋代貨幣史料滙編』（河南人民出版社、一九九三年）の分析も細かい。もっとも、この本が収集した史料はきわめてあらく、しかもひとびとの生活実数をあらわす数字も、きわめて乏しい。そこからは宋人の収入や購入物資の価格はわかりにくい。だが、ここでは、それを問題にしたいと思う。

宋人は横溢する銅銭を、どのように配分されたのであろうか。つまりは、どの程度の収入をどのようにして得たのかという問題である。また、その収入はどの程度の力をもったのか。物価などを勘案しながら考えていこう。

宋代にはすでに多様な職業が成立していた。北宋末の都開封の様子を記録したさきほどの『東京夢華録』にも、多様な都市生活の形態がえがかれている。(9)これは南宋も同じであった。首都臨安を記録した『夢粱録』などの記録には、多くの職種が記録されている。運送業、商人、職人、芸人、食料品店、倉庫業といった一般的に考えうる職種から、官僚や聖職者、などなど、多様な職業があった。かれらは、それぞれに仕事に応じた収入を得ていたが、これも都市と農村では格差があった。都市では一日働くと一五〇文ほど手にすることができたが、農村ではその三分の一程度の収入しかえられないケースがおおい。また、物価も一様でない。そこで、下級官僚や下級兵士の収入を基準としよう。下級の官僚や兵士の表向きの収入は、都市における肉体労働者の収入と近しいからである。(10)つまり、下級兵士の年俸は銭五〇貫から七〇貫程度。一月で四貫から五貫ちょっとの収入である。文字通り一貫文が銭千枚とすれば、一日三〇〇文程度となる。つまり、かなり厳しい肉体労働をしたときの収入にひとしい。なお、貨幣計算は一文銭を基本とし、特殊なきりつめ方もあった。井上泰也氏の論じる短陌の制である。

宋代官僚の収入を体系的に解明したのが、衣川強氏である。(11)丹念な史料収集によって、宋代の官僚の体系的な給与形態が解明できた。そこで、明らかになったのは、その段階の多さと格差である。複雑で多様な形態で、宋代官僚の給与は支払われたのである。では、あの難関の科挙試験を通りぬけた官僚たちは、どれほどの給与をもらったのだろうか。かれら宋代の官僚は基本的には、今日的な意味でのエリートである。だから、その収入は卓越したものであった。だが、それは高い地位に登ったものたちの話である。下級官僚はかなりの低所得で、月俸数貫というのもある。市井でその日暮をするものと大差がない。だから出世しなければ、かなりひどい暮らしが待ちうけていた。

ところで、今日でも同じだが、いわゆる平均収入というものがある。世の中は千差万別だが、案外、収入というものは平均的な面がある。そして、みな同じようなものを食べ、着ているのである。宋代も収入に格差はあったものの、大抵のひとが同じような収入下に暮らしていたと考えるべきであろう。とくに、市井に働くものについては、そのようなことがいえる。となれば、ここで抽出した兵士や人夫の収入は、ほぼ市井のひとびとの収入とあうと考えるべきであろう。実際、梁庚尭氏が指摘するように、宋代士大夫がかならずしも裕福であったとは限らないのだ(12)。では、この収入はどのような意味をもったのか。そこに対応するのが物価である。宋代の物価については、さまざまな研究があり、関連の史料がのこる。このなかで、まず総合的に物価を考えたのが全漢昇氏であった(13)。かれは米価を中心に宋代の物価を考察したが、この研究は衣川氏によって踏襲され、さらに史料を集積したものとなっている。これらが、宋代貨幣経済の実態考察の基本となる。ただし、ひとりが一日何度食べたか。一日の食事量がどの程度であったかも考えなくてはならない。

この点は、時代による変化、副食との関係もあると思う。だが、おおむね、三度食したと考えてもよさそうである。食事量も成人男子の一日の摂取量が、中国の枡で一升、すなわち約六六四・一ミリリットルというのが衣川氏の推定である。となれば、これを基準に考えると、成人男子の一日の食費は、北宋では平均して一升を一五文ほどと推定できる。ただ、これも米の質や時代や気象変動による変化があるので、目安にすぎない。南宋時は三期にわたる変動がみられるといわれるから、これのみで断定は出来ないのである。

しかも、家族数の問題がある。中国では一族から栄達したものがでると、みんなが頼る傾向にある。結果として、宋代の官僚は多くの家族を抱えていた。二〇人というのは多い数字ではなく、四〇人などという数字もでてくる。地方の県の知事であれば、銭二〇貫程度の給与にその他の支給があっても三〇貫ほどと考えられる。となれば、給与の半分は食費になってしまうとは、王安石を事例にした衣川氏の推定である。

さらに、当時の都市居住者の購入品を考えたのが、斯波義信氏である(14)。斯波氏は当時のカロリー摂取量などを考えようとしたものだが、そのなかで当時の都会で七つの品物が日常的に必要だったとしている。それは柴・米・油・

表2　宋代の社会救済とその費用
これは一例である。このデータは低辺にいきるひとびとの経済状態を示す一例ともなる。

年月日	西暦	場所	救済内容	支出	その他	出典
天禧中	1017～	京畿近郊の寺	行き倒れの埋葬(大人)	600文	1棺ごとに	『宋史』178食貨上賑恤
天禧中	1017	京畿近郊の寺	行き倒れの埋葬(子供)	300文	1棺ごとに	『宋史』178食貨上賑恤
嘉祐4年12月乙亥	1059	全国の都市城郭内の広恵倉	11月1日から翌年2月末まで	米1升(大人)	3日に1回(冬季4ヵ月)老弱疾病で自活できぬもの	『続資治通鑑長編』189、『宋史』12食貨・常平
嘉祐4年12月乙亥	1059	全国の都市城郭内の広恵倉	11月1日から翌年2月末まで	米5合(子供)	3日に1回(冬季4ヵ月)老弱疾病で自活できぬもの	『続資治通鑑長編』189
崇寧3年	1104	杭州府城内外の居養院	老人・貧乏・生活できぬ人・乞丐	米1升・銭10文	紹興13年改めて施行(大人)	淳祐『臨安志』7養済院
崇寧3年	1104	杭州府城内外の居養院	老人・貧乏・生活できぬ人・乞丐	米0.5升、銭5文	紹興13年改めて施行(子供)	淳祐『臨安志』7養済院
崇寧3年	1104	杭州府城内外の漏沢園	雇い人への給与	銭5貫・米1石	僧侶へ支給の月ごとの常平銭	淳祐『臨安志』7養済院
宣和2年	1120	全国の救済施設	食料・銭支給(一人)	粟米1升・銭10文	元豊の旧制により居養院・安済坊・漏沢園で実施	『宋史』178食貨上賑恤
宣和2年	1120	全国の救済施設	11月から正月まで支給	柴炭・銭5文省		『宋史』178食貨上賑恤
宣和2年	1120	全国の救済施設	安済坊	銭・米・薬	居養法に従う	『宋史』178食貨上賑恤
紹興31年1月	1161	杭州府城内外	貧乏の家	銭200文、米1升、柴炭銭	ひとり分	『宋史』178食貨上賑恤

塩・醬・酢・茶などであった。ただ、斯波氏の検索し資料からもわかるように、これらは場所によってちがう。しかし、なんといっても、宋三〇〇年の主たる食料品が米であることはいうまでもない。だからこそ、米価を生活の基準とするのである。(15)

このことは、社会救済事業に関する支出物とその費用、ならびにその内容からも類推できる。宋代の社会事業については研究が進んでいて、しかも具体的な発掘報告もでている。ここで、具体的な事例を論述する余裕はないので、若干の具体例をあげるにとどめるが、米が貧窮者への支給

物として重要だったことがわかる。(16)

さて、このような数字とは別に、一般的な物価を考えてみよう。述べたように、宋代にはこまかな数字の記録がすくなくない。これらをひろってみると、意外に細かな庶民の経済状況がわかるのである。たとえば、北宋時代に入宋した成尋の『参天台五臺山記』である。かれは実に細かな数字を記録している。データ化したなかで、とくに、公的な世話を受けたひとへの謝礼などは、往時の社会的な関係と贈り物のやり取りを示して興味深い。紙幅の都合もあるので、ここでは割愛するが、すこしだけあげる。

公衆浴場入浴料＝一人一〇文　笠代＝五〇文（三人）
米四斗＝四〇〇文　人足代（駕籠担など）＝三〇〇文
礼拝の志＝二文　酒代＝九八文（一三人分）
酒代＝一五〇文（一三人分）　部屋代＝五〇文

などのような数字もでてくる。お茶代一文というのもあるから、庶民経済を知るために、もっと検討の余地のある日記である。

このように、成尋の記録からきわめて日常的な銭の支出がわかる。ただ、酒代や人足の賃金などはその日の労働事情など多くのことが関係するので、これですべてとはいえない。人足への謝礼や飲み代なども場所によって微妙ちがう。ところで、成尋は旅をしている。旅をすると橋を渡ったり、船にのったりする。船賃もでてくるのだが、これも借り上げか否かで違いが出る。

たとえば、橋の渡り賃である。成尋は僧侶である。僧侶には免除特権があったりするが、一般の人は橋などの渡り賃を払っている。これらはすでに研究があって、南宋時代には成尋が旅した江南では河を渡る船賃が三一文、重い車は七五文、牛一頭は五〇文であったことが紹介されている。(17)興味深いのはこれらの数字に端数がみられることである。

宋人もまた、こまかく計算しながら生きていたのである。

三、寄附行為から

宋人はどの程度の資産をもっていたのか。また、日常生活は別として、どのようなものに、どれだけお金を使う余裕があったのか。ここでは、そうしたことを問題にしたい。とはいえ、これもそれほどあきらかになっていない。だが、長年、数字を蓄積してきたので、それらを引用しつつ、宋代庶民の経済力についてせまってみよう。

ひとの社会を律するものに寄附行為がある。寄附といえば、神社・仏閣への寄附を思い浮かべるかもしれない。だが、それだけでもない。私道への寄附、慈善事業への寄附。さまざまなかたちで、個人のお金が動く[18]。これは宋代も同様だった。これ以外にも運河の補修や橋の建設、寺観の修復など、さまざまな寄附行為が宋代でも行なわれていた。これらは、宋人の経済力と資産力や身分をはかる絶好の数字である。

なぜ、そう考えるのか。通常、寄付というものは財力に応じて行なわれる。ただし、実施形態は状況に応じて多様である。おおむね平均化されて割り当てる場合もあるし、この家はこのくらいと格づけされて割り当てる場合もある。また、個人の自由意思にゆだねられる場合もある。このように、多様化された内容をみきわめれば、当該社会に帰属するものや個人などの財力を測る物差しになる。もちろんこの金額を全面的に正しいと受け取ることには、配慮も必要だ。すでに没落しかかっている家が、表示だけを多くしてもらうということは、現在でもみられるからである。

だが、これらの数字が、そのようなケースを含んでいたとしても、当該社会の平均的資産力を否定するほどの要素ではない。むしろ、没落していようとそうであるまいと、それだけの力をもった家であるという認識、それだけの家はそれだけ寄附しなくてはと考えることができる材料というべきであろう。いずれにしても、このような数値の解釈

表3　宋代の交通費
これも、ごく一例である。物資の輸送、移動といっても単純でないことがわかる。

年月日	西暦	項目	費用ならびに代価	その他	出典
天聖6年5月	1028	牛1頭の河渡し代	50文	公安県	『宋会要輯稿』方域13津渡
元豊4年10月12日	1081	人夫雇用一人の賃金	3000文	距離不明	『宋会要輯稿』食貨48陸運
元豊4年10月12日	1081	驢馬雇用資金(1頭)	8000文	距離不明	『宋会要輯稿』食貨48陸運
元豊5年5月丙申	1082	車夫への手当て	米2升・銭50文		『続資治通鑑長編』326
靖康1年10月12日	1126	京西での人夫1人への食料運搬費	銭40貫	日程など不明	『宋会要輯稿』食貨48陸運
隆興2年1月9日	1164	貴州・象州江口の渡し場代	100文		『宋会要輯稿』方域13津渡
乾道7年12月16日	1171	長江流域での100里100斤の船賃	30文	法定運賃	『宋会要輯稿』食貨27塩法雑録
乾道7年12月16日	1171	長江流域での100里100斤の船賃	44文	民間運賃	『宋会要輯稿』食貨27塩法雑録
嘉泰1年3月24日	1201	臨安府龍山西興魚捕の渡し場代	31文足	一般人	『宋会要輯稿』方域13津渡
嘉泰1年3月24日	1201	臨安府龍山西興魚捕の渡し場代	無料	官員・軍兵・茶塩鈔客・乞丐	『宋会要輯稿』方域13津渡

には、当該時代のしっかりした数字認識が必要なことはいうまでもない。そこで、近年、日本史の分野で話題になっている南宋時代寧波の寺の道路の舗装費用問題を検討してみよう。

この問題と資料紹介の経緯は、高倉洋彰「寧波市現存の大宰府多津宋人刻石について」(『大宰府と観世音寺――発掘された古代の筑紫』海鳥ブックス所収、一九九六年)ならびに、王勇「寧波に現存する博多在住宋人の石碑――その発見・転蔵・解読をめぐって」(『アジア遊学』三「東アジアの遺唐使――精神文化の交流を求めて」勉誠出版、一九九九年四月)にくわしい。また、比較史的な論点からシャルロッテ・フォン・ヴェアシュア氏が「杭州・寧波・普陀山を訪ねて」(『日本歴史』六一三、一九九八年)で、資料と研究を紹介しつつ、インドの事例と比較されている。

それらはいずれも、博多在住の南宋時代の商人が寧波の寺に寄附した金額を記した磚を利用して、宋人の財力や教育程度を類推したのであ

表4　蘇州呉県吉利橋版寮巷舗装費用寄進額一覧表
(出典:『江蘇通志稿』金石14「吉利橋版寮巷砌街磚記」)
本表は南宋の淳熙6(1179)年に蘇州西南部呉県で当該地の吉利橋版寮巷舗装のためにつのった寄進一覧表である。他州の出身者、女性の名前がみられるほか、寄進額の大きさにも注意の必要がある。

番号	名前	住所ならびに出身地	役職・職業	寄進額
1	耿(某)	蘇州呉県(城内)	都監	二十貫
2	耿六八	蘇州呉県(城内)	太君	塼一万片
3	朱四娘	蘇州呉県(城内)		塼一万片
4	朱某	蘇州呉県(城内)	太丞	銭二十貫
5	黄三七郎	蘇州呉県(城内)		銭二五貫
6	馬四郎	蘇州呉県(城内)		銭二十貫
7	呂七六郎	蘇州呉県(城内)		銭三十貫
8	茆四郎	蘇州呉県(城内)		銭二五貫
9	胡十一妹	蘇州呉県(城内)		銭十五貫
10	曽四郎	吉州		銭八貫
11	呉十二公	蘇州呉県(城内)		塼一千斤
12	張七郎	蘇州呉県(城内)		塼一千片、米一石
13	孫四郎	蘇州呉県(城内)		銭五貫
14	陳某	蘇州呉県(城内)	孔目	塼一千片
15	陳十二	蘇州呉県(城内)	官人	塼一千片
16	祝解元	蘇州呉県(城内)		銭五貫
17	余某	饒州	承務郎	塼一千片
18	黄二妹	蘇州呉県(城内)		銭五貫
19	劉念二郎	蘇州呉県(城内)		塼一千片
20	黄二口	蘇州呉県(城内)		銭五貫
21	王十郎	宣州		塼五百斤
22	葉四郎	蘇州呉県(城内)		銭五貫
23	項七二郎	蘇州呉県(城内)		銭二貫
24	葛層	蘇州呉県(城内)		銭二貫
25	銭九郎	蘇州呉県(城内)		銭二貫
26	張六妹	蘇州呉県(城内)		銭二貫
27	大林	蘇州呉県(城内)	都勧縁知府中	米十碩
28	韓八妹	蘇州呉県(城内)		銭一貫
29	潘五叔	蘇州呉県(城内)		銭二貫
30	徐口八口	蘇州呉県(城内)		銭二貫
31	胡十八妹	蘇州呉県(城内)		銭一貫

32	徐二妹	蘇州呉県(城内)		銭一貫
33	徐二郎	蘇州呉県(城内)		銭一貫五百
34	葉姉大	蘇州呉県(城内)		銭二貫
35	袁七妹	蘇州呉県(城内)		銭二貫
36	荊公	蘇州呉県(城内)		銭一貫
37	呉十二妹	蘇州呉県(城内)		銭一貫
38	潘四郎	蘇州呉県(城内)		銭二貫
39	顧二妹	蘇州呉県(城内)		銭二貫
40	魯二妹	蘇州呉県(城内)		銭二貫
41	金五郎	蘇州呉県(城内)		銭二貫
42	徐四哥	蘇州呉県(城内)		銭二貫
43	徐子娘子	蘇州呉県(城内)		銭一貫
44	蔣道安	蘇州呉県(城内)		銭二貫
45	沈六七郎	蘇州呉県(城内)		銭?貫
46	張三妹	蘇州呉県(城内)		銭二貫
47	唐二郎	蘇州呉県(城内)		銭二貫
48	張口	蘇州呉県(城内)	郎中	銭二貫
49	王二哥	蘇州呉県(城内)		銭一貫
50	呉一二哥	蘇州呉県(城内)		銭二貫
51	張六哥	蘇州呉県(城内)		銭一貫
52	唐二容	蘇州呉県(城内)		銭五貫
53	王百四	蘇州呉県(城内)	秀才	塼一千片

る。解釈では、寄附者は博多在住の下層の船乗りとする。出身地を間違えていること、寄附金額が低いことなどが、その理由である。だが、解釈は、宋代の社会や経済事情を配慮せずに行なわれている。そこに誤解が生じたと考える。わたくしの解釈では、博多在住のおそらくは中程度の商人が、奮発して寄附したものと考える。このことは、『日本歴史』六二六号（二〇〇〇年七月）で「宋代の道路建設と寄進額——寧波発見の博多在住出土の宋人の磚文に関して」として論じたので、くわしくは、そちらをみていただきたい。ここでは、その記述内容を別の角度から検討してみよう。

三枚の磚に記載してある文面からわかるのは、道路の舗装費用である。総合すると、乾道三（一一六七）年当時で、宋代の一丈、すなわち約三メートルほどの道路の舗装費用に、銭一〇貫文かかったことがわかる。ここから、日本史側からの研究のなかには、当時の道路舗装費用がわかったとしている例もある。たしかに貴重な記録だが、道路の幅や材質の問題もあるから断定せぬほうがいいであろう。具体的事例がわかれば確定できるが、これだけでいいきるのは危険である。ちなみに、宋以降の道路の舗装費用その他についての記録は、すくなからず見うけられる。決して特殊な史料ではない。

つぎに、寄附金額の問題である。すでに論じ、表示もしてきたように、往時の庶民の経済力や収入からみると、決して少なくない。人夫の二ないし三ヶ月分の金高である。兵士の年間収入の五分の一の費用である。もちろん、時代による変化はあるが、基本的にはまとまった金額といいうる。となれば、これをもって、低いといいうるであろうか。だからこそ、わたしは寄附をしたのは身分の低いものではなく、ある程度の商いをおこなっている商人とみるべきだと思う。

重ねて言及したいのは、こうした寄附行為が宋銭を機軸に行われていることである。寄附が証文なのか、実際に銅銭を送ったのかはわからない。だが、当時の東アジア世界の流通事情を考えると、宋銭というものがためらいもなく、使用されたことは疑いがない。港から港へ情報が伝わり、情報の決済として宋銭が動いたというのは考え過ぎであろうか。情報を集め流すのを実証するのは狼煙や駅伝だけでない。時代が下るとともに、さまざまなものがネットワークを形成し情報を伝える。銭もそのひとつである。宋銭の広範な出土は、銭によるネットワークの存在を示すというのはいいすぎであろうか。博多に住んでいる宋人の寄進が意外な事実を知らしめるのである。

そこで、もう一例、寄進額一覧表を使用して庶民の経済力を考えてみる。(19) それが、寺観への寄付である。宋代の金石史料には、寺観への寄附金額一覧表などが多く残っている。これらを検討すると、一村こぞって宗教施設に寄附しているケースがいくつもある。この種の寄附は集団で行なわれ、かつ熱狂的に行なわれるケースが少なくない。だが、金額は多くない。すでに、註19引用稿であげたので採録しないが、データでは数百文がやっとというケースが多い。これを、さきほどの道路舗装への寄附金額と比較すると、いかに小さいかがわかる。これこそが、当該村落の住民の平均的な経済力である。

となれば、銭一〇貫文が小さな数字でなく、まとまった数字であること。兵士の給与もそれなりの額であることがわかる。このようにみていくと、宋代社会も、一枚の銭から多くのことが浮き彫りになることが解る。宋銭は、広くそして深く、ひとびとの生活に入りこんでいたのである。

おわりに

以上、宋銭を中心に宋代の庶民経済と社会を概観した。ところで、落筆するまえに一言しておきたいことがある。それは宋代の考え方と銭の問題である。

ここでは北宋と南宋をあまり区別せずに論じた。だが、現実には北宋と南宋には確固たる違いが存在するように思う。銭ひとつをとっても、成分も、南宋銭がわるい。紙幣を考えても、南宋の軍事システムが大きく影響している。北宋と南宋の貨幣システムを同一と考えてかかってはならないようである。とかく、宋という共通の王朝名をもっているがゆえに、短絡的にひとくくりで論じられるが、もっと深く考える必要があろう。銭もまたその手がかりであることを付言しておく。

註

（1）足立啓二「東アジアにおける銭貨の流通」（『アジアのなかの日本史』東京大学出版会、一九九二年）、宮沢知之『宋代の国家と経済』（創文社、一九九八年）、歴史学研究会編『歴史学の現在』Ｉ「越境する貨幣」（青木書店、一九九九年）、岩波『世界歴史』一五「商人と市場」（一九九九年）などは、近年の代表的成果である。井上正夫「宋代の国際通貨――王安石の通貨政策を中心に――」（『京都大学経済学会経済論叢』一五一―一・二、一九九二年）もある。

（2）斯波義信「港市論」（『アジアのなかの日本史』、東京大学出版会、一九九二年）。

なお、同書では註（1）の足立氏の論文をはじめとして、東アジアの国際貿易と貨幣の問題が議論されている。西域の陸上ルートには小都市と狼煙などの連絡網が点在し、貨幣がひとの流れを記録した。これは、海でも同じである。港町を行き交う船が足跡として品物を遺したのである。海商研究の最新のものとして原美和子「宋代東アジアにおける海商の仲間関係と情報網」（『歴史評論』五九二、一九九九年八月）は、この種の研究の最新のものである。

（3）輸入量が膨大ということは、鋳造量も膨大ということである。この点は、宋代史でも研究が重ねられてきたが、東野治之『貨幣の日本史』（朝日選書五七四、一九九七年）のように、日本史側でも宋の鋳造量の膨大さと質の安定振りに注目している。

（4）日本での銭出土事例の研究はすくない。永井久美男編『中世の出土――銭出土銭の調査と分類』（兵庫県埋蔵銭調査会、一九九四年）をあげるにとどめる。出土枚数の多いものになると、七万枚をこえる。出土銭は多様な時代の多様な地域からのもので構成されているが、中国宋、それも北宋のものが圧倒的に多いことはいうまでもない。日本へ流入した宋銭の膨大さや日本銭との関係は三上隆三『渡来銭の社会史』（中公新書、一九八七年）、滝沢武雄『日本の貨幣の歴史』（吉川弘文館、一九九六年）なども言及する。

（5）『入唐求法巡礼行記』は中公文庫、東洋文庫（平凡社）、法蔵館などから訳注がでている。また、ライシャワー氏の訳注が原書房から出版されている。円仁の細かな記録は注目されてきたが、最近では井上泰也「円仁の『日記』を読む――沙金の消息」（『立命館文学』五六四号、二〇〇〇年三月）もこの問題を論じている。『参天台五臺山記』は管見の限りでは、島津草子氏の訳注などがあるが、伊井春樹『成尋の入宋と其の生涯』（吉川弘文館、一九九六年）が一般的な読み物解題といえる。ただ、これらの本にはいずれも長短があるので、心されたい。

（6）宋代の貨幣の研究ならびにそのシステムは、日野開三郎氏、宮沢知之氏らによって言及されている。だが、ここでは論旨がはずれるので割愛する。

（7）加藤繁氏の宋代経済史ならびに貨幣史に対する貢献は抜群のものがある。それらの論文は『支那経済史考証』（東洋文庫）『唐宋時代における金銀の研究』（東洋文庫）、『中国貨幣史研究』（東洋文庫、一九九一年）に所収されている。

（8）宋代における出門税刻印の銀錠については、伊原弘「新たな中国都市研究の視点をめぐって――新史料調査の過程において」（『比較都市史研究』一七―二、一九九八年）において指摘した。その後、若干の史料があつまったので、まとめて紹介したいと考えている。

（9）入矢義高・梅原郁訳『東京夢華録訳注』（平凡社・東洋文庫、一九九六年）。

（10）兵士の給与については長井千秋「南米軍兵の給与――給与額と給与方式を中心に」（梅原郁編『中国近世の法制と社会』一九九三年）がある。また、筆者の採取したデータもある。

（11）衣川強「宋代の俸給について――文臣官僚を中心として」（『東方学報』〈京都〉四一―一九七〇年）、「官僚と俸給――宋代の俸給について続考」（『東方学報』〈京都〉四二、一九七一年）のほか、黄恵賢、陳鋒主編『中国俸禄制度史』（武漢大学学術叢書、一九九六年）などがある。

（12）梁庚堯「南宋的貧士与貧宦」（『中国社会経済史論集』上、允農叢刊六、一九九七年）。
　米価ならびに宋代の物価の変動は、全漢昇「北宋物価的変動」・「南宋初期物価的大変動」・「宋末的通貨膨張及其対於物価的影響」（『中国経済史論叢』一所収、新亜研究出版、一九七二年）がある。衣川強氏は、註（11）引用稿でさらに補充されている。

（13）註（12）引用論文参照。

（14）宋代の消費と生活の実態については、斯波義信『宋代商業史研究』（風間書房）、「宋代の消費・生産水準試探」（『中国史学』一九九一年）がくわしい。

（15）この問題は、諸氏も指摘するように単純でない。主食が米か、品質は問題にならなかったか。どの程度食べたのか、回数はなど、考えるべき点はおおい。だからいいだすときりがない。標準的なものを基準にしていると考えて欲しい。

（16）この点も、米を物価の水準と考えることの手がかりである。なお、貧窮者へは粥が支給されたが、この粥も状態を規定していた。水加減によって量が異なるのである。ただ、粥にすると吸収力がよくなるようで、粥だから支給量が足りないともいえぬようである。

（17）清木場東『唐代財政史研究』〈運輸編〉（九州大学出版会、一九九六年）。石川重雄「巡礼者の道と宿」（『しにか』一九九三年九月）。伊原弘も「宋銭の重さ――中国文学にあらわれた庶民の銭」（『歴史書通信』八五、一九九二年）、

「宋代庶民の経済力」（『東方』）一二月・一月号、一九九二年・一九九三年）、『『水滸伝』を読む』（講談社現代新書、一九九四年）その他で、こうした問題を論じている。このような数字を丹念に拾っていくと地域格差も出て面白い。

(18) 宋代の道路舗装とその費用は梁庚堯「南宋城市的発展」（『宋代社会経済史論集』上、允辰叢刊、一九九七年）のほか、伊原弘が蘇州研究の事例で言及している。註（17）引用書ならびに、『中国開封の生活と歳時――描かれた都市生活』（山川出版社、一九九一年）、『蘇州』（講談社現代新書、一九九三年）『宋と中央ユーラシア』一九九七年）参照。なお、関連史料は他の地域や時代にもある。

(19) 寺地遵「南宋末期台州黄巌県事情素描」（『唐・宋間における支配層の構成と変動に関する基礎的研究』一九九三年）は鐘に刻み込まれた文を使って村の復元を試みている。伊原弘「都市臨安における信仰を支えた庶民の経済力――石刻史料の解析を事例に」（『駒澤大学禅研究所年報』五、一九九四年）、「宋代台州臨海県における庶民の経済力と社会――時間への寄付金負担能力から」（『駒澤大学禅研究所年報』七、一九九六年）は、集積したデータの一部を利用して宋代のひとびとの経済力の推定をはかったものである。このような数字は宋代の金石史料に多くのこっている。これらの史料は、関連論文で述べてきたように、村や宗族ならびにその社会復元など多様な用法が考えられる。文書の乏しい時代にあっては、このような石刻む史料は文書のかわりをなす。書かれた場所が石か紙か、はたまた金属かの違いだけである。その意味で、今後、一層の活用を求められる。

なお、このような史料への期待へのたかまりが、『歴史学研究』七三七（二〇〇〇年六月）の特集「寄進文書――その様式と社会的意味」にあらわれているように思う。

八　『宋會要』研究の現状と展望

はじめに

『宋會要』が宋代研究の基本的史料として重要な意味をもっているのは、周知のことである。それ故に我国でも研究がすすみ、三冊の索引が出版された。『宋會要研究備要――目録――』（一九七〇年）、『宋會要輯稿　食貨索引　人名・書名篇』（一九八三年）、『宋會要輯稿　食貨索引　年月日・詔勅篇』（一九八五年）の三冊。いずれも宋代史研究委員会の編集で、東洋文庫から出版された。我国の多くの宋代史研究者の努力によって成立したこの索引は、特に食貨を対象としたものではあるが、我国の宋代史研究の水準をも示すものといえよう。だが、未刊・整理過程の原稿カードもなお多い。『宋會要』の研究は端緒についたばかりといわねばならない。

ところが、最近、こうした『宋會要』の研究に一石を投じる大きな発見があり、新局面がひらけてきた。中国における『廣雅稿本』、『嘉業堂清本』の二種の『宋會要』の発見である。(1)すでに校訂の作業も始まっているという。(2)

中国でのこうした作業実情について案外知られることがなく、関係論文のなかには我国で入手しがたいものもある。すべてを知っているわけではないが、若干の知りえた情報を紹介しつつ『宋會要』の解説をおこない、研究の展望を試みてみたい。『宋會要』の研究に興味をもつ研究者に裨益するところがあれば、望外の幸福である。

原則として書名の略称は行なわないが、左記の書籍は例外とする。

『宋會要研究備要――目録――』――『研究備用』と略称

『宋會要輯稿　食貨索引　人名・書名篇』――『人名・書名篇』と略称

『宋會要輯稿　食貨索引　年月日・詔勅篇』――『年月日・詔勅篇』と略称

一、現行本『宋會要輯稿』の成立と研究

1　『宋會要』と『宋會要輯稿』

『宋會要』が宋代史における重要な研究史料であることは贅言をまたない。

中央集権的政治体制の確立した宋王朝では、政治に資する書類・書籍の類が多くうまれ編纂された。『宋會要』はそうしたものの中でも特に重要なものである。成立の次第や典拠の資料についてはなお明確な論がなく、時には雑然と役所の戸棚につみあげられた書類を集積しただけのものにすぎないのではないかと口にする人もいる。これはしかし穿ちすぎであろう。もしそうなら、『宋會要』から宋朝の骨格を掴む研究ができないことになる。また逆に、従来の史料で掴めなかった細かなシステムや行政上の裏面史がもっとわかる筈であるが、実際にはそうしたケースに乏しい。

我われの使用する史料の中には宋朝政府の編纂したものも多い。だが、それを何処でどのようにして編纂していくのか。宋朝の修史制度に関する研究はそれ程多くはない。(3) これは『宋會要』に関してもほぼ同様であるが、山内正博・王雲海両氏の研究もあって、制度として確立されるのが南宋の紹興年間であることが判っている。(4) だがそれ以前

図表1　歴代宋會要

番号	書名	巻数	内容及び編集次第	典拠
1	慶暦國朝會要（三朝國朝會要）	一五〇	太祖・建隆元（九六〇）年—仁宗・慶暦三（一〇四三）年。仁宗・天聖八（一〇三〇）年詔修、慶暦四（一〇四四）年奏上。章得象監總、宋綬・馮元・李淑・王擧正・王洙等同修。	玉海巻五一 文獻通考巻二〇一 郡齋讀書志巻五、上附志
2	元豊増修五朝國朝會要（六朝國朝會要、國朝會要）	三〇〇	太祖・建隆元（九六〇）—神宗・熙寧一〇（九六〇—一〇七七）年。神宗・熙寧三（一〇七〇）年詔修、元豊四（一〇八一）年奏上。王存・林希・李徳芻・陳知彦編修、王珪奏上。	玉海巻五一 文獻通考巻二〇一 直齋書録解題巻五
3	政和重修國朝會要	一一〇（内目録一巻）	太祖・建隆元（九六〇）—徽宗・政和。徽宗・元符三（一一〇〇）年詔修、政和七（一一一七）年奏上。王覿・曾肇・蔡攸等同修	直齋書録解題巻五 宋史巻一九徽宗一
4	乾道續四朝會要（續會要）	三〇〇（直齋書録解題・群齋讀書志）二〇〇（文獻通考・玉海）	神宗初（一〇六八）—徽宗・靖康末（一一二七）年。高宗・紹興九（一一三九）年十二月詔修、孝宋乾道六（一一七〇）年奏上。汪大猷等纂修、虞允文进奏・李燾进讀。	直齋書録解題巻五 群齋讀書志巻五、上附志 文獻通考巻二〇一 玉海巻五一 宋會要輯稿・職官一八—三四
5	乾道中興會要	二〇〇	高宗建炎元（一一二八）年—紹興三二（一一六二）年。考宗・乾道六（一一七〇）年詔修、九（一一七三）年奏上。梁克家等奏上。	玉海巻五一 文獻通考巻二〇一 直齋書録解題巻五
6	淳熙會要	三六八	高宗紹興三二（一一六二）年—考宗・淳熙一六（一一八九）年。考宗・淳熙六（一一七九）年、趙雄等奏进（第一次・一五八巻）、一三（一一八六）年、王淮等奏进（第二次、一三〇巻）、光宗紹熙三（一一九二）年、帝・群臣奏进（第三次・八〇巻）。陳騤・鄭丙・沈淮等纂修。	玉海巻五一 宋会要輯稿・職官一八—三五、八〇
7	嘉泰孝宗會要	二〇〇	孝宗一代、淳熙會要を統合 寧宗・慶元六（一二〇〇）年秘丞邵文炳請修、嘉泰元（一二〇一）年奏上。楊濟・鍾必萬總修。	玉海巻五一 宋史巻二〇七・藝文志六

8	慶元光宗會要	一〇〇	孝宗・淳熙一六(一一八九)年―光宗・紹熙五(一一九四)年。孝宗・淳熙一六年請修、寧宗・慶元六(一二〇〇)年奏上。葛邲・胡晉臣・沈有開等纂修、京鏜等进奏。	玉海巻五一 宋會要輯稿・職官一八・六〇
9	淳祐寧宗會要	一五〇	光宗・紹熙五(一一九四)寧宗・―嘉定一七(一二二四)年。嘉泰三(一二〇三)年、嘉定六(一二一三)年、嘉定一四(一二二一)年、理宗淳祐二(一二四二)年、四次にわたり修む。史嵩之等修。	玉海巻五一 宋史本紀四二理宗二
10	嘉定國朝會要 (總類國朝會要) (經進總類會要)	五八八	太祖・建隆元(九六〇)年―孝宗・淳熙一六(一一八九)年(十一朝・二三〇年)。孝宗・淳熙七(一一八〇)年、趙汝愚請修・張従祖類修。寧宗・嘉定三(一二一〇)年奏上。	玉海巻五一 宋會要輯稿・帝系五―一 群齋讀書志・巻五上附志
11	國朝會要總類 (經進總類國朝會要) (十三朝會要) (經進續總類會要)	五八八	太祖・建隆元(九六〇)年―寧宗・嘉定一七(一二二四)年。理宗・端平三(一二三六)年成書。李心傳・高斯得修。	文獻通考巻二〇一 直齋書錄解題巻五。宋史巻四〇九・高斯得傳。宋史巻四三九・李心傳傳

も手続きをとって編纂されており、決してそのあたりにあった書類を適当に綴りあわせただけという性格のものではない。実録や日暦・檔案、時に国史などの諸資料によって編纂されたとみるのが妥当である。『宋會要輯稿』の食貨中にも、多くはないが、これらの書名を見ることができる。(5) 現在、『宋會要』のもっとも精力的な研究者である王雲海氏も、この点を検証されている。(6)

たとえ、『宋會要』の編集の次第やその基本資料に不明確な点があったとしても、宋代の諸制度・沿革に関する諸事を集積した貴重な書籍であることは云うまでもない。おそらくは『宋會要』は宋代にあっては諸制度の沿革実態を知るためのマニュアル的意味をもった書物であったろう。なればこそ北宋の諸資料を失なって南遷した宋王朝が組織的に収集編集をはかったのだ、と考えるべきではないか。(7)

ところで、周知のように、本来の『宋會要』はのこっていない。我われが使用しているのは、一度『永楽大典』に編入されたものを探取・編輯したものである。一般に『宋會要輯稿』とよびならわしている。我われは宋代の根本史料としているが、実はこのような変遷をたどっているうえに現行本の出版までにさらに変遷をたどっている。陳智超氏によれば、『徐松原本』、『廣雅書局稿本』、『嘉業堂清本』の三種が現行本以外に存在するという(8)。しかも、『永楽大典』そのものも散逸しているのだから、現行の『宋會要輯稿』について入念なチェックが必要になる。現行の『宋會要輯稿』をみて短絡的に考えてはならないのである。

では、『宋會要輯稿』はどのようにして成立したのであろうか。湯中氏、石田幹之助氏、青山定雄氏・山内正博氏らの諸論があって、その大略はほぼ論じつくされている(9)。したがって、もはや付け加えるべき点はないのだが、王雲海氏によれば、時として誤謬もあるという。そこで、一応の説明をしておく。

具体的には、図表Ⅰ　歴代宋會要　を参照して頂く。ここでは、歴代の『宋會要』と巻数・内容・編集次第・典拠をあげた。なお、『宋會要』に異名のあるときは括弧で示し、典拠史料は基本的なものにとどめた。

この種の図表は、湯中氏『宋會要研究』、王樹民氏『史部要籍解題』、王雲海氏『宋會要輯稿研究』などにあるほか、言及をしたものも多い。上記の三書はそうしたものの中で代表的、かつ詳しいものであるが、問題がない訳ではない。湯中氏が張従祖の『嘉定國朝會要』と李心傳の『十三朝會要』とを混同されたのはよく知られているが、王樹民氏にも混同があり、『慶元光宗會要』と『淳祐寧宗會要』の間に『嘉泰會要』があったとする(10)。誤りというより、一つの見解とみるべきかもしれない。しかしこれは、王應麟『玉海』巻五一「嘉泰寧宗會要」の条で知られるように、南宋の嘉泰三（一二〇三）年より嘉定一四（一二二一）年まで三次にわたって編修され最終的に理宗の淳祐二（一二四二）年に『淳祐寧宗會要』としてまとめられたものを混同しているのである。

図表をみてもう一つ付け加えておきたいことがある。それは、『宋會要』の編纂にいくつかの注意すべき点のあることである。まず、十一度の編纂のうち北宋が三度、南宋が八度で、宋代の會要編纂は南宋に比重のかかること。北宋の場合は『慶暦國朝會要』以来、ほぼ四十年を間隔として皇帝の詔修によって編纂していること。南宋の場合は編纂の動機が必ずしも皇帝の詔修に限らず、編纂が念入りかつ組織的になっていく傾向のあること。以上の点が図表をみてすぐに気づくことである。「宋代には會要の編纂が盛行した」などという説明もあるが、正しくは南宋代にはということであろう。山内正博氏が「北宋の中ごろまでは同様な事例を集めて項貝別に分類した一般の類書として意識されていた會要が、南宋に入ってしだいに重視されるようになっていった」とされたのが正しい推測であることは、前掲の図表からも判るのである[11]。またこの考えは、先に私がのべた考え、北宋の資料を失って南遷した宋王朝がより組織的に『宋會要』の編纂にとりかかったとする考え、とも合致するのである。

ただ、問題がない訳けではない。指摘してきたように、こと食貨から見る限り、南宋代の史料は量的に乏しいうえに片寄りがあるなど極めて不充分である[12]。『宋會要』を、北宋代に同様の事例を集めて項目的に分類していたものが、南宋に入ってしだいに形をととのえていったもの。その意味では北宋時代の典範も知ることのできるマニュアル的なもの。こう考えていくと編纂の制度のととのっていく南宋代の史料に片寄りがあり、恤災・賑貸といったものが圭流というのは理解しがたい。逆に、失なわれた北宋の制度の復元という意味があるからこそ、かえって南宋の史料が充分でないという見解も成り立つが、それでは何度も編纂する必要がない。『宋會要』の辿った運命、すなわち、その散逸や収められた『永楽大典』の散逸、『宋會要輯稿』の流転によって片寄りが生じたのかもしれない。しかし、それだけではないように思える。これらの問題は南宋自体の史料編纂の性格もあわせて検討する必要もあり、なお時間がかかろう。今はとに角、編纂制度の整っていく時代の史料が一番乏しいという皮肉な現実を述べておくのみである。

つぎに、現行の『宋會要輯稿』の成立について。解説はいくつかあるが、書誌学の論考にありがちなこみ入ったものが多い。テキスト成立の過程がこみ入り、判りにくいのである。糸をほぐしながら話をすすめる。話はまず、明初に永楽帝が『永楽大典』を編纂させた時にさかのぼる。わずか数年で完成したこの類書は、それだけに粗雑な面がある。それまでのあらゆる典籍を原形のまま、あるいは分断をして収録し、洪武正韻にしたがって配列した。『宋會要』も例外ではない。こうした点については、王雲海・陳智超両氏の言及もある。「用韻以統字、用字以系事」という編集方針が混乱を招いたのである。両氏によれば、『宋會要輯稿』の重複個所は全体で五四箇所にわたるという。王・陳両氏それぞれに詳細な図表を作成しておられる。[13] ここで再び論ずる必要もないので、食貨の重複例として私も論じた「免役」および「免役銭」の例のみあげておく。[12] あわせて拙論に揚げた表も再録しておくので参照されたい。

『永楽大典』編纂の実情とそれによって生じた『宋會要輯稿』への影響が判ったことと思う。『永楽大典』編纂の際に貨・銭・丁の三項目に採取された「免役」は、銭と丁の項目への採取が量的に多い。ところが採取形態や継続形態をみると、どれが甲でどれが乙ということではない。乱丁があったり空白があったりして、それぞれに欠点がある。史料の価値は記事の内容であって、編集の形態ではない。しかし一方で、編集の形態は本の基礎的な編集方針や価値の基準ともなるものである。乱丁などが多ければ、やはり、その本の価値に微妙な影響が生じよう。現行本の『宋會要輯稿』がどれだけキッチリと編集されているのか、慎重に対処しなくてはならないことを示しているといえよう。

つぎに、『永楽大典』が依拠した『宋會要』についても考えなくてはならない。明初まで各種の『宋會要』がのこっていた可能性は乏しい。王雲海氏は一つ一つ例をあげて各種の『宋會要』の記事が残存している例をあげられる。[6]

図表Ⅱ―1　役法における重複の状態

王氏算定番號	項目	『宋會要輯稿』所収個所	原注『永楽大典』巻数	韻字	事目
42	(1)免役銭	食貨一三・一〜一四・四八	一七五四四	貨	食貨(二九・宋)
	(2)免役	食貨六五・一〜一〇二	四六八七	銭	事韻(一四)
	(3)免役	食貨六六・三二〜八九	七八七九	丁	事韻(一四)

図表2—2　役法にみられる重複と連続の形態

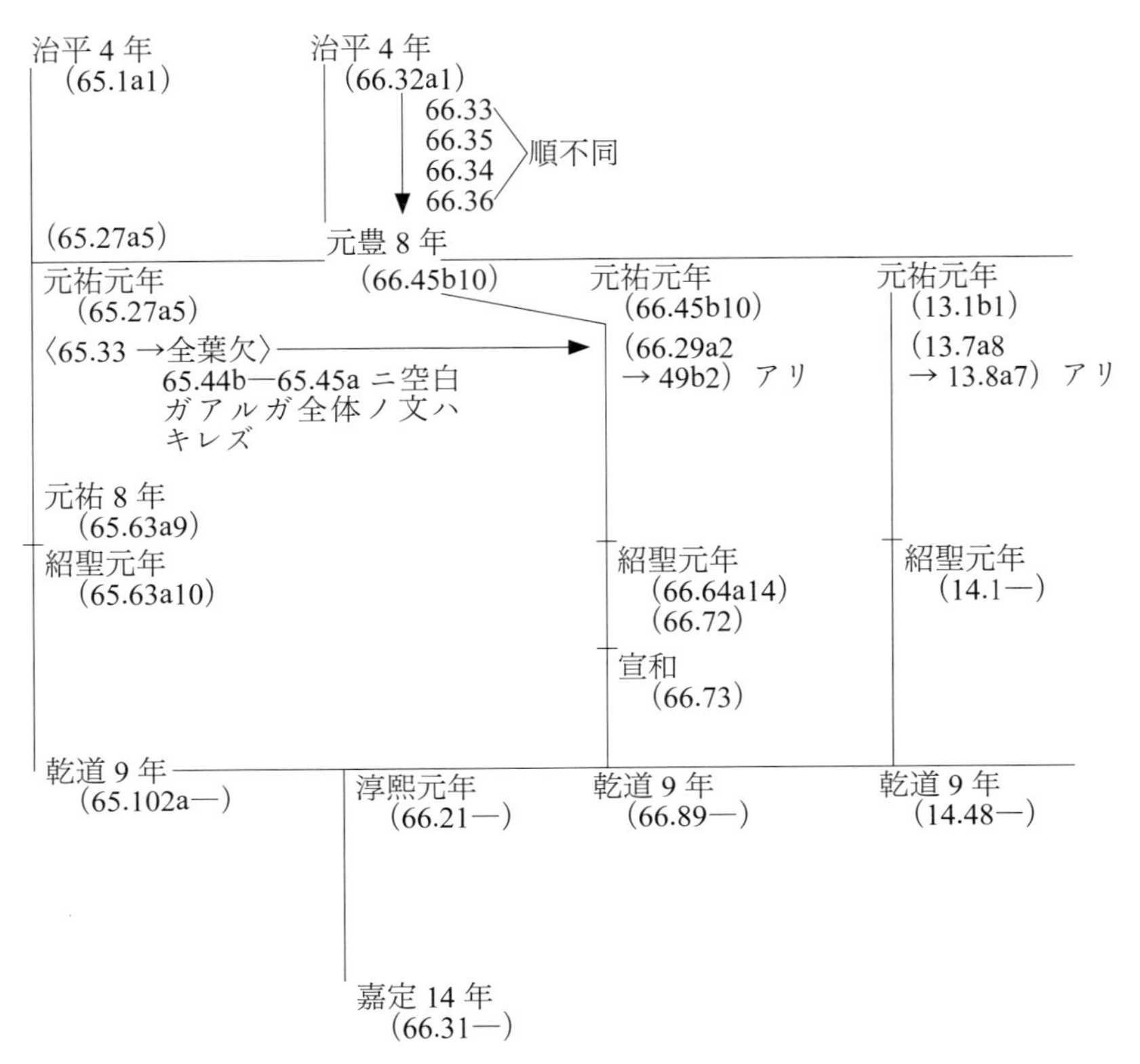

これは索引の『人名・書名篇』からも推測できなくはない。食貨部門にも各種の『宋會要』が引用されている。五十音順に従いつつ名前をあげておこう。

『乾道會要』、『光宗會要』、『孝宗會要』、『國朝會要』、『淳熙會要』、『宋續會要』、『續會要』、『續皇朝會要』、『續皇朝會要』、『續國朝會要』、『續宋會要』、『續總類會要』、『中興會要』、『寧宗會要』

一四の『宋會要』の名前があがっている。ただし、これは文中の書名を補訂せずにそのまま採録しているから、本の数としてはもっとへる。ここで、あえて補訂をせずにあげたのは、編纂当時の『宋會要』の実態を知る手掛りとなるかもしれないと考えてのことである。具体的には図表と索引をみて頂くこととして、気付いた点を一・二あげておく。それは、『國朝會要』の名をあげた個所も意外にあるが、主流はやはり南宋代編纂ものであること。孝宗・光宗・寧宗といった特定の時代の編纂ものはすくなく、ある時期に総編集したものに典拠している例が多い、などである。

このように、食貨部門にも各種の『宋會要』が引用されている。だが、だからといって、これらが明初までのこっていて『永楽大典』の依拠するところとなったとはいえない。各種の『宋會要』の一部もしくは全部が残存していた可能性なしとはしないが、大方の指摘があるように『十三朝會要』の系統とするのが妥当であろう。

『十三朝會要』、『國朝會要總類』、『經進總類國朝會要』ともよばれるこの會要は、李心傳の編にかかわる。指摘されているように、当初、湯中氏が『國朝會要』（『元豐増修五朝國朝會要』）、『續會要』（『乾道續四朝會要』）、『中興會要』（『乾道中興會要』）、『今上會要』（『孝宗會要』）を編集した『嘉定國朝會要』と混同されたものである。この混同はその後の研究によってあらためられて、李心傳が『嘉定國朝會要』に光宗・寧宗の會要、恐らくは『慶元光宗會要』、『淳祐寧宗會要』、を加えて『十三朝會要』を編んだことが判ってきた。そして、陳振孫『直齋書録解題』巻五國朝會要總類に、

李心傳所編、合三書爲一。刻於蜀中。其板今在國子監。

とあることがその証左となるうえに、稿本が四川に保存されていた可能性も類推された。とりわけ、山内氏が類推されるように、恐らくはこのように李心傳が四川で『十三朝會要』を完成したことが、南宋末の混乱にもかかわらず『永楽大典』の基礎となった『十三朝會要』をのこしたということになろう。(11)

ただし、これにも問題がないわけではない。指摘されてきたように、『宋會要輯稿』の記事はたしかに寧宗朝までは何とかある。理宗朝の記事が極めて乏しく、この点も『宋會要輯稿』が『十三朝會要』の系統であることも示唆する。また、さきに示したように、南宋代に総編集された『宋會要』の名前が幾度か顔を出してくる。それにもかかわらず、こと食貨による限り、南宋代の記事が極めて乏しいという現実があるからである。

すでに指摘したとおり、『宋會要』の編集は極めて南宋的な事業なのである。にもかかわらず、孝宗以後、時代が下るほど史料的片寄りが多くなる。恤災・賑貸などという項目の史料の残存ばかりが目立つ。この点は他の項目の検討も必要なのであるが、いずれにしても食貨をみる限りでは、南宋代の史料があると喜ぶわけにはいかない。李心傳というすぐれた歴史史料編纂者の手になる『十三朝會要』に『永楽大典』がよったと類推されるにもかかわらず、この体たらくなのである。何故このようなことになったのだろうか。徐松が『永楽大典』から『宋會要』を抽出したとき、『永楽大典』の散逸は今日ほどではなかった。にもかかわらず、現行の『宋會要輯稿』は右のとおりである。李心傳の輯本も南宋部分が不備だったのだろうか。それとも『永楽大典』に南宋の部分が系統的に収められなかったのだろうか。『永楽大典』の変遷もしくは徐松の稿本の変遷に問題があったのか。はたまた、根本的に『宋會要』そのものに問題があったのか。あらためて考えていくべき点は多いが、いまとなっては考察がむつかしい。

2　各種の『宋會要輯稿』について

すでに述べきたったように、陳智超氏の指摘に従うと、『宋會要輯稿』は四種あることになる。

一、徐松原輯本
二、廣雅稿本
三、嘉業堂清繕本
四、今本徐輯本

よく知られているように、現行の『宋會要輯稿』とは、清の徐松（一七八一〜一八四八年）が嘉慶一三（一八〇八）年に『全唐文』を修めることになったとき『永楽大典』より書きぬいたものをベースとしている。一九三六年、北平図書館に寄託されていた稿本を底本として二〇〇冊が、まず影印された。さらに、一九五七年には中華書局より北平図書館による八冊の影印本が刊行されている。その後、一九六四年には世界書局より一六冊の影印本が、一九七六年には新文豊出版公司より八冊の影印本も出版され、廣く流布することとなった。これらはすべて『宋會要輯稿』の名前を使用しているわけではないが、論文執筆に際して特に区分されていないようなので、ここでは『宋會要輯稿』を統一名として用いる。いずれの本、いずれの名前を用いるにせよ、これが「四、今本徐輯本」である。そして、「一、徐松原輯本」は、現在、北京図書館にある。現行本の刊行のさいに整理が及ばず刊行もされてないものであるが、約一七〇〇頁ある。これは現行本の欠漏部分でもある。

ところで、徐松の輯本の変遷も問題である。変遷のキッカケは徐松の没落である。徐松が罪に落ちたことにより、輯本は徐松の手をはなれ定遠の方式に帰した。その後の経緯は定かでないが、やがて北京の琉璃廠の書肆で韓心源の経営する「翰文斎」にあらわれた。繆荃孫（一八四四～一九一九年）はここで手に入れる。繆荃孫『琉璃廠書肆後記』（京津風土叢書）に、

　餘之宋・元本、大半韓爲捜得。卽宋會要亦得之此肆。

とある。

繆荃孫入手時の、あるいはそれ以前の事情は判らない。はたまた、ここにのべる『宋會要』が我われの追求している『宋會要』なのか。徐松のものとしても、「無慮五六百巻」とも「五百巻」ともいわれる全巻が伝わったのか(14)。これらは一切判らない。文献上の変転のみを追っているからである。とも角も忽然と姿をあらわし、繆荃孫の手に帰した。

光緒一三（一八八七）年、両廣總督張之洞（一八三七～一九〇九年）が廣雅書局を開設したこのとき繆荃孫から『宋會要』をえて、ここに本格的校訂がはじまる。以後の情況はよく知られている。整理にあたった繆荃孫と屠寄（一八五六～一九二一年）の手紙その他が繆荃孫『藝風堂友朋書札』にものこされており、事情も判る。ここに、俗にいう『宋

會要輯稿』の『廣雅書局の稿本』、陳智超氏の文にしたがえば『廣雅稿本』が誕生したのである。合計一一〇冊。その外に重複二冊、目録一冊。ただし湯中氏は一〇九冊と誤算する。[14]目録は左のとおり。

帝系　七冊
后妃　三冊
凶礼　四冊　　吉礼　一冊
職宮　九五冊

消息を紹介しておこう。まず、陳智超氏の検索によると、目録一冊は未見であるが他の一一二冊は保存されており、他に「儀禮大臣」があるという。[1]『廣雅稿本』は三部に分れる。一部は『今本徐輯本』の底本と合訂。一部は『徐松原輯本』と一緒になっている。ここまでは北京図書館にある。そしていま一部が「職官」九五冊で、これは『嘉業堂清本』の中に採用されたものである。

この『廣雅稿本』もまたその後若干の変遷をへて、呉興の劉承幹の手に入り嘉業堂に所収された。これが『嘉業堂清本』四六〇冊である。目録は湯中氏の本にくわしい。現在「浙江図書館」に所蔵される。本年五月、浙江図書館訪問の機会をえたが原文をみることはできず、その後北京で中国社会科学院を訪問した際に陳智超氏よりコピーをみせて頂いた。したがって曖昧なことはのべない。また何よりも仁井田陞氏の論稿に写真があるので、それを参照して頂きたい。[15]

かくのごとく、『永楽大典』より抄出した『宋會要』には各種の系統があって入り組んでいる。そこで各種の校訂が必要となるのであるが、すでに冒頭で述べたように、中国ではこうした作業が一部おこなわれているのである。

ところで、前に私は東洋文庫に所蔵する二種の『宋會要』の写本のうち、とりわけ藤田本に言及した。その要旨は、藤田本は『劉承幹本』すなわち『嘉業堂本』であるとされてきたが、湯中氏による目録と合致しないこと。さりとて現行の『宋會要輯稿』の目録にも合致せぬこと。そして、職官・市舶司にほぼ同様の記事があるうえに、『劉承幹本』の目録にも巻三四〇・食貨六〇「市舶己見職官司存目不録」とあることから、すくなくとも『劉承幹本』の食貨—市舶という形で筆写したのではない、とした。また、藤田本には『永楽大典』の巻数一七五五二が筆写されており、これを考証の参考にすべきこと、筆写の時期からみて『徐松本』や『廣雅書局本』も検討すべきこと、などを中国側の情報もまじえて紹介した。(12) その後、これらについて榎一雄氏・陳智超氏より御教示を頂いたので、紹介をしつつ一・二付け加える。

まず、榎氏より、稿本の字は藤田氏の手ではなく、別人、おそらくは筆工の手により筆写されたものではないか、と御教示を頂いた。御教示頂いた藤田氏の筆跡と比較してみると、たしかに手が違う。御教示のごとく、藤田氏の依頼により模写がおこなわれたと見るべきであろう。ついで、陳智超氏より、藤田豊八氏「宋代の市舶司及び市舶条例」（『東西交渉史の研究』所収、一九七四年）の註7にあるとおり、『永楽大典』巻一七五五二より抄出したものである、北京図書館にはその部分が存在する、と御教示があった。

たしかに、藤田氏の註には『永楽大典』巻一七五五二に筆写の部分があるとあり、写本の中にも「大典巻一七五五二」の文がある。そして、北京図書館所蔵本にこの部分があるとすれば、勝負あったという感じになる。だが、藤田氏の註には、『永楽大典』巻一七五五二にあるといいつつも、劉承幹氏の手許にある本を羅叔蘊氏を介して借抄したとある。この点は、前稿での私の言葉も足りなかったのだが、『永楽大典』との関連をのべてはいるが、筆写自体は常説のごとく劉承幹本によった、ととれるのではあるまいか。文中にも『永楽大典』の巻数が書き込んであるから、判断がむづかしいのではあるが。そこで、実際に検証したいと思い、一九八五年五月の訪中のさいに北京図書館訪問を計画したが、休館日と重なったこともあり目的を果しえなかった。こうした問題の存在は『宋會要輯稿』になお検討しなければならない問題の多いことを示す。各種『宋會要輯稿』の検討が急がれる故である。それと今一つ、中国で新史料の発見の目立つ今日此頃、情報のすみやかな公開がない限り、我国所蔵の史料だけでの考証がむずかしくなってきた、という点である。いずれにせよ、私は問題はなお解決していないと考えている。

3　『宋會要輯稿』の研究と索引の作成

『宋會要輯稿』はかくのごとく複雑な過程をとって出現してきた。それだけに関連の研究や基本的調査が、早くからおこなわれてきた。その実態・過程はもうかなりのべてきたので、ここではその他の問題と索引についてのべる。

膨大なうえに雑然とした諸史料を大まかに分類し綴りあわせた『宋會要輯稿』に目録が必要なことは、早くから判っていた。このことは、青山定雄氏が指摘し、拙稿でも指摘した。

湯中氏・小沼正氏・江田忠氏、Etienne Balazs氏らは早くからこうした努力をし、各種の『宋會要』遺文の目録が編纂された[16]。この中でもっとも完備し有用なのが、我国で出版された『宋會要輯稿』の目録、『宋會要研究備要――目録――』である。この間の事情は青山定雄氏の序にくわしい[17]。この結果、現行の『宋會要輯稿』の目録・記事の記載期間などが一瞥できるようになり、『宋會要輯稿』の利用が一段と機能的になった。なおこの「目録」については王雲海氏の補訂があり、さらに整備がすすんでいる[18]。

こうした成果をふまえて着手されたのが、「食貨」の語彙索引の作成である。この間の事情も青山定雄氏の「序」に詳しい。我国での社会経済史研究の盛行が着手させたのであろう。重複部分も含めて全部で一七～一八万枚に達するカードは、年月日・詔勅・書名・人名・地名・職官・一般（上記以外の語彙と紅会経済関係の語彙）の項目に分けて採取・分類されたものである。これらの中から『人名・書名篇』、『年月日・詔勅篇』が出版されたのは周知のとおりである。その他の地名・職官の各約三万枚、一般の約八万枚、総計で一四～五万枚のカードは第一段階の基本的整理を終えて、東洋文庫に保存されている。整理方法や最終的分類にはなお問題や検討の余地があるものの、我国の宋代史研究の成果がここに凝縮しているのである。

ところで、『宋會要輯稿』には今一つ索引がある。王徳毅氏の手になる『宋會要輯稿人名索引』である。[19] 吉田寅氏の詳細な書評があるので、付け加えることは殆どない。[20] ただ、その後、我国で一連の索引を出版したのだから、両者の検討をしておく。

まずあげなければならないのは、底本が違うという点であろう。『宋會要輯稿』は洋装本としては、一九五七年刊の中華書局本、一九六四年刊の世界書局本、一九七六年刊の新文豊出版公司本の三つがある。いずれも、一九三六年に刊行された北平図書館影印本の二葉分を一頁に縮刷したのだから、本文に関した影印形式・分冊の体裁には殆んど差がない。ただ、新文豊出版公司本は冒頭の「宋會要輯稿影印縁起」および「目録」を頁数に入れていない。この結果、比較的流布している前二社の本と一四頁の差が生じたうえに、索引を頁によってひく形式であることもあり、使用しにくくなっている。この点、我国の索引は項目と葉数によっているので、すべての系統の本に通用する。両書の違いは他にもあって、王徳毅氏の索引は『宋會要輯稿』全体におよび、かつ人名のみなのに対して、我国の索引は食貨のみではあるが任官した役職名、時には出身部族・時代・婚姻関係も附してある。両書はともに同じ本の人名索引であるが、このように形態はかなり違う。これは、索引の作成形態や使用形態に差異をつくるほか、索引のあり方についても問題を多くなげかけると思われる。

索引とはもともと手引きであり工具書である。索引だけで研究する者はいない。その故か索引には糊と鋏的なものが多く、解説もついていないものが多い。だが、こうしたあり方が正しいとはいえない。ただ語彙をぬいただけの索引では、あまり役に立たない。我国でも多くの索引がつくられるが、一体どれほどの役に立っているのであろうか。もちろん、詳しければ良い、細かければ良い、というものでもない。匙加減がむつかしいが、工夫の時期がきているのではあるまいか。こうした問題は「年月日・詔勅篇」の解説でものべたが、以下、あらためて人名の索引に関連し

つつ一言ふれておこう。(21)

『宋會要輯稿』には「帝系」以下「道釈」まで一七の項目がある。項目の中で重要なものを洋装本に従って頁数を計算すると、「職官」一九〇〇頁、「選挙」五七〇頁、「食貨」一六〇一頁、「刑法」三五一頁、「兵」五六四頁などであるが、その他に「礼」一三四三頁、「儀制」二二八頁、「方域」三五三頁が頁数の多いので目立つ。頁数からみて、宋代においてなお礼制が重要な意味をもったことが判る。もっとも、今日の宋史研究の情況からみると、この史料が充分に利用されているとはいいがたい。同様のことは他の重要項目にもいえる。せいぜい「食貨」・「職官」が利用され、「選挙」がこれに継ぐぐらいであろうか。「刑法」・「兵」にいたっては頁をくる人もすくないのではあるまいか。つまり、『宋會要輯稿』のごとく雑多な項目を集積した史料の場合、王徳毅氏の索引のごとく極めて粗い索引はそれなりに有益といえる。ただし、ただ数字がならんでいるだけで、どの項目の所在なのか検索するまで判らないというのは極めて不親切である。こうした傾向は、大部な書籍の索引に共通する。元来、索引は制作者にとって一番有益なものである。だが、出版する以上は今少し考えるべきではあるまいか。使用してみてはじめて当該人名が職官にあるのか食貨にあるのかわかるというのでは、あまりに不親切であろう。食貨索引シリーズには、こうした点を考えて第一冊目の『人名・書名篇』に食貨目録を付け加えた。編集に参加したものとしてはいささか手前味噌めくが、食貨索引の使用を手軽にするうえに前述の点を補うものと考える。もう一つ我田引水をいう。人名に官職名をふした結果、当該人物がどのような仕事に関与していったのか、現実面での昇進過程や職掌が判る。また、同系統の職掌を各人を通じて追究していくことも可能となった。より具体的には職官の索引を完成することによって索引使用の幅が拡大していくのであるが、史料の使用をより容易にしたという面からも、一歩進んだ索引といえないだろうか。もっとも、索引はあくまでも索引にすぎないことを、肝に命じておかねばならないが。

二、「職官」に見える『宋會要輯稿』の特質

私はさきに『年月日・詔勅篇』の刊行に際して解説を擔当し、「食貨」の構成と特質についていささか意見をのべた。その際にその他の項目、「職官」・「選挙」・「刑法」・「兵」に「礼」を加えた五項目の検討と索引の作成の必要なことをのべた。そこで、ここでは若干の意見を付け加えておこう。ただ全体をとりあげる余裕はないので、宋代の中央集権的官僚支配体制を考えるうえで特に重要な「職官」を中心に検討をしていく。

「帝系」以下「道釈」まで、一七の項目が『宋會要輯稿』の中にある。その中で最も量の多いのが「職官」で、以下「食貨」・「礼」・「選挙」・「兵」とつづく。「選挙」・「兵」は大体同量であるが、「食貨」の三分の一弱、「職官」の三分の一強の量でもある。宋代の中央集権体制下における重要な事柄が判ろうというものである。そして「礼」の重要さも。

「職官」の項目は多い。そして、細かい。約四〇〇近い細項目のうち一〇葉以上頁数のあるものは約四分の一にすぎない。二〇葉以上のまとまったものというと、約八分の一という爲体である。とに角、まとまった分量の項目がすくない。マックス=ウェーバーではないが、一度び出来あがった官僚制はその国が滅びるまでなくならない、膨脹あるのみ、と捉えていけば細項目の多いのも首肯できる。同じ制度関係の「選挙」よりも細項目の多いのも首肯できる。経済関係の史料「食貨」よりも細項目の多いのも首肯できる。「食貨」・「選挙」といった各大項目自体の性格と、それ故に生じる各細項目の性格差、各大項目ごとの項目の建て方や数え方の違いを考えると短絡的に比較しては良くないと思う。だがそれにしても、と思うほど細項目が多いのである。

では具体的にはどうなのか。一〇葉以上の記事の中で宋初から南宋代までの期間を記載するものを列挙してみよう。

図表III—1　宋初（太祖）より南宋に至って記事の存在する項目

項目	葉数	記事記載期間
五房五院隷中書省	三・二三〜四五	開寶六年—乾道八年
登聞院附登聞鼓院	三・六二〜七四	乾徳四年—嘉定十六年
三司推勘院	五・四七〜六四	開寶八年—嘉定十七年
翰林院	六・四六〜五六	乾徳一年—淳熙五年
磨　勘附審官院後	一一・六〜五四	建隆二年—乾道九年
官告院	一一・六〇〜七五	乾徳四年—嘉定六年
刑部	一五・一〜二八	開寶七年—嘉定一二年
宗正寺	二〇・一〜一五	開寶六年—隆興二年
大理寺	二四・一〜四四	建隆二年—嘉泰三年
國子監	二八・一〜二三	建隆三年—紹興一三年
殿前司	三二・一〜一二	乾徳四年—紹興八年
内侍省	三六・一〜二七	乾徳四年—乾道七年
技術官〔醫官・御書院・図書院・天文院〕	三六・一一〇〜一二五	開寶八年—嘉定二年
發運使	四二・一五〜五七	乾徳二年—乾道六年
市舶司	四四・一〜三四	開寶四年—嘉定六年
判知州府軍監	四七・一〜三八 四七・三九〜五八	乾徳四年—乾道九年 淳熙一年—嘉定一〇年
幕職官	四八・五〜一七	乾徳三年—嘉定一六年
縣官	四八・二五〜五二	建隆四年—嘉定一六年
縣尉	四八・六〇〜八八	建隆二年—嘉定一三年
牙職	四八・九四〜一〇六	開寶四年—慶元六年

巡検	四八・一二三〜一三七	乾德五年—嘉定九年
國信使	五一・一〜四五	開寶八年—嘉定一五年
遣使	五二・九〜一八	建隆二年—嘉定四年
御史臺	五五・一〜二八	開寶七年—嘉定四年
俸錄	五七・六〜六三	乾德二年—靖康一年
雜錄(上)	五七・六三〜九二	建炎一年—乾道九年
雜錄(下)	五七・九二〜一〇〇	熙寧三年—紹興一三年
考課	五九・一〜三〇	建隆二年—乾道九年
攝官	六二・三八〜六〇	開寶四年—嘉定一六年
黜降官一〜一二	六四・一〜七五・三六	建隆四年—嘉定一七年
收叙放逐官　一	七六・一〜二四	建隆一年—建中靖國一年
二	七六・二五〜五九	崇寧二年—乾道九年
致仕　上	七七・二八〜七二	建隆二年—紹興三二年
下	七七・七三〜八六	隆興一年—淳熙一四年
罷免　上	七八・一〜三五	建隆四年—靖康一年
下	七八・三五〜六〇	建炎一年—嘉定九年

以上であるが、参考のために第二代太宗より南宋朝に至るまで史料のあるものを挙げておこう。

「職官」の中で宋初より南宋に至って史料の存在する項目が極めてすくないことが判ったことと思う。案外、地方官に関する史料が充実しているように思うが、官僚の任除に関する項目が多いのも目立つ。これは「選挙」と対応して考えた方が良いかも知れない。「選挙」は「職官」に比較すると、細かく片寄った史料という感じはそれ程しない。また、期間的には宋初より南宋に至るものも多い。これは、一つは官僚の選抜や差遣に関すること、つまりは、採用

図表III―2　宋初（太宗祖）より南宋に至って記事の存在する項目

項目	葉数	記事記載期間
諫院	三・五〇〜五九	雍熙五年―淳熙五年
尚書省	四・一〜一八	淳化三年―靖康一年
樞密院承旨司	六・一〜一九	太平興國七年―紹熙四年
東宮官	七・二二〜三四	至道一年―淳熙五年
吏部	八・一〜二六 二七〜六八	太平興國三年―紹興二八年 紹興三二年―嘉定一六年
祠部	一三・一六〜三九	太平興國八年―嘉定二年
秘書省	一八・一〜三六	太平興國二年―乾道九年
皇城司	三四・一五〜四三	太平興國六年―嘉定三年
（軍頭引見司）	三六・七七〜九四	端拱一年―淳熙一三年
走馬承受公事	四一・一二〇〜一三六	至道一年―嘉定一六年
對換官	六一・三八〜五七	至道三年―嘉定一六年
起復	七七・一〜二四	太平興國六年―嘉定一四年

図表III―3　北宋末南宋初に重要性を増す職官

項目	葉数	記事記載期間
都督府	三九・一〜二一	紹興二年―乾道一年
制置使	四〇・一〜一九	建炎一年―嘉定一四年
宣諭使	四一・一〜一七	宣和七年―開禧三年
宣撫使	四一・一八〜四三	咸平三年―嘉定一二年
總領所（雜錄）	四一・四四〜七〇	紹興三年―嘉定一五年
安撫使	四一・七九〜一一八	咸平三年―嘉定一六年

や叙任に関する規程は試験の成績や任務に関する功罪をもとにするから、大局的に見ると時代でそう変化していくものでないし、あまり変化してもいけない性質のものともいえるからである。

　これに対して、政治・経済に関する諸制度は時代の影響をうけやすい。政治．経済に関する制度は時代を反映しつつ移ろう。勿論、一度び出来上った官僚組織に改廃が相継ぐというのではない。組織は持続していても、時の関心により重心の移動が生じ、それが史料の充実程度に関係する。また新しい組織の誕生もある。掲げた図表のIII―1・2の中からこの点をいうなら、全国統一の過程と国家の維持の必要から太祖時代から登場持続した地方官、同じく太宗時代からの皇城司・走馬承受公司は重要な意味を持ちつつ持続し、それ故に史料の多い例などである。[22]このような例は他にもあげうる。図表を見てほしい。

見事に中国北辺の事情に対応しているのが到るであろう。中国周辺の事情やその後の変化に対応し、宋朝の体制が変化していったのである。総領所の登場とその史料の相対的な多さこそは、述べてきた事柄、時代と組織との関係を明確に示しているといえまいか。[23] もっとも「職官」、いや実は「食貨」も、記事の存在量で追求していくことの一面の危険性がここに示されているのではあるが。より具体的には、職官も語彙カードをとり編年化を行い、かつ時の政策に対応しつゝ細項目を分析したうえで論ずべきであろう。だが、現状はそこまで至っていないのだから、述べてきた予測は極めて粗い、といわなくてはならない。

しかし、のべてきた通り、その他の項目は極めて量が少ない。「職官」の項目を宋代の官制にあわせて編成し、それによって時代の特色を浮び上らせるとしても、限界があるのではないだろうか。王安石の新法時代を職官類のチェックで把握しようとしても、限界があるように思うのである。

ただ、こうした作業自体は無駄ではないと思う。特定の時代に関する特定の資料がどれだけ把握できるか。『宋會要輯稿』の多くの項目にわたって検討を続ければ、特色がでてくる。それは、『宋會要』の編纂の方向性や史料の在り方を考える手掛りにもなる。私は、「食貨」の検討を通じて、北宋代の史料が充実しているわりに南宋の史料が乏しく片寄りのあることを指摘した。「職官」の検討では項目が細かく、史料の乏しいものが多いことを指摘した。さらに一言付け加えると、経済関係の官職の細かな変遷が摑みがたいこともあげうる。『宋會要』が宋代史研究に重要な史料であることは変りないが、注意が必要な点の多いことも判ってきたのである。

むすび

『宋會要』研究の現状と展望を論じて、ここに至った。最初に述べたように『宋會要』の研究は活発化しつつある。

本章執筆の間にも断続的にいくつかの情報が入ってきた。近いうちに新しい見解がでて、本章も改訂したり補足を付け加えなければならないかもしれない。

だが、これからの研究は今一歩踏みこんだものでなくてはならぬように思う。すべてがそうだとはいわないが、書誌学の論文を讀むとマニア的な審美眼によるものが案外多い。木版本の美しさや書籍の変遷と数奇な運命を思えば、書籍に淫していくのも当然のように思う。だが、歴史研究の素材としての書籍を思うと、内容や構成を検討し、そのよってきたるべき点を明らかにすることも重要ではあるまいか。ようやく手の付きだした『宋會要』の解析が徹底的にされて形成過程が明らかになるとともに、日・中間の緊密な交流・調査がはかられるようになるのを期待しつつ筆をおく。

註

（1）陳智超「《宋會要輯稿》遺文、廣雅稿本和嘉業堂清本重新発見」（『光明日報』一九八二年四月一二日）、「《宋會要輯稿》遺文、廣雅稿本及嘉業堂清本的再発見」（『中國史研究動態』一九八二年一期）。

（2）中国社会科学院歴史研究所宋遼金元史研究室整理『宋會要輯稿帝系類帝號門等整理様稿』（中華書局）。出版年月日などは不明。入手したのは一九八五年五月である。註（1）引用の陳氏の論稿によると、『廣雅稿本』、『嘉業堂清本』の検索・検討に入ったのは一九八〇年代になってからである。より具体的には八一年代の後判から八二年代にかけて、重要な活動がおこなわれた。したがって、本書はこの間の成果と思われる。

タイトルに「帝系類・帝號門」の整理をうたっているが、それのみでない。内容項目をあげておく。

「宋會要輯稿帝系類帝號門整理説明」

陳智超

「帝號」影印本帝系一之一至七、一之二一至二三、幷補入嘉業堂本巻一。帝系一之八至二〇移入礼類。

「宋會要輯稿食貨類鹽法整理説明」

王曾瑜

「鹽法」（五）影印本食貨二三之一至一三。

「宗室雜錄」影印本帝系四之一至一三。

以上、八三頁の冊子で、年月日順に配列し、句讀点を打ち、註もつけている。

（3）周藤吉之「宋朝国史の編纂と国史列伝──「宋史」との関連に於いて」（『駿台史学』九、一九五八年）、「宋朝国史の食貨志と「宋史」食貨志との関係」（『東洋学報』四三─三、一九六〇年）は、修史制度にも関連する。だが、修史制度そのものへの言及は乏しい。なお、両論文は、のち『宋代史研究』（東洋文庫、一九六九年）に収められた。

（4）山内正博「冊府元龜と宋會要」（『史学研究』一〇三、一九六六年）、王雲海『宋會要輯稿研究』（『河南師大学報』増刊號、一九八四年）。淺海正三「宋會要の編纂に関する宋會要の記載について」（『齋藤先生古稀祝賀記念論文集』刀江書院、一九三七年）。

（5）『宋會要輯稿』中の引用書目は、食貨のみの例ではあるが、索引の『人名、書名篇』を検索されたい。ただし、この索引には『全唐文』など、おそらくは徐松が作った原稿用紙の書きこみと思われるものまで収集してある。また、いわゆる『實録』、『日暦』、『檔案』以外の書名もあるので注意されたい。

（6）王雲海氏註（4）引用稿。氏の著書は我国で入手しがたいようである。雑誌掲載論文の採録等によって構成されているが、初出時のものに手を加えているものもある。『宋會要』に関する單行の研究書としては、湯中氏の『宋會要研究』以来のものでもあるので目次を掲げておく。

第一章　會要体史書的源流

第二章　宋代官修本朝《會要》

第三章　《宋會要》的流伝

第四章　《宋會要輯稿》的整理和印行

第五章　《宋會要輯稿》的現状

第六章　近人対《宋會要》的研究

第七章　《永楽大典》所收《宋會要》的底本問題

第八章　《永楽大典》本《宋會要》的増入書籍
附録　《宋會要観究備要》補正
　このほか未所収の論文もあるが、これらは適宜引用する。

（7）この点は本文で後述する。
（8）陳氏註（1）引用稿。註（2）引用の校訂は、こうした各種の本の校勘の上に、現存の宋代の史料との検討も行なっている。わずかの頁数の冊子なので内容の紹介やどの系統の本が良いかといったコメントは控えたい。
（9）湯中『宋會要研究』（商務印書館、一九三二年。人人文庫にも収める。）。石田幹之助「三松盦讀書記」（『史学雑誌』四三—九、雑録、一九三二年）、山内正博註（4）引用稿、青山定雄「序」（『研究備要』所収）・「序」（『人名・書名篇』所収）。青山氏の「序」はほぼ同じものだが、後者がやや詳しい。
（10）王樹民『史部要籍解題』（中華書局、一九八一年）。『宋曾要』の簡単な解説は、史籍解題や事典類に多く収められていて、それこそ、枚挙に暇がない。したがって、ここではそれらを一ひとつ挙げることはしない。
（11）山内正博氏註（4）引用稿。
（12）伊原弘「『宋會要輯稿　食貨索引　年月日。詔勅篇』編集の意義と問題点」（『年月日、詔勅篇』所収）。
（13）王雲海「《宋會要輯稿》重出篇幅成因考」（『史学月刊』一二八、一九八〇年三月）、陳智超「《宋會要輯稿》複文成因補析」（『中国史研究』、一九八二年一月）。
（14）湯中氏前掲書。
（15）仁井田陞「永楽大典本宋會要稿本」（『東洋学報』二二—三、一九三五年）。淺海正三氏註（4）引用稿、小沼正「宋會要稿食貨目錄」（『史学雑誌』巻四八—七、一九三七年）もこうした問題に言及する。
（16）湯中・小沼両茂の論稿は紹介してきたので爾余のものをしるす。江田忠「徐輯本宋會要目録」（『京城帝大史学会誌』九—一三、一九三六年、一四、一九三九年）。Etienne Balazs,“Table des Matières; SongHouei-Yao”, Sung Project 3, 1958
（17）青山定雄茂註（9）引用稿。
（18）王雲海氏註（6）。伊原弘註（12）引用稿でもふれた。
（19）王徳毅編『宋會要輯稿人名索引』（新文豊出版公司、一九七八年）。
（20）吉田寅「王徳毅編『宋會要輯稿』人名索引」（『東洋学報』六〇—三・四、一九七九年）。

(21)『人名・書名篇』には解説がふしてない。機会を与えられれば私見を詳細にのべてみたいと考えている。

(22) 皇城司・走馬承受については、佐伯富「宋代の皇城司に就いて――君主獨裁権研究の一齣――」・「宋代走馬承受の研究――君主獨裁権研究の一齣――」(『中国史研究』第一所収、一九六九年)がある。

(23) 総領所に関する論稿は多い。山内正博「総領所の由来に就いて」(『東洋史学』七、一九五三年)、「南宋総領所設置に関する一考察」(『史学雑誌』六四―一二、一九五五年)、井手達郎「総領考」一(『埼玉大学紀要教育学部編』五、一九五六年)、内河久平「南宋総領所考――南宋政権と地方武将との勢力関係をめぐって――」(『史潮』七八・七九合併號、一九六二年)、川上恭司「南宋の総領所について」(『待兼山論叢』史学編一二、一九七八年)、伊原弘「南宋総領所の任用官――『開禧用兵』前後の四川を中心に――」(『多賀秋五郎博士古稀記念論文集　アジアの教育と社会』一九八三年)。宣撫・制置使などについては、研究が充分でない。

後記

本書の出版は長年の関心事であった。終生もちつづけた宋代の士大夫社会に関する興味の集大成だからである。何度ものべてきたように、かつてのわたくしは絵を描いていた。通っていた絵の恩師である鈴木良三画伯のアトリエには多くのひとびとがあつまっていた。それは当時の社会の指導階級の縮図でもあった。維新の功労者の子孫、旧華族の関係者がアトリエに通っていたが、ほかにも政治家や作家、劇団員、医療関係者など多くのかたがたもいた。このほか、画廊経営者、会社の経営者など実業家のかたがたもいた。かれらは絵を一つの紐帯としていたのである。世に支配層ともよばれ、文化人の姿をしているひとびとの実に多彩なすがたをアトリエでみることができた。

支配者の社会とはこういうものか。趣味というものはこういう形で社会を作るのか。大学に入り歴史を学び始めたばかりのわたくしは実に興味をそそられた。また紐帯となるのが絵だけでないことも承知しつつ、ひとびとを結びつける文化の意味をしったのである。もちろん、こうした社会は東京だけにあるのではない。地方社会においても同様である。茶の湯やお花、祭りなどが、所属をこえたひとびとの紐帯となっている。高校をでたばかりのわたくしはしらなかったのである。そしてこうしたつながりが東京という首都では、地域社会とも深いつながりをもっていることが驚きでもあった。なによりも、わたくし自身が画伯の弟子である高校教師の紹介でアトリエにうかがうようになったのだ。画伯は水戸の人であり、著名な水戸出身の画家中村彝の弟子であった。一水会の常任理事でもあった画伯の周りには当時の社会のいわば頂点にたつひとびとがいたが、同時にそれぞれが出身地域と深いつながりをもっていた。

画伯はまた新宿中村屋とも深いつながりがあった。花だけが水の上にあるのではなく、水生植物のように深い根を張っているのだ。アトリエは嫣然ひとつの社交場であったが、そこに浮かんでいるのはちぎれた花ではないのだ。水中に根をはり、水面に花を咲かせる水生植物のような、かれらが織りなし積み上げる社会にわたくしは興味をもった。会の宴会はしばしば新宿の中村屋でもたれた。臼井吉見の小説『安曇野』に描かれ、いくつもの小説や映像でも知られる通り、中村屋は芸術家のあつまる場所であった。室内には画伯の恩師である水戸出身の中村彝と盲目で漂泊のロシア詩人を題材に描いた名高い競作鶴田吾郎のエロシェンコの画像がかかっていた。また、安曇野出身の荻原守衛の彫像もおかれていた。かれらの織りなす社会をみたことが、本研究の発想となっている。指導をうけた青山定雄氏が士大夫官僚の研究をされていたことから示唆をえたこともあり、アトリエで垣間見た社会に教唆をうけた問題に取り組もうと考えた次第である。血縁・地域・出身地などは、まことに複雑で社会的興味を得る問題であった。これこそが身近な問題と考えたことが、本書の主題の発想の起因である。このことに間違いはないと信じている。学問的興味といえども発想は身近であらねばならない。これがわたくしの基本的姿勢である。宋代の士大夫社会は、そうしたわたくしの興味をあきらかにする好例なのだ。ゆえに追求は都市や絵画にも及んだ。もっとも、都市や絵画への興味も、その具体性へそそがれた。よって宋代の地図を利用したその構造や街をあるくひとびとのその姿に関心がいった。宋平図や清明上河図などの利用がそれである。これらについては別著『宋代中国都市の形態と構造』（勉誠出版、二〇二〇年）をお読みいただきたい。

宋代の士大夫や官僚の社会の研究はその後さらに進展し、日本でも多大の業績がうみ出された。だが、なんといっても、いち早く米国で生産された成果に深い感慨をもつ。わたくしのつたない研究が発想の発端にあると直接に聞かされた。米国の中国研究は壮大なうねりをもって、高い点に到達した。われわれが身を置いているこつこつと業績に時間をかけていく方法がよいのか、いっきに成果をもとめるのが良いのかは議論の余地がある。米国の成果は目指していた地点が違うとはいえ、圧倒的な業績の提出の速さに気をそがれたのはたしかである。だが、問題点と興味の追及に時間をかけることも大事なのではあるまいか。抜かれたものとしてはそう思わざるをえない。とはいえ、その業績の高みに圧倒されるのも事実である。以下にその代表的な業績を挙げておく。

Patricia Buckley Ebrey and James L. Watson eds., *Kinship Organization in Late Imperial China*, University of California, 1986

Robert P. Hymes, *Staesmen and Gentlemen-the elite of Fu-Che,Chiang-Hsi, in Northern and Soutern Sung*, Cambridge University Press, 1986

Richard L. Davis, *Court and Family in Sung China 960-1279 Bureaucratic Sucess and Kingship Fortures for the Shih of Ming-chou*, Duke University press, 1986

このうちハイムズ氏の論文がとくに筆者のものと深い関係にある。南宋の士大夫官僚が地域と関係を強めていたことなどの指摘は重要である。これこそは研究にとりかかったときのわたくしの基本的考えであることを明記しておく。それにしても出版年時をみているとかの国の研究者たちの集中力に驚くばかりである。

さて、わたくしにとって最後の本であろうこの書の出版を、つきあいの長い勉誠社にお願いした。当社とは『アジア遊学』の最初のころに一本を編集して以来の長いつき合いであるうえに、おおくの本を編集・出版しており気心が知れているからである。

本書は支配層の社会をもとめつづけたわたくしの最後の仕事である。本書の出版に際しては、とてつもない時間を要した。気持ちのあせるなか、無駄に時間が流れていったのである。本書のこの長い時間をうむことなく助力をたまわったのは、石田勇作・須江隆・久保田和男・小二田章の諸氏である。四人のかたがたには大変お世話になった。くわえて多大の助力と貴重な助言をおおく賜った。本書は、みなさんの助力なくしてなしえなかった。また、長年にわたって活動の場をあたえてくれた勉誠社にも謝意をつたえたい。ここに記して厚く御礼を申し上げる。

初出一覧

第一部　宋代士大夫官僚の世界

一　宋代官僚の婚姻の意味について――士大夫官僚の形成と変質（『歴史と地理』〈世界史の研究〉254、山川出版社、一九七六年）

二　宋代明州における官戸の婚姻関係（『大学院研究年報』創刊号、中央大学、一九七一年）

三　宋代婺州における官戸の婚姻関係（『論究』6―1、中央大学大学院生研究機関誌編集委員会、一九七四年）

四　南宋四川における定居士人――成都府路・梓州路を中心として（『東方学』54輯、東方学会、一九七七年）

五　宋代浙西における都市と士大夫――宋平江図坊名考（『中島敏先生古稀記念論集』上巻、汲古書院、一九八〇年）

六　宋代の浙西における都市士大夫（『集刊東洋学』45、東北大学中国文史哲研究会、一九八一年）

七　中国宋代の都市とエリート――常州の発展とその限界（『史潮』新28号、歴史学会、一九九〇年）

八　中国知識人の基層社会――宋代温州永嘉学派を例として（『思想』802、岩波書店、一九九一年）

九　地方都市を囲む地域社会――南宋時代の台州を事例に（『中国宋代の地域像――比較史からみた専制国家と地域』岩田書院、二〇一三年）

一〇　碑石史料から読み取る宋代江南の社会と生活（『碑と地方志のアーカイブズを探る』東アジア海域叢書6、汲古書院、二〇一二年）

一一　宋代中国の都市と知識人――比較史の立場から（『アジア遊学86　アラブの都市と知識人』勉誠出版、二〇〇六年）

第二部　南宋政権下の四川

一　南宋四川における呉氏の勢力――呉曦の乱前史（『青山博士古希記念　宋代史論叢』省心書房、一九七四年）

二　南宋四川における呉曦の乱後の政治動向（『中央大学文学部紀要』史学科25号、一九八〇年）

三　南宋総領所の任用官――『開禧用兵』前後の四川を中心に（『多賀秋五郎博士古希記念論文集』不昧堂出版、一九八三年）
四　専制国家と地域（『中国宋代の地域像――比較史からみた専制国家と地域』岩田書院、二〇一三年）

第三部　余録

◎知識人としての宋代士大夫官僚
一　知識人論への提言――「宋代史研究者からみた中国史研究の課題」の総括にむけて（伊原弘・小島毅編『アジア遊学7　宋代知識人の諸相』勉誠出版、一九九九年）
二　知識人論展開への共通知識のために（『知識人の諸相――中国宋代を基点として』勉誠出版、二〇〇一年）
三　宋代の士大夫覚え書――あらたな問題の展開のために（宋代史研究会編『宋代の社会と宗教』汲古書院、一九八五年）

◎都市と組織
一　宋代の都市管理者達――序章として（『社会文化史学』22号、総合歴史教育研究所、一九八六年）
二　中国庶民教育研究のための序章――特に宋代を中心にして（『東洋教育史研究』中央大学教育学研究室、一九八七年）
三　宋代都市における社会救済事業――宋公共墓地出土の磚文を事例に（『中世環地中海圏都市の救貧』慶應義塾大学出版会、二〇〇四年）
四　東南アジアにおける中国人街の形成と中国の都市――チャイナ・タウン研究試論（国際基督教大学学報Ⅲ―A、アジア文化研究18、一九九二年）
五　中国の浮梁――日本の舟橋との関連において（『日本歴史』578号、吉川弘文館、一九九六年）
六　宋代の道路建設と寄進額――寧波発見の博多在住宋人の磚文に関して（『日本歴史』626号、吉川弘文館、二〇〇〇年）
七　宋代社会と銭――庶民の資産力をめぐって（『アジア遊学18　宋銭の世界』勉誠出版、二〇〇〇年）
八　『宋會要』研究の現状と展望（『東方学』72輯、東方学会、一九八六年）

索　引

用語索引

あ行

か行

さ行

た行

な行

は行

ま行

や行

ら行

わ行

地名索引

あ行

か行

さ行

た行

は行

ま行

や行

ら行

人名索引

あ行

か行

さ行

た行

な行

は行

ま行

や行

ら行

わ行

著者略歴

伊原　弘（いはら・ひろし）

1944年生まれ。

『中国人の都市と空間』（原書房、1993年）、『宋代中国を旅する』（NTT出版、1995年）、『宋と高麗』（『世界の歴史』7「宋と中央ユーラシア」（中央公論新社、1997年）、『清明上河図』をよむ』（編著、勉誠出版、2003年）、『宋銭の世界』（編著、勉誠出版、2009年）、『中国都市の形象』（勉誠出版、2009年）、『「清明上河図」と徽宗の時代』（勉誠出版、2011年）、『宋代中国都市の形態と構造』（勉誠出版、2020年）、『中国中世都市紀行』（中央公論新社、1988年、のち江古籍出版社、2024年）など。

宋代士大夫官僚の基層社会と構造

著者　伊原　弘

発行者　吉田祐輔

発行所　㈱勉誠社

〒101-0061 東京都千代田区神田三崎町二-一八-四
電話　〇三-五二一五-九〇二一㈹

二〇二五年五月三〇日　初版発行

印刷製本　三美印刷

ISBN978-4-585-32049-4　C3022

宋代中国都市の形態と構造

中国の経済、文化は宋代に大きく発展し、都市の構造や人々の生活も変化した。貴重な地図や絵図などを丹念に読み込み、唐と宋のあいだに横たわる画期を描き出す。

伊原弘 著・本体四五〇〇円（+税）

地方史誌から世界史へ

比較地方史誌学の射程

「ある地方（地域）を描くこと」という人間の普遍的営みに着目し、各地域の地方史誌形成・再解釈における歴史的展開を検討・比較する画期的な一書。

小二田章 編・本体八〇〇〇円（+税）

地方史誌から世界を読む

世界各地の「地方史誌」における叙述の主体、対象となる場や事柄、さらには近代に至るまでの受容の諸相を考察し、「地方史誌」を比較検討するための礎を提示する。

小二田章 編・本体八〇〇〇円（+税）

書物のなかの近世国家

東アジア「一統志」の時代

編纂前史から、王朝三代にわたり編纂されたそれぞれの「一統志」のあり方、周辺諸国や後代に与えた影響をも考察し、「一統志の時代」を浮かび上がらせる。

小二田章・高井康典行・吉野正史 編・本体三〇〇〇円（+税）